国家出版基金项目
NATIONAL PUBLICATION FOUNDATION

社会工作流派译库（第二期）

学校社会工作

Social Work Services in Schools

[美] Paula Allen-Meares 著
陈蓓丽 蔡 屹 曹 锐 等译

华东理工大学出版社
EAST CHINA UNIVERSITY OF SCIENCE AND TECHNOLOGY PRESS
·上海·

图书在版编目(CIP)数据

学校社会工作/[美]Paula Allen-Meares著;陈蓓丽,蔡屹,
曹锐等译.—上海:华东理工大学出版社,2015.12
(社会工作流派译库.第二期)
ISBN 978-7-5628-4483-9

Ⅰ.①学…　Ⅱ.①Paula…　②陈…　③蔡…　④曹…　Ⅲ.
①学校-社会工作-研究　Ⅳ.①G40-052

中国版本图书馆CIP数据核字(2015)第295949号

著作权合同登记号:“图字:09-2015-373号”

社会工作流派译库(第二期)

学校社会工作

Social Work Services in Schools

著　　者:[美]Paula Allen-Meares
译　　者:陈蓓丽　蔡　屹　曹　锐等
项目负责:刘　军
责任编辑:高　虹
责任校对:金慧娟
整体设计:袁银昌设计工作室

出版发行:华东理工大学出版社有限公司
地　　址:上海市梅陇路130号　200237
电　　话:(021)64250306(营销部)　(021)64253797(编辑室)
网　　址:press.ecust.edu.cn
印　　刷:上海中华商务联合印刷有限公司
开　　本:710 mm×1000 mm　1/16
印　　张:33
字　　数:568千字
版　　次:2015年12月第1版
印　　次:2015年12月第1次
书　　号:ISBN 978-7-5628-4483-9
定　　价:98.00元

联系我们:电子邮箱　press@ecust.edu.cn
　　　　　官方微博　e.weibo.com/ecustpress
　　　　　天猫旗舰店　http://hdlgdxcbs.tmall.com

華東理工大學出版社

译库学术顾问委员会

社会工作流派译库

总序

这是我们与华东理工大学出版社合作的第二套译著丛书。本世纪初，我们所推出的18种一套上海市重点图书“社会工作名著译丛”获得了学术界的热烈反响和高度认同。本套译库与以往不同的是，更加聚焦于介绍西方社会工作的理论流派，但又不局限于理论流派的译介。西方的社会工作历经一百多年的发展，已经形成了诸多视角、理论、模式与方法。知识转移与全球共享是当代社会工作发展的一个重要特点。熟知并批判性地借鉴西方社会工作理论，对于建构兼具国际规范与中国特色的社会工作理论、制度、实务模式，无不具有重要的理论意义和实践意义。唯其如此，中国社会工作学界方有可能参与全球专业知识库的建构，以推动国际社会的公平与正义。

需要强调的是，中国社会工作的制度设计与发展经验具有本土的特点，不能简单地照搬西方的理论框架去加以解释。这就要求我们，在学习借鉴西方社会工作专业知识的同时，应警惕本国专业共同体因理论的“不自觉”“不自信”而在全球知识界处于失语状态。因此，必须立足和扎根于我国社会体制改革、新社会组织、新社会服务和现代社会工作制度建构的实践，积极进行中国社会工作的理论建构与知识创新。唯其如此，中国的社会工作学界才有能力提升在全球的话语权，从而为全球社会工作贡献中国的力量。

衷心希望本套译库能为中国社会工作的发展提供新的知识支持，以进一步推动国内的社会工作理论研究与知识建构。须知，没有系统强劲的社会工作理论的科学支撑，就不可能有系统强劲的社会工作发展实践。

本套译库的出版得到了国家出版基金的大力资助，为此我的感谢与感激之情难以言表！这里，我要向所有参与翻译本套译库的同仁表示感谢，因为他们的奉献体现了社工学人的专业精神！感谢华东理工大学出版社，因为他们始终对我们充分信任及对社会工作学科建设鼎力支持！我还要特别感谢何雪松教授，因为他持之以恒的追求、坚持和奉献，我们才有了本套译库的中文版！

是为序。

华东理工大学中国社会工作研究中心
徐永祥

序言

当今的美国教育体系正面临着巨大挑战。数以百万计的美国儿童没有经历任何入学准备就开始上学，更多的儿童则在最佳的脑部发育时期，由于负担不起费用，错失了接受教育的机会。进入学校后，目前的教育系统也无法承担为国家培养人才的责任，数以百万计的儿童在经济和社会上无法得到任何发展。在公立学校就读的大部分学生，包括不同的种族和收入群体，以及76%在黑人及拉丁美洲公立学校上学的学生，直到四年级或八年级都不能阅读或正确作答毕业水平的数学题目，这个现实将威胁到美国未来的经济和军事实力。另一个现实是，在2001年出生的青少年中，由家庭收入引起的成绩差距已经接近黑白人种引起的成绩差距的两倍。

在美国，资金不足和资源分配的不公平使得贫穷家庭的孩子只能上设施不足和师资较差的学校。一些管理措施诸如追踪、留堂、校外监督和放之四海而皆准的零容忍政策，导致许多青少年陷入失望、逃学，甚至最终辍学。美国的公共教育没有发挥“均衡器”的作用，反而变成了从摇篮到监狱的“直通车”，导致贫困和少数族裔的青少年过早地与辍学、逮捕和监禁联系在一起。

最近，在康涅狄格州新城的桑迪胡克小学发生了20名孩子和6名教师被枪杀的悲剧后，对学校安全的重新聚焦指向了减少学校暴力的循证模式，即通过建立健康积极的学校氛围，防患于未然，根除暴力行为的根源。学生们在缺乏安全感时无法学习。这些积极的服务方法包括威胁评估、积极的行为干预和社会支持、修复性司法、社会和情感的学习、冲突解决和学校内部以及学校和社区之间的密切联系。学校社会工作者在面向儿童，包括受害者、肇事者和旁观者的所有干预计划中，可以扮演积极的角色。

与此同时，一些人消极地认为学校有必要配备更多的武装安保人员或警卫，甚至支持教师配枪。然而，并没有证据表明配枪保安或警察就能够让孩子们在学校里感觉更安全。

学校安全措施的重要目标之一，是让教师能够安心教书和孩子们能够安心学习。但是过分的学校安保措施，比如配枪保安人数的增加甚至是不带武装的警察都会减少孩子们在校的学习时间。特别是位于城区的学校，警察的存在导致了在校青少年的一些非暴力行为被强行暂停，这一情况尤其对于黑人、拉丁裔和其他有色人种的青少年不利，会使他们失去很多在校的学习时间。

有证据表明，学校保安常常演变成校园里的行为约束者，他们经常帮助押送学生到校长办公室，甚至最终导致学生被送往少年司法法院。对于这些青少年来说，学校成了从摇篮到监狱的“直通车”。而在这里，社会工作者实际上可以在监督、追踪和报告校园不良行为，提供暂停或制止非暴力行为的替代方法等方面发挥重要作用。

本书第七版把社会工作者置于提升教育公平的核心地位，使每一个儿童有权利充分发挥其潜能。接下来的章节详细阐述了这些重要作用。通过培训，社会工作者能够注意到学生的需求，理解并合理评估它们的重要性，并且制订合适的干预措施，开展有针对性的服务，以此最好地满足这些需求。社会工作者认同家庭对儿童的重要性，主动与家庭成员接触并吸引他们的参与。他们需要在实践中运用自己的经验把干预措施精细化，使之回应青少年在文化、种族、性别和性取向方面的特点和差别。同时，他们必须能胜任多个角色，有时甚至同时担任多重角色，而且随时准备为学生和他们的权利以及特殊需要而倡导，无论它们是来自学术或社会的挑战，还是来自家庭的挑战或与自己的身份挑战。社会工作者必须掌握法律和政策以及以证据为基础的治疗策略，以充分服务于青少年儿童。

社会工作者必须为学生的需要发声，帮助学校和辖区主管，以及本地、州和联邦决策者了解削减预算计划所带来的危害，最直接的后果是减少了旨在帮助学生获得成功的工作人员。过去几年的过度削减开支不仅影响了孩子们的发展，也危及了国家的未来。现在，美国各州平均花在每名囚犯身上的预算开支要比公立学校每名学生的人均花费多出几乎两倍半。如果在青少年教育和支持服务上，继续缺少合理的公共财政投入和私人投资，受到损害的将是孩子们和整个国家的利益。

我要感谢所有参与本书编写的专家学者和所有学校社会工作者，他们正努力为孩子们的教育和改善这个国家做出努力，以改善学校的状况，重塑一条能使每个孩子通往大学和成功生涯的阳关大道。

Marian Wright Edelman

总　裁

儿童保护基金

华盛顿特区

前言

几十年来，美国的公共教育系统一直饱受社会的攻击和诟病。在 2012 年的总统选战中，相关的政治辩论沸沸扬扬，年轻人中持续上升的暴力现象、家庭价值观沉沦、全球化下的失业率上升、卫生保健不平等和贫富差距的扩大，所有这些辩论都被关联到对公共教育及其改革必要性的反思上。

本书认为，为了实现公共教育的历史性目标——培育和引导多样化的群体，有效参与和领导这个伟大的民主国家和更大的全球社会——我们亟须为新的世纪重塑公共教育。在 2012 年的选举辩论中，提出了大量有关如何使我们的孩子拥有更好未来的提案和建议，如：(1) 零到 5 岁计划将参与早期头脑开发项目的儿童数量翻了四倍；(2) 更多的在校学习时间；(3) 鼓励学校加强与家长和学生的联系；(4) 新建更多公共教育体系之外特许的非营利性教育机构；(5) 推广循证模型、降低学校辍学率；(6) 在当地学校和社区组织的参与下，推出帮助弱势青少年的暑假学习计划；(7) 改进学校评估模型，为教师和学生提供实时反馈和拓展标准化测试范围。本书提供了有关这些议题的深度洞察，并提供补充研究和相关评论，旨在满足面向 21 世纪的美国公立学校教育的需求。

本书全面论述了历史和当代的教育概念与策略，以及循证学校社会工作领域干预的概念。这些概念包括整体化服务和全服务型的学校、减少校园暴力的预防干预措施，以及教育和儿童福利改革。本书是一本专门面向从事学校社会工作服务的人士的基础书籍，也可为正准备在相关社区机构工作的，认为有必要了解学校政策、教育实践、社会服务和正面临教育失败风险的学生群体的专业人士提供参考。

近年来，美国的学校社会工作者人数有所增加，已经形成了一个管理有序、积极活跃的社会组织。他们中很多人已完成专业教育，正通过掌握教育政策的新动向、循证干预，以及学校社会工作者服务新模式等方面的知识进一步促进自身能力的提高。通过阅读本书，在职社会工作者将会发现它提供了了解社会工作领域现状和改变力量的宝贵资源。

本书采用了专业文献中的实证研究资料和学校社会工作实践的案例和采访。对社会工作实践的探讨紧密联系了包括特许学校、学校改革、全方位服务的学校和全面提高教育质量等在内的研究重点课题。本书涵盖的内容还包括主要的教育政策议题、影响学生和他们家庭的生活质量的社会条件，以及学校在解决青少年关键问题方面的战略地位等。本书的作者和许多其他著名学者认为，学校社会工作者只有在熟悉主要的教育政策和实践，熟悉影响儿童的社会条件的前提下，才能提供有效的高质量的社会服务。在实践中，良好的学校社会工作背景和对社会工作领域的跨学科性质的深刻理解将有助于项目的成功。

本书的主要目标包括：(1) 探索社会工作专业的概念性框架，并将这些概念应用于学校社会工作；(2) 考察学校工作人员、青少年和家长不同的角色与职责，讨论有关学校成立、财务、管理涉及的法律框架，以及学校系统和其相互作用的复杂性；(3) 探讨公立学校教育面临的主要问题，并分析影响教育质量的社会策略和因果关系；(4) 确认学校青少年目标人群，为其在人生周期的关键发展点提供社会工作服务；(5) 了解与在校学生生态系统相关的社会工作干预及预防；(6) 为多元文化背景下的学校社会工作服务，提供一个设计、实施和评估其有效性的平台。

本书的章节顺序反映了一个内在关联的课程和教学大纲结构。同时，每一个单独的章节都能独立成文，并可以按照个人需要重新排列。每一章的开头都有一个对本章主题和内容的简要介绍。

每章末尾列出了需要研究和讨论的问题、项目建议和为进行进一步研究的拓展阅读和拓展资源，并注明了相关互联网网址。尾注标明了每一章涉及观点的补充解释的出处。书中学校—社区—学生问题图解和适当的干预，旨在帮助读者对学校的整体环境加深了解。本书还对评估工具进行了讨论。有关评估的章节介绍了不同的评估方法、设计和实施方法，特别着重阐明了多样性研究的一些示例，明晰了有关参与受试者的伦理问题。附录包含与实践相关的丰富资源。

在大约30年前，Lela B. Costin女士提出了本书写作的最初设想。值此第七版《学校社会工作》推出之际，我们向她表达怀念和感激之情。

Paula Allen-Meares，伊利诺伊大学芝加哥分校(UIC)校长、教授，伊利诺伊大学副总裁
John Corbally，名誉院长，密歇根大学安娜堡分校的社会工作和教育学院荣誉教授

合作编辑

Paula Allen-Meares 目前是伊利诺伊大学芝加哥分校(UIC)校长，伊利诺伊大学的副校长，John Corbally Presidential 是密歇根大学安娜堡分校社会工作与教育学院的名誉院长和名誉教授。她的研究兴趣包括学校社会工作、在教育机构工作的社会工作者的职责和作用、影响服务传输的组织因素；贫困儿童和有色人种青少年的身心健康；青少年怀孕，包括未成年人多次生育；卫生保健，影响性行为和怀孕的社会整体因素；母亲精神疾病及对育儿和后代发育的影响。此外，她还出版了关于社会工作和研究方法的概念性框架等专题著作。她曾担任凯洛格基金会“青年全球计划”首席研究员，NIMH 中心“贫穷、风险和心理健康”计划的合作首席调研员，国家心理健康途径学院“青年、风险和抗逆力”项目的联合首席研究员，当前是 Skillman 好邻居基金的联合首席研究员。Paula Allen-Meares 博士还是纽约医学院董事会成员、美国国家医学院(IOM)成员。她编辑或合著超过 160 份/本出版物，包括期刊文章、书籍和部分章节，并担任多种学术期刊和出版物的编委。

Lauren Akers，M. P. P，数学政策研究公司的研究分析师，她的研究与公共政策兴趣包括儿童早期干预和教育以及 K—12 教育。

Sally Atkins-Burnett，博士，数学政策研究公司的高级研究员，她的研究兴趣包括评估、儿童早期发展、双语学习、残障儿童。她的背景与残疾儿童教育和特殊教育教师相关。

Ron Avi Astor，博士，城市社会发展的 Richard M. 和 Ann L. Thor 教授，南加利福尼亚大学社会工作和教育学院。他的专业领域包括儿童的暴力理解、大规模城市青年增能监控系统，以及校园暴力行为干预，他撰写了超过100篇学术文章，参与了多项有关学校暴力的研究项目。

Rami Benbenishty，博士，以色列Bar-Ilan社会工作学院教授。他的工作重点是儿童福利和儿童风险。他与以色列教育部合作，发展监测和干预系统以改善学校环境，防止学校暴力行为。

Gary L. Bowen，博士，社会工作硕士，William R. Kenan杰出教授，在北卡罗来纳大学教堂山分校社会工作学院任教。他合作指导"学校成功解析"项目。Bowen博士是家庭关系全国理事会的前总干事（2009—2011年）。

Cynthia Franklin，博士，临床社会工作者，得克萨斯大学奥斯汀分校社会工作学院临床专业系主任，心理健康专业，谢恩贝里/斯宾塞家族荣誉教授。Franklin博士是学校社会工作和心理健康实践的主要研究员和专家，发表了125篇文章。其最著名的贡献包括学校社会工作研究、学校注重问题解决的短期治疗的有效性研究和辍学预防。

Mary Beth Harris，博士，临床社会工作者，南加利福尼亚大学圣迭戈校区临床副教授。她已从事大量的临床研究，撰写了大量有关学校环境下未成年母亲的研讨会论文。Harris博士是从事家庭和学校为基础的服务超过20年的家庭治疗师和主管。

Sandra Kopels，法学博士，社会工作硕士，伊利诺伊大学厄巴纳—香槟分校社会工作学院教授，主要教授社会工作学生的相关法律。她的研究侧重法律对弱势客户权利的影响和社会工作者实践的伦理及法律责任。她特别关注涉及客户沟通的保密责任、儿童虐待和警告信息披露之责任。

Katherine L. Montgomery，博士，社会工作硕士，华盛顿大学圣路易斯分校布朗社会工作学院，NIMH资助（T32MH019960）的博士后研究员。她的研究集中在实证支持的学校干预的传播与实施，少年犯罪预防和治疗。

Ronald O. Pitner，博士，ACSW，社会工作学院助理教授，担任非裔美国人健康和社会差距优秀教员发起者（FEI）。他目前的研究考察了以社区为本的公民参与对社区归属感的影响、社会安全和积极的社区发展。密歇根大学社会工作与心理素质教育博士学位。

Tara Powell，得克萨斯大学社会工作学院的博士研究生。她的研究是学校为本的心理健康、政策和长期灾难影响。她的研究兴趣包括学校灾后儿童心理教育项目、暴力预防和社区心理健康。

John W. Sipple，博士，发展社会学系副教授，他的研究侧重于公共政策的执行、学校和社区活力之间的相关影响。他是康奈尔大学社区和区域发展研究所所长及纽约国家中心的农村学校的主任。

Danieile C. Swick，博士，社会工作硕士，北卡罗来纳大学格林斯博罗分校助理研究员。她的研究兴趣包括循证研究实践、学校为本的干预、儿童和青少年的心理健康与社区相关研究。

Bruce Thyer，博士，社会工作硕士，1978 年获得佐治亚大学社会工作硕士学位，1982 年获得密歇根大学心理学博士学位。他是《社会工作实践研究》双月刊的创始人和编辑，国家实践科学院社会工作协会会员，临床社会工作者和执照行为分析师。

目录

第一章

学校社会工作：历史沿革与当代视角

Paula Allen-Meares，伊利诺伊大学芝加哥分校
Katherine L. Montgomery，华盛顿大学圣路易斯分校

家庭、学校和教育塑造孩子的未来，从而决定美国的未来。因此，我们必须关注教育的内容和生活的方式。

——Jane Addams

引　言

学校社会工作的历史丰富而有趣。自20世纪初以来，这丰富的历史筑起了不断发展的社会工作价值观、目标、知识、类别和介入方法，从而深刻地影响着社会工作的专业定义。

1906年，社会环境、生活压力以及越来越多的移民人口都从各方面强有力地支持着教育产业的发展壮大。也正因如此，学校社会工作开始迅速发展。广泛地接受教育是每个孩子的权利，这一观念使得将教育融入社区显得更加重要。在这个时期，学校社会工作者(当时被称为访问教师)意识到自己的角色也应该顺应时代的环境和需要进行改变，开始寻求改革那些不利于孩子成长的学校政策。总体来说，这些社会工作者在当时发挥了把学校和家庭联系起来的作用。

只是，随着该专业方向的不断成长，学校社会工作者的联系作用却越来越不受重视。考虑到这一职业的独立性和专业性，学校社会工作者希望把自己的工作内容变得更加独特和具体，并且能够和教育主产业有更加紧密的关系。所以到了20世纪的40年代和50年代，绝大部分的学校社会工作者都是以学校内个案管理为主要工作内容，联系学校和家庭的任务慢慢地被忽视，变得不再重要。然而，到了60年代晚期和70年代，文献记载了专业实践对更加广泛和有回应性的社会工作者角色的需求。

现今，学校社会工作的角色定义很大程度上由立法和各项政策所规定。学校社会工作者对此看法不一，有些人认为强制规定可能会对自70年代以来寻求多种不同实践方法的理念和努力产生不良的影响，而另外一些人则认为强制性的政策是历史上第一次对社会工作者在教育领域的贡献的明确肯定。

本部分将首先描述社会工作这一职业，包括其价值观、目标、知识、许可以及干预方法的发展。在过去的一个世纪中，学校社会工作的职业和定义都在不断进化，本章将讨论其发展过程中的每个重要里程碑。最后，本章将总结学校社会工作的历史发展如何影响其今天的职业样貌。

社会工作职业发展

一直以来，社会工作职业是一种将其实践概念化的架构。但是社会工作的方法、对象、应用环境、资金来源和焦点不尽相同。如何从多样化的实践中提取概念呢？这概念化的过程又应该以什么为基础？人们花了相当多的时间和精力来研究这些相关问题。在这个过程中比较重要的里程碑有：（1）1929 年 Milford 大会确立了尽管职业方向各不相同，社会工作者还是具有足够的同质性而被认为是从事同一种行业；（2）1951 年的 Hollis-Taylor 报告尝试从包括什么与不包括什么两方面定义社会工作的行业范围；（3）1958 年美国社会工作者协会（NASW）实践委员会的一次分会议衍生出了对社会工作实践及其价值观、目标、许可、知识体系和方法的定义及解释；（4）1959 年社会工作教育协会（CSWE）（Brieland，1977；概念架构，特刊，1977）的一次教学大纲研讨会对社会工作做出了如下定义：

社会工作以增进个体社会功能为目的，通过对个人或小组的介入活动以聚焦个人与其环境的交互而构成的社会关系。干预活动主要包括三类功能：修复能力缺失，提供个人和社会资源，以及预防功能障碍（Werner，1959，p. 54）。

发展过程中的第五个里程碑是美国社会工作者协会在 1977 年出版的一本关于社会工作概念架构的特刊《社会工作》（概念架构，特刊，1977）。在这本特刊中，著名学者 A. Minahan、A. Pincus、W. Reid、W. Gordon 和 S. Cooper 等检验了当时视角下行业所面对的困境，并且提出了一系列重要而紧迫并且与时代背景息息相关的问题：社会工作实践的愿景是什么？社会工作行业的技巧、价值观和相同点都有哪些？不同的社会工作实践之间的动态关系在教学和实践中都有哪些启示？在四年之后的又一本特刊中(Minahan，1981)，相似的问题得到了更加全面的讨论。这些思考和讨论帮助我们得知是哪些特定的概念与元素将不同的社会工作方向区分开来，它们包括价值观、目标、知识、许可和干预方法。

价值观

总体来讲，社会工作行业具有其独特的价值体系。这里所讨论的价值，是指对某一行业制订的道德概念和准则的哲学认知基础。社会工作者的价值观决定了他们如何体察与服务他人。Harriet Barlett 对价值的分类常常被引用：最终价值(或理想价值)与工具价值(达到最终价值的工具)。最终价值的常见例子是：每个人都有自由和自我实现的权利；工具价值往往更加形象具体一些，例如，每个人都有自主自决以及平等地接受教育的权利。第二层次的价值指的是一个功能正常的个人的价值特质；第三层次的价值则聚焦于操作化的价值，是达成更高层次价值的工具(Barlett，1970)。最终价值和工具价值与文化价值不同，文化价值主要包括社会风俗以及对社会行为的期望等。一些主要的社会工作价值和学校社会工作方面的应用如下。

社会工作价值观：

1. 对个体的价值和尊严的认同；
2. 自主自决和自我实现的权利；
3. 尊重个体潜力，并支持其发挥潜力的愿望；
4. 尊重个体多样性，尊重个体保持差异性的权利。

学校社会工作的应用：

1. 每个学生无论具有何种特质都被视作一个个体而尊重；
2. 每个学生都应该被允许学习并且在学习过程中分享快乐；
3. 个体差异(包括学习成绩的差异)需要被认同，干预方法应该致力于达成每个个体自身的学习目标；
4. 每个孩子不论种族和社会经济地位如何，都有权在学校中被平等对待。

这些社会工作价值观着重强调学生作为个体在社会工作服务中的地位。从业者需时刻注意，案主有可能是某个学生，但是该学生的问题也许暗示着其家庭或班级需要帮助，或者某个学生所在的其他系统有不公平的问题出现。然而社会工作这种强调个人的价值观反映了一种对个体社会福祉的民主的投入和承诺，也反映出社会中每个公民都具有社会责任的一种假设。

当社会工作者遇到涉及多人的问题时，需要在各种价值观之间权衡，甚至有些时候社会工作者会发现价值观之间出现矛盾冲突。此时社会工作者往往需要找到一个可以接受的平衡点。权衡利弊时应该时刻考虑“哪种方法对孩子最好”。在学校社会工作者的实践中，价值观冲突的例子不少。如，一个很有天赋的孩子因为成绩不好而产生压力，父亲由此希望孩子保持平庸便好，因为这样可以“生活得更快乐一些”。再如，中学生逃课现象日益严重，其实这说明了传统的课堂教学不能满足这群学生的需求，但是在社区和学校中，这种需求并不被广泛接受。总的来讲，在面对价值矛盾时，最终价值应该引导实践。同时，社会工作者的行为应该对案主有好处，且不损害其他人的利益。

• • • 目标

学校社会工作致力于改善校园生活并帮助学校达成其中心目标——提供一个学习和教育的良好环境，使得其中的儿童和年轻人可以获得效能感、学会解决问题和做出决定，并且准备好为将来的继续学习承担责任并做出适应和改变。正如专业的价值观在一定程度上决定了专业的目标，其知识体系也将一部分目标变得更加实际和容易达成。

• • • 知识

Barlett 曾指出，一个专业最强大的基石便是其知识体系（Barlett，1970；Gordon，1962）。科学研究得出的新知识可以证明各种各样的命题。

知识不同于对某一值的假设——不能被证明或还未被证明的命题。最重要的是，知识体系的建立也需要遵从专业的最终价值观的引导。

社会工作和学校社会工作的知识体系如人类行为一样包罗万象。这种特质也使得社会工作者经常借鉴其他领域的知识，如教育、行为和生物科学、精神病学、医学、法学以及政治科学。这些学科与社会工作相关的概念和原则都可以被借鉴使用。这一系列的外来知识体系如果能够与社会工作的目标适当结合，就是有用并且合理的借鉴。重点是，在借鉴的过程中，知识的选择也是在社会工作专业的指导下进行的。

• • • 许可

学校社会工作行使的权力是由政府(大多数情况下)、社区、学校、社会工作行业以及每个专业社会工作者的工作能力赋予的。这种许可与价值、目标和知识定义学校社会工作的方法不同，但也是专业实践不可或缺的一个条件。

联邦或各州的立法给予了社会工作在社区中服务——包括学校社会工作、执照认证体系和资源分配——的许可。具体来讲，学校社会工作的许可往往由校董事会的人员聘用政策及与校领导层的咨询和谈判中体现出来。

NASW 对于一些伦理行为和强化社会工作专业的基本价值观及原则都有强制的专业许可规定。社会工作的独有特质之一是对弱势、受压迫和贫困人群的赋权增能。对滋生社会问题的社会环境和背景下的个人福祉的聚焦也同样将社会工作与其他专业区分开来。行业的核心价值包括服务、社会公平、人的尊严和价值、人际关系的重要性、正直以及能力。正是由于这些核心价值，社会背景同人类复杂经验间的平衡才得以派生(NASW, 1999)。案主包括个人、家庭、社区、群组和组织，这些都存在于多样的社会背景之下。社会工作者凭着对不同文化和种族的敏感，为了消除歧视、压迫、贫穷以及其他社会不公而不断奋斗。

学校社会工作者同样从案主处取得许可。一个典型的例子便是对儿童接受社会服务和采取何种适当干预方法的家长同意书。同样重要的还有依靠社会工作者在学校中优异的工作表现取得的许可。这种能力和表现为社会工作专业和社会工作者本人赢得了尊重，从而取得更多专业认可和工作机会。

学校社会工作的建立

学校社会工作分别在纽约、波士顿和哈特福德三个城市，但却在同一时期开始出现(1906—1907 学年)。学校社会工作独立于学校系统之外而建立，主要由私有实体和公民组织来支持工作(Costin，1969b)。

相对于当时社会工作的总体发展来讲，学校社会工作是第一个真正意义上为弱势群体服务的专业方向。当时在纽约市 Hartley 公馆和 Greenwich 公馆的社会工作者觉得，了解一下那些来公馆寻求帮助的孩子的老师很有必要，所以他们专门分派了两名社会工作者开始访问家庭和学校，与社区联合起来，倡导更好的理解和沟通(Lide，1959)。学校社会工作在波士顿的开端也很相似，当地的妇女教育协会分派了社会工作者(当时称为访问教师)把家庭和学校联系起来，使得孩子的学习教育更加有效率。哈特福德心理诊所的主管在当地开展了第一个访问教师的项目。该主管意识到这样的访问对诊所的工作有很大的帮助，包括收集孩子的病史资料，以及确保诊所对孩子的处方和建议能够被执行。

1913 年，纽约州罗切斯特市的教育董事会第一次正式开展并资助了"访问教师项目"。该董事会指出：

学校系统已经意识到本项目所针对的需求，这也是我们对此做出回应的第一步。在学校外部有各种因素对孩子以及学校的教育产生负面影响，这是一个不争的事实。新设立的访问教师就是要对孩子在校内校外的福祉都承担责任，并且最大化家庭和学校的合作。

罗切斯特的教育董事会在这一服务的发展上表现得相当积极。董事会为访问教师在学校中设立了特别的部门，这一举动也令人们意识到学校社会工作作为学校系统不可分割的一部分的必要性。借由项目开始，该行业也专门成立了美国访问教师协会。该协会在纽约召开了第一届会议，讨论了与行业相关的组织架构、行政管理，以及角色定位等议题。

早期影响

学校社会工作在20世纪初蓬勃发展。对其早期发展有重要影响的事件如下。

1. 学校出勤率强制法案的通过。当时移民家庭的儿童，以及不久之后美国出生的儿童的文盲现象引人关注。人们认为每个儿童都应该接受基本教育，而且州政府有责任确保儿童的这一权利。由此美国的一些州开始推行强制出勤的法案。但是，希望孩子工作以补贴家用的家长，以及希望使用廉价童工的工厂主想尽方法绕过法规。在强制性的出生登记政策出台之前，儿童在真正成年之前很容易就可以骗取工作许可，而且有些学区并没有为适龄儿童提供足够的教学设施，使这一现象更加严重。

学校出勤的相关法案没有很有效地被执行。Abbott 和 Breckinridge (1917)在芝加哥对当地学校的这一问题进行了调查研究。研究结果表明，学校需要一名专员负责确保学生出勤的工作，而且该专员还需要了解社区疾苦，如贫穷、健康问题、家庭收入不稳定，以及其他会对出勤率产生影响的要素(Abbott & Breckinridge，1917)。Abbott 和 Breckinridge 认为，学校社会工作者既了解儿童需求，又了解社区状况，应该承担起这一部分工作的责任。研究还表明，一些贫困家庭并没有进入社区服务机构的视野，也就是说学校其实可能成为解决他们部分生活问题的非常重要的实体。到1918年，每个州都出台了强制出勤的法案，强调上学不仅仅是每个儿童的权利，也是他们的义务。对于那些在校外的孩子和他们所受的影响来说，学校社会工作者在澄清法规和提高民众认识方面都扮演了重要的角色。

2. 个人差异性的相关知识。随着强制出勤法案的实施和影响不断扩大，州政府必须为各种各样不同的学生群体提供教育资源。自然而然，对儿童个体差异的新认知，以及儿童对教学环境改善的不同回应，都使得学校开始寻求其他领域的视角来看待这些差异。

之前人们并没有认真考虑过儿童是否有不同的学习需求；即使有人提出相关问题，也没有被认同。强制出勤法案的出台很快便改变了这一现状。学校社会工作者的工作也提升了教师和其他学校员工对学生生活状态和其他与学习有关的因素的认知。在纽约市教育董事会和当地社会工作者领袖的支持下，Henry 街道服务中心为特殊儿童（有精神健康问题的儿童）开设了第一个班级。该中心为这些特殊儿童提供了设备和资源，使他们也能够接受教育。这也是美国第一次为了特殊儿童群体而特别改编教学材料（Wald，1915）。

3. 对教育战略地位的认知。20 世纪初，社会工作者们对学校可以向年轻人提供哪些机会都有很深的认识。Breckinridge 希望学校能够重新审视如何满足学生的各种社会需求。1914 年在美国教育协会的演讲中，她提出：

对一个社会工作者来说，学校似乎是一个可以提供无限可能的媒介，不仅仅可以向下一代传承先辈的文化和智慧，还应该对现有社会关系进行考察并且对社会状况改善做出努力（Breckinridge，1914）。

4. 对教育的相关性的担忧。同时，社区中心中的社会工作者希望学校的教育能够设法更好地与儿童现在和以后的生活紧密联系起来。Oppenheimer（1925）提到，在 20 世纪初，社区中心对学校社会工作的影响非常大，不仅仅在干预方法的层面上，同时也影响着学校内部社会工作服务中心的发展（Oppenheimer，1925，p. 2）。中心的社会工作者担忧“没有足够的访问教师来把学校和家庭联系在一起”（Lide，1959，p. 109）。

• • • 早期定义

1916 年，Jane Culbert 将学校社会工作者的角色定义为：使学校更加理解学生在校外的生活；使教师更加了解学生，从而从全人的角度施教；使学校更加了解社区生活，从而按照学生的期望来塑造他们。再者，访问教师帮助家长了解学校对学生的各项要求，并且理解学生各方面的困难和需求（Culbert，1916，p. 595）。

学校社会工作者在这个时期的主要工作仍然是一个联系家庭、学校和社区的联络人角色。1925 年，Julius Oppenheimer 的一项研究，列出了比 1916 年的功能定义更加具体的职责。这项研究也再次强调了学校社会工作者作为家庭、学校和社区的联络人的主要工作职能。Oppenheimer 指出，学校社会工作者最重要的功能应该是：通过提供证据表明造成学生困难的环境问题或指出需要改变的需求，以帮助学校的管理和实践(Oppenheimer，1925)。Oppenheimer认为，学校社会工作者是一个在学校中了解学生的校外生活和社会环境的人。

• • • 20世纪20年代的发展

学校社会工作者在20世纪20年代数量增多。主要原因是为了预防青少年犯罪，纽约共同体基金对行业有很大的支持(Oppenheimer，1925)。共同体基金向美国访问教师协会拨款，进行了全国范围内在学校社会工作领域的实验。30名学校社会工作者被安排在30个不同的社区，有城市也有乡村，在全国范围内进行实验。每一个当地社区都分担社会工作者的一部分工资。在1930年，共同体撤资，30个社区中的21个社区将项目进行了下去。同时，其他的城市也开始开展自己的访问教师项目，短时间内超过244名新学校社会工作者出现在31个州内。由于实验的成功，教育董事会注意到学校社会工作的价值，开始在其他社区开展该项目。美国访问教师协会也蓬勃发展，开始着重为他们的成员建立更加完善的行业标准和发展方向。因为社会工作者的工作，学校也被认为是发展儿童福利的策略中心，可以有效地为儿童和家庭链接资源。

• • • 精神卫生运动的影响

20世纪20年代，社会工作者的临床治疗能力被社会广泛认同。精神卫生运动的兴起使得儿童精神健康的治疗得到越来越多的关注。Lela Costin指出，对儿童个体差异的认同，以及对精神健康对于儿童行为的影响的研究，都使得访问教师们开始学习预防儿童对社会不适应性的技能(Costin，1978，p.4)。

那一时期，几乎每个社区都出现了精神健康诊所。诊所的主要职能是诊断和治疗紧张或者不听话的儿童。社会工作者或者治疗师解决的问题诸如：“我们如何能够帮助那些情绪不稳定的儿童渡过难关继续上学？”“我们如何让所有的孩子都能够在学校中有健康、丰富和稳定的学习生活？”

Jessie Taft 写道：

有效提升一个国家的全民精神健康素质的唯一办法就是通过其学校系统。家庭太不容易渗透。我们作为社会工作者，代表着精神健康及其应用，应该用我们在学校中的实践帮助学校和教师认识到他们在这一领域的重要性(Taft，1923，p. 398)。

• • • 20 世纪 30 年代的目标转换

在经济萧条时期，学校社会工作以及其他对于儿童的社会服务的发展也减缓。访问教师的服务要么被废除，要么在经费和人员上都有极大缩减。食物、临时住房和衣物的供给占据了社会福利的资源。从这时起，访问教师也开始重新审视他们的角色定位。其中一些社会工作者想尽快改变他们之前在人们心中的作为强制学生出勤人员的形象，因为这个角色往往被认为不够专业。还有一些社会工作者在学校中经常杂事缠身，所以他们也希望自己能有更加明确的角色定义——更加注重专业技巧而不仅仅是劳力。

放弃一些之前的改善学校环境以及将家庭、学校和社区联系起来的工作内容，社会工作者开始将自己的工作重心放在对有困扰的儿童的精神支持之上(Hall，1936)。Gladys Hall 和 Edith Everett 认为，社会工作者的主要角色是从全人角度支持和帮助儿童。Hall 指出，学校社会工作者的角色正从一个学校和社区的联络人转变为预防儿童精神健康问题的专业人员。Everett 甚至不支持社会工作者在学校个案之外承担与社区有关的工作。

也有人反对这一变化。Bertha Reynolds 是第一批指出学校有可能是儿童问题的根源的学者。

如果学校的课程设置有问题，就可能造成上千学生的成绩问题。让社会工作者去给这些有成绩问题的学生做个案是非常愚蠢的。何不更改课程而一次性地解决问题？(Reynolds，1935，p. 238)

我们不仅要认识到刻意用个案去解决一些本在社会工作范围之外的问题的徒劳，也要认识到在这些问题中社会工作方法的不足，从而引导和指导社会活动以寻求改变(Towle，1936)。

20 世纪 40—60 年代对社会个案和政策改变的注重

到了 20 世纪 40 年代，与那些认同 Towle 和 Reynolds 等学者的看法不同，学校社会工作者已经有了一个更加细分的专业角色，已经基本不会干预社会变化和社区环境等议题。越来越多的文献指出社会工作者的更加“合适的身份”应该为“社会工作个案管理者”。儿童的个人需求成为社会工作者工作的重点。

Ruth Smalley 将社会工作的角色描述为“个案管理的专业人员，帮助儿童使用学校资源”（Smalley，1947，p. 22）。Swithun Bowers 将个案管理描述为“一种运用人类关系的科学和技巧助人提升能力的艺术”（Bowers，1949，p. 417）。Joseph Hourihan 认为社会工作者应该把工作重点放在帮助那些心理不适应的儿童个体上（Hourihan，1952）。

当时的一本书《帮助受困儿童：学校社会工作可选读物，1935—1955》介绍了很多关于社会工作是如何在学校中为各种儿童提供服务的。“个案工作方法：小学儿童”以及“学校中的儿童和个案管理员”都是这本书中典型的章节。学校社会工作实践的章节简介这样写道：

通过个案工作的技巧，社会工作者同儿童产生一种关系，使得儿童能够更好地了解自己、了解学校，以及那些造成其上学困难和影响发展潜力的问题（Lee，1959，p. 231）。

Ruth Smalley 写道：

社会工作的心理学部分的发展来源于其对心理和生理对人的综合影响的认识。个案方法在实践中以个体关系之间的技巧的方式被呈现和使用（1955）。

Mildred Sikkema 对社会工作者转介种类的研究证实，学生由于行为和性格问题而被转介的人数远远多于其他原因被转介的人数（1953）。对比来看，Jane Culbert 在 20 年代的研究表明，最多的被转介学生都有不适应课堂和学习成绩方面的问题（1923）。50 年代的其他文献也证实了这种问题转化的开端，学校社会工作的新时代由此展开。

除了个案工作，小组工作也在学校中被社会工作者采用。Paul Simon

的研究假设指出，虽然学校社会工作者运用个案的方法处理大多数儿童和家长的问题，但是，通过一些特定的小组，儿童在与同辈和老师的交流中也可以获得一定程度的帮助，并且解决一些人际交往方面的问题（Simon，1955）。

通过合作推进个案目标

社会工作者意识到个案工作的方法在很大程度上依赖那些儿童案主的家长的配合。而且很多时候社会工作者的个案都是和家长进行的，希望他们能够分担学校的顾虑并且支持个案的工作。Anna Braunstein 指出，“社会工作者与家长会谈是为了理解儿童及其行为，从而了解有可能导致这些行为的原因。之后社会工作者便可以提供更好的帮助来改善儿童的现状”（1959，p. 268）。Aline Auerbach 指出，为家长开设小组也具有潜力（1955）。这些小组的目标可以是帮助家长了解他们的孩子、孩子的学校以及孩子成长过程中的种种行为。

20 世纪四五十年代，社会工作者经常向教师咨询，以更好地解读孩子的情绪变化和帮助他们认识到自己的个性障碍（Alderson，1952）。Sikkema 尝试将这种合作的层面进一步扩大，强调社会工作者可以帮助学校里的其他员工更好地了解人类行为，从而更好地进行课程规划和设计（1949）。John Nebo 举例道，经过两年的参会和沟通，社会工作者成功改变了允许警察不经家长同意便从学校中提领儿童去警局审问的不良行政制度。然而，在这个时期，社会工作者影响学校政策的例子并不常见（Nebo，1955）。

在这个时期，人们对学校社会工作者的身份认同仍有疑虑。学校社会工作者可以是“访问教师”“访问咨询师”“学校咨询师”“学校社会工作者”或者其他头衔。这种缺乏统一的现象也反映出行业对其服务目标和功能的不明确（Kozol，1967；美国社会问题顾问委员会，1968；Silberman，1970；失学儿童行动组，1970）。

政策改变

1954 年 Brown 对教育董事会一案的判决急剧转变了美国社会对公立学校的认识和看法。最高法院推翻了 58 年前 Plessy 对 Ferguson（1896）一案的判决，认为种族分离的学校是一种本质上的不公平。这一判决意味着学校中的种族分离是违宪的，然而这种分离的现象在判决后依然存在，有人甚至认为分离变得更加严重（见 Orfield，1978；Orfield & Eaton，1996）。

另外，1957 年苏联成功发射卫星 Sputnik，使得美国国会通过了国防教育法案（NDEA），来促进对数学和自然科学教育方面的关注和投入。法案将学校作为提高国家整体科技水平的中心媒介，以对抗苏联日益进步的科学技术。当时，人们普遍认为美国的生活方式受到了威胁，教育是美国重新在国际上取得领导权的重要手段。

20 世纪 60 年代学校社会工作者目标和方法的改变

60 年代，公立学校被大众口诛笔伐。有人认为公立教育并没有教育儿童，很多关于如何改变公立学校系统，以及改变学校社会工作者和咨询人员的工作方向的讨论越来越多。种族分离的教育使得教育机会不平等；公立学校强化了这种少数族裔和低收入家庭子弟的学习成绩没有白人中产阶级家庭的儿童好的观念，因此学校的员工对这些儿童的期望值也很低；公立学校被认为是阶级压迫的工具，制约了部分学生的创造力、成长以及学习的愿望。一些家长也觉得被学校冷落，希望能够在学校对孩子的教育上有更多参与机会和发言权（Lide，1959）。

同时期，Robert Kennedy 同媒体一起在整个 Appalachia 地区长途跋涉，将美国乡下的贫苦展现给了中产家庭。约翰逊总统的伟大社会行动也包括了 1965 中小学教育法案（ESEA）。这是全国第一次由联邦政府拨款协助公立学校解决低收入和低教育水准儿童的教育平等问题。这也开启了一个政府介入教育、提供资源、国家支持教育平等和帮助贫困儿童的新纪元。新纪元的到来，也使得人们对教育者的期望更高，随之而来的工作职责也更加广泛。

1966 年 7 月 2 日星期六，当时的美国教育专员 Harold Howe 举行了新闻发布会并出具一份针对回应 1964 年人权法案第 402 条的报告①。该条法

① 该报告挑选在国庆周末的星期六发布，是为了尽量不引起媒体的关注。见 Grant（1973）对 Coleman 报告的“最好待遇”（与 Harold Howe 面对面，Hanover，NH，1998 年 2 月）。

案要求教育专员对“由于种族、肤色、宗教信仰或原国籍在美国各级公立教育系统中对教育机会平等的影响”展开调查。该调查旨在记录当时在学校中由于种族分离和经费不足造成的少数族裔子弟的教育不平等现象。具体来讲，该报告回应了以下四个问题：(1) 公立学校的种族分离到底到了什么样的程度？(2) 学校是否向不同族裔的学生提供“平等的教育机会”？(3) 根据标准化考试的结果，不同学校的学生学习成果有多大差别？(4) 学生的学习成绩和他们的学校有什么样的关系？负责该调查的团队——Coleman和他的同事们对大约60万名学生(约一半为白人一半为其他族裔)、6.7万名教师和4 000名教务主任进行了问卷调查。该研究的题目是教育机会的平等(Coleman，1966)，后来广泛地被人们称为“Coleman报告”。该报告写成时有700多页，内容非常复杂(Grant，1973)。这种复杂程度，再加上没有简洁的结论和信息，很容易被媒体、政府、大众和教育从业者误解。

令人惊讶的是，这份样本庞大的Coleman报告，结果并不支持人们在当时以为的由于学校的问题，相对于白人子弟，少数族裔儿童受到不平等对待的假设。以下是对该报告的成果的简要汇总。

1. 种族分离：五分之四的白人学生都在白人占至少90%的学校中上学。65%的黑人学生在黑人占至少90%的学校中上学。在南方，大部分的学校要么100%是白人，要么100%是黑人。

2. 教师：在大多是黑人学生的小学中65%的教师是黑人。在南方，这个指标达到几乎100%。

3. 设施：虽然可以看到，在与学生学习息息相关的一些设施方面的资源还是存在一定的分配不均(例如，实验室数量和图书馆中的书本数量)，但“在这方面并没有特别的规律可循，少数族裔的学生在这方面也没有受到歧视”(p.9；测量指标如建筑年龄、班级大小、图书馆服务、免费教科书、使用不超过四年的教科书、化学实验室等)。这一现象在南方较为明显。

4. 课程：黑人学校中的课程设置或课外补习的内容要相对较弱(例如，大学预科课程、辩论队等)，同样的，这种不平等在南方更加显著。

5. 成绩：“一年级时，少数族裔的学生其平均成绩低于白人学生平均成绩一个标准差，而到了12年级，他们的成绩差异甚至变得更大。”

最后，该报告最被关注也是最重要的发现是：学生的成绩与同校生教育背景和理想观念非常相关。进一步的分析指出，假如一个非常重视并且懂得教育的白人家庭的孩子，进入一个学生都不是来自这样的家庭的学校，相较于这个孩子进入一个都是来自这样的家庭的学校，这个孩子的学习成绩不会有什么差别。然而，如果一个少数族裔的孩子，来自一个不懂得教育的家庭，但是却进入了一个学生都来自重视教育的家庭的学校，那这个孩子的学习成绩将很有可能提高(p. 22)。

该调查在全国范围内反响热烈，直至今日也经常被引用讨论。这项研究也对学校系统改革、反种族隔离、校车计划、学校财政诉讼等相关的政策制定有深远的影响。然而，对 Coleman 报告最被人熟知的解读是“钱不是问题，学校也不是问题”。虽然 Coleman 和他的团队极力反驳这种总结，但是由于报告本身的复杂程度和对成果及其背景的繁复解读，致使平民版本的总结流传了下来。报告令人立刻想到的结果之一便是，以人权法案为契机的向少数族裔学校拨款的计划有可能无法实现了。由此，人们的注意力也转向了种族融合的项目，一个典型的例子便是通过校车，志愿或强制性地让少数族裔的孩子在白人学校中入学(见 Swann 对 Charlotte-Mecklenburg 一案，1971)。

即便公立教育在这个时期内处在舆论的风口浪尖，即使已有很多文献表明学校和学校社会工作者的工作职责需要变得更加广泛，但很多学校社会工作者依然全身心地投入个案工作中，以帮助情绪波动的儿童(Wessenich，1972；Willis，1969)。

当时的文献中开始出现一些其他社会工作方法的实验。Virginia Crowthers 强力支持“学校社会工作者运用小组的方法，来帮助家长和儿童更好地通过小组了解自身和理解行为”(1963)。在一份研究报告中，Robert Vinter 和 Rosemary Sarri 介绍了如何有效地使用小组方法应对高中辍学、效能感低下、成绩下降等问题。报告还指出，成绩不良往往是由个人原因和学校环境两方面造成的。这份报告使得学者们总结道，学校社会工作者应该在学校的范围内进行工作，而不是仅仅聚焦在个体；学校社会工作者也应该有策略地指出学校里那些不利于学生的政策和安排；学校里的社会工作者应该有双重职责——帮助个体，也同时解决学校中出现问题的根源(Vinter & Sarri，1965)。

随着学校里小组工作方法越来越受欢迎，人们也开始意识到可以使用这种新方法来服务社区。一种应用更加广泛的社区工作开始被认同，这种社区工作旨在将学校社区和当地社区更加紧密地结合起来。在底特律公立学校系统的一项研究证实了社区在教育上的重要性。这个项目将城市中心的社区和学校变得更加紧密。因为当时市中心区的孩子成绩落后于其他区，联系学校和社区的专员被雇用以专门进行联络工作(Deshler & Erlich，1972)。

角色混乱

公立学校中的社会工作者开始使用多种多样的方法来进行工作，有人对这一时期人们如何看待社会工作者的身份进行了调查。总体来看，学校社会工作者是一个团队中的一员，同学校其他员工协同工作——教务主任、心理咨询师、护士、特殊教师等。Robert Rowen 在新泽西进行了一项研究来调查当地教育司长和学校社会工作者自己分别对学校社会工作者的角色认知。研究发现，对于学校社会工作者的四分之一的职责，司长和社会工作者都有相当不同的认知或不解。在司长的认知中，社会工作者有许多额外的工作，包括调查学生的家庭和社区的状况，在孩子被怀疑有精神健康问题时协助心理医生收集有关背景资料，以及在社区委员会和其他社会组织的服务(Rowen，1965)。

Merville Shaw 在一项对角色描述的研究中发现，学校咨询师、社会工作者和心理医生要进行的工作中有相当程度的重合(Shaw，1967)。Richard J. Anderson 的研究发现了有些问题存在于学校之外。他在伊利诺伊州进行的对那些被转介到社区心理诊所的学生的研究发现，诊所的员工并不能和学校社会工作者很好地配合和沟通(Anderson，1968)。1969 年，Costin 在全国范围内评估了社会工作者的工作职责和目前的实践方法是否能够适应当时的与学校和学生有关的社会问题(Costin，1969a)。该研究指出，当时的社会工作仅仅反映了四五十年代文献中对于社会工作的临床取向的描述，对于教育界和社会工作者界对领导力和对政策的影响几乎没有回应，并广泛认为不重要。另外，学校社会工作者也不愿意分派工作给没有经过专业训练的帮手。根据这些数据和一份对当前教育问题的回顾，Costin 敦促行业对学校社会工作的目标进行一次重新评估：

学校社会工作的重点需要从个体情绪、动机和个性方面转移，更加关注学习、思考和问题解决方面的认知问题。学校社会工作者的目标应该是基于帮助学生获得成就感，帮助他们准备好今后的学习，以及帮助他们学会适应变化(1972，p. 350)。

John Alderson 和 Curtis Kirshef 进行了一个和 Costin 的研究相似的项目，询问了佛罗里达州的一些不同受训程度和经验的学校社会工作者。让他们对社会工作者各项职责的重要程度进行排序，并且说明是否愿意分派工作给其他职员(Alderson & Kirshef，1973)。研究结果显示，社会工作者将领导和影响政策排在了第一或第二位。而之前提到的 Costin 研究报告中这一项却被排在最后。然而，我们在对比这两个研究时要注意：Costin 随机分析了全国范围内的具有硕士学历的社会工作者，而 Alderson 和 Kirshef 分析了一个州内的一些具有不同背景和经验程度的社会工作者。

Robert Bruce Williams 调查了学校社会工作者的行为是如何影响各个学校对学校社会工作者的看法的(1970)。研究显示社会工作者的作为和不作为对学校教务长与社会工作者的关系有重要影响。

• • • 20 世纪 70 年代的发展：对领导力的需要

学校社会工作者在 70 年代发展迅速，总体数量增多，与学校其他员工协同为家庭、社区和有困难的儿童进行服务。而这一时期，社会环境也在急剧转变。

70 年代的很多诉讼案件也对公立学校的目标，以及教育者和社会工作者的机遇和责任有着深远影响。例如，Lau 对 Nichols(1974)一案中，最高法院判决学校必须向母语不是英语的学生提供使用这些学生的母语的教学。类似这样的关于不同的特殊群体学生的案件，使得学校需要增加一系列的服务来适应这些日益增多的特殊群体。50 年代至 70 年代，美国城市中的白人大举移居到城市边缘地带，在此背景下，Milliken 对 Bradley (1974)一案的判决，对学校进行种族融合教学的能力提出了挑战。在 Brown 案件的 20 年后，在产生了通过校车进行种族融合的 Swann 对 Charlotte-Mecklenburg(1971)案件仅仅三年之后，Milliken 案件的判决使得白人聚居的郊区不需要参加任何城市消除种族分离的计划。①

① 其中两项判决在 2007 年被最高法院(社区学校的家长对西雅图第一学区一案，以及 Meredith 对 Jefferson 郡教育董事会一案)宣布违宪。如今所谓消除种族隔离的方法之一是种族不可作为学生入学的筛选条件。这些判决在当时限制了政府介入学校消除种族隔离的能力，而让住房地点的自由选择加强了种族隔离。

另外，公立法案94—142(1975)的通过成为残疾儿童教育的分水岭。从此以后，为残疾儿童提供教育成为联邦法律规定的义务。该法律(1990年被重新命名为残疾人士教育法案，或简称IDEA)为残疾儿童的教育提供了指导思想、联邦经费和各级责任结构。94—142法案、Brown案、Lau案以及Milliken案等事件，使得学校被要求为全部儿童提供平等的教育，而不是以往的分别在(种族或经济条件形成的)高度隔离的社区甚至隔离的教学楼内进行教学。

另一个在这个时期对公立教育产生很大影响的文献是1968年的Kerner报告(美国社会问题顾问委员会，1968)。该报告分析了60年代的一系列种族暴力事件，并指责事件的源头是因为公立学校没有给少数族裔儿童提供良好的教育。报告诉求尽快消除国内的种族隔离并且让家长和社区有更多的机会参与公立学校的教育。Sarri和Maple认为，学校社会工作者的工作转变很大程度上是受Kerner报告的影响(1972)。

1969年6月在宾夕法尼亚大学召开了以“70年代的社会变革和学校社会工作”为题的全国工作坊，旨在“推进美国学校社会工作的创新和发展，并且鼓励学校社会工作者在社会变革中发挥领导力作用”(Sarri & Maple，1972)。当时的类似全国或区域性的会议成果而后被编纂成书——《社区中的学校》。Linda Wessenich、Helen Nieberl、Betty Deshler和John Erlich等人合著了这本书。Wessenich提出系统理论可以作为学校社会工作者解决问题的基础(Wessenich，1972)。Nieberl敦促社会工作者不要仅仅注重案主的微观系统，而应该着眼于学校和社区(Nieberl，1972)。这一想法需要收集和分析有关学校和社区对学生学习能力影响的多种因素的数据。Deshler和Erlich在底特律进行了一项研究，社会工作者在研究中作为学校和社区的联系媒介(Deshler & Erlich，1972)。

其他作者也指出了一些导致行业停滞不前的因素。Spitzer和Welsh提出了一种以问题为中心而不是以方法为中心的实践方式，描述了解决问题的具体步骤(Spitzer & Welsh，1969)。Benjamin和Lois Gottlieb总结道，目前主要有三个因素在阻挠社会工作实践的发展：(1)教育领域学校社会工作者对个体和个案方法过于关注；(2)社会工作者的专业培训是以医学角度进行的，注重个体的内部心理变化，而非外部环境状况；(3)教育管理者的传统思想期望学校社会工作者处理那些不听话的儿童(Gottlieb & Gottlieb，1971)。

实践模式

随着学校社会工作者实践方法的不断改进，各种不同的实践模式也应运而生。实践模式可以被定义为“对专业模式重要因素的说明、中心思想的概括，以及概念之间关系的解读”（Johnson，1972，pp. 95—96）。William Reid 和 Laura Epstein 提出，一个模式是指“对一个治疗方法开展的一系列指导。模式是定义也是描述。它通常说明了从业者应该如何去做或者在某种条件下从业者自然会去如何行动”（1972，pp. 7—8）。Peter Kettner 提出了一些可以对不同模式进行分析和对比的要点：理论结构、介入程度、目标群体，以及采用的策略等（Kettner，1975）。模式往往是为了适应某一特定的实践，以及当时的时代背景和环境状况而产生的。

Alderson(1972)在这方面做出了很多贡献，提出了四个学校社会工作实践模式：传统的临床社会工作模式、学校改变模式、社区学校模式和社会交互模式。

第一，传统的临床社会工作模式。这是最著名也是最广泛使用的模式，它注重影响儿童个体学习潜力和能力的社会和情绪问题，运用心理分析和自我心理学作为理论基础。该模式的主要假设是儿童个体(或儿童家庭)正在经历困难和功能障碍，所以学校社会工作者需要向儿童或其家庭提供个案工作服务。

第二，学校改变模式。这一模式是着眼于学校自身及其规章和实践；学校作为一个整体——包括所有员工和小组——被看作案主。这个模式主要用来倡导改变那些影响学生学习的学校政策。

第三，社区学校模式，主要聚焦在条件较差的弱势人群聚居的社区。该模式向居民介绍社区中的学校可以提供的资源，帮助学校获得一些来自社区的支持，也让学校领导了解社区动态。

第四，社会交互模式，着重研究个人和小组的行为对彼此的影响。介入的目标是对象(儿童、一组儿童、家庭、学校和社区)之间的交互的种类和质量。社会工作者作为中介者、澄清者以及协调员来帮助对象更好地了解他们之间的联系。这种介入包括发现它们的“共同利益点”：社会工作者通过指出共同利益来帮助对象制订一个具体的目标。

Costin 的模式

Costin 的学校—社区—学生关系模式是从一个由多所大学合作进行的

有关学生服务的研究项目衍生而来的（Anderson，1974；Costin，1975；Vargus，1976）。这个模式强调学生、学校和社区交互的复杂性，通过改变这个三元结构的一些交互方式，来修正一些对学生有害的行为或政策。这个模式关注学生和他们的学校，但是关注的对象是学生作为一个组群，而不是个体的情绪问题。

每组学生按照不同的问题分组（逃学、怀孕或各种不同的学习需求），这些特殊需求导致每组学生以不同的方式和学校、社区进行互动。Costin认为，问题本身并不是完全来自学生自身，学校和社区对问题的产生都有影响。

学校社会工作者经常为各个小组的学生提供个案、小组和危机介入的服务。然而，在这个模式中，个案并不是主要的工作方法。社会工作者在这个模式中会更多地进行新服务项目的开发，为学校领导关于影响学生表现的实践和政策提供咨询和协助，以及与社区机构协作为学生和家庭提供服务。在这个模式中，社会工作者同学校其他人员进行跨专业的合作是必需的。

20世纪70年代对Costin研究的复制

70年代晚期，Allen-Meares复制了Costin在1969年的研究来评估当时的学校社会工作实践（Allen-Meares，1977）。重做该项研究主要是因为，当时很多社会工作的文献都提出行业的新角色和新的实践模式；美国社会工作者协会（NASW）人力政策声明（Willis & Willis，1972）也提出关于社会工作者分工协作的新主张；在这个时期，不良的社会环境和急剧的社会变化对公立学校提出很大挑战（通货膨胀、药物滥用、儿童虐待和忽视、贫困和居高不下的高中辍学率）；人们对新的具有人文关怀的教育系统的渴望也对学校社会工作的发展有积极的影响。

Allen-Meares对Costin的问卷进行了改进，加入了当时文献中出现的一些新内容，然后将问卷邮寄给了全国范围内随机选出的学校社会工作者。正和Costin的研究一样，社会工作者被要求对他们的工作事项按照重要程度排序，并且说明是否愿意将这些工作分派给非专业人士。数据分析得出七项工作事项，按照重要性排序为：（1）向他人澄清儿童的问题；（2）社会工作前期服务；（3）预估儿童的问题；（4）协调学校—社区—学生的关系；（5）向学生和家长提供教育方面的咨询；（6）整合和运用社区资源；（7）领导和制定政策。根据前五项工作内容，研究总结出社会工作者的工作正在从Costin研究认为的传统的临床个案方式，转变为一个为家庭—学校—社区提供协调和教育咨询的角色。然而，领导力和政策方面的工作内容仍然不被重视。可以看到，这个结论其实将社会工作者的工作介于临床个案和系统改变（或者学校社区关系）两个模式之间。该研究并没有说明社会工作者在儿童个体、小组、学校和社区环境、危机介入等任何方面的偏重性。这次研究的参与者同样不愿意分派工作给非专业人士，显然保持行业的专业性和提供特定服务的专属权利对学校社会工作者非常重要——这一结论与当时其他文献所述的关于分工协作的实验相违背。

美国社会工作者协会（NASW）的研究

NASW学校社会工作委员会在1973年秋季举行了第一次会议，提出了学校社会工作者所面对的若干挑战。由于当时严重的通货膨胀和预算缩减，受到威胁的公立学校员工开始通过抢夺学校社会工作者的工作职责来保障自己的工作。正因如此，委员会必须做出回应并对现行的实践进行评估。委员会在NASW新闻刊中发表了一封公开信，邀请学校社会工作者参与讨论并提出自己的看法（Watson，1975）。回应非常热烈，来自全国各地的信件也证实了委员会进行行业评估的想法是必要的。不久之后，在1974年，委员会在中西部学校社会工作会议上进行了报告。会上，委员会明确了对学校社会工作建立行业国家标准、澄清服务性质和明确工作内容的必要性。

在这项工作开展之前，委员会收集了更多有关当前实践情况的信息，如学校社会工作者的培训和美国学校社会工作的组织架构。这项调查于1975年夏季结束。美国50个州的教育部的代表接受了访问，随机选取的学校社会工作者及本科和研究生级别的社会工作学院完成了问卷调查。

几乎全部（88.4%）接受调查的学校社会工作者都是当地公立学区的员工，他们的工资来源于州政府或当地机构，或两者都有（学校社会工作者问卷调查报告汇总，1978）。大多数（88.8%）社会工作者都有社会工作硕士（MSW）学位，并且有教职或集体谈判的权力。五分之一的社会工作者表示自己直接进行社会工作督导，90%回应参与了跨学科的协作。专业实践主要被定义为直接服务。服务对象的典型问题如家长和情绪不稳定的儿童的关系，与工作相关的最常见的问题如过多的转介、过多的个案数量，以及学校的同事对社会工作的角色和功能的不理解。

50个州报告说学校社会工作者是直接被学区雇用的，但是只有6个州强制学校雇用社会工作者。约三分之二的州要求学校社会工作者必须具有社会工作硕士学位。

在本科级别的社会工作学院(230所)中，少于三分之一的学院提供针对学校社会工作的课程，但是学校经常被用作实习的地点。几乎所有学院都表明他们和同校区的教育学院合作极少。在硕士研究生级别的社会工作学院中，8所(共调查82所)有学校社会工作专业方向，19所有学校社会工作的相关课程。教育部和所有本科社会工作学院有极少的沟通与合作。

当把社会工作者协会的调查同Allen-Meares的研究进行对比，显然在结果上有很多共同点。两项研究都发现实践重心主要是在个体服务，而不是对于儿童群组整体或对于教育和学校政策的实践，即使Allen-Meares的调查结果显示实践的重心正在转移。

20世纪80年代：社会工作和教育的接口

《学校社会工作：实践和研究视角》(Constable & Flynn，1982)捕捉到了行业在80年代的迅速发展，以及对未来有重大影响的研究和教育问题。学校社会工作者开始服务于学生组群(尤其是残疾学生)，也开始和学校其他员工更多地合作。与社区和家庭的联络得到加强，社会工作者也更多地参与到学校的政策倡导和制定当中(Allen-Meares & Lane，1982)。另一项研究调查也证实了这些变化。该研究调查了学校社会工作者对P.L. 94—142法案(残疾儿童教育法案)的看法及其对实践的影响。研究发现，当时社会工作者在学校中不仅接受咨询、协助学习和评估残疾程度，而且在学校的日程运作中起着重要的组织作用，再也不仅仅是单一的长期临床治疗的实践模式(Timberlate，Sabantino，& Hooper，1982)。

当时，在实践中运用生态视角并且进行实践评估非常流行(Constable & Flynn，1982；Germain，1979；Tripodi & Epstein，1980；Winters & Easton，1983)。80年代时，美国的社会工作者数量越来越多，美国社会工作者协会也变得越来越大。为此，美国社会工作者协会(NASW)举办了一系列专题会议来讨论这一问题。这些会议主要讨论了社会工作日益多元的角色(例如，服务婴幼儿、学校社会工作者在儿童早教方面的角色、学校改革，以及学校社会工作者应该如何增进学校内的多样性，帮助有学习障碍的学生融入集体等)，新的服务对象群体(例如，受药物影响和感染艾滋病毒的婴幼儿)，以及如何应对越来越多的流浪家庭和儿童。同时期，1986年出版的《学校中的社会工作》是第一本全面介绍上述问题的著作(Allen-Meares, Washington, & Welsh, 1986)。

教育方面的立法也继续在学校社会工作者的发展变化中起到至关重要的作用。例如，在1986年的残疾人教育法案修正案P.L. 99—457，H部分关于残疾婴幼儿早教方面的服务条款，在1988年的改善中小学教育法案修正案P.L. 100—297以及残疾人教育法案P.L. 101—476中，学校社会工作者都被列为“合格的人选”来进行相关服务。

就在卡特总统将美国教育办公室升格为联邦政府内具有内阁级别的教育部仅仅一年之后，新当选的里根总统便废除了教育部。新的共和党政府认为，教育部门回归当地更有助于推动公立学校的发展和改善，联邦政府级别的角色并不是必需的。为了确保教育改革的策划和实施能够顺利，以及应对教育质量和系统改革需要的争论，各州教育部进行了全国范围内的一项调查。调查委员会提交了报告(优质教育国家委员会，1983)。报告结果不仅驳斥了减少联邦政府参与度的提议，更强调了目前国家所面临的风险和压力，使得全面的教育改革“势在必行”。这一次的威胁来自经济：“如果一个敌对国家向美国强制实施美国现今的这种平庸的教育，我们不如把这种举动看作是对美国的宣战。”联邦政府有责任继续其在教育改革中的角色，而不是通过将教育部降格而把责任推卸给各州。Allen-Meares (1987)指出，进行这次调查的另一个动力也是担忧联邦政府对儿童和家庭的社会福利项目削减开支。如果仅仅单一地提出优质教育便忽视了影响教育品质的其他因素如贫穷、不平等的医疗服务、种族和性别歧视等。她的研究发现，优质教育包括有效率的学校领导层，对学生和职员的高标准，为学生提供持续的良好的学习环境，以及解决学校的问题。改革起始阶段，蓝丝带委员会成立，以敦促政府增加学校系统的预算，提高对教师和学生的学术水平要求，以及注重数学和自然科学学科。当时被发现的阻碍优质教育的因素包括家长对教育的冷漠、贫困、儿童虐待和忽视、家庭危机、不良育儿方法、经济市场不佳、家长和教师关系不好、没有预防辍学的项目、学校职员之间缺乏合作以及财政资源不足。

20世纪90年代至今

1994年(被人们熟知为教育改革之年)，学校社会工作再一次成为重大立法内容的一部分——目标 2000：美国教育法案，P. L. 103—227。目标 2000 法案被布什总统第一次提上议程，被克林顿总统签署正式生效。克林顿引用 Labaree 的话讲道：教育不仅仅代表着“我们对社会的期望，也代表着我们对社会本质的认知(Labaree，1997，p，41)”。值得注意的内容之一是，该法案提出，到 2000 年，希望美国成为世界上数学和自然科学领域最发达的国家(使人联想到 1958 年的 NDEA 国防教育法案)，并且提出希望所有儿童到了学前班年龄时都能够“准备好学习”。1994 年 3 月 31 日该法案正式生效，提出了国家的八个大的目标，与教育有关的小目标包括适龄入学、入学准备、完成学业、学生学习成绩、公民意识、教师培训和职业发展、数学和自然科学的教育、成人教育和继续教育、学校安全和纪律以及家长对学生学习的参与等。该法案的主要目的是为了促进国家的科研、公民共识，以及通过系统化的改革使得所有学生都能获得平等的教育机会。

各州社会工作者协会的成长和新国家协会的成立

70 年代初期开始，各州的社会工作者协会数量越来越多。很多美国社会工作者协会的分会都有了学校社会工作者的委员会，很多州政府的教育部门也都有行政人员专门负责学校社会工作的事项。这些专员在当时被称为州政府学校社会工作者顾问，并且成立了美国州政府学校社会工作者顾问协会。这些州郡、地区和全国的组织为他们的会员提供专业提升的培训机会、年度工作坊、职场交流会、继续教育基金以及政策倡导的支持。随着各州协会的不断发展，这些组织之间以及它们与美国社会工作者协会之间建立和保持良好的关系显得尤为重要，如果这些组织相互孤立，对行业发展也有损害。1994 年，美国社会工作者协会将学校社会工作作为第一个独立成立的部门。美国社会工作者协会学校社会工作者部庆祝了若干周年纪念日。该部向会员提供全国范围内的影响力、通讯邮件、全国会议上的职业发展机会、国家级别的政策游说，向联邦立法和政策制定提供建议以及相关政治问题的倡导和支持。

学校社会工作证照

现今各州在规定学校社会工作者从业人员的教育基础标准上都有越来越具体的条款。例如，在伊利诺伊州，要考取学校社会工作者的证照，必须先要完成被承认的社会工作硕士项目，并且在项目中完成一些学校社会工作者相关的课程(例如，教育立法、特殊儿童、实践模式，以及州和学区的相关法律)，然后需要通过两门考试(一个学校社会工作相关知识的考核以及一个在数学、阅读和其他学科的基础知识考试)。对于那些在证照政策出台之前就完成了上述要求的社会工作者，政府也出台了相应政策来为他们直接颁发证照。由于越来越多的州政府都为学校员工设立了上岗证照的制度以改进学校服务质量，美国社会工作者协会在同 Allen-Meares 和新泽西州普林斯顿的教育测试服务公司(ETS)协商后，开发了第一个学校社会工作执照标准化考试。第一次考试在 1992 年举行。

然而，到了 1999 年，由于在教师群体中对社会工作者的兴趣下降，美国教师考试决定去除考试中有关社会工作的部分。但是当时美国教师考试是学校社会工作者执照要求的两项考试之一，美国社会工作者协会为了应对这一变化，在 2000 年开发了学校社会工作专员证书考试(C－SSWS)(NASW，n.d.)。正如学校社会工作执照考试，通过学校社会工作专员考试，即被认为通过者即达到学校社会工作者的国家标准，并且具有在学校社会工作领域的执业资格。然而，C－SSWS 并不能取代各州自己为学校社会工作者制定的考试和执照标准(NASW，n.d.)。因此，实际上，证照系统还是由各个州政府控制，且各州对学校社会工作者的执照要求也不尽相同。

学校中社会工作服务的标准

1976 年，第一个学校社会工作者的服务标准出现。预防是当时服务标准的关键词。1992 年和 2002 年教育行动组对学校社会工作者服务标准进行了两次修改(NASW，2012)。新的标准分为 11 个部分：(1) 伦理和价值观；(2) 执业标准；(3) 预估；(4) 介入；(5) 做决定和实践评估；(6) 文档记录；(7) 工作量；(8) 职业发展；(9) 对多元文化背景的了解；(10) 跨学科领导力和协作力；(11) 政策倡导。新的标准是为了向学校社会工作者具体地描述他们应该向学校、学生和其他人提供的各项服务(NASW，2012)。

未来的方向和挑战

教育质量、更低的税赋、更多元需要服务的学生群体、更多的贫困家庭和儿童，以及更多的暴力事件，这些都将持续挑战社会工作者如何用更加创新的思考改进服务。社区、社会和经济体能够为社会工作者服务注入多少资源将有决定性的意义，建立和谐融合的学校及社区，也是成功不可或缺的部分。

近年来业界的发展趋势是，更多地应用科学技术，来持续评估学校中社会工作者介入的有效性（NASW & ASWB，2005；Pahwa，2003；Redmond，2003）。Pahwa（2003）指出，应用科学技术在学校中长期收集数据对社会工作者的工作有积极的影响。社会工作者也编写了说明书，帮助同行在他们自己的学校中试用新的学校社会工作信息管理系统（SSWIS），以进行信息和数据库管理（Redmond，2003）。为了对新兴的技术做出回应，美国社会工作者协会（NASW）和社会工作董事协会（ASWB）出版了《NASW & ASWB 科技和社会工作实践标准》（2005）。

该标准的具体目标包括：保持并改进与运用科技有关的社会工作服务质量；作为社会工作者在实践中运用科技的指导说明；帮助社会工作者监测和评估在服务中使用科技的成效；向案主、政府相关部门、保险公司和其他机构说明社会工作服务中科技的使用准则（NASW & ASWB，2005，para 5）。全文可参见：http：//www. aswb. org/wp-content/uploads/2013/10/technologySWPractice. pdf。然而对于社会服务网络如何影响社会工作者在学校中对学生的服务，还需要更多的研究来发现和分析。

结　　论

自 20 世纪初以来，围绕学校社会工作始终有三个问题：谁是学校社会工作者？他们应提供什么样的服务？谁与他们相关？为了全面地总结学校社会工作者的历史沿袭，我们也需要追踪整个教育在美国的发展状况。表 1.1 总结了在不同时期的社会和教育对学校社会工作者服务产生的主要影响。学校社会工作者也应该始终了解教育方法和社会环境的变化，这样才能积极主动地变换自己的角色。正如丰富的学校社会工作的历史所展现的，这个行业经历了复杂的变迁，不断地变换功能和角色以适应对学生、学校和社区的服务。

表 1.1 美国学校社会工作的历史发展和影响，1800 年—21 世纪

社会走势和社会运动	公立教育系统	社会工作	学校社会工作
1800—1919 年			
崇尚进步，自由主义和社会进化论的时代 移民人口增加 社会科学知识体系开始发展 劳工运动；反童工运动；对工作环境的担忧 青少年法庭的建立 第一次世界大战（“为民主争取安定”） 本土主义者认为来自欧洲的新移民正在破坏“社会结构和种族结构” 心理学和弗洛伊德学派的发展与影响	公立教育的发展：公立教育在北部和西部中小学和大学扩张（1875—1900 年） John Dewey 和“先进教育”理念的影响 对儿童个体成长的关注 在 48 个州实行的强制出勤法案（第一个实行的州：马萨诸塞州，1852 年；最后一个实行的州：密西西比州，1918 年） 支持职业教育的 Smith-Hughes 法案 非公立学校的出现	从志愿服务发展为有薪的正式工作 移民的增加诞生了美国第一个街道服务处，1887 年 一开始的社会工作教育以实践方法为主；社会科学理论作为主要知识体系 以 Mary Richmond 的著作《社会诊断》（1917）为开端开始建立实践的理论 开始分不同专业方向发展实践	校外机构向哈特福德、波士顿和纽约的学生提供服务，1906—1907 年 纽约州罗切斯特市学区成为第一个直接资助学校社会工作者服务的公立学区
1919—1929 年			
繁荣：国家整体收入上升，失业率下降 移民数量减少；外来激进分子被遣返 种族包容度下降；“三 K 党”盛行	非公立学校开始成为公立学校可接受的替代选择，1925 年 学生数量增多，教育项目也日益丰富，都反映了当时的繁荣局面	慈善基金会数量急剧上升 社区捐助点越来越多，私有慈善组织越来越多 “儿童指引”性格塑造服务机构出现；青少年犯罪预防项目出现 服务注重个人功能性，不注重社会因素；注重个人调节	共同体基金作为私募基金会支持了 20 个社区中的 30 名社会工作者 访问教师数量增多 美国访问教师协会于 1919 年成立

（续表）

社会走势和社会运动	公立教育系统	社　会　工　作	学校社会工作
1930—1945 年			
经济大萧条；联邦政府寻求解决经济和社会问题的方法 新协议；联邦政府复苏项目开始 大量人口从乡村移居到城市 持续的劳工运动；要求公平薪资 第二次世界大战：反极权主义的斗争；国家团结 1935 年颁布社会保障法	美国地方资源养护队的发展；每个养护队营地都开展了教育活动；对青少年产生了深远影响 美国青少年管理局为高中和大学的青年提供工作	联邦政府开始更多参与社会福利项目、复苏项目，以及公共服务项目 联邦经费投入增加；州政府更多参与儿童、老年人和残疾人的服务 小组工作方法流行；美国小组工作研究协会于 1936 年成立 社区组织作为一种服务方法在 Lane 报告中出现；新的街道服务中心数量减少	30 年代访问教师项目大量被废除或被削减经费 个案工作员成为社会工作者其中一个更具体的角色 1944 年密歇根州第一个通过州政府教育部对学校社会工作者支出报销的法案
1946—1960 年			
战后繁荣 人口急剧增多，出生率急剧上升 大型城市社区发展迅速；中小城市的少数族裔开始迁居 电视广告开始宣传幸福家庭生活	学校数量增多，很多学校人口密度过大，半天课程出现 Brown 对教育董事局一案(1945)：“种族隔离且不平等的教育” 美国科学基金会成立(1950)，倡导基础自然科学教育 1954 年美国卫生部、教育部和社会福利部建立 通过了建立和资金支持小学心理咨询专员职位的法案	美国健康研究院发展壮大 对青少年矫正和犯罪系统的担忧 社区捐助点和委员会越来越多；联合基金会成立 1954 年美国卫生部、教育部和社会福利部成立	开始注重和学校其他员工协作；学生服务人员培训 访问教师数量增多 1955 年美国社会工作者协会的学校社会工作部成立

（续表）

社会走势和社会运动	公立教育系统	社　会　工　作	学校社会工作
1961—1970 年			
就业率高；少数族裔权利问题从民权运动转变为黑人权利运动 妇女解放运动 1968 年美国顾问委员会对社会问题的调查报告 太空项目 高调刺杀事件 越南战争和学生示威游行 Gault 案判决（1965），裁定青少年可以进行合法陈述	1963 年职业教育法案和 1965 年中学教育法案；头衔项目 1964 年民权法案颁布和 Coleman 报告发布 1963 年全国对教育现状的评估 最高法院禁止双重学校系统的存在 联邦政府加大对教育的支持力度 儿童虐待立法使得很多州的学校工作人员和社会工作者成为义务举报人员 社区对学校控制程度增加	向贫穷宣战；大社会运动 1962 年残疾儿童救助法案和残疾儿童家庭救助法案 社区社会工作在政治、社会发展规划和政策倡导上的发展 人力资源的担忧 大社会项目在很多新的机构中创造了许多社会工作者岗位 “社会系统”理论流行 美国精神健康研究院和美国社会工作者协会出资开展“20 世纪 70 年代的社会变革和学校社会工作”项目	福特基金会资助的伟大城市项目：在 13 个城市中发展社区和学校的联系；社会工作者被雇用作为“社区专员” 从“访问教师”更名为“学校社会工作者” 文献证实学校环境对学生学习有很大影响 学校社会工作者个案服务中引入小组工作方法
1971—1989 年			
通货膨胀，财政紧缩 对法律和秩序的忧虑；水门事件；消费主义；政治趋于保守 失业率上升 残疾人权益得到认同 商业、教育、科研等各个领域中开始广泛应用计算机 失业率居高不下，经济继续衰退	1973 年职业复健法案，504 章节 全残疾儿童教育法案，P. L. 94—142 家庭权利和隐私法案 学生入学率降低，学校校舍关闭 学校员工解散，甚至包括有终身教职的人员 注重责任追究制度 学生行为准则出现	社会工作者本科的学位认证；博士点开始出现；教学项目向多样化发展 美国社会工作者协会开始接受社会工作者本科毕业生为会员；1979 年新的美国社会工作者协会伦理准则制定 实践形式开始有多种分支 开始注重科研和理论	学校社会工作者数量增多，新的项目频频出现 对残疾学生服务增多 强调评估和问责 生态视角的实践开始在学校出现 美国社会工作者协会成立行动组 学校社会工作期刊发行 美国学校社会工作大会召开 美国社会工作者协会学校社会工作者委员会成立（1976）

（续表）

社会走势和社会运动	公立教育系统	社　会　工　作	学校社会工作
社会福利项目和其他支持低收入人群的项目减少 保守的国家政策 个人计算机及其带来技术优势的新时代到来	学校暴力事件频发 对文盲现象的担忧 双语教学出现 公立学前班出现 私立学校数量增多 教学项目数量减少 联邦政府对教育的支持减少 教育办公室成立 教育办公室被取缔的危机 职业教育的发展 评估结果敦促教育系统改革	越来越注重生态视角 发展通用的或综合的方法 各州证照相关规定出台 社会工作者期刊数量增多 研究生级别社会工作者教育开始出现各种专业方向 注重社会问题和精神健康问题的预防 “临床社会工作”运动和私人执业盛行 越来越注重实践的评估和问责 理论和实践结合	学校社会工作服务临时委员会成立(1979) 美国社会工作者协会董事会建立学校社会工作者实践发展委员会 美国社会工作者协会于 1985 年成立教育委员会 第一部全面介绍学校社会工作的著作于 1986 年出版 由于经济衰退和入学率下降，学校社会工作者人数减少 美国社会工作者协会大会设立学校社会工作专题(1988、1990) Allen-Meares、ETS 和美国社会工作者协会开展学校社会工作者全国问卷调查 全国性组织之间的合作越来越重要(例如同美国学校心理医生协会和特殊儿童委员会的合作)
1995 年至今			
特困家庭和儿童数量增多，尤其是单亲和少数族裔家庭 对药物滥用、流浪、家庭暴力、失业和收入过低问题的持续担忧 工业时代向科技时代转型 政府对福利和医疗服务的改革 美国人口结构越来越多样，是	对公立学校信心下降，开始寻求新的替代方案 许多州出台了学术评估机制，以改善学校和学生的表现 公立学前班、日托班和课后兴趣班越来越多 学校暴力数量增多	20 世纪 90 年代初期，美国社会工作者协会董事会建立可选的专业方向制度，学校社会工作作为第一个方向被设立 发展基于社区和家庭的服务 更多关注城市长期暴力现象对青少年的影响	学校和社区组织开始联合向学校内或附近的学生及家庭提供健康和精神健康服务。社会工作者被称为这种合作的“胶水效应” 基于学校的合作服务增多 学校社会工作者服务对象广泛(例如，新生项目、残疾儿童和替代性教育项目) 1.6 万人请愿，学校社会工作者成为美国社

(续表)

社会走势和社会运动	公立教育系统	社会工作	学校社会工作
20 世纪 20 年代以来的最高移民数量 移民原籍从欧洲转换为亚洲、拉美、加勒比海地区和非洲 新移民 同性恋权益的辩论 联邦赤字和新的经济形势 美国和联合国对国际冲突的更多介入 艾滋病病毒感染率逐年上升 美国残疾人法案通过，并在 2009 年更新 学龄人口创新高 许多群体开始自我维权和赋权 社会包容性 以人为本的用语(例如，有残疾的儿童，而非残疾了的儿童) 去除无条件福利；社会福利改革 脑部发育研究证实早期发育的重要性 祖父母或其他非父母亲戚看管的儿童越来越常见 住房价格上涨导致流浪人员数量上升 虽然数量下降，青少年怀孕现	学校霸凌现象出现 希望更多的社区和学校的联合能够帮助学生提高成绩 公立和私立学校质量的辩论 法院、州政府和社会组织都提出希望特殊儿童可以在普通班级上课 学校服务扩展至学前高危和残疾儿童 开设包括性教育和艾滋病知识教育在内的全面健康教育课程 对人类性学教育的辩论 1994 年美国教育法案通过 越来越注重科技应用 对有多重需求的儿童进行全面关怀服务 在学校中社区发展的必要性 家庭教学运动 《不让一个孩子掉队法案》于 2001 年通过 精神健康服务外包 选校入学 公立学校入学率上升 低收入社区和少数族裔的青少年更容易辍学	私人执业诊所继续盛行 商业中的社会工作服务开始出现 更多地参与政治 更多科研开始支持循证实践 美国精神健康研究院重点研究儿童和家庭的精神健康 家庭问题预防 专业方向数量增多 越来越多地使用问题解决导向的短期介入 社会工作者支持同性恋非疾病而是正常性取向观点 美国社会工作者协会支持 LGBT 权利运动并参与最高法院庭审 老龄化人口爆棚，老年服务社会工作者需求急剧增长 美国社会工作者协会伦理准则强调，社会工作者不会因性取向产生歧视 社会工作者开始使用新技术进行评估和数据库管理 社会工作者成为美国增长速度最快的行业之一，预计 2010 年到 2020 年将增长 25%	会工作者协会第一个官方部门 一些州出台实践要求规定；1992 年出台对学校社会工作者服务的规定，2012 年最新修订 建立了家庭、学校、社区互相协调的生态系统 提供服务以减少或消除药物滥用、霸凌和校园暴力 跨学科社会工作服务 学校社会工作者职位和保密协议 美国社会工作者协会教育委员会解散 学校社会工作者必须更多参与儿童早期的特殊教育；在很多州社会工作者都带头提供这一服务 美国学校社会工作者协会的发展 美国社会工作者协会学校社会工作者专员执照于 2002 年开始发授 艾滋病学生的支持服务指南 对特殊教育学生的生活转型规划 为 LGBT 学生倡导安全和向上的学校环境 改善应用新技术管理数据和进行评估的方法 倡导积极介入以减少校园霸凌现象 持续在政策层面鼓励学校中的循证实践 学校社会工作者越来越多地参与到学校的

（续表）

社会走势和社会运动	公立教育系统	社　会　工　作	学校社会工作
象依然令人担忧 国会继续对儿童福利经费分配进行争论 儿童虐待的严重性在美国被低估 婴儿潮一代的年老和人的寿命的增加都使得老龄人口剧增 政府和学校、学校董事会和教师合作增多 20 世纪 30 年代后的又一次大萧条 房屋扣押抵债数量创新高 州政府和市级政府合作困难 1983 年以来失业率首次超过 10% 贫富差距扩大 “奥巴马健保”医疗改革通过 更加严格的房屋贷款规定使得很多人买不起房 拉丁裔人口持续上升	学校安全和健康学生项目旨在减少校园暴力案件 总体数学、阅读和自然科学水平上升 移民造成双语教学需求上升 担保人系统 对城市教育危机的持续关注和讨论 对教师教育和问责的关注 越来越多的教师开始提供基础介入服务 学校科研压力和教师培训压力增大 奥巴马总统强调在学校中问责的重要性并在 2009 年开展了冲向顶峰项目 越来越多的 2+2 项目 越来越多地应用科技 更加适应个人、可量身定制、以学习者为中心的教学模式 学习的全球化 科技带来的非正式学习	目前社会工作包括 42 个专业方向 社会工作者是精神健康服务最大的服务提供群体，其数量超过心理医生、心理学家和心理学护士的总和 法律承认社会工作者为五个核心精神健康职业之一 社会工作学会和社会工作研究协会开展国家科研能力建设项目，以训练和发展社会工作者科研人员队伍 全球化使得社会工作者开始面对国际问题：服务难民，跨国领养，灾后辅导，开发、管理和直接参与国际服务项目（例如红十字会），研究国际社会公平和贫穷的相关问题	其他服务中 问责制度使得社会工作者需要记录和报告所有与服务有关的数据 使用新技术进行服务的能力需求上升 由于经济危机和经费缩减，很多社会工作者失业，学校社会工作者岗位减少 对不同文化背景的服务对象采取不同的服务方式 对双语社会工作者的需求上升 由于标准化考试压力变大，社会工作者被要求帮助学生准备考试，服务介入时间变少

本章要点

- 学校社会工作者发展的里程碑：（1）1929 年 Milford 大会；（2）1951 年 Hollis-Taylor 报告；（3）1958 年美国社会工作者协会实践委员会分会议；（4）1959 年社会工作教育协会的课程大纲研究；（5）1977 年美国社会工作者协会发布的特刊《社会工作》。
- 基于学校的社会工作是建立在社会工作独特的价值观、目标、知识和许可的基础之上的。
- 早期对学校社会工作者的影响包括强制出勤法、对个体差异的认识、对教育策略性地位的确立，以及对教育相关性的担忧。
- 20 世纪 20 年代的精神卫生运动使得人们更多地关注对儿童个体精神健康的服务。
- 大萧条时期学校社会工作者的发展也受到重大打击，但到了五六十年代，个案工作方法兴起。这个时期几项重大的政策变化也对学校社会工作者有重大影响，如 Brown 对教育董事会一案，Plessy 对 Ferguson 一案，以及国防教育法案。
- 20 世纪 60 年代，中小学教育法案、公民权利运动，以及 Coleman 报告的发布都对学校社会工作者有重大影响。也是在这个时期，学校社会工作者产生了角色模糊和疑虑。
- 20 世纪 70 年代，各种实践模式影响着学校社会工作。Alderson 提出了临床模式、学校改变模式、社区学校模式，以及社会交互模式。Costin 也提出了著名的学校—社区—学生关系模式，并提出以学生群组作为服务对象。
- 20 世纪 80 年代，生态系统理论在行业内非常流行。社会工作者的行业协会也在这一时期蓬勃发展。
- 20 世纪 90 年代至今，各州行业协会都成长迅速，新的国家级协会的建立、新的证照系统的实施、社会工作服务实践标准的发布、目标 2000 法案、《不让一个孩子掉队法案》等，都对学校社会工作者产生了重要影响。

学习与讨论

1. 在线学习 Frederic Reamer 博士的播客，名为“当代社会工作中的伦理困境：趋势和挑战”（http：//www. uky. edu/sites/www4. uky. edu. SocialWork/files/nasw-standards-ssw. pdf）。这篇播客描述了社会工作的伦理准则是如何创立的。如果你处于他的位置，你觉得什么观点对于思考者是最重要的？你如何理解伦理准则对当代学校社会工作的影响？

2. 访问美国学校社会工作网站，并且回顾伦理守则（http：//www. sswaa. org/displaycommon. cfm? an = 1&subarticlenbr = 102）。讨论你所认为的未成年人与成年人的区别。讨论小组工作中你对伦理守则的理解。回顾和讨论每一个案例开始阶段的伦理问题。

3. 探寻社会工作服务在历史发展过程中积极和消极的方面在当前学校中的痕迹。

4. 探讨学校社会工作者为什么在角色定位上总是如此忧心忡忡。

5. 在当地的一所学校，与管理者、其他职员和社会工作者就他们的角色和任务进行访谈。了解他们是如何协同工作的，并找出削弱他们协同工作的因素。同时，根据他们各自的观点了解哪条准则对于学生教育有所帮助。他们的观点是否有重合的部分？

6. 探寻哪些社会因素和社会条件对于当前美国教育有着直接的影响，哪些对于学校社会工作实务可能有影响，哪些对于社会工作者的教育准备可能有影响。

7. 收集一本美国社会工作者协会关于学校社会服务的标准，或者访问网址：http：//www. uky. edu/sites/www4. uky. edu. SocialWork/files/nasw-standards-ssw. pdf。根据当前教育问题和关注点对这些标准进行评价。你最关注的社会服务的目标是什么？为什么？

拓展阅读

Ahmedani, B. K., Harold, R. D., Fitton, V. A., & Gibson, E. (2011). What adolescents can tell us: Technology and the future of social work education. *Social Work Education, 30,*

830–846.
Allen-Meares, P. (1992). Prevention and cross-cultural perspective: Preparing school social workers for the 21st century. *Social Work in Education, 14*, 3–5.
Allen-Meares, P., Hudgins, C. A., Engberg, M. E., & Lessnau, B. (2005). Using a collaboratory model to translate social work research into practice and policy. *Research on Social Work Practice, 15*, 29–40.
Baskin, T. W., Slaten, C. D., Crosby, N. R., Pufahl, T., Schneller, C. L., & Ladell, M. (2010). Efficacy of counseling and psychotherapy in schools: A meta-analytic review of treatment outcome studies. *The Counseling Psychologist, 38*, 878–903.
Coleman, J. (1968). The concept of equality of educational opportunity. *Harvard Educational Review, 38*, 7–22.
Collins, R. (1979). *The credential society: An historical sociology of education and stratification*. New York: Academic Press.
Conant, J. B. (1959). *The American high school today*. New York: McGraw-Hill.
Cuban, L. (1993). *How teachers taught: Constancy and change in American classrooms, 1890–1990* (2nd ed.). New York: Teachers College Press.
Dee, T. S., & Jacob, B. (2011). The impact of No Child Left Behind on student achievement. *Journal of Policy Analysis And Management, 30*, 418–446.
Dewey, J. (1938). *Experience and education*. New York: Collier.
Eyal, O. (2008). Caught in the net: The network-entrepreneurship connection in public schools. *International Journal of Educational Management, 22*, 386–398.
Farahmand, K. F., Grant, K. E., Polo, A. J., & Duffy, S. N. (2011). School-based mental health and behavioral programs for low-income, urban youth: A systematic and meta-analytic review. *Clinical Psychology Science and Practice, 18*, 372–380.
Franklin, C. (2005). The future of school social work: Challenges and opportunities. *Advances in Social Work, 6*, 139–160.
Gelman, C. R., & Tosone, C. (2008). Teaching social workers to harness technology and inter-disciplinary collaboration for community service. *British Journal of Social Work, 40*, 226–238.
Killeen, K. (2007). How the media misleads the story of school consumerism: A perspective from school finance. *Peabody Journal of Education, 82*, 32–62.
Magolda, P., & Ebben, K. (2007). From schools to community learning centers: A program evaluation of a school reform process. *Evaluation and Program Planning, 30*, 351–363.
Mitra, D. L. (2008). *Student voice in school reform: Building youth–adult partnerships that strengthen schools and empower youth*. Albany: State University of New York Press.
Nunes, D., Daly, B., Rao, K., Borntrager, C., Chambers, K. L., Rohner, K., & Shrestha, S. (2010). Technology in child and adolescent and school mental health: A look at today and tomorrow. *Advances In School Mental Health Promotion, 3*, 26–35.
Parton, N. (2008). Changes in the form of knowledge in social work: From the "social" to the "informational"? *British Journal of Social Work, 38*, 253–269.
Radin, N. (1989). School social work services: Past, present, and future trends. *Social Work in Education, 11*, 213–225.
Ravitch, D. (1974). The great school wars, New York City, 1805–1973: A history of the public schools as battlefield of societal change. New York: Basic Books.
Smith, J. M., & Kovacs, P. E. (2011). The impact of standards-based reform on teachers: The case of 'no child left behind.' *Teachers and Teaching: Theory and Practice, 17*, 201–225.
Vernon, R. (2005). Technology convergence and social work: When case management meets geographic information. *Advances in Social Work, 6*, 91–96.
Weist, M. D., Goldstein, J., Evans, S. W., Lever, N. A., Axelrod, J., Schreters, R., et al. (2003). Funding a full continuum of mental health promotion and intervention programs in the schools. *Journal of Adolescent Health, 32*, 70–78.

第二章

美国学校的主要问题

John W. Sipple，康奈尔大学
Katherine L. Montgomery，华盛顿大学圣路易斯分校
Sally Atkins-Burnett，Mathematica 政策研究公司

引　言

一直以来，公立教育在美国社会中扮演着复杂的角色。与之相伴的是期望、尖锐的批评和不断寻求改革的呼声。大部分美国人将教育体系视为更完美国家建设的核心。在这个国家中，无论这些儿童是怎样的背景，他们都将获得最好的发展机会。学校教育是实现美国梦的跳板——通过公平受教育的机会，实现理想。然而，学校也总是不断地受到诟病，如关于教育经费危机，关于社会经济学的、种族的和性别的平等以及令人不愉快的国际比较。在这种背景下，我们希望通过介绍美国教育的主要问题，以激发讨论，进而分析社会工作者在未来的美国教育、个体和社会更好的发展过程中所扮演的角色。

我们认为未来的公立教育应该从政府参与、自由市场和职业化这三者之间竞争或交互影响的束缚中解放出来，真正回应社会期望。本章将以此为重点进行探讨。

过去的一个世纪见证了在联邦和州的层面上集中决策和资助的稳定增长。在20世纪50年代之前，我们规定了学校和教师的标准。之后的50年，州的资金投入增长迅速，明确了教师的角色和准教师的标准。近些年，我们更是验证了通过建立各种学校项目，促使教师人数持续增长，并拓展了传统的、基于大学的准教师培养模式。我们正在努力改革联邦教育政策，由改革引发的压力有：（1）联邦的经费（和影响）；（2）市场压力和学校的抉择。以上两点与一系列的教育政策密切相关，它们将决定是谁正在教育我们的孩子，以及这些教育孩子的人在知识上的自主性和专业性又是怎样的。

我们将本章对各种政策和项目的讨论聚焦于它们是在一个方面，还是两个方面，乃至是三个方面遭受了对抗性的压力（见图2.1）。例如，联邦政府对特许学校的持续增长的资金支持受到政府参

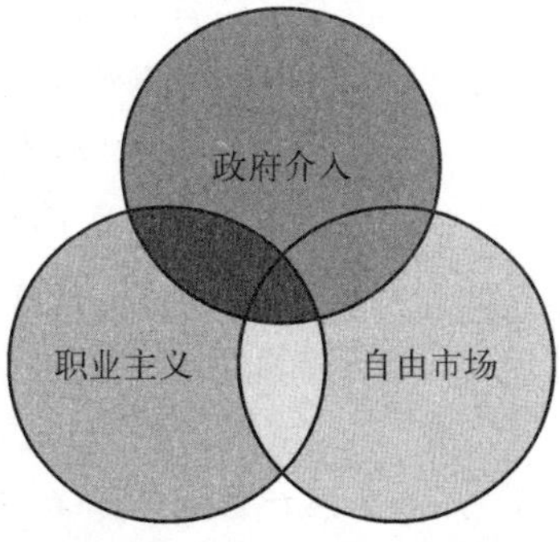

图2.1　关于K—12教育体系的总体压力

与和自由市场的影响，而降低了对教师教育的要求(例如，几乎取消了必需的、大学教育为本的教师教育和州认证的要求)。

公共教育的目的

针对家长的假设是：父母期望地方学校向他们的子女提供什么，就会揭示他们对地方学校一系列的利益关系、需求、目的和目标的要求。针对社区成员的假设是(例如，纳税人)：他们虽然和地方学校之间并不存在正式的关联，但也有着一系列尽管重叠但仍有不同期望的目的和目标。这些多元化的目标并不是最近才出现。它们多是历史性的沿袭，从学校(公立学校和私立学校)成立之初就充满了多元化和竞争性的目标(Kaestle，1983；Ravitch，2000；Rury，2005；Tyack & Cuban，1995)。这些目标包括宗教的、社会的、政治的、经济的、种族的和合理的利益。显然，当代的公立学校试图通过提供一系列的学分制课程、辅导课程、跳级的政策、校际的运动比赛、美术和音乐课、学生自治、健康和性教育、学院建议，以及每天给绝大多数儿童足够的照顾和营养的方法，来满足以上所提的大多数需求。现代化的、综合性的高校甚至还在校园里开设了大型的购物中心，以满足不同的利益和需求，因此大部分的消费者都至少能找到一些他们喜欢的东西(Powell，Farrar，& Cohen，1985)。当然，各地的学校、各地的学区和各州的职能或利益差异很大，这就导致了 Kozol(1991)所提出的"根本性的不平等"，也就会使得贫困和富有的学校之间、学校获得机会以及最后的结果存在根本性的不同。

公立学校对于目标的社会化选择导致每个儿童只能获得相对的机遇。毫无疑问的是，儿童进入幼儿园时，他们的个体情况就存在着差异，却要接受相似的服务以获得成功。研究发现对于就学的准备会影响学业成功、注意力和社会情绪。争论的焦点是所提供的教育服务的本质是什么，这些服务应该怎样提供，以及谁该为此负责。在第一章中，美国公立学校的发展史描绘了更深入的研究，帮助理解这种张力，并且探讨了由谁向谁提供怎样的社会服务。

David Labaree(1997)为美国教育提供了一套可供选择的目标，并解释了自这个国家建立以来这些目标如何处于矛盾冲突的中心。他写道，学校处于一种“我们期望社会是怎样的和我们真正认为社会是怎样的尴尬的境地”，这是理想和现实之间的差距。Labaree认为，美国学校的核心问题并不是教育方法的、组织的、社会的或者文化的问题，而“根本就是政治的问题”。托马斯·杰斐逊的政治理想和亚历山大·汉密尔顿的经济理想之间(Curti，1935/1959，引自Labaree，1997)这种哲学的和实用的进退维谷的局面在持续两个世纪的学校改革中得到了充分的展现。Labaree建议学校通过不平等而促进平等，即学校为了促使每个学生都能成为优秀的学生，应经常被组织起来为不同的学生提供不同的服务。由此，学校可以将这些相互矛盾的目标归纳为以下三个：

1. 平等的民主权利——“一个民主的社会是不可能持续的，除非它已经准备好用适当的方法为社会上平等的年轻人承担起所有公民的权利和义务的责任。学校必须既提高有效的公民权又提高相对的平等权。教育被认为是一项公共事务，它被设计成使人们适应其政治角色而做的准备。”

2. 社会效率——“(社会)经济的良性发展依靠的是我们的能力，是年轻人准备好承担起他们有效的、具有竞争力的经济角色。社会作为一个整体，我们必须看到在教育上的投入会产生具有完全生产力的劳动力。教育被认为是一项公共事务，它被设计成训练工人成为满足市场的角色。”

3. 社会的灵活性——“教育是一种商品，它唯一的目标就是把知识和技能提供给每个学生，使他们具有正向的竞争力。教育被看作一项私人的事务，使得个人在习得更多的、渴望的社会角色后，为能在社会的竞争中获得成功做好准备。”(Labaree，1997)

法律政策的制定、自由的市场压力和教育者的职业化如何影响着这些目标，将是本章关注的重点。值得一提的是，我们是否为了追求平等民主而过于强调政府参与、自由市场压力，或者真正的教育职业化对于学校个体的支持?

第一章强调了在过去的一个世纪里，美国的学校面临着各种各样的外来压力，借此做出的回应也已演变为一个或多个学校教育的目标。压力源自美国早期的工业家们(见Bowles & Gintis，1976)、早期的科学管理企业的企业家们(见Callahan，1962)、更多的当代的商业和政治领袖们(见

Chubb & Moe，1990；National Commission on Excellence in Education，1983)，以及基于研究的教学方法和项目，如 2001 年布什总统通过的“不让一个孩子掉队”法案(NCLB，2001)和 2004 年通过的残疾人教育改革法案(IDEA，2004)。

近年，对学校影响最大的一个法案是由乔治 · W. 布什签署，于 2002 年 1 月 3 日生效的“不让一个孩子掉队”法案(NCLB，2001)。这份 670 页的法令是最近的一个试图通过联邦政府的权力来改善美国公立学校状况的法案。然而，该法案涉及了许多主题，进而反映了目标多元化和竞争性的公立学校的混乱状况。法案的完整标题暗示了尝试改变的每一个目标：“法案可以负责任地、有弹性地和有选择地缩小在学业上的差距，以保证没有一个孩子掉队。”这强调了需要减小学业差距，同时也尽力维护美国自由的承诺。另外，这个法案已经影响和促进了本章先前提到的三个系统。提高政府的参与体现在政府要求学校提交学业数据的报告上，而这更刺激了自由市场的改革，例如特许学校和区域内的择校，对此稍后将展开讨论。最后，在职业化水平上，NCLB 要求教师具有更高的专业素养，他们不仅需要获得州颁发的教师资格证，还需要拥有相关学位。

自从执行此规定后，NCLB 引发了极大的争议。例如，在 2005 年 8 月 22 日，康涅狄格州起诉了美国教育部部长。原告起诉联邦政府在没有资金支持的情况下，以每年测评的形式，强加给州政府评估学生的学业表现和进步的要求。尽管，起诉凸显了在管理地方学校的过程中州政府权力和联邦控制之间逐渐增长的张力，但是，2010 年陪审团最终裁定美国教育部部长胜诉，并驳回了该案件。

由于认识到 NCLB 无法满足美国教育体系的各种需要，奥巴马总统在 2009 年通过美国复苏和再投资法案建立了“力争上游”基金，并拨出 4.35 亿美元用于此基金。美国教育部门对此的评价是：

……这个具有竞争力的项目是为了鼓励和资助各州教育改革的条件：在学生层面达成改变成效。这些成效包括根本性地提高学生的学业成就，缩小学业成就的差距，提高高中的毕业率，以及确定学生为大学学习和个体发展已做好准备；并且围绕教育改革的四个核心内容制订了雄心勃勃的计划加以实施：(1) 通过制定标准和评估帮助学生在全球化经济竞争的背景中获得学业和事业的成功；（2）建立数据系统测评学生的成长和成就，并告知教师和校长以指导他们的工作；（3）招聘、培养、激励和挽留优秀的教师和校长，特别是最需要他们的地方；（4）扭转学业成就最差的学校。（2009，p. 2）

……………………………………

虽然，NCLB和“力争上游”法案的目标有许多重合，但是实现目标的方法完全不同。与其像先前那样通过停止提供额外资金以处罚学校未达到标准，“力争上游”法案是通过奖励来刺激各州变革的示范性项目。关于“力争上游”法案最详尽和最新的报告，请参阅 http：//www2. ed. gov/programs/racetothetop/index. html。另外，以下链接中康涅狄格州的案例，可以方便你比较NCLB和“力争上游”法令在实施过程中的异同。该链接是：http：//www. cga. ct. gov/2010/rpt/2010-R-0235. htm。

尽管NCLB和“力争上游”法案现在均在产生重大影响，但是修订NCLB已经成为一个日益重要的话题。政策制定者们已经认识到了修订NCLB的重要性，并且在数年前已经尝试这么做。2010年，奥巴马政府发布一个修订报告（美国教育部，2013）。通过给予特许学校更为个性化的评估标准，修订报告改变了目前NCLB“一个标准适用全部”的方法。更重要的是，国会最近发现全国接近一半的学校在2010到2011学年未能达到NCLB设定的教育目标（Rich，2012）。在某些州这个比例还相当高。例如，马萨诸塞州有超过80%的学校未能达到NCLB设定的标准。尽管改革的需求很大，但是国会仍然无法就NCLB的修订达成一致。

奥巴马政府意识到了国会的复杂和负面作用将拖慢NCLB改革的步伐。作为回应，2012年2月，联邦政府准许十个州自动退出NCLB法令（白宫，2012）。退出意味着联邦NCLB法令收回了对这些州的授权。作为交换，这些州必须提供一套清晰可行的方案（特别是围绕提升学业成就，提升教师的作用，为大学和个人成就做好准备，并且改善低表现成就的学校），以适应和满足这些学校的个别化需求。到了2012年10月，共计33个州选择了退出，另外11个州的申请正在审核中（Cook，2012）。再次，国会成员声称赞同公立教育必须改革，并将成为下次会议的重点。随着2014年NCLB法令期限的逼近，在下一年度可能会看见更多国家公立教育改革的措施。

··· 贫困和在校表现

就像第一章所强调的那样，一直以来美国教育体系都在努力弥合着学生学业成就的鸿沟。这种普遍存在于学生所处的社会阶层或人种/种族与在校表现之间的联系，始终对教育者、政策制定者和社区是一种挑战。无论是比较SAT成绩，还是阅读能力和自然科学成绩，这种关联都非常明显地存在。然而，这种关联既不是新近产生的，也从未被忽视过。研究者就此展开研究并撰写论文已近40年，其间，学校、社区和政府也尝试进行各种改革。

不幸的是，这个鸿沟依然存在。在2007年，国家报告发现4年级和8年级的白人学生、黑人学生和西班牙裔学生的阅读测试成绩均高于1992年；然而，除了4年级的白人学生和黑人学生的阅读成绩测试差距比1992年和2005年有所缩小外，其他方面学业成就间的差距并未减小。另外，报告称2011年的数学成绩测试显示，4年级和8年级的白人学生、黑人学生和西班牙裔学生数学成绩均有所提高，但是，4年级的白人学生和黑人学生、白人学生和西班牙裔学生的群体差异仍然存在(国家教育统计中心，2011a)。从2009年至2011年，数学成绩上升了1个百分点，较之1990年提高了超过20个百分点。

最新的统计数据支持了学生学校表现差异受到人种影响的观点。2010年国家教育统计中心(NCES)发布了“少数民族和种族学生的受教育现状和趋势”的报告(Aud, Fox, & KewalRamani, 2010)，强调了这种不同的学校经验：

- 在2009年，约一半的黑人学生(47%)和西班牙裔学生(52%)注册在有超过75%的学生申请了免费午餐或减免部分餐费的学校，相应的，只有7%的白人学生注册在此类学校。
- 在2008年，有63.1%的白人学生在学生中白人比例超过75%的学校就读，这类高比例白人注册的学校中只有8.4%的黑人学生和7.6%的西班牙裔学生。反之，只有少于8%的白人学生就读于种族和少数民族学生超过75%的学校。
- 从1999年到2008年，参加AP考试的学生人数翻了一番。这个增值主要来源于少数族群学生的增加，特别是大规模增加的黑人学生。另外，同期，西班牙裔学生参与 AP 考试的人数增加了三倍。然而，黑人学生的 AP 分仍然最低。

- 在 2007 年，9%的白人学生、21%的黑人学生和 12%的西班牙裔学生重读了一年。
- 在 2007 年，16%的白人学生、43%的黑人学生和 22%的西班牙裔学生在 6 年级和 12 年级时辍学。
- 在 2007 年，在学校安全方面，7%的白人学生、10%的黑人学生、9%的西班牙裔学生和 13%的混血学生报告在学校里受到武器的威胁或伤害。
- 在 2005 年，10.2%的白人学生、17.6%的黑人学生、15.5%的西班牙裔学生和 19.6%的混血学生在校园内遭受过校园暴力。

学校，学生及社区

假如我们能够知道人种、种族划分、贫困和学生成绩及学习成果间的关联，这对我们评估适学年龄人群结构改变的人口统计有着非常重要的作用。最近，由于移民增加，学校中非洲裔、亚裔和西班牙裔的适学儿童的人口比例有很大的增长。

人口变化的统计

适学儿童人口真实地反映了美国人口的变化状况，并且不同的人种、种族、语言和宗教信仰均有所增加。根据 2011 年的教育统计文摘，小学和中学的儿童数量也从 1960 年的 35 000 000 名快速增加到 1970 年的 45 000 000 名（Snyder & Dillow，2012）。这个数量在 1985 年回落到 40 000 000 名，2011 年又回升到 49 400 000 名。尽管整体的人口数量起伏不定，但是整个学前（幼儿园）教育是呈稳步增长的态势。正式登记在册的儿童数量增幅巨大，从 1985 年的 200 000 名增加到 2009 年的 1 200 000 名（Snyder & Dillow，2012）。在 3 到 5 岁的儿童中，注册参加幼儿园项目儿童的百分比从 1970 年的 37.5%增加到 2010 年的 60%以上。在高年级的学生中，18 到 19 岁注册就读高中的学生人数从 1970 年的 10%增加到 2010

年的 18%。并且 18 到 19 岁接受高等教育的学生人数从 1970 年的 37%增加到 2010 年的 51%（Synder & Dillow，2012；详见图 2.2）。此外，1990 年到 2011 年间，在校注册的初中生人数增长了 28%。

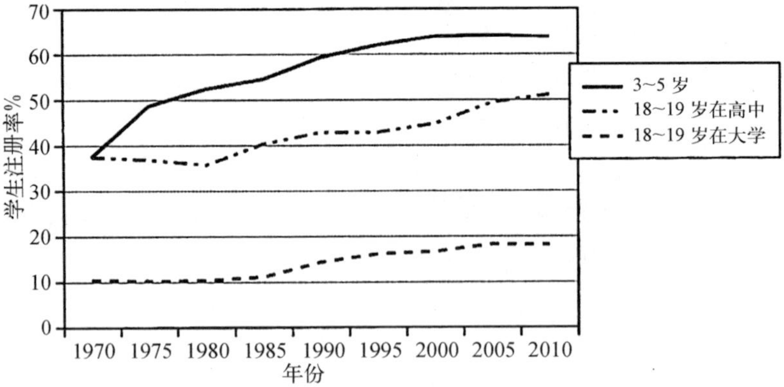

图 2.2 从幼儿园到 12 年级的学生注册率，1970—2010 年的趋势变化

然而，整个国家的发展趋势掩盖了各州 K—12 在校注册状况不一的真相。从 2004 年到 2009 年，有两个州的注册人数增长超过 10%，分别是犹他州和得克萨斯州。另外，有七个州的注册人数增长在 5%到 10%之间（科罗拉多州、特拉华州、佐治亚州、爱达荷州、北卡罗来纳州、内华达州和俄勒冈州）。当其他四个州同比下降在 5%到 9%之间时，哥伦比亚特区最大增幅达到了 9%（Snyder & Dillow，2012）。少数族裔的增长超出了比例，特别是西班牙裔儿童的增长。

更具体地说，学校系统中人口统计的变化直接反映了美国人口的巨大变化。自 2000—2001 学年到 2007—2008 学年，公立学校中白人学生注册比例从 61%降至 56%（Aud，Fox，& KewalRamani，2010）。虽然同期黑人学生和北美土著学生人数与以往持平，但是，西班牙裔学生（从 17%上升到 21%）和亚洲/太平洋岛民身份的学生人数有所增长（Aud，Fox，& KewalRamani，2010）。

此类统计意义的人口变化对于社会工作服务来说既是机会又是需求。假设学习成绩的差距和少数民族学生不均衡的增长之间有关联，那么使更多的儿童在他们正式入学前及其就读过程中获得合适的教育、社会工作服务和健康照顾服务就显得尤为重要了。还有一些其他因素也影响着儿童的在校成就，其中包括家庭冲突、父母离婚、家庭/社区暴力和无家可归者，这些儿童进入了寄养系统。这些问题将在第四到八章详细阐述。对于少数民族的儿童和家庭来说，儿童和家庭的服务、经济条件改善和受教育机会这些综合性的需求是非常敏感的需求，也是迫切的需求。

学 校 改 革

在提高在校表现、减少学业差距和提升学校影响等方面所做的无数努力中，一系列的改革更需要引起关注。这些改革是政府参与、市场力量和职业化交互的过程。

作为学校，它们服务的社区、州和联邦政府都在寻求新的、有效的提升策略，以提高所有儿童的受教育程度，许多传统的观点也被强行加入了对学校改进的对话中。有些观点是学校为本的观点(例如，提高课程、测验和教师的质量)，有些则是社区为本的观点(例如，儿童照顾、健康照顾)。然而，现在我们得到了一个既令人振奋又具有挑战性的结论，即在改革过程中，学校为本和社区为本这两者的边界是模糊的，改革的目标在于提高儿童及其家庭的生活质量，并拓展社区功能。

基于标准的改革

在近几十年里，学校改革最大的争议源于 K—12 年级课程标准和问责系统的巨大变革。当然，政府介入以联邦法令《不让一个孩子掉队法案》(2001)形式推动着变革。早期，NCLB 获得了许多关注和批评；然而，法律有时候从一开始就强化了国家干预，并且推动其他州进入以学校为本问责的时代。

NCLB 使得一些州开始提高毕业要求，会在某个年级进行州测试或者退出考试，并建立了学校问责体系。这些系统通常是公众舆论压力的产物，使得州政府在地方学校的开支快速增长(详见图 2.6)。而且，当教师的业绩仅以学生表现来评估时，家长和学生都会向老师施压，降低教学要求(Figlio & Lucas，2004)。

在NCLB之前，肯塔基州、路易斯安那州、马里兰州和纽约州就已开始实行改革。这些州首先对外在可控的课程变化和问责系统进行了改革。1996年，纽约州就要求所有4年级和8年级的学生参加数学和英语考试。从2000年开始，任何想从纽约州高中毕业的学生必须达到一系列课程的要求，并通过相关的州考。类似地提出考试要求的州有：密歇根州在20世纪90年代中期开始的MEAP考试，得克萨斯州的TAAS考试，马萨诸塞州的MCAS考试，佛罗里达州的FCAT考试，以及其他的一些州。所以，当NCLB通过的时候，这些州早就开始了测试，尽管它们还需要增加参加考试的年级，参加的学生需要从过去的两个年级增加到所有3到8年级的学生和一个高中年级的学生。

然而，另一些州会将联邦测试与学校问责的标准相结合。最常见的做法是，州从私人公司购买测试服务，这些课程资料会根据各州的课程框架进行调整。

值得注意的是，虽然联邦政府大力推行学校为本的问责体系，但是，全国没有统一的课程、测试或“能力”的通用标准。根据现行的法律，州有责任建立(或采用)州的课程标准和测试，并用四级标准评估学生表现(详见图2.3)。学校问责每年都要对学生表现进行评估，该结果将作为下一年学生表现的参考指标。

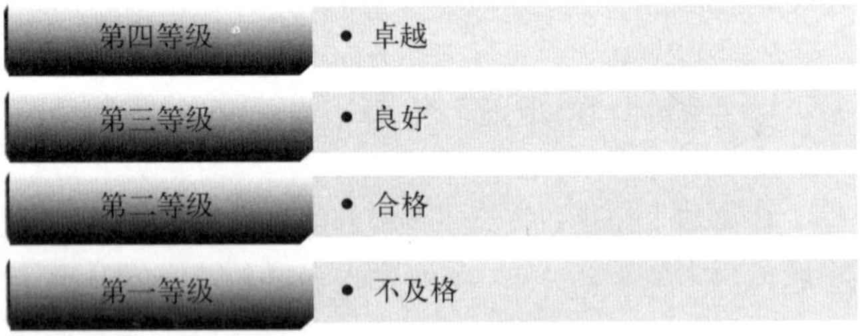

图2.3 NCLB四级标准评估

如果所有学生的等级都是“有能力”，那么这个学校得200分。根据现行的法律要求，到2014年所有州的学生表现达到此标准。尽管，政府期望NCLB将带来积极的改变和公立教育的改革，但是，仅接近50%的学校达到了该等级(Rich，2012)。另外，最近的研究表明，公立学校中四分之一的学生并没有与其同龄人一样按时毕业(国家教育统计中心，2011b)。国会已经收到了该报告，议员们赞同公立教育必须改革，尽管目前他们还不能就改革的最佳路径达成一致。

最近，美国教育部长 Arne Duncan 坚持在学校问责中加入基于标准的改革(Chorneau，2012)。2012 年 12 月，Duncan 宣布了一项新举措，即每年在报告学校表现时，他被授权可以要求学校提交额外的信息。他特别强调，这些额外的信息包括特定项目的表现，基线数据和目标(Chorneau，2012)。基于标准的改革将如何影响未来的教育，只有时间能给出答案。

• • • 基于市场的改革

允许市场力量进入公立教育体系并不是新观点。事实上，在建国早期的几十年里，这样的模式就已经存在了。但是，自 20 世纪开始，教育官僚系统不断膨胀(Meyer，Scott，Strang & Creighton，1988；Tyack，1974)，基于市场的改革就在一些教育改革者中占有了一席之地(Belfield & Levin，2005；Chubb & Moe，1990)。保守派和自由派的改革者们为了追寻共同利益，要求打破公立学校的"垄断"——保守派改革者们是因为他们与生俱来的对于自由市场的效率和生产力的信仰，自由派改革者们是因为他们需要为那些没有选择而只能在充满学业冷漠和暴力学校就读的父母和儿童提供各种形式的选择。经济实力意味着他们可以在多大程度上为孩子做出选择。这些选择包括上私立学校，或者逐渐增多的决定在家上学的儿童。另外，正在增加的特许学校就是为一些家庭提供免费的公共服务。即便如此，家长在市场里自由选择的能力通常受到时间和经济资源的限制。

• • • • 抵用券

抵用券项目的核心目标是为任何收入层次的父母提供择校权，该项目在 2002 年获得最高法院的支持(Zelman v. Simmons-Harris，No. 00—1751)。这可能是近几十年上诉到最高法院的最重要的一起与 K—12 年级教育相关的案例，法院以 5 比 4 裁决 Cleveland(OH)抵用券计划符合宪法。该项目为任何就读于公立学校或者私立学校且居住在 Cleveland 市的学生提供一张价值 2 500 美元的学费抵用券。抵用券为那些不满意指定的

Cleveland 市公立学校的儿童和家长提供了选择的机会。然而，实际上，计划受到现实情况的限制，因为没有一个市区的学区选择参与到这个项目中。结果就是 97%的学生拿着抵用券进入了 Cleveland 市内及其附近的私立或者有宗教背景的学校。

法院的讨论停留在该项目是否违反了宪法的有关条文上。该条文禁止从州的层面上促进或者限制宗教事宜，因此就避免了教堂和州的分裂。先前也有州政府投入资金给有宗教背景的学校，但是，这些资金往往被限制只用于教材和交通费。该观点认为政府支付书费和交通费是最低限度的支持儿童教育，这样做的受益者是儿童而非宗教或者教堂。在 Lemon v. Kurtzman(1971)的案例中，法院为类似的州政府介入宗教背景的学校做出了规定，从三方面测试一条法令或者政府其他的政策：（1）必须有长期立法的目的；（2）必须在既不促进也不限制宗教上发挥重要作用；（3）不能制造出额外的政府关于宗教方面的纠纷（Lemon v. Kurtzman，引自 Zirkel，Richardson，& Goldberg，1995）。

另外两项抵用券计划也同样引起了特别的关注。密尔沃基计划是最早的一项计划，始于 1991 年，并因此受到了最多的研究和审查。这个计划与 Cleveland 计划的区别在于仅提供抵用券给贫困家庭。在该项目是否有效这个问题上并没有获得广泛的支持，支持和反对的双方都有数据证明自己的观点。

最近佛罗里达州的一个计划则是根据学生在校表现来决定谁有资格参与计划。根据学生在州测评中的成绩，州内每一所学校被划分为不同等级（A，B，C，D，F）。如果一所学校在四年的时间里两次得到 F，这所学校的学生就会得到抵用券使他们可以支付去其他公立或私立学校注册的费用。假设近几年适学年龄的人口迅速膨胀，那么佛罗里达州的这个市场的弹性就会受到挑战。换句话说，如果很多学校得到了 F 的成绩，那么其他的公立或私立学校是否有足够的空缺名额可以接受从得 F 学校转来的学生呢？事先的分析就怀疑南佛罗里达州的学校到底有多少可用的市场空缺名额(Diaz de La Portilla，2003)。抵用券项目的发展很大程度上依赖政府官员，因为这是政治竞赛中教育部门在自由市场的角色。

特许学校

第二种类型的学校改革是建立在自由的市场原则之上，它规避了运用抵用券项目容易引起争论的缺陷，该项改革就是特许学校。特许学校是不受出勤率限制的公立学校，并且至少在一些州法律或地方工作条例中做出了规定。依据州的授权，一些特许学校不受制约公立学校运作的规定限制，而另一些学校则受制于一些与公立学校不同的要求(州教育委员会，http：//www. ecs. org)。

第一部关于特许学校的法律于 1991 年在明尼苏达州通过，从那以后呈几何倍数增长(见图 2.4 和图 2.5)。从 1999 年到 2010 年，在特许学校注册的学生人数翻了两番，从 300 000 名学生增加到 1 600 000 多名(美国教育部门，2012b)。到 2010 年，41 个州通过了一项关于增开特许学校的

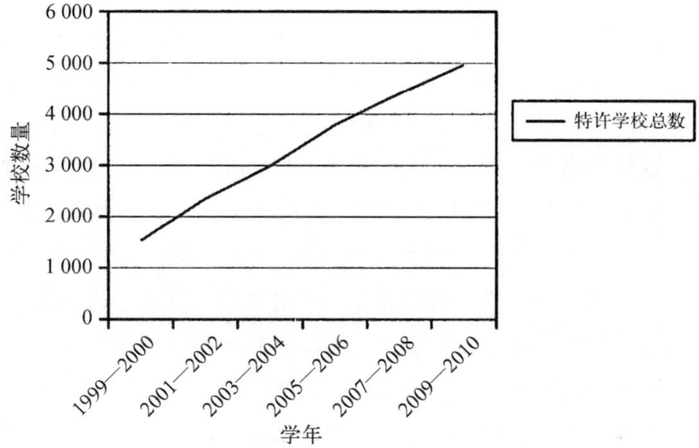

图 2.4　美国特许学校的增长数量，1999/2000—2009/2010 年

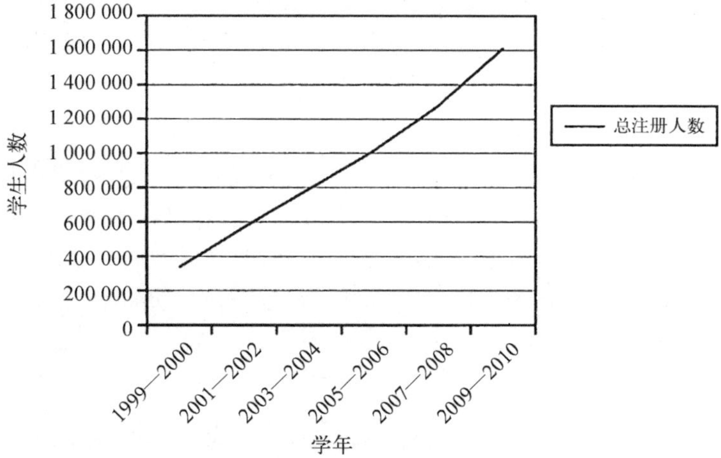

图 2.5　美国特许学校的注册数量，1999/2000—2009/2010 年

法律，这些州特许学校的数量变化很大。在2011—2012学年，特许学校开办了5 714家，而且在加利福尼亚州(1 008家)和亚利桑那州(538家)特别盛行(教育改革中心[CER]，2012)。在2011—2012学年，特许学校注册学生总数达到1 941 831名，占到了K—12公立学校在册人数的3.9%。在2011年，又有518所新开的特许学校开始招生。自1992年，有1 036所学校因各种原因关闭，这些原因包括(并不是所有的原因)资金问题和注册人数下降(Downey，2011)。

教育改革中心(CER)公开支持特许学校运动。CER从以下四方面评估特许学校的实力：(1)开办特许学校的数量；(2)是否为多元申请主体；(3)财政自主的程度；(4)公平的拨款(详见http：//www.edreform.com/wp-content/uploads/2012/04/CER_2012_Charter_Laws.pdf)。根据CER(2012)报告，亚利桑那州、明尼苏达州、华盛顿特区，密歇根州和印第安纳州颁布了占主导地位的法律，并且被评为"A"等。而阿肯色州、康涅狄格州、马里兰州、怀俄明州、夏威夷州、阿拉斯加州、罗得岛州、弗吉尼亚州、堪萨斯州、爱荷华州和密西西比州则被评为"D"或"E"等。

关键的问题是大量存在的抵用券和特许学校的项目：它们是为谁而立项的呢？它们为谁服务呢？它们是否有效呢？显然，我们比较容易证明它们是为谁服务和效果如何。一般来说，特许学校所服务的学生人数非常真实地反映了就读传统公立学校的学生状况。有种担心认为，特许学校将使得公立学校中的白人变得更少，然而此担心并未得到证实。有一定比例的贫困儿童和少数民族儿童就读于特许学校和使用抵用券(Gill，Tempane，Ross，& Brewer，2001)。Chingos和Peterson(2012)最近对纽约地区在册大学生进行了一项关于抵用券项目影响的纵向随机对照试验。他们发现1991年处于小学阶段积极参与抵用券项目的黑人学生进入大学的比例超过24%(Chingos & Peterson，2012)。对于特许学校影响学生学习和行为表现的研究才刚起步，然而，一些初步的研究已经在进行并可提供借鉴。例如，Imberman(2011)就主持了一项关于西南部特许学校的研究。他发现特许学校似乎更多地改善了学生出勤和纪律的问题。与就读传统公立学校的学生相比，在中学阶段就读特许学校的学生也会在数学上获得更好的成绩(Imberman，2011)。

一个阻碍特许学校数量增加的因素是(非法律上的限制)开办一所特许学校的费用很高。特许学校的基础设施建设需要投入一笔巨大的资金。政府账目清算办公室报告(GAD, 2000b),发展特许学校有三方面规定:(1)特许学校的设备资金可以达到传统公立学校的程度;(2)特许学校是否有其他可替代设备资金的资源;(3)如果联邦政府在特许学校设备资金中承担着重要的角色,那它就获得潜在的许可权。

最近兴起的另一个发展趋势是特许学校流行在网络上共享学校名称、教学方法和课程。特许学校发展初期安德森学校式的盈利模式好像正在扩展;然而,学校的运营似乎并未实现盈利。更近些,以非营利机构冠名的运行模式似乎正在取得成功,如 KIPP。KIPP 是指"知识就是力量项目"(the Knowledge for Power Program),它是由两位与"美国教育"组织一起工作的教师发起的,他们决定在休斯敦开办一所以帮助少数民族学生获得成功为目标的学校。到 2012 年,KIPP 已经在 20 个州和哥伦比亚特区开办了 125 所学校,为超过 39 000 名学生提供了服务(www. kipp. org)。KIPP 中超过 85%的在册学生来自低收入家庭,接近 95%的学生是黑人或西班牙裔。只要学位允许,KIPP 将会接纳所有的学生,无论学生之前的行为表现或学业记录如何。这些学校统一的治校理念就像五根核心支柱支持着学校发展,它们是更高的期待、更多的选择和承诺、更多的课堂时间和更有效的领导力训练,并且关注成效。例如,作为支柱之一的更多的课堂时间就是 KIPP 的典型特色,它规定学生每周一到周六,以及暑假里有三周的时间都是早上 7:30 到下午 17:00 在校。KIPP 声称与美国典型的公立学校相比,其学校的学生在校时间要多出 60%(www. kipp. org)。类似特许学校和 KIPP 的改革,充分诠释了在 K—12 年级公立教育体系中自由市场体系的角色。同时,它们也面临着职业化的问题。它们通过与类似美国教师项目合作,寻找新路径培训教师资格,以满足正在增加的无证教师上岗的需求。许多项目支持这类学校对新教师的培训需求,在他们教学的同时提供资格培训。毫无疑问,这些项目暗示了教育的自由市场角色和职业化角色之间有着潜在重叠。

• • • • 家庭学校

《时代》在封面醒目的位置刊登了"家庭学校是否对美国发展有利?"这个问题(2001 年 8 月 27 日)。这使得老问题再起涟漪,即关于家庭学校是否有益于子女或者地方。在过去的 20 年里,家庭学校是自由市场施压于教育的另一种形式。目前,家庭学校盛行于一些人群中,受教育儿童数量呈现了大幅增长。学者已经开始研究这一现象，政策制定者对此也给予了额外的关注，并且教育者开始感受到大量接受家庭学校教育的儿童所产生的影响。近期的研究发现，家庭学校正在从日益增加的合法性、政治地位和社会支持中获益(Cooper & Sureau，2007)。通过草根组织的力量及其积极游说的策略，该项运动已趋于政治化。这些草根组织包括国家家庭教育研究机构、家庭学校法律辩护协会和宾夕法尼亚基督教家庭学校协会(Cooper & Sureau，2007)。

国家教育统计中心(NCES)于2009年公布了一份报告，是美国教育部最近就家庭学校情况所做的研究(美国教育部，2009)。在2007年，美国范围内正在家庭学校受教育的学生人数估计有150万名，占美国学生的2.9%，年龄在5—17岁，年级包括从幼儿园到12年级。从1999年到2007年的数据估算大部分(84%)学生只上过家庭学校，只有很少(16%)学生在公立学校或私立学校注册为非全日制学生。在家受教育的学生中，白人学生所占比例极高(77%)，双亲家庭比例高达89%。家长们在家教育子女的原因各异。截至2007年，36%的家长说选择家庭学校最重要的原因是宗教信仰或道德教育的需要，另外21%的家长是因为学校环境问题(如安全问题、药物滥用问题，或同辈群体的负面影响)，14%是对学业安排不满意，还有14%是诸如旅行、家庭时间或经济问题等原因，7%是希望提供非传统的教育，6%是因为心理问题、精神问题或其他的需求(美国教育部，2009)。

Ray(2009)最近的一项研究调查了家庭学校儿童的学业表现。他在全国50个州、关岛和波多黎各调查了近1.2万名学生。他发现家庭学校学生的标准化考试成绩的分值比标准值高出34～39个百分点，数学、语言和社会研究的全国平均值在第84百分位，阅读在第89百分位(Ray，2009)。他同时发现家长获得教师资格证对分值并无影响。另外，州政府对家庭学校课程的任何规定也未对学生成绩产生影响。

这些数据清楚地阐述了关于谁正在接受家庭学校教育的一些假设。但仍然有些问题有待回答：这些儿童与在校学生获得的服务不成比例，他们是否需要特别的教育服务或其他社会服务以满足需求，或者说学校是否必须为这些家庭学校的儿童提供相关服务？一个已经明显存在的风险是，不接受学校教育及其服务的儿童面临着孤独或被隔离的问题。如果他们仍然被留在家里接受教育，那么社会服务机构该如何找到应对的方法呢？

以学校为中心的社区

学校和社区在美国教育中一直有着千丝万缕的联系。在许多地方，学校就是城镇或邻里关系的中心，学校的戏剧表演和体育赛事可能是主要的娱乐资源。就像本章先前所提及的，学校的角色和教育的目的一直存在着争议。学校的功能正在增加，不再仅仅是传统的提供教育的地方，它已经成为基于学校的健康中心、实施放学后项目、精神健康服务、公共图书馆、社区中心等。最新的研究表明，当学校、家庭和社区利益相关者之间处于合作关系，学生的成绩差距就会缩小(Epstein & Van Voorhis，2010；Henderson & Mapp，2002；Holcomb-McCoy，2010)。时间将会告诉我们，这样的服务聚焦是否能满足学生需求，并帮助他们做好完成学业的准备，又或者反之，这样的服务安排会分散学校目标，无法提升学生的学业成就。

幼儿保育和学前教育

在互联网上你可以找到一长串家庭、中心、幼儿园和政府资助机构的儿童照顾服务，幼儿保育和从出生到4岁的学前教育被加入了公立的K—12教育体系中。这个项目现在通常被称为通用的学前班计划(Universal pre-K，UPK)，它要求公立学校为4岁的儿童提供学前教育。

通用的学前班计划的理念是政府通过公共资金为所有儿童提供学前班服务来有效介入K—12教育体系。从全国范围看，这个计划普遍被各州所采用(Zigler，Gilliam，& Jones，2006)。例如，在2012—2013年度，纽约州给UPK计划分配了超过385 000 000美元的经费(纽约州教育部，2012)。头脑领先项目(Head Start)和更领先项目(Even Start)(两个联邦政府资助贫困家庭的项目)是基于特定标准提供的服务，UPK计划更倾向于为所有儿童提供服务，无论儿童家庭的经济状况如何。尽管一些州通过与地方基于社区的组织签订合作协议来运行 UPK，但是绝大部分州把 UPK 安排在小学里。作为帮助州募集地方项目资金的条件之一，在西弗吉尼亚州和纽约州的学区甚至要求把 UPK 转包给基于社区的组织。学校之外的养育是为了更好地保护自由市场的幼儿保育体系，保证家长在社区内有更多元的选择，并且也是为了保障基于社区组织的资金来源。转包合同缓解了学校空间的限制，使得 UPK 能在学校以外的场地开展部分或所有的服务。在小的、偏远的社区，社区环境有所不同。这些社区很少有提供养育服务的社区组织，因此，学区就要为托管的 UPK 计划负起全责(Sipple，McCabe & Ross-Bernstein，2007；Sipple，McCabe，Ross-Bernstein & Casto，2008)。

这显然是由两个系统整合提供的服务，即学前教育系统和 K—12 教育系统。例如，头脑领先项目的资金来源于联邦卫生和公众服务部(DHHS)，尽管项目的成效一般，但是项目还是会继续(美国 DHHS 头脑领先项目成效报告，2010)。学校的经费来源于教育部。在州的层面，州的卫生部或儿童和家庭服务办公室负责幼儿保护项目的规范运作。学校的规范则是由州教育委员会和州教育部负责。而且，县/郡才是规范幼儿保育和教育服务中最关键的部门。在一些州(例如，马里兰州和佛罗里达州)，郡/县和学区相互重叠。这些州的幼儿保育和 K—12 教育之间的衔接比另一些郡/县和学区间并无关联的州要更容易些(例如，纽约州)。

由于成效明显，近些年 UPK 在州层面的投入问题已经开始受到广泛关注(Zigler et al.，2006)。在研究幼儿保育项目的长期成效时，许多研究都引用了密歇根州的高/范围佩里学前项目和北卡罗来纳州的初学者项目，这些项目中的儿童都是至少注册了 2 年的全日制儿童。更重要的是，这些项目在非认知层面短期积极的成效较认知层面显著。具有争议的是，良好认知发展是否需要这种直接的非认知层面成效。然而，这些项目的比照对象是目前全国范围内施行的 UPK 项目，后者只要求在校半天和 9 个月。尽管，近来的研究提出贫困家庭和中产阶级均从 UPK 项目中获益，但是，恰恰又是这些在校时间不那么密集的项目缺少深入的研究(Cunha & Heckman，2006)。这几年，联邦政府已经开始整合资源用于项目评估和筛选。例如，SAMHSA 国家在册证据为本的项目及实施(NREPP)以学龄前儿童为重点开展了 23 个调研(详见 www.nrepp.samhsa.gov)。虽然不全面，但是这些资料可以帮助学校社会工作者在开展介入时获得理论支持。

• • • 儿童健康与学校

常识告诉我们，健康的儿童比不健康的儿童学得多，并且学校是（根据法律）为所有儿童提供一个基础的、标准的学习地方。两者结合促使学校和其他社会/健康服务之间的合作呈现一种快速增长的趋势。基于学校的健康中心（SBHCs）越来越受欢迎。全国基于学校健康中心协会（NASBHC，http：//www. nasbhc. org）进行了一项定期普查，跟踪了解地方服务提供的状况和预测州/联邦的服务发展趋势。在1994年只有600家SBHC，但是，最近的调查显示，类似的建在地方学校中的健康中心数量已有1 909家（Strozer，Juszczak，& Ammerman，2010）。

SBHCs提供的服务范围取决于州政府的规定，州与州之间存在巨大的差距。根据调查，尽管郊区的中心数量有所增加，但是绝大多数中心位于市中心。几乎每十家中心就有四家开设在中学里，每四家中心就有一家开设在小学里。

关于SBHCs成效的研究要比表面看到的滞后。有数据力证HSBCs为贫困和少数民族儿童提供的健康照顾服务要远远多于传统的健康照顾机构。早期研究者们发现出勤比例与SBHCs存在相关性，但是也提出还需要研究长期学业成效和分析积极的成本效益（Geierstanger & Amaral，2005）。2008年的医疗安全网法令（一个对社区卫生服务中心重新授权的项目）要求一般问责办公室（GAO）对联邦政府投入资金的SBHCs进行成本效益研究，并且评估它们对学生健康的影响。最近，相关研究成果已经出版，例如，Guo及其同事们在俄亥俄州开展的一项纵向准实验研究中，对5 056名接受SBHCs服务的学生进行了关于成本效益和健康影响的研究（Guo，Wade，Pan，& Keller，2010）。他们发现SBHCs是有盈利的，这不仅体现在医疗系统中，还产生了社会效益。此外，他们还报告SBHCs对于弥合卫生保健差距具有贡献。

资　金

不管是哪种测评方法，都显示了美国在教育儿童上花费了大量的资金。当关于我们是否在此花费过多或者过少的争论仍在进行时，还有许多争议是关于现在的教育收益是怎样增长的和钱是怎样被花掉的。这些话题的核心是公正性、平等性、卓越性和责任性。美国教育资金按其来源可分为地方、州和联邦，2008 学年的财政开支总额在 596.6 亿美元(国家教育部，2011)。根据美国教育部统计，在每个学生身上的财政支出从 1989 学年每人平均 6 508 美元(或者折算通胀比例等于现在的 8 490 美元)，增加到 2009 学年每人平均 12 274 美元(美国教育部，2011)。然而，每个学生身上的教育开支因其所在的州不同而存在巨大差异(详见图 2.6)，有 5%的学区在每个学生身上的开支为 7 355 美元，与之相反，开支最高的 5%的学区为每个学生支出超过 19 103 美元(NCES，2011)。

假设美国宪法没有提及教育的内容，且第十修正法案代表了宪法中没有提及的给予各州或者人们所有的权利和优先权，那么各州政府还是被认为在公立教育的提供上具有绝对权威性。根据圣安东尼奥独立学区诉罗德里格斯(1973)案例，美国最高法院判定联邦政府在公立教育中是无权的，州法院辩论侧重于公正、平等和充足的资金投入学校的情况。辩论主要围绕着各州的州政府和地方政府学区资源分配的问题。特别是，辩论主要涉及了州政府运用哪个资金公式可以公正地实现富有社区和贫穷社区的资金再分配，以及州政府是否有绝对充足的资金用于公立教育。自 1971 年加利福尼亚州法院受理的第一例学校财政案宣判以来(Serrano v. Priest)，至少有 38 个州建立了资金公式，但是，经过州最高法院审查，其中一半被发现违宪。这种财政问题产生的原因是，政策制定者和研究者在增加资金改善学校表现的重要性上尚存有意见分歧(Ladd，Chalk，& Hansen，1999)。

联邦政府的优先权

长期以来，联邦政府在筹措公共教育资金中承担着极少的责任。在近

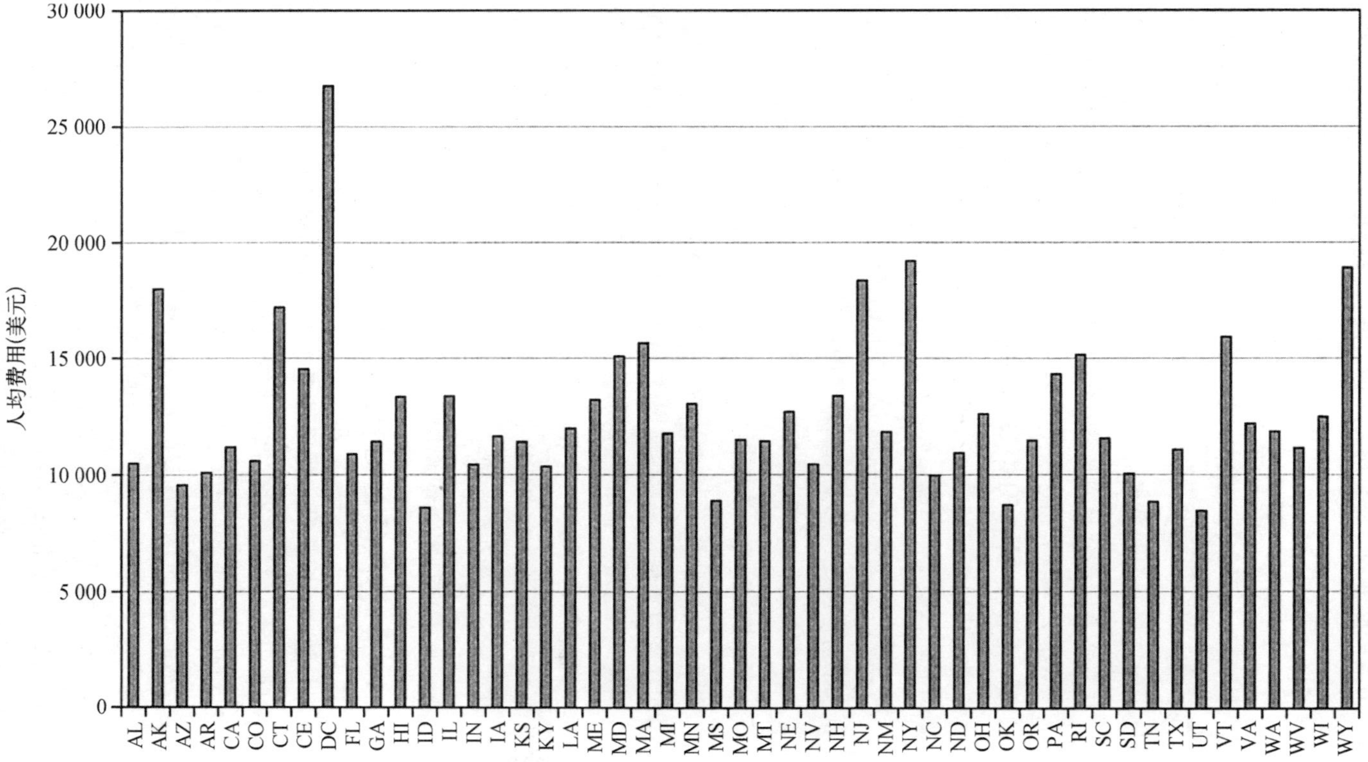

图 2.6 美国各州学生人均费用

30 年的时间里，联邦政府在地方学区财政投入上始终维持在 5%左右（国家教育统计中心，2001b）。联邦政府的资金绝大部分投入了 ESEA（ESEA 现已被修订，并更名为众所周知的“不让一个孩子掉队”法案）。虽然 IDEA 及免费和低价的抵用券/早餐项目也给地方财政提供资助，但是多数学区获得联邦政府资助的经费主要来源于 ESEA/NCLB，特别是大部分提供给贫困学生的资金。当 1981 年教育巩固和提高法案将几十项分类项目转换成了固定拨款后，伴随着 2001 年对 ESEA 的重新修订，联邦政府资金受到了更少的限制，且与里根政府时期相比，联邦政府资金使用的目标也变得更模糊。不幸的是，对于一些学校而言，这就意味着在绝对数上削减了他们获得联邦财政支持的金额。正如先前提到的康涅狄格州起诉美国教育部长一案中，一些州发现根据 NCLB 法令，在试图达成联邦政府的任务时，他们要花费更多的资金。除非国会同意修订该法令，否则，它对各州未来财务状况的影响仍然不明朗。

在将来，为了促进教育的公正性、卓越性和足够性，联邦政府要通过 1 号资助对低收入家庭聚居的学区增加拨款。在 2011 学年财政预算中，国会给 1 号资助拨款 14.4 亿美元，A 类补助。尽管，在获得 1 号资助后，各州政府需要报告是怎样使用这些经费以帮助处于不利教育环境下的学生，但是，一份最近的报告称只有 19 个州提交了足够的数据（教育政策中心，2011）。然而，这 19 个州的数据仅能代表那些获得刚刚超过 50%资助的学区状况。例如，在 8 年级和中学阶段，获得 1 号资助的学生和其他学生之间的阅读成绩和数学成绩差距缩小了（教育政策中心，2011）。目前，国会参考这个报告中的数据来决定如何修订 ESEA/NCLB 的资金安排和要求。

• • • • 特殊教育和联邦政府资金

联邦政府从没有兑现过将 40%经费用于特殊教育的诺言。2010 年，根据 IDEA 法案，联邦政府在特殊教育上花费的资金约占总金额的 17%（Aron & Loprest，2012）。随着时间的推移，法律的修订和个别残疾类别的识别扩展了特殊教育的范围，开支增长迅速。自通过以来，IDEA 每隔 5～10 年就要被重新审核，教育的机会现已扩展至婴儿、有残障的学龄前儿童和学生，如脑损伤和注意力缺陷障碍症这两类残障已被普遍接受。据估算，残障适学儿童的花费约在 10 380 美元/年，然而，事实上，随着残障等级的增加，他们的花费估计要超过 30 000 美元/年（Stabile & Allin，2012）。

在1999—2000年(这是可获得的最近的州和地方开支的数据),联邦政府、州政府和地方政府以项目形式支出特殊教育服务经费合计77.3亿美元,其中教学设施改造的费用约占21%,并且较1977—1978年增长了17%。增长的主要原因是更多的儿童被识别出来,并且接受了特殊教育服务(Aron & Loprest, 2012)。虽然,特殊教育经费的总额在增长,但是,联邦政府的支出滞缓,并且州政府的预算也在削减。由此导致的结果是,地方学区承担了服务开支。在1987—1988年,特殊教育开支中地方学区承担36%(州政府承担56%,联邦政府承担8%),到1999—2000年,地方学区承担的开支为46%(州政府承担45%,联邦政府承担9%;Aron & Loprest, 2012)。

州的特殊教育经费支出情况反映了各州在对待普通教育上的巨大差距。跨残障种类的资金安排也受固有资金结构的限制,这可能会影响到儿童残障的识别、他们接受的服务和他们所处的体系(Aron & Loprest, 2012)。例如,州政府将经费依据从特殊教育中被识别的儿童数量改为在校儿童总数,这样就显得被识别的、符合IDEA服务资格的学生数量下降了(Aron & Loprest, 2012)。

然而,这些差别并不能反映服务质量。从学生学业表现来看,花费少的学校通常要优于花费多的学校(Levenson, 2012)。这些费用并没有用于服务质量的提升,许多学区增加的支出主要用于人员经费,通常是雇用了更多的辅助人员而不是具有资质的教师。Levenson(2012)对超过1 400个学区的数据进行了分析,建议应更多地关注特殊教育人才素质的培养和师生比例的调整。

地方的影响

自20世纪70年代起,地方政府就开始削减公共教育费用的百分比,然而,地方政府用于地方学校资金的绝对数量却在稳步增长。联邦政府和州政府的项目可以有针对性地补充地方政府资金,但是这并不能替代地方政府的作用。因此,如果期望持续提升公立学校的质量(例如,提升所有儿童的受教育水平,提供额外的社会服务,提供更多的餐食,确保安全的环境,提供更多课外活动和培养公民特质),资金往往显得不够,它们需要地方政府有更多作为。这就使得地方社区和学校管理者的可选择余地很小。这些选择包括增加地方财产税,减少服务和与其他学区合并。尽管对高危儿童产生的效果是残酷的，但是，这些选择中的任何一项都似乎可以在短期内改善财政状况。即便是儿童能够在他们所在的公立学校中获得充足的和公正的服务，地方政府在做出这些决定时仍需仔细斟酌。

结　论

在回顾美国学校所面临的主要问题后，我们不难发现美国公立教育体系既有成功之处，又有败笔。说它成功是因为我们已经使所有的学龄儿童就学，并且越来越多的学龄前儿童现在能够享有社会服务和教育服务。我们已经在某些方面达成了共识，即学校必须通过各种方法为所有儿童服务，没有一个儿童可以被排除在外。通过社会和教育服务持续不断的影响，学校的结构已经发生了改变。在各种类型的学校改革中，政府参与、自由市场和职业化三者间的交互作用越来越多。学校正在成为为儿童提供广泛服务的中心，特别是快速发展的 UPK 项目和 SBHCs。地方政府、州政府和联邦政府持续稳定增长的资金支出至少支付了部分附加服务的成本费用。

当然，公立教育体系也被认为是失败的，它处于“我们希望社会是怎样的和我们认为它事实上是怎样的”尴尬境遇之中（Labaree，1997，p. 41）。在 20 世纪 60 年代中期文件中提到的学业差距至今仍然存在。目前，州政府和联邦政府的教育政策都说要弥合这个差距；然而事实是，由于社会经济条件和人种的不同，仅依靠学校并不能弥合这种学业成就上显而易见的差异。尽管，学校外形与我们一百多年前设想的学校非常相似，但是，它们正在被不断要求服务于更多元的目标和解决更多的社会问题。虽然，学校之间看起来非常相似，它们受到国家层面不断变化的政治观点的深刻影响，特别是与本章讨论话题相关的政治观点。面对政府参与的加剧、不断增长的市场压力及其存在于部分教育者职业化之间的张力，学校教育将如何服务于学生个体并创造更美好的 21 世纪，所有这一切只有留待时间来证明。

• • • 本章要点

- 公立教育有着多元的目标，涉及宗教、社会、政治、经济、种族和科学等方面。公立教育主要的社会目标是能给予每个孩子相应的机会。三个相互矛盾且被广泛认同的目标是：民主平等、社会效率和社会流动。
- 最近几年，学校教育的目标深受新修订的《不让一个孩子掉队法案》(2001)和“力争上游”法令的影响。
- 学业成就的现实差距仍然存在，受贫困、种族和在校表现的影响。
- 为了缩小学业成就的差距，教育系统在改革的过程中运用了各种策略。这些策略包括基于标准的改革和基于市场的改革(抵用券、特许学校和家庭学校)。
- 纵观美国教育的发展史，学校和社区一直存在着千丝万缕的关系。学校正在成为服务的中心，已经超越了传统教育的角色。这些服务有SBHCs、放学后项目、精神健康服务、公立图书馆、社区中心等。
- 然而争论仍在继续，例如：我们是否在美国教育上开支过多或过少？教育收益现在增长如何？教育花费了多少钱？这些争论的核心问题是公正、平等、卓越和责任。这些问题受到联邦优先权、联邦特殊教育资金和地方政府的影响。

在线案例讨论

以下的案例中呈现了多种力量对学校工作的影响，以及在为学生提供优质服务过程中与社区组织建立伙伴关系的各种机会和阻碍：

Trevor已经在Woodville学区做了5年的学校社会工作者，最近他的服务点从中学调到了小学。Woodville是一处地域辽阔、偏远的农村地区。当地只有1 400名学生，人数很少。他们分别在一所小学、一所中学和一所高中就读。到高中阶段，由于Trevor服务的学生有着不同的社会经济背景，他们中的一些人需要平衡工作和学习之间的冲突。他经常需要努力帮助他们，使他们不至于辍学。当他来到小学工作时，他私下认为这个工作应该会容易些，至少不会有辍学问题。

这所小学依据幼儿园标准，通过地方政府资金资助，已经为低收入家庭的儿童提供了25年的幼儿服务。然而，学区最近拿了州政府的补助，这使他们能让所有不同经济背景的儿童进入该项目，提供一个标准的育幼班，并将其扩展为一个全日制项目。此外，这可以使学校在儿童上幼儿园前，辨识儿童的特殊需要。尽管Trevor只是稍有参与这项决定，但也让他觉得这将使他能够更早地在学校里接触到各个家庭，更容易为有需求的儿童提供服务。

在开学前一周，Trevor开始工作，他参加了一个全郡/县各机构均参与的网络会议，大家来自不同的学区，共同为育幼班出谋划策。Trevor遇到了"更领先"项目的主任，她负责联系一些有0～3岁儿童的低收入家庭。主任说她想介绍Trevor去帮助那些害怕将子女送回到他们辍学学校的家庭。她希望他能说服这些家庭给孩子注册育幼班，因为如果他们超出了"更领先"项目服务人群的年龄范围，并且孩子没有去上学，那么这些家庭就无法与地区建立正式的联系。

他还遇到了郡/县里"头脑领先"项目的主任，她服务于三个学区，但没有一个来自Woodville。她希望Trevor能说服一些低收入家庭申请加入"头脑领先"项目，以使更多的0～3岁儿童能够获得服务。另外，州资助的标准育幼班项目要求学校要与社区组织协调相关服务，"头脑领先"项目是少数几个可用的项目之一。然而，在Woodville，儿童上学单程通勤时间需45分钟。

之后，Trevor与郡/县特殊需求服务机构的主任进行了交谈。郡/县特殊需求服务机构主要为有肢体残障、需要语言治疗及其他残障的学生提供服务。她提到，尽管郡/县为学龄前儿童提供识别及相关服务，但她仍需要Trevor和她一起协调这些学生在育幼班注册，使他们能够在当地的学校或"头脑领先"项目中接受服务，这样郡/县的治疗师就无须穿梭于乡间，为有特殊需求的儿童提供上门治疗。

Trevor还遇到了许多其他机构的地方代表，例如美国之路、食物银行、图书馆、健康诊所。会后，他迷惑了，如果不是强势推行，那么，让儿童在4岁入学并满足他们所有的需要，将比阻止16岁学生辍学更为困难。

在线提问与练习

1. 如果Trevor服务的农村地区紧邻你的社区，你会提出哪些可能的方案以解决问题?

2. 以下链接可以拓展你专业服务的选择:

a. United Way：http：//www. unitedway. org/

b. Feeding America，Food Band Locator：http：//feedingamerica. org/foodbank-results. aspx

c. Head Start：http：//www. nhsa. org/

3. 以下“头脑领先”项目视频来自 YouTube(http：//www. youtube. com/watch? v=bF8XbaAr7t8)。在视频临近结束时，社会工作者说“头脑领先”项目的研究结论不尽相同。观看此视频，并讨论：这个项目是否可以在紧邻你社区的农村社区开展？为什么？

4. 浏览国家登记的证据为本项目及实践网站(http：//www. nrepp. samhsa. gov/)。点击高级搜索选项，缩小搜索范围，找到 0～5 岁儿童早期介入并点击。浏览各种介入项目，为 Trevor 挑出一到两个你认为可行的介入项目。比较你们班级或小组所选出的介入项目，并讨论为什么做此选择。

学习与讨论

社会工作者所面临的挑战是，无论他们是在学校还是在社区机构中工作，都需要与学校合作。这个挑战通常建立在社会工作者过往成功的经验和失败的教训之上。当社会工作者能够充分了解学校中发生的各种问题，并提供周到的服务时，儿童个别化的需求才更有可能被满足。本章的目的是增进读者对学校社会工作及开展此工作的知名机构的了解，并提高实践能力。

1. 访谈一些教师、管理者、家长和政策制定者，询问他们对地方学校的期望和认为的更广泛的公立教育体系的目标。这些回答是如何的(不)相似？它们对学校社会工作实践意味着什么？

2. 如果在家教育和以市场为基础的改革继续(如抵用券项目和特许学校)，那些工作在特许学校及比邻公立学校中教师的专业知识要求是怎样受到自由市场力量的影响的？

3．由于两个不同却又相关的观点，负担过重的机构和教育工作者往往会抵消所有的努力：缺少充足的资源和不断增加的需要——学校要为所有儿童提供更多更好的服务。结果是，社会工作者的服务是否需要改变？什么是必须提供的新服务呢？

4．Labaree(1997)认为学校的核心问题是政治上的而非技术上的，你同意吗？为不同儿童提供的服务是怎样受到地方和国家政治的影响？如果不考虑政治因素，那可以提供怎样的专业服务？

5．在过去的50多年里，研究者们对不同群体的儿童做了各类学业成就的研究。要怎么做才能打破社会上代际相传的社会阶层和经济阶层？

6．讨论教育机会平等这个概念。不同类型的学校改革是怎样促进或妨碍贫困儿童或少数民族儿童的受教育机会的？

7．现有的公立教育资金在提供平等的教育机会上扮演着什么样的角色？

• • • 拓展阅读

Achinstein, B., Ogawa, R. T., & Speiglman, A. (2004). Are we creating separate and unequal tracks of teachers? The effects of state policy, local conditions, and teacher characteristics on new teacher socialization. *American Educational Research Journal, 41*(3), 557–603.

Arroyos-Jurado, E., Fernández, I., & Navarro, R. L. (2010). Multiculturalism and diversity: Implications for the training of school psychologists. In E. García-Vásquez, T. D. Crespi, & C. A. Riccio (Eds.), *Handbook of education, training, and supervision of school psychologists in school and community, Vol 1: Foundations of professional practice* (pp. 129–147). New York: Routledge/Taylor & Francis Group.

Belfield, C. R., & Levin, H. M. (2007). *The price we pay: Economic and social consequences of inadequate education.* Washington, DC: Brookings Institution Press.

Business Roundtable. (1992). *The essential components of a successful education: Putting policy into practice.* Washington, DC: Author.

Clayton, J. K. (2011). Changing diversity in U.S. Schools: The impact on elementary student performance and achievement. *Education and Urban Society, 43*, 671–695.

Deville, C., & Chalhoub-Deville, M. (2011). Accountability-assessment under No Child Left Behind: Agenda, practice, and future. *Language Testing, 28*, 307–321.

Engel, M. (2000). *The struggle for control of public education: Market ideology vs. democratic values.* Philadelphia: Temple University Press.

Epstein, J. L. (2001). *School, family, and community partnerships: Preparing educators and improving schools.* Boulder, CO: Westview Press.

Gamoran, A. (2007). Standards-based reform and the poverty gap: Lessons for No Child Left Behind. Washington, DC: Brookings Institution Press.
Gastic, B. (2010). Student safety and the reauthorization of No Child Left Behind. *Educational Researcher, 39*, 423–424.
Goldhaber, D., & Hannaway, J. (2004). Accountability with a kicker: Observations on the Florida accountability plan. *Phi Delta Kappan, 85*(8), 598–606.
Gordon, D. T. (2003). *A nation reformed? American education 20 years after A Nation at Risk.* Cambridge, MA: Harvard University Press.
Hanushek, E. A., & Raymond, M. E. (2005). Does school accountability lead to improved student performance? *Journal of Policy Analysis and Management, 24*(2), 297–327.
Harding, H. (2005). Why is corporate America bashing our public schools? *Teachers College Record, 107*(7), 1427.
Killeen, K., & Sipple, J. W. (2005). Mandating supplemental intervention services: Is New York state doing enough to help all students succeed? *Education Policy Analysis Archives, 13*(19), Retrieved March 10, 2005, from http://epaa.asu.edu/epaa/vl3nl9/
Kozol, J. (1995). *Amazing grace: The lives of children and the conscience of a nation.* New York: Crown.
Ladd, H. F., & Fiske, E. B. (2008). *Handbook of research in education finance and policy.* New York: Routledge.

Lareau, A., & Horvat, E. M. (1999). Moments of social inclusion and exclusion: Race, class, and cultural capital in family-school relationships. *Sociology of Education, 72*, 37–53.
Levin, H. (2001). *Privatizing education: Can the marketplace deliver choice, efficiency, equity, and social cohesion?* Boulder, CO: Westview Press.
Louis, K. S., & Smith, B. A. (1992). Cultivating teacher engagement: Breaking the iron law of social class. In F. M. Newmann (Ed.), *Student engagement in American secondary schools* (pp. 119–152). New York: Teachers College Press.
Orfield, G., & Kornhaber, M. L. (2001). *Raising standards or raising barriers? Inequality and high-stakes testing in public education.* New York: Century Foundation Press.
Pedroni, T. C. (2007). *Market movements: African American involvement in school voucher reform.* New York: Routledge.
Plank, D. N., & Sykes, G. (2003). Choosing choice: School choice in international perspective. New York: Teachers College Press.
Ravitch, D., & Viteritti, J. P. (2001). *Making good citizens: Education and civil society.* New Haven, CT: Yale University Press.
Roosevelt, G. (2006). The triumph of the market and the decline of liberal education: Implications for civic life. *Teachers College Record, 108*(7), 1404–1423.
Sipple, J. W., Killeen, K., & Monk, D. H. (2004). Adoption and adaptation: New York State school districts' responses to state imposed high school graduation requirements. *Educational Evaluation and Policy Analysis, 26*(2), 143–168.
Smith, J. M., & Kovacs, P. E. (2011). The impact of standards-based reform on teachers: The case of 'no child left behind.' *Teachers and Teaching: Theory and Practice, 17*, 201–225.
United States Census (2010). *2010 Census shows America's diversity*. Retrieved from http://2010.census.gov/news/releases/operations/cb11-cn125.html
Valenzuela, A. (1999). Subtractive schooling: U.S.-Mexican youth and the politics of caring. Albany: State University of New York Press.
Weiss, L. (2008). The way class works: Readings on school, family, and the economy. New York: Routledge.
Zigler, E., Gilliam, W. S., & Jones, S. M. (2006). A vision for universal preschool education. New York: Cambridge University Press.

第三章

学校社会工作服务的视角

Danielle C. Swick，北卡罗来纳大学格林斯博罗分校
Gary L. Boween，北卡罗来纳大学教堂山分校
Paula Allen-Meares，伊利诺伊大学芝加哥分校

我们面临的最大挑战是将我们建立的制度不是看成一台僵硬的机器，而是视为自然的表现。

——Webber

引 言

社会工作者为学校社会服务带来一个独特的视角，计划和实施社会干预时，将注意力放在人与社会环境的相互作用上，并将其作为重点分析的对象(Richman，Bowen，& Wooley，2004)。人与环境相互适应、相互作用的视角强调环境对孩子成长有重要影响，认为环境构成孩子的生态系统(学校、社区、家庭)，注重系统的各个部分之间存在的相互联系(学校与社区之间，学校与家庭之间)，以及对孩子成长各阶段所处的环境影响广泛的制度力量(为学校社会工作服务提供资金)。社会干预应当在任何对孩子成长有不利影响的环境中发挥作用，不论是微观的还是宏观的环境。

社会工作者必须清楚地认识影响学生正常学习和生活的整体进程。例如，学校的环境如果缺乏温暖、支持和鼓励，教学活动就很难取得效果；假如学生所在的社区不安全，并且孩子缺乏来自成人的适当管教，在学校和家庭之间学生就缺乏一条安全的途径。结果可能导致这些学生在进入校园时，没有做好完全的准备。在这种情况下，需要社会工作者参与进来直接干预或者与其他方面合作，共同改善对孩子不利的整体进程。

本章大体介绍了学校社会工作实践的生态系统视角，以便大家在更大的背景下理解和分析学校的功能。生态系统视角的来源——生态理论和一般系统理论也会在文中做简要介绍。本文特别侧重将学校视为社会组织的观点，它结合了生态理论的组织结构和一般系统理论的过程特征，将社会组织的观点应用到学生学习和生活的学校及社区。本文最后有一个案例，是关于提升学生在学校的积极性和参与度方面我们所做的努力。

生态系统视角

20世纪70年代社会工作领域首次引入生态系统理论(Germain，1973；Mayer，1976)。该理论的中心前提是在社会大背景下理解系统(例如，学生、班级和学校)的含义，并认识到系统之间发生的多方面的相互作用(Mattaini，2008)。生态系统理论假设环境是一个复杂的整体，由环境、行为和人三部分组成，三者互相联系，互相依赖(Allen-Meares & Lane，1987)。人、系统和各自的环境处于不断变化中，在变化中相互适应、协调(Robbins，Chatterjee & Canda，2012)。生态系统视角尤其有利于在更广阔的背景下分析理解学校的功能。

生态系统视角的概念来自两种相关的理论——生态理论和一般系统理论。生态理论的组织结构概念(微观系统)和一般系统理论的动态概念(积极的、消极的反馈)相结合，形成了学校社会工作实践的生态系统视角(Bowen，2009；Grief & Lynch，1983；Richman et al.，2004)。生态理论和一般系统理论在学校社会工作实践的应用方面有着密切的血缘关系，两者都充分体现了相互作用和相互影响的重要性。下文将详细论述生态理论和一般系统理论。

生 态 理 论

该理论由Urie Bronfenbrenner(1979)提出，为理解和认识人与不同的机构和系统之间的相互作用提供了框架，具有重大影响。生态视角帮助社会工作者识别和评估各种系统对学生当前处境或遭受困难情况的影响，认识到来自多个系统的干预比单个系统更加有效。生态理论是关于个体与环境相互作用、相互影响的理论，认为个体和外部环境存在广泛复杂的联系。一些学生因特定的行为被贴上“辍学者”“心理变态”“学习迟缓者”的标签，生态视角认为应更关注外部环境对学生的动态影响，学生表现出的行为只是环境因素中的一个方面。

生态视角观念包括以下假定：

- 行为被放在具体环境中考虑才有价值。换言之，学生的行为要结合环境来认识。一些学生的行为在其家庭或社区看来是合乎情理的，但在学校看来可能是不正常的。（见附录3）
- 不正常的行为是和既定环境的价值观相违背的。
- 应考虑人对既定环境的适应，这很重要。
- 人在既定环境中做出价值判断。
- 既定环境的交互作用呈现反向性特征。例如，学生在学校积极配合老师，继而老师会鼓励、认可学生的表现，老师的肯定又会促进学生积极配合老师的行为。
- 个体外部的生态系统是可以改变的，换句话说，改变环境和生态系统本身可以成为社会工作者干预的目标。老师、家长和同龄群体的价值观、期望和行为的转变能让学生更好地适应。

生态视角有助于审视学校的社会工作实践，定位干预目标。该视角使注意力放在整个系统以及当事人在系统的位置上，而不是单单注重当事人所处环境的某个方面而忽视其余因素的影响（见附录1和附录2）。重点是孩子和环境之间的相互作用及相互影响的社会过程。环境的定义是影响并决定孩子成长和发展的外部条件的总和。影响因素不仅是家庭，还包括学校、球场、社区、医院、诊所和大众传媒。

正如美国社会工作学者Germain（2006，p. 31）所述，社会工作者不仅站在孩子和学校的界面上，而且也站在家庭和学校、社区和学校的界面上。因此，他们能帮助孩子、家长和社区提高社交能力，同时增强学校对孩子、家长和社区的需求及愿望的满足能力。

社会工作者的作用是在人和环境的界面上工作，使当事人的需求（由应对行为表示）与环境资源相匹配。人与环境的匹配是指在一个特定的文化和历史背景中个人或群体的需求、权利、目标和能力与周围社会环境的质量和运作的实际配合。这种匹配可能是有利的、适当的，也可能是失调的（Monkman，2009）。在一本名为《钟形曲线》的书中，作者认为人出生时携带的基因各不相同，正是这种基因的差异决定了人的智力发展和后天的成就(Herrnstein & Murray，1994)。该作者事实上忽视了环境在人成长和实现目标的应对行为中扮演的重要角色(Monkman，1978，2009)。非洲裔美国人合作研究中心卫生政策研究所研究员 Brian Smedley 在最近举行的美国家庭关系委员会年度会议上的演讲中，谈到对于健康问题的影响，一个人的邮政编码可能与基因编码一样重要(Smedley，2012)。只有当社会工作者充分评估所在界面的每个方面，才能实现良好的匹配。要进行界面的组成部分的分析，首先要对个体应对行为进行分析(见图 3.1)。应对行为被定义为针对环境的行为，包括个体为控制自身行为所做的努力。根据“自我”目标的不同，社会工作者处理的应对行为包括以下三种：

- 生存应对行为，是指人通过获得和利用资源，使生命活动能够继续的行为。例如，努力获得食物、住处和医疗服务。在学校社会工作实践中，我们经常评估学生的家庭和重要他人提供必要生活条件的能力。孩子不能生存在一个身体上和情感上被虐待的环境里。
- 交往应对行为，是指使人能够融入与其密切联系的环境的行为，包括发展和保持个人亲密关系的能力(社交技能)和使用社会组织机构的能力(例如，俱乐部、学校、家庭和社会服务)。

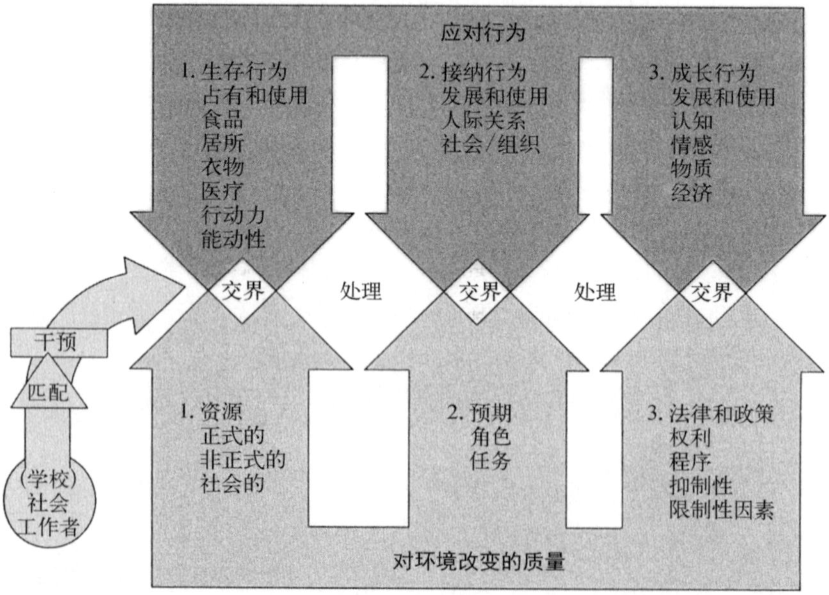

图 3.1 社会工作实务框架

- 成长和发展应对行为，使人追求智力发展，寻求对自己有利的社会活动。它包括认知功能和物质上、经济上及情感上个人能力的发展。

应对行为的发展伴随人的一生。通常，个人或群体表现出的行为与自我认定信息的积累和对重要环境的反馈相关。

从生态学的角度来看，孩子被看作社会系统或环境的一员，因此，对于学生和其生态系统的关注度应是相同的。

Martin 和 Swartz-Kulstad (2000)确定了五个目标干预领域：青少年认知过程、家庭系统、同龄群体、学校和职场环境。干预计划的基础是文化和社会阶层方面的环境因素信息。这些环境因素既有支持性的，也有阻碍性的，它们共同作用于学生的行为模式。

有些环境对孩子来讲是具有压力的。压力是“感知需求和利用内部与外部资源满足需求的感知能力失衡的体验，压力会导致不安的情绪和心理”(Gitterman & Shulman，2005)。生活压力来自遇到重大的生活问题时，个体认为自身缺乏足够的资源和能力来解决。生活压力包括困难的社会环境或成长转变(如升学、进入青春期)，不幸的人生经历带来的创伤(如父母一方死亡、性虐待)或者其他打破常规生活的事件(如搬家、父母离异)(Gitterman & Shulman，2005)。如果家庭和学校对一个孩子的学习能力一直都是负面的评价，那么孩子的成绩就很难提高。Monkman (1978)把环境定义为个人直接接触的情境的特性和特征。对于贫困家庭环境的孩子，城市家庭功能被认为是愚钝的，常常缺乏认知刺激。社会工作者在实践中会评估个体从环境中获取生存、交往、成长或发展所需资源的能力。假如发现个体不能从环境中获取必需的资源以改善其社会功能或个体与环境的相互作用存在不匹配的情况，环境就成了改变的目标。为了使孩子能接受正面的评价来鼓励其增加自我价值感和提高学习成绩，社会工作者可能会尝试重新构建环境。

• • • 生态环境

图 3.2 显示的是与儿童有关的重要环境和系统(Allen-Meares，Lane & Oppenheimer)。

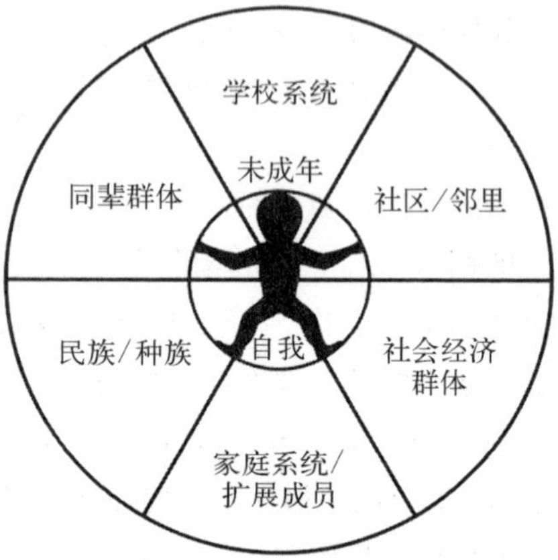

图 3.2 一个孩子的天然居所

来源：Allen-Meares，Lane，and Oppenheimer，1981 年制作，2002 年更新。

生态环境是一个嵌套的结构，每一层结构都包含在另一层结构里（见图 3.3）。

- 微系统：孩子生活的直接环境，包括家庭、托儿所、学校和社区。
- 中系统：由个体与微系统所包括的环境之间的相互联系构成。中系统表示两者联系、协调的程度和连续性。
- 外系统：对孩子有间接影响的环境。外系统通过对孩子微系统中个体或机构的影响而对孩子施加影响（如父母的工作场所）。
- 宏系统：影响最广泛的一层环境，由政治制度、社会政策、文化和经济趋势组成。
- 时间系统：是指个体生活轨迹（如婴儿期、童年、青少年、成人）和历史背景的时间元素（Weiss，Kreider，Lopez，& Chatman；Bronfenbrenner）。

社会工作者可以应用五级生态系统视角来设计干预计划，例如帮派防范计划。要使干预计划能有效地减少帮派团体对社会的负面影响，五个层级的生态环境都必须考虑（Willliams，Rivera Neighbours，& Reznik，2007）。在微系统层，与帮派团体成员有关系的人员（家人、同龄人和老师）都需要调查。在中系统层，帮派成员的微系统中存在多种联系（如帮派成员的父母与老师的联系以及联系的程度）。在外系统层，领导者的态度、行动和决策会影响帮派成员能否得到心理健康和青少年服务机构的帮助。社区事务领导者、警察局、社区选民必须精诚合作为帮派成员提供帮助。最

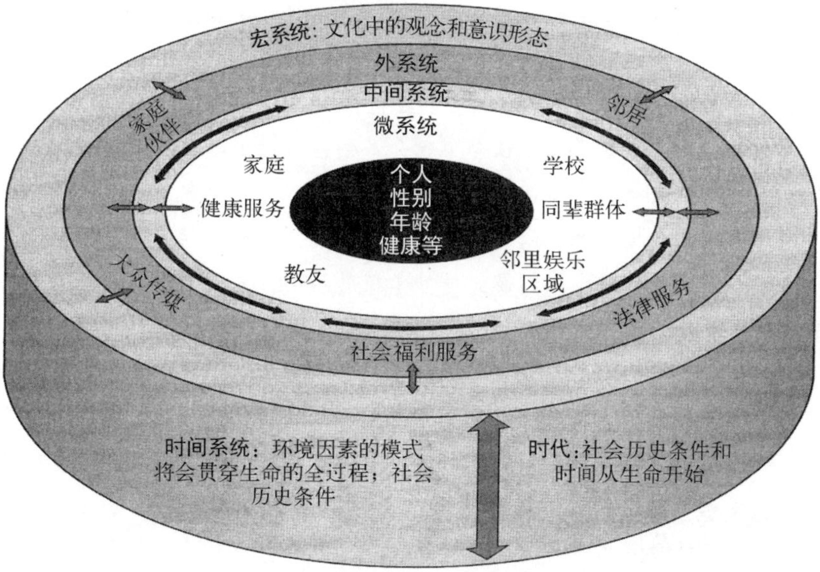

图 3.3 生态环境

来源：Santrock，J. W，Life-Span Development，9th ed. New York，NY：McGraw-Hill，2004，p. 55. Copyright The McGraw-Hill Companies，Inc. Reprinted with permission.

外面的宏系统层，代表影响其他三层的价值观、法律和社会政策。立法行为使干预项目和政策有机会让帮派成员重新走入社会，并且有利于发展项目来预防青少年犯罪。帮派成员多数都已失去对其有益的家属关系，而帮派自身形成了一个封闭的中系统，反社会的行为在这个帮派系统内部得到加强（Gordon，Lahey，Kawai，Loeber，Stouthamer-Loeber，& Farrington，2004；Taylor，2009）。要解决青少年帮派问题，显然需要学校、民间领袖、宗教机构、社会服务和人道主义机构、司法系统和关注此问题的广大市民一起合作，共同应对。最后，时间系统层面需要了解的是在帮派成员的生活中，是否有变故或特别的事件发生（影响孩子行为的家庭变故，如父母离异、兄弟姐妹的出生等）。

图 3.2 描述了学生的生态系统的各组成部分，包括学校和社区等。每一位学生都是独一无二的，因此他与学校和其他子系统之间的相互联系也是独一无二的。

生态理论：学校和社区交界

一位社会工作者为某地区学生出勤率低以及对学校缺乏兴趣的问题感

到担忧，决定着手收集信息进行调查。在和学生、家长进行非正式的讨论后，获知他们感觉被学校的官员忽视和孤立。由于这一区域的居民具有收入低、多种族混居的特征，社区活动中心很少被居民使用。在获得有关部门的同意后，这位社会工作者计划在活动中心举行一次家长会。

社会工作者把学生和家长对学校的想法传达给学校的主要管理者，然后在与学校的沟通中了解到，其实学校方面已注意到家长对学校活动的冷漠态度，因为他们很少参加学校的活动，学校认为这些父母对孩子的学校不感兴趣。

家长在和校方进行充分的讨论后，一致同意召开一次由家长、学生和学校官员三方共同参加的会议，这对各方都有益。于是，社会工作者开始联系家长和校方官员讨论在社区活动中心举行会议的可能性(作为一项促进交流的外展服务计划的一部分)。会议进行得十分顺利，家长们积极参加并在会上自由地分享意见和想法。有家长提出学生在往返学校途中要经过一个危险的十字路口，家长担心学生过马路不安全，而学校没有提供校车服务。校方管理者积极回应家长的意见，承诺将着手调查。校方也向家长告知了即将推出的课程安排的变动，并且介绍了近期家长可以参与的一些学校的活动。这次会议打开了学校和其服务的社区之间沟通的渠道，结果是学生出勤率有所提高，学校和家长之间的交流也显著增多(美国印第安纳州城市学校学生人事项目计划，1974)。

一般系统论

一般系统论自从 20 世纪 50 年代中期以来在社会工作教育领域被作为综合性视角，为研究学校的动态环境以及学校和社会其他部分之间的多层面的互相作用提供了一套有组织的方法。一般系统论使用系统范例的假设和概念，研究有机体和它们之间多层面的相互关系(Barker，2003；Robbins et al.，2012)。

一般系统论使用有机体的比喻来描述正式组织(如学校)，并用来形容生物有机体具有相同的原则和概念。维也纳生物学家 Ludwig Von Bertalanffy 与一般系统论有着最密切的关联，其著作在二十世纪二三十年代捕获生物有机体与环境之间的动态关系。Bertalanffy 在一般系统论的框架下聚集生物学、社会科学和经济学等不同学科演进的“系统”方法共同原则。Bertalanffy 将其定义为“相互关系的元素集”。社会系统论运用一般系统视角，认为系统是相互关系的个体或群体(Bausch，2001；Lee & Brosziewski，2009)。

一般系统论作为学校社会工作知识库的核心视角，可以帮助学校社会工作者明白学校是具有复杂特性的社会系统，它包括子系统(更大整体的部分)和超系统(环境)。学校作为一个具有可渗透边界的开放系统，与其所处的环境保持着动态平衡，也就是说，它既有内部的输入和输出，又有外部的输入和输出。开放系统倾向于通过子系统和超系统的动态相互作用的反馈过程(积极的和消极的反馈循环)来保持稳定的状态。

一般系统论的一个主要假设是所有系统都是有目的和目标导向的。人类和社会系统是有目的性的自我意识，而在其他类型的生命系统里仅仅是自我监控活动(Whitchurch & Constantine，1993)。作为一个社会系统，学校的存在是为了使系统内的个人和团体通过集体努力达到一定的目标。例如，学生成绩、期末测评、结业评估和毕业率是学校社会系统的主要目标。

学校作为目标导向系统

最简单的例子，一所学校是一个由全体学生、教师和管理人员组成的社会系统。Edgar Schein (2010)曾经提出社会系统(如学校)的两个主要目标，两者在高度依存的状态下相互作用：(1) 外部适应，解决了系统的任务和目的；(2) 内部整合，解决了系统的内部功能。学校可能具有很高的内部整合水平，却没有达到类似水平的外部适应，反之则不然。一所没有内部承诺的纽带作用，缺乏凝聚力、支持和关爱的学校，不可能实现其使命。然而，Schein(2010)认为，成功的业绩或高水平的外部适应会促使内部整合的提升。我们可能都曾感受过作为成功团队一员的高度积极的情绪。此外，学校可以通过不同的方式达到类似水平的外部适应和内部整合。一般系统论使用“等效性”概念来描述社会系统能够从不同的起点，通过不同的策略或策略组合到达相同的终点。

在处理社会系统外部适应和内部整合问题的过程中，运用组织边界来定义内部人员和外部人员，通过制订行为规范来调节内外部互动和交流活动。随着时间的推移，系统文化渐渐形成，Schein(1985)将其定义为“群体在应对系统外部适应和内部整合问题的过程中发现的一种基本假设模式，并被实践证明是有效的，因此被作为碰到相关问题时正确的感知和思考方式教给系统新成员”。简单来说，文化仅仅是指“我们如何在这里做事”。文化对于达成系统层次的外部适应和内部整合目标的影响可能是公开的或隐蔽的，积极的或消极的，支持的或不支持的。

学习型组织是一种特殊类型的组织文化，与学校作为目标导向的社会系统相一致（Hiatt-Michael，2001；Senge et al.，2012）。Bowen、Rose和Ware(2006)认为学习型组织是用来提高雇员和股东发现、获取和使用信息的能力，以便成功计划、实施和评估战略并达到目标的一系列核心条件和过程。重要的是，该描述扩展了组织边界，不仅包括雇员，还包括组织服务的对象。在学校的例子中，包括学生、家长和社区成员。学校作为学习型组织操作灵活，以分散的方式决策，接受试错学习法，在有限的优先领域专注于可实现的目标，并在组织目标的背景下对新的工作方法保持开放的态度（Hiatt-Michael，2001；Orthner & Bowen，2004；Senae et al.，2012）。加强内部整合和促进社会和谐的雇员间积极关怀和支持的集体表达对学校学习型组织的功能也很重要（Bowen，Ware，Rose & Powers，2007）。校长通过接受对他们权威的挑战，寻求学生、家长和社区利益相关者的参与，鼓励学校教师和职工创新思想，为学校学习型文化的发展定下了基调(Leithwood，Jantzi，& Steinbach，1998；Lick，2006)。

• • • 学校作为等级系统

子系统。学校成功实现其目标很大程度上取决于系统中几个子系统间的相互促进作用。子系统，包括教室、教师和社会工作者，旨在面对环境的要求实现组织秩序。子系统代表分工和旨在促进社会系统的外部适应和内部整合。教室以及教师在教室的教学活动，是学校最典型的一种子系统。各子系统的权力通常都不相同，一些个体或小组比其他个体或小组有更大的权力。权力的定义是能够做出决定并影响他人行动和行为的能力。学校像企业一样，是典型的等级社会系统。校长和他的管理团队是学校认可的管理者。教师和其他专业人员，如社会工作者，在校长和学校管理层的领导下开展工作，学生则处于学校等级系统的底层（见图 3.4）。学生团体在学校或多或少想要发挥更大的决策影响力和控制力，争取稀缺资源（参见 Waller 1965 年关于学生团体在学校行使权力和影响力方式的经典讨论）。

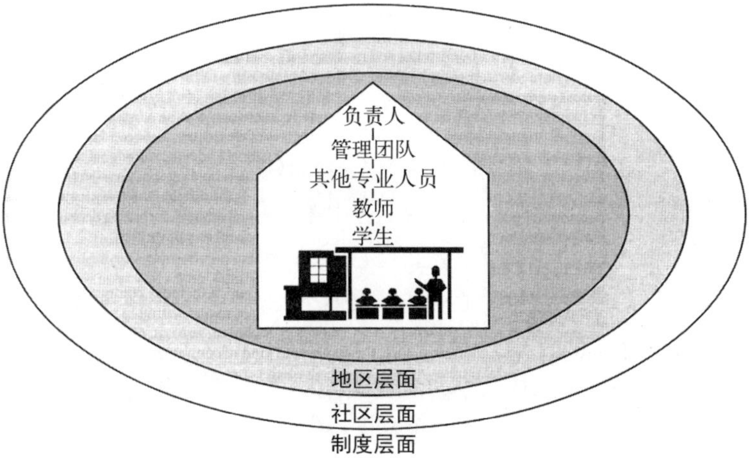

图 3.4　学校组织架构：子系统和超系统

James Coleman（1997）描述学校为“管理驱动型组织”的一个例子，这些高度集中的组织从组织顶层（如校长）到每个子系统（如教师、学生）之间有很长的反馈循环。Coleman 对比了管理驱动型组织和输出驱动型组织，他描述后者为权力和决策权分配在不同等级层次的组织。Coleman 认为，具有分权结构、规范问责制和社会支持的学校比传统官僚形式的学校在提高教师和学生的表现方面有更多的承诺。

子系统可能是作为一个更大的系统的一部分或作为一个独立的社会系统存在。理解子系统的关键是任何系统的定义既是作为部分又是作为整体。一般系统论使用“整体元”的概念描述同一系统的两种角度。例如，单个教室作为一个社会系统，其输入和过程却与整个学校的运作过程相关联。学生和教师离开、进入教室，教学材料和设备的提供，甚至社会关系都受到班级规章的规范，同时又是学校、学区和教育机构的产物。相反，教室生态系统由座位安排、身份等级、种族差异、权力结构以及学习历史差异、学习能力、性别、年龄组成的错综复杂的相互作用和关系网络构成。班级成员可能被作为基于二分体、小群体或整体元的系统来研究。

超系统。学校是开放的系统，它在一个更大的环境中通过正式的和非正式的反馈过程进行物质、能量和信息的交换。环境的定义是系统边界以外且能对系统施加影响的物质因素和社会因素的总和。接下来讨论影响学生在校表现的三个层面的外环境因素：(a) 地区层面；(b) 社区层面；(c) 制度层面。从生态系统角度来看，学校的运行存在于与环境的动态交互作用中。

•••• 地区层面

通常，中小学校的管理人员和教学人员在更大的学校单位环境中与覆盖全系统的管理队伍重叠。在中等复杂的系统中，管理队伍包括负责指挥全部系统活动的行政长官(负责人)及其直接下属。在更复杂的系统中，可能还包括指导教学活动的后勤队伍(如中小学教学主任)，提供专业的和非专业的支持性服务的不同等级人员(如人事主管)，以及许多隶属于行政长官办公室的机构人员。地区层面的学校改革关注稀缺资源在学校间的分配、学生老师配比的决定和学校社会人员的招聘政策。

•••• 社区层面

学校所处的社区环境包括社区结构和流程。社区的定义是“学校所在地和学生居住地空间位置类似的环境”(Bowen & Richman，2002，p. 68)。社区环境包括基础设施建设、社区资源的质量和种类、人口和社会概况、社会阶层、年龄、种族和民族构成、社区权力结构、影响组织结构和学校运行的社区规范(Arum，2000；Cohen，McCabe，Michelli & Pickeral，2009；Furstenberg & Hughes，1997)。社区生态系统由业主、宗教场所、邻居、家庭、同龄群体、公立和私立机构以及学校组成。许多社区层面的实体被归于学校系统的“支持者”一类——与学校和学生在校表现有既得利益的个体和机构。

•••• 制度层面

学校处于一个更大的、非局部的制度背景中——许多社会工作者参与管理和社区实践，恰好印证了这一观点。Arum（2000，p. 35）把这个更大的背景与社区层面的环境区分开，将其定义为“组织领域”。

组织领域包括联邦和各州的福利政策、健康和社会服务的财政和监管政策、法庭判决、州教育委员会制定的方针、工会和教师协会的功能、教育学院的培训课程和市场动态，这些影响着社区和学校的政策与实践。例如，2011 年《不让一个孩子掉队法案》等联邦和各州政策的变化迫使学校系统创新和推进全面的新政策及实践来提高教学质量和学生成绩。

新制度视角的学校改革追求更大的政治、社会和专业力量，这些力量直接或间接地通过社区结构和流程来塑造使学校成功的机会结构和规范环境。

• • • 社会组织

全国的学校和社区普遍认为学生的学业成绩是学校成功的主要指标。然而，关于教育成果的最新统计数据并不令人鼓舞。在美国经济结构调整的背景下，教育成功和高等教育的重要性增加（Vernez，Krop，& Rydell，1999），很多学生未能完成高中学业；许多人虽然完成了学业，但阅读和数学技能有限并且没有获得学历，因而不能参加继续教育（Amos，2008；Chapman，Laird，Ifill，& KewalRamani，2011）。一般来说，美国学生数学和科学成绩低于其他发达国家的同龄人。美国学生的相对成绩从 4 年级到 12 年级大幅下降（Haycock & Huang，2001；经济合作与发展组织，2010）。各年级来自低收入家庭的学生和非裔、拉丁裔美国学生尤其可能面临成绩不达标的挑战，他们更加需要提高学习成绩，以顺利升入高一年级，完成高中学业，获得 4 年大学教育必需的高中学历，追求和完成某种形式的高等教育（Aud，Fox，& KewalRamani，2010；Chapman et al.，2011；Richman et al.，2004）。不同收入和种族、民族团体之间的学术差距越来越大，形成早期低学业成就和学业失败的趋势。

本章是基于这样一个前提：为了提高学生成绩和在校表现，学校和社区系统的社会组织过程是可以被理解和控制的，社会工作者的作用是推动这一过程。社会组织的概念结合生态论的“结构”（如微系统和宏系统）和一般系统论的“过程”。社会组织是社会系统的一个维度，是指人们之间的关系网络、交流模式和互惠水平，以及实现个人和集体目标时，互相提供工具性支持和表达性支持的程度(Mancini & Bowen，2013)。社会组织还包括管理个人和集体行为的标准和规范，如对社会责任和互相支持的期望、支持组织标准和规范的共同价值观的内容和范围(Furstenburg & Hughs，1997；Sampson，2001)。

考虑社会组织的概念，重要的是区分社会结构和社会过程。回顾社区作为儿童发展的背景，Furstenburg 和 Hughs (1997) 把社会组织与社会系统的结构特征区别开来，认为社会系统的结构特征是关于基础设施、社会人口统计学特征和制度资源的。这些结构特征在学校和社区社会组织过程的背景下运作，并通过影响社会共同过程而间接影响儿童和青少年的学习成果 (Lee，Dedrick，& Smith，1991；Sampson，2001)。下面提供了学校和社区社会组织过程与学生成绩有关的例子。

····学校

Coleman 和他的同事在 40 多年前出版的《科尔曼报告》(1966)和《教育机会均等》是讨论学校的社会组织过程和学生学习成果关系的一个有用的起点(报告的简要介绍和主要发现，参见 Shouse，2002)。在审视不同种族/民族以及社会经济团体之间的差距时，Coleman 和他的同事在研究中关注学生成绩在学校层面的影响因素。许多重要发现来自他们的研究分析，也许最令人惊讶的发现在于教师资质(如教育背景和教学经验)和学校资源(如硬件设施、课程设置、学生人均支出)对学生成绩的影响一般是很微弱的。虽然 Coleman 及其同事的发现成为许多方法论的批评目标，但是他们的发现促使研究者不仅关注与学生成绩相关的结构因素，同时也要注重可能产生种族/民族、社会经济团体间差异的学校的社会组织过程。一般系统论认为，研究者试图识别“吞吐量”(throughputs)，它将教育投入(educational inputs)(如平均每班学生数量)和教育输出(educational outputs)(如学生成绩)两者联系起来(Shouse，2002，p. 520)。

····学术压力和集体共识

一家著名研究机构提出了两项与学生学习成绩有重要关系的学校社会组织过程：学术压力和集体共识(Bryk & Driscoll，1988；Bryk，Lee，& Holland，1993；Dever & Karabenick，2011；Irvin，Meece，Byun，Farmer & Hutchins，2011；Lee & Smith，1999；Phillips，1997；Royal & Rossi，1996；

Shouse，1997）。Shouse 将学术压力定义为“社会组织受成就取向的价值观、目标和规范驱动的程度”（p. 61）。Shouse 认为，具有较高学术压力的学校会为学生提供多样化、有挑战性的课程，认可并奖励成绩优异的学生，期望学生按时上学并完成家庭作业，为学生提供具有吸引力的安全的环境，并招聘有创新教学方法的教师，布置有意义和有挑战性的作业，并且对学生的学习和表现有较高的期望。

集体共识是另一个与学生成绩有关的重要的社会组织特征。关于集体共识的意义虽然有些抽象和难以捉摸，但有强烈集体共识的学校一般都具有的核心特点是：学校内各个层面之间的社会互动体现出的“关怀精神”，Bowen（2009，p. 6）称之为学校的“学习氛围”。集体性的一个重要特征是教师和学生之间关系的性质，如学生是否得到老师的关心、尊重和欣赏（Bowen，Rose，& Bowen，2005；Crosnoe，Johnson，& Elder，2004；Crosnoe et al.，2010）。

如 Bryk 等（1993）所述，集体共识的两个附加组成部分使“关怀伦理”得到加强，它们分别是：（1）促进共同议程和鼓励社会责任的共同价值观（shared values）；（2）为社会提供机会并强调公共规范的共同活动（shared activities）。学校成年人之间关于学术目标和学校重点的价值观和规范的具体化，为鼓励全体学生全面参与学校活动提供了机会，是集体性的两个附加组成部分的证明。Royal 和 Rossi（1996）把尊重多样化视为集体共识的另一个组成部分。

这些发现对于学校社会工作者既具有启发性又令人沮丧。一方面，它巩固了社会工作者既有的观点：社会干预必须根据学校的特点量身定制。另一方面，它指出识别社会组织过程的研究力量是提高学生成绩的杠杆点。这些发现对低收入学生比例很高的学校具有特殊的意义，这类学校最有可能雇用学校社会工作者。当学术压力较大时，在这些学校里营造关怀和鼓励的学校氛围，可能会对学生学习成绩带来更多的正面影响。在低社会经济地位和低学术压力的学校提倡较高的集体共识可能对学生的学习成绩起到反作用。正如 Shouse（1997）所说，这些学校的学生的教育经历比起“具有学术挑战性”，更像是“社会治疗”。

社会工作从业人员的挑战是以经验为基础制订干预策略，以达到一定的干预效果。“关爱学校社群方案”（Caring School Community）（Munoz & Vanderhaar，2006；Solomon，Battistich，Watson，Schaps & Lewis，2000）和

“达标项目”(Project ACHIEVE)(Harding et al.，2008)是学校干预的典型例子。“关爱学校社群方案”(http：//www. devstu. org/caring-school-community)旨在创造关爱的学校氛围，在这样的氛围下学生、教师和家长建立相互支持、合作的关系。干预方案的最终结果是提倡亲社会价值观，增强学习动机和提高学习成绩，预防吸毒、暴力和犯罪行为。“达标项目”(http：//www. projectachieve. info/)的目标是协助学校增强学术压力，包括学校计划和问题解决方案、教职工发展和课程开发、社会行为干预和家长培训。然而，正如前面所说，学校不能孤立于社区而存在。因此，成功的干预不仅需要了解学校的环境，还需要认识学校所在的社区环境。接下来，我们将讨论的方向从学校转向社区的社会环境。

• • • 社区

在学校有可以观察所在社区的社会组织过程。出于我们的目的，我们感兴趣的是这些过程如何影响学生的学习成果和学校的社会组织过程。Durkheim是最早开始讨论学校与其周围环境之间相互依存关系的学者之一(Boocock，1973)；Durkheim、Benbenishty和Astor(2005)的校园暴力的启发式模型描述了社区因素(如犯罪率)对学生成为校园受害者的溢出影响。

虽然学校作为社区的一部分，反映了社区的状况，但是研究者和社会工作从业人员经常将学校看成是孤立的存在。小部分学生上的是寄宿学校，教师担任他们代理父母的角色(即使是这些寄宿学校的学生也不是与外面世界没有任何接触的被关在学校里的飞地俘虏)。大部分学生住在位于某一居住区或小区的家里。学校的学生来自社区的不同方位，从学生家里到学校的距离近的只相隔几个街区，远的要好几英里。不论学生家距离学校远近，也不论学生来自多少不同的居住区，从一般系统论的角度看，学生实际上是突破自己的系统边界传输物质、信息和能量。一种背景下的事件和情境对于其他背景下的事件和情境有暗示作用，这些背景的文化中可能存在类似的参与、互动和成功的规则(Bowen，Powers，Wooley，& Bowen，2004)。

研究者和社会工作从业人员越来越认识到本地社区是孩子成长的一个重要环境(Booth & Crouter，2001；Froiland，2011；Morales & Guerra，2006)。Coleman(1988)关于社会资本作为一种资源存在于微系统内部和多个微系统之间的著作，社会工作采用生态论作为实践的指导框架，以及对社会工作在社区实践的重新被重视，都在一定程度上加强了对本地社区作为孩子重要的成长环境的关注(Bowen，Martin，Mancini，& Nelson，2000；Johnson，1998；Sviridoff & Ryan，1997)。正如 Turner(1998)所总结的，当今越来越多的人类服务专家正在寻找“社区和邻里的圣杯”，试图加强社会干预的有效性(p. ix)。

社会控制和社会支持

本节讨论的是两个相互关联的社区的社会组织过程：社会控制和社会支持。从地理的角度来看，社区的定义是儿童和青少年居住的空间环境。这一定义在概念上类似于 Sampson、Raudenbush 和 Earls (1997) 提出的定义："占据某一更大的共同体的一个部分的人群和机构的集合" (p. 919)。

许多学者研究观察当地居民报道的犯罪和暴力水平与社区的社会控制之间的关系(Oh，2003；Markowitz，2003)。如果社区居民对街坊邻里的行为漠不关心，缺乏相互关照的风气，对邻居的孩子也没有爱心，那么这里的犯罪和暴力水平可能会较高。研究显示，生活在具有威胁性特征的社区(如犯罪、暴力、消极的年轻人行为)可能会增加居民之间社会隔离的程度，并减少相互支持和互惠互利的交流模式(Bowen，Bowen，& Cook，2000；Brodsky，1996；Byrnes & Miller，2012)。犯罪率和暴力水平较高的社区不仅直接影响到学校，使校园暴力和犯罪的可能性增加(Bowen，& Van Dorn，2002；Mason，2012)，也可能对社区学生的教育活动和学习成绩产生负面的影响。

从生态系统的角度看，要使我们的儿童和青少年的学校教育获得成功，需要以学生和他们的家庭生活及工作的多个环境为目标实施干预。实证支持的干预是为了帮助学校解决邻里和社区的问题。“建立持久的家庭关系”(Creating Lasting Family Connections) (http：//copes. org/index. php) 就是此类干预的一个例子，它的目的是通过减少毒品和暴力来加强家庭和社区内部的关系(Johnson et al.，1996)。通过一个全面的课程，包括家庭如何访问社区资源，使家庭在面临环境风险因素时能够保持弹性。学校社会工作者可以和执法机构及社区团体合作制订提高社区安全的方案。例如，社区参与街区监视项目可能会减少某些类型的犯罪，虽然此研究是混合的 (Bennett，Holloway，& Farrington，2009)。与 Maslow(1954)的需求等级论的中心假设相一致，在安全需求没有得到满足的情况下，居民相互之间很难建立关系。Bowen 和 Van Dorn（2002）强调让家长和青少年参与社区干预的讨论是重要的。正如 Daniel Yankelovich（“An interview”，1992)所称，“如果你让人们加入对话，他们会承担自己的责任，与困难的问题做斗争。如果你将他们排除在对话之外，那么会发生相反的情况”（p. 14）。在 Nelson（2000)促进社区自我治理的对话中，显示出公民共同解决诸如犯罪和暴力等困难问题的意愿。学校社会工作者可以作为催化剂支持学校和社区的利益相关者发起社区对话，动员社区力量，加强社区联系。

一般系统论和生态论：卡罗来纳启蒙计划

卡罗来纳启蒙计划是一般系统论和生态论的干预项目的一个例子（Campbell & Ramey，2010； http：//projects. fpg. unc. edu/～ abc/＃home)。启蒙计划为弱势环境的 0 到 5 岁儿童提供高质量的早期儿童教育。该计划是基于一般系统论的指导原则，孩子的发展是具有不同的复杂性和稳定性的单位系统(如家庭、学校、社区)跨越时间相互作用、相互影响的结果(Campbell & Rame，2010)。此外，启蒙计划也受到生态论的影响，启蒙计划的开发者试图了解贫困家庭的孩子如何在家庭、儿童保健机构、学校和社区多种环境下成长发展(Campbell & Ramey，2010)。

在 1972 至 1977 年，111 名儿童被随机分配到启蒙计划、营养补充或家长咨询小组(对照组)。通过对启蒙计划小组从婴儿期到 30 岁之间认知、受教育程度、健康状况和行为危险因素的纵向研究发现，启蒙计划小组与对照组相比，智商领先 3 岁，并且青少年怀孕和患抑郁症的概率更低，同时展现了更大的教育收益和健康改善状况，以及更少的行为危险因素(Campbell et al.，2012；Muennig et al.，2011)。

案例：生态系统视角

生态系统视角最近被用于制订一项多方面的干预计划，在北卡罗来纳州(NC)一所学费全免、基于信仰的私立中学，使更多的 6 年级和 7 年级学生继续学业。干预对象是学校 6 年级至 8 年级来自社会经济地位较低的家庭，且数学、阅读期末测试成绩达不到要求的男孩。这所学校的学生总人数不超过 48 人(每年大约招收 16 名 6 年级学生)。

学校的董事会于2007年夏天向教堂山的北卡罗来纳大学社会工作学院的Gary Bowen博士寻求援助。董事会咨询了学校教职工的意见之后，申请帮助实行干预，以提高学生完成全部三年学业的概率。学校平均每年有16名新生就读6年级。在2007年刚开始接触的时候，只有约三分之一的学生完成了完整的三年学业。6年级期末是学生流失率最高的时期——平均一半以上的学生未能返校继续7年级的学习。未能完成学业的学生带来的损失是惊人的，损害了学校的长期可持续性。

干预的更大目标是帮助学生为完成中学学业以及成功过渡到高中和大学制订目标和计划。这个过程中一个重要的里程碑是完成中学学业全部三年的学习。从反映优势的角度来看，降低学生辍学率的首要挑战是增加学生在学校的参与，使学生认为学校是有趣和令人兴奋的，期待在学校学习新事物，期待去学校，在学校不觉得无聊。

从生态系统的视角来看（如人、行为和环境之间的相互依存），学生需要从同龄人、父母、社区成员和老师处获得帮助来实现他们渴望的目标。基于学生集中评估结果（The School Success Profile，Bowen & Swick，2013），与学生、家长、教师和学校董事会磋商之后，学校的看护人（家庭微系统）被作为主要的干预目标。生态系统观点认为，“学校成功概要”（http：//www. schoolsuccessonline. com/）评估学生对周围环境（社区、学校、朋友和家庭）和个体适应性（身体健康、心理健全、在校表现）的认知。

“学校成功概要”的四个系统级家庭研究结果为干预计划过程提供了框架和信息。

a. 家庭学术环境：学生报告说，他们与家里的大人讨论学校的课程或项目、学校相关活动、时事政治和他们对未来的计划。

b. 父母教育支持：学生报告说，家里的大人鼓励和支持他们的作业和活动，帮助他们获得必要的书籍和学习用品，并辅导他们做功课和完成老师布置的特殊任务。

c. 学校行为的期望。

d. 父母的支持：学生报告说，家里的大人为他们提供爱的支持和鼓励，并且花时间和他们在一起。

大量的经验证据支持这些研究结果和期望的学生成果之间的联系：学校的参与（Powers，Bowen，& Rose，2005；Wooley & Bowen，2007）。因此，以上四个系统级家庭研究结果被列为干预计划的对象。

通过运用战略视野过程和学习型组织的角度(参见先前讨论的学校学习型组织),最初的干预项目是完全配合父母、学生、教职人员和社区利益相关者设计的。2007 年聘请全职学校社会工作者协调干预计划的过程和实施。社会工作者与项目团队合作确定实证支持的项目有前景的实践,加强家庭和学校的交流,例如“The Incredible Years”(http://www.incredibleyears.com; Webster-Stratton, Reid, & Hammond, 2001)和“SOAR”(http://www.dropoutprevention.org/modelprograms/show_program.php? pid=52; Hawkins, Von Cleve, & Catalano, 1991)。这些多元的干预旨在改善学校环境,加强家长与孩子的沟通。它特别注重帮助看护人有效地沟通对学生成绩的期望,包括让学生完成学业的承诺。学校社会工作者去看护人的家里访问,改善教师和看护人之间的沟通(家庭—学校中系统中心)。社会工作者还和学生个人或团体一起讨论了“学校成功概要”的研究结果及其对学校参与的影响。

从较大的程序的角度来看,自从干预计划启动以来,学生保持率得到改善,与此同时,学生的学校参与度也得到了整体提升。相比 2006—2007 学年的 14 名辍学学生,辍学学生数量已经在过去的四个学年显著降低:2007—2008 学年 7 名学生,2008—2009 学年 2 名学生,2009—2010 学年 2 名学生,2010—2011 学年 4 名学生。尽管学生保持率的提高存在许多因素,包括学生选择程序的改进和聘用专门的社会工作者与学生的家庭合作,但我们有理由相信部分成功的原因在于对学生看护人有目的性的干预、加强支持学生成功和学校家庭交流质量的家庭环境。这样的干预完全符合学校社会工作实践的生态系统视角。

结　　论

生态系统视角产生于一般系统论和生态论,为学校社会工作者提供了一个熟悉的视角。生态系统视角认为学校是嵌入更大的社区和公共机构背景下的动态系统。生态系统论提供了一个综合的观点，认为学生、学校、家长之间的交流和互动会影响学生的成绩。社会型组织的概念给社会工作者带来实践的试金石——关注人和整体进程。

生态系统视角为学校社会工作者提供了一个广阔的视野，认为学校是有组织、复杂和动态的实体。大量高度综合的概念帮助他们提高学校作为一个致力于实现儿童最优发展的社会系统的有效性。生态系统视角强调学校是在广泛的环境中的生命体，其关注学校和社区的社会组织，并且支持学校社会工作者扩大实践的角色和职责。

本章要点

- 根据生态系统论，所有系统（如学生、教室、学校）必须在他们的社会环境和系统间发生的多方面的相互作用下来理解。
- 生态系统视角的概念来自两种相关的理论——生态理论和一般系统理论。它结合了生态理论的组织结构概念（微观系统）和一般系统理论的动态概念（积极的、消极的反馈）。
- 生态论强调孩子和环境之间的相互适应和相互影响的社会过程。
- 生态环境包括微系统、中系统、外系统、宏系统和时间系统。
- 生态视角有助于审视学校的社会工作实践和定位干预目标。
- 一般系统论提供了研究学校动态环境、学校和社会其他部分之间多方面相互作用的系统方法。
- 一般系统论的重要假设是所有系统都是有目的的、以目标为导向的。
- 一般系统论帮助学校社会工作者理解学校具有复杂特性，既是子系统（整体中的部分），又是超系统（环境背景）。
- 社会组织是社会系统的一个维度，是指人们之间的关系网络、交流模式和互惠水平，以及实现个人和集体目标时，互相提供工具性支持和表达性支持的程度。

学习与讨论

1. 列出一些学校社会工作实践生态系统视角的积极的方面。生态系统视角采用了一般系统论和生态论的哪些观点?

2. 有些人会问生态系统视角是否足够主导社会工作实践。你认为生态系统视角能够指导工作实践吗?

3. 本章介绍并讨论的所有概念中，你认为哪个对学校社会工作实践的影响最大?请和一位同事讨论这一概念对社会工作实践的影响。

4. 学校社会工作者可以使用哪些方法与作为实践背景的社区合作?

5. 许多学校社会工作者的工作相对独立。社会工作者们可以怎样建立一个专业的互助合作的网络?

6. 回顾 NASW Standards for Social Work Services in Schools(http://www.naswdc.org/practice/standards/NASWSchoolSocialWorkStandards.pdf)，这里的标准怎么看待学校社会工作中的生态视角?你认为这些标准有什么需要补充的吗?

7. 回顾《The State of School Social Work: Findings From The National School Social Work Survey》这篇文章(http://www.academia.edu/227460/The_State_of _School_Social_Work_Findings_from_the_National_School_Social_Work_Survey)。作者认为，“鉴于满足复杂需求的挑战和消除学习障碍在不同层次的灵活性，强烈需求跨学科的协作和教育领导者的角色”。对此，生态系统视角有什么作用?请谈一谈你的看法。

8. 上述文章的作者称，“社会工作者想要在学校实施的防范工作和他们正在做的事情之间的显著差异可能让人认为生态取向的障碍超出我们的控制范围”。你同意这个看法吗?为什么?

9. 在 SAMHSA 的“国家循证项目与实践注册中心”网站(http://www.nrepp.samhsa.gov/)搜索基于生态论或者一般系统论的干预案例。在搜索栏输入关键词“ecological”和“General Systems”。生态论或一般系统论的框架如何在这些案例中体现?这些干预的例子对你的实践会有帮助吗?请谈谈你的看法。

・・・拓展资源

Center for Mental Health in Schools

http：//smhp. psych. ucla. edu/

Collaborative for Academic，Social，and Emotional Learning

http：//casel. org/

National Network of Partnership Schools

http：//www. CSOS. jhu. edu/p2000/center. htm

Harvard Family Research Project

http：//www. hfrp. org/

School Community Network

http：//www. schoolcommunitynetwork. org/

The SEDL National Center for Family and Community Connections with Schools

http：//www. sedl. org/connections/

・・・拓展阅读

Aisenberg, E., & Herrenkohl, T. (2008). Community violence in context: Risk and resilience in children and families. *Journal of Interpersonal Violence, 23*(3), 296–315.

Albright, M. I., Weissberg, R. P., & Dusenbury, L. (2011). *School-family partnerships strategies to enhance children's social, emotional, and academic growth.* Newton, MA: National Center for Mental Health Promotion and Youth Violence Prevention, Educational Development Center, Inc.

Allen-Meares, P., Hudgins, C. A., & Engberg, M. E. (2004). The global program on youth: Lessons learned from collaboratories in action. *Journal of Technology in Human Services, 22*(4), 39–53.

Anthony, E. K. (2008). Cluster profiles of youths living in urban poverty: Factors affecting risk and resilience. *Social Work Research, 32*(1), 6–17.

Arum, R., Beattie, I. R., & Ford, K. (2011). *The structure of schooling: Readings in the sociology of education* (2nd ed.). Thousand Oaks, CA: Pine Forge Press.

Benbenishty, R. (2005). *School violence in context: Culture, neighborhood, family, school, and gender.* New York: Oxford University Press.

Bidwell, C. E. (2001). Analyzing schools as organizations: Long-term permanence and short-term change. *Sociology of Education Extra Issue,* 100–114.

Blum, R. W., McNeely, C. A., & Rinehart, P. M. (2002). *Improving the odds: The untapped power of schools to improve the health of teens.* Minneapolis, MN: Center for Adolescent Health and Development, University of Minnesota.
Brindis, C. D., Klein, J., Schlitt, J., Santelli, J., Juszczak, L., & Nystrom, R. J. (2003). School-based health centers: Accessibility and accountability. *Journal of Adolescent Health, 32*(6S), 98–107.
Bowen, G. L., Hopson, L. M., Rose, R. A., & Glennie, E. J. (2012). Students' perceived parental school behavior expectations and their academic performance: A longitudinal analysis. *Family Relations: An Interdisciplinary Journal of Applied Family Studies, 61*, 175–191.
Bowen, G. L., Richman, J. M., & Bowen, N. K. (2000). Families in the context of communities across time. In S. J. Price, P. C. McKenry, & M. J. Murphy (Eds.), *Families across time: A life course perspective* (pp. 117–128). Los Angeles: Roxbury.
Bowen, N. K. (2011). Child-report data and assessment of the social environment in schools. *Research on Social Work Practice, 21*, 476–486.
Coleman, J. S., & Hoffer, T. (1988). *Public and private high schools: The impact of communities.* New York: Basic Books.
Dente, C. L., & Coles, K. P. (2012). Ecological approaches to transition planning for students with autism and Asperger's syndrome. *Children & Schools, 34*, 27–36.

Epstein, J. L. (2011). *School, family, and community partnerships: Preparing educators and improving schools* (2nd ed.). Boulder, CO: Westview Press.

Frey, A. J., & Dupper, D. R. (2005). A broader conceptual approach to clinical practice for the 21st century. *Children & Schools, 27*(1), 33–44.
Germain, C. B., & Bloom, M. (1999). *Human behavior in the social environment: An ecological view.* New York: Columbia University Press.
Goldstein, S., & Brooks, R. B. (2013). *Handbook of resilience in children* (2nd ed.). New York: Springer.
Grogan-Kaylor, A., & Woolley, M. E. (2010). The social ecology of race and ethnicity school achievement gaps: Economic, neighborhood, school, and family factors. *Journal of Human Behavior in the Social Environment, 20*, 875–896.
Haber, M. G., & Toro, P. A. (2004). Homelessness among families, children, and adolescents: An ecological-developmental perspective. *Clinical Child and Family Psychology Review, 7*(3), 123–164.
Haight, W. L., & Taylor, E. H. (2013). *Human behavior for social work practice: A developmental-ecological framework* (2nd ed.). Chicago, IL: Lyceum Books.
Haynes, K. S., & Mickelson, J. S. (2010). *Affecting change: Social workers in the political arena* (7th ed.). Boston: Allyn & Bacon.
Heath, M. A., Money, K., Annandale, N., Fischer, L., & Young, E. L. (2007). Crisis intervention for students of diverse backgrounds: School counselors' concerns. *Brief Treatment and Crisis Intervention, 7*(1), 12–24.
Jakes, S. S., & Brookins, C. C. (Eds.). (2004). *Understanding ecological programming: Merging theory, research, and practice.* Binghamton, NY: Haworth Press.
Jaycox, L. H., McCaffrey, D. F., Ocampo, B. W., Shelley, G. A., Blake, S. M., Peterson, D. J., et al. (2006). Challenges in the evaluation and implementation of school-based prevention and intervention programs on sensitive topics. *American Journal of Evaluation, 27*(3), 320.
Jozefowicz-Simbeni, D. M. H., & Allen-Meares, P. (2002). Poverty and schools: Intervention and resource building through school-linked services. *Children and Schools, 24*(2), 123–136.
Khoury-Kassabri, M., Astor, R. A., & Benbenishty, R. (2007). Weapon carrying in Israeli schools: The contribution of individual and school factors. *Health Education &*

Behavior, 34(3), 453–470.

Kozol, J. (1991). *Savage inequalities: Children in America's schools.* New York: Crown.

Langsford, J. E., Deater-Deckard, K., & Bornstein, M. H. (Eds.). (2007). *Immigrant families in contemporary society.* New York: The Guilford Press.

McCurdy, M., Coutts, M. J., & Sheridan, S. M. (2013). Ecological variables in school-based assessment and intervention planning. In R. Brown-Chidsey & K. J. Andren (Eds.), *Assessment for intervention: A problem solving approach* (2nd ed., pp. 39–61). New York: The Guilford Press.

Miller, T. W. (2008). *School violence and primary prevention.* New York: Springer.

National Association of Secondary School Principals. (2002). *What the research shows: Breaking ranks in action.* Reston, VA: Author.

National Association of Social Workers. (2012). *NASW standards for school social work services.* Washington, DC: Author.

Pardeck, J. T. (2006). *Children's rights: Policy and practice.* Binghamton, NY: Haworth Press.

Patton, D. U., Woolley, M. E., & Hong, J. S. (2012). Exposure to violence, student fear, and low academic achievement: African American males in the critical transition to high school. *Children and Youth Services Review, 34*, 388–395.

Payne, M. (2002). The politics of systems theory within social work. *Journal of Social Work, 2*(3), 269–292.

Popham, W. J. (2006). Assessment for learning: An endangered species? *Educational Leadership, 63*(5), 82–83.

Popham, W. J. (2007). *Classroom assessment: What teachers need to know* (5th ed.). Boston: Allyn & Bacon.

Powers, J. D., Bowen, N. K., & Bowen, G. L. (2011). Supporting evidence-based practice in schools with an online database of best practices. *Children & Schools, 33*, 119–128.

Putnam, R. D. (2000). *Bowling alone.* New York: Simon & Schuster.

Redding, S., Murphy, M., & Sheley, P. (2011). *Handbook on family and community engagement.* Lincoln, IL: Academic Development Institute. Retrieved from http://www.schoolcommunitynetwork.org/downloads/FACEHandbook.pdf

Rosenfeld, L. B., Richman, J. M., & Bowen, G. L. (2000). Social support networks and school outcomes: The centrality of the teacher. *Child and Adolescent Social Work Journal, 17*, 205–226.

Sanders, M. G. (2006). *Building school-community partnerships: Collaboration for student success.* Thousand Oaks, CA: Corwin Press.

Schwartz, S. J., Pantin, H., Coatsworth, J. D., & Szapocznik, J. (2007). Addressing the challenges and opportunities for today's youth: Toward an integrative model and its implications for research and intervention. *The Journal of Primary Prevention, 28*(2), 117–144.

Sheidow, A. J., & Henggeler, S. W. (2008). Multisystemic therapy for alcohol and other drug abuse in delinquent adolescents. *Alcoholism Treatment Quarterly, 26*(1/2), 125.

Skytmer, L. (2001). *General systems theory: Ideas and applications.* Singapore: World Scientific.

Taub, J., & Pearrow, M. (2013). Resilience through violence and bullying prevention in schools. In S. Goldstein & R. Brooks (Eds.), *Handbook of resilience in children* (2nd ed., pp. 371–386). New York: Springer Science + Business Media.

Woolley, M. E., & Bowen, G. L. (2007). In the context of risk: Supportive adults and the school engagement of middle school students. *Family Relations, 56*, 92–104.

Woolley, M. E., & Grogan-Kaylor, A. (2006). Protective family factors in the context of neighborhood: Promoting positive school outcomes. *Family Relations, 55*, 95–106.

Woolley, M. E., Kol, K. L., & Bowen, G. L. (2009). The social context of school success for Latino middle school students: Direct and indirect influence of teachers, family, and friends. *Journal of Early Adolescence, 29*, 43–70.

第
四
章

社会工作服务设计：学校环境

Mary Beth Harris，南加利福尼亚大学
Tara Powell，得克萨斯大学奥斯汀分校
Cynthia Franklin，得克萨斯大学奥斯汀分校

父母、家庭、教育者和社区——再没有比这更好的搭档来保证满足所有学生从学前到高中所需的一切支持和资源，并且成功地在学校和生活中成长。

——NEA 校长 Dennis Van Roekel

引　言

为了完成教育学生和帮助年轻人做好成年生活的准备这一首要目标，学校成为一个复杂的组织。学校汇聚拥有不同文化、规则、视角和优势的个人和群体，他们共同组成了一个学习环境，包括多种系统、过程和构成部分。要在这一环境实现接受和专业的容纳，需要学校社会工作以一个学习组织的身份去了解学校的组织文化和任务，并扮演一个支持学校目标和预期的角色。从学校的角度来看，社会工作者的角色就是减少阻碍学生学习和完成学业的障碍。学习学校文化和等级制度以及社会工作者如何融入这个体制对于有效扮演这一角色至关重要。

本章客观地检验了在学校环境中社会工作发挥功能的范围；探究了利益相关者如何深切地形塑和影响着社会环境，例如学校董事会、父母、行政系统和老师；揭示了学校组织等级制度的类型、行政领导的影响，以及社会工作者的角色和功能；探讨了学校中院系和职员的专业关系的政治维度和重要性；阐述了跨学科团队模型和跨专业实践的关键因素。本章还讨论了学校与以社区为基础的机构和从业者合作提供学校链接服务的多种方法。在形塑学校文化和局势的范围方面，本章对比了三层障碍——问题行为干预与支持（PBSI）和干预的反馈（RtI）干预模式、学校环境的评估、报告和证明学校社会工作对不同利害关系和特权的利益相关者的服务效力，这是本章很有价值的论述。

校内工作

多重利益相关者的影响

与许多社会工作环境不同的是，学校总是引起公众的注意，涉及政治、司法、宗教以及媒体活动。与学校老师、管理者、保障人员等一起，社区的社会服务组织和公共机构(例如儿童福利和青少年司法)总是和学校相互制约。还有许多能够影响学校项目和政策的社会团体并不直接参与到学校中去。最显而易见的就是宗教团体和健康照顾区（health-care constituencies)。这些机构都与学校相关，例如，涉及性教育和流产信息方面的事务(Weaver，Smith，& Kippax，2005)。这些事务通常关乎媒体利益，后者能够对在校学生的社会和健康服务产生重大影响。这些团体在各种事务的刺激下，常常按照自身的利益向政策和项目施加影响。

学校同样也根植于大型的非地方系统中，以对学校有重大影响的组织领域著称(Arum)。组织领域(organizational fields)，例如州和联邦司法系统、州教育厅以及美国卫生和人类服务部(Bowen and Richman，2002)，通常断然实施一些或许符合或许不符合当地需要的政策或实践。他们通过州和国家的政策及学校的筹资途径来影响学校。联邦《不让一个孩子掉队法案》就是一个非地方系统对地方系统产生深远影响的例证，在其他章节中，我们会进一步讨论。

社区和学校董事会

学校里一个明显的社区利益的象征就是当地的学校董事会，是从每一个学校团体选举出来的一系列代表。因此，学校董事会被期待在政策上代表社区的价值观和关注点，以促进学校程序和运作。在这一连续统一体中，一方面可能意味着学校董事会在回应多样的学生需求时强调了社会和健康服务；而另一方面，董事会可能支持一项严格的学院议程，限制社会心理和精神健康所需的资源。此外，为了促进社区的优先权，学校董事会必须在经济和以税收为基础的当地区域进行引导。这样，为了在当地学校进行高效的工作，学校社会工作者值得去理解价值观、政治状况、社区经济资源和学校董事会成员的个人特征，例如其年龄、文化身份和专业背景。

• • • 家长作为选民

承认父母在学校系统和优先权中有重要话语权是符合逻辑的事情。有充足的研究证据表明，当父母参与孩子和青少年的教育时，他们会完成更多学业并和学校有更多的联系（Hendersoil & Mapp，2002；Jeynes，2005）。而且，大多数家长希望通过经济、种族和文化群体参与到孩子的教育中去（Alameda-Lawson，Lawson，& Lawson，2010）。但是，低收入父母，特别是非主流文化或非传统的家庭，例如单亲家庭、移民或无家可归的家庭，可能是未被充分代表的选民集团。这样，他们对孩子学习和成就的价值观就未被充分利用（Arias & Morillo-Campbell，2008）。这是一个经常发生的案例，"位于贫穷社区和主要服务于低收入学生的学校经常需要额外的支持和帮助，以识别并尽力减小家长参与孩子教育时所遇到的家庭和社区障碍"（Alameda-Lawson 等，2010，p. 172）。学校社会工作聚焦于联结和赋能家长，提倡在学校的孩子能够支持这一重要的利益相关群体是非常重要的。

发展有意义的家庭参与的一个关键要素是理解家庭中的个人和整个家庭的需求与优势。这要求与家庭建立关系，并评估家庭需求、优势和教育价值观的技巧。学校社会工作者所扮演的角色的一个基本部分是提供这些学校和家庭进行联结的功能。目标就是帮助学校更清晰地了解家庭的需求、偏好和价值观，并且以目标为取向的特殊服务和对家长参与学校生活有意义的方法作为回应（Bunting，Drew，Lasseigne，& Anderson -Butcher，2012）。

• • • 管理风格

学校负责人和行政团队的领导风格与价值观对学校文化有很大的影

响，反过来，对老师、职工和学生也有很大影响。在20世纪90年代，大多数学校负责人被认为是教学领导，他们的主要功能是管理好学校的课程和教学(Glickman，Gordon，& Ross-Gordon，2001)。然而，在学校改革之后，学校负责人的领导角色主要概念化为两种新途径：业务(transactional)角色的负责人或改革型(transformational)负责人。

管理或业务型领导者寻找维持学校环境现状的方法，并且鼓励稳定性和控制性而非创造性。这种管理风格聚焦在功能、任务和负责人的表现上，并且认为能胜任这些任务的负责人是有效力的、可操作的(Valenline & Prater，2011)。这种功能和任务包括监控老师和职工、管理学校的每日运作、维持学校规则的清晰和组合以及控制学生行为(Rosenblatt & Somech，1998，引自 Valentine & Prater，2011，p.6)。这种管理者倾向于聚焦在学校成员的互动上，也可能会观察被利己主义激发的事务(Bogler，2001)。

一个改革型负责人会激励学校系统的其他成员，并且会鼓励创新。这种领导在学校传递着一种理念，并且会联合学校团体一起努力完成这一理念。这一过程的核心价值观可能聚焦于赋能、道德行为和公平公正(Horn-Turpin，2009)。最近的研究显示(Finnigan，2012；Lindahl，2010)，高产的学校中的老师认为他们的负责人具有很多改革型领导力的特征。这类负责人期望和鼓励老师与学生具有高水平的表现。他们为提高老师的知识和技能提供机会，并为其改进教学方法提供背景。他们维持学校职工的信任和互相尊重的氛围，并且鼓励和促进家长与学校职工的交流(Lindahl，2010)。这里讨论的三种管理风格，改革型负责人是最能积极鼓励教师自信和动力的(Finnigan，2012)，并且在学校中能使学生实现更大的学术成就(Branch，Hanushek，& Rivkin，2013)。

考虑到学校负责人的领导风格渗透着学校环境，这一风格也影响着社会工作者的角色。一个具有改革型领导风格的管理者可能支持社会工作者服务的创新和一个有活力的学生团队。相反，一个具有管理或业务型领导风格的负责人(Finnigan，2012)更有可能限制针对学生问题的社会工作服务，例如逃学，以及不鼓励跨学科协作和规划。因此，当宣传和倡导社会工作服务时，社会工作者评估负责人的领导风格并在其框架中高效工作是很重要的。

组织中的政治维度

与学校教职人员建立信任关系

良好的人际交往能力，就像对他人所关心的事物、利益的认知和尊重一样，是与其他学校教职人员建立关系的必备条件。了解这些关系中存在的潜在障碍同样十分关键。在一些地方学校，有些阻碍就像地方学校的文化个性一样具有独特性，而其他的却很普遍。

许多潜在的冲突问题通常都发生在社会工作服务与其他学校教职员工角色功能之间。首要原因在于，社会工作者所提供的项目和服务大都开始于 20 世纪 80 年代中期，并在 2001 年《不让一个孩子掉队法案》授权下得以延续。在这种趋势下，学校辅导员可能会担心自己被社会工作者所取代、与社会工作者竞争有限的资源及对于如何合理地对学生进行干预时意见不一(Porter，Epp，& Bryan，2000)。与此相似的是，当学校社会工作者厘清自己的角色和职责，感觉角色竞争很小并被当作学校辅导员时，他们会表现出更高的职业满意度(Agresta，2006)。

对社会工作者而言，最重要的关系就是和老师的关系。因为老师与学生的联系往往比学校其他职工更多，他们还左右着学生日常安排的很大部分，所以他们对于社会工作者活动的支持是首要的。此外，老师和学生的关系极大地影响着学生的学业和行为表现。研究发现，老师对于学生能力的信心和师生间的交流常常对学生在校期间成就的大小起着至关重要的作用(Ferri & Connor，2005；Reis，Colbert，& Hebert，2005)。

近些年，社会工作者在学校里愈发常见，合作和参与越来越多地用于描述老师与社会工作者的互动以及心理健康干预。最近，一项对于 49 个学校心理健康研究的评估发现，老师主动参与了 41%的干预活动，并且其中近 20%的时间里，他们独立提供了干预。评估还发现，不少此类干预活动普遍越过了年级和学校的层面，发生在教室里(Franklin，Kim，Ryan，Kelly，& Montgomery，2012)。

下面的例子证明了得到老师支持对基于学校的(School-based)服务的重要性：

……………………………………

Ellie，高中生，有6个月身孕，是个孤儿。在学期开始时，Ellie受学校社会工作者邀请，去参加一个每周利用午饭时间活动的团体。这个团体是专门为她所在学校的怀孕或育儿的年轻女性所组建的。社会工作者告诉Ellie，这个团体可以帮助她通过考试并顺利毕业。最近，因为医疗和社会服务，她错过了很多上课时间，成绩也落了下来。虽然有备忘录要求老师在上课开始时原谅那些团体参与者因为参加团体活动而耽误上课，但在Ellie第一次团体会面结束来到教室时，老师还是停止了上课并问她为什么迟到。当Ellie告诉老师她参加了一个团体时，老师却说她应当上课而不是去参加什么团体。在第二次团体活动后，老师依然是类似的反应。因此Ellie告诉社会工作者，她打算退出团体。她害怕每周的迟到让老师生气，导致成绩落后。当社会工作者亲自和Ellie的老师说明了这个团体对于Ellie的价值后，这位老师才极不情愿地同意Ellie参加团体活动而不惩罚她。在团体终止两个月后，老师托Ellie转交给社会工作者一个便条，说："这学期，在完成所在小组作业方面，Ellie的课堂表现有极大进步，给我们多搞点这种团体吧！"

……………………………………

虽然学校社会工作者可能偶尔会遇到把他们当成对课业任务毫无用处甚至是障碍的老师(Harris & Franklin，2006；Porter et al.，2000)，但让老师在服务计划阶段就知晓并参与其中能够减少前期矛盾，获得支持。亲自与老师协商显示出了对老师专业需求的尊重，并且能够减少误解和疏忽发生的可能。

社会工作者能通过了解学生事务(例如课堂表现)来推进与老师的关系，这是社会工作者和老师都关心的。Viggin、Reid和Bailey-Dempsey(2002)发现那些由社会工作者和老师合作干预并解决困难的学生，其缺席更少，课堂表现也更好。查看第七章的内容，寻找那些可以提供证据支持的干预，在这些干预中，社会工作者能够推荐或者执行解决特定类型的老师在教室遇到的学生问题。最终，当社会工作者展示出能力，并且在处理老师和学校关心的问题时自愿成为团队一员，信任关系便建立起来了。

跨专业实践

在设计学校社会工作服务时，为学生提供支持和心理健康服务的跨专业团队是必不可少的。这个团队包括学校顾问、心理学家、社会工作者，通常还有卫生保健专家和特殊教育教师。他们共同的声音会对学生的社会心理和身心健康需求产生相当大的影响。一个共同的体系通常被认定为学生人事或者学生服务团队。其源自 20 世纪 70 年代健康领域的多学科方法。跨专业团队中，每个人从事自己不同的学科，围绕一个商定的目标，做着各不相同同时又互补的贡献。这种模式扩展到教育和其他领域，常常是学校学生人事团队的统一框架。D'Amour 和 Oandasan(2005)将这种跨专业性(inter-professionality)定义为“专业人士反思和建立实践方法的过程，这一过程为顾客、家庭、居民等的需求提供了一个完整且有力的答案。它包含专业间连续不断的交互和知识分享，组织起来去解决或者探究各种事务”(p. 9)。

在学校的跨专业实践是一种合作，这种合作突破了传统的“教”去认识和做那些影响学生整体生态的事情。在这篇文章中，学校社会工作者不仅与其他专业人员合作，还需要在为学校商定共同目标和目的时，了解其他专业人员的观点和他们关心的问题(见第一章和第三章中关于与学校社会工作者相关的理论观点的附加内容)。

跨学科协作模式

Osborne 和 Collison (1998)从学校辅导员的视角提出了一个团队模式。这一模式介绍了大多数人类服务专家都在学术计划中受过训练，他们强调分离而不是协作，还介绍了咨询理论与群体理论中的概念和假设，其中包含了发展专业分支的协作关系所需的框架。

Osborne 和 Collison (1998)提出了这一模式的五个过程：(1) 一个学校辅导员召集这一小组，其理由是辅导员是专门安置并获准在学校工作的人；(2) 这个小组阐述其对协同服务的共同案主更有效工作的原因；

(3) 这个小组以为学习管理者提供一个目标和合理的声明作为开端，包含组织结构和引导案主服务的操作程序的建议；(4) 该小组确定共同的目标，并使这些目标在整个学校公开；(5) 领导是在一个旋转的基础上，该组确定每个个人或机构给团队带来的优势和贡献。

尽管该模型部分反映了传统的学校人员对程序的所有权问题，但是它显示了对个人优势和代表不同学科的角度的尊敬。它也给社会工作者一个综合网络系统用来向学校的其他职工解释系统优先权和价值观。在这个制裁决议的协同结构中，之前讨论的可能影响高效工作关系的障碍就有了一个相当大的解决机会。

Brandis 和 Philliber (1998)发展的跨专业协作的框架，尽管和综合的服务模式系统相似，但它推荐了一个更广泛的系统，包括学校的服务专家和那些在校外的社区为学生及其家庭提供服务的系统。这一模式所依赖的生态系统方法强烈倡导扩大社区资源系统、规划初始阶段的投资以及正在进行的合作。

• • • 跨专业团队的功能

在学校，跨专业团队提供和支持全阶段预防干预的学生服务。在定位全校学生的需求时，团队的功能可能主要在预防阶段。在第二预防/干预阶段，团队成员可能为高危学生提供团体或者其他特别服务。在此阶段，一个干预的例子就是专为那些有心理健康高风险(例如忧郁)、STD 或 HIV 高危人群的学生提供生活技能团体活动(Hoven，& Snedker，2010)(Harris & Allgood，2009)。

在第三阶段，跨学科团体可能在学校有额外的法律权威去为那些符合《残障辅导就业法案》(the Vocational Rehabilitation Act，1973)第 504 节的“504 计划”或者符合《特殊教育法》(IDEA，2004)的学生提供特殊教育服务。

在这一角色里，跨学科团体是个别教育计划(IEP)团体的成员。个别教育计划还包括学生家长、监护人、学校管理者以及其他学校职员。个别教育计划负责以学生的功能性行为评价(Functional Behavioral Assessment)为基础制订一个为学生服务的计划(Geltner & Leibforth，2008；Harrison & Harrison，2009)。

在建立功能性行为评价时，团队成员以其各自的专业知识为基础提供信息。例如，指导顾问常常提供学生学业的最新进展情况；特教老师常常反馈学生在教室的社会调整和表现。社会工作者给这一过程带来社会生态学观点和不同的技能。这些能够拓宽和丰富评价表现功能的范围(Constable & Tomas，2006；Eber，Breen，Rose，Umizycki，& London，2008；Germain，2002)。在一些学校，社会工作者是经过特殊训练的，他们被当成为学校开发功能性行为评估的专业人员。在其他时间里，社会工作者可能会与团队其他成员一起工作，推动现行功能性行为评价的发展。在这两个案例中，社会工作者都准备调查这一评价中的家庭、学校以及社区资源。这涉及探索一个学生环境的多样体系和采访个体，例如少年司法官员、卫生保健专家、儿童福利工作者以及心理健康师。社会工作者受训去评估这些系统的动态和交互作用。在这些系统中，学生嵌入来自多样资源的内部综合信息(Ashford，LeCroy，& Lortie，2006；Cournoyer，2008)，通常让学生更适应这种生态背景从而更深层次地了解其表现。和个别教育计划团体成员一样，学生服务团体为那些正处在挣扎中的学生定位和设计干预活动，同样也为所有在校学生的健康提供干预。下面就是一个跨专业团队运作的案例：

案例

Pete，一名16岁的高中生，当他开始逃学并且几门课程的成绩都下降的时候，他的辅导员提出将他送到学校健康中心去。在接案后，学校社会工作者会见了这个辅导员和Pete的几位老师来了解Pete的情况。这个团队决定社会工作者应该先见见Pete来讨论他的状况。Pete告诉社会工作者，他及家人最近失去了房子，他们现在住在亲戚家的一个拥挤的公寓里。Pete在那里很难静心学习，而且他很担心他家人的未来。Pete说他在拥挤的宿舍里很难保持自己的卫生，而且几个学生在数学课上因为他的卫生问题欺负了他。在与Pete会面之后，经过他的允许，学校社会工作者、护工、辅导员和他的数学老师创建了一个干预计划。学校社会工作者同意给Pete的家人提供信息，以提醒他们当地有哪些资源可以帮助他们尽快住进自己的公寓中。辅导员建议Pete参加一个课后学习大厅活动(after-school study hall)，在这里他可以在一个安静的环境中完成课堂作业。Pete的数学老师同意让Pete和其他学生合作，以补上他错过的课程。学校护工同意给Pete提供基本的卫生用品，并让Pete在上学前在护工办公室洗衣和淋浴。最后社会工作者同意为Pete和欺负过他的学生举办一次同侪调解会议。干预团队的成员紧密结合起来，学校社会工作者、护工、辅导员和老师能够解决Pete的各类问题来帮助他完成学业，尽管他的家庭处于困境中。如果没有这种跨学科的协作，许多团队成员可能意识不到Pete的问题，他可能也不会获得他需要的干预以帮助他完成学业。

学校文化和协作的影响

研究表明，全体教师、学生以及各个层次的职员一起工作，创造拥有共同目标的学校文化，更能出现积极向上的学生(Durlak, Weissberg, Dymnicki, Talyor, & Schsellinger, 2011; Harris & Hopkins, 2000)。例如，对于校园暴力和冲突，有证据表明，那些运用与学生合作制订的简单积极的规则和尊重学生个性的项目能够减少校园暴力(Erickson, Mattaini, & McGuire, 2004)。一个从美国抽取了4 972名学生的校园冲突消除项目(Garrard & Lipsey, 2007)分析发现，在反社会行为方面，接受过冲突消除训练的学生表现明显改善。同时，他们还为积极参与塑造学校文化的学生提供进一步的支持。

正如早先讨论过的，教师在学校文化中影响深远。回顾校本心理健康干预活动，Roans和Hoagwood(2000)发现，许多有效的干预活动都包括更好地提升教师间合作或者增加教师与家长沟通这样的内容。有证据明确表明，教师在教室里如何控制感情极大地影响着破坏性和好斗性学生表现的程度(Oliver, Wehby, & Reschly, 2011)。

积极的行为干预和支持(PBIS)

研究证据表明，现在在学校和教室的行为管理中，惩罚性的规则不能防止和消除行为问题(Skiba & Sprague, 2008)。学校现在更聚焦于创造一种积极参与的文化，培养一个更加积极的学校环境。为了实现这一目标，超过 14 000 所学校实现了三层模式，被称为学校积极的行为干预和支持(PBIS)(Thompson, 2013)。PBIS 是一个协作的三层模型，聚焦于通过评估和缓解问题行为来提高学校的整体环境。这个计划的目标的具体实现方法是使学校环境更加适应学生的需要(Clonan, McDougal, Clark, & Davison, 2007)。PBIS 要求学校所有的成员，包括老师、学生服务工作人员、行政管理者和支援人员，来参加教学活动和积极行为的援助(Sugai & Horner, 2008)。PBIS 模式运作了三个干预层次：初级、二级和三级。在初级干预层次，学校在全部设置上调整学校环境以适应所有的学生。例如，学校制订了简单和积极的学校规则，并把这些规则张贴在走廊、教室、餐厅和楼梯间。所有的学生接受课堂教学的行为预期和积极行为的增强训练(George, White, & Schlaffer, 2007)。

二级干预的目标是针对一小部分全校干预对其无效的学生。这些干预可能包括辅导、社会技巧小组或团队建设练习(Clonan 等, 2007)，并且经常被交付给个人或小组(Filter, Alvarez, & Zammitt, 2013)。最后，三级干预的目标是帮助解决学生群体的慢性病、持续性情绪和行为问题。这些学生接受高级的个人功能的行为评估。这个评估是由跨学科团队完成的，包括老师、社会工作者和行为专家(George 等, 2007)。在过去的十年里，很多研究检验了学校的 PBIS 模式的效果，在实施 PBIS 之后，学校报告了更少的学生问题行为和学科转介(Clonan 等, 2007; George 等, 2007; Lassen, Steele, & Sailor, 2006; Netzel & Eber, 2003)。而且，PBIS 在减少休学人数以及小学生隔离和身体约束的频率上也有效果(George 等, 2007; Nelzel & Eber, 2003)。

干预的反馈

干预的反馈(RtI)，尽管在三层工作方法上与积极的行为干预和支持(PBIS)相似，但是在针对学校中特定的学术、行为或精神健康问题上有区别，不是针对广泛的学校环境(Thompson, 2013)。RtI 第一次在学校问题上被发展而且被持续广泛地运用于早期的三阶段过程，尤其是在阅读上

(Fuchs & Fuchs，2006)。最近，它扩展到行为问题和学术问题上。RtI 和 PBIS 主要在目标上相似，通过多种连续的方法，以提高学校或学生的社会产出。Thompson (2013)指出了 RtI 和 PBIS 的 6 个相似点，如下所述：

1. 干预是以科学为基础的研究所支持的；
2. 干预被组织成为连续的统一体，来支持学生不同的需求；
3. 评估和分配资源的方法是问题解决取向的；
4. 早期筛查和持续评估是评价学生进步的关键因素；
5. 在一个选定的干预中，用数据来监管学生的反馈；
6. 决定干预的成功时，应考虑实施的逼真度。

• • • 开展一项学校文化评估：学校的成功简介

因为学校环境在学生成功过程中，扮演了一个重要的角色，所以研究者忙于定义和测量组织影响学生的因素。这一测量是 Gary Bowen 博士及其同事发明的"学校成功简介——学习型组织"(SSP-LO)，一所学校或任何组织使用员工和关键利益相关者的信息来计划、执行和评估实践，以帮助学生达到所期望的结果。行为和感情帮助定义一所学校是不是一个学习型组织。在评估员工行为时，SSP-LO 测量了 6 个维度：团队定位、创新、参与、信息流、误差忍受度和结果定位。员工情感通过其他 6 个维度来测量：常识、尊敬、衔接、信任、相互支持和乐观主义。每一个维度都识别了学校中的角色和关系，以及以学校和社区为基础的服务的角色和关系。尽管有大量其他工具适合评估学校不同的构成要素和功能，但 SSP 综合的维度特别适用于学习型组织，这使得其对学校评估尤其有用。

• • • 学校相关服务

以学校和社区为基础的团体采用多种不同方式与为学生和家庭的服务相联系。从历史上看，学校与公共机构，例如儿童福利(Cappella，Fraziier，Atkins，Schoenwald，& Glisson，2008；Traube & McKay，2013)和青少年司法体系(Montgomery，Knox，& Roberts，2013)，进行合作来支持那些参加这些系统的学生。Gottfredson 等（2000，被 Montgomery 等引用，2013）用这样的观察结果来解释共同努力的基础："学校是预防和干预服务的关键所在，不仅是因为学生和青少年在此度过了大量的时光，更是因为学校是影响他们表现、角色、发展性任务中的社会化的主要机构。"虽然常常出于不同的目的，但这样的合作对于学校和社团目标的实现都是有作用的。

案例

在城市西南部的一所高中，两个邻近帮派的成员之间的校园冲突已经是校园安全的一大威胁。为了回应这一问题，学校的两位社会工作者发展了一个学习型干预的调解和服务，他们召集两个团体进行了一项挑战，这是一种非对抗性的竞赛，这也对两个团体成员的社会化和学术化有好处（Elizalde & Ramirez，2013）。这个竞赛包括社区服务项目、参与学校事务和活动，奖励就是赢的那一队可以选择几天的旅行或者娱乐活动。社会工作者寻求了地区少年感化处的帮助，他们还联合了两个少年感化处来促进干预。在学期结束的时候，不管在校内还是校外，两个团队的冲突已经减到最小了。两个团队成员的出席率和成绩也有了显著提高。在这两家机构解决年轻人的问题时，学校获得了一个更安全的环境，而地区少年感化项目使学校获得更多成功的机会，也使已经在感化处的青少年减少了帮派暴力，并使存在高风险的青少年进入合法系统中。

学校与社区机构合作的另一个方式是机构为学生提供学校自身无法提供的特殊服务。卫生保健就是一个重要的例子，社区为本的卫生保健机构和专家提供关于例如营养、HIV-STD 以及滥用药物等主题的预防性教育。他们可能还会提供诸如免疫和健康普查的服务（学校健康和卫生保健中心，2009）。超过 1900 所学校（Lear，2013）设有综合性卫生保健医务室，配有专业保健医生，并且能得到主要健康机构的赞助（Stozer，Juszczak，& Ammerman，2010）。这些医务室通常提供心理健康服务、视力听力检查、急症治疗、医药处方和牙科护理（Lear，2013）。

在学校，最近增长的模式是学生支持服务与社区为本的提供者相联系。在过去的十年间，对学校明显的预算削减的反应是一些教育区减少了学校雇佣学生服务人员的数量（Alvarez & Bye，2013）。忙于那些"导致学生失败的非学术事件(Anderson-Butcher，2008)”，这些学校与外部提供者合作，提供必需的社会和心理服务(Alvarez & Bye，2013，p. 853)，这些服务原先是由学校雇员提供的。许多学校继续通过学校雇佣社区为本的社会工作者和学生服务职员来提供这些服务。一项最近来自186名学校为本社会工作者的数据(Bronstein，Ball，Mellin，Wade-Mdivanian，& Anderson-Butcher，2011)研究发现，学校雇佣的社会工作者和社区雇佣的有许多相似之处，尤其是他们接受的训练。他们的实践经验或许不尽相同，这更彰显了合作的重要性，并且明确定义了两者的关系。

• • • 调和学校和社会工作不同的目标

Austin (2002)认为学校社会工作对学生的个人成就感兴趣，例如健康的人际关系和生活技能，而教育领域聚焦于公共成果，例如学校的保留和学生如期毕业。成果促使社会工作和教育共同关注处理这些问题：校园暴力和少女怀孕。其中，社会工作者关注健康发展和生活质量的障碍，而学校关注教育成功道路上的障碍。就在这些和其他共同关注的领域，学校社会工作者有更多弹性来解决学生及其家庭的紧急需求，并且有学校的批准和支持。有两个有效的方法来联系学校和社会工作者的不同特权：在资助提案时，澄清个人成就和公共成果之间的关系；在程序评估中包含实现公共成果的措施。

相比社会服务或心理健康机构，一些道德冲突可能并不会像学习机构的结构和标准那样，与专业目标有那么多联系。一个学校精神健康从业人员的调查(Raines & Dibble，2013)指出，有五个道德问题在学校环境中是最困难的：

- 学生披露的保密性
- 学生记录的隐私
- 对学生危险行为的干预
- 父母的权利
- 和学校职工的双边关系

Raines和Dibble (2013) 认为，了解一个人及其专业责任在处理学校道德冲突上是首要的。下一步就是分析这个冲突，并确认学生为主要案主。再下一步就是寻求商议，来确认一系列行动，可能会和其他学生服务从业者一起行动。在处理学生的慢性需求时，这些步骤也是关键性的。

以下案例展示了社会工作者是如何搭建不同视角的桥梁的。

案例

Chris是一名7年级的学生，他因为试图杀死其他学生而被议论纷纷。学校社会工作者决定用紧急转移来评估他的暴力潜质。当社会工作者见到Chris时，他向她描述了自己持续的痛苦，这种痛苦来自许多把他看作同性恋的同学经常嘲笑他。他告诉社会工作者，午饭时，坐在他身边的男孩常常挑衅地把手放在他身上，他还总能在走廊上听见别人窃窃私语，议论他是个同性恋。他说，当那些学生在他背后冲他做挑衅的手势时，他就想杀了他们。社会工作者此时已经足够了解Chris并且能够衡量他的暴力潜质了，对于其他学生来说，他并没有直接危险，但因为被欺负凌辱和性骚扰，他有自杀的风险。社会工作者与校长和学生服务团体商量制订了对Chris而言可行的干预行动。当她记下对Chris的恃强凌弱和性骚扰将他的生活置于危险处境时，团队其他成员都声称目睹过其他恃强凌弱的受害者。许多学生可能被欺负，团队成员对此表现出了共同关注。他们要求校长批准进行一项评估，评估整个学生群体的欺凌表现。这使得社会工作者可以和Chris及其父母见面，共同讨论对Chris的直接建议和支持，同时告诉他们为Chris附加学校位置选项来确保他的安全。社会工作者还出席了校长召开的会议，与会者是那些确定欺负了Chris的学生和他们的家长。在这个欺凌案例中，社会工作者干预的结果就是，学生服务团队完成了欺凌行为的校际评估，后来进行了欺凌意识运动，成立了欺凌预防小组。

服务评价和报告

标准和责任

在美国学校，随着对循证实践的日益重视，公众教育的责任性也必不可少。2001 年联邦《不让一个孩子掉队法案》(NCLB)带来了对公立学校责任性完全无情的需求。

虽然《不让一个孩子掉队法案》最主要的变化在于预期，但可能还存在聚焦于明确数据支持的学术成就，正如当学校无法提供与其收到的公共税金资源相匹配的期待结果时所面临金融制裁的风险一样。同时，学校之间可能继续为了寻求私人补助金和基础基金来支持那些传统资源不再支持的项目而激烈竞争。学校社会工作者必须论证，在预防和干预活动中社会工作者如何明确提升教育成果(Bowen，2013)以及公共和私人基金支持学校社会工作者是物有所值的。

在地区层面选择学校雇佣人员十分依赖表现结果(Figlio & Loeb，2011)。虽然在社会工作和社会科学著作里关于社会工作者服务功效的证据很丰富(Alameda-Lawson 等，2010；Harris & Franklin，2006；Kelly & Bluestone-Miller，2009)，但管理者和学校董事们仍然需要当地的证据来评估其学校的社会工作者服务。管理者常常并不直接把学校成果与社会工作者服务联系在一起。他们可能需要明确且经常性的数据来表明其学校的特定服务引发了这种关联。在地方学校，学区和社区定期向管理者和其他团体报告这样的数据，对于学校社会工作者而言，这通常是一项不被重视但又不得不做的任务。

学校社会工作者不仅要描述他们做了什么，还必须展示特定产出量表(outcomes measures)的效果。评估必须建立在社会工作者服务设计中，以预期目标和客体的形式对每项服务进行明确。产出量表包括社会工作和教育部门都认为重要的事项，例如出席人数、成绩、表现和记忆力。在学校，社会工作者角色的可靠性取决于明确的文件证明这些服务与学生和他们的家庭以及学校目标的完成相关联。建立服务目标和客体以及运用产出量表和其他观察方式是组织、检验和评估服务的主要手段。这些应当由社区和学校的评价结果引导，并且依旧对两者之中的动态操作保持敏感。计划应当明确提出来并且易于阅读和理解。它应当包括所有的社会工作服务，包括那些被正式认定的、自发的以及临时的回应。在计划中，服务的优先顺序应当大量融入社会工作者的角色任务，包括服务商、顾问、合作者，中介者、拥护者、经纪人、家庭—学校—社区联络人、教育者、项目主管、临床医生、社区组织者以及多元文化专家。

报告学校社会工作者服务

在一年内，提供给利益相关团体的定期进度报告是得到当地制裁或支持的关键。管理者为学校发生的事情负责，他们需要知晓与学生和家庭之间的活动及进展。此外，学校地方职员和私人、公共基金资源一样，都期待着定期的关于服务总量和影响程度的反馈。然而，需要认真思考如何向不同赞助者以不同的但可以反映他们各自利益和可得的方式告知这些信息。例如，定期报告包含的关于关键产出客体的细节数据，必须告知学校管理者。老师可能更愿意在全体教员大会上或者服务中得到一个简短的口头报告和情况说明。学校董事会可能对案例细节、特定的客体、被硬数据支持的例子做出积极反应。媒体是一个有力的支持，能够为社区提供关于社会工作者服务积极结果的定期(校方批准的)报道和数据。利益相关者(例如家长、社区服务提供者)已经明确潜在的和当前的基金资源，并运用同样个性化的方法为他们提供报告或者信息。

结　　论

本章聚焦于在学校环境的社会工作需要持有的视角：设计的服务必须对学校的生态环境及其构成部分负责任。这一观点强调了理解组织因素对社会工作者角色、学校环境和学生最终的学校经历有很大的影响。本章还探究了学校因素，例如组织背景、政治维度、专业协作、跨学科实践、评估学校状况、预防和干预的三层模式，以及通过和不同组别进行沟通来保证有效性。这些领域代表了学校环境的社会工作者在设计服务时要用到的一系列知识和技巧——组织的、跨学科的、大的或小的系统评估、评价和不同支持者的参与。

本章要点

- 学校是一个复杂的组织，具有大量的利益相关群体，它们互动和影响着社会工作者服务的计划和规则。
- 学校的环境和文化被校领导的价值观和管理风格以及董事会的价值体系明显地影响和形塑。
- 在社会工作者被学校接受和容纳方面，和学校教职员工发展信任关系是非常重要的。
- 跨学科或学生服务团队服务于不同功能，这些功能关系到学生的健康和福祉，包括接受残疾服务。
- 学校社会工作者给团队提供了一个不同的生态视角，而且经常被作为团队成员在功能性行为评价（Functional Behavior Assessment）中的关键因素。
- 在防治和干预的三个模式中，积极的行为干预和支持（PBIS）、干预的反馈（RtI）经常被学校用来处理影响学生学习的严重行为和健康问题。
- 学校和社区联合为学生工作有以下两种途径：学校链接的健康服务、以社区为基础的服务提供者出现在学校中。
- 对不同的具有多样化目标和优先顺序的利益相关者，用清晰的数据来评估、报告和论证学校社会工作服务的效力。

学习与讨论

1. 确认学校社会工作者在发展下列服务时会遇到的障碍：为学生妈妈提供避孕咨询或现场托儿所，这些服务可能在你的学校中产生争议。你克服这些障碍所用到的策略是什么？

2. 确认你所熟悉的学校中可能会影响学生和老师的学习环境的问题。

参考资源援助包(Resource Aid Packet)来描绘学校心理健康中心(the UCLA Center for Mental Health in Schools)发展出来的学校资源(http：//smhp. psych. ucla. edl1/pdfdocs/surveys/setl. pdf)，并且探究你可以如何使用这些资源作为你解决问题时评估和发展干预的指导。

3. 你这个学期已经指导了33个学生的防止辍学小组。结果显示学校出勤率提升了26%，并且小组参与者的GPA获得了1.6分。标准化工具测量的结果也显示了你问题解决和应对技巧的显著提高。选择两个学校支持群体，描述你可以怎样最高效地给每个利益相关者报告这些结果。

4. 确认学校遇到的一个普遍的社会或行为问题，并且描述你可以怎样使用三层干预模式方法来解决该问题。在每一层，你可以使用哪些具体实践或程序来提高效力?

5. 你正在一所小学策划一个父母训练项目。确认可以满足你的心理社会目标和学校的教育目标的产出客体。

• • • 拓展资源

National Center for Response to Intervention (RtI)

http：//www. rti4success. org. 或 http：//www. rti4success. org/webinars/video/927.

Association for Positive Behavior Support

http：//www. apbs. org/

National School Climate Center

http：//www. Schoolclimate. org/

School-community guidebook UCLA Center for School Mental Health

http：//smhp. psych. ucla. edu/pdfdocsl/guides/schoolcomm. pdf

American Association of School Administrators

www. aasa. org

National School Board Association

www. nsba. org

第五章

社会工作服务设计：解决学生的需求

Mary Beth Harris，南加利福尼亚大学
Tara Powell，得克萨斯大学奥斯汀分校
Cynthia Franklin，得克萨斯大学奥斯汀分校
Katherine L. Montgomery，华盛顿大学圣路易斯分校

没有什么比这个世界为儿童提供的信任更神圣。没有什么比保障儿童的权利被尊重、福利被保护，以及生活没有恐惧和贫穷，并且让他们在和平中成长更重要。

——联合国前秘书长安南

引　言

本章的重点为如何设计学校社会工作服务以解决学生的需求。本章的论述以生态系统理论为框架，强调为了使服务对学生产生最大效度，服务的设计应涵盖学生所处的环境系统。因此，本章探讨了由家庭、学校、社区及公共政策作为互动系统所组成的儿童所处的并对他们的生活起到至关重要影响的社会生态。本章首先回顾了对诸多美国儿童及其家庭生活产生影响的普遍社会经济格局，继而回顾了学校社会工作服务所面对的在各个年龄学生群体中常见的精神健康、行为健康和学习障碍方面的问题。不论是从个体角度还是作为一个循环系统，这些模式都反映了学生带到学校中和学校社会工作者设计服务方案需要解决的问题的广度和深度。

本章呈现了预估作为服务方案设计的首要引领步骤。从这个视角出发，学生所处的所有环境系统(包括学校、家庭和社区)的需求和能力都得到了检测。本章的大部分篇幅都在强调家庭对于儿童的学业成功和向成人生活转型的重要决定作用，该作用不亚于甚至超过学校在这方面所起的作用。本章将社会趋势对家庭的影响、家庭结构的多样性、设计与学生及其家庭相关的有意义的服务联系在一起。核心的考量要素包括和家长建立关系并使其积极参与到孩子的教育中，以及促进学校和家庭之间的关系以更好地服务于儿童。

本章检验了学校和社区合作的新模式，以及学校社会工作者适应计划和辅助这些新发展的方法。本章最后讨论了公共政策对儿童及其家庭所产生的影响，以及公共政策对学校社会工作服务及其所处的以儿童为核心的社会系统的影响。

社会经济格局

贫困

横跨几十年的研究证据都表明，贫困对于儿童和青少年会造成恶劣的影响(Huston，McLoyd，& Coll，1994；Moore，Redd，Burkhauser，Mbwana，& Collins，2009)。自从2000年以来，贫困问题在整个美国普遍增长，儿童贫困(出生至18岁)比其他年龄群体的贫困增长更快(U. S. Cencus Bureau，2010)。儿童和家庭统计论坛于2012年报告了以下数据：

- 0～18岁生活在贫困中的美国儿童由2007年的1 330万增长至2010年的1 640万。
- 在2010年，美国39%的黑人儿童、35%的西班牙裔儿童以及12%的白人儿童生活在贫困中。
- 在2010年，25%的0～5岁儿童和20%的6～17岁儿童生活在贫困中。
- 和单亲妈妈生活的儿童的贫困率从2009年的45%增长到了2010年的47%。
- 和单亲妈妈生活的西班牙裔儿童的贫困率为57%，相应的黑人儿童贫困率为53%，白人儿童为36%。
- 生活在贫困中的儿童(10%)比生活在贫困线两倍及以上收入家庭的儿童患情绪或行为障碍的比例高两倍(5%)。

这些数据呈现了学校社会工作者所经常面临的一些与儿童发展、行为及环境有关的问题。生长在贫困中的儿童在社交方面更容易出现叛逆、冲动和朋辈冲突(Takeuchi，Williams，& Adair，1991；Yeung，Linver，& Brooks-Gunn，2002)。生活在贫困中的青少年更容易从事高危活动，例如吸烟和过早的性活动。更明显的不良成长后果还包括低出生体重、动作技能延缓、发育不良等(Alaimo, Olson, Frongillo, & Briefel, 2001; Bronte-Tinkew, Zaslow, Capps, Horowitz, & McNamara, 2007)。这些儿童更有可能居住在较差的住房中，从而暴露在铅涂料和其他毒素中，同时也缺乏健康的食物资源，并且患有哮喘或者贫血等慢性疾病(Cureton, 2011)。对于学校来说，最残酷的问题就是贫困与学业之间的联系。贫困与学习成绩差及较高的高中辍学率相关(Chapman, Laird, Ifill, KewalRamani, 2011; Teachman, Paasch, Day, & Carver, 1997)，社会工作者平时在学校中所遇到的这些问题都给学校员工和学校教学带来了巨大的挑战。

移民

在美国，另外一个对学生产生多方面影响的主要社会经济形势就是过去 20 年来所增长的移民群体。有至少一位非美国出生家长的第一代移民儿童数量持续增长。儿童和家庭统计论坛在 2012 年的报告中指出，0～17 岁的儿童中，至少一位非美国出生家长的比例从 1994 年的 15%增长到了 2011 年的 23%。儿童在家里说除了英语之外的语言的比例从 2000 年的 18%增长到 2010 年的 22%。因此，移民和文化同化过程是将近四分之一美国的学龄儿童和青少年所面临的一个现实问题。

家庭成员的角色和关系往往会被巨大的文化改变所打乱。许多家长和儿童，特别是青少年，在人际关系方面会经历摩擦与冲突，而儿童往往比家长更容易并且更快地学会英语和融入美国文化中(Ho & Berman, 2010)。对自身文化中传统性别角色和价值观的固着都会成为冲突的导火索。当家长们希望孩子保持传统又发现自身很难接受美国文化时，家长们往往会觉得失去了以往对孩子的权威(Walsh, 2011)。家庭教育和学校期待之间的文化差异也可能会限制儿童对于学校环境及要求的适应(Hills & Torres, 2010)。学习英语作为第二语言也成为很多移民儿童获得学业成就和环境适应的主要障碍(Qin-Hilliard, 2002; Kempert, Saalbach, & Hardy, 2011)。面对庞大的学生移民群体，学校社会工作者承担了帮助这些学生及其家庭链接资源，及帮助他们适应当地的学校文化的重要任务。例如，移民家庭通常需要一些关于美国教育文化或者医疗方面的额外资源

(Altschul，2011)。以下的案例为这类情况的一个范例。

Ray是一个11岁读六年级的西班牙裔和安格鲁族裔的儿童。由于他不能为自己做决定和在课堂上的消极态度(例如不交作业)，被转介给学校社会工作者。Ray第一次，也是最近一次被评估决定需要接受特殊教育服务是在他五年级的时候。那时他被发现有严重的数学计算缺陷和处理朋辈关系中的人际行为缺陷。可以确定的是他符合“其他健康受损”中“有障碍”的条件。他之前一直在普通的班级里学习并且表现正常，直到最近6个星期才开始出现问题。

Ray和他的安格鲁美国裔母亲及拥有墨西哥国籍的父亲生活在一起。学校社会工作者造访了Ray的家庭，以了解他的行为。社会工作者了解到，尽管Ray的父亲在墨西哥是一名经验丰富的泥瓦匠，这些年来却因为在美国没有合法身份很难找到一份工作。这个家庭最近由于这位父亲的临时工作结束后还没有找到新的工作而承受很大的压力。他最终找到一份外来田地工人的工作，但家人担心除非他找到另外一份工作，否则要按照作物的生长规律来工作，或者回到墨西哥去做泥瓦匠。对于Ray的父亲来说，每一个决定都牵动着他的家庭。Ray的母亲不想放弃现在在学校食堂的工作去当农民或搬到墨西哥。在和Ray的对话中，社会工作者发现Ray极其担心家里未卜的未来，而且由于父母的争吵而失眠。学校社会工作者经过对这个家庭的两次预估，发现他们和许多有着相同境遇的家庭一样，都因为怕被发现和遣返而不愿寻求法律援助。社会工作者帮助他们认识到其可能成为合法居民的优势，并将其转介到一家为移民和难民服务的机构来开始这一申请。这家机构又把Ray的父亲转介到一个为过渡中的移民服务的网络，这个服务网络帮他找到了一份在当地的建筑公司做石匠的工作。随着整个家庭环境的提升和稳定，Ray在学校的消极行为和优柔寡断也开始改善。

• • • 家庭结构

跟以往几十年比起来，今天的儿童生活在更复杂的家庭结构、文化、语言、教育和环境中。家庭结构的复杂改变了学生的情况和需求。为如此多元化的案主设计有效的服务需要学校社会工作者具备本节提到的广泛的文化、法律及家庭多样性的知识。

●●●● 单亲妈妈家庭

家庭结构中最大的一个变化就是单亲妈妈家庭的增加。从1980年至2009年，未婚女性生育的比例增加了两倍以上；在2010年，41%的美国初生儿童为未婚女性所生(儿童和家庭统计论坛，2012)。大约有一半的美国青少年都生活在单亲家庭中，其中大部分是单亲妈妈家庭(Barajas，2011)。鉴于一个母亲的婚姻状况会影响到孩子的经济保障，这一增加对于学生和学校也有着重大的影响。

作为一个群体，单亲妈妈家庭经济困难的概率是双亲家庭的五倍(Moore et al.，2009)。一篇回顾单亲妈妈家庭文献的文章(Sigle-Rushton & McLanahan，2004)指出，单亲家长在很多方面面临着困难，例如在医疗、居住环境、管理方面等。学校社会工作者最关心的问题就是这些情况所造成的儿童成长和社会后果。例如，单亲妈妈家庭报告孩子有严重情绪和行为障碍的概率(10%)是双亲家庭(4%)的两倍(儿童和家庭统计论坛，2012)。作为一个群体，在单亲妈妈家庭中长大的儿童在学习方面也比双亲家庭的儿童更加困难，具体表现为较低的平均学分积点和更高的高中辍学率(Mandara & Murray，2006；Sigle-Rushton & McLanahan，2004)。在一份调查11国单亲家庭和双亲家庭中儿童所取得学业成就的差距的报告中(Pong，Dronkers，Hampden-Thompson，2004)，美国有着最大的差距。在行为上，和单亲妈妈生活的青少年更容易从事高危行为，比如过早的性行为(DeLeire & Kalil，2002)，男孩子则更容易有药物滥用现象(Mandara & Murray，2006)。因此，学校社会工作者所遇到的有这些问题的儿童和青少年在统计学上来讲更容易来自单亲妈妈家庭。除了这些压力源和一些负面的后果以外，Barajas(2011)和其他学者(例如，DeBell，2008)发现单亲家庭具有的一些重要优势，例如孩子享受在学校的时间、良好的代际沟通、更大的独立性和决策力。家庭心理社会评估可以帮助社会工作者识别学生及其家庭的这些优势，从而根据这些优势和抗逆力来为其设计服务。

●●●● 祖父母家庭

祖父母照顾孙辈的家庭格局从1990年到2000年增加了78%(U.S. Census Bureau，2001)。在2010年，将近500万(7%)美国0～18岁儿童和青少年在250万祖父母家庭中生活(U. S. Census Bureau，2010)。其中单亲祖母家庭有160万，单亲祖父家庭有89.6万(U. S. Census Bureau，2008)。考虑到许多美国老年人的健康和经济状况，特别是退休后的女性，以上数据无疑意味着对这些家庭和儿童的巨大压力。事实上，研究也表明了许多在祖父母家庭长大的儿童有成长迟缓现象，并且这些祖父母和不用照料儿童的祖父母比起来更容易有健康问题、精神和情绪压力，特别是抑郁和经济困难(Whitley & Kelley，2008)。以下案例呈现了祖父母养育孙辈的一些挑战，以及学校社会工作者可以怎样帮助这些学生及其家庭。

二年级的 Mark Larson 和三年级的 Melanie Larson 在过去的四个星期已经有9天缺勤。学校社会工作者去家访时，发现72岁的 Mel 和66岁的 Vera 是这对儿童的监护人。由于日间照料中心工作人员在这两名儿童身上发现多处不明瘀青，他们于三年前被儿童保护局带离他们的母亲 Laura。儿童保护局联系到 Larson 夫妇，希望他们为这两名儿童提供家庭照料，直到孩子们的母亲满足儿童保护局的条件，能够离开她有暴力倾向的男友并且能给孩子们提供一个安全的家为止。Larson 夫妇住在80英里以外的社区，而且 Larson 先生脊柱受过伤，需要用助步器来行走。然而，他们出于对孙子孙女的疼爱，还是答应了照顾他们直到 Laura 得回监护权。六个月后 Laura 仍然没有达到儿童保护局的条件时，Larson 夫妇同意继续抚养两名儿童。Larson 夫妇很难忍受他们的女儿一直和有暴力倾向的男友交往，而又一而再再而三地想要自己的孩子回到身边。Larson 夫妇和 Laura 之间的关系越发紧张，在 Laura 来看望孩子时还会和 Larson 夫妇发生争执。每当 Laura 离开时，两个孩子都很生气而且很难恢复情绪。当学校社会工作者探访 Larson 家时，她发现这是一个充斥着压力的家庭。Larson 先生最近刚刚进行了背部手术，几个星期以来基本上只能卧床。夫妇俩的收入和联邦医疗保险只能有限地给付一部分家庭护理费用，Larson 太太每天只有三个小时不用照顾 Larson 先生。除了料理日常家务外还要照顾生病的丈夫使得 Larson 太太筋疲力尽。当她还要带 Larson 先生去复诊时，她很难再照顾两个孩子并送他们去学校。

评估了家庭的需求以后，社会工作者帮助 Larson 太太给孩子们报名参加了学校的早餐俱乐部和 YWCA 的课后活动，并且安排校车每天接送孩子上下学。由于这位社会工作者很熟悉社区中的社会服务，她还转介 Larson 太太去老年服务中心申请廉价的补助家政服务。为了满足孩子们的学业需求，社会工作者还安排 Larson 太太和学校老师一起评估出勤和家庭压力对孩子们在学校表现的影响。评估的结果是在本学年剩下的时间给两个孩子提供家教服务。

同性恋家庭

据估计，在美国有 600 万至 1 400 万儿童与男同性恋者或者女同性恋者一起生活。尽管这些家庭常常面临许多的社会压力，包括污名化、对同性恋的憎恶和直白的歧视(Adams，Jaques，& May，2004)，但根据最近的一项研究显示，他们可能比异性恋家庭对儿童的教育投入得更多。例如，当用一个有 588 名男女同性恋家长的样本和一个有 K—12 年级儿童的家长的国家样本相比较时(Kosciw & Diaz，2008)，67%的同性恋家长参与孩子学校的志愿者工作，而国家样本只有 42%的家长参与孩子学校的志愿者工作。41%的同性恋家长是"家长老师联合会"成员，而国家样本的这个数字为 26%。三分之二的同性恋家长会和孩子的老师讨论自己家里的情况，而且有一半的家长和孩子学校的校长有过沟通。这些数据表明同性恋家长更乐于参与学校的活动。然而，同性恋家庭的儿童也报告负面的经历，例如被厌恶同性恋言论攻击、被其他同学骚扰。在一个最新的样本中(Kosciw & Diaz，2008)，39%的同性恋家庭的儿童报告从老师和学校员工处听到憎恶同性恋的言论。带着对这些问题的警觉，学校社会工作者可以设计介入服务来帮助这些同性恋家庭的学生和家长营造友好的校园文化，以及一个支持性更强的校园环境。

家庭变故

巨大的家庭变化和损失常常与学生的行为问题一起发生。两个最常见的例子就是经历家长离异的学生和家长参军的学生。离婚会给家长和孩子带来精神和财务困难、压力以及抑郁。一个孩子对于家长离婚过程和离婚后的适应很大程度上取决于家长之间能够保持互相尊敬及合作关系的程度(Janzen，Harris，Jordan，& Franklin，2006)。军队人员的子女中有 190 万就读于公立学校(Miles，2009)。他们经常经历搬家、转学，及由于长期调度导致父母离开的情况。当他们的家长被调度时，这些儿童中有将近 33%经历焦虑和抑郁，高于 24%的国家平均水平(Chandra，Burns，Tanielian，& Jaycox，2011)。学校社会工作者不仅自己要意识到这一点，更重要的是帮助学校的老师和其他人意识到诸如此类的家庭变故的压力会对儿童的精神健康、行为和学习成绩产生消极的影响。

精神健康、行为健康及学习障碍

在美国，每年大约有13%的儿童和青少年符合精神疾病的诊断条件(National Institute of Mental Health，2012)。此外，还有大约10%(370万)3～17岁的儿童被诊断为学习障碍(National Center for Health Statistics，2012)。多动症和情绪障碍(例如抑郁和焦虑)是3～17岁群体的常见疾病，同时也是学校社会工作者最常遇到的疾病(Corcoran & Hanvey-Phillips，2013)。

大量的自我伤害行为是学校社会工作者在学校所遇到的比较突出的问题(Franklin，Harris，& Allen-Meares，2013)。例如，最近有报告指出青少年药物滥用呈令人烦恼的发展趋势(Monitoring the Future，2012)。从2007年以来，高中生使用大麻的比例每年都在增加，约有6.5%的高中生每天使用大麻。饮酒和吸烟也是初高中学生中常见的隐患，有39%的学生承认在过去30天内有饮酒，18%的学生吸烟(Youth Risk Behavior Surveillance System，2012)。

社会工作者还会经常遇到其他的学生自我伤害行为，比如切割和自残，以及进食障碍。尽管这些自我伤害通常不像自杀一样直接危害性命，但是有这些问题的学生和家长都需要被及时的干预和转介。自杀是青少年和年轻成人死亡的第三大原因(National Center for Health Statistics，2007)。青少年自杀与抑郁密切相关，2007年疾病控制中心报告指出，美国青少年的自杀率比2004年增加了8%。在2006年冬季的一项研究中，美国精神病学杂志指出，美国对未成年人的抗抑郁药物(例如百忧解)的处方量略有减少，然而自杀率却增加了14%(Gibbons，Hur，Bhaumik，& Mann，2006)。

以下列举了一些学校社会工作者需要了解的关于青少年自杀意念和尝

试的事实：

- 在美国，青少年男孩自杀率比女孩多五倍，尽管青少年女孩尝试自杀比男孩多三倍。
- 男孩更经常使用枪支自杀，死亡率在78%到90%，而女孩最经常通过服用过量药物自杀，死亡的可能性相对较小。
- 大多数青少年自杀的尝试和完成都与和家长的冲突或和恋人分手有关。
- 同性恋青少年和年轻成人群体有最高的自杀尝试率。对同性恋青少年的欺凌成为很多自杀事件的影响因素，尽管不是所有的欺凌都与性或性别有关。

在涉及欺凌和其他破坏性行为和冲突时，通常需要对学生本人和整体学校环境做出评估来指导干预。在处理欺凌问题（Howe，Haymes，& Tenor，2006）、帮派活动（Ramirez & Elizalde，2013）和班级冲突时（Woody，2006），社会工作者通常需要评估发生这些活动的学校文化及环境。改善学校整体环境需要学校里面每个人的参与。因此，为了解决此类问题，社会工作者需要同时具备和学校系统以及个人系统工作的实务能力。

与之相关的另外一项需要这些技能的社会工作服务是链接学校和少年司法系统（Montgomery，Knox，& Roberts，2013）。在2010年，所有的犯罪活动中有18%涉及青少年犯罪（Federal Interagency Forum on Child & Family Statistics，2012）。2010年美国青少年参与严重暴力犯罪的比例是每1 000个12～17岁青少年中有9起犯罪，总共23.1万起犯罪。可以推断，这如此庞大数量的学生需要学校的额外支持和倡导。有关学校和少年司法系统之间合作的讨论和范例请见第四章。

这里所讨论的问题对学生乃至整个学校都有影响。这些问题影响着学校老师、课堂管理、学习成绩、学效保留率以及学校的整体环境及安全。有品行障碍及对立违抗障碍的学生可能会使得学校老师和员工的工作特别具有挑战性；帮派活动会使整个学校弥漫着焦虑的气氛。学校社会工作者需要围绕这所有的以及相关的问题来为学生及学校设计服务和干预计划。广泛的研究（例如，Bub，McCartney，& Willett，2007；Vitaro，Larocque，Janosz，& Tremblay，2001）表明，学校社会工作者和学生服务队所提供的这类服务有效地改善了校园环境以及儿童青少年的行为问题，从而减少弱势城市社区儿童和青少年的生理及精神健康问题，并改善了教育成果。

服务方案设计第一步——评估

本部分探讨了评估的策略，从而就学业表现差和辍学问题来对整个学校系统以及学生个人进行干预。研究证明对学生行为及精神健康问题的有效的干预方法在第七章“学校社会工作服务的传输”中有详细讨论。

对学校环境的评估

评估和改变学校环境是许多学校为了提高学生学习成绩和减少有害行为的首要关注点(Cohen & Geier，2010；Swearer，Espelage，Vaillancurt，& Hymel，2010)。学生服务队在了解体系、建立关系、互相合作及解决问题方面的能力对于达到目标有所帮助(Gerlach & Hopson，2013)。因此，学生服务队经常在为整个学校设计预防及干预项目而评估学校环境中起到重要作用(Benbenishty，Astor，& Estrada，2008)。评估学校环境以及设计这些具体层面的预防及干预项目最有效的方法就是收集多重来源的信息，包括学生、老师、家长及行政人员(Benbenishty et al.，2008；Woolley & Bowen，2008)。收集信息可以通过对目标群体的代表进行单独访谈，也可以通过焦点小组，或者发放问卷的方法。例如，通过焦点小组、访谈和标准化问卷收集到的数据，Astor、Jacobson 和 Benbenishty (2012) 在当地九个军队人员集中的学区评估了学校环境对于军属学生的影响。通过运用网络和纸质问卷、焦点小组以及所评估的其他配套资源，他们设计了一个为了改善学校氛围的多层面干预方案，其中涉及教师、学生、学生服务队、行政人员以及家庭。干预所产生的可观的成果包括为学生建立了一个更可控的时间表，以及一个包含了老师和其他学校员工为转学生服务的辅导计划。

下面的案例呈现了学生服务队通过利用学校记录和访谈学校员工及家长的方式来评估学校的出勤问题，并用这些数据设计了一项干预计划：

这所中学的学生人事服务团队在十二月初被校长通知，从这一学年开始学校的出勤率降到了学区中九所学校的最低。如果出勤率不大幅上升的话，在下一学年学校将会失去许多资源和员工岗位。校长让学校社会工作者来领导并且帮助学生服务队设计一个项目来提升出勤率。

学校社会工作者首先向由两位学校咨询师、一位学校护士、三位特殊教育教师以及一位心理咨询师组成的学生服务队咨询。团队人员同意他们在设计服务之前对这一问题开展评估。学校社会工作者和一位咨询师志愿做这一评估，并会在两个星期以内将调查结果交付团队。他们首先调出了所有学生的出勤记录。记录显示八年级的出勤率明显低于六年级和七年级，在这一学年的前 13 周，相比于六年级的 3 天和七年级的 3.5 天，每个八年级学生平均有 9 天缺勤。进一步分析显示，八年级男生的缺勤数比女生多两倍。六年级和七年级的出勤率只是稍稍低于学区平均水平。他们进一步调查了八年级的个人记录，特别是八年级男生。他们发现有 33 名八年级男生在这一学年的缺勤达到 18 天及以上。

当咨询师就班上被确认缺勤学生的情况访问八年级老师时，他确认了学生服务队基于以往工作经验的猜测，基本上所有被确认的学生都有过至少一次因为打架或攻击性行为被学校停课的经历。老师指出，在大多数情况下，学生都会在几天后回到课堂，未能补上这 5～10 天所落下的功课，然后消失更多的天数。许多老师已经向学校行政人员反映过他们对于延长停课的顾虑，担心这些学生不能通过大多数的课程。行政人员答应老师会就这一问题开会讨论，然而并没有落实，停课政策还在继续。

学校社会工作者对这些学生进行了家访或电话访谈，亲自和学生及其家长谈话。家长们抱怨停课制度影响了孩子回到学校努力学习的兴趣。学生们则觉得自己不受学校欢迎，也没有希望通过八年级的考试。尽管被停课的学生还在其他一些方面有共同点，但最常见的就是他们被停课并因此很难再融入课堂和学校。

学校社会工作者和咨询师如约在两个星期内向团队汇报了他们评估的结果。学生服务队已经意识到了学校的高停课率。尽管他们之前还未清楚这和低出勤率之间的联系，但他们已经开始对处理学校的行为问题提供备选方案。通过评估提供的这些数据所指出的停课与低出勤率间的联系，学生服务队找到了一个和学校行政人员讨论停课问题的更好的机会，同时满足更有效的规范学生行为的需求。

• • • 对学生个体的评估

正如许多章节所讨论的一样，在各种各样精神健康、行为健康和存在学习挑战的情况下，提升学生的学习成绩是学校的首要任务。这源自诸如《不让一个孩子掉队法案》的政策要求（Sipple & Banach，2006）。学校社会工作者经常被指定用优势视角和生态系统的方法评估有行为问题和精神健康需求的学生。以下为社会工作者对个体学生评估的一份基本指导：

1. 社会工作者在开展对学生的评估时要考虑到学生所处环境中尽可能多的方面，并且考虑到全方面来源的信息。

2. 通常来讲评估学生的首要信息来源是有关出勤、学习成绩和学校行为表现的学校记录。青少年法庭和儿童福利记录或个案总结是社会工作者可能需要检索的其他信息渠道。

3. 学生的成长和病历记录也需要查看，如果在以上信息中发现有紊乱或者明显延缓的情况，需要让学生进行体检。

4. 通过采访学生及其过去和现在的老师、学校心理咨询师、家长或监护人、医生、牧师等其他学生所处环境中的重要他人，可以获得对学生及其环境更广泛的了解。

5. 在评估学生的物理环境时，安全、卫生、稳定等都是非常重要的因素。居住条件、医疗保健的可获得性、交通和休闲娱乐设施都是对儿童青少年来说重要的调查方面。一次对学生家庭和社区的探访是了解以上信息的最佳方法。

6. 在评估诸如欺凌、袭击或武器暴力等攻击性行为的危害时，Borum 和 Verhaagen（2006）指出了几项需要考虑到的高危因素：以往暴力记录、早期使用暴力情况、学习成绩问题、虐待、忽视、药物滥用、冲动、不良朋辈关系以及家庭暴力的经历。社会工作者需要在教室里观察学生，或者让老师及其他人员观察并报告给社会工作者。

7. 学生对于学校整体的匹配，以及学生所处环境的其他方面也要被评估。这样一来，学生所处环境的各个方面对于学生需求的满足情况得到了整体的评估。支付能力、可用性以及可及性的概念为检测提供了一个有用的框架。

8. 通过对学生环境中多项资源的全面了解，社会工作者会评估学生的优势和需求、家庭及其环境中的其他方面。

9. 通过这样详细的评估，社会工作者会提出一系列干预服务方法。有关学生个体评估、IEP 流程，及社会工作者在这一流程中角色的更多讨论请见第四章和第七章。

评估及其家庭介入

学校及家庭关系

家长是子女的专家，家庭对儿童的学业成就有着至关重要的影响(Alameda-Lawson, Lawson, & Lawson, 2010; Jeynes, 2005)。因此，为了孩子的健康成长和学业成就，家庭和学校需要联合起来。有大量的例子表明当家长和学校围绕着孩子的教育体验进行互动时，孩子会有更好的学业成就，发展出更好的社会胜任力，以及较少从事危险行为(Subotnik & Walberg, 2006; Elias, 2003)。

比给学生设计服务方案更难的或许是设计服务来把学校和家长聚到一起，共同讨论彼此在孩子教育中的互补角色以及共同投资。当学校和家庭作为独立的个体，对孩子的教育有着不同的目标、需求以及侧重点，忽略了认可和整合彼此的共同利益以及专长时，问题就产生了。一些专家指出(e.g., Finders and Lewis, 1994)，当代家庭结构和经济型的主干家庭之间存在一定差距，然而“爸爸外出工作，妈妈当家庭主妇”仍旧被学校当成家庭参与的标准。在这个差距下，非参与方的家长会被从缺陷视角来评估，并且被认为需要进行补救。非参与方家长在一个定性研究(Finders & Lewis, 1994)中指出，经济困难、时间限制、以往和学校相处的经验以及文化传统都阻碍了他们按照学校所定义和期待的方式参与。

把学校和家庭当成完全分开的系统来设计服务是具有挑战性的，然而从一个生态系统的角度来看这两方面则是关键。从这个角度出发，家庭和学校这两个必不可少的系统承担着互补的角色，围绕着孩子的成长、发展以及学习彼此联系在一起(请详见第三章)。以下案例呈现了这一方案。

一名中西部郊区高中学校的员工很担心去年转过来的23名萨尔瓦多难民学生的缺勤和难以融入的问题。学校社会工作者Leo调查这些学生及其家庭的难处。他们不仅存在语言方面的障碍，更目睹和经历了大多数美国人都没有经历过的暴行，以及数月在难民营中的生存危机。他们需要学校向他们开展服务，但让学校上下都对这些学生的处境有一定认识是一件非常困难的事。

Leo在学校和社区服务提供机构的季度会议中报告了这一持续的担忧，随后他接到了社区剧场代表的电话。社区剧场每年都会收到一笔项目资金，用来支持学校中的有关校园议题的短剧表演，例如欺凌、HIV以及毒品。他们认为通过向学生呈现萨尔瓦多家庭经历的短剧，加之和这些学生以及家长开展讨论，会增强学校对于这群学生的了解和回应。

Leo拜访了多个萨尔瓦多家庭，然后带他们和社区剧场的导演见面。导演和Leo得到了他们对这个项目的参与和支持，学校也为这一群体提供了写作和排练的场地。通过导演的引导和戏剧艺术老师及学校的搭桥，6名萨尔瓦多家长和4位学生最终开展了三个20分钟的戏剧表演。第一个表演围绕着他们如何在自己的国家沦为难民所展开，第二个介绍了他们在难民营中的生活，第三个刻画了他们到新国家中再社会化的挑战。这些家庭不仅对构思和撰写剧本有浓厚兴趣，他们中的一些人更是对表演作品充满激情。

到学期末，这个剧本已经在诸多班级、家长会以及教职人员中演出并引起讨论。Leo发现并报告了萨尔瓦多学生及其家庭的重大变化。这些学生的出勤率从一开始的70%上升到了学年末的90%。学校也发现了萨尔瓦多家庭更多地参与学校活动，偶尔还会作为讲员出现在社会学、经济学等一些课程中。Leo报告萨尔瓦多学生的成绩也有进步，同时也更加积极地参与课后俱乐部、运动，特别是戏剧艺术等活动。

这一观点中的核心假设就是当家庭系统和学校系统找到方式能够共同投入到孩子的教育中时，孩子们更有可能在学校以及生活中取得成功。帮助学校开展项目使得学校和家庭有能力和动机共同参与到彼此的合作中尤为重要。在为这一目标制订计划时，学校社会工作者可以至少从以下三个目标出发：

1. 培训学校员工了解家庭的心理社会优势以及需求，同时支持学校员工与需要帮助的家庭之间建立联系。

2. 根据持续的以及最新的需求评估调查为家长及家庭提供相关的干预项目。

3. 帮助学校领导、学生服务队、家长会以及学校员工提供发展思路，使得家长能够有意义地参与到学校的项目以及运营中来。

为了建立更强的家庭和学校的伙伴关系，项目干预应该在学校展开并且需要其他学校员工的介入。这些项目可能包括家庭教育讲座、支持小组、文化活动、社会化讲座及其他直接与家长和家庭需求相关的项目。这些项目往往在学区的精神健康中心或者咨询中心也有提供。社区家庭机构和一些国家组织都会提供诸如此类的课程。美国儿童福利联盟(http://www.cwla.org)以及卫生和人力服务家庭支持服务部(www.childwelfare.goov/support/support_services)是作为国家组织为家庭提供诸如家庭教育、儿童精神健康、家庭暴力、儿童及监禁家长以及寄养家庭等支持和服务的机构。

与学生和家庭紧密联系的政策

正如本书诸多章节所强调的，与学校服务相关的政策指导着学校社会工作者为儿童青少年开展服务的力度。《残障教育法》(IDEA)和《不让一个孩子掉队法案》(NCLB)是两项指导学校社会工作者服务于有特殊需求学生的强有力的法案。以下是 IDEA 和 NCLB 两项法案的简介。

《残障教育法》

1994 年第 94—142 法案更名为《残障教育法》(IDEA)，这是为了强调学校缺乏精神卫生服务的一项重要立法(Kataoka，Rowam，& Hoagwood，

2009)。IDEA 强调了儿童对于行为健康支持服务的需求，并且重新调配了给予校本项目(例如心理咨询、预防行为问题发展的早期干预项目、对有外化和内化症状的儿童开展的课程为本的小组活动)的资金(Individuals with Disabilities Education Improvement Act，2004)。IDEA 改变了资金的分配方式，从只关注有特殊需要的学生，到关注更复杂更多元化的学生需求，包括行为障碍和教育障碍的危险因素，例如贫困(Chambers，Parrish，& Harr，2002)。

在《残障教育法》的指导下，有情绪障碍的儿童被要求接受“免费且适当的公共教育”。“免费且适当的公共教育”强调公立学校必须提供所有的特殊教育，包括儿童需要在学校里通过教育的形式接受的精神健康服务。学校也被要求在校内为学生提供精神健康服务，包括精神病诊断和评估，并且精神健康专业人员必须在教学日向学校中所有有情绪障碍的学生开放(Kataoka et al.，2009)。为了实施 IDEA，联邦政府的管理还包括帮助有精神健康需求的学生继续留在学校上课接受教育，这包括心理健康服务、咨询服务、语言病理学、治疗性娱乐、精神病的诊断及评估、家长咨询及训练、学校卫生服务，以及学校社会工作服务(Individuals with Disabilities Education Improvement Act，2004；Kataoka et al.，2009)。

2004 年，《残障教育法》重新授权合并了一些修正案，例如预防行为健康疾病发展的早期干预服务(Kataoka et al.，2009)。这项以《残障教育法》为名的法案，重新分配了基于研究的行为健康及学术资金。它在一个名为“响应干预”(RtI)的三层架构下促进了证据为本的干预。“响应干预”试图从三个层面为儿童提供教育及行为健康服务：通用，有选择性的，以及有指示的。后文会对这三方面做进一步阐释。

• • •《不让一个孩子掉队法案》

在过去的十年，影响学校精神健康的法案不止 IDEA 一部。《不让一个孩子掉队法案》(NCLB)也提到了学校精神健康服务，强调证据为本、有理论支撑的项目的重要性。这一法案不仅关注教育课程，更关注精神健康的预防性干预(Report of the Coalition for Evidence-Based Policy，2002)。在这些新的要求下，服务项目必须具有科学性并且被严格地评估。NCLB

为学校精神健康服务带头人强调心理健康对儿童发展和学习的重要性带来了宝贵的机遇。这个法案确保了学生得到高品质的精神健康服务，意味着这些服务必须是证据为本的并且适用于具体学校的处境(U. S. Department of Education，Office of Elementary and Secondary Education，2002)。尽管这项立法在关注儿童精神健康需求方面有着显著的作用，但是它缺乏对具体服务提供的阐释。有信度效度的测量和证据为本的实践就此被学校落实，同时，开展这些项目所需的国家级数据库也被创立。测量儿童的精神健康被证实比考量学生的学业成就更加困难。

与社区合作

随着越来越多的儿童和青少年面临学业和未来工作的挑战，学校和社区资源联合的需求增加。在1 000万需要接受精神健康服务的学龄儿童及青少年中，70%依靠公立学校作为精神健康服务的提供者。不幸的是，在2000年，只有不到五分之一有精神健康需求的学生接受了学校的服务(U. S. Department of Health and Human Services，2000)。这一未被满足的需求使得许多社区中的精神健康专业人员来到学校提供服务。为了延伸学校精神健康服务，由校医院和社区学校组成的国家级运动提供了许多精神健康、健康以及多元化工作领域的专业服务人员来到校园工作(Franklin & Gerlach，2006；Strozer，Juszczak，& Ammerman，2010；Weist & Paternite，2006)。除此之外，社区还为学校链接了各种各样的服务。Keeley 和 Wiens (2008)描述了学校提供服务和学校链接服务之间的区别：

学校精神健康服务通常在校内提供，而学校链接的精神健康服务是指与学校合作，但不一定在校内提供的服务(例如，在校外场所开展服务)。学校精神健康服务以及学校链接的精神健康服务与传统临床服务的不同点在于他们所提供的咨询对象和合作伙伴是学校(p. 110)。

在计划如何与社区合作来为学生拓展精神健康服务方面，对学校及其所属社区的动态和关系进行分析或评估是十分必要的。提升对这两个系统优势及潜在冲突的认识并仔细考量这些问题，可以增强学校与社区之间的有效合作。表5.1中所呈现的问题对于评估学校和社区的互动有一定帮助。

表5.1　社区教育系统动态分析

A. 诸如《不让一个孩子掉队法案》的联邦教育政策是如何影响社区学校的？学校有受到过任何处罚吗？学生有要好好表现的显著压力吗？这些政策对学生和老师会有什么严重的后果吗？
B. 社区教育系统的领导层是怎样的？谁掌握权力？学区和当地学校董事会的角色是怎样的？社区中的老师和领导层是统一的还是有冲突的？
C. 家长和社区成员是怎样看待社区学校和老师的质量的？
D. 社区中的学校是如何强调学生健康和精神健康问题的？学校是否有校医院？学校精神健康服务是在校医院中被提供，还是通过链接服务来提供？性教育是如何落实的？
E. 社区是如何强调学生的权利的？学生是否能参与决策？
F. 社区中的学校是如何强调学校暴力的？学校通常被认为是安全的吗？学校是否使用安检系统，例如金属检测器和保安？社区学校是否有证据为本的暴力防范干预？
G. 学校社区和家长及其他社区成员的关系是怎样的？社区学校中的家长参与度是高还是低？当地家长教师协会的角色是什么？它们有多大权力？
H. 当地的商业和社区学校的关系是什么？在社区中是否有实习或就业的机会？当地是否支持学校募款？
I. 该社区和学校的种族和社会经济构成是什么？学校是否因为学生的种族和社会经济地位不同而分隔，抑或合作？不同的群体之间是否有冲突？
J. 当地的宗教组织是如何与学校互动的？学校承认哪些宗教节日并因此放假？
K. 该社区是否提供学校教育券项目、学校选择或特许学校？这些项目所面对的学生群体是哪些？社区中是否有关于学校财务、学校改革、学校选择、教育券或特许学校方面的争论？
L. 社区中的学校是否有关于多元文化教育的政策？学校是否允许双语教学？

来源：根据 Fellin, P.（2001）. The community and the social worker（3rded.）. Belmont, CA: Brooks/Cole。

学校链接服务的支持者遍布服务系统，他们经常把学校比作提供公共事业的枢纽。这意味着学校是服务所汇聚的地方，同时给儿童提供了最大限度的服务使用权。学校链接的方式已经快速地发展成更加整合的模式，称作社区学校或全服务型学校。在这里，各种各样的传统上根植于社区的学生和家庭支持服务被链接到学校并由学校承办。通过社区学校的方式，家长参与到精神健康、社会服务、青少年发展及其他能与教育性项目整合的社区服务中（Barkin, Dryfoos, & Quinn, 2005; Coalition for Community Schools, 2009）。社区学校和延伸精神健康服务由2002年建立的“关于精神健康总统新自由委员会”所支持。他强调儿童有需要在学校接受精神健康服务。除此之外，美国儿科学会也在2004年做出了关于支持学校精神健康服务的官方声明(Brener, Weist, Adelman, Taylor, & Vernon-Smiley, 2007)。

报告指出，在过去的十年，社区学校模式有所增长，华盛顿特区现已有 49 所社区学校(Coalition for Community Schools, 2009)。"社区在学校中"(Communities in Schools)是提供此类学校模式的最大的国有组织。在一项国家调查中，由疾病控制和预防中心(CDC)推出的"学校卫生政策以及项目学习"(在 2012 年更名为"学校卫生政策及实践学习"，简称 SHPPS)，也被确认为学校精神健康及社会服务的延伸(Brener et al., 2007)。有意思的是，该调查把学校精神健康和社会服务的核心功能描述为"一系列通过学校与社区合作来为学生提供的服务，包括评估、个案管理、治疗及预防"(Brener et al., 2007, p. 488)。这些角色与学校社会工作者的角色非常相似。从全国范围来看，几乎 30%的学区都至少有一所具有学校背景的精神健康中心。然而，调查显示大量的学校精神健康及社会服务都是由校外的就职于学校链接卫生中心的精神健康从业人员提供的。这些人和学区有着合同关系。超过三分之一(35.6%)的州采用了一些政策来规定学区或者学校必须有这些职能，而 62.2%的学区有这些职能(Brener et al., 2007, p. 491)。总体来看，多于 70%的学区有学校精神卫生中心或学校链接精神卫生服务。疾病控制和预防中心最近正在为一份最新的报告收集并分析数据，并指出这份报告很快会公之于世。当这份报告完成时，它会被刊登在 http://www.cdc.gov/HealthyYouth/shpps/index.htm. 网站上。

学校精神健康服务延伸资源

作为精神健康服务的延伸，很多社区和政府资源都被发掘出来，以支持学校主导的健康以及精神健康服务中心(Brener, Martindale, & Weist, 2001; Franklin & Gerlach, 2006; Lynn, McKay, & Atkins, 2003; Streeter & Franklin, 2002; Weist & Paternite, 2006)。例如，有一大批支持学校主导精神健康服务的国家训练和技术支持中心。国家精神疾病联盟(NAMI)提供了一个名为"特殊教育及学校主导精神健康服务机构"的网络资源清单(请见 http://www.nami.org/Template.cfm? Section = Child _ and _

Adolescent_Action_Center&template = /ContentManagement/ContentDisplay.cfm&ContentID = 23448)。这其中的两个资源是从 1995 年以来运营的高校主导的资深机构。"加州大学洛杉矶分校(UCLA)学校精神健康项目——学校精神健康中心"是由加州大学洛杉矶分校心理学系(www. smhp. psych. ucla. edu/)运营的项目，"学校精神健康中心"是由马里兰大学医学院(http://csmh. umaryland. edu/)运营的项目。这些中心的资金是为了回应国家儿童和青少年的精神健康危机。他们为从其他机构来到学校进行服务的精神健康从业者提供了大量的支持。技术中心还提供文化训练和支持，旨在帮助学校内外的精神健康从业者，例如学校社会工作者等。

两种社会工作者

社会工作的实践趋势导致了学校中出现两种社会工作者。第一种是直接受雇于学区的员工，第二种是受雇于与学区有合约的社区机构中的学校主导服务提供者(Franklin & Gerlach, 2006)。这些趋势受到《残障教育法》、逐渐消失的私人实践自主性和学校链接服务运动的相关规定和要求所影响(Dryfoos & Maguire, 2002; Franklin & Gerlach, 2006; Streeter & Franklin, 2002)。

正如上文所讨论的，学校延伸精神健康服务和学校链接精神健康项目正在快速地发展成社区链接服务。社区系统的工作人员比学校员工更加投入地参与到计划及提供校园服务中。多种多样的项目已经强调了社区链接遍布全国，旨在提高学校在社区主导服务中的参与(Bronstein, Anderson, Terwilliger, & Sager, 2012; Taylor & Adelman, 2006)。这种趋势的一个应用就是推动学校和外界资源的互动，或者与社区从业者签约，使他们来学校提供精神健康、社会服务等其他青少年发展项目。特别强调的是，有越来越多的需求让学校社会工作者协调并制订校园服务。例如，2012 年美国国家社会工作者协会(NASW)学校社会工作服务标准指出"学校社会工作者还应该在为促进学生福祉和积极学业成果的全面的学校主导和学校链接项目中起带头作用"(p. 13)。

学校精神健康扩大运动以及社区链接服务在校园中的衍生为学校社会工作的实践带来了一些争议。学校精神健康延伸服务以及其他学校链接项目导致了一系列关于哪种服务方式最佳的争论。为了回应这类问题，学校社会工作者最看重的是服务质量和学校系统的最优利益，同时他们也重新审视自己在这样一个服务系统中的角色。在这一体系内许多问题都需要被评估，包括学校社会工作者与其他服务提供者(例如在校园中工作量越来越大的社区社会工作者)的关系(Kelly et al.，2010；Streeter & Franklin，2002)。传统学校社会工作实践有可能会被新的学校链接和延伸精神健康服务模式所替代。有关学校主导和学校链接服务及服务提供者的具体内容请见第四章。

在学校社会工作的日常实践中，了解时下影响学校社会工作实践的潮流和问题并起到积极的带头作用是十分重要的。然而维护传统的学校社会工作者的角色是十分必要的，这对于扩大包括延伸学校精神健康服务及学校链接项目在内的学校社会工作者的服务范围是十分有利的。学校社会工作者还需要找到战胜这些趋势和争议的新路径，同时在学校和更大范围内为自己创造新角色。

结　　论

本章的重点是从生态系统视角来设计学校社会工作服务，包括家庭和社区作为学生生态系统中的首要系统。家庭人口和社区人口的改变，以及这些系统内眼下的问题和需要，都对学生和帮助学生获得学业成就的人有着重要的影响。学校社会工作者必须具备有关这些变化、模式以及趋势的知识，并能应用到儿童及青少年的生活福祉中。学校社会工作者培养和维护家庭、学校、社区三者之间关系的角色是至关重要的。评估是学校社会工作者在为学生、家庭、学校及社区设计服务时需要具备的最关键的一项技能。为学生提供最好的服务需要同时关注学校、家庭及社区资源这一融合了交织错杂互动关系的多层面的过程。它需要对每个系统及系统之间关系的仔细评估，还需要根据这些信息来识别案主需求并设计服务的技能，从而最大效度地支持学生的学业及生活。

本章要点

- 为了更大效度地为学生服务，学校社会工作者需要考虑学生所处的包括家庭、学校、社区以及经济政策在内的环境系统。
- 对这些系统的评估是为学生设计服务的首要步骤和后续指导。
- 过去二十年的社会经济格局变化，诸如贫困的增加、移民的涌入以及家庭格局的变化，反映出学生的社会和精神健康问题的加剧和复杂性。
- 学校和家庭之间强烈的合作关系对儿童的教育体验有着至关重要的影响。当生活中这两个首要的系统富有成效地互相联系起来时，儿童会有更好的学业成就和社会胜任力，并且更少地从事危险活动。
- 联邦和州政策显著影响着社会工作者在学校中所能提供的服务。例如，1994 年重新命名并获得批准的《残障教育法》(IDEA)就是一条强调学校缺乏精神健康服务的重要政策。
- 学校和社区之间的合作，包括社区服务提供者在学校中开展工作，增加了对加剧的儿童青少年精神健康和社会服务需求的回应。这种模式引起了有关“最佳服务提供方式”的争议。学校社会工作者在探索如何帮助学校应对这些争议的同时，也在为自身的工作创造新的角色。

学习与讨论

1. 学校校长通知你下一年你在学校创立的家长课和家长会的预算会被缩减。这些活动都有很高的出勤率，而且大大地增加了家长对学校活动的参与度，你想继续开展这些项目。制订一个能维持资金从而继续这两项活动的方案。

2. 你刚来到这所学校工作，并且你是这所学校的第一个社会工作者。你发觉学校老师对你的工作漠不关心，而且特别抵抗你把他们的学生带出教室。你可以通过哪些步骤来缓解这一问题？

3. 你的学校处在一个非常贫困的社区，这个社区有帮派活动、贩卖毒品的问题，同时家庭可获得的资源非常少。你是你所在学校的唯一的社会工作者。从而，你发现很难转介这些家庭来帮助他们的孩子在学业上取得进步。识别出可能遇到的问题是哪些。你可以通过哪些步骤向社区寻求帮助？

4. 你想采用 RtI 模式来强调你所在学校的高辍学率。从这个模式的三个层面制订一个详细的干预计划。

• • • 拓展资源

1. Essentials for Childhood—Steps to Create Safe, Stable, and Nurturing Relationships—http://www.cdc.gov/violenceprevention/childmaltreatment/essentials/
2. Encouraging the Development of Key Life Skills in Elementary School Age Children: A Literature Review—http://www.google.com/url?sa=t&rct=j&q=&esrc=s&source=web&cd=1&ved=0CCgQFjAA&url=http%3A%2F%2Fwww.childtrends.org%2Fwp-content%2Fuploads%2F2012%2F09%2FChild_Trends-2012_11_01_WP_KeyLifeSkills.pdf&ei=ZExAU8DRPMHXyAHZ_ICgCw&usg=AFQjCNEB9NFxuztX5e2212loJszHHcJ9lQ&bvm=bv.64125504,d.aWc
3. Children's Mental Health: Concerns Remain about Appropriate Services for Children in Medicaid and Foster Care. GAO-13-15, December 10—http://www.gao.gov/products/GAO-13-15 Highlights—http://www.gao.gov/assets/660/650717.pdf
4. Partnerships for Learning: Community Support for Youth Success—http://www.hfrp.org/publications-resources/browse-our-publications/partnerships-for-learning-community-support-for-youth-success?utm_source=Ready+News+Jan+13+3&utm_campaign=Ready+News&utm_medium=email
5. Opportunity-Rich Schools and Sustainable Communities—http://citiesandschools.berkeley.edu/reports/ccs_wwc_%20report.pdf
6. The Military Child Education Coalition (MCEC). http://www.militarychild.org
7. National Military Family Association. http://www.nmfa.org
8. Yale Parenting Center and Child Conduct Clinic. http://childconductclinic.yale.edu/
9. UCLA School Mental Health Project, Center for Mental Health in Schools. http://smhp.psych.ucla.edu
10. Olweus Bullying Prevention Program: http://www.clemson.edu/olweus/

第六章

社会工作服务设计：回应文化、种族、性别、语言及性取向的需求

Tara Powell，得克萨斯大学奥斯汀分校
Mary Beth Harris，南加利福尼亚大学
Cynthia Franklin，得克萨斯大学奥斯汀分校

“文化”一词暗示着一系列人类行为整合模式，包括思想、交流、行动、习俗、信仰、价值，以及包括种族、民族、宗教、社会团体在内的制度；它还指代从一代向下一代所传承的方式的总体，而且包括残疾人、不同宗教背景的人、同性恋或变性的群体所经历的世界（国家社会工作者协会，2001，p. 4）。文化，简而言之，包括行为模式、代际信息以及特定群体的生活经历（p. 5）。

引　言

本章关注在学校社会工作环境中回应服务群体的多元化需求。随着美国越来越成为一个多语言和多文化的国家，社会工作回应案主的独特需求十分重要。同样，社会工作者还需要对所提供服务的环境进行评估。本章从审视基于文化的评估开始，探讨服务提供者如何评估自身的价值及其和案主的关系。随后讨论了具有文化胜任力的实践的道德准则，以及如何设计并选择合适的实证干预。最后介绍了与文化、种族、性别、语言和性取向有关的政策和服务。

基于文化的评估

没有一个社会工作者能清楚地了解不同于其自身的文化。然而，了解当地学校以及社区的学生和家庭的文化、价值观、世界观、环境系统是十分重要的。在讨论用生态系统理论评估学校儿童的恰当性时，Allen-Meares 指出，“评估一个儿童在某一年龄、某一天、某一场所的表现不可能离开考量与这名儿童接触的人和环境”（Allen-Meares，Franklin，& Hopson，2010，p. 309）。这句话的内涵是指社会工作者在服务于儿童和青少年时，必须对他们的文化、种族，以及社会经济背景——生态系统，有着真切的了解。作为社会工作者，我们在实践中所做出的决定都来源于对特定案主特征、问题及其所处环境的知识和信念。在建立和多元文化的儿童及家庭工作的视角时，我们关注一些特定的文化知识、我们对这些文化的熟悉度，以及我们自身的价值和信念。如果没有关于文化的知识和对生态系统的了解，只采用一般的社会工作价值观和信仰时，我们的视角可能会有偏见，从而使我们对案主所做的工作也可能无法起到成效(Williams，2006)。

少数族裔儿童在特殊教育中屡见不鲜(Allen-Meares et al.，2010)。黑人和印第安儿童有学习障碍的比例是白人儿童的两倍，西班牙裔学生有学习障碍的比例是白人儿童的1.1倍(Allen-Meares et al.，2010，引自Osher，Woodruff，& Sims 2002；Shifrer，Muller，& Callahan，2011)。这些问题提醒着我们学校对儿童评估的效度问题。Allen-Meares等(2010)指出，学校社会工作者要能够在学校中带头开展以文化为基础的评估。首先就是要社会工作者用生态系统理论透过文化背景来评估儿童。这不仅意味着社会工作者要选取有文化敏感性的量表(Allen-Meares et al.，2010)，还意味着要综合考量儿童所处的环境系统，以及他们在这些系统中的适应性行为。

以下案例阐释了这一实践原则：

在Eilleen搬到美国西南部和墨西哥接壤的城市之前，她已经在美国西北岸当了六年的学校社会工作者。她在一个当地的学区为辍学的学生及家庭提供服务。Eilleen在做了几个墨西哥裔家庭的家访之后觉得有些灰心，因为她在家访的过程中更多的时间被用来和家长社交，而不是用来为他们解决问题。她觉得这些家庭对闲谈更感兴趣，还给她提供一些零食，而不是要立即解决问题。这些行为令Eilleen很困惑，她觉得他们在浪费时间而且不配合她的工作。Eilleen的督导是一个墨西哥裔社会工作者，她向Eilleen解释说这些家庭其实是在很尊敬地接待她，像在接待朋友一样接待她，而不是对待一个陌生的专业造访者。对Eilleen来说，在专业的工作关系中允许有社交的时间，从而和这些家庭熟络起来，是建立专业关系并开展工作的重要的文化链接。

• • • 评估专业价值伦理

在学校，“教育”价值观超越“社会工作”价值观（Kelly，2008）。学区作为精神健康及社会服务的主人，既可以支持与学区利益相符的服务，也会限制与自身政策或价值相悖的服务。以下案例呈现了学区中学校社会工作者的有关经历：

我们学区的社会工作者开始担心六所高中里由于怀孕和当父母的学生辍学率迅速上升的问题。一个社区机构给她们中的许多人提供了个案管理服务，但是在学校中，我们很难接触到这些学生。学校并没有给这类项目提供资金，所以我们还是向社区寻求帮助。在两个月内，我们从三家机构得到承诺为这些青少年父母在学校中提供服务。县卫生部会每个月提供一次母婴诊所，一个家庭咨询机构会在每学期提供育儿课，护士协会每个月有一天提供咨询家庭计划和转介服务。既然学校只需要提供场地，而且这些学生只需要偶尔离开课堂来参加活动，我们希望这些同学都可以参与到这些项目中来。最后，所有学校全都参与到育儿课和母婴诊所中，但是六所学校中只有两所同意学生在上课时间离开课堂见护士并做家庭计划。

社会工作和教育两者间优先权的差异会导致很多有关案主权利和服务需求的两难处境。案主的数量、时间的限制、服务的频率以及项目的设施，都会影响服务成效（Franklin，2005；Kelly，2008；Kelly et al.，2010）。为了有效解决诸如此类的优先权两难问题，社会工作者应该首先清楚在提供服务的过程中哪些是可以让步的，哪些不能让步，再准备好协商支持服务的条件（Constable，2009）。以下案例呈现了学区中的教育优先权在Katrina飓风后是如何让步于精神健康服务的：

2006年，学校在Katrina飓风过后复课时，许多儿童都表现出和飓风有关的创伤后症状。公立学校系统中的很多学生都直接经历了这一灾难，却没有因此接受任何精神健康服务来舒缓他们的情绪压力。此外，学校并没有足够的社会工作者来回应学生的精神健康需求。所以，公立学校和当地精神健康组织合作提供学校社会工作服务。这些精神健康服务对解决学生的情绪问题十分有益，然而却只在上学时间被提供。学校老师对于学生接受精神健康服务占用了学习时间从而进度落后表示担心。此外，老师们面临着帮学生们补课、准备统一考试的压力。作为回应，精神健康服务机构在选修课时间向学生提供服务，从而不会与主课时间相冲突。这些机构在向学生提供服务的同时并没有牺牲学生接受教育的时间。

“干预的哲学”是教育和社会工作在学校环境中的主要不同。学校认为儿童和青少年是学生，而社会工作者则视他们为案主(Gambrill，2007；Han & Weiss，2005)。在学校的等级制度中，学生的决策权最弱。但是作为社会工作者的案主，这些儿童和青少年在接受干预的过程中有很大的做决定的权利。

在教育文化中，危险模型通常被教育界和其他社会科学当作缺陷模式(Lucio，Hunt，& Bornovalova，2012)用来解释学业失败(Ronda & Valencia，1994；Schnoor & Ware，2001)。这一模型通常认为学生的学业失败与其自身的认知缺陷、动机缺陷、社会环境缺陷(学业参与、学业自我效能感、学校因素、教师关系等)有关(Lucio et al.，2012)。在这些假设下，危险模型包含了描述性的、阐释性的以及预测性的要素来塑造教育政策和实践。

这一模型与社会工作者所运用的能力视角背道而驰。能力视角认为在助人的过程中，最重要的是关注人自身及其环境的能力以及资源，而不是他们的问题和缺陷(Saleebey，2011)。与危险模型不同的是，能力视角将案主视为一同获得理想目标的合作伙伴。在与持有主流观念，即削弱个人以及环境优势中的学生和家庭工作时，需要社会工作者清楚社会工作的核心愿景，并拥有一定的社会工作技巧。

• • • 评估专业及文化胜任力

在学校系统中有效的工作需要广博的知识和技能。尽管社会工作教育提供了不错的基础实践概念，但问题的范围也在不断扩大，例如欺凌、药物滥用、无家可归、儿童虐待、青少年怀孕以及辍学等，使得学校社会工作需要在这些具体的领域时时更新自己的知识和技能(Guerra & Bradshaw，2008)。学校社会工作者通过阅读专业文章、参加具体的培训以及临床经验的积累来获得这些知识及技能，并在其中的一个或多个领域有所建树，这是一项重要的专业任务(有关这一话题的更多讨论请见第七章)。

对于学校社会工作者来说，定期审视自己的技能和兴趣十分有益。这样做使我们了解到我们所做的工作是否带来专业成长，并且自己是否满足于该领域的实践。根据美国社会工作者协会的规定(NASW，2012)，具有文化胜任力的服务有十条基本准则，请见以下链接：http：//www.naswdc.org/practice/standards/NAswculturalstandards.pdf。

设计有实证支持的基于文化的干预

和多元案主群体相匹配的干预

统计数据告诉我们，非白人儿童和生活在贫困中的儿童比白人儿童及中高收入家庭的儿童更容易在学业上失败(Planty，Kena，& Hannes，2009)。研究还表明，黑人和拉丁裔学生在表现出类似的行为问题时更容易被学校开除或者受到更严厉的惩罚(Skiba et al.，2011)。基于这些数据，我们不难得出并不是所有学生都在学校中有同等获得成功机会的结论。我们可以设想大多数学校的体制都是适合于中等偏上收入的白人学生，而不是低收入家庭学生或非白人的儿童(Blanchett，Mumford，& Beachum，2005；Shealey，2006)。尽管全国的教育机构都在向多元文化教育大步前进，但是这一进程还非常需要社会工作者来扮演重要角色。

学校中的多元化体现在多方面，学校和非白人儿童，以及非出身于中上等收入家庭的儿童之间缺乏配合是学校社会工作者在设计服务时最大的挑战。社会工作者知道多元文化教育不仅仅是在课本中增加有关不同文化的内容。多元文化还包括教学的方法、课堂中的人际相处，以及管教的方式、与家庭的互动、学校的预期目标等(Banks & Banks，2009)。此外，社会工作者可以通过一定的方法来调整教学课程以匹配某种文化表面的特征(例如语言)和更深层次的影响(例如价值、规范、环境)(Hecht & Krieger，2006)。

在一个以白人为传统、秉持主流文化技巧和期许的组织环境中，学校社会工作者可以向学校员工、学生及家庭推广文化为本的技巧。我们可以一直提醒自己学校中的儿童及家庭的特定的文化价值以及传统，同时向学校的同事渗透这些文化及传统的意义和重要性（Hecht & Krieger，2006）。我们可以发展有文化敏感性的服务，并且向学校管理及行政人员渗透这些服务的基础。我们可以通过基于文化的方式与家庭建立关系，同时在学校和家庭之间搭建桥梁。为了使我们更好地和多元文化人群工作，Sue（2005）建议社会工作者可以采取以下方式：

1. 教育案主并为案主倡导；
2. 承认并且了解案主的生活经历及文化价值；
3. 承认塑造一个人身份认同的个体、群体以及外部维度；
4. 运用与案主文化适宜的干预技巧；
5. 意识到案主并不仅仅是一个个体，同时也是包括家庭、社会群体以及社区在内更大系统的一部分。

双语言及双文化教学

美国的种族组成已经改变，并将在未来的几十年有更大的改变。2010年人口调查显示，12.7%的美国人口出生时并不是美国公民（Census，2012）。此外，2010年人口调查还指出，5岁以上的美国人中有20.8%在家说除了英语之外的另外一种语言（Census，2012）。非美国出生的人口更倾向于在地理上聚集在一起，并且更有可能住在市中心。例如，墨西哥以及中美洲移民主要集中在美国的中西部地区和南部地区，南美洲和加勒比的移民则主要集中在东北和南部地区，基本上一半的亚洲移民都住在西部（Figlio & Loeb，2011）。因此，考虑到美国持续变化的人口组成，学校社会工作者增强对所服务案主的文化觉察十分重要。此外，社会工作者还需要对学校和社区中的多元案主群体有所觉察，并且努力了解多元文化习俗和价值观。

随着移民群体的增加，学校和老师无法跟进把英语当作第二语言学生的需求。双语教育者和双语项目都相对缺乏，帮助这些学生的教育辅助项目也欠缺明确的目标，学生的家和学校的距离较远，这些都阻碍了有语言困难的学生获得学业成功（Batt，2008）。为母语非英语的学生开展评估并发展干预措施还有另外的挑战。与英语不熟练的家长交流评估结果受限就是其中之一（Roseberry-McKibbin & O'Hanlon，2005）。

公立学校系统主要面向的是中产阶级。社会经济地位是决定学生学业表现的一个重要因素（Figlio & Loeb，2011）。少数族裔和不讲英语的儿童通常来自低社会经济地位的家庭（Espinosa，2005）。他们的家长通常受教育程度较低，而且对学校形形色色的项目感到困惑。此外，这些家长还可能不会讲英语，而且没有足够的资金来给孩子购置课本、校服，或供他们参加课外活动。因为他们缺乏家庭资源和经验来取得学业成功，这些学生通常很难进入并适应公立学校（Garcia，2011）。考虑到家长们可能会遇到的困难，学校社会工作者很有必要为家长以及儿童监护人澄清学校的程序和可用的资源。最后，翻译人员需要确保和不讲英语的家长及监护人有准确清楚的交流。

• • • 双语言及双文化教学的定义

双语教学是为了把英语当作第二语言的学生设计的项目，而双文化教学是指特定的文化价值观及交流（Genesee，2004）。双语和双文化教学的目的是为了给每个儿童提供平等充足的教育机会，利用母语的教学让儿童更好地掌握英语。这种教育的另外一个目的就是满足儿童及其社区的文化需求。双语及双文化教学不仅帮助学生掌握英语，更能促进学生的母语流利度，并且保持他们的文化传统。更有大量研究表明，双语教学促进积极的认知发展并增强学生的学业成就（Adesope，Lavin，Thompson，& Ungerleider，2010）。例如，Adesope 等（2010）做了一个包含 63 个研究的文献回顾，发现双语与注意力控制增加、语言的觉察、抽象和符号代表、工作记忆等认知结果相关。

双语及双文化教学项目的形式多种多样。目前被确认的有过渡型项目、双语保持项目、多元文化项目、双语双文化复辟项目。这些项目在一些要素上有不同的侧重，例如家长的参与、对语言历史的关注、包含不同语言和文化认同的学生、如何训练员工等（Scanlan，Frattura，Schneider，&

Capper，2012)。

下面介绍了双语和双文化教学的一些教学方法或项目模型：

双语过渡教育(TBE)：这是把英语作为第二语言的学生最常使用的项目，主要目标是把学生留在全英语课堂中；它采用学生的母语帮助学生把在其他课程中的学习尽快转化成英语指导(Cummins，2009)。

浸入式学习：这是一个强调学生第一和第二语言的流利以及读写能力的项目。

启发式双语教学(DBE)：它的目标包含流利的双语和优异的学业成绩；课堂教育会通过英语和学生的母语来提供，该项目比 TBE 更循序渐进。此外，DBE 在学生英语完全熟练以后还会持续帮助学生发展母语的语言能力(Farver，Lonigan，& Eppe，2009)。

有关进一步检验双语和双文化教育的网络资源请见以下链接：

http：//sitemaker. umich. edu/365. cross/transitional_bilingual_education

http：//www. mdusd. org/Departments/sass/Documents/elp/english-research-approaches-ch-6-excerpt. pdf

双向双语教学或双语浸入式学习包含了 DBE 中的语言少数学生和精通英语、学其他外语的学生；它包括同伴辅导，并且使两个小组中的同学互相学习对方的语言，同时达到高学业水准(Lindholm，2012)。

• • • 双语及双文化社会工作

在一个多语言国家，对双语社会工作服务的需要很明显。考虑到日渐增加的移民和把英语当作第二语言的学生，学校社会工作者需要知道应该怎样和这些人有效地开展工作。此外，社会工作者还需要知道的是，为了保持一定的文化胜任力，社会工作者自己需要通过觉察、技巧和知识来持续地发掘自己的文化敏感性(Furman et al.，2009)。尽管对双语社会工作服务的需求很大，能够提供双语服务的社会工作者却很有限(Engstrom，Piedra，& Min，2009)。

下面这个例子说明了双语社会工作者的相关性：

Juan 是一名在亚拉巴马州读书的五年级拉丁裔学生。在 2011 年的秋季学期，他已经连续十天缺勤。Juan 是一个很聪明的学生，在学校成绩很好，而且和同学们相处得也很好。因此，他的缺勤给他的老师和学校社会工作者敲响了警钟。当学校管理人员给Juan的家里打电话时，接电话的是Juan讲西班牙语的父母，这使得不讲西班牙语的学校管理人员无法和Juan的家长沟通。为了解决这一问题，学校让双语社会工作者和Juan的家长沟通。学校社会工作者安排了一次家访来找出Juan缺课的原因。家访后，社会工作者向学区反映，Juan的家长不敢让Juan去上学，因为他们最近听说新的移民法要遣返没有合法身份的学生。考虑到他们都没有合法身份，因此担心Juan一去学校就被遣返回国，导致家庭分离。社会工作者了解到这一情况后，向Juan的家长解释，虽然亚拉巴马州实行了新的移民法，但是法庭拒绝了对学校身份的要求，因此Juan在上学的过程中不会被迫带离他的父母。在社会工作者向Juan的家人解释清楚了这些事以后，Juan的父母又同意让他继续回到学校。

如果不是有双语员工，Juan的问题可能永远也不会被解决，从而他的教育也会继续被耽搁。考虑到大量的不讲英语的家庭，教育系统中还有很多类似的案例说明了双语员工的重要性。

教育环境中的性别

在美国，有史以来，女生一直比男生接受的教育少，尽管不像其他一些国家那么严重。最近，随着女权主义的浪潮高涨和权利保障立法的通过，校园也越来越公平，尽管还是有些女生没有获得和男生平等的教育机会。

Salomone(2002)指出，在20世纪90年代，美国大学女子协会(AAUW)发表了一系列报告，内容包括学校不经意地欺骗女生，发现女生在青少年时不同程度地对数学和科技失去自信和兴趣，学校的课程中女生较少，老师的行为和考试都更偏向于男生，女生在数学和科技方面被男生远远落下，公立学校中女生经常受到性骚扰，她们在建立自我认同和适应中学环境的过程中面对很多社会和体制的挑战(Salomone，2002)。历史上女生没有和男生一样平等地接受教育，但2000年以来文化和教育都有所改变。在获得本科数学学位的学生中女性占48%，虽然在物理和工程学上还有一定差距(Hyde，Lindberg，Linn，Ellis，& Williams，2008)。尽管教育越来越趋于平等，社会工作者还是应该承认男女之间的成长及社会差异。

• • • 性别社会工作

性别差异在学校社会工作服务中也是十分重要的一部分。在孩子出生时，父母就给孩子贴上了性别的标签，并且根据他们自己理想的性别角色对"男"和"女"有着不同的回应(Yee & Brown，2011)。除此之外，父母还言传身教地向孩子灌输某种性别所固有的行为(根据一个人文化所定义的某种性别所应具有的合宜的信念和行为)。而且，同伴们从三岁开始就会通过示范期望和选择性强化在社会学习中扮演一定角色。儿童对他们自己的社会化也做出贡献。他们根据自己的标签选择性地模仿，而且他们通常把固定的性别角色认同当作自我概念的一部分。当大多数儿童开始进入学校时，他们已经进行了很好的社会化，且仍然向新的影响敞开胸怀(McConnell，2008)。

研究表明男性和女性由于生理和社会的影响，以及朋辈关系的进程，发展会有所不同(Rose & Rudolph，2006)。Rose和Rudolph (2006)所做的一个全面的文献回顾指出了男生和女生在发展过程中的不同：(1)女孩参与更多的"前社会交流"，例如自我披露和社交对话；(2)更普遍的强调关系导向的目标；(3)对别人的危难更加敏感；(4)在家人关系和更大的朋辈群体中面对着更大的压力源；(5)更倾向于表达情绪和寻求帮助。

相比之下，男性比女性更容易：(1)在更大的并且有明显层级的群体中互动；(2)参与更有竞争力的活动；(3)面对着来自朋辈的更直接的言语和肢体欺凌；(4)在友谊中得到较少的情感支持(Rose & Rudolph，2006)。

考虑到成长和朋辈关系中的性别差异，学校社会工作者需要确认一个干预方案是否适合于所有学生，还是应该根据性别的不同有所区分。一个很明显的例子就是关于性别差异而不同的欺凌行为。正如上文所述，男生更容易经历直接欺凌，而女生则更间接。因此，可以推测出学校的防欺凌干预应该是根据性别差异有所不同的。下面这个案例描述了一个基于性别的应对技巧干预：

一名学校社会工作者打算帮助刚刚进入青少年阶段的同学们开展小组，从而让他们了解并运用积极的应对技巧。这个心理教育干预活动运用互动的方法，通过讨论、合作的游戏以及艺术活动来教给青少年积极的应对技巧。最开始，学校社会工作者安排了五个男生和三个女生在小组中，但是几个星期后社会工作者发现这样一来很难达到预期的目标。这些男生和女生有着不同的兴趣，男生更活跃于互动游戏中，而女生则对讨论如何应对某种情感感兴趣。此外，一些女生在小组的分享中表达了一定程度的自我意识。第三节小组活动结束以后，社会工作者决定按照性别分别开展小组工作，来看是否会有不同。当小组分开后，他发现男生和女生都更敞开自己，并且更积极地参加到小组活动中，同时也更舒适地表达自己深层的想法和情感。

这个案例说明男性和女性在青少年早期成长的差异。作为一名社会工作者，不仅要承认性别差异的重要性，还要了解与成长有关的议题。例如，一个混合性别的讨论应对技巧的干预可能会对年纪小一点的少年有效，但是对于中学生可能分开更合适。以下是关于特定性别干预的网站：

http：//education. ufl. edu/news/files/2011/01/v5n6. pdf

http：//www. nationalgangcenter. gov/SPT/Programs/72

http：//www. michigan. gov/dhs/0，4562，7 - 124 - 5453_34044_49159 - 201671 --，00. html

性取向和学校社会工作

女同性恋、男同性恋、双性恋、变性（LGBT）的学生更有可能比异性恋学生在学校环境中遇到困难。他们的困难主要集中在安全、健康顾虑、学业成绩几个方面。研究表明 LGBT 学生比异性恋学生更容易被欺凌、成为受害者、药物滥用、卖淫、自杀、成为流浪者（Almeida，Johnson，

Corliss, Molnar, & Azrael, 2009; Durso & Gates, 2012; Liu & Mustanski, 2012)。这些儿童常常害怕来自朋辈的暴力和骚扰，同时伴随着很高程度的学习压力。根据一个由同性恋和异性恋教育网络开展的调查，发现很高比例的 LGBT 学生在学校被骚扰和欺凌(Meyer & Stader, 2009)。在被调查的 3 450 名学生中，33%的学生指出由于他们的性倾向而被经常地骚扰，52%的学生常常直接听到其他同学的恐同性恋言论，36%的学生指出由于他们的性倾向而被同学起外号并欺凌，而且有 90%的学生报告在过去的一年被身体和言语侵犯(Meyer & Stader, 2009)。

法庭已经开始干预同性恋朋辈骚扰案例。在一个朋辈性骚扰案例中的一个男同性恋高中学生声称他在上七年级时发觉自己的同性恋倾向，直到十一年级辍学，他一直受到其他同学的骚扰和欺凌(Kopels & Dupper, 1999)。他被其他同学取外号、殴打、吐口水，在 20 个同学的围观哄笑下被假装强奸。当他向学校管纪律的校长报告时，校长对他说“男孩就应该有男孩的样子”，并告诉他如果他要公开表明自己是男同性恋，他应该有心理准备会遇到此类行为。在九年级时，这位同学被侵犯并且被尿在身上，学校并没有给冒犯他的同学任何处分。反之，学校一直以来的回应就是忽略他的报告和诉求，对处罚侵略性行为做假的承诺，并且告诉他因为他是男同性恋，这些都是他应该承受的(Kopels & Dupper, 1999)。他的性侵诉讼是根据 Title IX, Nabozny v. Podlesny (1996)法律理论，第七上诉巡回法庭认为这位同学没有在法律的保护下获得平等的权益。法庭表示很难想象如果学校人员用同样的回应面对一个女学生被假装强奸。法庭宣判这位学生和女学生一样享受平等的法律保护。法庭同样认为学校人员没有任何理由放任学生侵犯同性恋同学的权益。法庭最后宣判这位同学获得 90 万美金的赔偿(Kopels & Dupper, 1999)。

在一个最近的案例中，Donovan v. Poway Unified School District (2008)，两名男同性恋同学在 Title IX 和加州教育法典的支持下对他们受到的同学骚扰起诉了他们的学校。骚扰已经持续了三年，并且在倒数第二年达到顶峰。骚扰内容包括死亡威胁、吐口水、威胁和实际的肢体暴力、故意破坏私人财产，以及称呼具有侮辱性的反同性恋绰号。这两名同学都在学区提供的项目下独立完成了最后一年的学习。他们都抱怨学校管理人员对于这些问题的无视。他们起诉了学区，陪审团裁定他们可以获得 30 万美元的赔偿。法庭裁决原告必须证明：(1) 他们受到了严重的、普遍的并且具有攻击性的骚扰，使得他们被剥夺了正常的受教育的平等机会；(2) 学区确实了解到他们有受到骚扰；(3) 学校对于所了解到的事实表现出漠不关心。因为法庭裁决这两名学生确实可以证实上述三点的存在，所以宣判成立。

Harris 和 Dyson (2004)认为 LGBT 青少年被骚扰、攻击和侮辱的原因可以从文化、宗教以及社会层面来解释。他指出很多反同性恋的立场都来源于宗教，坚持认为这些内容来源都诋毁了同性恋。从文化的角度来看，对于同性恋的刻板印象、恐惧以及对艾滋病的误解都是同性恋群体被骚扰的原因(Harris & Dyson，2004)。此外，其他的反同性恋观点认为同性恋会因为不繁衍后代而使人类灭绝(Harris & Dyson，2004)。从教育的层面来讲，学校之所以在课堂中回避跟同性恋有关的问题是因为处理同性恋问题等同于承认同性恋是一种生活方式或者宽恕同性恋行为。还有教育界的观点认为同性恋是成人的问题，青少年的性倾向还没有建立，从而误认为同性恋是种选择(Harris & Dyson，2004)。

在有些学校，同性恋学生和异性恋学生组成了社团来倡导对同性恋青少年的理解和接受。然而，有些人认为校园里不应该有散布不良信息的社团，从而对这些团体提出了反对和质疑。考虑到这些顾虑，大多数学校选择不承办这类有争议的社团。他们只鼓励一些有教育意义的特定小组。一些同性恋学生社团对学校不允许他们在校园聚会提出抗议。例如，在 Boyd County High Sch. Gay Straight Alliance v. Bd. of Educ. (2003)，a Gay Straight Alliance (GSA) 是在肯塔基州的学区被建立的，为了给学生提供一个安全的环境来讨论反同性恋骚扰，并且不论是何种性取向，一起促进宽容、理解、彼此接纳的学校氛围。当这个组织成立时，反对者在校园里举行了联合抵制和抗议。董事会为此召开了紧急会议，并且驱散了包括课程性和非课程性在内的所有俱乐部匿名投票。尽管有驱散令，许多学生组织仍然在下课时间用学校设施。GSA 向联邦地方法院申请了预禁令，为此学区被要求保证 GSA 及其成员能够平等地参加活动的权利。

这一部分阐释了学校社会工作者需要承认 LGBT 青少年需求的必要性。LGBT 青少年在学校会遇到一系列困难，例如骚扰、欺凌、歧视，而且有更大的卷入药物滥用的危险。作为社会工作者，认识到这些青少年的需求，并为他们提供适当的资源来应对他们所遇到的困难十分必要。以下是社会工作者可以用来帮助 LGBT 青少年的一些网络资源：

http：//ncc. georgetown. edu/documents/LGBT_Brief. pdf

http：//www. cdc. gov/lgbthealth/youth. htm

http：//homeless. samhsa. gov/Resource/Supporting-LGBT-Youth-and-Their-Families-The-Family-Acceptance-Project－46133. aspx

实证支持有效的干预

选择一个实证支持的干预

为当地的社区、学校、学校员工以及文化群体选择合适的项目模式是十分重要的。即便一个项目已经被证实对许多群体都有效，这也不能保证它在当地学校和社区的有效性。尽管以下诀窍是学校用来预防青少年怀孕的项目，但它们也为其他项目的选择提供了很好的借鉴。

1. 和当地投资项目的有关人员探讨，例如教师、家长、神职人员、政客、医疗保健人员、学生等。询问他们关于项目的偏好和价值观，包括他们对一些争议的看法，例如性教育和避孕。运用你和这些利益相关者的讨论结果来寻找能达成目标，同时又被你的学校和社区所接受的项目。

2. 和你学校的管理人员以及跨专业的精神健康团队建立关系，在你们的共同参与下创立一个预防项目。首要考虑的是资源的可获得性，例如场地、员工以及资金。

3. 寻找一个和你的案主群体最接近的有效的青少年干预项目。一些重要的特征包括年龄、性别、种族、社会化程度、语言、监禁状态、药物及酒精使用以及文化程度。所有这些因素都会影响参与者对项目的兴趣，以及他们能从中受益多少。

4. 当项目选取已经筛选到两三种时，判断它们中的哪个有可复制的治疗手册。一个没有可用的说明资料的项目是很难被开展和实施的。例如PASHA，提供17种预防青少年怀孕项目的复制手册，还提供额外的被认定有效的项目资源。

国家证据为本的实践及项目注册处(NREPP)也是寻找学校干预的有效资源。NREPP网站提供了一个非常详细的清单，按照文化、性别以及发展适应性分类介绍了国家认可的证据文本的实践项目(NREPP，2012)，网站链接为http：//www. nrepp. samhsa. gov/。这一网络资源，以及其他一些网络资源在第七章有详细介绍。

预防干预模式作为对干预的回应

回应干预模型

回应干预模型(RtI Framework)是学校精神健康服务用来选择合适的青少年服务时的模型(Gresham，2005)。RtI从三个层次强调学生的需求：通用型项目，向所有学生教授通用的社会技巧，可能会根植于教学课程中；选择型项目，为有潜在精神健康问题的儿童提供的强度稍大的服务，例如咨询师开展的小组工作；指向型项目，为确定有精神健康问题的学生提供的小组及个案咨询(Cohen et al.，2009)。此外，许多的通用型、选择型及指向型干预都已经根据特定文化有所改变，也在特定的案主群体和场景中被测试。下文简要介绍了通用型、选择型及指向型项目及具体例子。

通用型项目

通用型项目是为学校中所有的学生提供的。这种基于课堂的项目嵌入普通的课程中，从而提高学生的社会技能、支持学生取得成就、适应转变、预防行为问题及学业失败(Kelly et al.，2010)。此外，通用型项目的另外一个功能就是筛选有行为健康需求的儿童。

通用型项目的一个例子就是“好行为游戏”(The Good Behavior Game)。这个课程教授教育者应对有特殊需求学生的技巧。这个行为管理干预是为6～10岁的儿童所设计的，通过提高教师制订规则、确定任务和管教学生的能力来改善儿童的破坏性或侵略性的课堂行为(Good Behavior Game，2012)。这个干预由老师在课堂中施行，已经被证明降低了老师报告的行为问题及纪律问题的转介(Hoagwood，Burns，Kiser，Ringeisen，& Schoenwald，2001；Kellam et al.，2008)。“好行为游戏”已经在多种文化情境中被证明有效，包括经济差的地区及部落社区。

通用型项目不仅面向个体，也面向整个学校的环境。通用型项目的基础是学生、教师以及管理人员都是建立积极正向的社区并促进行为健康的一部分。通用型项目还帮助教师和精神健康工作者发现有潜在精神健康需求的学生(Greenberg et al.，2003)。

●●●● 选择型项目

选择型项目和通用型项目的区别在于它关注被教师或咨询师确定有精神健康风险的儿童，或者对通用型项目不适用的儿童。这些项目通常都包括小组工作，主题一般为学习社会技能、改善不良行为，并且教导自我管理策略(Gresham，2005；Walker，Ramsay，& Gresham，2004)。正如通用型项目一样，选择型项目教导青少年解决问题的能力和应对能力，同时增强他们的抗逆力。然而，选择型项目更倾向于有严重行为问题风险、需要比通用型干预强度更大的干预的儿童和青少年(Gresham，2005)。

这些项目通常由社会工作者或心理学家来推广，青少年通常经由学校老师或管理人员的转介来参加项目。最近的研究发现，很多选择型项目都是证据为本的实践。例如，Neil 和 Christensen (2009)对选择型项目的随机对照试验(RCT)开展了系统性文献回顾：(1) 把童年焦虑作为目标问题；(2) 面向的儿童青少年年龄在 6～19 岁；(3) 是基于学校开展的项目。该文献回顾锁定了四个学校主导服务预防童年焦虑的研究：(1) 一个儿童支持小组；(2) 一个以个性为主的认知行为干预；(3) 一个心理教育模型；(4) 一个社会学习模型(Neil & Christensen，2009)。

Horowitz 和 Garber (2006) 用元分析的方法评估了九个关注儿童青少年抑郁症状的选择型项目。这个研究指出选择型项目会预防未来的精神健康问题，并且对已经有创伤经历或者有精神问题征兆的儿童很适用(Horowitz & Garber，2006)。

许多选择型干预都可以根据不同的文化量体裁衣。例如“强化家庭”，一个为了预防药物滥用的14节家庭技能训练项目已经成功地适应，并在全国以及国际化的多种文化背景中开展（Kumpfer，Pinyuchon，Texixeira de Melo，& Whiteside，2008）。Kumper等（2008）提出了成功选择并且实施与文化相称的干预，包括评估目标案主群体的需求，根据年龄、种族、语言、项目长短，以及员工实施干预的能力仔细选择合适的项目（Eggert，Seyl，& Nicholas，1990；Hoven，Herting，& Snedker，2010；NREPP，2012）。

指向型项目

指向型项目是最为集中的项目，而且面向的学生也有更严重的行为及精神健康问题（Atkins，Graczyk，Frazier，& Abdul-Adil，2003；Cohen，2006）。指向型项目的目标儿童表现出情绪或行为问题，可能需要更具体的干预来满足他们的精神健康需求（Hoagwood et al.，2001）。这些项目通常通过小组或个案的形式开展，旨在预防精神健康问题的进展（例如抑郁症、焦虑症、酒精依赖；NREPP，2012）。

Sheffield等（2006）发现，一个社会工作者带领的指向型认知—行为项目对有抑郁倾向的青少年有积极的效果。这个为期8周的课程在一个小组中教14～16岁的学生认知重建和问题解决技巧。结果表明参加了这一项目的学生其抑郁症状、绝望、负面思考、外化问题明显减少，同时增强了社会功能（Sheffield et al.，2006）。

认知干预治疗（Cognitive-Based Intervention Therapy，CBITS）是另外一个指向型干预，是为有创伤经历（例如社区暴力、丧失家庭成员等）的儿童所设计的。这个项目同样被实证检验，并被证明对减少创伤后精神健康疾病有积极效果（Kataoka et al.，2003）。CBITS还根据不同文化人群的需求做出改变以及测试。通过翻译材料并根据文化程度修改项目内容，这项干预已经在拉丁裔儿童和美国印第安儿童中被应用和检验。此外，CBITS还被改编并应用于美国印第安的保留学校中，既承认部落文化又尊重部落的保健练习（Morsette et al.，2009）。

指向型项目还有可能包括“环绕式”服务，即一项由精神健康专业团队制订的服务计划。服务团队协商出一个服务程序来改善有严重行为或情绪障碍的儿童青少年的问题，使得这些儿童青少年在他们的社区、学校和家庭中都得到足够的支持（Suter & Bruns，2009）。服务团队中可能包括社区精神健康代表、家庭成员、学校精神健康工作者。服务团队同时在学校和社区内为这些儿童及青少年提供服务(Sulter & Bruns，2009)。

结　论

本章从文化胜任力的视角概述了学校社会工作干预，指出服务的传递应该同时有证据支持并与文化相匹配。这需要对文化议题的了解以及对有效的服务和干预的相关知识。对学校文化以及个人文化的了解对于一个学校社会工作者开展项目来说十分重要，诸如双语、种族、性别、性取向等因素都在为学校及个人选择适合的干预时发挥重要的作用。除此之外，对于社会工作者为学校设计服务来说，非常重要的就是增强对自身文化的意识。自我意识、文化和专业胜任力、专业价值和伦理，以及干预的哲学都是需要被涉及的领域。最后，本章提供了实证支持干预的相关信息，例如RtI模型，可以被应用于学校来满足学生的特殊需求。

本章要点

- 作为社会工作者，我们有必要去提高文化觉醒，以及了解有关案主群体的知识和熟悉度，同时理解自我价值和信念。如果没有对文化的知识的了解和掌握，我们的视角会有偏差，从而我们的工作可能会没有效果。
- 学校社会工作者的一个重要专业任务就是评估专业和文化胜任力。这可以通过阅读专业书籍、参加特殊培训或有实证支持的干预知识来获得。
- 为了提供有文化胜任力的服务，社会工作者不仅要选择证据文本的干预，还需要考虑干预方法对多元案主群体的匹配度。
- 临床工作者需要认识到为了保持一定程度的文化胜任力，必须通过意识、技巧及知识持续挖掘自身的文化敏感度。学校社会工作者还应该知道如何与双语和双文化人群有效地工作。

- 作为一名社会工作者，承认和理解不同的干预适用于不同的性别和发展阶段的案主十分重要。考虑到成长和朋辈关系中的性别差异，社会工作者需要考虑该干预是否同时适用于男生和女生，还是只对某种性别有效果。
- 社会工作者认识到 LGBT 青少年的需求并且为他们提供合适的资源和干预也是十分重要的。
- 当选择一个干预时，社会工作者需要根据当地的社区、学校、学校员工以及文化群体来匹配合适的项目。即便一个项目已经被证明在许多群体中都有效，也不能保证它在当地的学校和社区中的契合度及有效性。

学习与讨论

1. 你的校长让你帮助刚刚从叙利亚来的难民学生融入学校文化。请列出为了制订这一项目你所要采取的步骤。参照 NASW 文化胜任力标准：http：//www. socialworkers. org/diversity/default. asp。

2. 七年级女生在学期末的成绩相比一年前平均低了八分。你将采取哪些评估来探究这一现象的原因？你将采取哪些干预措施？

3. 你有几个学生最近在他们的社区中看到了一起暴力犯罪，并且呈现出创伤后症状。你会采取哪种干预（通用型、选择型、指向型）来应对他们的需求？你会如何选择最合适的干预？

4. 请阅读链接 http：//www. naswdc. org/pressroom/features/issue/diversity. asp。

探讨你对这篇文章的看法，以及这些议题将怎样影响你所感兴趣的工作。

5. 评定你自己对于这些对多元文化学生的学习体验产生影响的议题的想法及态度：

- 双语教育
- 只用英语考核
- 非法居留青少年的权益
- 强制学校出勤

第七章

学校社会工作服务的传输

Cynthia Franklin,得克萨斯大学奥斯汀分校
Mary Beth Harris,南加利福尼亚大学
Katherine L. Montgomery,华盛顿大学圣路易斯分校

引　言

本章重点关注学校社会工作服务的传输，探讨了学校社会工作所需要的实践知识和技巧。本章包含了诸多影响实践的潮流，例如拓展学校心理健康服务、学校关联项目，以及逐渐兴起的经验支撑的干预等。本章还探讨了有效社会工作服务过程中社会工作者应该扮演的实践角色和相应的干预技巧，重点关注社会工作者在学校关联的拓展心理健康服务中的新角色，通过案例展示了学校社会工作者在日常工作中所扮演的干预角色，以案例的形式展示了实践角色和干预技巧。最后将探讨那些对学生、家庭、群体、班级和学校系统进行干预时所必需的专业的技巧。

拓展学校心理健康和学校相关服务中社会工作者的最新角色

疾病控制中心(CDC)的研究表明(Brener，Weist，Adelman，Taylor，& Vernon-Smiley，2006)，学校心理和社会服务模式提供方式存在诸多解释。现存的诸多模式包括社区学校模式、学生援助项目、学校健康中心以及面向所有学生的综合拓展心理健康项目。诸多服务之间的复杂关系给学校带来了许多啼笑皆非的经历，这需要在不同服务提供者之间建立更多的合作(Franklin，2001；Kelly et al.，2010)。同时必须指出，不断增加的心理健康服务并不总是受到教育者的欢迎。过去十年，老师和学校管理者被授予更多的权力去实施全校范围内的干预(Franklin，Kim，Ryan，Kelly，& Mont-gomery，2012)，老师认为在学校传输心理健康服务存在诸多障碍(Reinke，Stormont，Herman，Puri，& Goel，2011)。例如，Reinke 等(2011)发现老师们提出诸多阻碍他们班级中学生接受心理健康服务的因素：学校社会工作者和心理健康专业人员的缺乏，欠缺相应的培训和资助，因为接受服务而带来的心理健康的污名化问题，优先顺序的竞争主导心理健康服务，例如NCLB(No Child Left Behind Act)标准测试分数。尽管在本调查中，几乎所有的(94%)老师都同意学校应该参与解决学生的心理健康问题，但是对于学校社会工作者来说，他们必须知晓公立学校的目标，专注于它们的使命，那就是教育。必须确保多元的服务不会妨碍学生的学习，让每个学生都能接受到有质量保证的教育。

Franklin (1999，2000，2001)、Streeter 和 Franklin (2002) 探讨了竞争日益加剧的服务传输，作者认为服务拓展模式需要学校社会工作者寻找更好的方式去与那些服务于学校的外部心理健康专业人员进行合作。例如，学校社会工作者必须清楚地表达他们工作的重要性，寻找与承担类似工作的专业人员竞争或合作的方式。然而，幸运的是学校社会工作者恰好具备相关的技巧去与多元的服务提供者合作，帮助学校管理者最大化地利用好现有的学校—社区项目。一些可以被用来帮助学校实施社区关联项目的实践干预包括：

1. 资源地图；
2. 协调；
3. 个案管理；
4. 跨学科团队与合作。

这些并不是新的技巧，而是一些学校社会工作者在学校系统内使用效果比较好的实践技巧，只是现在比以往任何时候都更需要这些技巧。

证据为本的实践和经验支撑的干预

在过去十年，证据为本的实践(EBP)和经验支撑的干预(ESIs)的传播在学校范围内产生了重大的影响。证据为本的实践作为一种全国性的运动，为定义学校社会工作发展的方向具有重要意义(Allen-Meares，2006)。Huang、Hepburn和Espiritu (2003，cited in Allen-Meares，2006)认为，证据为本的实践作为一个新兴的概念，反映了一种全国性的运动，旨在建立高质量的有保证的健康和行为健康服务的传输。这一概念的基础是：（1）最根本的信念是患有情绪和行为障碍的儿童应当接受满足他们需要的服务，这些服务的提供应该基于最科学的知识；（2）对于许多儿童而言，最重要的问题是被传输的服务不是最有效的服务。

证据为本的实践是一个旨在将最有效、最前沿的研究证据与临床知识相结合的过程（Schlosser & Sigafoos，2008）。Franklin 和 Hopson（2004）回顾了 EBP 过程是如何成为学校心理健康服务和教育教学领域的标准的。EBP 在学校中的调整的重要性反映在干预应对框架中，它确信每个年轻人在学校都应该接受合适的 ESIs 去预防和解决诸多问题（Kelly，Montgomery，& Franklin，2012）。因为 EBP 过程更多地应用于教育领域，所以对于学校社会工作者来说，理解如何运用最有效的科学知识和临床决策知识去改善工作是很重要的。诸多机构为识别和推广 ESIs 做出了大量的贡献。例如，教育部于 2012 年建立了"如何做交流平台"（ies. ed. gov/ncee/wwc/），该机构致力于在教育领域传播 EBP。作为教育部的研究部门，教育科学委员会通过向那些在技术服务领域声誉卓著的研究者咨询意见的方式，制订了教育 ESIs 的指标。被"如何做交流平台"收录的研究必须满足以下一条或多条标准：

1. 研究的资料必须来源于最近发表的研究论文，或者来自主要国家新闻媒体的报道。

2. 随机对照试验（RCTs）已经被完成，为国家教育评估和地区援助中心（NCEERA）所收录，但还未被 WWC 所收录。

3. 有与已有的 WWC 干预报告相关的新研究。

4. WWC 实践指引推荐影响力的研究。

5. 因为其他原因，教育科学委员会（IES）要求收录的研究。

WWC 最近建立了自己的网站，专门致力于帮助老师和实践者将 ESIs 应用到学校。"就这样做"（DWW）网站（http：//dww. ed. gov/）提供了如下方面的信息：识字、特殊教育、医师指导、该领域的相关案例、RTI 等。另外一些机构也在通过为学校的实践者提供基于有效科学实践的培训来努力提升 ESIs 在学校领域的应用。其中之一是由 Dr. Peter Jensen 和他的同事创立的"提升儿童健康资源库"（http：//www. thereachinstitute. org/SchoolMentalHealthAlliance. html）。2013 年，该机构（当时在哥伦比亚大学）举行了一个名为"通向证据为本的学校精神健康的伙伴关系之路：主要障碍和战略机遇”的峰会，峰会邀请了大量儿童心理健康领域的专家，围绕以下主题进行讨论：（a）识别实施证据为本的学校心理健康服务项目的障碍；（b）达成关于如何解决这些障碍策略的共识。峰会结束以后，学校心理健康联盟（SMHA）成立，专门致力于将峰会的意见落实成行动。本次峰会有诸多创举，包括一个帮助地方教育当局在学校系统整合以证据为基础的心理健康服务的工具套件（Hunter et al.，2005）。

SMHA 由 25 个核心组织组成，致力于实施最有效的学校实践。SMHA 一项意见书已经呈递给国会，这个群体，作为管理中心的伙伴，不断在学校领域推进 ESIs 的识别和传播工作（Hunter et al.，2005）。访问目前诸多 ESIs 鉴定机构，可获得学校成功分析测量维度，见表 7.1。

表 7.1 学校成功分析测量纬度

关于你需要的参考信息	**家庭(38 项)**
基本人口学统计资料(6 项)	家庭和睦状况
社会环境分析	父母支持
社区(23 项)	家庭学习氛围
社区支持	父母教育支持
社区青年行为	学校行为期望
社区安全状况	**个人适应能力分析**
学校(30 项)	**个人信念和福祉(27 项)**
学习氛围	个人信念和福祉
学校满意度	社会支持利用情况
老师支持	生理健康状况
学校安全状况	自信
朋辈(21 项)	适应能力
朋辈支持	**学校态度和行为(14 项)**
同辈群体的接纳状况	学校参与度
朋辈群体行为	规避问题能力
	学校态度和行为(3 项)
	年级

• • • 准备 ESI

实施 ESIs 的准备包括：学习最有效解决学生和家庭问题的实践，例如注意力缺陷多动障碍（Attention-Deficit Hyperactivity Disorder，ADHD），教育失学问题，移民学生问题，药物滥用，家长参与度，促进团队。EBP 过程同样要求实践者关注结果的重要性。然而，关于如何定义 EBP，学界还存在争论。因此，许多项目虽然被标上"证据为本"的标签，但是很难确定到底项目本身有没有利用证据为本的优势。一些学者和实践者认为独立机构可能会有更系统的视角，例如 Campbell 合作组织（http：//www. campbdlcollaboration. org/）和 Cochrane 合作组织（http：//www. cochrane. org/），就成为判定 EBPs 的黄金标准。然而，另外一些人认可联邦机构制定的 EBPs 的标准（例如：WWC 及国家药物滥用和心理健康服务委员会）（Franklin & Hopson，2007）。因此，我们将本章涉及的项目和实践笼统地概括为"经验支撑的"去预示着存在诸多不同的干预知识，任何的干预方法都必须与脑海中的服务对象相一致。实践者必须考虑他们服务对象的需要，以及目前 ESI 的文献资料，去选择最合适的干预策略。表 7.2 提供了一些 ESIs 案例所涉及的在学校实践中可能接触到的人群。这些实践已经被 Campbell 合作图书馆、the Cochrane 合作图书馆和 WWC 项目所收录，作为 SAMHSA、OJJDP 或国家药品滥用委员会（NIDA，2003）的材料。必须明确的是关于 ESIs 的资料还可以在其他地方找到，例如与学校社会工作相关的专业期刊的元分析和系统回顾，包括《儿童和青年服务评论》《儿童与学校》《学校社会工作》《社会工作》《社会工作实践研究》等。

不断产生的实践资源为实践者识别学校社会工作领域的 ESIs 提供了帮助（Allen-Meares，Montgomery & Kim，2013；Franklin，Kim & Tripodi，2009）。WWC 为突出的教育实践问题提供了大量的经验支撑的干预，也为现存的实践提供了证据审查。《儿童与学校》（2004）出版了一期专刊，专题讨论 ESPs 实践在目前学校社会工作领域所面临的诸多问题。Franklin、Harris 和 Allen-Meares（2013）进一步为学校社会工作者提供了大量的经验支撑的实践。至于社会工作者学习 ESPs 的问题，研究者认为研读手册不

表 7.2 儿童和青少年经验支撑的干预

经验支撑的干预	项目目标	项目结果	目标人群	经费	培训条件	实施条件	资源
辍学干预							
拉丁裔学业成功计划(http://www.ndpc-sd.org/documents/Evidence_Based_Practices/ALAS_Model _ Description.pdf)	阻止学生辍学行为,已经辍学的重新回归校园	降低辍学率,增加完成学业率	城市低收入拉丁裔家庭的初高中生	每人每年1 185美元	需要面向学生、家长、老师的培训	多因素干预 1. 学生接受咨询、解决问题和社会技巧训练,了解学业成绩的意义 2. 学校关注教师对于学生和家长的反馈,密集地参与指导,学生的积极认可,相关活动 3. 培训家长以提升他们对学校的参与度 4. 将社区服务和学校服务联结起来	WWC
检验与联系(http://ici.umn.edu/checkandconnect)	提升学业完成度,降低辍学率	降低辍学率,提升目前学业成绩	城市有行为障碍的高中生	每人每年1 185美元	两天的介绍性训练。在实施之前观看网站的意见(见网站)	学生的个人导师监督学生的出勤、行为和学业成绩;对家庭外展;联系家庭和社会服务	WWC

（续表）

经验支撑的干预	项目目标	项目结果	目标人群	经　费	培训条件	实施条件	资　源
人格教育							
积极行动（www.positiveaction.net/）	提升学业成绩，改善行为表现，促进人格发展	提升学业成绩，解决问题（暴力、药物滥用、惩罚转介、留级）增加出勤率，提升家庭功能	从幼儿园到 12 年级	培训费每天 2 000 美元，另加旅行费用	1 天的现场培训	一周多次课程，每次课程持续 15 分钟；包括六个单元	WWC SAMHSA OJJDP
受够了毒品和暴力（http：www.mendezfoundation，org）	减少涉及毒品、酒精和烟草使用的风险	知识、态度、价值观的积极影响（例如喝酒的意识，对待暴力的态度，同辈群体的行为规范）	从幼儿园到 12 年级	9 到 12 年级：795 美元； 幼儿园到 8 年级：130 美元； 另加每天 2 000 美元的旅行费； 每人每天 295 美元	自我训练：你能购买到开创者的智慧吗？ 现场训练：相关领域核心课程的训练（1 到 2 天）	14 次关于毒品和暴力的课程，每次课程 1 个小时； 12 次灌输课程被加入常规课程	WWC SAMHSA
受够了暴力（http：www.mendezfoundation.org）	减少校园暴力的风险，帮助学生建立和谐的关系	知识、态度、价值观的积极影响（例如提升交流质量，学习冲突解决方法）	从幼儿园到 12 年级	9 到 12 年级：795 美元； 幼儿园到 8 年级：130 美元； 另加每天 2 000 美元的旅行费； 每人每天 295 美元	自我训练：你能购买到开创者的智慧吗？ 现场训练相关领域核心课程的训练（1 到 2 天）	从幼儿园到 5 年级有 7 次课，每次课 30 到 60 分钟； 从 6 年级到 8 年级有 9 次课，每次课 30 到 45 分钟； 14 次每周 1 小时的会议和 12 次 1 小时的提升会议	WWC SAMHSA

(续表)

经验支撑的干预	项目目标	项目结果	目标人群	经　费	培训条件	实施条件	资　源
药物滥用							
无药物滥用计划(http://tnd.usc.edu/)	减少药物滥用和持枪情况，提升应对技巧	减少尾随效应的药物滥用情况，对于酗酒无效	9到11年级的学生	1日的培训：1 200～1 400美元，另加旅行费用； 2日的培训：1 900～2 100美元	1到2日现场培训或实地培训	每周50分钟的例会，连续三周	Cochrane合作组织元分析(Fag giano, Vig na-Taglianti, Versino, Zambon, Borraccino, & Lemma, 2002) SAMHSA NIDA(http: www.ninda.nih.gov/Prevention/examples.html) SAMHSA
认知行为治疗	预防和减少青少年群体药物滥用情况	减少普通药品的使用	6年级的学生	不确定	不确定	每周40分钟的例会	Coch rane合作组织元分析(Faggiano, Vig na-Taglianti, Versino, Zambon, Borraccino, & Lemma, 2002)
药物滥用预防课程	预防和减少青少年群体药物滥用情况	减少尾随效应的药物使用	7年级的学生	资料暂缺	资料暂缺	采用课堂传授的方式进行15期心理学课程，包括直接指导、行为体验、观看录像	Cochrane合作组织元分析(Faggiano, Vigna-Taglianti, Versino, Zambon, Borrac-cino, & Lemma, 2002)

（续表）

经验支撑的干预	项目目标	项目结果	目标人群	经　费	培训条件	实施条件	资　源
良好行为计划	预防危险行为和培养社会技巧	减少药物或酒精依赖，减少吸烟率，降低反社会人格行为，减少暴力和犯罪行为	1 到 2 年级学生	每位老师 600 美元； 另加每天 2 000 美元的旅游费用	相关实施物资，40 小时的教师培训	最初的三周，每周实施三次，每次持续 10 分钟，计划执行的周期随着时间推移而增加，半年以后，每天实施一次	SAMHSA，OJJDP
STARS（Start Taking Alcohol Risks Seriously，开始严肃对待酒精风险）(http://www.preventionre-sources.com/STARS-for-Families-Curriculum - p3270.html)	推迟酒精使用，直到成年	后续追踪中，减少酗酒情况	中学生	299 美元； 每位参与者 499 美元； 每小时 599 美元	课程； 1 到 2 个小时音频训练； 实施咨询	第一年：与护士一对一咨询，将 10 张预防卡片寄给家长；第二年：与护士的追踪咨询，4 个家庭信息包	Cochrane 合作组织元分析(Foxcroft, Ireland, Lowe, & Breen, 2002) SAMHSA
家庭功能强化项目(http://www.strengthening-families program)	减少高风险儿童药物滥用、抑郁、好斗行为、犯罪、学业失败的风险	预防使用或误用酒精	6 到 12 岁高风险儿童	3 天训练：6 000 美元的旅游费用； 每组 1 109 美元，可以分配给 6 到 10 个促进者	3 天的训练	每周 7 次家庭例会，每次大约持续 2 个小时(或者 14 期，每期 1 小时)	Cochrane 合作组织元分析(Foxcrot, Ireland, Lowe, & Breen, 2002) NIDA SAMHSA

（续表）

经验支撑的干预	项目目标	项目结果	目标人群	经　费	培训条件	实施条件	资　源
侵略行为/破坏行为							
良好行为计划	预防危险行为和培养社会技巧	减少药物或酒精依赖，降低吸烟率，减少反社会人格行为，减少暴力和犯罪行为	1到2年级学生	每位老师600美元； 另加每天2 000美元的旅游费用	相关实施物资； 40小时的教师培训	最初的三周，每周实施三次，每次持续10分钟，计划执行的周期随着时间推移而增加，半年以后，每天实施一次	SAMHSA OJJDP Cochrane 合作组织（Foxcroft, 2011），Campbell 合作组织（Oliver, Wehby, & Reschly）
心理健康							
认知行为疗法	减轻焦虑症儿童和焦虑症青少年的病症，提升他们的功能	减轻焦虑症症状，增加焦虑症缓解率	6到18岁患有焦虑症的儿童	资料暂缺	资料暂缺	治疗时限范围从7.5小时到25小时	Cochrane 合作组织（James, Soler, & Weatherall, 2005）
创伤问题的认知行为干预（CBITS: http://cbitso-gram.org/）	减轻创伤后应激障碍的症状和行为问题	减轻创伤后应激障碍的症状、抑郁症状和心理功能失调	3到8年级的儿童	4 000美元的培训费，另加旅行费； 每次服务费40美元	包含15个参与者的2日现场培训	10个小组会议，1到3个个人会议，2个家长会议以及1个老师会议	SAMHSA
行为疗法和认知疗法	减少强迫性官能症年轻人的症状，提升他们的功能	减少强迫性官能症的风险，提升行为功能	患有强迫性官能症，年龄在7到18岁的儿童	不确定	不确定	整个治疗大约持续12到20次会议，每次会议持续60到90分钟	Cochrane 合作组织（O'Kearney, Anstey, & von Sanden, 2006）

如实践训练有效，实践训练不如督导和咨询模式有效（Franklin & Hopson，2007）。然而督导和咨询模式通常是非常昂贵的。为了获得有效的培训，不断增加的资金要求对于学校社会工作实践来说是一个巨大的资源挑战（Franklin & Hopson，2007）。

学校社会工作者如果想要成功地实施经验支撑的实践，那么学习一些新的更加简单的干预模式是很重要的，例如那些与认知行为、信念、问题解决导向、简单咨询模式相关的干预模式。通常认为区分 ESPs 的实践知识和技巧是某些培训的核心元素。如果实践者没有学习到这些元素，那么很难去学习相关的实践。一旦实践者掌握了这些元素，就会比较容易地阅读手册和提供 ESPs 服务。一些核心元素包括以下方面：

组织简单小组和家庭会议而不是个人会议；在限定期限内进行交流，通常期限范围是 4 到 15 期；在不同层面进行干预，包括儿童、家庭、老师层面；具有针对父母和家庭进行认知行为、结构和策略疗法的知识基础；跨学科的合作，包括使用心理学和相近学科的知识来帮助服务对象应对剧烈的变化；问题解决技巧、沟通训练以及其他训练的技巧；在干预过程中的赋权和优势视角；行为治疗技巧，例如角色扮演、反馈、偶然性协议、特定目标设定，以及定位需要改变的行为；能够为不同群体提供干预，例如西班牙裔的青少年和家庭。这些核心元素代表着生态系统视角，反映了学校社会工作者的全部角色。

证据为本实践的评估和结果测量

学校社会工作者要将学习评估方法和结果测量的技巧视作掌握 ESPs 的必要组成部分。Bowen 和他的同事们提出了一个卓越的测量工具，每一个学校社会工作者都应当学习，这就是成功学校分析（SSP；Bowen & Richman，2002）——一个综合的测量工具，它可以测量和指导学校背景下干预的效果。这一工具对于学校为本的实践尤其有效。SSP 评估年轻人的社会环境，认为个人和社会环境中同时存在威胁和保护的因素，导致学校的成功或失败（见表 7.3，罗列了这个工具需要测量的一些方面）。SSP 在网上可以找到，有英语和西班牙语版本，也有更详细的手册来指导管理。Powers、Bowen 和 Rose（2005）描述了如何评估学校实践，并且指出在使用 ESPs 过程中，学校社会工作者可能遇到的有利和不利的因素。

表 7.3　选定结果测量

测量方案名称	结果测量	项目数量	实施者	耗时	目标人群	创立者/网站
YOQ2.0	治疗过程的六个方面	64	家长	5 到 10 分钟	4 到 17 岁	www.carepaths.com
YOQ－30 家长测量版本	测量心理混乱情况	30	家长	5 分钟	4 到 17 岁	www.carepaths.com
YOQ－30 自我报告版本	测量心理混乱情况	30	儿童	5 分钟	12 到 17 岁	www.carepaths.com
儿童和青少年功能量表(CATAS)	评估功能(行为问题、能力和目标)	315	由医生在对儿童和/或家长日常治疗以后执行	10 分钟	5 到 19 岁	www.carepaths.com
简单创伤量表	人际关系,学校功能,自我照料能力	23	医生或其他人访谈家长	3 到 5 分钟	4 到 17 岁	http://www.fasoutcomes.com/
简单儿童精神健康量表(BPRS－C)	行为问题,思维混乱,焦虑,压抑,狂躁,退缩	21	医生访谈儿童和家长,或者医生自我探索	5 分钟	5 到 18 岁	http://www.excellenceforchildandyouth.ca/support-tools/measure-profile?id=55
青年行为和情绪量表第二版(BERS－2)	测量情绪能力、行为能力、学校功能、家庭参与度、职业能力	52	青年报告(也有需要医生或社会服务提供者完成的版本)	10 分钟	5 到 18 岁	http://www.cebc4cw.org/assessment-tool/behavioral-and-emotional-rating-scale-2nd-edition/
哥伦比亚创伤量表(CIS)	全部创伤	13	医生或其他人访问儿童和/或家长	5 分钟	9 岁以下的儿童	Bird 等(1993)

（续表）

测量方案名称	结果测量	项目数量	实施者	耗时	目标人群	创立者/网站
儿童全部测量表(C-GAS)	关于儿童行为和功能的大量数据	1	医生访问儿童	5分钟	6到17岁的儿童	Shaffer等(1983)
McMaster家庭测量工具(FAD)	家庭功能的六个方面	60	一个家庭成员	暂缺	家庭里所有人	Epstein, Baldwin & Bishop(1983)
家庭调适和凝聚力量表(FACES-IV)	评估16种家庭互动方式	42	治疗师,牧师,咨询顾问	15分钟	家庭里所有人	http://www.facesiv.com/
家庭评估测量(FAM-III)	家庭、动力和个人功能	42到50	10岁以上的家庭成员	20到45分钟	10岁以上的家庭成员	http://www.mhs.com/product.aspx?gr=edu&id=overview&prod=fa miii#scales
成功学校分析	学生对于他们社会环境、健康和学校表现的自我评估	195	初高中学生	30分钟	4年级阅读水平	http://www.uncssp.org
儿童行为测量系统(BASC-2)—父母量表(PRS)	社区和家庭中适应和行为问题	134到160	父母/养育者	10到20分钟	2到21岁,4年级阅读水平	Cecil R. Reynolds and Randy W. Kamphaus
儿童行为测量系统(BASC-2)—老师量表(TRS)	社区和家庭中适应和行为问题	100到185	老师	10到20分钟	2到21岁	http://www.pearson-assessments.com/HAIWEB/Cultures/en-us/Productdetail.htm?Pid=PAa30000
儿童行为测量系统(BASC-2)—自我性格报告量表(SRP)(儿童版)	洞悉儿童想法和感受	暂无	儿童(8到11岁)	30分钟	6到11岁	http://www.pearson-assessments.com/HAIWEB/Cultures/en-us/Productdetail.htm?Pid=PAa30000

（续表）

测量方案名称	结果测量	项目数量	实施者	耗时	目标人群	创立者/网站
儿童行为测量系统（BASC-2）—自我性格报告量表（SRP）（青少年版）	洞悉青少年想法和感受	暂无	青少年（12到21岁）	30分钟	12到21岁	http://www.pearson-assessments.com/HAIWEB/Cultures/en-us/Productdetail.htm?Pid=PAa30000
儿童行为测量系统（BASC-2）—自我性格报告量表（SRP）（大学生版）	洞悉大学生想法和感受	暂无	大学生（18到25岁）	30分钟	18到25岁	http://www.pearson-assessments.com/HAIWEB/Cultures/en-us/Productdetail.htm?Pid=PAa30000
儿童行为测量（CBCL/6—18）	儿童能力和情绪行为问题	113	家长或监护人	大约10分钟	6到18岁	http://www.aseba.org/
老师报告6—18岁（TRF）	儿童学业表现，适应性功能，行为和情绪问题	113	老师	大约10分钟	6到18岁	http://www.aseba.org/
青年自我报告11—18岁（YSR）	暂无	112	学生	大约10分钟	5年级阅读水平或11到18岁的学生	http://www.aseba.org/
儿童行为量表/$1\frac{1}{2}$-5（CBCL/$1\frac{1}{2}$-5/LDS）	儿童能力和情绪行为问题	100	家长或监护人	大约10分钟	1.5到5岁	http://www.aseba.org/
照料教师报告/$1\frac{1}{2}$-5（C-TRF）	儿童学业表现，适应性功能，行为和情绪问题	100	老师	大约10分钟	1.5到5岁	http://www.aseba.org/

来源：Franklin，C.，Hopson，L.，& Judd，L.（2008）. The University of Texas at Austin. School of Social Work.

在评估和指导实践干预效率方面，还有很多的测量方法。Corcoran 和 Fischer（2013）、Corcoran（2000）、Jordan 和 Franklin（2012）回顾和总结了许多可以被运用到儿童和家庭服务中的测量手段。表 7.3 描述了一些可能在学校实践中使用的评估和结果测量的方法。

选择经验支撑的实践和评估实践效果的过程可能由于社会工作者在学校里扮演的诸多角色而变得复杂。学校社会工作者在学校里通常不会仅仅承担一些表面上的工作。相对的，社会工作者被要求从一个角色到另一个角色无缝对接。这就意味着实际上学校社会工作者的工作不是独立的，他们不能单独决定使用什么测量工具和到底实施什么样的项目。决策必须倾听学校其他方面的声音，例如学生支持服务团队、校长，甚至是家长。学校社会工作者应该明确他们的定位，他们向许多学校成员提供咨询服务。咨询角色以及其他关键角色将在下面的章节进行讨论。

当前的干预角色

咨询者

研究提供了充分的证据表明咨询服务在各个层面都同样有效，无论是个人、群体，还是系统层面（Sabatino，2009）。最新的研究显示，85%的学校社会工作案例都涉及向老师提供咨询服务和合作（Jonson-Reid，Kontak，Citerman，Essma，& Fezzi，2004）。咨询是一种发生在专业咨询顾问和咨询者之间的干预方法，咨询者负责向另外一个人提供服务，他们建立一种志愿关系，通过共同分享解决问题的过程来解决与工作相关的问题（Dinkmeyer & Carlson，2006）。对于咨询者来说，他们希望感觉到舒适、接受和被尊重。社会工作咨询可能发生在老师、校长、其他学校成员和社区成员之间。学校社会工作者提供信息、培训和支持来帮助他们形成相关的行动计划。计划可能关注一名儿童、一个家庭或一个班级，政策或程序，或者是服务和服务项目。老师经常想获得与他们班级里有行为问题的学生相处的建议和培训。专业咨询顾问可以组织短期教育和支持干预，旨在帮助老师建立在做改变时的自我掌控感。此时应该使用优势视角。咨询有助于缓解学生目前存在的问题，同时也增加其他团队成员在今后解决类似问题的技能。

• • • 临床干预者

在一项社会工作服务研究中，Jonson-Reid 等(2004)发现，传统的临床服务，例如个案和小组的咨询，已经成为学校社会工作者在学校领域的焦点。Agresta (2006) 在研究中询问学校社会工作者："你们目前的角色是什么？"研究结果证实了学校社会工作者将他们最多的精力投入到咨询上面，并且他们希望能够做更多的咨询。

毫无疑问，提供咨询和临床服务是学校社会工作需要扮演的重要角色。但是一些社会工作者羞于谈论"临床"这个词汇，因为他们经常将临床与诊断、医疗模式和精神服务联系起来。

学校社会工作当然不应该仅仅局限于那些项目。然而这么多年以来，临床概念的内涵已经从狭隘地由社会工作者参与精神社会工作或提供长期治疗，转变为任何一种面向个人、家庭、小群体的直接干预服务(Simpson，Williams，& Segall，2007)。根据 Simpson 等人的观点，这将包括危机管理、个案管理、评估、个人和群体的治疗，所有这些都可以由社会工作者来执行。学校社会工作者向学生和他们的家长提供了大量的临床和咨询服务。临床服务通常在学校—家庭—社区三个层面展开，当学校社会工作者想要在学校范围内解决一个儿童的问题时，他意识到必须将这名儿童的父母和其他社会机构包括进来。社会工作者所扮演的临床干预角色既需要带来心理的改变，又需要带来社会系统的改变。他们可能给学生和家长建立小群体的支持小组，来帮助学校和家庭实现改变。

• • • 使能者与促进者

促进者的角色的关键在于帮助学生、家长和学校职员使用多种技术完成既定的改变(Radin，1988)。赋权让他们具有对于面对现在和未来挑战的内在掌控感。社会工作实践中充满智慧的一句古老的谚语说明了使能者和促进者的作用："不要为你的服务对象做任何他们能够做的事情。"促进者应在服务对象能力范围内进行工作，使他们拥有自助的能力。

合作者

合作者角色与咨询顾问角色的区别在于它通过建立伙伴关系和关系网，随着时间和情境的变化，参与者在其中做出不同但是同样很有价值的贡献(Alter，2000)。合作者和顾问往往有相辅相成的作用，"合作者"通常意味着通过信息交换形成共同解决问题的努力。团队成员通过将他们独特的技能与其他专业技能联合起来，共同促进跨专业的实践(Hutchison，2008)。

在与其他人合作实现共同目标的过程中，合作也准许个人的发展。通过识别他人的优势，鼓励他人的贡献，建立合作关系。和一个人单独思考相比，通过不断反馈与支持，一个合作的关系会带来更多的想法、策略和解决方案，不断地向着成功进发，团队也不断得到提升。合作的水平越高，团队就有更强大的动力去完成不断发展的目标。最后，一个合作的关系会激发团队成员诸多的才能，不断丰富组织的资源。在今天的学校环境中，与其他服务提供者建立合作关系对于实施有效的学校实践不可或缺。Waxrnan（引自 Streeter & Franklin，2002）为学校社会工作者和其他心理健康专业人员建立合作关系提供了诸多建议。积极、肯定、接受合作、建立团队，并在跨专业的团队中承担领导者和协调者角色；与机构共同努力解决阻碍各个专业人员合作的问题；在资源冲突和争夺中扮演协调者角色；在构建和协调资源过程中发挥主动性；与学校和机构共同努力，为保证项目和维持关系发展出相应的正式协议和机制；帮助其他专业人员获得学术和行为性质的结果。

教育者

教育者的角色要求社会工作者提供专业的信息，输出知识，在与学生、老师和家庭一起工作时加深彼此的理解。教育者的角色是一种分享知识的方式，这些知识是他人扮演相应的角色所必需的。

社会工作者为家长和老师提供工作坊，教养方式、价值澄清、交流技巧都在此交流。技巧训练干预，例如教养方式训练和社会技巧训练，这是一些社会工作者经常扮演“教育者”角色的方式。技巧训练包括关于心理教育模式、社会学习理论和行为模式的改变，它假设服务对象缺少必要的社交行为技巧。社交技巧训练、问题解决训练、愤怒控制训练、教养方式训练、生活技巧训练，这些在学校领域也是非常有效的训练项目。Goldstein（1980）、Goldstein & McGinnis（1983）提出了诸多有效的社会训练课程。无论学校社会工作者所传输的服务内容是什么，这些传授方式都可以被运用到技巧训练中：（1）告诉服务对象所需要知道的信息（例如解决问题的步骤）；（2）技巧模式的展示（例如，让学生提出一个问题，社会工作者展示解决这个问题的方式，其他的学生进行观看）；（3）通过角色扮演传授相关的技巧（例如让学生通过角色扮演与社会工作者共同解决一个问题）；（4）给予服务对象关于他们在训练中表现的反馈，必须保障反馈是积极和正确的（例如一个学生正在角色扮演解决关于Johnny在大厅恐吓锁门人的过程，社会工作者注意到他做得非常出色，提出了多种方案去解决这个问题，但是很难评估各个选择，无法从中确定最终的方案，社会工作者教他如何改正他的行为）；（5）在现实世界中真正去实践（社会工作者要求学生去解决一个问题情境）；（6）评估（社会工作者与学生一起安排时间来评估现实世界的结果，并通过回顾各个步骤来强化学习效果）。

• • • 协调者

协调者的角色将社会工作者放在服务对象和环境中间，向双方提供解决问题的服务。因为校园暴力，冲突解决模式被发掘出来作为一种预防方法抑制暴力。社会工作者积极向他人传授这些技巧，运用这些技巧去解决同辈群体之间的冲突、学生与老师/管理者之间的冲突，以及家长和老师之间的冲突。这些问题的严重程度从儿童在操场上的打架到带来伤亡的无意或有意的暴力冲突。协调有效地平衡了学生和机构的需要，为解决对于学生日常生活具有破坏性和负面性作用的问题提供了一种模式（Drolet，Paquin，& Soutyrine，2007）。

倡导者

倡导者与协调者的不同之处在于，协调者的目标在于通过双方的妥协来达成问题的解决，而倡导者的目标是为服务对象赢得胜利。社会工作者成为服务对象的代言人(引自 McLaughlin，2009)，这一角色在支持保障弱势群体(例如智力残疾者、未婚先孕的学生、缺乏必要资源的家长以及少数民族学生)的过程中尤其重要，因为没有机会赋权给这些弱势群体，并可以让他们为自己做倡导。倡导在个人教育计划会议中特别重要，因为这时家长和学生特别需要支持。

代表学生的倡导可能发生在许多层面。社会工作者需要使用倡导技巧，例如，在学校和社区会议中，在州和国家层面(为那些高风险的学生群体倡导)，在学校和社区系统内(识别缺乏的服务和不公正的政策与实践)。

多元化专家

学校社会工作者服务于极端文化多样性学生群体。许多文化冲突成为学校、家长和学生之间的问题。21 世纪学校社会工作者要扮演的新角色就是文化专家或多元生活方式方面的专家。扮演好这个角色的关键在于帮助服务对象学习如何与他人进行有效的互动。学习多元文化是必要的，学校社会工作者还要安排相关的实地训练，组织相关的小组去探讨多元文化偏好和生活方式。调和文化差异与冲突是学校社会工作者扮演好这个角色的另一种方式。

管理者

每一个学校社会工作者都是一个管理者。在一所学校里，设计和传输社会工作服务需要管理技巧：计划、协调、实施和评估一项服务。然而，管理者的角色可能是比较正式的，社会工作者有时要承担领导一个学区所有学校社会工作者的重任。管理者的角色也包括协调者的角色，这需要社会工作者能够理解服务对象与诸多服务之间的关系，以及诸多学校、社区和机构资源之间的复杂关系，并能够将其抽象化（Sheafor，Horejsi，& Horejsi，2000）。如今，许多社会工作者从事协调个人计划教育委员会的工作，或者担任一个干预团队的个案管理者。与学校关联的服务项目为管理和协调学校及心理健康服务提供了额外的机会。

• • • 个案管理者和经纪人

个案管理者和代理者的角色为问题情境和支持资源提供了联结。社区组织成为最经常被利用的资源，但是在学校和社区里还存在其他资源，有时是在最不可能的地方。个案管理是不可或缺的，例如，跟踪学生参与校园的诸多服务及与学校相关的服务，为个案管理提出了更加复杂的要求，此时社会工作者需要扮演社会服务协调者的新角色。

• • • 社区干预

学校一直很重视社会工作者，因为他们拥有关于社区资源非常丰富的知识，并拥有诸多技巧，可以帮助学生和家长使用资源。社会工作者参与机构委员会，强化这方面的知识，进而促进机构的服务能够更加符合学生们的需要。有些时候，学校社会工作者要负责识别一个社会需求，然后采取措施促使社区提供新的服务，例如为逃亡者提供庇护所，危机干预服务，在嘈杂的公寓中提供一个安静的学习场所。

低收入社区会低估教育的价值，这就需要干预来提升社区成员对于教育的积极态度，鼓励学校深入社区，为社区成员提供满足他们需要的服务。双语教育项目的发展，作为高中课程的一部分的学龄前儿童照料项目的发展，学校人员参与的放学后照料项目，这些对于学校和社区来说都是双赢的。

• • • 政策发起人和推动者

学校社会工作者影响、发起、推动在社区和学校范围内影响儿童和年轻人社会和情绪发展的政策。通过参与政策制定委员会会议和撰写提案，他们成为专业组织的成员，积极参与创造促进教育过程的项目。关于什么时候、怎么使用政治"去做"的知识也是这个角色所必需的技巧。

专业的干预技巧

学校提供了一个可以使用大量实践方式的天然的环境。在生态实践中，每一个干预都是更大计划的一部分，需要在改变的过程中用干预的技术将系统联系起来。

学生个案干预

评估个人动力的技巧、访谈和咨询的技巧、磋商的技巧、与有效干预学生必需的其他系统建立关系的技巧。咨询服务的范围从个案咨询、提供临时支持、危机干预、实施特殊的干预项目（例如悲伤支持小组、过渡方案、暴力预防项目），到为案主转介外部资源的准备。这包括帮助学生在住院以后或在被监禁或参与特殊教育计划后重返校园。

干预使学生具有应对各种突发情境的能力。例如，面对涉及男同性恋学生或女同性恋学生的敏感咨询，个人的咨询对于男同性恋学生和女同性恋学生来说是很有效的，但是他或她仍然要面对充满敌意的环境。学校和社区推动接受不同性取向的动力对于每个青少年在未来健康发展是不可或缺的。

危机干预

尽管一个关于学校社会工作者工作任务和技巧的全国性调查显示学校

社会工作者更乐意做预防性的工作，但实际上他们提供了最多的危机干预。危机情境发生在个人、家庭、群体、社区和国家的整个生命周期。危机需要短期而急切的帮助。学校社会工作者处理的危机情境包括留级、考试失败、家长的离婚或逝世、好朋友的受伤或死亡、尝试性自杀、药物滥用、身体意外残疾、意外怀孕。

儿童虐待是一个需要立即关注的情境。儿童和施虐者都需要相关的服务，并需要儿童保护机构的参与。因为在社区和学校发生的暴力事件，社会工作服务既要面向受害者，又要面向那些受到暴力事件所影响的学生和学校工作人员（Jimerson，Brock，Woehr，& Clinton-Higuita，2006）。每个学区都发展了危机干预的计划，社会工作者要准备好在任何危机时刻做出恰当的反应。例如，假设一位一年级的老师在班级里被她愤怒的老公所枪杀，此时一个危机干预的社会工作者团队快速建立，帮助这个暴力事件所影响的家长、学生和其他老师舒缓悲伤的情绪。

干预有情绪和行为问题的学生

社会工作者在普通教育班级中经常向那些患有严重情绪问题的学生提供服务，在特殊教育班级中提供相关服务，或针对患有情绪问题儿童的日间治疗项目。这些实践者在最好的 EBPs 向拥有这些领域专业知识的其他心理健康专业人员寻求特定诊断、督导、咨询。表 7.4 提供了一些特定项目的问题领域。项目中也会有支持去学习 EBPs 的动力，但有时候也可能来自外部资源（支持的资源既可能来自项目内部，也可能来自项目外部；具体随着学校的变化而变化）。

表 7.4　识别经验支撑干预的资源

机　构	网　址
WWC 教育委员会	http://ies.ed.gov/ncee/wwc/
SAMHSA 国家证据为本实践与项目委员会	http://www.nrepp.samhsa.gov/
OJJDP 项目模式指引	http://www.ojjdp.gov/mpg/
预防暴力蓝图	http://www.cochrane.org/

（续表）

机　　构	网　　址
Cochrane 合作组织	http://www.cochrane.org/
Campbell 合作组织	http://www.campbellcollaboration.org/library.php

学校社会工作者经常为具有特殊需要的儿童提供服务，并需要不断地接受培训去做有效的干预。例如，有行为问题和品性障碍的年轻人会有侵犯别人的行为和侵害别人权利的举动。服务这些年轻人时需要相当的知识去实施有效的实践技巧和项目。为超越通才层面在学校内进行干预，需要更多的专业知识和更先进的培训。不可能每一个学校社会工作者在帮助患有品性问题的好斗青年方面都成为专家。学校社会工作者将许多学生转介给学校和社区里的其他专业工作人员，这些人大部分是因为好斗的、破坏性的和反社会的行为而被转介到诊所和相关专业机构（Furlong，Morrison，& Jimmerson，2004）。此外，当前学校中一个最麻烦的行为问题就是这些学生的好斗行为，包括打架、斗殴、有预谋的谋杀（Dinkes，Cataldi，& Lin-Kelly，2007）。关于服务严重行为问题和品性问题的学生所需要的专业知识的一个案例将在下面进行详细的描述。

家庭干预

研究显示，如果家长参与孩子的教育，孩子们的学业表现会更棒（Englund，Egeland，& Collins，2008；Miedel & Reynolds，1999）。Epstein（2010）描述了六种学校经常使用的增加家长参与的方法：（1）提供服务给学生家庭，例如子女教养课程；（2）教育家长如何帮助学生做与家庭作业相关的活动，营造促进学习的氛围；（3）在学校和家庭之间建立有效的沟通；（4）邀请家长到学校做志愿者；（5）鼓励家长参与学校的决策制定以及学生倡导；（6）学校与社区合作，提升教育质量。

在学校环境中，学校社会工作者在提升家长参与和学生表现方面扮演完整的角色。Ward、Anderson-Butcher 和 Kwiatkowski（2006）提出，学校社会工作者可以采取七个步骤来满足家长的需要，并以此让家长参与进来：（1）评估家长和家庭的需要；（2）满足已识别的需要；（3）建立关系；（4）将家长视为专家；（5）让家长扮演领导者；（6）为家长创造空间；

(7) 创造富有意义和参与度的活动(Ward 等，2006，pp. 643—645)。

许多家庭功能经常处于压抑状态。药物滥用、暴力、经济不稳定、流浪等问题普遍存在，并因为担心抚养儿童而耗尽心理能量。学校社会工作者应该为那些有需要的家庭提供持续不断的支持，帮助他们解决压抑的处境。对于学校来说，一个特别重要的问题就是孩子经历过或正在经历的家庭破裂。例如，离婚是美国社会儿童经常经历的家庭破裂，学校社会工作者需要解决父母离婚后孩子的心态调整问题。经历过家庭破裂的青少年很容易产生行为问题，学校社会工作者经常参与处理这种家庭破裂的问题。

所幸的是，近些年来，大量经验支撑的应对这些问题的家庭治疗已经出现。Janzen、Harris、Jordan 和 Franklin(2006)讨论了大量关于离婚、混合家庭以及其他各种人群的经验为本的干预。对于那些有暴力倾向、犯罪问题或者药物滥用的情况，家庭干预都非常有效。这些项目中两个分别是简单策略治疗(Szapocznik & Williams，2000)和多维度家庭治疗，家庭为本的预防项目是由 Hogue 和 Liddle (1999)所创立的。简单策略治疗是一种短期的、问题导向的家庭干预，旨在解决儿童和青少年的行为问题。这些干预聚焦适应不良的家庭互动，通过解决不良的家庭互动，改善家庭关系，提升儿童的抗逆力，降低药物滥用、行为和品性问题的风险，同时也关注文化和种族的因素，以及在变化过程中的关系。Hogue 和 Liddle 的项目关注风险因素，通过提供家庭为本的服务给那些处于压抑状态的年轻人带来更多可能性。表 7.2 经验支撑的实践也描述了一些其他的家庭为本的项目，例如增强家庭计划和 STARTS。Franklin 等(2013)对这些项目有着更详细的描述，这份参考指引提供了在一个学校为本的项目中如何实施这些策略。

实务案例

Erickson 夫人，她有两个年幼的女儿，还有一个 15 岁的儿子——John，一个坐在轮椅上的残疾学生——从他们租住的房子里被赶了出来，目前住在一个流浪的庇护所里。其母亲和临时父亲药物滥用史已持续多年，已经花光了家里的所有积蓄。John 不仅忍受着失去家园、车子及不受重视的痛苦，还要时时刻刻担心因为知道他现在无家可归而可能失去学校的友谊。他的悲伤与难堪成为社会工作者咨询过程的焦点。通过与 Erickson 女士不断地联系，社会工作者整合了她身边的资源，帮她找到当地合适的居所以回应她此刻的危机。他们需要一层来安放 John 的轮椅。因为庇护所没有多少资源或支持，社会工作者与县住房管理部门联系，和 Erickson 一起登报寻求帮助。尽管登过多期报纸也没有带来立即的成功，但是这促使 John 的母亲继续独立寻找帮助的动力。支持和不断的接触减轻了 John 的伤痛直到他们家可以从庇护所搬离。

••• 寄养家庭和儿童

Astor (2005)用“公共寄养学校”这个术语形容公立学校中寄宿学生所占的高比例(20%到 60%甚至更多)这一现象。这一趋势意味着应该更广泛地定义家庭需求，同时也应该明白家庭割裂是如何影响学龄儿童的。这些趋势需要社会工作者具备与寄宿家庭以及关爱系统(例如许多儿童接受监护照顾的教养院)工作的技能。Astor 提出，将学生寄养在学校是无法满足他们的特殊需求的。他进一步追问将很大比例的寄养儿童放在大型城市公立学校是不是一个好主意。大多数儿童都是有色人种，他们不适宜在大型内陆城市的学校学习和生活。公立学校中有如此多的寄养家庭的孩子这一事实反映了儿童服务领域的大问题，表明儿童并没有被放到合适的充满爱的家庭去寄养，他们所受到的照料通常是令人不满意的。此外，对于寄养儿童来说，在他的家庭和寄养照料家庭之间左右摇摆是普遍的事情。这种割裂对于学生的学习能力具有重要影响。因为寄宿学生这一趋势，学校社会工作者有机会去帮助学校回应那些身处寄养系统家庭的需要，以及随之而来的对于这些儿童的帮助。

公立学校需要帮助教育那些有诸多情绪和行为问题的儿童，包括很大可能性的品性问题。一个有名的针对寄宿家庭的 ESI 项目就是多维度寄养关爱治疗(见 http：//www.mtfc.com/)。在这一治疗方法中，那些患有严重情绪问题(例如反社会行为)的儿童被放在寄养家庭而不是住院治疗。他们中的许多人以前都接受过未成年人司法审判。学校成为多维度寄养关怀治疗方案的合作者，社区领域的实践者使用这种方法确保每日报告卡由老师填写完毕送到家里。例如，学校社会工作者可以作为治疗方案联络人与社区实践者共同实施这种治疗模式，以促进在学校内的干预效果。

根据 Astor (2005)的观点，学校社会工作者可以帮助学校更有效地做好寄养学生的工作，只要他们能够涉及有效地与寄养父母和社区机构沟通的方案，就可以进一步提升寄养学生在校的学业和行为表现。发展资源也是一个重要的实践技巧。学校为了更有效地教导寄养学生，需要更多的资源。Astor 指出，资源包括社区指导项目、额外的教师、课后项目、职业教育、一个接受过学校管理技巧和拥有服务于寄养儿童的专业知识的杰出团队等。

实务案例

一个名叫 Sue 的学校社会工作者受雇于一个大型城市中心，这个学校的寄养儿童占到了 40%。学校的工作人员没有接受过服务这些儿童的训练。暴力事件和班级失序几乎每天都在上演。因为暴力问题，校长想安装金属探测器和拆掉储物柜。学校社会工作者开始调查并寻找解决校园暴力的策略。她浏览了许多声誉卓著的网站，包括 WWC 和 SAMHSA 国家注册证据为本实践和项目(NREPP)。这些网站向她提供了目前最新的预防和减少校园暴力的研究。她在已有的文献中发现，使用金属探测器会使结果复杂化，在某些情况下，甚至会增加暴力。学校社会工作者将这些结果呈送给校长，校长同意让社会工作者尝试使用不同的方法来解决这个问题。

学校社会工作者与当地的青少年审判机构和寄养机构合作，向老师提供如何与寄养学生相处的培训。她建立了每周家长互助小组和每月家长—老师冷餐会来促进寄养父母与学校的沟通。选择一些学生参与一个特别课后项目，向他们提供来自社区的导师辅导他们。后来，她和机构的寄养专家建立了提交高风险和反社会青少年日报告制度。

• • • 移民家庭

随着移民家庭学生数量的不断增加，学校社会工作者在服务这些学生和他们的家庭中扮演着越来越重要的角色。移民家庭经常发现他们与学校处在文化冲突之中，需要“翻译”和调适。调适问题包括对于文化环境的误解，对于残疾儿童缺乏全面的医疗照顾，需要将西方的文化风俗讲解给移民家庭，也需要将移民家庭的文化风俗讲解给学校工作人员和医疗服务提供者。对于移民家庭来说，调适总是很有压力的。许多移民家庭的儿童，特别是青少年，他们既要保持与同龄人的一致性，也要面临父母因为对于传统的性别角色和价值的遵循所造成的割裂。与此同时，一方面父母强烈需要儿童去传承他们的文化遗产，另一方面，他们发现对于他们来说接受美国的文化真的非常艰难。不同的着装、饮食、娱乐方式、社会期望、性别角色、语言，这些都在制造压力。父母文化与学校价值之间的文化差异将会阻碍青少年提高学业成就，也会阻碍他们适应学校环境(Calzada，2010)。

实务案例

Ray，一个11岁的六年级混血儿(西班牙和安哥拉)，被转介到学校社会工作者那里，因为他不能为自己做决定，他在班级里存在一些消极行为，例如不交作业。本来Ray在五年级的时候已接受测验来决定他到底需不需要接受特殊教育，这是最新的评估。那个时候，他被发现在一次数学测验中作弊了，在朋友中也有严重欺骗行为。他已经符合其他心理伤害机构所制定的心理障碍的标准。他之前在普通班上课，表现一直良好，直到最后六周。学校社会工作者探访Ray的父母了解Ray行为方面的一些情况。Ray与他的混血父母住在一起。他爸爸是一个墨西哥人，刚刚移民到美国三个月。因为父亲找工作的因素，整个家庭已经搬了许多次家。他现在做佃农，除非他找到另外的工作，不然他就要离开家庭，到农场工作，或者整个家庭会跟着他走。母亲不想丢掉她现在的工作，她不想和她丈夫一样在那种场合工作。这种情况造成了家庭的分裂。在与Ray的交流中，学校社会工作者发现因为父母的争执，Ray得不到充足的睡眠。他还担心父亲会离开。学校社会工作者与整个家庭进行两次会谈，将父亲转介到就业机构，帮助他找到一份不一样的工作。Ray的消极和难以做决定的行为开始得到改善。

群体干预

学校是一个由多种群体构成的组织：老师、家长、学校和学生(引自Franklin等，2013)。大多数活动发生在群体之间：班级、委员会会议、集会、食堂、体育以及其他活动。在发展社会技巧的时候，群体特别有效。

如果活动很有吸引力，那么群体自然就可以强化改变。目标包括交换信息，澄清价值导向，将反社会行为转变为良性行为。

随着行为健康照料的管理化不断推进，群体干预已经成为不同实践背景下被偏好的治疗的方法。群体干预被视作一种既有效又有性价比的干预方法。群体干预既可以用作治疗，又可以用作教育工作，也存在学生和老师的小组共同协作完成诸多任务和目标。任务小组和干预小组之间存在一个区别。一个任务小组的例子就是组成一个研究学校问题的委员会，提出一系列的解决方案。一个干预小组旨在解决学生、家长或老师的社会问题和困难。例如，社会工作者可以组成一个家长小组，传授家长如何应对他们孩子药物滥用的问题，或者建立一个教养孩子技巧小组，帮助家长了解如何做更好的父母。小组可以用来解决学生的诸多问题，例如悲伤、朋友的死亡、ADHD，或家庭问题。

关于群体动力、群体的运用、领导小组的技巧的文献已经汗牛充栋了。对于社会工作者来说，非常有效的一种群体结构和过程就是任务导向小组，最初是由 Reid(1992，2000)所提出。任务导向小组是一个聚焦行为的小组，经常被用来帮助解决有诸多问题的青少年。Harris 和 Franklin (2007)最近发现，任务导向小组在帮助怀孕和成为父母的青少年留在学校，提升他们的学业表现方面发挥重要作用。

学校社会工作者参与大量的学校和社区委员会工作。作为课程委员会的成员或顾问，社会工作者要深入思考文化和心理健康服务的内容。社会工作者还要领导不同类型的干预小组去完成帮助学生的目标。预防小组的例子包括那些聚焦预防 HIV 感染、意外怀孕、价值教育、药物滥用预防等。

实务案例

一个高中学校的社会工作者被要求去建立预防 HIV 感染和意外怀孕的任务小组。这种类型的小组经常使用性教育课程，学区也发展了数以千计的这样的课程。学校社会工作者想要找出目前最有效的课程，她通过阅读文献去识别。她发现有许多资料帮助她找到能够满足该学校需求的课程。例如，Harris 和 Allgood(2009)综合了诸多影响青少年性行为的经验支撑的课程，主要有五个声誉卓著的项目(为年轻人呼喊，2003；Kirby，2007；人类之爱等，2001，2002；国家预防青少年意外怀孕计划，2008；PASHA，2002)。基于 Harris 和 Allgood 的工作，表 7.5 列举了相关的推荐课程。表7.5的项目都是由国家预防青少年意外怀孕计划所选定的，至少也包括另外两列有效项目。

表7.5　九个推荐性教育课程				
课程名称	核心干预目标	实施计划	理论基础	影　响
自豪！更要负责！（选择媒体：http://www.selectmedia.org/）	减少内陆城市、非洲裔社区HIV感染率	项目包括6个小时文化适应小模块	认知行为理论	安全套使用率提升
做负责任的年轻人（ETR联结：http://pub.etr.org/）	减少年龄在14到18周岁非洲裔青少年感染HIV的概率	项目由8部分组成，每部分时长1.5到2个小时，鼓励年轻人将HIV风险这个词传递给他的同伴	社会学习理论和自我效能理论	延缓初次性行为时间，提升避孕效果
做个改变：节制的方案，对于性感染、意外怀孕和HIV/AIDS的预防（选择媒体：http://www.selectmedia.org）	通过节制欲望减少青少年意外怀孕、HIV和其他性病感染概率	项目包括8个60分钟的模块	社会认知理论，理性行为理论和计划行为理论	至少保证3个月后的回访时，延迟初次性行为；在12个月以后的回访时，改善避孕措施
做骄傲的选择：更安全的性行为方式，有效避免意外怀孕，HIV/性病（选择媒体：http://www.selectmedia.org/）	通过使用避孕措施减少青少年意外怀孕、HIV或其他性病感染概率	项目包括8个60分钟的模块	社会认知理论，理性行为理论和计划行为理论	改善避孕措施
降低风险（ETR联结：http://pub.etr.org/）	减少青少年意外怀孕、HIV或其他性病感染概率	项目包括16次时长45分钟的课程	社会学习理论，社会影响理论和认知行为理论	延缓初次性行为时间，改善在项目开展之前未有性行为青少年的避孕措施
更安全的选择：学校范围的HIV预防项目（ETR联结：http://pub.etr.org/）	预防HIV和其他性病	项目包含多种元素，包括学校咨询委员会，在两年内教授20节班级课程，工作人员培训，朋辈资源，父母教育，学校社区联结	社会学习理论，社会影响理论和学校改变模式	延缓拉丁美裔学生的初次性行为时间，改善避孕措施

（续表）

课程名称	核心干预目标	实施计划	理论基础	影　响
儿童安全援助计划——关爱计划（http://www.stopteenpregnancy.com/）	减少城市经济困难的、年龄在13到15岁的非洲裔和西班牙裔青少年意外怀孕的概率	密集的持续一年的项目包括多种元素，例如每日3到5小时课后活动，夏令营活动，健康照料以及社会服务	暂缺	延缓初次性行为，改善避孕措施，降低女生怀孕概率
健康社区青年服务（见网址 http://www.socio.com/）	减少城市非洲裔和西班牙裔青少年早期没有保护措施的性行为	将课堂教育（7年级35周课，8年级30周课）和社区服务活动（每周3个小时，持续整个学年）结合起来	暂缺	延缓初次性行为
青少年外展服务（Wyman 中心 http://wymancenter.org/nationalnetwork/top/）	减少青少年怀孕、辍学和学业失败的概率	9个月的课程专注于自我形象提升、个人生涯管理技巧、目标发展，包括课堂学习和社区志愿服务等	暂缺	降低青少年怀孕概率

来源：Harris，M. B.，& Allgood，J.（2009）. Adolescent pregnancy prevention：Choosing an effective program that fits. Children and Youth Services Review；and National Campaign to Prevent Teen Pregnancy.（2008）. What works 2008：Curriculum-based programs that prevent teen pregnancy. Washington，DC：Author.

• • • 班级干预

学校社会工作者要经常与班级里的老师和学生打交道。在这个过程中，老师会成为合作者和促进者。班级所要考虑的一个问题就是新生融入问题。新学生的加入改变了班级的群体动力。在一个新的班级平衡建立之前，需要大量的时间和帮助。平衡经常会因为各种原因被打破，例如学生转学到其他学校、意外死亡，或者班级有人留级或者被开除。每种情况都需要老师和其他工作人员通过不同的方式去应对。在这个过程中，社会工作者通过识别需要，提供必要的咨询与支持来发挥重要作用。

一个班级接纳转学学生的适应问题可能比较容易。例如，社会工作者和老师一起努力让班级接纳新同学。新同学可能不会说英语，在其他学校有过留级的经历，之前接受过特殊教育，现在开始接受普通教育项目，或者是一个无家可归的学生，也可能是一个来自军人家庭的孩子或因公司安排、工作变动而随家长迁徙的学生。根据本书之前和其他章节的描述，RtI 和 PBIS 三类方法已经在全国范围内被许多学校所使用，用来解决学校内学生的诸多需求。三类方法坚称学生属于三大干预类别：第一类(综合的，面向全校学生和班级的干预)；第二类(选择性，针对一小部分群体的服务)；第三类(显性干预，是最密集的、面向个人的服务，通常涉及多系统的干预；引自 Kelly，Montgomery，& Franklin，2012)。研究显示，大约有 80%的学生通过第一种方式去满足他们的需要。此外，大多数第一类的干预有老师参与其中(例如，Franklin，Kim，Ryan，Kelly，& Montgomery，2012)。因此，对于学校社会工作者来说，知道如何将老师纳入传输第一类服务越来越重要。

实务案例

在一所小学，实行让残疾学生回归主流的计划。该校社会工作者与老师正在合作准备成立班级小组，让一个患有脑瘫的学生更好地融入新班级。经过破冰游戏“差异”之后，学生被分成数个小组去讨论怎么做才能让新同学在这个新班级感到舒服和受欢迎，无论是在走廊里，还是在午餐和休息时间。小组通过角色扮演将他们的想法付诸实践。当他们投入激情和能力进行讨论和角色扮演的时候，社会工作者和老师支持并鼓励他们，并且纠正那些取笑新同学的行为。学校社会工作者同意新同学在来到学校后的第一个月待在班级里，帮助学生们保持与新同学良性的互动。

学校干预

学校是对于儿童行为和成就第二重要的影响(仅次于家庭)因素。Allen-Meares (1985)列出了一些对于学生而言非常重要的学校特质：学校氛围和学术期望；老师的数量和质量；师资力量和教育项目；对于不同种族、经济社会地位差异背景的学生的反应；与家长共同协作以及努力消弭双方的观点冲突和相互支持的意愿；政策和教育项目方面的人性化和灵活程度(p. 103)。

可以通过识别老师、学校工作人员和志愿者的努力和成就来培育学校的教育氛围。一些学校每年都有教师日，学校社会工作者可以通过一系列的方式让学生和班级表达他们对于老师的赞美之情。

实务案例

一些初中学生从崭新的城市初中校园搬到了一所破旧的小学校园，那里到处都是已经使用许久的旧器材，还有大量固定装置。第一个月里，学生们打破窗户，将器材丢到楼下，在墙上涂鸦。老师们发现学生很少把精力放到学习上，变得肆无忌惮。学校的管理者认为学生们的行为太离经叛道了。随着管理纪律力度加强，情况反而变得更糟糕。经过与学生、老师和家长的访谈以后，学校社会工作者得出结论，学生们想要通过这种方式表达他们对于现在环境的不满。她和校长一起商讨对策，评估目前的状况，制订出一个行动方案，这个方案涉及让学生自己改造校园环境以符合他们的年龄段的需要。“小学”两个字已经从校舍的门牌上去掉，合适的家具从物资部门调运过来。艺术部门和学生一起在墙上绘制美妙的图画。此外，项目还培育学校精神，锻炼了老师，通过实地训练，学习到如何让学生发泄他们对于目前处境不满的方式。数周以后，破坏行为消失了，学生们重新回到教室认真学习了。

结　　论

当今学校，传输社会工作服务已经演变成一系列服务和干预。本章讨论了在学校中进行工作所必需的实践知识和技巧，包含诸多影响实践的趋势，例如拓展学校心理健康服务，学校关联项目，以及逐渐兴起经验支撑的干预等。学校社会工作者在传输服务过程中所面临的冲突与问题，需要放在学校范围内的服务不断变化的氛围和学校社会工作者到底应该与多样的心理健康专业人员建立什么样的关系中进行审视。本章进一步探讨有效社会工作服务过程中社会工作者所应该扮演的实践角色和相应的干预技巧。重点强调社会工作者在学校关联的拓展心理健康服务中的新角色，通过案例展示了学校社会工作者在日常工作中所扮演的干预角色。以案例的形式展示了实践角色和干预技巧。最后探讨了那些与学生、家庭、群体、班级和学校系统工作所必需的专业的干预技巧。

本章要点

- 对于学校心理和社会服务的提供方式存在诸多解释。现存的诸多模式包括社区学校、学生援助项目、学校健康中心，以及面向所有学生综合拓展心理健康项目。
- 一些可以被用来帮助学校实施社区关联项目的干预包括资源地图、协调、个案管理、跨学科团队与合作。
- 证据为本的实践(EBP)是一个旨在将最有效、最前沿的研究证据与临床知识相结合的过程，EBP 在学校中的调整的重要性反映在干预应对框架中，它确信每个年轻人在学校都应该接受合适的 ESIs 去预防和解决诸多问题。
- 学校社会工作者可以通过学习评估方法和结果测量，来满足他们对于 EBP 的需要。
- 选择经验支撑的实践和评估实践效果的过程可能由于社会工作者在学校里扮演的诸多角色而变得复杂。学校社会工作者在学校里通常不会仅仅承担一些表面上的工作。他需要扮演倡导者、个案管理者和经纪人、合作者、社区干预者、咨询顾问、临床干预、多元专家、教育者、使能者和促进者、管理者、协调者、政策发起人和推动者等多个角色。
- 学校提供了一个可以使用大量实践方式的天然的环境。一些专业的干预方法包括学生个案干预、危机干预、干预有情绪和行为问题的学生、家庭干预、寄养家庭和儿童、移民家庭、群体干预、班级和学校。

学习与讨论

1. Camille 是一个拉丁裔学生，她刚刚在语言课程和社会学习课程中挂科。作为学校的社会工作者，你负责与她的父母讨论这个问题。她父母不会说英语，也没有电话，在与这个家庭工作和帮助 Camille 解决她学习问题的过程中，你将采用什么类型的干预技巧？

2. 5 岁的 Kendra Beal 因为在课堂上的破坏行为和自残行为，被其幼儿园的老师转借给学校社会工作者。在第一次会谈中，Beal 夫人透露了她已经罹患绝症，她希望能够为她的三个女儿找到合适的寄养家庭。她接受了来自三个不同机构社会工作者的帮助（健康机构、家庭机构、社会保险部门）；但是他们给了她彼此矛盾的建议；她很困惑。她上网查询了北美社会工作协会发布的学校社会工作服务标准（2012： www. naswdc. org/practice/standards/NASWSchoolSocialWorkStandards. pdf）。这些标准将会怎样帮助你找到帮助 Beal 夫人和 Kendra Beal 的合适方法？

3. 一个非洲裔美国学生的父母发疯似的来到学校，他们 14 岁的女儿，Lynda，逃学和一个 18 岁的男生私奔了。在此之前，Lynda 最后一次出现在学校是两天前，她在宾馆逗留了一整晚，最后被警察送回来了。她的父母无能为力，在四处寻求帮助。他们尤其担心 Lynda 意外怀孕或者感染 HIV。作为一个学校社会工作者，你如何与她的家庭进行工作？

4. 如果你所要服务的是一所由多元文化人群构成的学校。请进入下面这个网站（http：//ucc. nd. edu/self-help/multicultural-awareness/multicultural-awareness-quotient/）完成关于你和相应多元文化群体的问卷。讨论面对你班级其他成员的时候，你的反应。在这种多元文化环境中，学校社会工作者可以或者应该扮演什么样的角色去保证和谐的文化关系？

5. 一个 12 岁的男孩不断地实施暴力行为，例如打架、破坏学校公共财产。他已经被留级甚至开除多次。其他学生说他还虐待动物并持有枪支。一个学生告诉她学校的心理咨询老师，她非常害怕他，因为他不停地邀请她去他家，“这让她有毛骨悚然的感觉”，尽管她已经拒绝他很多次。老师们都担忧他的暴力倾向。通过在相关的网站查询相关资料（http：//www. nrepp. samhsa. gov/ 和 http：//www. colorado. edu/cspv/blueprints/），他们认为证据为本的干预（ESIs）可能是一种解决他暴力行为的合适方法。作为一个学校社会工作者，你扮演什么角色和使用什么干预技巧来帮助这个学生呢？

6. 阅读下表，将下面的实践案例与相应学校社会工作者应该扮演的角色连起来。

实践案例	扮演的角色
墨西哥庆祝玛雅节的仪式从圣诞节之前开始，一直延续到新年结束以后。在墨西哥，这个节日起到团结人们和建立新的联系的作用。然而，拉丁裔儿童被他们的父母带离学校，和他们的家庭返回墨西哥庆祝玛雅节，恢复墨西哥传统文化。他们离校的这段时间给学校带来了诸多问题。例如，只有一半的学生能够准时返回学校，有些甚至迟到一两个星期。该学校社会工作者所服务的学校委员会在考虑通过一项决议，要求这些父母签订一个协议，承诺他们将保证学生按时回到学校报到。然而，学校社会工作者知道这项决议会让拉丁裔学生的父母疏离，他们非常在意参与这种传统节日，因为这强化了他们与家族的联系。学校社会工作者需要帮助委员会考虑这项政策可能带来的文化冲突和含义，以及提出替代的方案。一群墨西哥裔家长被邀请参与委员会讨论这个问题，他们提出了以下的解决方案：家长保证学生迟到不超过一个星期，学生在放假之前提前得知家庭作业，这样就可以保证学生在开学之前能够完成作业。每个学生被要求向他们的同学讲述他们在墨西哥的经历，这样他们既可以弥补缺少的课程，又丰富了所有人的经历	
经历青少年意外怀孕和自杀的增长以后，一个中等规模的学区开始寻求来自机构的帮助，并且雇佣大量青少年服务机构。许多心理健康和社会服务者提供了多样化的服务，例如药物滥用咨询、指导者、性教育、自尊小组、父母小组、情绪控制训练。但是很不幸的是，学校发现那些处于意外怀孕和心理健康问题的风险的学生没有接受相应的服务。此外，即使学生接受了相应的服务，也没有相应的政策保证后续的程序。一些人需要整合多元服务，需要追踪学生在接受这些服务过程中所取得的进步。在副校长的指导下，学校社会工作者成为一个个案管理者，承担相应的功能	A. 倡导者 B. 个案管理者和经纪人 C. 合作者 D. 社区干预者 E. 咨询顾问 F. 临床干预 G. 多元专家 H. 教育者 I. 使能者和促进者 J. 管理者 K. 协调者 L. 政策发起人和推动者
一个乡村教师找到学校社会工作者，因为她多次试图联系一个学生家长都失败了。老师说当她每次拨通该学生家长的电话开始介绍自己的时候，他们就会立即挂断电话。老师希望学校社会工作者能够帮助她，因为社会工作者会在每周的咨询例会上遇到该学生。社会工作者之前对该家庭进行了家访，同意再次拜访他们家并与他们讨论这个问题。在这次家访中，家长描述了因为这个学生哥哥的原因，他们家对这位老师有不好的印象。家长和老师同意去参加由社会工作者组织的调解会议来解决他们的冲突，进一步改善家庭和学校的沟通	
一个高中学校的社会工作者经常给学校的管理者和老师提供社会功能和心理健康问题方面的咨询。九年级的老师们特别关注这个问题，由于学区划分的改变，今年他们学校将会迎来很多刚迁移过来的学生。在此之前，学校主要是由白人老师和学生构成。大多数老师都没有教授与他们本身文化不同的学生的经验。老师们担心学生们会“逐渐流失”，是不应该放在他们班级里的，此外，他们也担忧与这些家庭的沟通会出现问题。学校社会工作者参与九年级的会议与老师们共同探讨这个问题。她指出了一些可能在课堂上出现的特殊问题，并且指出这些困难可能与文化差异有关。她告诉老师们，文化的差异可能带来教学的新的优势，并且给予他们一些关于如何在课程	

(续表)

<table>
<tr><th>实践案例</th><th>扮演的角色</th></tr>
<tr><td>中加入文化多元的因素。她也给老师们提供一些关于如何与新学生家长沟通指引，并且让他们意识到在社区中可能存在帮助他们的资源。在会议的最后，每一位老师都列出了一系列如何帮助新学生快速适应新的环境的策略与方法，以解决他们在开学前几周可能遇到的问题</td><td rowspan="5">A. 倡导者
B. 个案管理者和经纪人
C. 合作者
D. 社区干预者
E. 咨询顾问
F. 临床干预
G. 多元专家
H. 教育者
I. 使能者和促进者
J. 管理者
K. 协调者
L. 政策发起人和推动者</td></tr>
<tr><td>社会工作者经常组织由老师和学生参加的合作会议来帮助行为有问题的学生。Johnson 女士在处理 John 时已经绞尽脑汁了，John 是班级的淘气王，经常扰乱班级秩序，无奈将他交给校长 Peterson 先生，然而这毫无效果。John 很快又回到班级。学校社会工作者被要求共同负责这个个案。学校社会工作者组织一个联席会议，John，Johnson 女士，John 的父母和他校外的治疗师共同探讨解决方案。在会议过程中，社会工作者主要聚焦 John 的优点，指出 John 已经比以前进步许多了。其他参与者也表达了相似的观点，他们认为这段时间 John 表现得成熟且情绪稳定。老师和 John 共同制订出一个解决问题的方案，并建立一个奖惩机制来激励 John</td></tr>
<tr><td>一个 15 岁遭遇心理创伤的女孩被转介给学校社会工作者。在个人咨询的会谈中，学校社会工作者发现该学生患有临床抑郁症。此外，本案例中还涉及极端的家庭问题。她妈妈在两个月前和她的男朋友离开了小镇。女孩自那以后完全不知道妈妈的情况。女孩的爸爸患有严重的强迫症，且酗酒问题严重。社会工作者运用一些临床的干预来帮助这个女孩，查阅相关的资料，帮助她调适抑郁症的状况。社会工作者在学校的咨询会议上见到了女孩和她的爸爸，重点关注他们俩的心理健康问题。社会工作者同时帮助女孩的爸爸去一家心理健康机构接受进一步的治疗。女孩加入社会工作者组建的关注悲伤问题的支持小组，帮助她应对母亲离开她所带来的伤害</td></tr>
<tr><td>很多时候，社区会寻求学校的帮助。一个城市通过决议要扩建文化中心，这将威胁到学校的生存。低收入家庭已经在这个社区扎下了根，并且与学校建立了和谐的关系。在学校社会工作者的领导下，学校职员加入社区委员会，建立学校—社区联盟，发展足够的力量与市政府谈判，已获得市政府在扩建问题上的退让。通过学校和社区的共同努力，社区得到了保留，只损失了一部分财产</td></tr>
<tr><td>一个有行为问题的儿童已经被留级甚至开除很多次。他妈妈(一个非洲裔妇女，处于经济社会的底层)认为他有学习问题，但是由于资源所限，并且缺乏来自老师的支持，因此无能为力。老师认为他就是个“坏男孩”，学习问题就是不认真，学校不会再对这个学生进行测试，认为他应该接受特殊教育。社会工作者预估说该学习问题是可能的。社会工作者站在母亲这边，教育鼓励她意识到自己的权利，她有权让自己的儿子接受测试和教育。社会工作者也行使 IDEA 所赋予的权利要求学区履行他们的义务，为这个孩子提供合适的教育。通过这些倡导，男孩接受测试，发现了学习问题，还有一个心理问题，这可以让他有资格接受特殊教育</td></tr>
</table>

（续表）

<table>
<tr><th>实 践 案 例</th><th>扮演的角色</th></tr>
<tr><td>过去几星期，在一所大型城郊高中，三名学生在放学以后被同龄人攻击。每个学生都被认为是男同性恋、女同性恋或者双性恋。此外，对于男同性恋和女同性恋表达诽谤的涂鸦也出现在学校的外墙上，甚至在学生的锁上。学校心理健康团队被要求安排一系列面向学生和家长的工作坊，以期向大家传授男同性恋、女同性恋、双性恋、变性人的合法权利。该团队组织全校性的机会讨论最近发生的事件以及学校所采取的行动。此外，心理健康团队还在各个年级各个班级建立工作坊去讨论宽容与接受。工作坊利用视频去唤醒大家的同情心，成年嘉宾讲述了由于偏见所引发的校园暴力的经历是如何影响他们的人生。两个自由组合的家长工作坊在晚间进行，相应的交通、点心和儿童照顾服务都是应该考虑的问题。心理健康团队负责多项主题，例如“让你的孩子安心在家”“帮助你的孩子去了解差异”和“如何支持你男同性恋、女同性恋、双性恋或变性人的孩子”</td><td rowspan="2">A. 倡导者
B. 个案管理者和经纪人
C. 合作者
D. 社区干预者
E. 咨询顾问
F. 临床干预
G. 多元专家
H. 教育者
I. 使能者和促进者
J. 管理者
K. 协调者
L. 政策发起人和推动者</td></tr>
<tr><td>在学校范围内推进一个学校相关项目，学校社会工作者所承担的角色将更多地从服务提供者转向管理者。例如，许多社会和心理健康机构都要求机构人员全身心投入学生服务团队，他们经常受到多样项目和不同专业人员的轮番轰炸。这要求学校社会工作者在角色功能上做出相应的调整，因为他们之前提供的临床和咨询服务也可以由心理健康团队的社会工作者或者其他治疗师所提供。学校社会工作者就应该扮演管理者的角色，协调临床为本的学校相关项目，校长在这个时候必须支持他们扮演好新的角色</td></tr>
</table>

表 7.6 列举了通过一些游戏、书籍或专业文献来满足心理健康需求的目录。

表 7.6 学校社会工作者的专业目录

公 司	网 址	简 介
ABC School Supply and Child Craft	http://www.abcschoolsupply.com	提供大量的玩具、游戏、教具和教学材料
Pearson AGS Globe	http://www.pearsonschool.com	提供给初中生和高中生大量的书籍和游戏，一起解决他们生存技巧、心理和行为方面的问题
Childwork/Childsplay	http://childswork.com	提供大量可供选择的治疗资源，包括治疗工具和培训项目
Child Therapy Toys.Com	http://www.childtherapytoys.com/store/aboutus.html	提供大量非竞争性的游戏、玩具，设计用作治疗的木偶
Research Press	http://www.researchpress.com/	出版了学校社会工作者关注的社会心理学主题的专业书籍和干预手册

• • • 拓展阅读

Allen-Meares, P. (1996). School social work services in the schools: A look at yesteryear and the future. *Social Work in Education, 18*, 202–209.

Ashman, K. K., & Hull, G. H. (2001). *Generalist practice with organizations and communities* (2nd ed.). Pacific Grove, CA: Brooks/Cole.

Brooks, J. E. (2006). Strengthening resilience in children and youths: Maximizing opportunities through schools. *Children & Schools, 28*(2), 69–76.

Brunk, M. (2000). *Effective treatment of conduct disorder.* Juvenile justice Fact Sheet. Charlottesville, VA: Institute of Law, Psychiatry, & Public Policy, University of Virginia.

Burns, B. J., & Hoagwood, K. (2002). *Community treatment for youth.* New York: Oxford University Press.

Center for Substance Abuse Prevention. (2003). *Building a successful prevention program.* Retrieved June 20, 2005, from http://casatunr.edu/bestpractices/alpha-list.php

Clarke, G. N., Hornbrook, M., Lynch, F., Polen, M., Gale, J., Beardslee, W., et al. (2001). A randomized trial of a group cognitive intervention for preventing depression in adolescent offspring of depressed parents. *Archives of General Psychiatry, 58*(12), 1127–1134.

Columbia University. (2003). *Guidelines for child and adolescent mental health referral* (2nd ed.). New York: Columbia University, Department of Child and Adolescent Psychiatry. Retrieved June 20, 2005, from www.promotementalhealth.org/downloads/Guidelines.pdf

Corcoran, J. (2000). *Evidence-based social work practice with families: A lifespan approach.* New York: Springer.

Diehl, D., & Frey, A. (2008). Evaluating a community-school model of social work practice. *School Social Work, 32*(2), 1–20.

Early, T. J., & Vonk, M. E. (2001). Effectiveness of school social work from a risk and resilience perspective. *Children & Schools, 23*, 9–31.

Essex, E. L., & Massat, C. R. (2005). Preparing school social workers for their wider role: Policy as practice. *School Social Work Journal*, 29(2), 25–39.

Fischer, J., & Corcoran, K. (2000). *Measures for clinical practice.* New York: Free Press.

Franklin, C., Harris, M. B., & Allen-Meares, P. (2013). *The school services sourcebook: A guide for school-based professionals* (2nd ed.). New York: Oxford University Press.

Franklin, C., & Hopson, L. (2004). Into the school with evidence-based practices. *Children & Schools, 26*(2), 67–70.

Franklin, C., & Hopson, L. (2005). *Selected outcome measures.* Austin: The University of Texas at Austin. School of Social Work.

Fraser, M. (Ed.). (2002). *Risk and resiliency in childhood: An ecological perspective* (2nd ed.). Washington, DC: NASW Press.

Frey, A. J., & Dupper, D. (2005). Towards a 21st century model of school social work practice. *Children & Schools, 26*(2), 33–44.

Harris, M. B., & Franklin, C. (2007). *Taking charge: A school-based, life skills program for adolescent mothers.* New York: Oxford University Press.

Jordan, C., & Franklin, C. (2012). *Clinical assessment for social workers. Quantitative and qualitative methods* (3rd ed.). Chicago: Lyceum Books/Nelson Hall Books.

Kazdin, A. E. (2005). *Parent management training for oppositional, aggressive and antisocial children and adolescents.* New York: Oxford University Press.

Kelly, M. S. (2008). *The domains and demands of school social work practice.* New York:

Oxford University Press.
Kelly, M. S., Kim, J. S., & Franklin, C. (2008). *Solution-focused brief therapy in schools*. New York: Oxford University Press. Retrieved from http://nces.ed.gov/programs/quarterly/vol_2/2_1/
Linares, O. L., Rosbruch, N., Stern, M. B., Edwards, M. E., Walker, G., & Abikoff, H. B. (2005). Developing cognitive-social-emotional competencies to enhance academic learning. *Psychology in the Schools, 42*(4), 405–417.
Martin, E. J., Tobin, T. J., & Sugai, G. M. (2002). Current information on dropout prevention: Ideas from practitioners and the literature. *Preventing School Failure, 47*(1), 10–18.
Newsome, W. S. (2005). The impact of solution-focused brief therapy with at-risk junior high school students. *Children & Schools, 27*(2), 83–90.
Raines, J. C. (2004). Evidence-based practice in school social work: A process in perspective. *Children & Schools, 26*(2), 71–85.
Roberts, A. L. (2009). *Social workers desk reference* (2nd ed.). New York: Oxford University Press.
Shaffer, G. L. (2006). Promising school social work practices of the 1920s: Reflections for today. *Children & Schools, 28*(4), 243–251.

第八章

深入了解儿童和青少年的核心群体

Paula Allen-Meares，伊利诺伊大学芝加哥分校

美国的未来将取决于学校和家庭，孩子的将来取决于其所受的教育；因此必须注意我们教会了他们什么以及我们如何生活。

——Jan Addams，社会工作者和赫尔馆的创始人

教育是为了改善别人的生活，是为了使你的社区和世界变得更好。

——Marian Wright Eelman

你热爱这些人什么？这往往是通往一条能够产生协作和带来改变之路的关键，如果回答是没有，我们就不能和他们联结。我们没有足够的欣赏，看到他们诚恳地带着问题而来，我们也不能通过那些问题看到他们的长处。我们相信每个问题都有值得关怀的一面，但我们必须先找到如何关心人的方法，才能察觉到这些问题的值得关怀之处。

——Waters 和 Lawrence，1993，p. 117[①]

引　言

面对不同的学生群体，学校社会工作者要承担多种角色。首要的是发现存在失学风险或学习困难、难以达到学校标准的学生。他们往往容易受到伤害，而这归咎于许多因素：他们正在经历特定的生理社会发展阶段，处于关键转折期，或者拥有不利的特征，比如少数族裔、特殊家庭背景或贫穷家庭，以及缺乏相关的学习或按学校要求规范自己行为的能力。要辨识出这些儿童，社会工作者要承担的一个角色是评估学生、家庭、学校和社会之间互动交流的程度和质量。学校政策和做法是否公平？教职员工是否向这些群体提供了平等的支持和援助？如果不是，原因是什么？哪些因素干扰了这些儿童的学习？是社会的价值取向和学校的冲突吗？社会工作者必须采取多种措施介入其中，比如向法院提出申诉，在学校和社区内协

---

① Waters D B，Lawrence E C. 1993 年. 能力、勇气和变化：家庭治疗方法. 纽约：Norton.

助制定政策和项目，与这些孩子的父母一起工作和提倡改变不公平的体制政策与做法。换句话说，社会工作者应该促使改变学生状态，或者改变产生冲突的环境，或两者兼备。

在本章，我们提出了学生生活任务的概念，还讨论了几种易受伤害学生的类型。弱势学生群体有不同类别，表 8.1 提供了一个时刻表，概述了美国的弱势儿童正面临的各种严峻挑战。由于篇幅所限，本书不能涵盖所有弱势学生群体的讨论，本章将重点讨论以下四类群体：

（1）面临学校和社会挑战的孩子——面临风险的学龄前儿童、天资聪颖的学生、旷课者、吸毒和酗酒的学生；

（2）面对家庭挑战的儿童——低收入家庭儿童、流动儿童、无家可归的孩子、被寄养和由亲属照料的孩子；

（3）受虐待和被忽视的儿童；

（4）面临性困扰和性早熟问题的青少年——携带 HIV/AIDS 病毒的青少年、未成年父母、男/女同性恋、双性恋和变性青年，以及针对青少年的全面性教育、职业规划和个人发展。

表 8.1　美国儿童面对严峻的挑战

每秒	一名公立学校学生遭到停课处罚*
每 11 秒	一名高中学生被逐出校园*
每 19 秒	一个孩子被逮捕*
每 20 秒	一个公立学校学生被体罚
每 19 秒	一个未婚母亲生出她的孩子
每 32 秒	一名贫困婴儿出生
每 47 秒**	一个儿童被虐待或遭到忽视
每 42 秒	一名没有健康保险的婴儿出生
每一分钟	一个未成年妈妈产生
每一分钟	一个低体重婴儿出生
每 4 分钟	一个孩子由于涉嫌贩卖毒品被捕
每 7 分钟	一个孩子由于涉嫌暴力犯罪被捕
每 19 分钟**	一个未满周岁的儿童死亡
每 45 分钟	一个儿童或青少年死于车祸
每 3 小时	一个儿童或青少年由于枪支致死

（续表）

每 5 小时	一个儿童或青少年自杀
每 6 小时	一个儿童死于虐待或疏于照顾
每 15 小时	一名妇女死于分娩或妊娠并发症
每 3 小时 ***	一名儿童或青少年被枪击致死

* 按照每个学校日计算（每天 7 小时共 180 天）的计算方法。
** 源自：儿童保护基金，美国儿童。华盛顿特区：儿童保护基金，2012 年。
*** 源自：儿童保护基金，美国儿童。华盛顿特区：儿童保护基金，2011 年。
来源：儿童保护基金，美国的儿童状况。华盛顿特区：儿童保护基金，2010 年。

青少年注册入学人数与教师

尽管有证据表明，在 20 世纪 70 年代，美国公立和私立学校的招生人数在下降，但自 1985 年以来，美国学校的入学率一直在上升，并在 2006 年创下了历史最高纪录。在 1991 年到 2004 年，学校登记入学人数增加了 15%，预计从 2012 年到 2020 年，此数字还会再增加 5.5%（见表 8.2）。

表 8.2 1970—2020 年，美国实际和预计的入学人数（千）

年份	所有学校	公立学校			私立学校		
	K—12 年级以前	K—8 年级以前	9—12 年级	全部	K—8 年级以前	9—12 年级	全部
1970	51 257	32 558	13 336	45 894	4 052	1 311	5 363
1980	46 208	27 647	13 231	40 877	3 992	1 339	5 331
1985	44 979	27 034	12 388	39 422	4 195	1 362	5 557
1990	46 864	29 876	11 341	41 217	4 512	1 136	5 648
1995	50 759	32 338	12 502	44 840	4 756	1 163	5 918
2000	53 373	33 686	13 517	47 204	4 906	1 264	6 169
2001	53 992	33 936	13 736	47 672	5 023	1 296	6 320

(续表)

年份	所有学校	公立学校			私立学校		
	K—12 年级以前	K—8 年级以前	9—12 年级	全部	K—8 年级以前	9—12 年级	全部
2002	54 403	34 114	14 069	48 183	4 915	1 306	6 220
2003	54 639	34 201	14 339	48 540	4 788	1 311	6 099
2004	54 882	34 178	14 618	48 795	4 756	1 331	6 087
2005	55 187	34 204	14 909	49 113	4 724	1 349	6 073
2006	55 307	34 235	15 081	49 316	4 631	1 360	5 991
2007	55 203	34 205	15 087	49 293	4 546	1 364	5 910
2008	54 973	34 286	14 980	49 266	4 365	1 342	5 707
2009	54 862	34 418	14 955	49 373	4 179	1 309	5 488
2010	54 704	34 637	14 668	49 306	4 092	1 306	5 398
2011	54 746	34 892	14 530	49 422	4 057	1 266	5 324
2012	54 905	35 129	14 512	49 642	4 034	1 229	5 263
2013*	55 133	35 368	14 545	49 914	4 025	1 194	5 219
2014*	55 455	37 271	14 689	50 268	4 027	1 160	5 187
2015*	55 838	37 578	14 830	50 659	4 042	1 134	5 176
2016*	56 214	37 917	14 877	51 038	4 073	1 103	5 176
2017*	56 617	36 491	14 939	51 430	4 110	1 070	5 187
2018*	57 009	36 803	15 000	51 803	4 146	1 060	5 206
2019*	57 438	37 121	15 083	52 204	4 181	1 052	5 234
2020*	57 939	37 444	15 222	52 666	4 216	1 056	5 273

* 按计划。
来源：美国教育部，国家教育统计中心.(2011).教育统计文摘，2011 (NCES No. 2011)，表 3.

根据美国教育部(2008)数据，学校入学人数的增长主要受到来自国外的移民以及 20 世纪 90 年代高出生率的影响。在 1980 年，从学前班到 12 年级，各类学校有共计 4 620 万名学生；到 2015 年，达到了 5 580 万；2020 年，预计将有 5 790 万。

美国公立学校的学生人数从 1990 年的 4 300 万增加到 2010 年的 5 200 万人。青少年的种族不同，其在校比例也各不相同。具体而言，西班牙裔学生的比例从 1990 年的 12%上升到 2010 年的 23%，而在同一时间，白人学生从67%下降到54%。从1990年到2010年，黑人学生的百分比则一直在波动，从17%下降到15%。事实上，公立学校的西班牙裔学生比例在2002年超过了黑人学生，直到2010年，每年都保持这种差距(美国人口普查局，2010)。

2008年，在美国公立学校的教师中，约83.5%是白人，6.9%是非裔美国人，6.6%是西班牙裔，亚裔老师则刚刚超过1.3%。另外，几乎83%的公立学校校长是白人，11%是非洲裔美国人，西班牙裔是大约5%。和前面提到的学校少数族裔学生的比例相比，这个反差令人惊讶。虽然在20世纪90年代中期少数族裔教师的比例有所降低，但从那时起，比例一直在增长，到2003年，少数族裔教师的比例约在16.9%，2008年在16.4%的水平(见表8.3；Strizek，Pittsonberger，Riordan，Lyter，& Orlofsky，2006)。

表8.3 1976—2008年，公立学校教师的种族和民族分布

年份	1976	1981	1986	1991	1996	2000	2003	2008
白人	90.8	91.6	89.6	86.8	90.7	84.6	83.1	83.5
黑人	8	7.8	6.9	8	7.3	7.3	7.9	6.9
其他	1.2	0.7	3.4	5.2	2	8.1	9	9.5

来源：美国教育部，国家教育统计中心.(2012).教育统计文摘，2011，表75.

在美国的学校教育中，学生家庭收入存在差异是显而易见的。相对于家庭收入低于联邦贫困线(FPL)的学生，那些家庭收入在贫困线2倍以上的学生更加倾向于择校，更多的富裕学生就读于私立学校(15%)。据统计，在2012年，从学前班到12年级的学生中，有9.6 %就读于私立学校(见表8.2)。私立学校学生的家长对学校、教师、学术标准和纪律政策等方面均表示满意(Tice，Princiotta，Chapman，& Bielick，2007)。在2007—2008学年，美国公立小学每班平均学生人数是20.3人，而私立小学的班级平均人数为18.1人(Fast Fact，2008)。在教师工资方面，在2003年，公立学校老师的平均薪水为43 671美元，而私立学校教师则是29 030美元(Strizek et al.，2006)。在2010—2011学年，公立学校教师的平均工资涨到了56 069美元(Fast Fact，2011)。

在对私立学校老师的访谈中，发现了几个特别现象。虽然在许多情况下，私立学校老师的工资较低，但他们的工作条件却要好得多，其中包括较小的班级规模，较少的班级学生人数，较少的学生问题行为，家长更多

的建设性参与和教育支持，学生更浓厚的学习兴趣，更大的教学灵活性和对创新教学的支持。而在与公立机构的教育工作者的谈话中，明显不同的是，公立学校教师更加认可学校负有作为民主基石的历史使命，同时他们还认为学生和家长往往会受到不公正的评价，因为公立学校包括了更广泛多样的人种、族裔和经济群体；而这些及其蕴含的创造力还远未被社会所充分认识和发掘；由于经济和种族差异在学生中产生的隔离，不符合在21世纪美国人口趋向更多样化这一现实。公共教育倡导者认为这种日益增长的多样性是“白人飞行”到私立学校以远离某些群体的原因之一(非裔美国人和拉丁裔)，也是美国各地的城市中心日趋萎缩的因素。显然，由于公立和私立学校之间存在的这些差异，作为学校社会工作者，了解并准备满足不同教育体系的特殊需求就变得非常重要。

正如我们想知道的，公共教育在未来还会存在吗？在2011年，美国教师工资占各州地方预算的45%～55%，据统计，在美国13个城市地区，80%的工资增长是根据工作经验和教育程度，仅仅10%取决于更高的工作责任心和能力。在学校中，只有2%的学校根据不同的责任或优秀的教学成果来评判和支付教师工资(Hawley，2011)。

公共教育将来只会为特定阶层或少数族裔的学生服务吗？我们将来会有一个鼓励阶级和经济分离的教育系统吗？在美国大部分城市地区，用来支持学校的可用资源较少，然而由于资源缺乏、家庭经济负担过重或语言障碍，学校所招收的这些儿童需要得到更多的教育支持。

学生生活任务的概念

在20世纪50和60年代，占主导地位的观点认为导致学生成绩差别的原因是遗传。几十年后，Herrnstein和Murray发表了“钟形曲线”(1994)理论，有关争论重新开始。作者认为人类智力可以用智商(IQ)测试来衡量，它和环境影响的关系不大，更多的是和个人基因相关。进一步来说，个人生活中的成功是与产生高智商的“好基因”相关联的。随着人类基因组图谱的成功绘制，这种观点再次得到媒体的关注。

根据 Herrnstein 和 Murray 的理论，低智商值可以很好地预测到贫困、学业失败、犯罪、高离婚率和贫穷的家庭(Herrnstein & Murray，1994)。然而，这套理论忽略了环境因素对孩子的产前和后来阶段发育的重要作用。他们也忽略了制度性的种族歧视、性别歧视、文化偏见和其他影响智力和发展的压力因素。在考虑经济和家庭因素之前，白人和少数族裔之间的“原始”IQ 测试得分确实存在一定差异。

后来的研究表明，在考虑了家庭贫困、邻居经济状况、母亲教育程度和以前学习经验所带来的影响时，黑人和白人儿童之间的智商 IQ 值差异明显降低，这样的结果证明了 Herrnstein 和 Murray 理论是错误的(Todd & Wolpin，2007)。

此外，与 Herrnstein 和 Murray 包含智力和其他因素的“不平等的天赋”观念相反，美国的不平等和特权阶级已被证明主要由社会条件和国家政策决定，而不只是由自然决定(Card & Rothstein，2007；Fischer et al.，1996；Jacobs，1999)。进一步来说，根据 Fryer 和 Levitt(2007)的发现，在 2 岁之前儿童的智商差异是如此之小，因此，基因差异不可能是青少年智商测试得分差距的原因。

最近一个有关黑白人种之间在阅读和数学上成绩差距的纵向研究(Burchinal et al.，2011)进一步支持了社会条件的影响。从孩子出生开始，这项研究跟踪调查了 314 名较低收入家庭的儿童，检查他们从 4 岁半到五年级的学校表现。家庭、儿童照顾和学校经历的差距，导致了大部分的黑人与白人学校成绩的差异。由于检测了 3 岁孩子之间的成绩差距，研究结果表明，无论是在婴儿和蹒跚学步时期，还是在幼儿园和学校里，为了减小在学校和家庭活动中出现的种族差距，需要进行早期干预。

小学生生活任务

在小学周期的各个阶段，即在学校教育的一个或多个正常时间进展节点，所有的孩子都容易感受到压力。第一次进入学校时，压力就已经产生：在这一天，孩子们离开他们的家庭，和/或在他们学校生涯的某一点，孩子需要进入一个新的或不同的学校。当从幼儿园到小学再到中学，特定的生理、成熟和心理变化都会发生在孩子身上。他们试图应对这些自身的发展变化，同时，他们还必须面对周围他人特定的期望和变化的环境条件。当然，适当程度的压力（例如，启发性的环境）对于人生成长以及发展生活技能是必不可少的。每个学生对于特定教育阶段所表现出的适应性都不相同，某种程度上来说，这与他们在完成这样的变化调整时所获得的资源和支持来源相关。挑战性的事件对儿童生活带来的重大影响不可忽视（见表 8.1）。

许多儿童不需要经历过大的压力便能完成要求的任务，但由于各种原因，有的孩子却做不到这样，这些原因包括：（1）他们缺乏适当的补救帮助。如果没有提供适当的教育服务，有特殊学习需求的孩子进入小学后，可能会产生适应问题。（2）他们经历过创伤性事件，或承受了过于沉重的压力（例如，失去一直作为精神支持依赖的父母，或学校暴力事件）或是被父母身体或精神虐待。（3）有些儿童缺乏足够的经验和技能来应付学生生活目标和环境要求。他们的社会技能发展不佳，自信心低，很少暴露于不同的或陌生的环境条件；家庭内部的互动模式存在问题，导致在学校与同辈间不良的社会互动，并且这种问题由于学校环境和教师的要求而加剧。（4）一些压力来自微妙但强大的社区力量，比如少年法庭法官的偏执观念、寄养家庭的特点、卫生保健政策，或针对青少年犯罪、智能障碍和贫困的社会文化态度。

如果只能获得分散或有限的资源，孩子在生活中遇到的这类压力可能会产生严重的问题。这种问题通常有两种形式：情境性危机和发展型危机。情境性危机可能是失去父母或兄弟姐妹，或是被亲近之人虐待或忽视。通常情况下，通过适当的社会工作干预，可以帮助这样的孩子恢复或发展一定的应对机制，并且经历最小程度的长期伤害。当孩子进入青春期或是学龄前的孩子第一次与家庭分离的时候，他们可能遇到发展型危机。应对这种变化的调整出现问题时，孩子往往表现出特定的行为症状。学校社会工作者可以识别具有相同压力产生类型的学生目标群体，并通过个人和小组形式来帮助他们。社会工作者还应确定这些学生感受的压力是否来自其他系统（学校、家庭、社区或同辈群体），以及是否能得到来自该系统的支持。

在2012年的一项研究中，经过干预后，存在外部行为障碍的K—3年级学生的问题行为明显减少(Benner，Nelson，Sanders & Ralston，2012)。

参与调查的小学生被随机分在干预治疗组和对照组。结果表明，在干预治疗组的学生出现问题行为的比率均明显低于对照组。虽然在低社会经济地位学生占比较高的学校，学校进行行为干预的积极影响不很显著，但对于曾经外在行为的基线较高的学生，研究证明了在学校开展系统性行为干预项目的好处。

学业和社会挑战

面临风险的在校学生

早在20世纪60年代初期，已经有人关注到了学校里的后进孩子和其被剥夺教育机会的危险暗示。“剥夺”常常与下列词汇联系在一起：弱势群体、教育剥夺、文化剥夺、社会底层(今天被称为“风险儿童”)。今天这些儿童被称为“有希望的儿童”，表明在良好的环境下他们具有成长成才的可能和能力。从另一方面来说，如果环境不能提供最基本的食物、安全和互动，他们将会被浪费掉。

有关文献证明了以研究为基础的干预对于学校行为表现的作用。例如，Blair和Diamond(2008)发现自我调节的重要性，因为它提高了情感刺激和认知调节的过程中的稳定性。在儿童早期教育项目中，那些用来实施和支持执行功能、连接情绪和提升动机的活动，可以有效地提高自我调节、学校准备和学校的成功。

在2012年的一项研究中，存在风险的学前班学生在提高识字技能上的进步明显(Yurick，Cartledge，Kourea，& Keyes，2012)。在面向存在风险的学前班学生开设的早期阅读干预课程中，经过培训后的教学助理采用成绩指标来评估干预组与对照组的学生。评估内容包括早期阅读能力中无实义字使用流利程度、字母命名的流利程度以及音素分割的流畅性等。对比测试采用了文字攻击(WA)法和字母与单词识别(LWID)法。WA 和 LWID 都证明了干预组的学生取得了明显效果和进展。

・・・ 风险中的学龄前儿童

在西方发达国家中，美国的儿童贫困率最高，在 2010 年达到了惊人的 44.7%。在有 18 岁以下青少年的家庭中，40.2%的白人儿童、51.9%的黑人儿童、59.9%的拉丁裔儿童生活在贫困线以下(儿童保护基金会，2011；见表 8.4)。生活在贫困中的孩子由于父母很难满足他们的基本需求，往往在进入学校系统前没有做好必要的准备。学习障碍在很大程度上受到家庭无法承受的过重负担影响，因为在这样的家庭中，获取生活必需品(食物和住所)要优先于书籍、医疗和教育。孩子发展的滞后可能在出生时就开始了，而且随着时间的流逝，改变这些现象变得更加困难。

表 8.4 1960—2010 年，生活在贫困线以下的 18 岁以下青少年的家庭情况和族裔

族 裔	年 代	18 岁以下青少年(千人)		18 岁以下青少年的比例(%)	
		所有家庭	单母亲家庭	所有家庭	单母亲家庭
全体	1960	17 288	4 095	26.5	68.4
	1970	10 235	4 689	14.9	53.0
	1980	11 114	5 866	17.9	50.8
	1990	12 715	7 363	19.9	53.4
	1995	13 999	8 364	20.2	50.3
	2000	11 005	6 116	15.6	39.8
	2005	12 335	7 210	17.1	42.8
	2010	35 218	8 419	44.7	56.7
白人	1960	11 229	2 357	20.0	59.9
	1970	6 138	2 247	10.5	43.1
	1980	6 817	2 813	13.4	41.6
	1990	7 696	3 597	15.1	45.9
	1995	8 474	4 051	15.5	42.5

（续表）

族裔	年代	18岁以下青少年（千人）		18岁以下青少年的比例（%）	
		所有家庭	单母亲家庭	所有家庭	单母亲家庭
白人	2000	6 834	2 955	12.3	33.0
	2005	3 973	2 158	9.5	33.1
	2010	21 876	3 873	40.2	53.1
黑人	1960	5 022	1 475	65.5	81.6
	1970	3 922	2 383	41.5	67.7
	1980	3 906	2 944	42.1	64.8
	1990	4 412	3 543	44.2	64.7
	1995	4 644	3 954	41.5	61.6
	2000	3 495	2 830	30.9	49.4
	2005	3 743	2 993	34.2	50.2
	2010	4 857	2 541	51.9	61.3
西班牙裔	1975	1 619	694	33.1	68.4
	1980	1 718	809	33.0	65.0
	1990	2 750	1 314	37.7	68.4
	1995	3 938	1 872	39.3	65.7
	2000	3 342	1 303	27.6	48.3
	2005	3 977	1 774	27.7	50.2
	2010	6 240	1 739	59.9	63.4

来源：美国教育部教育统计国家中心.(2011).教育统计文摘，2011(NCES No. 2011)，表 24.

社会经济状况较低家庭中的学龄前儿童的语言和数学技能较差，并且更容易出现行为问题。这导致了成长过程中，孩子的教育经历更加低效，加上和其他不利处境重合，使得改善这些问题更加困难（Barbarin et al.，2006；Duncan & Brooks-Gunn，1997）。

随着越来越严格的教育标准，对于公立学校中的儿童学前技能的掌握也提出了更高的要求。然而，进入学前班的儿童存在巨大差别——从不能拼写自己的名字到能够熟练阅读。

1965 年的头脑启蒙项目是约翰逊总统发起对抗贫困的斗争的一部分。该项目旨在为弱势儿童提供学前教育，因为他们的家庭和社区环境无法开发这些儿童最大的潜能。作为第一个综合干预计划，其目标是帮助这些孩子在进入学校前做好准备，那么他们未来的教育成就将与他们的中产阶级同龄人不相上下。由联邦政府资助的头脑启蒙项目（包括夏季和全年项目）在美国的大、中、小城市地区、郊区和农村社区、移民营地、印第安人保留地广泛兴起。类似项目提供医疗、牙科和营养服务；他们吸引了孩子父母的参与，动员了社会服务和社区资源。在1965到2007年，头脑启蒙项目招收了2 400多万名儿童（头脑启蒙项目办公室，2007）。

头脑启蒙项目的目标被广泛接受，直到1969年针对本项目的西屋评价表明那些参与项目孩子的教育收获并不是永久性的；事实上，仅仅几年内，这些优势就消失了（Kean，1970）。这些发现对大型社会项目可以消除贫困影响提出了相当大的疑问，是理论有缺陷还是执行不力？（Haskins，2004）虽然西屋评价项目的研究方法论受到质疑，但它的结论已经众所周知并被广泛接受。头脑启蒙项目的倡导人质疑评估项目中的测量狭隘，并指出哪怕是最全面的计划，都不能在仅仅一年内，就减小多年贫困带来的影响。

在1995年，头脑启蒙项目开始针对提供给儿童和家庭的服务做出问责报告。评估内容包括对传授内容和过程的注意力程度和结果测量。项目的最终目标是通过促进健康和发展提高儿童的社会能力、教育的提供、保健和营养服务、联结社区资源、促进父母在决策过程中的参与（头脑启蒙项目办公室，2005）。

2005年一项关于项目影响的研究发现，一年后，头脑启蒙项目帮助三到四岁的孩子缩小和国家标准之间的一些成绩差距，并从认知、社会情感、健康和育儿经验这四个关键领域提供三到四岁的孩子更积极的影响（头脑启蒙项目办公室，2005）。

脑部发育的研究使得决策者把头脑启蒙项目的启动时间从三到四岁提前到孩子出生时。《头脑启蒙法案1994修正案》确立了早期头脑启蒙项目，其中的四个基石是：儿童发展、家庭发展、社区建设与教师发展（42 U. S. C. §984oa）。在2002年，早期头脑启蒙项目的资助总计超过6.5亿美元，比1997年的1.5亿美元增长了400%。

一项严格的关于早期头脑启蒙项目的国家评价于1995年启动，涵盖了17个地区的3 000名孩子及其家庭。评价发现在一年或更长时间后，通过与随机分配的对照组相比，在认知、语言、社会情绪发展的一系列测试中，早期头脑启蒙项目中2岁孩子表现得明显更好。在家庭环境、育儿行为和婴儿学步的发展知识的测试中，他们父母的得分显著高于对照组的父母。参与早期头脑启蒙项目的家庭更有意愿参加学校活动或职业培训，以有效减少父母压力和家庭冲突。测试结果表明，虽然还没有产生大规模的影响，但早期启蒙项目在儿童福祉和未来发展的关键领域带来的重大改变显示这是一种非常有前景的干预模式(规划研究和评估办公室，2002)。

20世纪90年代的福利改革运动也给头脑启蒙计划带来了深刻的影响。在改革之前，大多数头脑启蒙项目都是安排半天内容为主。改革之后，越来越少的家长能够继续参与到头脑启蒙项目的家长活动中，导致孩子们不得不从一个环境换到另一个(儿童照顾)。面对这一新的变化，许多头脑启蒙项目开始提供全天服务内容。在2005年，已有超过50万个参与头脑启蒙项目的家庭接受全年的全天候育儿服务(头脑启蒙项目办公室，2007)。

随着2004年《残疾人教育法》中的个人定义拓展到了包括婴儿、幼儿、残障的学龄前儿童以及存在发展障碍的人(见C部分)，对这些人群的筛查和干预开始得更早。在这个过程中，学校社会工作者扮演了众多角色，包括对孩子进行社会化的、发展的和功能性的评估，对孩子和家庭进行小组或个别辅导，与家庭共同解决有关孩子在学校学习的问题，为孩子争取能够帮助他们更有效学习的学校和社区资源，并协助积极的行为干预策略的开展(34 CFR 300.34(c)(14))。个性化教育项目必须关注到儿童在发展中的转变(例如，从婴儿期到幼儿阶段，从幼儿阶段到学前阶段)。社会工作者必须从事长期规划，了解个人需求和所需的干预措施。对家长的支持也是服务计划的一部分，帮助他们根据孩子的需要更好地做出回应。学校的社会工作者在社区服务网络的发展中也可以有所建树。

通过与国家健康研究院和国家科学研究院的合作，头脑启蒙项目和早期头脑启蒙项目一直为儿童和家庭的管理者提供深入研究青少年及其家庭的机会。

来自早期头脑启蒙研究和纵向跟踪研究的数据表明了对于低收入家庭中可能存在发展滞后的孩子进行早期干预的重要性。在进入学前班时，和正常儿童相比，没有接受《残疾人教育法》C部分服务的孩子有的学前技能成绩较低，而接受过C部分服务的儿童则和那些正常儿童得分一样。这些结果证明了针对低收入家庭中发育滞后孩子的入学准备进行早期干预的价值和重要意义(Jeon et al.，2011)。

其他研究结果也认同对幼儿早期干预的价值。在2011年Lefebvre的一项针对学龄前儿童的语言和手写认知的研究中，有力的证据表明绘本共读方式对于这些技能的积极影响。这项研究比较了两种绘本共读的干预对低收入家庭儿童的语言和识字技能发展的影响。实验中干预组加入了对于语音意识的关注。从干预项目看，结果表明实验组要比对照组的语音意识得分表现更好，而在没有进行干预的词汇和手写认知项目上的得分则没有变化。这项研究还比较了针对低收入家庭儿童的干预实验结果，与没有参与干预项目的较高收入家庭的学龄前儿童相比，在所有三项任务中，实验组中的低收入家庭儿童的表现优于他们的高收入家庭同龄人。这项研究为育儿中心的 SSR 活动提供了令人信服的技术指导。

2011 年进行了另一项研究(Wen，Leow，Hahs-Vaughn，Korfmacher，& Marcus)，在学校调查了参加头脑启蒙项目两年的儿童与只参加了一年的儿童之间的不同测试结果。研究表明，经历两年干预服务后，学生在学前班毕业时的成绩和其他测试结果均有较好的表现。

Fox、Carta、Strain、Dunlap 和 Hemmeter(2009)提出了一个旨在推进儿童的社会、情感和行为发展的分层干预框架。这是一个支持社会情绪竞争力的金字塔形框架，由三层干预组成：第一层是面向所有孩子的普及化推广，第二层是针对面临社会和情感发展滞后风险的儿童干预需求的预防措施，第三层则是针对经历持续挑战的孩子的干预。虽然金字塔模型最初是专为二到五岁孩子设计的干预形式，但后来的新版本提供了面向婴儿、幼儿和学龄前儿童的干预指导，其中包括正常发展的儿童和有发育迟缓或发育障碍风险的儿童。

政治和科学界对于头脑启蒙项目带来的长期效果一直存在争论，2010 年，美国学校有 49 200 个教室为 904 153 名儿童提供服务，每年的预算超过 70 亿美元(头脑启蒙：为儿童和家庭的儿童早期学习和知识中心行政管理办公室，2011，http：//eclkc. ohs. acf. hhs. gov/hslc/mr/factsheets/fHeadStart Progr. htm)。在 2011 年底，奥巴马总统签署了《2012 综合拨款法案》；在头脑启蒙法案支持下的项目获得将近 80 亿美元，较上一年增长了 4.09 亿美元(2012 头脑启蒙基金增加 ACF－PI－HS－12－01)。

・・・ 超常儿童

根据国家超常儿童协会统计，美国在 K—12 年级有 300 万的学术超常儿童，大约占学生总体人数的 6%（国家超常儿童协会，2012，http：//www.nagc.org/index2.aspx？id = 548）。与其他学生相比，这类学生却被发现有较低的学术成就。因为学校主要紧盯最低水平标准，忽视了许多已经达到这些标准的学生，而教师也更关注那些需要更多指导来满足这些目标的学生（Sanders，2000）。从平均值统计，最聪明的特殊群体得到最少的资助资金，2012 年 5 月的教育周刊提到，Jacob K. Javits 超常学生教育计划被大幅度削减，天才计划在联邦预算中已经失去了自己的位置（DeLacy，2004；Shah，2012；http：//www.edweek.org/ew/articles/20i2/05/i6/3igifted.h3i.html？qs = funding + gifted + children）。绝对资金使用量减少、对公平的关注，以及认为天才项目代表一种追踪形式的观念，已经影响到天才青年计划（Oakes，2005）。一些观察人士认为，提供给有天赋、有才华的青年的项目也应该适用于其他人。事实上，现在普通班级正在使用许多曾经面向有才华年轻人的拓展项目和思维技能开发课程。然而，在国家层面关于公平和卓越之间的争论无法认同，当我们在更为包容的项目里为每一名学生的个人卓越而奋斗时，就是公平的一种体现。

在天才项目中，少数族裔在某种程度上一直被排斥在外，部分是由于一些学校狭隘的招生政策造成的。对将国家标准化测试作为录取标准的严重依赖阻止了许多少数族裔儿童参与到天才项目中。这些测试往往偏向于中产阶级的主体文化（Pfeiffer，2001）。对多元智力的认同有助于减少对天赋的狭隘定义。

天才学生被定义为那些“在知识、创造性、艺术性或领导能力方面或在特定学术领域被证明具有高成就能力，以及为了充分开发这些能力，需要学校不常提供的服务或交流活动的儿童或青少年”（20 U.S.C. §7801(22)）。

目前，针对天才青少年的最佳做法是，强调在课堂上使用具有适当差异性的教学方法，采取灵活的分组，提供可供学生选择的课程，以及聘用天才方面的专家。青年人才的倡导者提醒大量使用合作学习策略所带来的问题，认为这些异质性学习小组会导致天才和有才华的青少年实际上变成了助理教师，辅导其他层次的学生，这将限制这些学生的发展（Pfeiffer，2001；Robinson，1990）。

传统教育和超常教育的最佳实践都强调了一些类似的信仰和价值观：以主题为基础的综合课程；学生选择和兴趣；自我认识；学生参与评估；批判性思维的发展；团队互动；建立学习者社区；家庭参与；学校社区联

系；开发学生兴趣的课程，包括使用探究及问题为导向的教学方法(Tomlinson，2001)。在混合了不同水平学生的教室开展的差异化教学允许儿童以不同方式展示他们所掌握的知识。差异化教学是以原理或概念为中心，在这种实践中，通过提供给先进的学习者应用关键概念的机会，帮助他们更深入、更广泛地探索一些领域(Tomlinson，2001)。

在感知情感和发展社会网络方面，那些具备特殊才能的孩子往往需要帮助。当别人无法察觉某些在他们看来是如此明显的事情时，他们可能会表现得更敏感、更沮丧。对于自我感觉良好的孩子，自我完美主义是另一个值得关注的问题。根据 Renzulli 和 Park(2002)的观点，当天才学生感到孤立，并且对学校有一个完全负面的态度时，他们面临辍学的风险。Renzulli 和 Park 还发现，在辍学的天才学生中，一半来自最低的社会经济群体。

教师往往让超常儿童进行心理评估，判断他们是否患有缺陷多动障碍(ADHD，即多动症)。在 ADHD 诊断标准中列出的大多数行为(例如，脱口而出的回答、烦躁不安、过多讲话)也能在拥有特殊能力的孩子身上发现(美国精神病学协会，2000；Hartnett，Nelson，& Rinn，2004)。一个超常儿童即使存在注意力缺陷，也不意味着一定患有多动症。Hartnett 等人(2004)发现，在通过案例诊断前，有一半参与辅导服务的研究生都误诊了一名 7 岁天才男孩患有多动症。当用具体的情况简介来描述时，对超常儿童的诊断才更为准确。

在 2003 年，Neihart 发现如果医生不熟悉超常儿童的发展特点，那么很容易做出错误的诊断。当学生处在不适当的学习环境中时，问题往往会变得更糟。有时，超常儿童的完美主义、好奇心、高强度和急躁都被错误地认为是 ADHD。此外，富于创造性的天才儿童可能会容易吵闹、过度活跃且处事喜欢对立(Neihart，2003，http：//www. cec. sped. org/AM/Template. cfm? Section = Home & ContentID = i763 & template = /CM/ContentDisplay. cfm)。

由于天才儿童有独特的要求以及易受伤害的特点，他们的父母需要量身定制的育儿支持服务。Morawska 和 Sanders(2009)评估了旨在提高父母育儿技能的个性化养育行为的干预，并检验了在他们的天才孩子身上造成的行为和情绪的影响。采用随机选择的方式，从“积极育儿项目”中抽取了 75 名超常儿童的父母进行干预。相比于对照组，干预组里有关行为问题和多动症的频率与报告数明显下降。父母们展示了他们教养方式的改进，包括不苛刻、不放纵、管教自己孩子时不赘言。这项研究表明，个性化的行为教育干预项目对于超常儿童的父母来说是有效和可接受的。

• • • 逃学、旷课的学生

1852 年，马萨诸塞州颁布了第一部强制性的入学法，到 1918 年每个州都有了这样的法律。然而，许多孩子进入学校后并没有完成 12 年学业（国家学校参与中心，2005）。教育是在一个越来越技术化的社会里生存的基本要求。同时，教育也要负责让每个公民了解自己的责任和义务。然而，每天都有很多学生不去上学。国家统计局没有有关逃学旷课学生的数据，但据一些校区报告，每天都有多达 15%的儿童不去学校。有些孩子有正当理由，但 2005 年的一项研究发现，不去上学的学生中多达 60%的是旷课（国家学校参与中心，2005）。根据逃学评估管理和资源中心，在加利福尼亚，长期逃学的学生中有 75%最终辍学（逃课评估和资源中心，2011，http：//portal. sfusd. edu/TARC/index. html）。

辍学和逃学的孩子往往生活在一个混乱的家庭中，父母受教育程度低，管教不严，甚至认为学习无用。这些孩子的其他问题往往还有：成绩差、阅读障碍、具有问题行为历史（包括被学校警告或开除），个性问题和经济状况使他们无法参与课外活动，与老师和其他管理员的关系较差。这些孩子在学校经历了很多挫折，无论是在学习成绩还是在与周围同学的关系上。他们很难回到像以前那样正常参加学校活动的状态。另外，由于个人的不安全感以及有些学校缺乏安全的环境，一些年轻人不愿意进入学校。在 2011 年，有 7%的学生报告他们在学校受到武器的威胁或伤害（疾病预防控制中心，2012）。担心在学校被欺负也是逃学原因之一；正如下文提到的，在学校里那些有特殊性取向的青少年（LGBT）是特别容易受到伤害的学生群体。

表 8.5 展示了一些公立学校的教师所认为的典型不良行为。除了迟到、旷课和纪律问题，学生逃学也成为公立初中所关注的一个重要问题。而在私人中学，由于家庭积极参与和学校培养社会意识，这些现象并不普遍。

表 8.5　教师认为的学校存在的严重问题				
问　　题	1993—1994	1999—2000	2003—2004	2007—2008
学生迟到	10.5	10.2	13.8	9.8
学生旷课	14.4	13.9	13.1	11.7
教师缺勤	1.5	2.2	1.1	1.5
学生扰乱课堂秩序	5.1	4.7	5.5	4.0
学生间冲突*	8.2	4.8	12.1	—
抢劫或盗窃*	4.1	2.4	3.7	—
破坏学校财产*	6.7	3.4	3.7	—
学生妊娠	7.3	3.7	2.4	—
学生滥用酒精*	9.3	7.4	3.0	—
学生滥用药物*	5.7	6.0	4.5	—
学生持有武器*	2.8	0.8	0.5	—
教师口头虐待*	11.1	—	11.8	—
学生不尊重教师*	18.5	17.2	21.6	—
学生辍学	5.8	4.6	3.3	3.5
学生缺乏朝气	23.6	20.6	16.6	16.5
父母缺少参与	27.6	23.7	21.6	19.5
贫困	19.5	19.2	21.4	22.1
种族紧张*	5.1	—	2.4	—
学生不做任何复习和预习准备	28.8	29.5	26.8	24.2

*在 2003—2004 年的调查中，问题改为“根据你的看法，在这所学校的学生是否经常发生以下类型的问题？”数字列出的是“每天发生”的百分比。

来源：美国教育部，国家教育统计中心(2011)。教育统计文摘，2011(NCES 2011)，表 76：从学校水平和学校控制来看，教师认为在他们学校存在的日常发生的严重问题及其比例，年份：1987—1988 学年到 2007—2008 学年。

对于孩子来说，经常逃学的后果可能非常严重。他们往往受制于学历以及社会行为能力，在就业市场上无法与人竞争。特别是那些在小学工作的社会工作者，应对此采取措施，以及时发现学生逃学的早期苗头，避免学生长期逃学的风险。他们可以扮演与家庭、学校和社区机构联系的角色，帮助这些孩子及其家人。他们可以助力那些彼此相互支持的学习社区，提供相关资源，促进积极参与。另外，社会工作者还应开展项目，促进社会问题的解决，创造良好的学校氛围，来共同抵制欺凌和暴力行为。

对逃学的学生，通过适当的辅导，帮助他们重新开始并一步步走向成功是非常必要的。另外一个解决方案是建立不同类型的学校或开展校内创新项目，来帮助在传统学校学习有困难的学生。评估教育环境，包括教师对不同学生群体的态度和对改进学习材料的意愿，也应该被纳入干预的目标中。开发能够吸引潜在辍学学生的课外活动是促进他们与学校之间互相了解的一种手段。

北卡罗来纳大学社会工作学院与“学校里的社区”(CIS——国家的最大辍学预防计划)代表一起开发了一套规划和监督成功的机制(Bowen，Woolley，Richman，& Bowen，2001)。他们提出了一个多层次干预的框架，在家庭、学校、同辈群体和社区层面上，检验稳定性、负载平衡和参与度等指标。稳定性指的是学生获得稳定的支持关系的可能性。负载平衡是指儿童的能力如何与环境要求相匹配。例如，如果孩子的家庭环境充斥着噪声和混乱，他是否有能力过滤掉外界刺激，去专心于家庭作业？参与是指有意义地参与到构成孩子微系统的环境中。发展社会关系和增加社会参与可以减少行为失范、赋予生命意义和学会关爱他人(Richman，Bowen，& Woolley，2004)。在这些领域的干预措施旨在提高学生的社会竞争力、目标感、自主性和解决问题的能力。

在 Campbell 公司最近发表的一项定量分析中(2009)，Maynard 等通过审阅 28 项学术研究项目，调查了采用不同治疗方法的逃学干预。通过实验设计研究($d = 0.57$)和准实验设计研究($d = 0.43$)获得了整体积极的治疗效果。这意味着许多干预措施可以有效减少逃课。完整报告参阅 http：//www.campbellcollaboration.org/。

使用药品和酒精的学生

来自疾病控制中心(2012b)的统计显示，在过去 30 天内，38.7%的高中生饮过酒，23.1%使用过大麻。总体上，约 70%的学生至少喝过一次酒，五人中有一人有过酗酒史。此外，近一半(44.7%)被调查学生吸过一次烟，十分之一的人则每天吸烟。在美国，滥用处方药越来越成为人们关注的焦点(例如，Oxycontin，Vicodin，Adderall，Xanax)。2011 年每五个学生中有一人滥用过处方药物(疾病预防控制中心，致残和致死周报：青少年危险行为监测，2012b，http：//www.cdc.gov/mmwr/pdf/ss/ss6104.pdf)。

虽然在过去十年中青少年的药物滥用情况逐渐减少，但滥用药物青少年数量仍然被社会所关注，并且和其他的社会问题相联系。青少年和成年人依赖酒精和毒品的原因很复杂。和其他问题行为一样，酒精和药物滥用的危险因素发生在多个层面上。频繁搬家与转学、较少的邻里互动和不良邻里环境（比如高人口密度、高犯罪地区）是与药物滥用相关的邻域变量。家庭因素包括父母的药物滥用、错误的家庭管理方法（管教不严或言行不一等）、家庭沟通不畅和疏远的亲子关系。学校层面的危险因素包括缺乏和学校的沟通、丧失对教育的信心。青少年吸毒者更容易逃学和行为表现不佳（Roebuck，French，& Dennis，2003）。参与同辈人使用药物或者参与其他越轨行为是青少年药物滥用的关键预测因素之一。从注意力障碍和冲动控制能力差可以预测开始饮酒和使用药物的年龄。五岁就具有进攻性的孩子到了青春期更容易有越轨行为，包括药物滥用。药物使用的早发增加了后续滥用药物和发生不良行为的可能性。青少年可能通过吸食药物来模仿在他们生活中的成年人形象，以之对抗父母和社会，或者希望被同辈群体接受，或者借此逃避现实和精神问题。

根据美国国家酗酒和药物依赖委员会（NCADD）报告，与药物滥用有关的预警症状有多种，体征包括：眼睛充血；经常流鼻血；食欲改变，体重增加或减少，睡眠模式改变；无病史的癫痫发作；个人卫生问题；不明原因的事故增多；呼吸或身体异味；摇晃，颤抖，胡言乱语或口齿不清；协调能力受损或不稳定。另外，还有一些可以观察到的行为警告征兆，比如：在学校的出勤率或成绩下降，老师或同学的投诉，异常或不明原因需要钱，借钱或偷钱，钱或贵重物品丢失，同辈关系和活动的突然变化，经常惹麻烦等。最后，NCADD 列出了可能的心理警示症状：不明原因的人格或态度变化；情绪突然变化，烦躁、愤怒，或莫名傻笑；异常多动或捣乱；缺乏动力；注意力不集中；出现昏睡或愣神；不明原因的恐惧、畏缩、焦虑、孤僻或偏执（NCADD，n. d.）。更多的信息可以访问 http：//www. ncadd. org/index. php /learn-about-drugs/signs-and-symptoms。

青少年药物滥用者在试图达到家庭和学校的要求时遇到了许多困难。他们面对这些困难时的反应通常是负面的。因为学校几乎和每一个青年都发生密切联系，它必须在确定青少年药物滥用，教育年轻人关于毒品和酒精的有害影响，提供保护性的环境，帮助青少年发展与教师、父母及同龄人的良好关系，参与社会活动，增加学校认同感等方面，发挥重要作用。学校社会工作者可以通过向滥用者推荐适合的治疗中心，向学校工作人员和家长提供相关培训，来帮助他们及时辨别药物滥用者，或通过在健康教育课中开设预防药物滥用课程进行介入。

针对青少年物质滥用的预防项目的健康教育课程，O'Neill，Clark 和 Jones(2011)研究了小学阶段的课程对青少年健康的影响，特别是在药物滥用和好胜心强、社会和情感技能缺乏，以及反社会行为方面。通过这种课程干预，干预组的学生与对照组相比具有更好的抗拒药物的技巧，以及更好的人际沟通能力和社会情感技能。干预组的学生还显示出更小的使用酒精和烟草的欲望。

开展以学校为中心的药毒品滥用的有效干预服务，必须考虑到学生群体的需求。最近研究发现，针对学生群体特性而定制的干预方案会产生更好的效果。例如，Kulis 等(2005)发现，扎根文化的干预方案在墨西哥裔美国青少年中产生了更积极的效果。这项研究调查了三个面向墨西哥裔美国青少年的"Keepin' it REAL"物质滥用干预项目。这些项目通过下列三种方式之一提出：（1）以拉丁美洲为基础，采用墨西哥和墨西哥裔美国人的价值观；（2）根据欧洲裔和非洲裔美国人的价值观；（3）基于多元文化的价值观，包括一半的拉丁美洲人的价值观和一半的非拉丁美洲人的价值观。研究发现，面向特别人群文化的拉丁版方案，在减少酒精和大麻的使用上产生了更加积极的结果(kulis et al.，2005)。这个示例项目的后期研究表明，该计划对于吸毒男孩和女孩的效果是相同的，但在增加男孩的抗吸毒动机和规范行为方面更有效。另外，当考虑到文化适应时，干预效果有更多的变化。对于文化适应程度较低的拉丁裔群体，该项目已被证明在药物使用和行为规范上都更有效(Kulis，Yabiku，Marsiglia，Nieri，& Crossman，2007)。有关的滥用物质项目有效性的更多信息，请见第七章。

长期吸食大麻的青少年更容易逃学和辍学。虽然认知行为疗法被证明在治疗成年人使用大麻方面是有用的，但对于青少年，单独使用该方法却不太有效(Copeland，2004)。对于这类人群可能需要专门的社区合作努力(Roebuck et al.，2003)。然而，在 Sirocco、Lynne-Landsman 和 Boyce 2012 年的一项研究中，他们发现，认知控制干预在未来预防和治疗药物滥用方面将有更大的效果。

面临家庭挑战的孩子们

低收入家庭的儿童

人口普查局按照管理和预算统计政策办公室制定的、根据家庭规模和构成的财政收入最低标准来确定贫困人群。这些最低标准考虑调查对象的税前收入，不包括资本收益和政府福利，通货膨胀调整，不随地理位置改变。如果家庭收入低于这个门槛，这个家庭的成员被认为生活在贫困中(美国人口普查局，人口普查局如何测量贫困，2012，http：//www.census.gov/hhes/www/poverty/about/overview/measure.html)。2011 年，美国一个四口之家的平均贫困线为 23 021 美元(美国人口普查局，贫穷门槛，2012，http：//www.census.gov/hhes/www/poverty/data/threshld/threshn.xls)。据估计，几乎在美国的所有地方，收入两倍于家庭贫困线的四口之家仅仅能够提供基本的生活必需品(FPL；Bernstein，Brocht，& Spade-Aguilar，2000)。在 2010 年，44.7%的儿童生活在贫困水平以下，而 56.7%的单亲母亲家庭处于贫困之中(见表 8.4)。如前所述，在 18 岁以下的儿童中，有 40.2%的白人儿童、51.9%的黑人儿童和 59.9%的西班牙裔儿童生活在贫困线以下(儿童保卫基金，2011；见表 8.4)。贫困研究开始称收入低于两倍 FPL 的家庭为“低收入”家庭。

贫困和低收入使得儿童面临更大的健康和发展风险。与家庭为中等和高收入的同龄人相比，他们更多地暴露在不良社会环境条件下。他们经历了更多的家庭动荡和暴力，更可能和父母分开(spend time in foster care，Evans，2004)。这些青少年在儿童阶段的死亡率也高出三倍，而且更有可能面临残疾失能、学业失败和未成年怀孕的风险(儿童保护基金，2005)。贫困家庭的青少年容易接触铅和有毒物质，住宿条件也更加恶劣(Kozol，1995)，他们比同龄人面临污染更为严重的空气和水环境(Evans，2004)。

贫困家庭的孩子在校出勤记录和成绩记录更容易变差。如果母亲教育水平低，贫困儿童还面临更多的风险。贫困和母亲教育水平低对儿童发展有特别的负面影响。随着孩子的长大，母亲的低教育水平对孩子学习成绩的影响增加(Smith，Brooks-Gunn，& Klebanov，1997)。在2010年，在贫困家庭中，36%的西班牙裔孩子的母亲高中没有毕业，38%的父亲没有高中文凭(儿童趋势数据银行，2012，http：//www.childtrendsdatabank.org/?q=node/i83)，这使得西班牙裔儿童在学校面临不及格和辍学的风险更高。

根据美国农业部经济研究局的数据，在2006年，10.9%的美国家庭(1 260万)存在部分食物不足的现象。这意味着一年中的某些时候，这些家庭面临食物短缺的问题。约三分之一的家庭食物不能充分保证，这意味着一个或多个成人的食物摄入量减少。由于缺乏资源和应对办法，在一年内，贫困家庭的饮食模式经常被打乱。尽管孩子们通常可以免受食品不足的威胁，但在2006年，21万户家庭(总家庭数的0.6%)的孩子和成人一样被食物不足影响(美国农业部，2007)。饥饿给儿童带来的影响是明显的：经常性头痛，疲乏，注意力难以集中，头晕，烦躁，频繁生病。

针对贫困家庭儿童及其父母的研究性干预，在不同年龄组产生的影响不同。Vallotton(2012)探讨婴幼儿标志干预(ISI)能否提升低收入家庭的亲子关系，通过父母用象征性手势与还未发展语言能力的孩子沟通。相比于对照组，在ISI干预组的母亲和儿童采用更多的象征性手势，母亲更了解自己孩子所受到的影响，对儿童压力线索反应更快。研究人员得出结论，婴幼儿标志干预为鼓励低收入的父母和孩子之间积极的交流沟通与互动提供了一种有效的方法。

在2010年的一项研究中，干预组通过改进教师课堂实践、家长培训和孩子的社会技能训练等项目，改善了低收入城市儿童对学校的态度和课堂参与积极性。研究也评估了这些项目对成绩下降、吸毒和犯罪的影响。数据证明参与研究的女孩与对照组相比，首次药物滥用的比例降低，而男孩在学习和同学关系上表现得更好(O'Donnell，Hawkins，Catalano，Abbott，& Day，2010)。

流动儿童

流动儿童是贫困问题的另一受害人群，为了寻找工作，他们经常随家庭从一个地方搬到另一个地方。事实上，无法确认他们的具体数字就是这些家庭与外界隔离状态的证明。这些移民家庭包括拉丁裔墨西哥人、墨西哥裔美国人、波多黎各人以及其他民族，如非裔美国人、加勒比黑人和白人。他们的劳动报酬不受保障，许多劳动保障，包括工人的赔偿，都无法实施。这些家庭必须经常忍受不人道的生活条件；住宿条件多数很差而且非常拥挤。

《不让一个孩子掉队法案》修改了移民教育计划（MEP）的第一项，向各州政府正式拨款以提高流动儿童的教育水平。在 2010 年，MEP 再次修正，认定有资格加入移民教育计划的学生需满足以下条件：

1. 年龄不超过 21 岁。

2. 在国家法律下或在义务教育入学的年龄段以下享受免费公共教育（直到 12 年级）。

3. 父母的工作为迁徙的农业工人或洄游渔民，或其父母、配偶或监护人是迁徙农业工人或洄游渔民。

4. 在之前的 36 个月内，因为工作要求而搬家，或陪伴或加入上述流动农业工人或迁徙渔民的迁移以寻求或获得符合条件的工作。

5. (a) 转学；(b) 在由单一学区组成的州里，转行政区；(c) 居住在超过 15 000 平方英里的学区，到临时居住地需迁移 20 英里以上参与、陪伴或加入从事捕鱼活动的父母、配偶或监护人（本项规定仅适用于阿拉斯加）。

从 2004 年秋季学年开始，50 多万名流动学生被纳入各州公立学校，仅仅占总招生人数的 1%。据统计，在校流动儿童有 40%就读于加利福尼亚州的学校，那里的外来学生占总招生人数的 4%。流动教育项目还规定移民学生在暑假可以入学。2005 年夏天，近 25 万移民学生参加了相关课程（美国教育部，2006）。

自 1965 年通过初等和中等教育法案以来，各州均投入资金，协助发展农民工子女教育项目。贫困、不断搬家、恶劣的卫生保健，以及与学校联系不畅，使得这类人群明显处在弱势之中。父母为了更有效地工作，经常把孩子们带到田野去帮忙。12 岁孩子每周工作 16 到 18 小时并不少见。大多数应该进入高中的孩子已经在很多领域充当起正式工人（Green，2003）。

移民项目和季节性头脑启蒙项目尝试帮助这些流动家庭。除了典型的头脑启蒙项目，移民头脑启蒙中心还有一项特殊工作：为婴儿和初学走路的孩子以及学龄前儿童提供服务，让这些孩子不会处于无人照顾的状态或由他们未成年的哥哥姐姐照顾。在收获季节的高峰期，移民中心将服务时间延长到 12 个小时，每周 6 天。2006 年移民头脑启蒙项目在全国 37 个州，服务了三万三千多名儿童（国家移民头脑启蒙协会，2008）。

对流动儿童群体的健康照顾一直存在很多问题。根据 2003 年北卡罗来纳州的一项横向调查显示，随机抽取移民家庭的部分样本，在过去 3 个月中，44%的儿童去看了医生，但在过去一年里有 53%的孩子至少有一项医疗需求未满足。这项研究发现，卫生服务的使用主要是看病，这表明流动儿童的照顾者并不像传闻中的那样，如果他们认为孩子的健康有问题的话，仍会克服各种困难将孩子送医治疗（Weathers，Minkovitz，O'Campo，& Diener-West，2003）。

有研究发现，生活在美国墨西哥边境地区的儿童中，有超过一半的儿童为了获得健康医疗前往墨西哥。拥有健康保险并不意味着享受国家医疗，而医疗质量、便利性和成本都是他们选择墨西哥的原因（Seid，Casteneda，Mize，Zivkovic，& Varni，2003）。

拥有更衣室、下课铃声和课程表，学校本身对流动儿童也造成了一种文化冲击，根据 2005 年一份面向南得克萨斯高中学生的研究报告，移民青少年在药物滥用和工伤方面，存在比本地青少年更大的风险（Cooper，Weller，Fox，& Cooper，2005）。在工作日，这些孩子很有可能在上学之前已经开始工作了。

因为这些青少年只占学生的一小部分，学校很少开展专门项目帮助他们适应和学习。然而，通过提供适当帮助，有些项目发现可以帮助这些学生取得明显进展。

一项有关父母干预的研究（Ceballos & Bratton，2010）测试了干预对亲子关系的服务效果（CPRT），参与项目的低收入拉丁裔移民父母有 48 位，他们的孩子在学校被标识为"行为关注"一类。研究结果表明，这些儿童在参与几周的 CPRT 干预后，其行为问题和亲子关系的压力得到显著改善。

无家可归的孩子

数以百万计的美国贫困家庭无法享受廉租房。据全国低收入住房联盟报告，在2008年，如果是最低工资，即使全职工作也无法负担满足基本条件的住房，而且为贫困和低收入家庭提供的住房越来越短缺（pelletierre & wardrip，2008）。国家无家可归家庭中心2011年的研究发现，60%的无家可归妇女有18岁以下的孩子，其中65%的妇女至少有一个孩子由她们照料；41%的无家可归男人有18岁以下的孩子，这些人中7%有超过一个孩子由他们照料。在2011年全年，大约有160万名儿童无家可归（全国家庭无家可归者中心，2011，http：//www. familyhomelessness. org/media/306. pdf）。

1987年，联邦政府受到公众关于日益增长的无家可归者的质疑越来越大。国会参众两院两党以绝大多数票通过了McKinney-Vento无家可归者法案，并由里根总统签署成为法律。直到2009年，它已经被修正了好几次，但它仍然是帮助美国无家可归者的首要联邦措施。在这个法案中，一个无家可归的儿童或青少年的定义是：

1. 缺乏固定的、正常的、足够的夜间居所的人。

2. (1) 儿童和青少年，由于失去住房、经济困难或类似的原因，正和其他人合住；由于缺乏足够替代的住宿，正生活在旅馆、饭店、拖车公园或野营组的；或正生活在紧急或临时收容所的；被遗弃在医院的；或正在等待寄养安置的。(2) 儿童和青少年，他们的夜间住所，不是通常为人设计来居住或住宿的公共或私人场所。(3) 儿童和青年人，生活在收容所、公园、公共空间、废弃的建筑、简陋的房屋、公共汽车或火车站或类似站点的。(4) 流动儿童被认为是无家可归的，正生活在(1)到(3)条款描述的情况下（42 U. S. C. § 114343）。

这些年轻人和他们的家庭面临心理、情绪和健康问题。他们缺乏足够的食物、衣服和支持环境。他们中很多人生活在暴力、犯罪和卖淫普遍存在的环境中。这些情况对他们教育发展的影响是毁灭性的。社会上日趋严重的无家可归者的问题被认为是由于工业的发展（例如裁员）、就业机会缺乏、可获得的低收入住房匮乏、公共援助削减，以及在最低工资的入门职位投入减少而产生的。

Walsh（2009）强调在核心层面上干预的重要性：这意味着向家庭提供物质援助和必要的支持，帮助他们给予儿童恰当的照料和保护。

最初的《无家可归者法案》使得教育服务、学校早餐和午餐，以及无家可归孩子进行非正式评估成为可能。根据NCLB计划，现在所有州都需要满足帮助无家可归孩子成为学生的条件，为这些孩子创造平等接受教育的机会。

然而，无家可归现象带来了一系列针对儿童的挑战。影响无家可归儿童学业成绩的障碍包括：转学、交通、监护、免疫、教师能力和知识、特殊教育、英语水平低下和资源匮乏(美国教育部，2002)。根据 Rafferty、Shinn 和 Weitzman(2004)，经历过无家可归的孩子比他们同龄人的学习经验差。曾经无家可归的学生显示出更高的学校流动性(从学前班开始，转学次数是平均水平的 4.2 倍)和高留级率。当限定年龄后，学校流动性和留级呈高关联性。

在那些有无家可归经历和那些没有经历过的学生之间虽然存在成绩差异，但两组人群中都有 90%认为教育"非常重要"，并且打算进一步攻读学位(Rafferty et al.，2004)。2001 年的立法旨在减少这些差异，向州政府提供资金，缩小在交通运输、宣传和学校招生方面的地域差距(美国教育部，2002)。美国学校辅导员协会(ASCA)和国家无家可归儿童及青少年教育协会(NAEHCY)推动为无家可归的孩子建立一个安全的和有序的学校环境。

O'Neil-Pirozzi(2009)发现，对于生活在收容所的父母，通过团体干预，有可能促进他们与子女之间的语言交流。干预后，家长们在原有基础上提高了语言表达能力，并将之运用到与子女的交流中去。这项研究提供了对于父母参与短期的语言为主的团体干预的好处的初步证据，哪怕他们住在收容所里。

2011 年 Dykeman 有关无家可归人群干预策略的文献综述表明，家庭干预能够改进家庭动力，以致家庭单位变得"更有能力满足每个家庭成员的初级和高级需要"(Dykeman，36)。以家庭为基础的干预措施和多系统治疗帮助重建无家可归者与家庭其他成员的人际关系平衡。这些干预措施有助于成年家庭成员处理在无家可归条件下的养育压力。

亲属照顾

1996 年，《个人责任与工作机会协调法案》强调，美国每个州应优先考虑让亲戚作为享受寄养福利儿童的合法照顾者。这是因为亲属照顾保留了家庭纽带关系，并为孩子提供了急需的文化和社区的一致性，且有助于减少与家长分离给儿童带来的创伤（Strozier，Elrod，Beiler，Smith，& Carter，2004）。这类统计数据不多，但据儿童保护基金会（2005）估计，在2005年，超过250万名儿童独自生活在亲戚家中，他们经常生活在贫困中（约占五分之一）。这个比例高于非亲属寄养的儿童（Fuller-Thomson & Minkler，2000）。非洲裔美国儿童更可能得到亲属照顾（Kreider & Ellis，2011），而且与非亲属寄养儿童相比，他们的照顾者教育程度不高，社会经济地位较低（Gebel，1996；Sakai，Lin，& Flores，2011）。许多研究已经表明，亲属寄养家庭接受培训较少，获得的服务较少，和非亲属关系寄养家庭相比，获得支持更少，但目前原因尚不明确。有一些证据表明，儿童福利工作者并不认为在两种家庭寄养模式中保持相同的服务水平是必要的（Cuddeback，2004）。根据一项针对在寄养与亲属照顾下，家庭服务、健康和儿童保健效果的研究（Sakai et al.，2011），亲属照顾者得到更少的同伴支持、照顾者津贴、家长培训和喘息服务。此外，亲属照料也和持续的行为问题、较少使用心理健康治疗、社会技能低下和精神药物的使用等相关联。这些儿童也更有可能药物滥用和怀孕。

这些家庭所面临的更大的障碍是，大部分亲属照顾是非正式的，并没有向任何相关机构报告。这使得评估这些家庭所面临的问题以及了解他们需要什么样的服务变得更加困难。学校必须重新认识这些家庭，并确保孩子获得他们所需要的支持以达到学校的要求。

即使存在这些障碍，有证据表明，和非亲属寄养儿童相比，由亲属照料的儿童更稳定、有更长时间的定居地，而且他们不太可能再次被寄养。在回归和永久寄养方面，有关亲属寄养和非亲属寄养之间差异的研究是混合的（Cuddeback，2004）。因为参与亲属寄养的家庭与孩子的亲生父母有关，比起非亲属寄养的家庭，寄养家庭经常感受到更多的有关回归家庭和永久寄养的压力（Coakley，Cuddeback，Buehler，& Cox，2007）。如果关注儿童的长期发展，这种压力需要进行评估。

在2004年，一项名为“亲属照顾联系”（KCC）的干预项目以学校为基础，旨在“提高儿童的自尊和减轻亲属照顾者的负担”（Strozier，McGrew，Krisman，& Smith，2005，p.1011）。干预措施包括得到来自与孩子不相干的成人的指导和辅导、照顾者的互助组和个案管理服务。研究结果显示，照顾者的自我效能感和儿童的自尊显著增加。研究人员认为，如果干预漏掉其中任何一个因素，那么变化将不会那么显著(Strozier et al.，2005)。

儿童虐待

受虐待和被忽视的儿童

另一些被学校社会工作者关注的目标人群是那些受到父母或其他亲近之人的身体虐待、性虐待或被忽略的儿童。这些孩子通常来自有多种问题的家庭。例如，父亲可能失业较长一段时间；夫妻不和；孩子可能和单亲家庭中的兄弟姐妹一起生活；孩子可能生活在一个中产或富裕阶级的家庭，而这样的家庭更关注的是物质获得和服务而不是满足孩子的需要；孩子可能有学习问题或身体残疾；孩子可能是由一个性格或生活不稳定的保姆照顾；孩子出生时就被遗弃或者母亲没有准备好育儿；父母可能有精神健康或个人问题。

每个州都有义务在民事和刑事方面明确儿童虐待和忽视的定义与责任。《儿童虐待防治法》(CAPTA)确立了联邦的指导方针，虐待和忽视儿童是指“在最小程度上，父母或照顾者的最近任何不当行为或不作为，导致儿童死亡、身体或情感的严重伤害、性虐待或剥削，或任何不当作为或不作为导致了一个紧迫的严重危害的威胁”(CAPTA，2003 42 U.S.C. § 5106g)。

在美国，虐待和忽视的现象一直在增加。遗憾的是，因为社会系统负担过重无法提供足够的服务来保护美国的孩子，情况正变得越来越严重。美国卫生与人类服务部(DHHS；美国健康和人类服务部，2008a)报道，在2006年，儿童保护服务所调查了大概360万名儿童，比例从2002年的每1 000名儿童有43.8人增加到了2006年的47.8人。在这些儿童中，大约有四分之一被确定为被虐待或被忽视，总数将近90.5万个孩子。女孩比男孩更有可能成为受害者(51.5% 比 48.2%)。从新生到1岁的最小年龄阶段的孩子受害率最高，每 1 000 个孩子中有 24.4 个；1 到 3 岁的孩子受害率为每 1 000 个孩子里有 14.2 个，4 到 7 岁是每千名 13.5 个。

在 1962 年，加利福尼亚成为第一个在法律上要求提交虐待儿童报告的州。到 1979 年，43 个州和哥伦比亚特区都有法规要求医疗人员和教育者及时报告疑似虐待儿童的案件。继 1996 年 CAPTA 重新授权，所有 50 个州都实施了要求报告虐待儿童事件的法律，对于没有强制报告法律的州，CAPTA 不予拨款(美国 DHHS，2008a)。该法还规定自首报告疑似虐待或忽视儿童可以免除由报告导致的刑事或民事责任(42 U. S. C. §5106a)。

在许多地区，往往由于调查案件的数量太大且太复杂，造成了儿童保护工作者负担过重，同时合法的收养安置也在持续增长。在 2006 年 9 月 30 日，据报告有 51 万个孩子被收养(美国 DHHS，2008b)。在 2009 财年的最后一天，寄养儿童的数量已经下降到约 42.4 万。在 2010 年，美国卫生和人类服务部门拨款给各州以帮助提高孩子们合法收养的安置率(美国卫生和人类服务部，2011)。

2010 年重新授权的对儿童虐待的预防和治疗法案还包括政府示范资金补助项目，旨在促进创新的针对虐待和忽视的跨部门响应，它们涉及公共和私营伙伴关系，包括学校、宗教组织以及心理健康、少年司法、公共和私人机构(CAPTA，2010. 42 U. S. C. 5101)。CAPTA 基金目前分配到四项举措之一：(1) 提高儿童保护服务的国家助学金；(2) 研究、示范和技术协助；(3) 预防儿童虐待或忽视的社区补助；(4) 儿童司法行动的补助金。

识别和证明对儿童身体上的虐待要比识别其被忽视容易得多。一个进入学校的孩子营养不良、休息不足、穿着脏衣服，也没有父母照顾的迹象，就可以被认为是被忽视的。此外，这些儿童往往注意力不集中和自卑。他们要么寻求不合适的关注，要么躲避关注，几乎没有折中的办法(Howe，2005)。由于政府援助的减少和低收入，为儿童提供哪怕最基本的照顾都使得家庭不堪重负。私营部门努力尝试提供安全网络，但它们也因寻求照顾的数量众多而不堪重负。此外，父母的药物滥用或精神疾病可能会妨碍父母为子女提供足够的照顾。对孩子的学业进步不感兴趣、不支持孩子在学校里努力学习的父母都被认为是不合格的，尽管有时这是由学校系统的信息不全或疏忽造成的结果。

Shipman 和 Taussig(2009)分析了对待虐待和被忽视儿童的不同行为疗法的效果，包括以创伤为重点的认知/行为学疗法(TF－CBT)、亲子互动疗法(PCIT)和药物滥用为重点的认知行为治疗(AF－CBT)。Kolko、Herschell、Costello 和 Kolko(2009)强调，家长经过培训后，儿童福利可以得到改善，也注意到对接受创伤聚焦治疗的儿童的内在和外在问题的积极作用。

在处理虐待儿童的干预中，父亲很少成为目标的中心，目前对这类人群干预的有效性也很少知道。为了弥合这一差距，Scott 和 Lishak(2012)研究了一个针对暴力虐待或忽略孩子的父亲的社区组治疗方案。研究人员从广义的进攻性、育儿和父母共同养育方面，检查了干预前后的变化，发现干预帮助父亲提升了对其伴侣的信任，干预也为父亲在面对孩子不良行为时的过度反应带来了实质性的变化。在统计上，尽管范围和随访数据有限，但对于不断发展的面向受虐儿童的父亲这类高危人群的干预，结果还是显著和令人鼓舞的。

社会工作者可以帮助学校教师发展与青少年家庭一起工作的技能，以及协助这些家庭确定所需的资源。服务工作室和进行中的咨询服务能帮助教师在与青少年家庭工作时学习到重要技能。借鉴四位理论学者的工作，Joyce Epstein，Moncrieff Cochran，Luis Moll 和 James Coleman，哈佛家庭研究计划提出了四个方法论，用于培训教师投入到家庭工作中，分别是功能性竞争力、文化竞争力、家长赋权和社会资本。

• • • 性虐待儿童

来自儿童青年和家庭管理局 2012 年的数据表明，美国大约有 63 129 名儿童遭受性虐待，约占当年虐待报告的 9%(美国 DHHS，2013)。性虐待的受害者表现出许多的行为特征，例如性行为、过度手淫、诱导性行为、学校表现不佳、参与犯罪和药物滥用。

联邦指南对性虐待的定义：(1) 雇用、使用、劝说、诱惑或强迫儿童参与，或协助他人胁迫儿童从事性意义明确的行为举止，或出于性目的开展的为了达到视觉上的刺激的模拟行为；(2) 强奸、监护人或家族亲属对儿童实施的法定强奸、性骚扰、卖淫或其他性剥削儿童的形式，或和孩子乱伦(美国卫生和人类服务部，2011)。

性虐待儿童可以在法庭上提供有关实施者和虐待事实的证词。现在，法院认为这些受害者是有行为能力的证人。在机构工作的社会工作者可以与学校社会工作者一道帮助孩子作证。在这种情况下，学校社会工作者的任务是开展鉴定、报告和预防性干预，并给予这些孩子情感上的支持、引导和鼓励。

Pretorius 和 Pfeifer(2010)探究使用艺术治疗作为对 8 到 10 岁的被性虐待女孩的干预手段。作者通过评估抑郁、焦虑、性创伤和低自尊是否减少来确认艺术治疗干预是否有效。结果表明，与对照组相比，干预组患者的焦虑、抑郁情绪有明显改善。在另一项研究中，Macdonald 等(2012)综述了 10 篇讨论认知行为疗法(CBT)的影响的论文，并评估了 847 名儿童，认为 CBT 可能对被性虐待的儿童产生正面影响，能帮助减少消沉、创伤后应激障碍和焦虑等症状。

学校社会工作者的职责还包括与警察部门、儿童保护机构、社区机构一起帮助家庭和孩子。在校内开展的针对学校教师的培训中，应包括如何辨认出这些儿童、教师报告虐待的法律责任，以及儿童需要何种支持来帮助他们达到学校的教育要求。为了保证儿童安全，需要对学校环境进行评估，以确认是否有需要额外监控的地方。建立走廊、浴室和任何存在风险的地方的监控机制和措施将有助于防止学生成为年长或强壮学生的受害者。社会工作者需要帮助制订或实施计划，教导儿童安全地维护自己的权利，保护自己免受各种虐待。设置家长教育课程，传授正确的技术，并为家长提供有效的训练，作为预防和治疗的策略。在社区层面，社会工作者应该建立预防项目和发展社区意识。

青少年，性和性欲

艾滋病与青年

青少年的性活动往往是非计划性和偶发的。许多报告描述了青少年第一次性行为的自发性，以及这些行为对于青少年本身和潜在后代的负面后果：意外怀孕、发育不良的婴儿和性传播疾病(HIV)。学生需要得到有关性交的后果和感染风险的准确信息来帮助他们改变性行为——这显然是一项非常困难的挑战。艾滋病的预防，不仅需要在学校，而且要在社区各个位置(例如社区、教会)开展。一个全方位的以社区为本的战略至关重要。

根据疾病控制和预防中心(CDC)，从 2007 年到 2010 年，14 岁及以下的人群中艾滋病病毒/艾滋病确诊病例数量保持稳定，15 到 19 岁和 20 到 24 岁人群中病例增加(CDC，2008b)。很显然，需要通过教育和行为干预来防止这种致命病毒的传播。一些有关青少年性行为和怀孕的研究表明，仅靠教育干预不能影响青少年行为的改变；许多年轻人认为自己是无敌的或幸运的，它不会就发生在“这一次”。然而数据表明，从 1991 年到 2003 年，性活跃的青少年在之前的性交中使用安全套的比例从 46%增加至 63%，但从 2003 年到 2011 年，这个比例从 63%下降到 60%，没有显著变化(CDC，2008a)。

Bull、Levine、Black、Schmiege 和 Santelli(2012)探索了通过在 Facebook 上发布信息以减少危险性行为和性传播疾病以及倡导使用安全套的有效性。为了确保在 Facebook 上发布的预防信息的有效影响，“种子”(个人)在不同的方位被招募，每个种子被要求再招募三名朋友，然后这些朋友又招募更多人。这些种子和他们的朋友圈形成了网络，被称为干预组或对照组。在 2 个月和 6 个月两个时间段上，观察安全套使用和性活动中安全套的使用比例随时间变化的实际效果。实验共录用 1 578 名参与者，包括 14%的拉丁裔美洲人和 35%的非洲裔美国人。研究发现在干预组里，最近一次性行为使用安全套和总体使用安全套的比例上升，并且改变了随时间流逝减少安全套使用的趋势。这项研究得出的结论是，社交网站可以作为有效的健康教育干预的途径。

在全国范围内，在 2008 年约有 90%的学生在学校接受了艾滋病教育。白人学生(91%)和黑人学生(90%)在学校接受艾滋病教育的比例比西班牙裔学生(85%)更高(CDC，2008a)。

艾滋病教育不仅属于健康教育的课程，也是性、健康和预防等讨论中的关注重点，在这些讨论中相关教育被认为可以帮助年轻人做出明智决定(Kirby，Laris & Rolleri，2007)。据 NPR 2004 年的研究，68%的人认为在某种程度上，学校的性教育课程可以有效帮助青少年避免艾滋病和其他性传播疾病。98%的人认为，艾滋病是性教育计划的适当话题(国家公共电台，2004)。在小学开始学校层面的艾滋病干预措施是必不可少的。

Bouris 等(2010)研究了以父母为基础的干预，以一个以拉丁美洲和非洲裔青年城市人群为主的儿童健康诊所为背景，卫生保健提供者组织了八个焦点小组。研究人员研究了父母和医生在青少年人群预防艾滋病、性病和意外怀孕方面起到的作用。这项研究得出结论，以社区为基础的儿童健康诊所可以通过干预父母来帮助青少年预防危险性行为。

学校社会工作者还可以采用小组形式，组织家长、教师和学生进行讨论。小组形式允许更亲密的分享和及时反馈，以及利用角色扮演的机会了解导致感染的风险。学校的社会工作者与相关人员(如学校健康人员)提供咨询，有助于规划和组织面向学校工作人员、家长和社区领袖的在职培训。学校的健康诊所应该与相关支持人员和学校的管理层一起，制定指南或政策，允许身体和情绪均恢复正常的感染年轻人能够上学。指导如何减少感染是教育干预的一个重要方面(例如，在处理任何体液时使用手套)。重点应是促进行为安全，并考虑学生的意愿。学校社会工作者处于满足HIV病毒携带儿童需求的独特位置(这些儿童自身没有感染，但他们的家庭成员已感染艾滋病毒或因此而死亡)，后者已被证明比他们的同龄人更容易产生药物滥用和其他越轨的行为(Gilbert，2001；Rosenblum et al.，2005)。

虽然这些研究结果是鼓舞人心的，但在2009年的Cochrane关于儿童艾滋病文献的评价中，King、De Silva、Stein和Patel(2009)发现增进艾滋病儿童心理健康的干预研究尚属空白。作者还指出，目前的研究仅仅建立在二手资料、描述性研究和情景分析的基础上。

未成年家长

自20世纪90年代初以来，未成年人怀孕数量开始下降，从1996年到2003年，15~19岁的少女怀孕率下降了24%，同一时期性交发生率变化了9%。有性经验女性的怀孕率在这个年龄组下降了17%，从每1 000名女性的189例下降到157例 (Ventura，Abma，Mosher，& Henshaw，2008)。

从1991年到2005年，在15~19岁年龄段的女性婴儿出生率下降了

34%，达到每 1 000 人 40.5 人。15～17 岁的青少年婴儿出生率下降到了每 1 000 人 21.4 人。最年轻的群体，10～14 岁，从 2004 年到 2005 年，出生率不变，为每 1 000 人 0.7 人。从 1991 年到 2005 年，非西班牙裔黑人未成年人的生育率下降近一半，非西班牙裔白人、美国印第安人/阿拉斯加土著人、亚洲/太平洋岛民这几组几乎下跌了 40%。在这一时期，西班牙裔青少年的比例下降了 22%(Martin et al.，2007)。

根据疾病控制和预防中心(CDC)的统计数据，在 2011 年，15～19 岁年龄段的母亲生产了 329 797 名婴儿，出生率是每 1 000 人 31.3 人。自从 2010 年以来，这个统计数字下降了 8%，创纪录新低。年龄在 15～17 岁，以及 18～19 岁的女性的出生率，分别下降了约 11%和 7%。CDC 认为，青少年的性行为没有以前高发，而性活跃的青少年也较多地采取了生育控制。CDC 还认为，从 1995 年到 2010 年，白人女性的性行为下降 15%。与之相比，下降较大的是黑人(34%)和西班牙裔(29%)(CDC，发病率和死亡率周报：性经验和少女避孕，2011a，http://www.cdc.gov/mmwr/preview/mmwrhtml/mm6ii7ai.htm? s_cid=mm6ii7ai_e)。

初次性活动与几个因素有关，包括同辈的示范、使用药物和酒精、学校表现差、性传播疾病或艾滋病毒、感知风险、安全套使用障碍。黑色人种和贫穷也增加了早期性行为的可能性(Santelli et al.，2004)。

我们知道，环境因素影响其他与青少年怀孕风险高度相关的因素，例如低收入家庭的未成年女性不太可能使用避孕药或具备如何使用避孕药的适当知识(Breheny & Stephens，2004)。少年母亲一般不能及时寻求产前保健(Aruda，McCabe，Burke & Litty，2008)或自始至终完成保健过程(Chen et al.，2007)。其中一个原因是缺乏健康保险；约 13%的孕妇都没有保险，造成产前护理不足(美国妊娠协会，2011，http://www.americanpregnancy.org/planningandpreparing/affordablehealthcare.html)。未成年母亲的孩子更容易出现早产和低出生体重等问题(Chen et al.，2007)。

性侵犯与青少年怀孕有着密切的联系。遭受家庭侵犯的儿童最有可能导致与青少年妊娠和妊娠相关的危险行为，而报告有家族和非家族性虐待的儿童则最有可能怀孕。遭受性侵害的男性更容易卷入未成年人怀孕，比例高于未受侵害男性的四倍，而遭受侵害的女性比同龄人怀孕的比例高两倍(Saewyc，Magee & Pettingell，2004)。

在 20 世纪 90 年代早期，一项纵向研究(Underwood，Kuperschmidt，&

Coie，1996）发现，第四级的同伴社交测量可以预测青少年怀孕以及其他青少年问题行为。女孩遇到同龄人挑衅（口角、刻薄、攻击、踢打对方和其他孩子）是一般青少年的两倍。作者注意到，同龄人评判进攻级别的分数几乎和智商测试分数以及其他稳定的预测一样准确。这意味着应该从小学开始，通过提供学生适当的社会和问题解决的技能来预防怀孕。这项研究另一个有趣的发现是，一个有争议的女孩，被一些人强烈喜欢，又被另一些人讨厌，将具有最高的怀孕风险。这可能是第一次，争议性同辈社交地位被认为有负面影响。在最近的一项尝试明确各种关联因素的研究中，人们发现“时髦”的女孩比同辈中普通同龄人更可能从事各种危险行为（Alien，Porter，McFarland，Marsh & McElhaney，2005；Rose，Swenson & Waller，2004）。此外，人气指数和危险行为之间的联系似乎对男孩与对女孩都一样稳定（Mayeaux，Sandstrom & Cillessen，2008）。

我们也知道，学校活动可以减少青少年的不安全性行为。2001 年的一项研究发现，辍学的年轻人“更有可能更早地开始性活动，不采取避孕措施，导致怀孕并分娩”（外科医生办公室，2001）。学校的其他保护因素包括田径和其他学校活动，有助于减少风险性性行为、推迟初次性行为年龄、减少性行为次数、降低怀孕和生育的频率。学校应该鼓励积极的同辈学习，以此来影响社会常态，创造良好氛围来减少不健康的风险行为（外科医生办公室，2001）。

未成年男性在未成年女性的性行为中有决定性影响。未成年父母很难完成学业，导致他们只能打零工或依赖福利生活。

过早地成为父母占据了他们必要的获得教育、职业、社会经验的机会，而这些对他们成年以后至关重要。此外，出生的婴儿存在发育迟缓、早产、低出生体重的风险。只有给他们提供足够的支持和帮助，这些负面影响才可以缓解或减少（见图 8.1）。

研究表明，为了给孩子提供一个稳定和美满的生活，青少年父母有较大意愿完成高中学业或者上大学（SmithBattle，2007）。许多继续求学的年轻家长都付出了很大的努力，请人帮忙照顾孩子、协调交通和预约医生、扮演着多个角色（例如学生、母亲、女儿，在某些情况下还有妻子），但是这些都或多或少影响了他们的学业或导致学业不良。认识到这一目标群体的异质性是至关重要的。1972 年，美国教育局局长说：“在美国，每一个女孩都有受教育的权利和需要，通过教育，她可以为职业、家庭生活和公民权做好准备。结婚或怀孕不能成为剥夺她受教育和成为一个对社会有益的人的机会的充分理由。”(Howard & Eddinger，1973，p. 29)1972 年《教育修正案》的第九条(1975 年 7 月 12 日生效)禁止接受联邦资助的学校以基于妊娠或怀孕等事由开除学生。

尽管有大量文献讨论了针对怀孕和养育子女的社会支持，但很少有研究直接探究青少年在从懵懂少年到养育子女的角色转换时，所受到的压力和社会支持之间的关系。Devereux、Weigel、Ballard-Reisch、Leigh 和 Cahoon (2009)研究了宝宝出生前后的压力与支持之间的关系。两组青少年女性(一组面临生育，另一组不是)在 7 个月的周期内完成支持和压力的测量，这个周期和第一组经历向生育过渡的转换期相重合。结果表明，在开始时第一组测得的支持和压力有负向的联系。然而随着时间流逝，第一组成为母亲的青少年，支持和压力呈正相关，在对照组，则不存在这样的变化。研究人员得出结论，了解社会支持在一个长期的时间段影响压力对确定为怀孕未成年人父母和孕育期提供干预的最佳时间很重要。

Flynn、Budd 和 Modelski(2008)测试了家庭访问干预对青少年孕妇的资源利用和婴儿出生情况的影响。

为了评估这种干预，研究采用了包括重复测量和使用对照组的准实验设计。干预的样本包括 83 个低收入家庭的怀孕青少年；比较样本是从电子出生证明记录里随机抽取的 216 名匿名者。在她们怀孕的每个月，干预组青少年会受到一名公共卫生护士和一名医学社会工作者的家访；这些医疗工作者帮助她们获得社会资源、选择产前保健提供者，并预约产检时间。他们还提供健康教育和交通方式。这样，在干预组的青少年中使用资源次数有显著增加，并且与对照组相比，她们拜访产前保健提供者的次数更多。然而，研究结果发现，在两个组之间，平均婴儿出生体重无明显差异。

2012 年，一项由××青少年家庭生活支持(AFL)计划(Kan et al.，2012)资助的研究，考察了护理服务示范项目的成功经验。AFL 计划面向怀孕青少年或父母提供服务，以减少青少年分娩带来的风险。该研究考察了改进以后的服务对于健康和教育的影响，以及服务 6 个月至 2 年后儿童保健结果。研究人员发现，与对照组相比，干预组有较大可能性使用长效可逆避孕和经常照顾孩子。通过 12 个月随访发现，与对照组相比，干预组的青少年再次怀孕的概率较低。这些研究结果表明，干预项目可以增强日常儿童保健，提高避孕药的使用率，并减少短期内重复怀孕的可能。

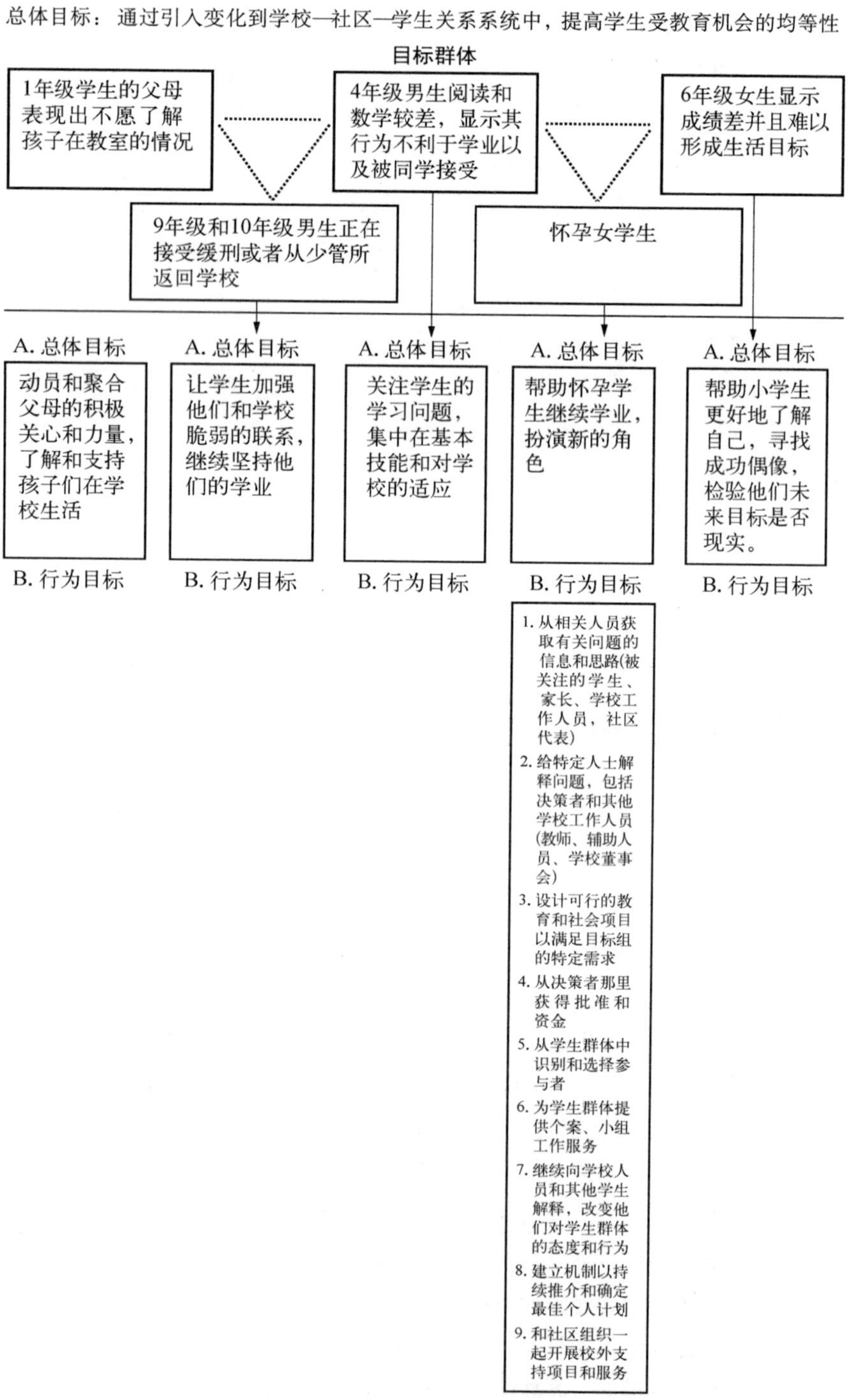

图 8.1　被确定学生的综合情况

C. 可测量的结果	C. 可测量的结果	C. 可测量的结果	C. 可测量的结果	C. 可测量的结果
			1. 制裁和支持的程度 2. 资金数额及其充分性 3. 继续学业的女孩数量 4. 做好婴儿照顾计划的女孩数量 5. 如果孩子由女孩自己抚养，那些能扮演传统母亲角色的女孩数量 6. 完成学业的女孩数量	

续图 8.1 被确定学生的综合情况

来源：Printed with Permission of Lela B. Costin，Professor Emeritus School of Social Work，University of Illinois，Urbana-Champaign.

同性恋青年

被认为是同性恋、双性恋或变性者（LGBT）的学生，以及其服装或行为与性别的典型特征不相符的年轻人，具有受到伤害的较高风险。大多数州没有反骚扰的政策和基于性倾向和性别定位的保护措施。同性与异性恋教育网（GLSEN）每两年组织一次全国学校环境调查，据报道，在2011年，受调查的LGBT学生中有81.9%的人表示，由于性取向，在过去一年他们在学校受到过言语骚扰，38.3%的人表示受到身体上的骚扰，18.3%的人表示在过去一年受到身体侵害；超过63%的受访者由于性取向，使他们觉得在学校不安全。约30%的人表示由于感觉不安全，在过去一个月内，他们逃过一天学。接近85%的受访者听到过“同性恋”一词被以消极语气提到过，71%的受访者听到过害怕同性恋的言论。不断增加的受害和骚扰次数与较高的抑郁程度和较低的自尊相关。超过60%的学生没有向学校工作者报告过骚扰或侵害行为（GLSEN，国家学校环境调查，2011，2012，http：//www. glsen. org/cgi-bin/iowa/all/library/record/ 2897. htrnl? state = research & type = research）。

不报告的原因多种多样，但在部分学生那里，大多数原因可以说是围绕着一个信念，即没有什么可以改变这种情况或对报告引起负面反响的恐惧。还有一种说法认为，学校工作人员也可能害怕同性恋。事实上，一些学生说，他们曾听到过教师及工作人员对性倾向或性别表达的偏见言论。据 GLSEN(2012)，“同性恋”在小学被教师和学生用作负面词汇，其他一些词诸如“fag”和“lesbo”也是这样(GLSEN，GLSEN 发布开创性研究，2012，http：//www. glsen. org/playgroundsandprejudice. html)。

身体和情感受到虐待几乎是 LGBT 学生无法避免的代价。根据青年倡导(2005)，受到这种虐待的青少年面临着“逃课、辍学、成绩差、不得不留级”的风险(青年倡导，2005)。由于受到欺负而觉得在校园不安全，女同性恋、男同性恋、双性恋和变性学生逃学的概率要比普通学生多五倍，其中大约 28%的学生感到需要从学校退学(欺凌行为统计，2009，http：//www. bullyingstatistics. org/content/gay-bullying-statistics. html)。

据 2009 年的一项研究报道，女同性恋、男同性恋和双性恋的青少年试图自杀的可能性比他们的异性恋同龄人多 8.4 倍(Ryan，Huebner，Diaz，& Sanchez，2009)。研究发现，如果完全公开自己的性取向或者由于披露性取向而失去朋友，LGBT 年轻人则会面临更大的风险(Silenzio，Pena，Duberstein，Cerel，& Knox，2007)。一项 2002 年的研究发现，同性恋学生的自杀率与在校受害率呈正相关(Bontempo & D'Augelli，2002)。由于他们的性取向，在校受害次数多的学生自杀率更高，而低受害率的学生和其异性恋同龄人的自杀率相当。自认为双性恋者的青年人自杀未遂超过一次的概率最高(约五倍以上)。

Craig、McInroy、Austin、Smith 和 Engie(2012)开发了一项名叫“优势第一”的试点方案，成为首个以优势为本的干预，专门用来促进少数族裔中有不同性取向的青少年的自尊与自我效能感。在两年的时间内，前测和后测设计收集了来自 162 个项目参与者的有关“优势第一”项目的效果的初步数据，发现自尊和自我效能感显著增加。

• • • 综合性教育

如前所述，根据 2004 年全国公共广播电台(NPR)、Henry Kaiser 家庭基金会和哈佛大学肯尼迪政府学院联合发起的一项民意调查，低于 7%的美国人认为性教育不应该在学校里完成，87%的人认为如何获得和使用避孕药信息应是性教育课程的一部分(虽然有 39%的人认为向青少年提供如何获得和使用避孕药的信息实际上是鼓励他们更早地发生性行为)(NPR，2004)。

2005 年，一项包括 16 个随机控制校本性教育的对照实验的综述，比较了禁欲项目和禁欲 + 避孕的教育项目(Bennett & Assefi，2005)。其中禁欲项目在青少年性行为上并未能产生总体变化，然而，与普遍看法相反，针对禁欲 + 避孕项目的研究发现性行为频率整体下降。对于初次性行为，由 Aarons 等(2000)以及 Eisen、 Zellman 和 McAlister (1990)的研究，参与禁欲 + 避孕项目的学生中，男生和女生的初次性行为都分别延迟了。这种性教育的方法发现能使青少年在避孕和知识上得到改善。此外，Kohler、Manhart 和 Lafferty(2008)报道，青少年接受避孕教育后引起少年怀孕的比例比接受禁欲教育的青少年要低 50%，比完全没有接受过性教育的要低 40%。Santelli、 Kindberg、 Finer 和 Singh(2007)报道，青少年怀孕的整体减少，77%可以归结为使用了改进的避孕方式，而其余的原因则来自性行为的减少。

性教育项目不应仅限于以学校为基础的健康诊所或健康课程，教堂和社区机构也应该提供这方面的内容。

• • • 职业规划和个人发展

研究报告表明，有职业/教育计划的青少年更能避免妊娠(Dnscoll Sugland，MarJove & Papillo，2005)。也有证据表明，丰富的服务学习项目可为青少年提供保护，即使这些项目并不直接针对性行为或妊娠(Kirby，2007)。年轻人需要知道自己的未来和有机会等待着他们。学校社会工作者应该和其他学校工作人员及外部机构一起，协调他们的活动，以小组、职业发展讲习班和其他目标明确的活动形式帮助青少年。预防青少年怀孕(和许多其他冒险的和反社会的行为)的最好方法是灌输给他们对未来的渴望。

Fouad(2011)设计了一项持续一年的干预计划，以提高少数族裔学生对于数学和科学事业的认知和准备。目标集中在提高学生的职业知识、自尊、数学和科学成绩、高中的选择，以及高中数学和科学课程的选择上。结果证明，干预在职业知识和高中的选择上取得了成功，但在成绩、自尊、数学和科学课程的选择上改进不明显。

在 2010 年，Ferrari、 Nota 和 Soresi 组织了一个单位的教诲式干预，其目的是培养青少年的时间观念和职业生涯决策。这项研究是在随机分配到对照组或实验组的 50 名青少年中进行的。他们最初是由于对自己职业生涯的犹豫不决和对未来期望不高而来参加实验。经过干预项目，和对照组相比，实验组表现出更高水平的连续性、职业希望和生涯决策。

Almaraz、 Bassett 和 Sawyerr(2010)研究了一门帮助学生进入商业专业的课程的有效性，主要检验三方面的学习成果：课本知识、职业中心的利用、课外活动的参与。收集的 361 名学生的数据表明，在所有的三个领域，课程对于进入大学学习的一年级学生和没有进入大学的学生都有效。

Koivisto、 Vinokur 和 Vuori(2011)研究了面向工作生涯干预项目对于青少年职业准备直接和间接的影响。在为期一周的工作坊中，干预试图提高九年级学生的职业选择准备和对职业生涯规划的态度。在干预前后，所有参与者都进行了评估。结果表明，干预措施改进了学生的职业选择的准备，从而提高了对职业生涯规划的积极性。

结　　论

社会工作应当跨越不同学生群体，通过在他们的系统(包括学校、社会、家庭和学生群体本身)中引入和促进新的变化，增加所有儿童和青少年均等的教育机会。越早干预，越有可能取得积极结果(见图 8.1)。18 所有效改善面临高风险青少年的状态的学校参与了一项国家重点研究，研究总结了这些学校成功的两个主要条件：(1) 强烈的团体意识；(2) 和其他值得信赖的组织一样，这些学校提供了成功所必需的各种支持和 100%的时间(Irmsher，1997)。

一个社区的建立需要有共同愿景和目的：共同的价值观；家庭参与；关爱精神；信任；多样性和包容性合作；团队精神；教师、学生和家庭间的良好沟通；认可；教师的扩展角色；尊重(Irmsher，1997；Royal & Rossi，1997)。值得信赖的组织的特点是有共同的使命，他们恪守的信念是不能完成核心任务就意味着灾难。这些组织整合了灵活的层级，角色和责任定义清晰，适时的合议决策，以及助力所有员工在应对突发事件时能跨越传统界限来避免失败。

在另一项基础性的研究中，Mike Rose(Rose，1998)总结了他所研究过的成功的美国学校的共同之处：（1）安全感：一种身体和情感的安全氛围，包括安全地试错；（2）尊敬：公平对待、尊重不同的文化、语言和历史；（3）教师权威——不仅来自在传统教室的角色、年龄和权力分配，更多的来自知识、对他人的尊重和关心；（4）教室是代表着责任和充满期待的地方，背后是支持协同参与和成就的机制；（5）创建重要公共空间：为了学生学习、实干，做出贡献，创造知识；挑战与反思的地方，安静的工作场所，开展公众演讲。教师之间建立合作关系，互相帮助和促进，进而更好地教育学生。这些教师坚信自己工作的价值，"在他们的教室里，以深度和全面的方式肯定学生能力"(Rose，1995，p. 422)。

心理弹性是指即使在非常不利的环境条件下取得成功的能力，有关它的研究表明三个保护因素使得儿童能够从负面的生活经历中解脱，包括：（1）关怀和支持的关系。当家庭功能高度失调时，至少有一个人(通常是老师)能给予关心。（2）正面的理想和期待，带着成功是可以实现的理念。（3）有效参与教育、就业、成长和成就的机会(Bernard，1995；Eraser，Kirby & Smokowski，2004；Werner & Smith，1992)。这些因素可以通过增强学生的自主意识、目的性和社会竞争力，以及提高学生解决问题的能力和对成功的渴望来得到增强和鼓励(Mormon & Alien，2007)。

学校社会工作者要有协助社区关系发展、鼓励家庭参与学校事务、帮助学校教师建立协作关系、追求共同愿景的知识和技能。学校社会工作者处于一个独特的地位，把学生利益最大化，服务弱势学生群体，确保所有孩子的平等教育和发展机会。

本章要点

- 美国公立和私立学校的入学人数持续增加。另外，公立学校的西班牙裔学生比例急剧上升。重要的是，学校社会工作者要准备满足公立和私立学校系统不断变化的需求。
- 学校存在多种相互关联的因素影响孩子的成功：智商，家庭贫困，社区经济条件，母亲教育，过往的学习历史，过多的压力，适应性，身体或情感虐待，社会技能，创伤性事件，其他系统性的影响。

- “风险”或“剥夺”一直以来与“弱势”“教育机会剥夺”“文化剥夺”“下层”等词联系在一起，交替使用。现在，用“有希望的孩子”来指代他们，表明他们如果处于良好的环境中，可以发挥自身的优势和长处。相反，如果环境(家庭、学校)不能提供最基本的食物、安全和关系，他们就会被浪费。学校社会工作者需要意识到青少年弱势群体同时往往是存在较高的学业失败和其他行为问题风险的群体，需要应对学业和社会挑战的儿童，家庭里的问题儿童，遭受虐待或忽视的儿童，面临性困扰和早熟问题的青少年。
- 社会工作的目标是跨越这些不同的学生群体，通过在他们的系统(包括学校、社会、家庭和学生群体本身)中引入和促进新的变化，为所有的儿童和青少年增加平等的教育机会。

学习与讨论

1. 纵览本章讨论的每种学生目标群体的特点，了解他们的附加特性，并讨论对应的干预策略。

2. 确定学校里其他可能引起学校社会工作者关注的学生目标群体，指明干预的本质是什么？学校环境的哪些方面可能会导致这些孩子的困难？

3. 学校社会工作者要应对许多来自青少年的需求，他们必须服务不同的学生群体。讨论：你是如何作为一个专业人士回应这些要求的？你将承担什么更重要的角色？你如何定义“实践”？

4. 获取你所在州的儿童虐待报告法案的副本。分析报告的内容及可能存在的问题，以及报告在校发生虐待事件的意义。讨论一个教育辖区应该怎样实施。

5. 和学校社会工作者、教师、学校管理者进行访谈。要求他们找出学校里最脆弱的学生群体。请他们详细说明向这些学生和他们的家庭提供干预和援助的类型。对于学生状态的原因，他们有什么看法？

6. 制订一个识别弱势学生群体的策略。

7. 复习被标识学生的复杂情况表（图 8.1）。然后讨论你打算完成的图中剩下四个学生群体的具体工作目标（比如，B. 行为目标；C. 可测量的结果）。

8. 浏览美国特殊儿童理事会天才儿童网站：www.cec.sped.org，搜索资源或加入 TAGFAM（天才家庭）组，找出哪些方面的事宜对天才儿童家庭很重要。

• • • 拓展阅读

Benner, G. J., Nelson, J. R., Sanders, E. A., & Ralston, N. C. (2012). Behavior intervention for students with externalizing behavior problems: Primary-level standard protocol. *Exceptional Children, 78*(2), 181.

Ceballos, P. L., & Bratton, S. C. (2010). Empowering Latino families: Effects of a culturally responsive intervention for low-income immigrant Latino parents on children's behaviors and parental stress. *Psychology in the Schools, 47*(8), 761–775.

Craig, S. L., McInroy, L., Austin, A., Smith, M., & Engle, B. (2012). Promoting self-efficacy and self-esteem for multiethnic sexual minority youth: An evidence-informed intervention. *Journal of Social Service Research, 38*(5), 688–698.

Dykeman, B. F. (2011). Intervention strategies with the homeless population. *Journal of Instructional Psychology, 38*(1), 32–39.

Enea, V., & Dafinoiu, I. (2009). Motivational/solution-focused intervention for reducing school truancy among adolescents. *Journal of Cognitive and Behavioral Psychotherapies, 9*(2), 185–198.

Jeon, H. J., Peterson, C. A., Wall, S., Carta, J. J., Luze, G., Eshbaugh, E. M., & Swanson, M. (2011). Predicting school readiness for low-income children with disability risks identified early. *Exceptional Children, 77* (4), 435–452.

King, E., De Silva, M., Stein, A., & Patel, V. (2009). Interventions for improving the psychosocial well-being of children affected by HIV and AIDS. *Cochrane Database of Systematic Reviews, 2*, 1–16.

Macdonald G., Higgins J. P. T., Ramchandani P., Valentine J. C., Bronger L. P., Klein P., O'Daniel R., Pickering M., Rademaker B., Richardson G., & Taylor, M. (2012). Cognitive-behavioural interventions for children been sexually abused (Review). *The Cochrane Library, 5*, 1–70.

O'Donnell, J., Hawkins, J. D., Catalano, R. F., Abbott, R. D., and Day, L. E. (2010). Preventing school failure, drug use, and delinquency among low-income children: Long-term intervention in elementary schools. *American Journal of Orthopsychiatry, 65*(1), 87–100.

Scott, K. L., & Lishak, V. (2012). Intervention for maltreating fathers: Statistically and clinically significant change. *Child abuse and Neglect, 36*(9), 680–684.

The National Center on Family Homelessness. (2011*). The characteristics and needs of families experiencing homelessness*. Retrieved from http://www.familyhomelessness.org/media/306.pdf

第九章

特殊需求儿童

Sally Atkins-Burnett 和 Lauren Akers
Mathematica 政策研究中心

持续促进残障儿童接受教育是我国政策的基本要求，以确保他们能够享受机会公平、完全参与、独立生活和经济自足(P. L. 108—446)。

儿童是全世界最有价值的资源，是未来最好的希望。

——John F. Kennedy

引　言

35 年来，残障儿童和青年已经合法享有在最小的受限制环境中接受免费、适当的教育权利。确保这些权利的现行法律为 2004 年通过的《残障人士教育促进法案》，也是对著名的《残障人士教育法案》(IDEA)的第九次授权。《康复法案》的 504 条(《美国残疾人法》或称 ADA 的第二部分)也对无法获得 IDEA 所规定服务的残障人士提供了一些权利保障及便利。包括联邦高等法院在内的多个诉讼案例就是围绕着这几部法律所规定的服务供给和个体权利范围展开的。由此，当今的实务操作和服务供给也在法庭的判决中逐步形成。

由于财政上的限制，特殊教育服务在发展中需要强调实务操作以证据为本，同时要有强烈的责任意识。本章围绕着针对有特殊需要(包括具有残障和特别天赋)的婴儿、儿童和青年提供的免费且适当教育总结了目前所遇到的一些情况，并对相关主要法律体系进行了说明，同时对未来发展进行了探讨。

IDEA 认识到了社会工作者在开展儿童教育方面所发挥的作用。它列出了可适用于残障儿童的相关社会工作服务。2004 版的 IDEA 特别提及了社会工作者所应发挥的作用，主要包括：残障儿童准备社会性发展经历报告，为残障儿童及(或)其家庭提供团体或个体咨询，与相关家庭及他人形成伙伴关系以解决儿童在校适应问题，调动学校和社区的资源以使儿童能从相关教育计划中获利，协助发展积极行为介入战略(300. 34(C)(14))。

本章中有很多小故事体现了社会工作者是如何为特殊需求儿童提供服务的，对于更多资源在本章结尾处提供了相关链接。最后一部分拓展阅读对于扩展面对残障儿童及其家庭的问题的理解以及你可以发挥的作用等提供了一些建议。

支持特殊需求学生的主要立法

当前有这样几部法律管理或影响着有特殊需求儿童的教育，包括《美国残疾人法》（ADA）、《康复法案》的 504 条、《残障人士教育法案》（IDEA）、《不让一个孩子掉队法案》（NCLB，见第二章）以及针对特别天赋儿童的 Jacob Javits 计划。本节会对这个立法体系进行介绍，并说明它如何影响有特殊需求学生的发展机会。

保障相关权利的立法体系

《美国残疾人法》（最早于 1990 年通过）和 1973 年版《康复法案》的 504 条（修改于 29 U. S. C. § 794）都是保障相关权利的法令，对残障儿童提供了相同的保护。两部法律都禁止对残障儿童的歧视，规定"没有任何理由可以剥夺任何一个残障儿童参与或受益于由联邦财政资助的计划或活动的权利，也不允许由此产生歧视"。不像 IDEA 是一部具有拨款权利的法令，504 条和 ADA 都没有任何规定资金补助形式。对于无法获得资金补助的学生来说，可以寻求 504 条提供的保护。符合 IDEA 的规定的残障学生必须是那些如果没有额外特殊服务的支持在某种程度上就无法在普通教育环境下进行学习的人。符合 IDEA 规定的学龄儿童同时也受保护于 504 条。符合 504 条保护的个体必须大部分生活不能自理，按规定包括不具备"照顾自己生活、进行手工操作的能力，以及行走、视觉、听力、说话、呼吸、学习和工作的功能"（34 C. F. R. 104. 3(j)(2)(ii)）。对于符合受保护于

504 条的学生，中小学校要求提供免费且适当的公共教育（FAPE）。然而，对于非法使用药物的学生是被排除在外的。如果一个学生不符合 IDEA 的规定，但是受保护于 504 条，那么为了落实提供适当教育项目的规定必须设计并实行一项符合 504 条规定的计划，包括提供各种便利、协助或服务，以确保该学生能够公平享有受教育的权利。按照 IDEA 规定实施的个体化教育项目（IEP）也符合 504 条的要求，其他单独的计划可以不需要。普通教育老师依法也需要参与到 504 条所规定的计划中。如同 IEP 项目，按照 504 条规定，学校如需开展对学生的评估必须获得学生父母的同意，可以是非书面的。评估或专业报告所形成的一系列文件可以用来决定该学生具有受保护于 504 条的合法性。如果学校针对某些学生提供学前教育，那么这些学生也必须符合 504 条规定的要求。504 条同样要求那些能够或经过稍微改进即可以提供适当教育的私立学校不可以排斥残障学生（可见附件三有关适应性行为评估和 IEP 项目的例子）。

《残障人士教育法案》

《残障人士教育法案》（IDEA）是针对残障儿童权利保护的主要法律。这部法律主要关注：（1）保证所有 3 至 21 岁的残障儿童或青少年在最小限制环境（LRE）下可以享有免费且适当的公共教育（FAPE），包括特殊教育和相关服务，以满足他们独特的需要；（2）保证残障儿童及其父母的权利得到保护；（3）协助各州和地方为所有残障儿童提供教育；（4）确保对这些儿童的教育活动是有效率的。从 1986 年的修正案开始，IDEA 提倡早期介入所有残障婴儿、幼童及其家庭，提供覆盖全州、跨学科的、综合的、协调的、跨部门的项目。尽管这些对于婴幼儿的服务并不是法律强制的，现在所有的州都已经选择参加这个项目，被称为 Part C。这个部分将成为落实 IDEA 的重要体现，并且对社会工作者提供服务的方式进行了探索，从而能够践行此部立法的本义。

免费且适当的公共教育

IDEA 的立法是为了保证对所有残障儿童在最小限制环境中能够提供免费且适当的公共教育。不容许有任何一个儿童因为残障而被排除在外，即使这个儿童被认定为是无法教育的或具有破坏性的，只要他符合 IDEA 中 Part B 的规定(3 至 21 岁)，相关机构就必须为他提供服务。对于小于 3 岁的儿童，由州政府决定哪些婴幼儿可以接受 IDEA 中 Part C 规定的服务。

Kelly 的故事

17 岁的 Kelly 具有学习障碍，按照 McKinney-Vento 流浪汉救助法案(42 U.S.C 1143a(6))的 725 条(6)款规定，他也是一个“无陪伴流浪汉青年”。在即将召开他的年度 IEP 会议时，他的社会工作者通过联系当地的各种资源，为 Kelly 找到了一位教育代理并帮助他主张自己的权利。

• • • • 发现儿童

不管残障的严重程度如何，州政府必须保证所有需要特殊教育和相关服务的残障儿童得到鉴定、安置和评估，包括由 McKinney-Vento 流浪汉救助法案(42 U.S.C 11434a)所认定和保护的无家可归儿童。在此之前，早期的鉴定和服务提供工作已经开始(美国教育部，2007)。在 IDEA 规定下所接受服务的婴幼儿比例逐渐增加，而 3 至 21 岁接受服务的儿童和青少年的比例在 2004 年左右无大变化(见图 9.1)。尽管残障儿童和青年仍只是少部分人群，但是从 2005 年至 2010 年患有其他健康损害(OHI)和自闭症的学龄儿童接受服务的比例持续增长，而其他类型有所下降或不变。

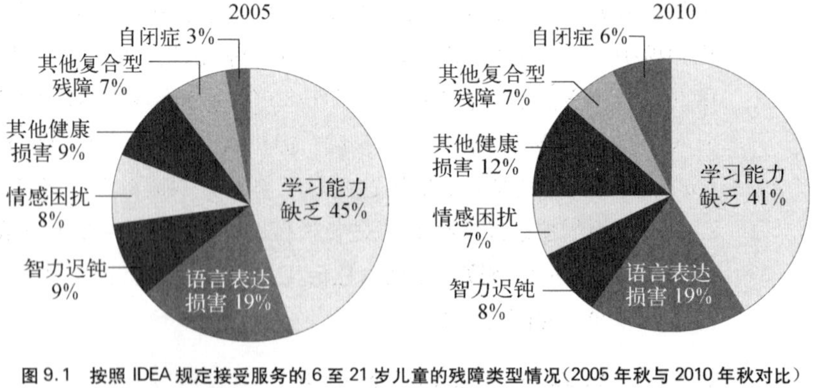

图 9.1　按照 IDEA 规定接受服务的 6 至 21 岁儿童的残障类型情况(2005 年秋与 2010 年秋对比)

来源：美国教育部，特殊教育项目办公室，数据分析系统(DANS)，OMB＃1820－0043。数据更新于 2011 年 7 月 15 日。

备注：包括 50 个州、华盛顿特区及 P.R.（含 BIE 学校）。其他复合型残障类型包括多重残疾(2.1%)、发育迟缓(1.9%)、听力障碍(1.2%)、整形损害(1.0%)、视力损害(0.4%)、脑外伤(0.4%)、聋盲(0.02%)。

学校社会工作者能够参与以社区为基础的转介过程的进展，这些过程可以被家长、机构、医生、儿童关怀工作者及其他人员用来定位儿童需求的服务。社会工作者能够向社区中的重要团体解释学校的项目和治疗安排过程。这个角色的部分功能是保持学校和各种社区团体之间的开放式交流。社会工作者也可以向涉及特殊需求儿童认定工作的课堂教师和相关团体提供在职培训。学校社会工作者的早期介入可以对儿童在家中的行为进行观察，从而了解其社会性发展经历。

Aaron的故事

Aaron具有学习困难的问题。尽管他是一个快乐的、有风度的孩子，但是他的行为还是困扰着他的老师。阅读困难，多次重复犯同样的错误，持续违反同一条纪律，即使他承诺不再犯错。他的社会工作者Rita在教室中观察他的行为之后，认识到他具有明显的胎儿酒精综合征(FAS)的症状。她为老师提供了有关FAS研究资料，并约见了Aaron的家人讨论对Aaron进行进一步的评估（见 http: //nichcy. org/advanced-search-for-organizationgs-disability?disability_interest = fetal_alcohol _syndromeorgfas%3A178)。

评估和资格——合法、可靠及非歧视性程序的使用

必须由对残障人士非常了解的多学科联合小组对正考虑给予特殊服务的儿童进行评估。2004版IDEA规定，评估的“开展所需的语言和表格必须最大可能让儿童认识，并准确表达信息，有益于学术性、发展性、功能性分析，除非这种方式是行不通的”(2004版IDEA)。

为了防止发生不适当的转介，在评估时必须考虑儿童所处的文化环境、语言能力、学习方式、生活背景(特别是学校环境)等因素(Banerjee和Guiberson，2012；儿童早期阶段，2010)。

虽然心理测量学评估得到了许多改进，但是还需要持续注意对全国标准化测试结果的解释说明和可能存在的偏见，尤其是对语言测量的工具(Bialystok，Luk，Peets & Yang，2010；Suzuki，Short，Pierterse，& Kugler，2001)。检查员需要考虑样本是否得到评估，这个被用来证实测试的样本应包括类似于被测儿童的人员。该评估应包括对儿童在其自然环境中(家庭、社区及娱乐场所)能够适应的行为的评估。不能用单一的测试作为确

定特殊项目安排的唯一标准。

最初的三个步骤是审查、前转介和转介。经过前转介过程的学生可能不再需要转介，因为该过程已经为其提供了适当的便利条件。

• • • • 介入反应

在 IDEA 最初实行的 30 年里，被认定的儿童数量持续增加（见图 9.2）。许多人在某种程度上质疑这种具有特别学习障碍（接受特殊教育的学生中最为普遍的残障问题）的儿童的增长，可能归结于实际患病率的提高，或者其他因素：比如我们对学习障碍认识程度及接纳程度的提高（Aron & Loprest，2012），或学校系统的失败，不足以教导学生，尤其是那些处于高危环境中的学生。2002 年，《中小学教育法案》被重新授权，并改名为《不让一个孩子掉队法案》。此部立法包括了为"早期介入"或学习障碍预防服务提供的筹资方式。经过再授权的 2004 版 IDEA 也进行了效仿，同时强调对低年级学生的早期介入。2010 年，按照 IDEA 规定接受服务的学生比例在降低，只占全部 6 至 21 岁学生的 8.5%。

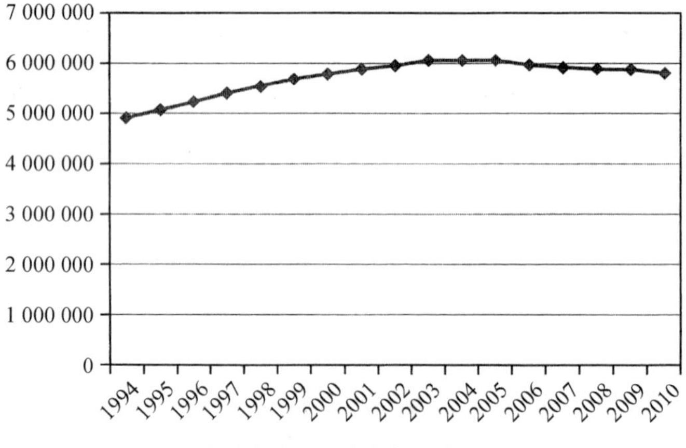

图 9.2　6 至 21 岁残障儿童数量

来源：美国教育部，特殊教育项目办公室，数据分析项目（DANS），OMB # 1820 - 0043。数据更新于 2011 年 7 月 15 日。

备注：包括 50 个州、华盛顿特区及 P. R.（含 BIE 学校）。

为了进行更好的认定工作，同时支持在学校中的早期介入，2004 版 IDEA 允许对以研究为本的介入反应（RTI）进行评估，作为一种规范来建立对具有特殊学习障碍儿童的资格认定（Tannock，2013）。RTI 的含义通常具有三至四层。第一层（普遍意义的介入）主要是对残障的预防，利用证据为本的课程和具有教育指导意义的实务操作，应用于教学和对残障进行的普遍审查中。第一层可能包含对那些特别是处于边界的学生进行审查的过程。第二层（选择性的介入）包含程度加强的教学方式，比如小团体家教——通常需要15周时间，并要对这种教学方式的反应进行监控。对于经过了这种加强教育仍没有取得进步的儿童则被转介进入个体化项目并处于监视中，同时（或者）也转介进入多学科评估中（第三层或第四层）。第二层可能采用特别的介入方式应对那些挣扎的学生，或者使用问题解决模式（基于数据做出决定），以判定最为有效的教学方式（Fuchs & Vaughn，2012）。尽管RTI是为对学习障碍认定做准备，但它有时也被用于早期介入那些被怀疑有情感损害的儿童。有几个教导具体社会性和情感性技巧的项目在学前和小学低年级班级中得到应用。除此之外，许多小学开始在全校范围内采用积极行为介入和支持（PBIS）系统（在www.pbis.org上可获取更多信息），同时应用社会性和情感性学习项目（Jones & Bouffard，2012）。

虽然有证据表明RTI对于减少被认定为学习障碍的学生数量是有效的（Fuchs，Fuchs，& Compton，2012；Torgesen，2009），但是结果并不是确实的（Tannock，2013），被用于认定工作的RTI已经成为最近诉讼官司的话题（Daves & Walker，2012）。新的DSM-5建议使用四种诊断标准，包括持续学习障碍、低于同龄人的学习能力、低年级时发病、排除其他病症和社会心理不幸（Tannock，2013）。处于最佳状态的RTI可以有效提高教学质量，从而预防对学习障碍的错误认定，并启动对学习障碍儿童的早期介入。然而，考虑到介入过程需要数年的时间，一些人担心RTI的应用可能会拖延或剥夺某些儿童接受特殊教育服务的正常序列（Aron & Loprest，2012）。

学生评估必须包括多种评估工具和策略，从而获得功能性和发展性的信息，用以帮助判定存在何种障碍以及决定IEP项目的内容。2004版IDEA为此设立了60天期限。如果有父母不确定儿童是否适用于此类评估，此期限将不受限制。评估内容必须包含父母提供的信息。单一的过程不足以判定儿童是否具有学习障碍或应享受适当的教育项目。除了生理性和发展性因素之外，教育机构必须在技术上使用合理的手段评估认知性和行为性因素。教育机构必须综合性评估儿童在各个方面可能存在的障碍，并利用评估工具和策略提供信息，以协助判定教育方面的需求。2009年高等法院规定，由于学生在公立学校没有得到适当评估并按儿童发现要求被否定享受FAPE，那么他的父母可以获得私立学校的学费补偿(Forest Grove School District v. T. A. 2009)。

1997年的IDEA修正案通过每3年举行一次的重新评估测试以缓解对学校的要求，从而减少非必要测试的成本。604条C款允许评估团队决定免除对维持资格判定的测试。如果评估团队决定测试是不必要的并对他们的决定进行了说明，他们需要通知父母。评估团队仍必须对已有评估数据进行复查，并获取对于判定资格及现有功能层级所必需的额外数据，还有其他任何有关影响到服务、适当教育计划变更的数据。社会工作者可以提供观察数据、社会性和发展性研究(见表9.1)、适应性行为评估以及环境行为评估。这些信息对于完整描述儿童在校内外重要环境中的功能性是必不可少的。当这些信息与其他数据(比如心理测试)整合在一起时，一个综合性轮廓将形成。

表9.1 社会性发展经历

* 胎儿期影响(告诉我你怀孕时的情况)——倾听怀孕时遇到的问题,疾病、流血、增重、物质的使用、压力情况、暴露于病毒环境、意外怀孕、对潜在遗传问题的担忧
* 围产期影响(告诉我他出生时的情况)——难产、黄疸病、缺氧症、病情发作、疾病、药物、妊娠期的年龄(年龄过早、适龄、大龄),及出生时体重
* 婴儿期和儿童早期(婴儿时的他怎么样？)——发展阶段标志性行为、疝气、疾病、住院治疗、耳朵传染病、病情发作
* 父母问题察觉能力(告诉我关于他的学习和成长你最初最关心什么),对日常生活进行讨论(吃饭、睡觉、家庭活动),以及孩子参与其中的情况
* 家庭经历(家庭中有人具有残障或学习障碍吗？)
* 父母对其优势的察觉能力(告诉我什么是他的优势和兴趣。对于他来说什么比较容易？他喜欢干什么？)
* 家庭的优势和支持(见Beach中心家庭研究工具箱中的新测量方法)
* 适应性行为评估(广泛使用的工具包括Vineland适应性行为量表Ⅱ,Sparrow, Balla和Cicchetti 2005;适应性行为评估系统——第二版,Harrison和Oaklan, 2003)
* 社会性—情感性发展(使用父母报告和自我报告的方法,如年龄和阶段问卷——社会性、情感性(Squires, Bricker, Twombly, Yockelson, Davis, & Kim, 2002);情绪暴躁和非典型行为量表(Neiworth, Bagnato, Salvia, & Hunt, 1999);学前幼儿园行为量表2(Merrell, 2003);社会性技能发展系统(Gresham & Elliott, 2008);以经验性为本评估的Achenback系统(儿童行为检查表)(Achenbach, 2001);学校社会行为量表——第二版(Merrell, 2002);优势和劣势调查问卷(Goodman and Goodman, 2009);Devereux行为评分量表——学校表格(Naglieri, LeBuffe和Pfeiffer, 1993))

社会工作者还可以帮助团队中的其他专业人士理解文化在发展中所起的作用。很少有老师接受过关于文化对于学习和成长的影响的培训。一些儿童可能被不适当地转介接受特殊教育，仅是由于他们不标准的英语和与主流文化不协调的行为(比如，回避与成人或权威人士的眼神交流)。

Kim的故事

Kim 6岁上小学的时候被收养了。她作为一个学龄前儿童在几个家庭中流转，被疏于照顾，可能遭受性侵。由于她有严重的阅读困难，Kim被建议在一年级留级。Kim在学校里非常孤僻。她很安静，也没有朋友。第二年的一年级学习仍然让她很痛苦。虽然Kim极其听话，而且在教室中自愿做一些力所能及的工作，但是老师还是很担心她在学校的心情。Kim很少微笑，也不愿意和其他小朋友多交谈。此外，老师怀疑她从别的小朋友那里偷吃的和其他东西。老师要求和学校的介入救助团队开会讨论怎样帮助Kim。

获得家长的同意后，社会工作者见了Kim。她让Kim给她画几张画。Kim开始画了些快乐的图片，有花朵，有阳光，并把它们作为礼物送给老师和社会工作者。当社会工作者与她讨论这些画时，明显发现Kim很担心会惹怒她生活中的权威人士。她帮助别人和她所画的画都是为了迎合她生活中的成年人，使他们喜欢自己。社会工作者让Kim画出她所希望的在校的一天是什么样的，怎样的一天会让她感到快乐。这些画让Kim愿意表达她的梦想，后来也愿意说出有关她早期被虐待的情况。Kim学习写字、读书，也继续通过阅读期刊来对抗生活中的低落情绪。

个体化教育项目

每一名确定需要教育服务的学生必须有一份有关其教育情况的书面报告。该报告包括教育情况的目前水平、年度目标、提供给学生的具体教育与相关服务以及学生能够参与的常规课程及课堂的程度。在2004年版IDEA修改之前，个体化教育项目(IEP)包括短期的教育目标和参照标准，为了减少老师的书面工作负担，所以取消了。2004年版IDEA仅要求如果儿童是进行选择性的评估，那么标准应该是相应选择性的。2004年版IDEA也取消了残障儿童父母应该至少与正常儿童父母一样接受进展报告的要求。

适当教育原则进一步要求教育服务必须使学生受益。必须为FAPE提供必不可少的非药物性相关服务。当所有需要的服务都已经被提供的时候，可以考虑提供特殊教育服务。

当一个儿童转学时，2004 年版 IDEA 要求新学校按照原 IEP 的情况继续提供服务，直到有新的 IEP 出现。当一个儿童跨州转学时，IDEA 要求先维持原资格并继续开展 IEP 服务，直到新学校重新对其资格进行评估。按照 IEP 的规定，其他关于修改 IEP 的过程可以不召开 IEP 会议。IEP 修改后可以根据家长的要求给其一份副本。

对于小于 3 岁的儿童，其家庭可以享受个体化家庭服务计划(IFSP)，计划需要描述其目标和服务内容。在认识到家庭对儿童成长发育的直观重要性后，IFSP 提供促进家庭鼓励其子女成长发育的能力的服务，并将其定为目标。C 部分包括更广泛的服务和更多的与其他机构的合作。为了能够使各机构协调发挥作用，每一个州都为 C 部分指定了一个领导机构。这个领导机构在每个州情况不同，大部分州都是指定负责教育和健康的部门(见 www.netacac.org/partc/ptclead.asp? text = 1)。与 B 部分(3 至 21 岁)不同，一些州要求家长在可接受的费用范围内为某些服务付费。

在多学科联合小组全体工作人员会议上，社会工作者会与家长一起讨论其目标和建议，并参与制定全部教育目标。社会工作者可以说明儿童的文化背景、家庭和社区生活的相关资源情况，并确定是否有其他资源可为这个家庭使用。同时他还可以详细说明与学生开展工作的方式(个案工作、团体工作、家庭介入、行为介入)，以及如何对结果进行评估。社会工作者也会促进家长在 IEP 中的参与，如通过在会前向家长解释进展情况，帮助他们确立目标和对孩子持续关注，了解孩子的优势和兴趣，以及在会议过程中鼓励他们多发言参与。

老师们有可能需要有关发展社会性技能和适应性行为技能方面的帮助，尤其是面对有学习障碍和情感伤害的儿童。社会工作者可以建议开展社会情感项目(Kuche & Greenberg，1995；McGinnis & Goldstein，2003；Walker et al.，2004；Webster-Stratton，n. d.)、积极行为介入和支持系统(www.pbis.org)，或者利用视频模式(Bellini & Akullian，2007；Charlop_ Christy，& Daneshvar，2003；Rao，Hitchcock，Boisvert，Kilpatrick，& Corllins，2013)、小社会团体(Sartini，Knight，& Collins，2013)、同辈调解(King & Fahsl，2012)、提高促进系统(Ault & Griffen，2013)或者其他以证据为本的方法(Bayes，Heath，Williams & Ganz；Jones & Bouffard，2012；Kucharczyk et al.，2012；Zager & Feinman，2012)。

社会工作者可以协助与儿童订立行为发展契约，做一个生态行为评估和计划，或者用其他方法来防止和管控问题行为。

社会工作者也可以帮助评估团队采取一种更加集中解决问题的方式来设计 IEP，引导老师、家长及学生自己参与设计一个利用学生个人目录和生态系统中的优势和资源的项目。

● ● ● ● 最小受限环境

在最大可能的程度上，儿童应该能够在自然环境（针对婴幼儿）及（或）常规教育项目中满足其教育需求。最小受限环境（LRE）经常在如下实务工作中有所实现：学校系统的开放性，包容所有学生，即使那些患有严重损害的学生，在普通教育中使得全部课程具有适应性，在常规课堂里发生改变。倡导者极力主张，使得互助学习、同辈教导、差异化课程、多变的教学策略能够更广泛地使用。但是由于有关这些方法的社会技巧方面对学生缺乏培训，这些技巧无法达成他们既定的目的。经过一段时间，按照 IDEA 接受服务的学生有 80%的时间是在普通课堂中度过的，其人数有所增加。1995 年至 1996 年，这一比例为 46%，而 2010 年秋则为 60%（Aron & Loprest，2012）。现在，LRE 既无法在跨种族和少数族裔群体里平等地实现（见图 9.3），也无法在跨年龄群体里实现（Aron & Loprest，2012）。年龄大

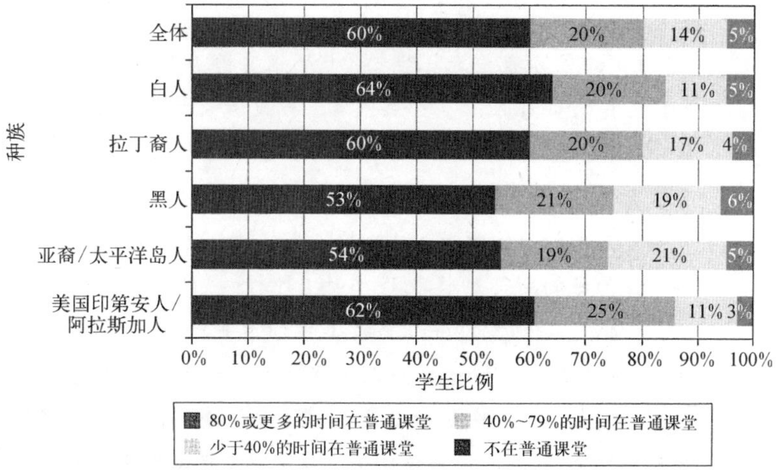

图 9.3 残障学生：从教育环境和种族来看，接受 IDEA 服务的 6 至 21 岁学生的比例分布

来源：美国教育部，特殊教育项目办公室，数据分析项目（DANS），OMB＃1820-0517。数据更新于 2011 年 7 月 15 日。

备注：包括 50 个州、华盛顿特区及 P.R.（含 BIE 学校）。

一点的学生更喜欢把时间花在普通课堂外。同样，对于有更大教育需求的群体，患有智力残障、聋盲或者多重残障的学生相较于患有学习障碍、发育迟缓、视力损伤和语言表达损伤的学生，更不喜欢把时间花在普通课堂里。在普通课堂接受服务的残障儿童比例还是逐渐增长的(包括所有残障类型)，但是患有情感或行为紊乱、智力残障的学生变化小于患有特别学习障碍的学生(McLeskey，Landers，Williamson，& Hoppey，2012)。

社会工作者可以协助在不同环境中开展转变性服务，在课堂行为管理和积极行为介入方面帮助普通老师，并帮助教导社会性机能，支持管理者、老师、专业人员助理和家长之间开展协作。

George 的故事

Kamin 先生来到儿童研究小组讨论他和四年级的 George 之间存在的问题。每天到上课的时候，George 已经卷入几起打架事件中——在他走向教室的走道上时推或者打其他同学。加锁橱柜靠近 George 橱柜的学生看到他来了都想赶快离开。Kamin 先生说他已将周围的橱柜换过了，与 George 橱柜在一边的学生是一些他最依顺的学生。Kamin 先生认为 George “好像有太多的愤怒”且“总是有坏的态度”。他说他已尝试与 George 交谈并且将其桌子与其他学生的桌子分开作为处罚。不管怎样，没有其他学生愿意和 George 一起学习。

Burke 夫人是一名社会工作者，她安排了一个早晨去观察 George 的行为。她看见 George 下了公共汽车。当孩子们走近出入口时，他们拥挤到一起。不管何时某人撞到 George，他都会转过来将他们推开或打他们。在事态扩大之前，Burke 夫人介入了，并让 George 和她在一起几分钟。George 开始为自己的行为辩解：“他推了我。”George 将在狭窄空间里发生的拥挤解释为他的同伴的侵犯性动作。Burke 夫人让 George 和她一起看一会儿。她指出当地方变得拥挤时其他学生也会受到碰撞。当学生人数减少时，Burke 夫人让 George 走到橱柜前并说她会在那儿与他见面。她看见他在通向橱柜的走道上平静地走远，没有被撞到，自己也没有打或推别人。她在 George 的橱柜处与他碰头，称赞他走得很好，并且手也一直很规矩。George 笑对称赞，但是说：“可能因为你在看。”今天走道里的其他孩子对他很好。

Burke 夫人回应道，她认为是走道里没有许多人所以他们没有碰撞他。她计划第二天当他下车时与他见面并且他们一起看其他学生走进学校。Burke 夫人再次向 George 指出其他学生也受到碰撞了。当学生数足够少时，她再次向 George 建议到了该去他的橱柜的时间了，但她不会驻足观察。她说她会在午餐时间与他见面，然后她转身走向汽车。当中午她去见 George 的时候，Kamin 先生说 George 早晨表现很好。那天早上没有一起打架事件。Burke 夫人与 George 分享了这个消息并称赞他的自我控制。一起午餐的过程中，他们谈论了如何成功地平静走向他的橱柜以及计划了他如何每天都能够这样做。放学后，Burke 夫人与 Kamin 先生见了面并且解释了 George 将侵犯性意图归结到在拥挤地方碰撞了他的学生身上。George 需要减少将不同意图归结于同伴的行为。Burke 夫人问 Kamin 先生，他是否能够表扬班级里那些能为 George 提供朋友圈的学生。她每周将会在她的咨询室里与他们这个团体一起吃一次午餐，并且帮助 George 与他的同伴形成积极的关系。

•••• 转变性服务计划

转变性服务计划包括一套相互协调的活动内容，目的在于促进从学校到高等教育转变的系列活动，包括高等教育、职业培训、支持性就业、完全就业、独立生活、社区参与、休闲娱乐、成人继续教育。最近的一份 GAO(U. S. Government Accountability Office，2012)报告建议，为了使残障儿童在转变为成人的过程中达到目标期望，各部门包括教育、健康与人类服务、劳动与社会保障等都应该通力合作。他们强调每个部门都应该更好地认识到转变性服务的意义，从而为有效的合作付出更多的努力。

从 1997 年的修正案开始，IDEA 提到社会工作可以作为服务之一运用到转变性服务计划中。在 2004 年版 IDEA 之前，学校需要考虑转变的问题，但是对毕业后的情况设立或达到一定目标的责任。2004 年版 IDEA 要求转变性目标在 16 岁时就需要设定。法律规定职业康复机构也要参与到转变性服务计划中。当残障学生离开中学时，应该获得一份转变性服务情况和成果的小结。社会工作者可以帮助协调召开以人为本的计划策划会议，同时帮助学生设立目标以及学习自我鼓励、自我决策、社会上负责任和适应性的行为。社会工作者可以成为职业康复机构和其他社区支持力量的联络人。

● ● ● ● 惩罚

尽管对于 2004 年立法有很多争论，但是 1997 年修正案中关于惩罚的内容仍保留在了 2004 年版 IDEA 中。法律允许学校工作人员把残障儿童安置于一个适当的临时选择性教育环境（IAES）或其他环境中，又或者可以在每学年暂停最多 10 天的服务（在某种程度上这种选择也适用于正常的学生）。一个儿童携带武器进入学校或学校功能区，或者涉及拥有、使用、筹集、销售管控物品，又或做出严重的身体伤害行为的，会被处以 IAES 处罚，与有听证官员管控的健康儿童不同，他们的处罚时间最长为 45 天，但是可以继续接受服务。法律进一步规定，在受处罚之前或处罚期间最初 10 天内，应该召开 IEP 会议来就问题行为制订一项评估计划（如果功能性行为评估还未开展，而行为介入计划已经实施了）；或者如果该学生已经在接受一项行为实施计划，IEP 小组也会审查该计划并进行必要的修改来引导学生的行为。IEP 小组还会审查儿童的残障与受到处罚的行为之间的关系（证明确定审查），以确定此行为是否由于 LEA 错误事实 IEP 而直接导致的。如果该行为并不是残障问题产生的，除了该儿童可以继续（在任何环境下）接受 FAPE 外，他将受到与健全儿童一样的处罚程序。为了确定越轨行为是否为残障问题产生的，小组必须判定：（1）儿童的 IEP 与处置是否适当；（2）补充性协助、服务及行为介入计划是否是根据 IEP 来提供的；（3）儿童的残障是否影响其对于自身行为所带来的后果的理解能力，或者对行为的控制能力。对于一些不同意越轨行为不是残障问题产生的家长，该法案允许他们对处置变更决定进行上诉。教育机构可以报告残障儿童的犯罪行为，但是必须保证将特殊教育和处罚记录的副本送给权威部门作参考之用。

如果听证会官员判定公共机构有足够的证据表明现有的处置方式会对该儿童或其他人造成伤害而且该机构已经努力把伤害危险性降到最低程度（包括使用补充性协助和服务），那么官员可以命令把处置改为一个不超过 45 天的 IAES。官员必须考虑当前处置的适当性并确定 IAES 是否达到要求。IAES 必须由 IEP 小组决定。所选择的 IAES 必须能够使儿童继续参与到普通课堂中，且能接受到促进儿童达到 IEP 目标的服务。同时，IAES 必须包括旨在解决问题的服务和改善措施。

尽管这些服务已经提供，但是纵观转变性研究（Wagner，Newman，

Gameto，& Levine，2005)，发现超过一半的残障青年受过处罚或者其行为带来负面后果，1993 年时这一比例只有三分之一。2004 年至 2005 学年，超过 65 000 名残障学生被暂停学校学习超过 10 天。这些学生中将近一半(47.5%)是黑人(非西班牙裔)。

2012 年 5 月，美国教育部出版了一份指导性文件，制定了 15 个原则，作为州、地方、学校在制定针对所有学生的控制和隔离的政策和程序时的指导，也包括按照 IDEA 或者 ADA 及修正过的 1973 年康复法案 504 条款规定的接受服务的学生。这些原则是来源于 2009 年美国教育部长 Arne Duncan 给州学校首席官员的一封信，当时美国参议院教育和劳动委员会正在举行关于学校中使用控制和隔离措施的听证会。

功能性行为评估

1997 年的修正案规定，当一个学生的行为妨碍自身或他人学习时，IEP 小组必须在其再次出现同样情形之前考虑实施积极行为计划以解决其消极行为。许多学校通过开展功能性行为评估来达到这一要求。这些评估通过审查行为的前提条件及可能加强行为的影响来理解学生为何会以某种方式行事。介入计划可以包括教导学生适当的社会性技巧，改变环境以支持积极的行为(比如减少噪声、改变交通模式、缩减团队规模、调整活动计划或时间)，提供一种方法以更为积极的方式使学生满足其需求，为儿童使用适当的行为提供增援和支持(比如，发出提醒儿童使用适当行为的信号的预防措施；Hojnoski & Wood，2012；Jordan，2006)。社会工作者可以被动员起来帮助实施功能性行为计划，帮助收集学生的行为信息，推荐行为介入策略，教导学生社会性机能和方式，以及为学生提供作为行为介入计划一部分的支持。

社会工作者也可以帮助选择和实施全校范围内的积极行为介入系统，以便在问题行为影响学习之前进行阻止。

Chaiya 的故事

Chaiya 最近被转移至 PS 3。她的一年级老师怀疑她患有注意力缺陷。在独立做作业过程中，Chaiya 很容易在还没有完成自己作业的时候就离开座位去帮助其他同学。Chaiya 的老师说她无法让 Chaiya 把注意力集中在她身上。Chaiya 甚至不能和老师对视几秒钟，即使老师要求这么做。

Chaiya 的老师说最近她母亲去世后，她表现得犹犹豫豫、吞吞吐吐，还被强迫搬家。社会工作者 Mark 审查了 Chaiya 在学校的档案，并且注意到她在她母亲去世前上过 BIA 观察学校。Mark 帮助老师理解存在的文化差异，并使老师了解悲痛对学习过程的影响。他建议老师多采用合作学习和群体学习的方法，并通过教授社会性技巧帮助老师使用这些方法。此外，他还提供咨询和培训，以帮助 Chaiya 与其他同学建立积极关系。

家长的介入

家长有权参与到处置和项目决策中。IDEA 规定让家长参与到处置决策中。即使儿童已经在州政府监护下或者被收养，2004 年版 IDEA 仍规定需要从家长那里得到知情同意，除非法院判决可以不需要。如果家长不同意最终的安排决定，他们有权要求召开一个公正的听证会。如果家长不同意这些服务内容，学校就不能开展。学校在对儿童正式评估前必须征得家长的书面知情同意书。召开多学科联合小组工作人员会议也必须通知家长，在家长可以参加的时间和地点召开。如果家长不同意对他们孩子的处置，学校应该帮助他们利用听证会的程序。

社会工作者在保证家长参与方面也是有帮助的。工作者可以进行家访，以解释和澄清家长参与的性质及益处。他可以在看护方面促进家长和学校工作人员之间进行合作。社会工作者也可以在家长的担忧成为问题前对教育工作者进行解释。这种沟通功能很重要，既促进家长对其子女教育的参与，也使教育者察觉到可能影响一些介入成功的家庭压力因素，同时也向专家小组反馈一些家庭已发现的行之有效的策略。家庭和学校对儿童来说是两个重要的微系统。如果两者共同合作，那么每个人都会受益。

预定程序

对于处置评估必须事前通知残障儿童家长。这份通知必须包括家长可获得程序性保护的解释、计划的行动及其理由的描述以及评估程序的描述。在进行评估及儿童被安排进特殊教育项目前，家长的书面同意是必要条件。如果家长不同意 IEP 计划，而且已经与地方教育机构（LEA）见面也无法解决，那么家长可以要求召开听证会。由于诉讼的高额成本，IDEA 最新修正案要求在进入预定程序后家长和 LEA 必须见面并努力解决问题。2004 年版的 IDEA 也对家长投诉的权利进行了为期 2 年的限制，以及 90 天的上诉限制。听证会官员必须根据 FAPE 而不是程序性错误来判定案例。在先前的法律中，学校负责听证会的法律费用。2004 年版规定，如果家长的投诉被认为是无缘无故的，那么学校可以向家长索要律师费。此外，法律并未明确规定在听证会中谁(LEA 或家长)承担举证责任，但是从后续高等法院判决(Schaffer v. Weast，546 U.S.，2005)可以得出，举证责任应由寻求帮助的一方承担。这将在很大程度上限制根据 IDEA 寻求预定程序帮助的家长的数量，因为他们无力承担法院的费用。家长们开始寻求其他方式而非 IDEA 预定程序来主张他们孩子的权利。由于 2004 年版 IDEA 的这个规定，截至 2013 年，根据 504 条款规定到民事权利办事处投诉的数量已经增长 4 000 多例。ADA 的范围也在 2008 年修正案中有所扩大(美国教育部，民事权利办公室)。

社会工作者可以告知家长他们所拥有的权利，并为接下来的程序做准备。当家长和学校之间产生误会时，社会工作者可以作为调解人。社会工作者可以在家长和教育工作者之间安排会面以利于问题的进一步澄清。社会工作者也可以帮助寻找非正式的支持(例如其他面临相似问题的父母及其呼吁者)。这些支持可能帮助家长解决问题并按他们要求提供适当的服务。

Fayette 的故事

P.S 27 发生情感伤害、欺负和暴力行为的可能性很高。由于可以使用 IDEA 基金实施预防项目，学校决定开展预防措施。社会工作者 Fayette 被安排主要负责对 Fast-Track 项目(问题行为预防研究会，1992，2004)、First Step to Success 项目(Walkers et al.，2004)、Skillstreaming 项目(McGinnis & Goldstein，2003)和 OSEP 资助项目进行调查并对其提供建议。

相关性服务

相关性服务包括输送和发展性、矫正性服务，以及要求能够帮助儿童从特殊教育中获益的其他支持性服务。这些服务包括听觉学、语言治疗、生理治疗、职业治疗、康复咨询、肯定技术、学校健康服务、社会心理服务和社会工作服务。2004 年版 IDEA 规定，学校社会工作服务包括：准备残障儿童的社会或成长发育经历报告；向儿童和家庭提供团队和个案咨询；解决儿童生活境况（家庭、学校和社区）中影响其学校适应的问题；动员学校和社区的资源（比如，社区娱乐设施、为教学而提供的财务资源和家庭中的适应情况），以使学生在其教育项目中尽可能有效地学习（34 C. F. R. Section 300. 16）。

残障类型划分中潜在的哲学基础

发展性因素已经成为决定健全或残障的组织原则。整个判定系统努力将学生划分成各个同质性小组，以利于服务可以有效地开展。然而典型的问题是，对于不同类型学生的教育介入相似性大于差异性，由于多种残障情况混合出现，学生会经常遇到学习问题。发展性因素（及学科领域）之间的牵扯影响意味着一个因素上的困境可以导致在其他因素上的迟缓或困境。例如，一个学生有阅读障碍，那么他在数学方面也会存在问题，尤其是当越来越多的课程依赖于文字阅读的时候。最为有效的项目都在使用相同的原则和流程（集约型个体化教学，辅以紧密的监控和反馈），而不考虑学生是否存在不同的类型，如学习障碍、智力障碍、情感困扰、学习迟缓或者教育性缺失，但是 IDEA 的关键是个体化，关于个体学生的发展优势和挑战，然后运用以证据文本的实务工作。可悲的是，特殊教育介入和实务在这个方面的研究比其他领域的教育要少（Levenson，2012）。

同一残障类型的儿童之间存在的不同可能会与不同残障类型的儿童之间存在的不同一样多。此外，有的儿童可能适合不同残障类型所提供的服务。评估委员会需要判定儿童所能接受服务的主要残障类型。关于为残障儿童提供适合的服务的条件，联邦政府进行了如下的定义。此外，针对有资格接受服务的不同残障类型儿童，我们提供了一些案例，同时对其提供了一些支持。

IDEA 符合资格的类型

（34. C. F. R & 200. 8 参见 http：//wwwgpo. gov/fdsys/pkg/CFR - 2012 - title 34 - vl. 2/pfd/CFR - 2012 - tiltle34 - vol2 - part300. pdf）

■ **自闭症**。是指严重影响语言与非语言交流及社会互动的发育残障，症状通常会在3岁前表现出来，对其教育情况产生不利影响。其他有关特征包括反复固定的动作，绝对的习惯依赖及异常的知觉反应。如果一个儿童学习成绩极为不佳的原因是情感困扰，那么按照以下定义，不认为是自闭症。如果一个儿童3岁后出现自闭症的症状(以上条件全部满足)，那么也可以诊断为患有自闭症。

几乎所有自闭症系列病症(ASD)的患儿都要比其他健全儿童需要额外的健康及其他服务。3岁前儿童开始有患病的症状，这些症状可能会延续到成年后(尽管这些症状会有所发展)。目前治疗ASD没有单一或者最佳的方法，针对患儿的早期介入会有良好的效果，所以早期介入尤为重要。然而，在具有特殊健康看护需求(CSHCN)的ASD患儿中，只有不到五分之一的儿童在2岁前可以诊断出患有ASD，五分之二的儿童是在6岁以后才被诊断出来的。被诊断出患有ASD的比例由2005年的3%到2010年的6%，增长了一倍。ASD患病率的增长加强了对早期诊断和介入的需求(Pringle et al.，2012)。在某种程度上，最近特殊教育中患有自闭症儿童的比例迅速增长的原因主要是疾病的流行性趋势，而非在关注、认定、诊断上没有明显的进步(Aron & Loprest，2012)。

许多以证据为本的策略被用来支持在普通课堂及特殊环境中的患儿，包括环境改善、直接教学、视频模式、同辈沟通和促进行动。

自闭症儿童的睡眠问题比其他残障类型儿童更为普遍，同时伴随着更为严重的认知迟缓、多动症状和注意力不集中及更多的问题行为。专家建议，把对患儿睡眠问题的评估和治疗作为综合性计划的一部分，同时社会工作者在建立社会性和发展性经历的过程中带着睡眠问题的疑问。见http：//nichcy.org/disability/specific/austim。

■ **聋盲**。是指听力和视力同时发生损害，导致严重的交流障碍，需要其他发展性和教育性服务，而不能像单独患有耳聋或失明的儿童一样被安置在特殊教育项目中。

聋盲儿童的发育迟缓程度和困难部分依赖于感官丧失时的年龄和严重性。从出生即患有听力和视力损伤的儿童发育迟缓程度一般比出生后才患有单一或双重感官问题的儿童严重。

患有双重感官缺失的儿童对家庭和老师具有额外的需求。他们经常需要选择性交流系统，比主流学生更具有挑战性。由于与环境的沟通和探索能力受限，他们会有挫败感。双重感官缺失会影响学习的所有方面，尤其是这种缺失发生在出生时或出生后早期。这些儿童具有多种需求，需要不同领域的服务提供者，包括职业治疗师、语言表达治疗师、视觉专家、听力专家。天生聋盲的儿童在许多州都是被安排在隔离的环境中的，比如聋人学校或盲人学校。见 http：//nichcy.org/disability/specific/deafblindness。

■ **耳聋**。是指严重的听力损伤，通过语言进行的交流（即使被放大）都无法完成，严重影响儿童的学校成绩。

天生性听力损伤会干扰儿童语言、认知和社会性发育。如果不经筛查，听力损伤在几个月内都不会被发现，从而影响语言和认知的发育。早期语言能力薄弱所造成的影响会贯穿学生的整个学校生活（Luft，2012）。大多数州（目前为 36 个）都要求进行新生儿听力筛查，尽管许多州允许在家长反对的情况下豁免。一些有严重听力缺失的儿童会接受耳蜗植入手术[①]，在此支持下，许多儿童在正常发育环境中用听力学习语言并发展语言和认知能力。其他儿童可以利用其残余的听力在辅助下学习其他交流方式，比如读唇语、手语或者美国聋哑人手势语（ASL）。ASL 与英语不同，有其自身的语法规则。用 ASL 交流的学生在普通课堂需要翻译服务，或者在单独教室学习，又或者可以在美国任何一家聋人学校学习。见 http：//nichcy.org/disability/specific/hearingloss。

用读唇语或残留听力交流的听力损伤学生可能在学习和社会交往中遇到挑战。听力损伤的影响随着环境条件（如背景噪声、光线）的变化而不同，让老师和同学会认为他们可能是选择性听不清，而实际上有时确实是因为他们无法准确读懂唇语或肢体语言。一份最近的教育实务调查（Ahearn，2011）发现，43%的州为耳聋或听力障碍学生提供精神健康服务。

■ **发育迟缓**。是一种并非严格定义的类型，患者主要为 3 至 9 岁的儿童，发育迟缓的定义由州决定，由适当的诊断工具和程序进行测定，测定范围包括以下一个或几个方面：生理发育、认知发展、沟通发展、社会性和情感性发展或者适应性发展，由此需要特殊教育及其相关服务。

目前已认识到发育是整体的概念，很难被认定出某种主要的发育迟缓类型。符合这个类型并接受服务的儿童可能在发育的任何一个方面有迟缓情况。当他们年龄超过 9 岁时，他们必须符合其他类型中的一种才能够继

① 耳蜗植入手术与听力救助不同，它仅是对听力的增强。耳蜗植入的是一个小的电子装置，可以直接刺激听觉神经。耳蜗植入后的听力需要花时间进行练习。

续接受服务。见 http：//nichy. org/disability/specific/dd。

■ **情感困扰**。是指：（1）超过相当长的一段时间表现出以下一个或多个特征并对儿童的学习成绩造成不利影响：a. 缺乏学习能力，且并不是由智力、感官、健康因素引起的；b. 没有能力建立和维持与同辈或老师之间满意的人际关系；c. 在普通环境中存在不适当的行为或感觉反应；d. 普遍且广泛存在痛苦或压抑的心情；e. 对于个人和学校问题的担忧出现生理方面的症状。（2）包括精神分裂症。除非判定儿童具有情感困扰，否则它并不适用于社会性失调。

符合这个类型的儿童具有一系列精神健康需求，包括焦虑、两极紊乱、行为紊乱、心情压抑、饮食紊乱、强迫性紊乱、精神分裂症、社会性恐惧。家庭和老师经常需要帮助以能够理解这些学生的精神健康需求，并做出适当的反馈。这些学生被学校停课、开除和辍学的危险性很大。在本章讨论过的功能性行为评估、支持性环境、积极的课堂气氛、老师学生关系、积极行为介入和社会情感性项目对符合这一类型并接受服务的学生来说很重要。见 http：//nichcy. org/disability/specific. emotionaldisturbance；http：//www. familyvillage. wisc. edu/specific. htm。

■ **听力损害**。是指在听力方面受到损害，不论是永久性的还是波动性的，这种损害会对儿童的学习成绩有不利影响，但是这并不包括在本章所提到的耳聋。

听觉能力在一天之中或几天中会有所波动。不到一半的听力损害儿童可以阅读唇语，唇语是很具有挑战性的，尤其对那些只有有限听力的儿童。对于听力损伤轻微的学生来说，倾听需要集中注意力并花费大量精力。每天的课程可能会让学生感到疲倦，而很难坚持出席并听讲。背景中的噪声会让听讲更加困难，学生可能会错过课堂上的重要内容。当这些学生听不清时，他们的朋友可能会认为他们是有意不理睬。只能听清部分内容也可能导致误解。社会工作者可以帮助学生或家庭在课堂中争取支持，并帮助他们的同伴理解听力损伤者所要面临的更多挑战。见 http：//nichcy. org/tags/deafness-or-hearing-impairmengt。

■ **智力残障（智力迟钝已经被正式取消）**[①]。是指儿童的智力明显处于

① 2010 年 10 月，为了符合 Rosa 法（34 CFR §300. 8（C）（6）），“智力迟钝”修改为“智力残障”，只是名称修改，定义不变。

普通智力机能的平均水平之下，同时存在适应性行为缺失，会在发育成长阶段表现出来，并对儿童的教育情况产生不利影响(34C. F. R. & 300. 8)。

对于智力残障学生的支持方法包括直接教学和嵌入日常教学中的自然主义方法(Wolery，2012)。在自然环境中，有很多证据文本的介入方式是可以使用的，比如教授沟通技巧的行为连锁中断策略(Wolery，2012)、鼓励以及其他直接教学技巧(Bayes，Heath，Williams，& Ganz，2013)。智力障碍学生会在适应性行为方面存在困难，可能需要直接教导他们如何处理不同的社交情景。如果智力损伤很严重，这些家庭可能需要在终生规划方面和可利用的照料资源方面的支持。见 http：//nichy. org/disability/specific/intellectual； http：//nichcy. org/intellectual-disabiyties-in-youru-classroom； http：//www. education. com/reference/article/characteristics-intellectual-disabilities/。

■ **复合性残障**。是指多种损害同时存在(比如智力残障与失明、智力残障与整形损害)，这种综合性问题会导致严重的教育问题，只针对一种损害的特殊教育项目会接纳他们(34 C. F. R. & 300. 8)。

尽管许多学生会有多于一种的障碍(比如整形损害与学习障碍)，但是被认定为复合性残障的学生会有更为严重的教育问题。他们基本上处于更为隔离的环境中，比如单独的课堂，需要花更多时间学习适应性行为和生活技巧。复合性残障儿童的家庭需要有资源以使其看护责任得到暂时的缓解。这些家庭在儿童看护方面需要终身规划。见 http：//nichcy. org. disablity/specific/miltiple。

■ **整形损害**。是指严重的形体损害，已经对儿童的学习成绩产生不利影响。它包括先天畸形造成的损害(比如脚部畸形、四肢缺陷)、疾病造成的损害(比如小儿麻痹症、骨结核)，以及其他疾病造成的损害(比如脑性瘫痪、截肢、骨折或烧伤引起的挛缩症)(34 C. F. R. & 300. 8)。

整形损害已对其学习情况产生不利影响的儿童是可以接受 IDEA 服务的。一些整形损害的儿童可以接受 504 条款计划，但是不需要额外的服务以完成学业。整形损害的可见性会对社会交往产生影响。尤其是年龄较小的同辈群体在最初接触这些有身体差异的学生时会有些害怕，与他们接近和互动会有些迟疑。与之不同的是，一些成年人和同辈群体可能会在他们并不需要帮助时却试图提供帮助，这反而限制了他们的独立性。社会工作者可以帮助他们与同辈群体顺利交往并建立友谊，鼓励职业治疗师和生理治疗师教导老师和专业助理应该如何支持这些学生而同时又不限制其独立性。家长通常会认为他们的孩子比较容易受到伤害，需要在成长过程中不断支持他们“展翅高飞”。见 http：//nichcy. org. disablity/specific/spinablifida and http：//nichcy. org. disablity/specific/cp。

■ **其他健康损害**。是指具有有限的能力、活力或者敏捷性，包含对环境刺激的高度敏捷性，从而导致在教育环境中注意力不集中。(1) 由于慢性或急性的健康问题引起的，比如哮喘、注意力缺陷症、多动症、糖尿病、癫痫症、心脏疾病、血友病、铅中毒、白血病、肾炎、风湿热以及镰状细胞血症；(2) 对学习已经产生一定影响(34 C. F. R. & 300. 8)。

如果这种学生可以与同龄和同年级的同学一样进行学习(即健康损害并未对其学业产生不利影响)，那么该学生就不符合接受 IDEA 规定的服务，但是符合接受 504 条款计划规定的服务。老师和学校工作人员通常需要了解不同健康问题对于学习和行为的影响。学生基于自身的健康状况需要主张自我权利和与同辈互动的技巧。更多资源可见：http：//nichcy. org. disablity/specific/epilepsy；http：//nichcy. org. disablity/specific/ohi-hemophilia；http：//nichcy. org. disablity/specific/ohi-leukemia；http：//nichcy. org. disablity/specific/ohi-sicklecell；http：//nichcy. org. disablity/specific/ohi-tourette；http：//www. familyvillage. wisc. edu/specific. htm。

■ **特别学习障碍**。定义如下：(1) 一般情况。是指在一种或多种基本心理过程中存在病症，涉及理解或利用语言读写，表现为缺乏聆听、思考、言语、阅读、写作、拼写或者数学计算的能力，比如是由于知觉性障碍、脑损伤、轻微脑功能失调、失读症、发育性失语症引起的。(2) 其他未包括的病症。它不包括主要是由视觉、听觉、运动神经障碍、智力障碍、情感困扰、环境、文化或经济劣势造成的学习问题(34 C. F. R. & 300. 8)。

如前所述，认定学生是否具有学习障碍的最为适当的方法一直存在争议。除了学业困难外，具有学习障碍的学生在理解社会行为方面也存在问题，导致其出现社会性行为问题。与其他同学相比，他们一般比较自卑，感觉无助或者能力不足，心情压抑。具有学习障碍同时又有多动症的学生很常见(DuPaul, Gormley, & Laracy, 2013)。一些学生可能会采取某些负面的方式回避学业、摆脱控制，比如表现出漠不关心的态度，或者成为班级里的小丑或麻烦制造者。社会工作者通过建议改进教学方式表明他们有能力学习，并帮助他们关注自身优势，建立目标，从而对他们形成支持。

社会工作者也可以教授学生理解社会行为，融入社会环境，规范自身行为，解决社会问题。见 http：//nichcy. org. disablity/specific/ld。

■ **语言损害**。是指沟通紊乱，比如口吃、发音不清、语言损伤或嗓音损伤，并对学习成绩产生不利影响(34 C. F. R. & 300. 8)。

语言损害很常见(从学前至青春期前)。当学生开始学习和理解书面语时，一些语言损害会导致学习障碍。或者，有的学生觉得对于书面语更容易理解，因为他们可以集中注意力去识别，而在口头表达时却会受到限制。语言损害包括发音清晰度问题(个体发音问题可能伴随着个体声音识别问题)，嗓音损伤(音量或声调控制问题)，流利度问题(口吃或语言表达流畅度问题)，单词使用问题，学习、理解、使用语法、句法或词汇量的问题，语言实际交流问题(对于特定社会环境能够使用适当语言表达)。大多数具有语言损害的学生接受语言治疗师的服务。社会工作者可以与语言治疗师合作，帮助学生解决社会交流技巧问题。见 http：//nichcy. org. disablity/specific/speechlanguage。

■ **脑外伤**。是指由于外力作用而对大脑产生的后天性伤害，导致部分或全部功能障碍和(或)心理损害，并对学习成绩产生不利影响。它适用于开放性或封闭性脑损伤，并已造成单一或多方面损害，比如认知、语言、记忆、注意力、推理、抽象思维、判断力、问题解决能力、知觉和运动能力、社会心理行为、生理功能、信息处理、表达能力。它不包含先天性疾病、变性疾病或者出生时创伤引起的脑损伤(34 C. F. R. & 300. 8)。

脑外伤发生率最高的年龄段是在 15 至 24 岁。社会工作者可以在理解和解释大脑损伤带来的挑战方面帮助学生及其家庭。学生可能会觉得很困扰，因为之前能够很容易就对信息进行处理，并完成任务。整个家庭可能会对学生的行为和情感改变难于理解，尤其是判断力、问题解决能力、组织能力、情感规范力方面的改变。见 http：//nichcy. org. disablity/specific/tbi。

■ **视觉损害**。包括失明，是指视觉方面存在损害，即使经过矫正，还是对学习成绩产生不利影响。它包含部分或全部失明(34 C. F. R. & 300. 8)。

视觉损害程度分为弱视(经过矫正最好眼视力为 20/70 度)、有限视力范围(视力低于 20 度，有时称为管状视力)、全盲。大多数患有视觉损害或失明的学生还具有一些视力。他们一般都在当地学校学习，同时有 37 个州建有专为盲人服务的单独寄宿学校。这些学校可以为当地学校提供资源，也可能对复合性问题学生限定寄宿服务。

视觉损害的严重程度会随着环境光线的改变而变化。关于视觉条件，有些学生在弱光线下看得更清楚，而有些学生需要更强的光线视力才能更好。而在多数情况下，强光更不利于视力，粗体或者色彩对比度强的更有利于视力。随着计算机技术的进步，视力辅助方式越来越丰富，然而对于学生的支持还是经常不足(Brown，Packer，& Passmor，2013)。

对安全的担忧出现过度警惕，有时成年人(老师、专业助理或家长)会强行介入，导致视觉损害学生产生过度依赖性，妨碍了他们与同辈群体的互动(Brown et al.，2013)。视觉损害学生不可能像视力健康的学生一样通过观察他们环境中的他人来进行学习，从而影响了适应性行为和社交互动。他们由于看不清楚而不能理解非语言性的表达，比如面部表情和环境符号。此外，在没有成人帮助解释的情况下，他们很难把注意力集中在同伴的脸上，从而影响了同伴对他们的关注且限制了他们的关系。

视觉损害是一种发生率比较低的障碍。具有视觉损害的家庭可以从其他类似的家庭中获得支持。社会工作者通过州(http://www. afb. org/ditectory. aspx? action = progile & AccountID = 1008)或全国性组织比如美国视觉损害家长联合会(http://www. napvi. org)帮助他们之间互相联系，也可以帮助他们获取技术支持，培养学生的独立性。社会工作者还可以帮助学生学习在一个同辈群体中如何解释他们的视觉障碍及其带来的影响，同时鼓励学生主张自我权利。见 http://nichcy. org. disablity/specific/visualimpairment。

● ● ● ● IDEA 总结

IDEA 自建立以来已经得到了改良并扩展，增加了如何对残障学生进行支持的内容，且带来了许多积极改变。现在每一个州都有法律保障对每一个残障个体在最小受限环境中提供 FAPE。2004 年版 IDEA 认识到，经过近 30 年的实践表明对于残障儿童的许多服务是有效的和有益的(见表 9.2)。最近实施的 IDEA 包含了与其他法律更强的协调性，对学生的教育和健康都产生了积极影响。2004 年版 IDEA 把问责性努力转变为更为关注学生的学业成绩，并与《不让一个孩子掉队法案》(NCLB)的要求相适应。除此之外，2004 年版 IDEA 与《儿童虐待防治和治疗法案》(CAPTA：2003 年修改于《保障儿童及其家庭安全法案》)相配合，要求转介以能够按照 IDEA 中 C 部分(适用于出生至 3 岁儿童)的规定对服务进行检视及评估，服务对象为 3 岁以下遭受虐待或疏于照顾儿童，包括那些由于产前药物暴露而产生戒断症状的儿童。

表 9.2　2004 年版 IDEA 的立法者认识到的 IDEA 优势
* 家长参与程度高，家长和学校建立了强有力的合作关系 * 对儿童的期望变高，最大可能使其接近主流课程体系 * 特殊教育与州、地方政府改进的努力相配合，使得残障儿童能够从中获益(立法者所包含的意义是，特殊教育是一种服务，而不是一个处置残障儿童的地点) * 尽可能在普通课堂中提供特殊教育及其相关服务(如社会工作服务) * 转介前介入的目的是为了降低对残障儿童的标签化，以满足他们行为和学习上的需求，特别值得一提的是早期阅读项目、积极行为介入、早期介入及介入回应的利用 * 关注教育和学习资源的提供，减少书面工作要求 * 对每一个为残障儿童工作的人员(比如专业助理、老师、助手)提供高质量的精细的职前和专业发展支持，以确保所有相关工作人员都可以有必要的知识和技巧有效地帮助儿童 * 通过支持发展和提供残障辅助技术设施和服务，最大限度地方便儿童

尽管 IDEA 对大多数残障儿童的生活具有积极影响，但是对其他人来说 IDEA 的承诺并未完全实现(Ford，2012；Weintraub，2012)。少数族裔的儿童接受独立特殊教育的比例相对较高，以致特殊教育被认为是新形式的种族隔离(见图 9.3)。2012 年，英语水平有限的残障儿童的辍学比例(15.4%)大于英语熟练的同类儿童的比例(12.6%；美国教育部，2011)。

2011 年《不让一个孩子掉队法案》

对《中小学教育法案》(ESEA)再授权的 2001 年法案于 2002 年 1 月 8 日签署为法律，命名为《不让一个孩子掉队法案》(NCLB)，它做了一些改变，目的是针对所有儿童预防阅读问题，提高学业成绩。按照 NCLB 规定，要求从 3 年级开始超过 95%的学生都要进行标准化评估，所有类别的青少年(包括残障青少年)必须参与年度进展测评(AYP)，从而在 2014 年前使所有儿童达到年级平均水平的学业成绩。NCLB 允许测试便利性，并为小比例(2%)的儿童的测试使用修改过的或替代性标准。各州都在争取制订出可信、有效且与标准相适应的评估方案，并让儿童有机会了解需要哪些方面的评估。一些老师报告说，有些学生被要求完成超出他们能力的评估，而且这些评估会给他们的情感带来伤害。

2011 年 9 月，美国教育部(ED)给予各州机会可以发挥 NCLB 的灵活性，涉及 10 条 NCLB 规定的取消权，以及 2 条额外 NCLB 规定的可选择性的取消权(美国教育部，2012)。此项行政决策所涉及的几个规定会影响残障儿童。比如，一个规定的取消项目为 NCLB 目标提供了灵活性，目标本要求所有学生在 2013—2014 学年都要进行数学、英语(语言)和艺术(ELA)熟练性测试。然而，原则上要求各州为所有学生设立学前、职前预备期望目标，并使他们逐渐适应先进的、全州性的、高质量的评估及相应的标准，包括那些先前需要接受经过修改的评估或达到标准的学生(美国教育部，2012)。

Jamal 的故事

Jamal 是其母亲在怀孕 28 周时出生的，在最初 3 天里他经历了癫痫发作和脑室内出血。2 岁时测试显示他的智商只有 52 分，被诊断为小儿脑瘫。尽管他面临这些挑战并患有耳朵传染病，但是他有一个很利于他成长的环境，他的父母也强有力地维护他的权益。他上中学时，他的阅读能力已接近同年级水平，可以参与一些普通课堂学习。他可以独立行走，只是步态不是很正常且平衡感差。

Jamal 对于社会环境的理解比较困难，不能做出适当的回应。他不能很好地运用肢体语言，经常与其他儿童站得太近，他开始在学校中吵架。他的母亲马上要求为他提供 IEP 服务和社会性技巧训练项目，以及寻求社会工作者的支持，帮助 Jamal 学习如何读懂肢体语言以及如何在不同社会环境中表现。

《Jacob Javits 特别天赋儿童教育法案》

《Jacob Javits 特别天赋儿童教育法案》(Javits)是解决具有特别天赋儿童问题的唯一立法。它源于 1988 年的《中小学教育法案》(《不让一个孩子掉队法案》的前身)的部分条款，目的是支持具有特别天赋的儿童的发展。Javits 从没有为地方项目提供资金，但是却奉献于创新性策略的研究和发展，以及相关示范项目，为探索如何满足特殊天赋儿童需求积累知识。Javits致力于为所有特别天赋儿童提供平等机会，因为在传统的特别天赋项目中所认定和服务的儿童并不全面，主要针对那些经济上不宽裕和具有残障或LEP的儿童。Javits建立了美国特别天赋研究中心，成立了具有竞争性的示范基金项目，并为一些有竞争力的州提供资金以改善相关项目，即使这些项目已经得到州的资金支持。由于联邦预算限制，2011年Javits的资金资助被暂停，项目被缩减，然而，一些研究的开展以无成本的方式持续到2013年底。除此之外，全国性的特别天赋项目持续为特殊天赋儿童提供服务。

天资优异是指具有超常智力的人以及在某一特别领域（比如科学、音乐、艺术）具有超常天赋的人。在不同州和不同项目中，对于超常的定义不尽相同。不幸的是，许多特别天赋儿童并没有适合他们的项目，老师更为关注对成绩中等或落后的学生提供辅导，而对成绩好的学生提供的辅导比较少（Firmender，Reis & Sweeny，2013）。直到中学，阅读能力的差异会有10个年级的差别，这就突出了分组区别教学的重要性。由于课堂中缺少挑战性，学生可能会变得融入性差，失去持续学习的动力。不像大多数学生能够在学习上取得比较大的进步，那些具有特别天赋的学生取得的进步比较小，这种情况在整个学年和暑假都一样（McCoach，Rambo & Welsh，2013）。

特别天赋儿童的发育并非同步的，他们经常表现出高度紧张感和敏感性（Rinn，2013；Subotnik，Olszewski-Kubilius & Worrell，2011）。在他们艰难地努力成长过程中，这些特征使得儿童及其家庭面临各种挑战。当这些学生碰到那些在情感上无法处理的情况时，焦虑和压力就会上升。家长需要得到帮助以能够理解如何应对学生的紧张感。一些家庭中，对于学生集中的关注反而会与家长全面培养学生的目标相冲突。特别天赋学生需要得到帮助以能够认识到失败是成功之母，即使那些最伟大的天才（比如爱迪生、爱因斯坦）都曾经在知识探索过程中反复经历失败。专家强调对学生社会心理需求支持的重要性，提出以下建议：提供社会心理培训或咨询（Rinn，2012；Subotnik et al.，2011），使用各种书籍（Halsted，2012），以及促进特别天赋学生的职前和专业发展（Fonseca，2012；Price，2012；Raymond，2012）。

与那些专业研究特别天赋的老师不同，一般老师对于职前预备如何满足特别天赋学生的需求知之甚少。因此，研究成果很难对学生教育方面的决定形成支持。

如同特殊教育一样，平等性是个值得关注的问题。少数族裔和低收入群体的学生参与特别天赋项目的很少，最为不足的是黑人男性(Grantham，2012)。从不同背景学生中进行资格认定的评估的适当性已经被质疑，因为这可能是导致不平等的因素之一(Grantham，2012)。大多数负责特别天赋儿童的老师在多元文化教育方面的培训非常有限(Ford，Grantham & Whiting，2008；Grantham，2012)。

加倍重视情感发育的首要性在实施中的问题

研究者和政策制定者越来越关注精神健康的重要性和情感发育的首要性(Raver，2002；Shonkoff 和 Phillips，2000；Shonkoff et al.，2012)。精神疾病是 15 至 44 岁人士中引起残障问题最为常见的因素之一(Insel，2005)。历年来自杀作为死亡原因的数量已经超过艾滋病和他杀(Insel，2005)。学校暴力行为成为一个需要持续关注的问题(更多信息见第十一章)。设计建立了许多以证据为本的项目，以尽早认定具有健康问题的儿童，从而有利于预防和介入。有资源可以用来确定实施那些证明有效的项目(见"拓展阅读")。早期学习社会情感基础性研究中心(2006)出版的《有效工作简述》和《培训模型》为社会工作者提供了很好的资源，用来对幼儿教师进行培训，以使他们了解如何支持学生积极的社会情感发育。这些材料(包括视频)是可以免费使用的。

特殊需求的儿童，不管是残障儿童还是特别天赋儿童，都经常成为被嘲笑和暴力恐吓的对象(Chen & Schwartz，2012；Schuler，2012)。除了需要一个安全的环境外(见第十一章)，他们需要明确地被教导该如何面对嘲笑和暴力威胁。民事权利办公室和司法部认定暴力威胁(涉及性、种族、原国籍、残障方面)视为骚扰的一种形式。因此，如果学校没有做出适当的应对，那么将违反联邦法律需要提供相关保护的规定(Ali，2010)。

• • • 对于青春期非认知性技巧的新的关注

研究者和政策制定者越来越关注非认知性因素在学生成绩和长期教育成果方面的重要作用(Cunha, Heckman, & Schennach, 2010; Farrington et al., 2012; Fredricks et al., 2011; Rosen, Glennie, Dalton, Lennon, & Bozick, 2010; Zager & Feinman, 2012; Zimmerman, 2008)。非认知性因素包括作业习惯、勇气以及学习方面的态度和动机。最新的研究表明，非认知性因素比智力因素也许更能说明学生在学校的表现如何(年级平均成绩)(Duckworth, Quinn & Tsukayama, 2011)。对于具有特殊需求的学生，非认知性因素，比如坚持和责任心，在学习成绩和教育成果方面起着特别且重要的作用。自我效能感这个非认知性因素(是指一种感觉，他能够做出完成学习目标的有效行为)在特殊教育中学阶段的学生中发挥着尤其重要的作用，他们在学校中往往面临反复失败，而具有特别天赋的学生需要面对在经历了某方面失败后不知如何应对的问题。

当学生进入青春期，他们大脑中的变化影响了他们如何对信息的处理并因此做出什么样的行为。发育的变化，比如控制大脑执行功能的部分的成长发育，可能会对学业成绩产生重要影响。自我评估和抽象思维能力得到增强，意味着诸如自我效能感、社会联结性、任务评估性等因素影响着学生的动机和行为。在学习上，这些变化可以表现为，学生自认为自己能力不足，然后会弃学，不再努力，从而进一步妨碍他们的成长发育(Farrington et al., 2012)。

从研究领域和教育专家那里得到的一些有希望的项目，可以支持学生非认知性技巧的发展(Farrington et al., 2012)。尽管一小部分以证据为本的方法已经被证明在普通教育环境中会产生积极效果，但是这些介入方法并没有在特殊需求学生群里得到检验。特别天赋学生教育领域专家主张，关注于成长型思维模式(Makel, Putallaz & Wai, 2012)和其他非认知性领域(Rinn, 2012; Subotnik et al., 2011)的介入方法具有潜在的益处，残障学生尤其易受负面自我归因的伤害，但他们也会受益。社会工作者可以支持学生，向他们解释能力是可以通过努力而提高的，鼓励老师使用积极语言评价他们的努力，而不总是关注他们的特征。比如，“我看到了你付出了很多努力”或者“你在学习上付出的努力会取得成功的”，而不是“你很聪明”。研究表明后者会导致学生不愿意付出努力，而去回避困难(Farrington et al.，2012；Yeager & Walton，2011)。

特殊教育中的少数族裔

特殊教育中的非裔美国人的比例非常高，而拉丁裔学生比例过低。低收入家庭的残障儿童能够得到早期认定的十分有限，很多儿童都没有进行生长发育情况检查(Aron & Loprest，2012；U. S. Department of Health and Human Services，2013)。非英语家庭儿童也没有得到足够的早期认定，即使是抑郁症儿童(Estrem & Zhang，2010)。这种比例失调的情况各州不同(Morrier & Gallagher，2011)。

一旦被认定，少数族裔的儿童更多地被确定为更为严重的残疾类型。被认定为需要接受特殊教育服务的黑人学生是其他学生的2.5倍，由于智力残疾需要接受服务的接近3倍(Aron & Loprest，2012)。除此之外，如上所述，在不同族裔群体之间LRE没有平等实施(见图9.3)。

尽管在不同种族间残障类型比例的分布是相似的，比如特别学习障碍在所有族群中都是最为普遍的残障类型，但是被认定的儿童的比例和年龄在不同族群中确实不同。例如，2005年，6至21岁的亚裔学生中6.3%被认定为需要接受IDEA服务，拉丁裔学生为11.8%，白人学生为14.1%，印第安裔学生为15.7%，非洲裔学生为16.7%。然而，2006年，在3岁以下儿童中按照C部分规定接受早期介入服务的比例，印第安裔为2.7%，白人为2.6%，高于非洲裔的2.3%和拉丁裔的2.2%(美国教育部，2011)。至今，我们仍缺少大量系统性的证据说明少数族裔在特殊教育中比例过高的原因和后果，也不清楚该如何才能有效解决这个问题(Aron & Loperest，2012；Waitoller，Artiles，& Cheney，2010)。

2004年版IDEA规定，每一个州必须对残障儿童认定和安置的种族比例进行检查，以发现是否有严重的比例失调。如果出现了比例失调，那么州必须进行复检，有需要的话可以修正政策和实务操作。

越来越多的持续贫困增加了影响儿童生长发育的危险因素。有3个以上的危险因素可以对幼儿的大脑发育产生影响(Shonkoff，2008)。一些文化因素连同贫困都会影响对少数族裔残障儿童的早期介入。拉丁美裔和非洲裔患有 ADHD 的儿童家庭不太愿意接受精神健康治疗和药理学的介入(Lenenson, 2012)。尽管有关贫困的危险因素在增高，但是非洲裔儿童被认定为低发生率的残障类型(比如，生理感觉损害，美国教育部，2011)比例却不高。智力残障和情感损害的高发生率是由真正残障导致的还是社会对儿童成长看护的失败导致的?对基础知识掌握的不平等是显而易见的，儿童进入幼儿园(Mulligan, Hastedt & McCarroll, 2012)掌握的词汇量就有明显差别，年龄可低至 2 岁(Halle et al., 2009; Lin & Harris, 2009)。从入学以来应该减少这种差距，但实际上却是逐渐在扩大(Wesat, 2002)。一些人认为，特殊教育中高比例的非洲裔和拉丁裔男性学生主要与早期停学、辍学以及老师对文化差异的理解能力弱有关(Ford, 2012)。

如果残障认定可以得到足够的支持，帮助学生提高成绩，那么少数族裔儿童被认定的比例越高就越不令人担心。不幸的是，在学校中没有证据能够支持这种说法(Levenson, 2012)。超过十分之一的残障儿童老师没有得到全部认证(美国教育部，2011)。特殊教育工作人员需求研究(SPeNSE)表明，不论是城市还是高度贫困地区的学校，受过培训的特殊教育者都十分缺乏(Westat, 2002)。

社会工作者可以为学生争取权利，尤其是在高度贫困地区。作为前转介小组的成员，社会工作者可以建议利用不同的方法支持学生在课堂中的积极行为和生长发育。社会工作者可以和家人进行沟通以帮助他们能够在家协助他们的孩子。社会工作者也可以帮助老师理解可能给学生带来问题的文化差异。由于了解情况比较早，社会工作者可以在全校范围内建议和实施 PBIS 和社会情感课程，为所有学生的积极行为和学习机会提供支持。

英语学习者

英语学习者(ELL)存在不能被正确认定是否为学习障碍的问题。一些真正有学习障碍的学生已经被认定出来，但是很多被认定为学习障碍的学生实际上并不是。政策制定和实务操作的教育专家都很重视患有学习障碍的 ELL 的需求，认为这是一个重要且具有发展性的问题，值得引起关注

(Aron & Loprest，2012)。RTI 方法可以用于 ELL 学生，但是要求老师掌握以证据为本的实务操作知识，从而能够满足 ELL 学生的独特学习需求(http：//ies. edu. gov/ncee/WWC/topic. aspx? sid=6)。

很少有教育者在 ELL 和特殊教育方面都有资质。一些倡议者对此表现了担忧，RTI 方法可能会延误紧急的介入，而不是支持 ELL 学生，RTI 方法的实施所带来的多种问题已经被认知(Hoover & Love，2011)。然而，越来越需要保证 ELL 可以从早期介入中获益。在幼儿园和一年级中 ELL 的比例过低，而在三年级所有类别中比例却过高(Samson & Lesaux，2009)。

对家庭的影响

当一个儿童有残障或者具有很大的生理上的风险会导致残障的话，他们的家庭会承受很大的压力，这些压力来自家庭内部或外部(比如，角色的转换、家庭资源的重新配置、家庭支持系统发生改变尤其是被贴上残疾的标签后、长期期望和目标需要重新评估)，需要了解很多信息(比如，期望进展、医学和治疗介入、有关残障或介入方法的消息来源、如何获取不同的社区资源、行为管理的建议以及家长与儿童间互动协助)，需要得到更多资源(比如，临时看护服务、金融或保险需求、治疗介入方式和器械的来源)，他们担忧是否有能力发挥重要的看护作用(Turnbull，Turnbull，Erwin，Soodak & Shogren，2010)。家庭成员互动模式，包括家长儿童之间的转变(比如，相互性、非侵入性支撑系统)和家庭社区间的互动(购物、亲朋拜访、儿童照料安排)，家庭对于儿童活动的控制感(成长发育所需的玩具和材料、家庭环境中的结构层次、专业服务人士对家庭生活干预的增加)都会因为额外的压力而改变。2011 年，大概三分之一的 5 至 17 岁残障孩子的家庭收入在 12 个月内低于贫困线，而健全儿童的家庭的这一比例只有五分之一(美国人口统计局，2011 年美国社区调查)。因此，特殊需求儿童的家庭往往更需要面对有限财力带来的压力。残障儿童给一个家庭所带来的经济负担估计大约在每年 2 万至 6 万美元(Stabile & Allin，2012)。除此之外，由于环境压力，一些儿童可能面临其他风险，比如，父母的精神疾病、不切实际的儿童看护态度和观念、紧张的婚姻关系或社会支持的缺乏。尽管我们有很多方面需要了解，比如压力之间的复杂互动情况、家庭特征、各种服务、生长发育情况，但是我们已经认识到处理压力的重要性，以便能有效地为他们提供服务(见 www. devlopingchild. net 的研究简述，以深入探讨有关我们已知的压力之间的联系、互动模式和儿童生长发育情况的问题)。《儿童虐待预防和治疗法案》(CAPTA，2003)和 2004 年版 IDEA 都已经认识到儿童虐待和忽视问题的影响，要求对有实质虐待和忽视伤害的儿童按照 C 部分的要求转介，进行生长发育评估(如果他们符合资格也可以提供相关服务)。

尤其是对于来自非主流文化的家庭和被社会边缘化的家庭的儿童，社会工作者的介入显得更加必要(Harry，Kalyanpur & Day，1999)。发展文化的互惠性(Kalyanpur & Harry，2012)将有助于家庭成员的互助。这个过程包括：调查相关文化价值(包含对儿童残障和相关建议的理解)、与家庭成员探讨几个基本假设和他们如何看待这些假设、明确对你所发现的文化差异表示尊重并向家庭成员解释你的信仰、协助家庭成员采取与他们价值观相一致的建议。

Angie 的故事

Angie 是一位学前特殊教育学校的老师。一天她走进老师休息室，刚在与一个她班上的孩子的母亲生气，因为她没有给孩子带换洗的衣服。在这里给孩子换衣服很常见，主要为了应对弄脏衣服等情况。她已经反复要求这个母亲多带些衣服。这个孩子每天要在学校里待很长时间，从儿童照料、提前教育再到特殊需求儿童的学前课堂，因为他母亲要在麦当劳加班。这天是因为这个孩子发生点意外需要换衣服，但是只有一条膝盖有窟窿的裤子可以穿。放学后，老师接到了这个母亲的电话，她很生气孩子穿着一条破裤子回家。该学校的社会工作者 Maria 向 Angie 解释了这个母亲需要面对的实际情况、她生气的可能原因以及 Angie 可以解决问题的其他方式。Maria 还给 Angie 提供了她下一个班级学生家庭的情况列表。

• • • 家长和专业人士的关系及合作

IDEA 强调残障儿童家庭和专业人士关系的重要性。有关家长和专业人士关系的研究也强调，需要采取家庭为中心的原则，发展能够给家长赋能的关系。美国人口特征的变化给很多老师带来挑战，因为他们缺少文化差异方面的知识。研究文化和语言差异(CLD)家庭的专家已认识到对文化规范的差异、理解和偏好的解释的重要性。

以家庭为中心的原则

在对以家庭为中心的服务提供概念化的回顾分析时，Epley、Summers和Turnbull(2010)发现他们保持了以家庭为中心的几个重要因素，但是强调的因素会随着时间变化。最近几年，以家庭为中心的实务操作强调“家庭选择权”和“家庭与专业人士的关系”。为了体现家庭选择权的优先，需要组织和提供符合家庭需求和决定的服务。对家庭和专业人士关系的关注需要建立双方平等关系，在了解家庭情况和儿童在家庭中的活动情况后提出专业意见。家庭和专业人士关系强调相互性和团队性。早期儿童教育专业人士对于如何服务于这些家庭所做的准备都极其有限。

对文化和语言差异家庭提供服务所需的考虑

尽管IDEA的原则之一是强调残障儿童家长和学校关系，但是对于家长参与和家长与专业人士关系所面临的挑战依然存在，尤其是有着文化和语言差异(CLD)的家庭。

残障儿童服务的家长参与程度与家庭的收入水平、种族和语言都有关系(Hernandez，Harry，Newman & Cameto，2008)。毫无意外地，负担重的(极度贫困)家庭在特殊教育过程中参与度很低，包括不出席IEP会议，对让他们参与决策感到不满意。相似的是，曾经有过被学校疏远的经历的少数族裔家庭(非洲裔和拉丁裔家庭)参加IEP会议的就更少，对于残障学生有哪些权利和有哪些资源可以利用都知之甚少。

专业人士工作准备和实务操作应该注意以下方面：理解CLD家庭父母对特殊教育安置过程的感觉(特别是这些家庭在特定残障类型中比例过高，而在特别天赋类型中比例过低)，他们对残障理解的文化概念不同，历史上对这些残障儿童及其家庭的边缘化影响持续存在(Harry，2008)。社会工作者可以帮助特殊教育提供者了解那些会对不同的家庭产生影响的问题，提供这些家庭的信息，包括多元文化信仰、历史和价值观，另外帮助专业人士理解和阐明他们的自我价值观是如何看待差异化的。

结 论

通过对现在所有为特殊需求儿童提供的服务的全面评估，可以发现对于残障儿童的服务已经取得了很大成就，而且可以适用于更大群体的儿童；然而，对于特别天赋儿童的支持最近几年来却有所减少。现有法律鼓励发展更多的预防项目，从而包含更多的残障儿童。对于服务的不平等性引起了高度关注。学校对于残障儿童的教育负有责任。然而，特殊教育服务所遭受的不利影响也广泛存在。当前严峻的经济前景不利于特殊教育和特别天赋教育的提供。

普通教育课程标准的实施很强调学习成绩，那么一些残障学生将学习不到积极生活中所必需的适应性行为和社交技巧。虽然很多残障学生获得了高中文凭，但是这个证书并不是对工作的保证。对于纪律问题学生的担心影响了免费且适当教育的提供，尤其是对那些患有社会和情感障碍的学生。在 2010—2011 学年，有超过 50 万的残障学生被开除或停学。

每年特殊教育老师毕业生的数量不能满足学校和儿童的需求，空缺的职位只能由没有接受过相关培训的老师填补。普通教育老师被要求给残障儿童上课，但是经常得不到任何用以满足这些学生需求的支持和培训。RTI 方法的应用经常会把第二层含义介入方式的负担压在普通教育老师身上，他们并没有这方面的准备。尽管 NCLB 和 2004 年版 IDEA 都要求为每一个课堂配备具有资质的老师，但是学校不清楚在哪里才能找到这种老师。特殊教育老师被要求为学生提供咨询服务支持，但是他们从没有接受过咨询模式的培训，也不知如何开展咨询工作。

儿童的家庭被要求承担监控儿童教育项目的责任，而且对安置或介入投诉的举证责任落在了原告身上，经常也就是家长的身上。由于这些家庭已经承担了过重的压力，这些额外的责任已经超出了他们的承受能力，导致了进入高质量教育环境的不公正性。由于贫困儿童比例的增加(美国人口统计局，2011 年美国社区调查)，可能会有更多家庭需要特殊教育体系。尽管所占的人口比例仍比较低，但是自闭症的发生率已经达到警戒线，残障儿童也使得家庭面临很大挑战。为了提高对这些儿童及其家庭的服务水平，需要各方和各学科强有力的教育合作。

现在针对特别天赋学生的政策和教育支持是非常有限的。由于国债的上升，对特别天赋学生的服务资金已经从国家预算中被裁减，许多州和地方学校都在寻找教育资金，甚至当前开展的服务都面临危险。老师基本都没有接受过满足特别天赋学生需求的专业培训，这些学生的成长经历也说明学校对他们的成长发育没有起到强有力的作用，不论是在学校中还是在暑假中（McCoach et al.，2013）。

本章要点

- 现有法律保障了残障学生的权利，但是这些法律必须被使用才能让学生获益，家长往往就是需要帮助去争取他们孩子的权利。
- 现有立法体系和建议使用的实务操作强调对具有残障风险的儿童的预防工作。
- 资源的减少影响了对特别天赋学生和残障学生服务的提供。
- 教育研究者和政策制定者高度关注情感发育和非认知性技巧的重要性，它们可以对学生产生积极影响。
- 特殊教育资格认定和服务提供的差异性在不同种族和语言群体里很明显。
- 当一个儿童具有残障或者有很大的生理风险导致残障的情况，他们的家庭往往承受着一系列额外的压力。
- 残障学生家长和专业人士的关系应该利用以家庭为中心的原则，并支持这种可以给家长赋能的伙伴关系。
- 社会工作者通过以下方式对学生提供支持：帮助老师、跨学科小组成员及家庭成员的合作；帮助学生及其家庭主张自己的权利；为学生及其家庭确认可利用的资源；加强学校和家庭的沟通；提供积极行为支持；提供精神健康咨询服务。

社会工作者的实践

社会工作文献指出从 P. L. 94—142（IDEA 的早期形式）生效以来，学校社会工作者的作用和任务就已经扩大到残障儿童。例如，除了参加跨学科小组会议和咨询外，社会工作者还要协调 IEP 和 IFSP 会议，作为一个受过培训的中间人提供服务，需要为儿童主张权利，领导家长教育和信息团队，为情感和行为障碍的学生提供精神健康咨询服务，开展个案工作，促进有关服务的学校和社区关系的发展。由于可利用资源的减少，儿童的家庭需要社会工作者帮助寻找对他们孩子有用的支持。

然而，为了在公立学校中发挥作用且服务于特殊需求学生，社会工作者必须保持对相关立法和案件的关注，从而了解学校和相关服务提供方所应该发挥的作用和承担的责任（Katsiyannis，Losinki & Prince，2012）。社会工作者需要为许多儿童及其家庭争取权利。

社会工作者需要以下的专门知识：人类生长发育、残障、积极行为介入、个案工作、特别天赋学生需求、结果评估、跨学科合作、相关服务联系起来并为家庭建立支持系统（因为随着人口增加相关机构的数量也在增长），以及如前所述，保持对当前立法和案件的关注。在第一章社会工作历史中已经表明，从最开始我们就是作为学校、家庭和社区间的联络者和纽带而提供服务。

社会工作专业是建立在民主主义和人本主义的崇高理想上的，它承诺保护个人权利、自我尊严、发展机会，使个人免于被歧视。立法者为这些青少年、儿童在最小受限环境提供适当的教育就是对这种崇高理想的体现。

学习与讨论

1. 参考 http：//www2. edu. gov/about/offices/list/. ocr/504faq.

html，以其讨论的重点和如何在社会工作者中进行应用做一份报告。

2. 浏览家长手册和相关资源，以理解 IEP 和参与 IEP 会议。可参见 NICHY 网站 http：//nichy. org/schoolage/iep/overview，并浏览 http：//www. wrightslaw. com/nltr/11/nl/0426. htm 以复习如何使得 IEP 会议对家庭更为友好的方法。

3. 了解更多有关残障类型的知识及如何帮助这些残障学生，可以浏览美国残障青少年交流中心网站 www. nichcy. org，或者教育部的教育资源信息中心（ERIC）的文献 www. eric. ed. gov，或者卡片式目录文献资源 http：//familyvillage. wisc. edu/specific. htm。

4. 对儿童显现出自闭症或其他发育问题时的早期介入尤为重要。了解更多关于此类残障领域，以及检视自闭症儿童认定的不同工具方法。可浏览 http：//www. firstsigns. org/screening/tools/rec. htm。

5. 了解更多关于介入回应的问题，可浏览 http：//ideapartnership. org/index. php? option = com_context&view = article&id = 1570。

6. 了解更多关于实施功能性行为分析的问题，可浏览 http：//nichcy. org/schoolage/behavior/behavassess 和 http：//cecp. air. org/fba/default. asp。http：//cecp. air. org/interact/expertonline/strength/sba. asp。

7. 访问青少年儿童社会情感介入技术辅助中心（TACSEI）网站 http：//www. challengingbehavior. org/，以及了解积极性为支持和其他证据为本策略以支持社会行为发展或完成关于行为课堂管理的模块，可浏览 http：//www. challengingbehavior. org。

8. 了解更多关于积极行为介入系统：观看 PBIS 积极行为介入系统的校内相关视频，然后可在网站上浏览其他相关资源和视频。

9. 相关项目设计预防在学校发生社会情感问题。浏览网站 http：//cecp. air. org/prevention strategies/Default. htm 与 OSEP 资助的预防项目进行比较：成就行为照料项目（ABC）、行为预防项目、冲突解决和同辈协调项目、儿童生活改善项目、学习计划联结项目、项目成功计划。

10. 为了更好地帮助学生，可以通过筛选教育研究成果以找到可信且可靠的资源。美国教育部的教育科学学院（IES）建立了“有效工作交流中心”，成为“具有中心性和可信性的教育中有效工作科学证据的资源”。你可以使用“找 Find What Works”工具寻找已经出版的有效的研究成果。你也可以通过关键词进行搜索，比如在 http：//ies. ed. gov/ncee/wwc/

topics. aspx 搜索 “special needs”。例如，可在 http：//ies. ed. gov/ncee/wwc/Single Study Review. aspx? sid-10011 参考自闭症青少年儿童的早期介入评论；或者利用患有 ADHD 小学生的每日报告卡，见 http：//ies. ed. gov/ncee/wwc/SingleStudyReview. aspx? sid = 10008。

• • • 拓展阅读

Bloch, J. S., & Weinstein, J. D. (2010). Families of young children with autism. *Social Work in Mental Health, 8*, 23–40.

Doren, B., Gau, J. M., & Lindstrom, L. E. (2012). The relationship between parent expectations and postschool outcomes of adolescents with disabilities. *Exceptional Children, 79*(1), 7–23.

McLeskey, J., Landers, E., Williamson, P., & Hoppey, D. (2012). Are we moving toward educating students with disabilities in less restrictive settings? *The Journal of Special Education, 46*(3), 131–140.

National Scientific Council on the Developing Child (2008). *Mental Health Problems in Early Childhood Can Impair Learning and Behavior for Life: Working Paper No. 6.* Retrieved from www.developingchild.harvard.edu

Podvey, M. C., Hinojosa, J., &. Koenig, K. P .(2013). Reconsidering insider status for families during the transition from early intervention to preschool special education. *The Journal of Special Education, 46*(4), 211–222.

McLanahan, S. (Ed.) (2012). Children with disabilities. *Future of Children, 22*(1). Princeton: Princeton University and Brookings. Retrieved January 9, 2013 from http://futureofchildren.org/futureofchildren/publications/executive-summaries/

Rosenberg, S. A., Robinson, C. C., Shaw, E. F., & Ellison, M. C. (2013). Part C early intervention for infants and toddlers: Percentage eligible versus served. *Pediatrics, 131*(1), 1662.

Scanlon, D. (2013). Specific learning disability and its newest definition: Which is comprehensive? And which is insufficient? *Journal of Learning Disabilities, 46*(1), 26–33.

Schilling, E. J., & Getch, Y. Q. (2012). Getting my bearings, returning to school. Issues facing adolescents with traumatic brain injury. *Teaching Exceptional Children, 45*(1), 54–63.

Sharma, S., Woolfson, L. M., & Hunter, S. C. (2012). Confusion and inconsistency in diagnosis of Asperger syndrome: A review of studies from 1981–2010. *Autism*, 16, 465–486.

Shillady, A. (2012). The role of relationships in early childhood education. *Young Children, 67*(5), 10–12.

Subotnik, R. F., Robinson, A., Callahan, C. M., & Gubbins, E. J. (Eds.) (2012). *Malleable minds: Translating insights from psychology and neuroscience to gifted.* Storrs, CT: University of Connecticut National Research Center on the Gifted and Talented.

Tandon, N., Shah, J., Keshavan, M. S., & Tandon, R. (2012). Attenuated psychosis and the schizophrenia prodrome: Current status of risk identification and psychosis prevention. *Neuropsychiatry*, 2(4), 345–353.

Torres, C., Farley, C. A., & Cook, B. G. (2012). A special educator's guide to successfully implementing evidence-based practices.*Teaching Exceptional Children, 45*(3), 64–73.

Trainor, A. (2010). Diverse approaches to parent advocacy during special education home-school interactions: Identification and use of cultural and social capital. *Remedial &*

Special Education, 31(1), 34–47.
Trembath, D. (2012). The experience of anxiety in young adults with autism spectrum disorders. *Focus on Autism and Other Developmental Disabilities*, 23(4), 213–224.
U.S. Department of Education, Office for Civil Rights (2012). *Helping to Ensure Equal Access to Education: Report to the President and Secretary of Education, Under Section 203(b)(1) of the Department of Education Organization Act, FY 2009 -12*, Washington, D.C., 2012.

第
十
章

学生的权利和行为控制

Sandra Kopels，伊利诺伊大学香槟分校

就我们的系统而言，州立学校不是极权主义之地。学校老师对学生不具有绝对权威性。校内和校外的学生都是宪法下的“人”。国家必须尊重他们所拥有的基本权利，正如他们必须尊重自己对于国家的义务一样。

——美国最高法院的 Tinker 诉 Des Moines 学区案例

引　言

本章，我们会探讨当学校教职员试图控制学生行为时，学生享有的权利及其限制。正如我们在第三章中提及的，学校作为社会系统为了维护其功能具有特定边界，但也必须与美国宪法保持一致。为了学校的安全，学校教职员有权利和责任控制学校状况，他们可以采取措施限制学生的行为。然而，这些限制学生行为的措施必须符合宪法赋予学生的权利。

欺凌、毒品、武器和暴力等社会问题在校园内并不罕见。欺凌问题在过去的十多年里越来越受到关注，它与校园暴力有着紧密联系（Swearer，Espelage，Vaillancour & Hymel，2010）。例如，发生在 1999 年 Golumbine 高中或 2012 年 Sandy Hook 初中的校园枪击案中，学生或其他人携带枪支进入学校，造成了在校师生的严重伤亡，诸如此类的事件已经引发了关于控制学生行为和维护校园安全更深层次的探讨（Borun，Cornell，Modzeleski & Jimerson，2012）。甚至 2001 年的“9 · 11”恐怖袭击事件，直接导致颁发了一系列以维护校园环境安全为目标的教育规定（Lester，2010）。更多关于校园暴力的案例，请参阅第十一章。

这些问题对法院和学校均产生了影响。颁发新法律的目的就是减少此类校园问题的发生，法院裁决时要平衡学校教职员和学生的权利。为了提供安全的校园环境，学校需要在控制学生行为和学生张扬个性化行为的权利之间寻求平衡。

本章首先概述了有关在校儿童行为规范的法律法规。其次，我们将讨论宪法赋予学生的权利。再次，我们的话题侧重于学生处罚或纪律的问题，以及对于学生必须到校的要求。经由讨论，我们将重点对这些竞争性利益的平衡做出回应。最后，学校社会工作者作为链接学生权利和学区责任的重要桥梁，我们为其提供一些参考建议。

学区权利的由来

在这一部分，我们探讨学校教职员维持有序、安全学习氛围的权利由何而来。它们源于家长主义、学校的普通法和州的法律权利。

家长主义

“家长主义”合法性的概念源于拉丁语境中的“替代父母”。它描述了一种类似于父母对待孩子的关系。在这种关系中，一个人对于另一人而言，前者处于父母的地位，并具有父母的权利和责任。尽管，“家长主义”可以被用于解释各种环境中人与人之间的关系，例如监护人和被监护人，然而，最经常被提及的是老师和学生的关系。

相比学校其他的教职员，班主任与学生的关系更亲密且对学生了解更深，从而他们形成一种特殊的法律关系。事实上，学生行为控制基本的、合法的原则之一是，教师根据其身份，有合法的权利管教学生，就像父母对子女的权利，至少目的是必要的行为控制和矫正。

最初，“家长主义”是为了让学校教职员能像父母管教子女一样，在校管教学生(甚至是上下学)。父母对于子女的权利通常被认为是无限的、彰显的和滥用的。因此，当“家长主义”被应用于学校中，结果便是授予了老师、校长以及其他的管理者无限的权力来控制学生。这样的控制从学习延伸至着装、发型、谈吐、举止、道德、组织成员，甚至是学生在校外的行为。例如，从 19 世纪后期到 20 世纪 50 年代后期，法院支持公立学校有权开除参加社会团体(Smith v. Board of Education, 1913)、回家吃午饭(Bishop v. Houston School District, 1931)、患有性病(Kenny v. Gurley, 1923)、在校外抽烟(Tanton v. McKenney, 1924)以及违反学校规定在周日夜晚(周末休息日以外的每个夜晚)看电影(Mangum v. Keith, 1918)、在学生会议上的言语违犯了学校规定(Wooster v. Sunderland, 1915)、发表性侵犯观点(Morris v. Nowotny, 1959)、在校外组织党派演说(Zarichney v. State Board of Agriculture, 1949)甚至拒绝透露在学校墙上乱涂鸦同学姓名(Board of Education v. Helston, 1889)的学生。我们将会在这一章的后面提到，法院的相关裁决已发生改变。

20 世纪 60 年代的反抗运动和不断扩大的民权主张的浪潮，削弱了"家长主义"。然而，在一些特殊情况下，学校教职员依旧在学校规章制度的行使上享有很宽泛的权力。例如，如果在教育过程中，只要学校是合理地处罚学生，法院会酌情予以支持(Neuhaus v. Federico, 1973)。"旨在保护学生身体健康的努力和习惯的灌输"已经被认为是教育系统中的合法要领(Rando v. Newberg Public School Board, 1975)。

学校的普通法

一个与"家长主义"相近的概念是学校的普通法。这个概念源于殖民时期开办美国学校的殖民者们。殖民者们借鉴了英国的观点，认为学校不仅对学生具有教授知识的责任，还有培养道德的责任。因此，教师和学生具有相互的责任和义务。这种相互关系的前提是社会对于学校的期望有利于促进社区共同利益(Alexander & Alexander, 2011)。个人在追求自身利益时，就是在追求社区的利益，反之亦然。故而，普通法赋予教师一定的权力来维持一个有益于学生和社区的有序的学习环境(Alexander & Alexander, 2001)。

州的法律权利

在宪法的框架下，州立法机构对学校的政策制定和控制具有绝对的权威。大部分立法机构关注的是普遍性和根本性的学生控制，并据此授予学区权力和责任具体决定这样的控制。专家认为这是切实可行的，因为学区在行政划分上隶属于州政府，而学校董事会成员又是州政府负责教育的官员。学校或许也可以被视为一个类似于立法机构的实体，它通过制定规章制度在学区范围内管理学生。

尽管立法机构赋予了学校普适性的管理权，但是它们不能与宪法赋予学生的基本权利相抵触。当立法者触犯宪法时，法院可能会判定他们的法令无效。事实是，教育在宪法中有一种特定的、必要的功能，因此教育相对于其他没有特指的州政府功能而言具有更为优先的地位（Alexander & Alexander，1998）。

由于在这些原则之下学校拥有宽泛的权力，零容忍政策在过去的20年里得到了发展。在零容忍政策下，一个学区可以制定任何人都不能违背的政策。换一句话说，学校将不会容忍任何违反校规的情况，哪怕只是轻微的违规。报刊上随处可见学生由于触犯学校的零容忍政策而被留校察看或被开除的新闻。然而，研究发现惩罚性的零容忍政策导致更多学校纪律规定的出现（Dupper，2010），对少数族裔儿童产生严重影响（Giroux，2009）。更有甚者，有学者提出零容忍政策在实施时并不一致，它会受学生特质、校园氛围、学校原则和班级等因素影响（Brown，Skiba & Eckes，2009）。在过去的十年间，在学校中，那些更具有预防性和康复性的方案被提了出来，并且强调对问题结果进行证据为本的研究（Dupper，2010；Teske，2011）。

基本的宪法权利

在我们开始讨论学校维持有序的、安全的校园环境的权力及宪法规定的学生权利两者平衡之前，我们有必要先对宪法及其所赋予个人的有关权利有一个基本的了解。

• • • 正当法律程序

根据美国宪法的第五和第十四修正案规定，任何政府必须通过正当法律程序，才能剥夺他人生命、自由权或者财产权。在这实质性正当程序的概念下，对政府可以做什么进行了实质性的限定。因此，如果政府要对个人的基本权利做出制裁(根据宪法)，那么政府必须有令人信服的理由来削减这些权利，并且这些理由必须要精心组织以实现政府的目标(Kopels，1998)。例如，为了防止毒品进入学校，如果某学区要求每个学生(不管学生年龄有多小)每天都要被搜身，那么学校教职员将不得不证实防止毒品流入学校要比学生的隐私权更重要。学校也将承受压力，证明他们为达成目标而采取强制手段的必要性。

正当法律程序的概念是指，在个人被剥夺生命、自由或财产权利之前必须经过合法程序的权利。如果政府的目的是恰当的，那么正当法律程序要求在权利被剥夺之前，个人应被给予在剥夺发生前的任何宪法所要求的程序。用同一案例来说明，如果学校准备对学生采取搜身措施，那么他们必须在搜身措施开始前，至少要告知家长和学生有该措施以及所要达到的目的。

受教育的权利尽管对个人和国家而言显得无比重要，但是在宪法中并不被认为是基本的权利(San Antonio Ind. Sch. Dist. v. Rodriguez，1973)。然而，教育对于宪法的自由权和财产权具有决定性的影响(Coss v. Lopez，1971)。当学生被留级或开除学籍、因为纪律问题转校、体罚、取消课外活动，法院在裁决时必须考量学生的自由权和财产权。因此，学校制定政策的时候必须非常小心，当学校教职员的决定影响到学生的受教育权时，正当法律程序保障了学生的宪法权利。

• • • 其他宪法权利

美国宪法中许多保护权利的法案已被运用于学校中。我们将要讨论权利源于宪法中第一、第四以及第八的修正案。第一修正案禁止政府制定法律来限制学生的言行自由、出版自由、集合的权利或者宗教行为。第四修正案禁止政府做不合理的搜查和查封，第八修正案则禁止政府对它的人民做出残忍和不寻常的惩罚。下面我们将要讨论的主题都能在正当法律程序的宪法原则中找到它们的根据，并且这些事项也至少涉及了以上我们所提到的宪法权利中的一种。公立学校的教职员，作为政府的代言人，必须确信他们制定的政策不能触犯学生的宪法权利。

• • • 第一修正案——言论自由

一名学生总是叫另一名学生的绰号。一名学生在她的网页空间批评校长。这些学生会因为他们的言论遭受处罚吗？当学生的言论确实干扰了学校适切的纪律要求或侵犯了他人的权利，学校或许可以处罚学生。

• • • Tinker 案例

具有划时代意义的 Tinker 诉 Des Moines Independent Community (1969)案中，确立了三个在校言论自由的普遍原则：(1) 第一修正案确保在校学生的言论自由；(2) 象征的言行，比如穿戴臂章、纽扣或其他象征性的东西，和实际的言行同样受到保护；(3) 没有绝对的权利，因此学生的言论自由权和其他权利一样受特定环境的限制。

1965 年 12 月，Des Moines 的一群成年人以及学生在 Eckhardt 家召开了一个会议。该团体的成员决定在节假日期间戴黑色臂章，并在 12 月 16 日及元旦前夜禁食，来宣扬他们对越南战争的敌视和对休战的支持。此事件中，请愿者中有爱荷华州 Des Moines 高中读书的 15 岁的 John F. Tinker、16 岁的 Christopher Eckhardt 和 13 岁的初中生——Tinker 的妹妹 Mary Beth Tinker。这些孩子和他们的父母先前已参加过类似的活动，并决定参与这次的抗议活动。

Des Moines 学校的校长开始关注他们的戴臂章计划。1965 年 12 月 14 日，学校的领导聚在一起并制订了对策，规定在校期间学生不得戴臂章；如果他们拒绝摘下臂章他们就会被停课直至他们不戴臂章回到学校。在获知校方已决议施行该政策，Mary Beth Tinker 和 Christopher Eckhardt 于 12 月 16 日戴着臂章来到学校；而 John F. Tinker 则于 12 月 17 日戴着臂章上学。他们都被要求离开学校并被停课直至他们不戴臂章回校。这些学生在他们父亲的帮助下，向美国地方法院提起了诉讼，他们提出应禁止校方制定纪律约束他们，这在名义上对他们造成了损害。在听证会之后，法院撤销了该诉讼，支持了校方的行为。法院认为为了保护校园环境不受干扰，校方的措施是合理的。

后来，该案又被诉至高院重审。最高法院认为首先在没有确凿的证据的情况下，学校职员就做出推断并对学校的活动进行实质性的干涉，也没有任何迹象表明假设那些学生佩戴臂章上学就会造成破坏，而由此禁止学生戴臂章上学，且如果学生拒绝摘下臂章则对学生实施停课措施，这些行为就是否认学生具有言论自由的权利，是违反宪法的。Fortas 法官在判决时说："在学校的门口，很难说老师和学生谁拥有更多言论自由的权利。"之后他的这句话经常被引用(Tinker，1969，p.736)。

Tinker 案的裁决明确了限制学生言行自由的权利是违反宪法的，除非"有确凿的证据"证明被禁止的行为会对学校有序管理造成实质性的影响。该裁决成为其他法院判决时的重要参考，即什么是"潜在的和紧急的干预"状况？如果学校有确凿证据证明学生言行确实干扰了校园环境，法院将支持学校政策。

约在 15 年之后，最高法院再次受理了一个言行自由的诉讼。在 Bethel School District No. 403 v. Fraser (1986)案中，一名高中学生在师生面前做了一次提名演讲，他在候选演讲时用了大量含有性影射的词汇和图解。学校让他停课，他为此提起诉讼。美国最高法院支持学校的做法，并做出裁决，认定该学生的言行不在宪法保护的范围内。法院判决写道：对于民主社会所必需的基本价值必须包括对有分歧的政治和宗教观念的容忍，甚至是对不受欢迎的观点的容忍。然而，法院申明这些价值

> 必须同时兼顾其他人的感受，在学校中，则兼顾学生的感受。在学校发表不受欢迎和有争议的观点的自由不容置疑，但必须同时兼顾社会在教导学生恰当社会行为的利益均等(Fraser，1986，p.683)。

法院发现公立学校教育的一个程度恰当的职能是禁止学生在公共演讲

中使用粗俗的和侵犯性的词汇。因为该学生的演讲过于极端，法院支持了校方的纪律规定。

之后不久，在 Hazelwood School District v. Kuhlmeier 案中(1988)，最高法院认同高中校长的决定，即在学生报纸上删除了两篇分别有关三名十几岁青少年怀孕的经历和离婚产生影响的文章。报纸编辑部的学生把学校告上了法庭，认为学校限制言行的行为违背了第一修正案。最高法院强调由学校资助的出版社应该得到校方出版的许可。法院认为只要校方的行为可以合理地解释为对教育的正当关注，学校不必容忍学生与学校基本教育使命不符的言行。从而，法院认为在校方资助的有关言行的活动中，教育者对学生言行的风格和内容上实施编辑的控制，并没有触犯第一修正案。因此，学校可以控制偏激的、粗俗或淫秽的、对未成年人不适合的或者学校限制的言行。

在差不多 20 年里，Tinker、Fraser 和 Hazelwood 三个案例成为法院如何判决学生言行自由权利的重要依据。在 2007 年，最高法院支持校方，该案的学生发布言论认为学校政策不一致。在 Morse v. Federick 案中(2007)，学生们在学校活动中打出写有“耶稣 HIGH 起来”的横幅。校长要求学生们收起横幅，认为横幅主张和宣传非法药物。对此，有一名学生表示抗议。校长没收了横幅，并要求该生暂时离开学校。这名学生由此提出诉讼，声称他有言论的自由，并受到第一修正案的保护。该案中，最高法院认为在校级活动中，如果学生的言论明显主张宣传非法药物，那么校方可以限制他们的言论。因为学校的一个重要角色就是教育学生远离非法药物的威胁，最高法院认定第一修正案并没有要求学校容忍在校级活动中宣传那些危险事物的学生言论。

Tinker 案的重要性体现在：(1) 州政府(学校)要禁止一种言行行为，就必须证明被禁止的行为会对学校纪律造成影响；(2) 判定一个孩子的行为是否超出了应受保护言行的范围，就是看他是否实质上干扰了学校管理中恰当的纪律要求。

Tinker、Fraser 和 Hazelwood 三个案例强调了并非所有学生的言行都是受到保护的。尽管学生在学校依旧享有宪法赋予的言论自由的权利，但是如果学生的言论被校方认为是冒犯性的或不适当的，或在学校内宣传非法药物，那么他们的言论就不属于第一修正案保护的范围。然而，如果学校对政治言论有限制，则违背了第一修正案。学校教职员可以管制对学校管理所需纪律造成实质性影响或与别人权利发生冲突的言论。学校教职员也可以通过实行行政处分，让那些学生知道粗俗和淫荡的言行完全不符合公立学校教育的基本理念。

学校社会工作者必须意识到现在的问题关乎学生言论自由的权利。这些问题包括：为了打击欺凌，依据反骚扰政策，学校是否可以限制学生们的相互交流？随着移动设备和多媒体的发展，学校是否可以限制发布在校外但会对校内他人产生影响的学生言论自由的权利（例如，网络欺凌）？

儿童遭受欺凌的影响是长期的且已被充分证实（Bitkett，Espelage，& Koenig，2009；Kopels & Paceley，2012；Swearer et al.，2010）。为了减少欺凌，州政府最主要的作为是开始制定反骚扰政策，禁止对少数族裔使用贬低性的语言或行为（Stuart-Cassel，Bell，& Springer，2011）。例如，爱荷华州通过一项法律，要求所有的公立学校和被认证的私立学校制定一项政策声明，发生在校内、学校功能、校级活动和学校财产中的骚扰和欺凌都是违反州政府和学校的政策的。最低限度明令禁止的行为是，由于其他学生的“年龄、肤色、信仰、祖籍、人种、婚姻状况、性别、性取向、性别认同、生理或精神残障、政治偏好、政治信仰、社会经济地位”等特征，而针对他们采取的电子、书面、口头或身体的欺凌行为（Iowa Annotated Statutes，2012）。

纽约市通过了“尊重所有人”项目，禁止学生以任何理由对他人进行欺凌。项目包括禁止使用涉及人种、肤色、民族、祖籍、信仰、性别、性别认同、性别取向或残障等绰号，诋毁或贬损的语言嘲讽和恐吓他人。政策执行贯穿于整个校园内、校车上，以及所有校方资助的活动、项目和事务中。而且，纽约市还要求学校每年要用一周的时间来强调和建设多元文化的项目和课程，以防止基于偏见的侵犯、恐吓和欺凌（Respect for all，2008）。美国教育部确立了国家反欺凌法中的 11 项关键内容（Key Components，2010）。在制定和施行学校反欺凌政策时，学校社会工作者应确认该政策已涵盖这些内容。

相关的法院判案涉及学校反骚扰政策。例如，宾夕法尼亚州的一个学区制定了一项反骚扰政策，要求学生与学校社区内的成员要相互尊重，对学校大家庭的每个成员都要尊重。该政策把骚扰定义为，由于实际的或能被察觉到的种族、宗教、肤色、祖籍、性别、性取向或残疾等方面的原因，而言语上或身体上的侵犯行为。该政策禁止对以上提到特征的冒犯、诽谤或轻视的行为，另外也禁止在诸如衣着、社会技巧、智力、教育项目、兴趣或价值观方面的侵扰。违反该政策的学生会受到警告、咨询、停课、开除以及转校的处罚。有一群学生担忧他们的道德观，包括对同性恋的看法，会使他们在这一政策下遭受处罚，进而向法院提起了诉讼。第三巡回上诉法院判学校败诉，法院认为该政策侵犯了学生言论自由的权利(Saxe v. State College Area School District，2001)。

其他法院不支持学校政策使用含糊或空泛的语言来限制言论自由权。例如，在 Nuxoll v. Indian Prairie Sch. Dist. ＃204(2008)案中，一名高二学生起诉学区，声称学校政策规定禁止使用诋毁和诽谤的语言触犯了他对同性恋做出负面评价的言论自由权。当受理该案的上诉法院同意该生观点时，可能被视为侵犯了同性恋学生，因此庭审仅聚焦于他“诋毁性”语言的辩论上，法院判他胜诉。另一些发生在全国的案例中，特别是校园内涉嫌种族特征或种族紧张关系的上诉，如果学生使用了侮辱性的语言煽动暴力行为，法院会支持校方的反骚扰政策。

另一个重要议题是家庭或校外的网络和其他社会媒体是如何影响在校学生的权利的。学生们利用互联网或其他高科技不断对其他学生进行网络欺凌。像自杀的 Megan Meir、Tyler Clementi 和 Phoebe Prince 就是青少年网络欺凌的悲惨结果，说明了通过社会媒体的欺凌无处不在。从逻辑上来讲，学校可以用对待其他欺凌的方法来处理网络欺凌。然而，更多的网络欺凌发生在校外。学校似乎并不能超越职权和范围去管控言论。

例如，当学生在学校计算机实验室使用 Facebook 欺凌另一个同学时，那他就严重破坏了校园环境。然而，当学生们在校外诋毁或贬损其他同学或教职员时，那问题就来了：学校是否有权处理这样的行为？更具体地讲，某学生如果在家里通过 Facebook 来批评另一个与她同校的女孩，告诉那个女孩没人喜欢她，并且如果她离开这个世界则会让每个人都感觉更好，那要怎么处理？而学生中只有一人与她分享了页面，则后者又将此分享给班中其他的一些人，那又该如何处理？是否最初发表观点的学生应该受到处罚？是否那个散布观点的学生也应该受到处罚？对此，法律和法院都不能给公立学校以清晰和一致的指引，也没有界定哪类发生在校外的学生行为可以被管制(Goodno，2010；Tomain，2010；Waldman，2012)。法院认识到一个事实，学校教职员在维持安全的和有序的教育环境时需要一定的弹性，以避免直接的决定影响了教育的使命。法院也高度关注第一修正案中的权利。无论这些行为是否发生在校外都会被认为极大干扰了学校环境，这是学生纪律问题中的新议题，需要学校和法院共同努力来解决。

• • • 第一修正案——衣着和外观的自由

一名男生戴着许多唇钉和眉钉来上学。一名女生为了显示她的胸部，穿着紧身的衬衫来上学。另一些学生 T 恤上印着“幸福，不是同性恋！”的字样。能限制这些学生的穿着打扮吗？学生可以自由表达自我，只要他们的着装没有在事实上干扰到校园环境。

言论自由不仅包括自由的语言表达，还包括政治表达的自由，以及自身的外形着装。作为自我表达的一部分，学生可能留着长发或极短的头发，有着奇怪的发型或颜色，在脸上或身上打洞，或穿着具有他们个人风格的时髦服装。

法院已经受理多起有关校方控制学生着装和外形的案例。例如，在 1921 年，Pearl Pugsley 被阿肯色州克雷县的一所公立学校勒令暂时不能来校上学，因为她违反了学校禁止学生在脸上涂爽身粉的规定。她的老师让她把脸洗干净后再来上课。Pearl 依旧我行我素涂了爽身粉来学校，但被拒绝进入学校，除非她遵守学校规定。Pearl 拒绝回校并要求法院撤除这条限制（Pugsley v. Sellmeyer，1923）。法院没有受理她的案件。她继续上诉，而阿肯色州最高法院的判决与她的想法背道而驰，法院赞成学校董事会的做法。法院给出的理由之一是学校在处理校内政策和管理的事务上有很大范围的决定权。

几乎在半个世纪以后，一名 16 岁的学生 Chelsey Karr 因为他的长发违反了 EL Paso 高中有关衣着外形的政策规定，而拒绝让他注册，他由此向法院提出上诉。经过四天的审判，美国地区法院认为校方以 Karr 不遵守校规为由，而取消他接受公立教育的权利，违反了美国宪法中正当法律程序和平等保护条例。法院判决“个人对发式的选择完全是受宪法保护的”，学校教职员难以证实长发会对教育进程产生影响（Karr v. Schmidt，1972）。不久这个判决被受理上诉的法院推翻。

巡回和受理上诉法院将问题细分为梳洗、外形和着装。最高法院拒绝从宪法保护的角度受理有关学生是否享有着装或发型自由的权利。

学校为什么会觉得有必要管理学生的外貌呢？部分学校辩解道，学校禁止学生一些特定的服装或外形，是因为他们相信这样可以避免学生不必要的分心，从而提高教育环境（Smith，2012）。因此，学校可以禁止学生穿不正派、过于性感或不合适的服装到校。在这些案例中，学校教职员确信穿着此类服装可能会使校园环境变差。一些学生选择穿这样的服装是为了赶时髦，然而，另一些学生穿着有争议的服装本身就是为了引发争议，改变其他学生的信念，或表达他们自己的观念（Sekulow & Zimmerman，2009）。

其他学校制定衣着政策是为了尝试处理不断升级的学生帮派和暴力问题。因为帮派成员通常用特定的颜色或服饰来辨认彼此，如反戴帽子，所以学校制定衣着政策在学生间消除特定的着装。还有些学校试图通过要求学生穿着校服或统一款式的服装来消除团体暴力。例如，部分学校要求所有学生的穿着需符合学校规定，如蓝色牛仔裤和白色衬衫。尽管这些政策的出发点是好的，并且考虑学校的安全而被精心设计，但这些着装政策仍然被不断地挑战。

在一些学区，学生们因为拒绝摘除宗教要求佩戴的头巾或面纱，进而违反了学校着装规定，被学校暂时禁止上学或退学。例如，俄克拉荷马州一所学校的着装规范禁止学生“在校舍内戴帽子、头巾、塑料帽子和连帽衫的帽子”。尽管另一些学生被允许佩戴非宗教目的头饰，但是一名12岁的穆斯林女孩却被两次处罚不许上学。她对学校提起了诉讼，司法部代表以她的名义进行了干预。后来，她在美国参议院佐证时，头戴面纱以示抗议，称这是一场“作为顺从神的旨意佩戴面纱的谦卑的穆斯林与学校着装政策之间的斗争”（U. S. Senate Committee on the Judiciary，2004）。不久之后，政策被修订（Moore，2007）。

相似的还有得克萨斯州的一所学校的梳洗政策明确规定了男生头发的长度。根据印第安人的信仰，A. A. 从来没有剪过头发，他的头发总是披着或梳成一两个辫子。A. A. 的父母要求学校考虑到宗教信仰而将其排除在梳洗政策之外，但学校拒绝了。A. A. 从开始读幼儿园，就一直扎着两个辫子。然而，学校坚持A. A. 无论是将头发盘成发髻，还是向后梳成一个马尾，头发长度都不能超过衣领。当A. A. 和他的父母拒绝照做之后，他被告知不能像其他同学一样入学。在他父母将学校告上法庭之后，法院认为学校政策侵犯了 A. A. 的宗教信仰和自由表达的权利（A. A. v. Needville Indep. School Dist.，2010）。

学校社会工作者可能会参与学校着装政策的制定。在维护校园安全环境的情况下，学校社会工作者可以帮助学校发展尊重多元文化、宗教信仰和学生权利的政策。在这些问题上，学校社会工作者有着独到的工作方法，可以调和这些差别，帮助学校与学生达成平衡。

第一修正案——信仰自由

在毕业典礼上，一名学生想带领其他学生做祷告；学校企图禁止教授进化论，而以神创论取而代之；父母想用就学券送自己的子女去宗教学校。所有这些行为都可以被视为信仰自由吗？答案取决于学校政策在信仰问题上是否保持了中立，或是否促进了信仰的建立，又或者是否干扰了学生对信仰的实践和信念。

在公立学校中，信仰自由是相当复杂的问题，因为第一修正案中有两项条款与宗教相关。一项条款是禁止政府干涉个人选择信仰的权利（自由实践条款），另一项条款是禁止政府做出可能被认为是创建一种宗教的行为（创建宗教条款）。在具体的事实前，这两项条款经常被叠加使用。其秉持的基本观点是政府在宗教立场上应持中立态度，既不推进宗教也不禁止宗教行为。因为公立学校是政府的一部分，所以学校必须谨慎行事，不要违背第一修正案中的宗教禁令。

Minersville School Dist. v. Gobitis（1940）是最高法院最早受理的公立学校信仰案之一。该案中，Minersville 的 Pennsylvania 学校要求学生进校时要对国旗敬礼。抗议者自称是耶和华的见证人，他们申请禁止令来改变这一要求，认为要求学生向具有象征意义的国旗敬礼违反了他们信仰自由的权利。

最高法院以 8∶1 的投票结果支持学校规定学生向国旗敬礼的做法，同时承认信仰自由也是一种重要权利。后来，持反对意见的 Harlan F. Stone 法官对此做了精彩的阐述：

宪法可以表达一种忠诚或者是由它创造出来的对政府的忠诚，但宪法绝不会说或者试图暗示忠诚的强制性言行对政府的计划是如此重要以至于可以忽视人们受宪法保护的言论自由和信仰自由。当忠诚的表达出自人们内心时，那么可以促进国家的团结。但，如果强制学生的言行，并违背了他们自己或者他们父母的宗教信仰时，则另当别论。由于学生的行为会被视为国家团结的重要组成部分，尽管宪法保护个人的信仰自由，但是学校董事仍然会过度苛责该行为(Minersville，1940，p. 605)。

……………………………………

后来，在 West Virginia State Board of Education v. Barnette(1942)案中，最高法院依据言论自由权驳回了向国旗敬礼的规定。

Engle v. Vitale(1962)是最高法院受理的第一起在公立学校祷告的案件。在 Engle，十名学生家长抗议纽约学校体系要求学生在学校教职员的带领下每天背诵一段祷告文。父母们认为校方要求的祈祷是与他们及其子女的信仰、宗教和宗教仪式相背离的。裁决认为规定的祈祷违反创建宗教条款，最高法院认定事实为不管祈祷是宗派中立的还是出于学生自愿的，该祈祷都违背了宪法。第二年法院驳回了马里兰州和宾夕法尼亚州的两起案例，即他们要求每天阅读《圣经》上的章节或者背诵天主经文，这些都违反创建宪法条例(Sch. Dist. of Abington Twp.，Pa. v. Schempp，1963)。

在二十世纪七八十年代，法院始终坚持认为，无论是足球比赛还是毕业礼，祈祷都违反了创建宪法条例。然而在九十年代和新世纪，该问题出现了新趋势，法院在处理此类案例时明显出现了多次的摇摆。

在 Lee v. Weisman(1992)案中，最高法院要求罗得岛州的一所学校取消一项政策，该政策允许校长在初中和高中的毕业仪式上邀请神职人员做祈祷和祝福。通过给神职人员发放非宗教祈祷性的指引小册子，学校教职员试图借此避免政教冲突。法院认为该政策具有强制性，认为学生作为毕业典礼的一分子，他们会感到参与这种祈祷的压力。因为校长选择了神职人员并且决定祈祷和祝福的内容，所以法院还认为学校的做法会在公立学校中造成一种国家发起或国家引导宗教实践的误解。

最高法院对 Lee 案的裁决引起了极大的反响。当学校教职员组织了一场祷告，这会被判定违反了创建宪法条例。但是，如果祈祷是经由学生选择进行，那么他们的选择受到第一修正案的言论自由权和自由实践权的保护。纵观全国，学校教职员和学生用创新方法解决了在学校举办祷告的问题。

例如，Harris v. Joint Sch. Dist. No. 241 案(1993)是发生在爱达荷州的一个案例，该校让高年级学生投票表决是否在毕业典礼上进行祈祷并决定由谁念祷文。一群学生对此提出了挑战，他们认为在典礼上进行祷告，违反了政教分离的原则。法院认为学校的高年级学生是经由自由选择，决定是否在他们的毕业典礼上进行祈祷，事实表明该校与 Lee 案中举办毕业典礼的全体教职员和管理人员的情况有着本质的区别。

Jones v. Clear Creek Indep. Sch. Dist. (1992)案是另一个类似的学生投票表决的案例，法院质疑为何有这么多的人重视毕业典礼。法院认为：

如果他们寻求政府对学生成绩的认可，那么毕业证书就可以满足他们。如果他们寻求上帝的认可，那么一个私人赞助的学士学位就能满足他们。但若要社区认同学生成绩的话，那么他们必须与其他有交集的社区成员一起参加公共仪式。如果通过毕业典礼来呈现社区对毕业生的支持，那么人们就不应该吃惊于社区标准所产生的影响。宪法对此持相同的态度(Jones, p. 973)。

Jones 认为，法院判定在公立学校毕业典礼中，由学生发起的祈祷是被允许的，因为这是学生们做出的决定。法院还承认大多数的学生可以自由表决做州政府未明文禁止的事——包括在公立学校毕业典礼上进行祈祷。

Santa Fe Independent School District. v. Doe 案是 2000 年美国最高法院受理的又一起类似案件。得克萨斯州的一所学校颁布了一项规定，在学校足球赛上，学生们可以投票决定他们是否想要一名学生带领祈祷，并且选择一名学生牧师通过学校公共广播系统向大家送祝福。最高法院裁定如果使用了学校公共广播系统并且明显是由学校支持，那么即使是学生带领的宗教发言也属于违宪。法院论证道：“假设即使每位学生都是完全自愿决定参加足球赛，但是通过电台传福音会产生不合适的影响，因为那等于强制那些学生参与宗教活动。”还有些与教室和毕业典礼上祈祷相关的问题，法院借此制订了公立学校条例。它们涉及向公立学校学生布道，在教室中张贴十诫，要求生物老师从拓展知识以及进化的另一个角度来讲解达尔文的进化论，允许家长帮助孩子筛选读物时不涉及同性恋婚姻等，不允许宗教性质的俱乐部在放学后组织活动，允许学生作为祈祷者出席校委会的会议。

教育券是另一个宗教自由和公立学校之间新的、更具争议的议题。正如第二章所述，教育券的构想是政府给父母一张凭证、一笔助学金或一些贷款用来支付父母替子女所选学校的学费。在一些情况下，教育券可用于私立的宗教背景学校。尽管各地对于教育券的使用有着不同的规定，但是，支持者们关注的是它是否可以带来更多的选择和问责，而反对者们则认为在宗教学校使用它是违反了相关法律条例。在 Zelman v. Simmons-Harris(2002)案中，最高法院裁定俄亥俄州克利夫兰教育券项目符合宪法规定，因为它在宗教问题上保持了中立。

因为最高法院裁定使用教育券并没有违反相关的规定，所以宗教教育的支持者们倡导各学区接受教育券项目，并且允许家长们使用教育券来支付私立或宗教背景学校的学费。2012 年，16 个州和 2 个直辖市已经制定了不同类型教育券项目(美国儿童联盟，2012)。随着择校项目的增加，教育券的使用将如何影响美国公立学校体系正成为一个日益受关注的议题。无论教育券是否实际上提升了学生学业成就，它已成为极具学术争议的话题(Cowen，2010；National Education Association Policy Brief on Vouchers，2009；Rouse & Barrow，2009)。威斯康星密尔沃基的教育券项目是全国第一个教育券项目，它被诟病在州的学业测试中私立学校学生的表现并没有优于公立学校学生(DeFour，2011)。

• • • 第四修正案——合理搜查

校长搜查了一名学生的书包，因为她被怀疑贩卖毒品；学校要求所有学生运动员接受药物测试；因为教室里丢失了 10 美元，有一名学生被脱衣搜身。学校的这些做法是否触犯了学生享有的合理搜查和扣押权？首先这些搜查必须具有正当性，并应说明在怎样的范围内搜查是合理的。

众所周知，第一修正案规定学生拥有言论自由权和信仰自由权。第四修正案保证了学生在教育机构中依然享有这些权利。

美国宪法的第四修正案申明“每个人都有保护个人、房子、信息和动产的权利，他们可以拒绝不合理的调查和逮捕，该权利神圣不可侵犯”。它充分阐释了只有当警察获得了许可证并有确切的线索时，一个成年人及其财产才能被搜查。

未成年人，尤其是学生，则不受此法保护。通常，学校教职员如果有线索认为储物柜里有违法的物品或可能伤害到他人的物品时，他们可以在未经学生本人同意和没有搜查许可证的情况下搜查学生的储物柜（People v. Overton，1969）。法律支持学校是储物柜的拥有着，而非学生，最多他们共同拥有该财产。公众认为学校有责任保护整个学校的福祉，这个观念深入人心，以至于有时候逾越了第四修正案的权利规定。

New Jersey v. T.L.O.案中（1985），最高法院尝试给出公立学校教职员搜查学生的权力界定。在T.L.O.案中，一名教师发现有两名女生在盥洗室吸烟，遂将她们带到了副校长的办公室。其中一名女生承认自己在盥洗室吸烟，而另一名女生T.L.O.则予以了否认。因为副校长确信T.L.O.违反了学校有关禁止学生在校园内吸烟的规定，所以他打开了她的皮夹并看到里面有一包香烟。当他搜查钱包时，还发现了卷烟纸，由此推断她可能也吸食大麻。他认为包里可能有大麻，所以继续搜查她的皮包，并进一步搜到了少量的毒品、一个针管、一些空的塑料袋、钱和一张列有欠T.L.O.钱的人名的字条。T.L.O.受到了怀疑并被发现有违反州法律的行为，但她对搜查她钱包的合法性问题提起诉讼。

最高法院认为搜查的合理性要从两方面来调查。第一，学校教职员决定开始搜查是否正当；第二，在前者的基础之上，在当时情况下进行搜查是否合理。换言之，学校教职员有权做出合理搜查的决定，法院考虑的则是搜查的动机以及根据合理动机所做搜查的范围和程度。公立学校搜查的合理性是指，法院关注到学校的需求是控制学生，这种学校教职员与学生的特殊关系是为了达成在有序环境中教育学生的学校使命。因为学校的特殊需求，法院要求儿童个人的合法期望服从于学校维持良好学习环境的合法需求。

尽管有时候法院认为学校的做法有点逾矩，但往往这种平衡有利于校方。以下案例就阐明了法院对此所做的尝试：

一名学生称并不是基于对他的怀疑，而在全校刀具搜查过程中搜查他，是违法的行为。宾夕法尼亚上诉法院对此并不认同，因为学校教职员在所有学生进校时都对他们采用同样的、最小干扰的方式进行搜查，而且该搜查是基于学区内暴力发生比例较高所做出的合理决定。

阿肯色州的一所学校随机搜查了一个教室内的所有学生。学生们被要求离开教室时拿出口袋内所有东西和留下所有的物品，包括书包和钱包，并将它们统一放置在他们面前的课桌上。学校的工作人员搜查了学生们留下的物品，并在一名学生的皮夹内发现了大麻，这使她被认为违反校规并有轻度犯罪。该生控告了学校，她认为之前并没有某个学生或她自己有任何错误行为，这是没有根据的怀疑。学校则声称，学校是根据普遍关心的校园武器和毒品的问题开展的搜查，但是法院认为并没有证据证明学区正在遭遇一些严重的和紧急的状况，而特别需要使用这种侵入性的搜查(Doe v. Little Rock Sch. Dist.，2004)。

密西西比州一所学校的校长被名叫 G. W. 的学生起诉，这名 17 岁的学生在学校停车场内饮酒。校长和学校治安官赶到了停车场，看到 G. W. 卡车后面有些空啤酒罐，他们询问 G. W. 他们是否可以搜查他的卡车，他表示了同意。他们在锁住的工具箱中发现了七瓶未打开的啤酒，同时 G. W. 也承认这些是他的酒。他对此表现得不以为然。学校起先要求他暂时停学 5 天，进而禁止他该学年返校学习。他的父母质疑搜查的合法性，认为校方在搜查他卡车前需要获得搜查令，因为较之储物柜，卡车属于私人物品。在判决时，上诉法院认定开始搜查是合法的，当校长被告知 G. W. 正在饮酒，并且在他的卡车后发现了啤酒罐，那么搜查他的卡车属于合理范围内。同时，法院还裁定学校教职员搜查时不需要搜查令。甚至，法院认为个人的车子在路上行驶和它停在学校中，对它私有权的解释也是不相同的（Covington County v. G. W.，2000）。

一所高中规定学生可以在校内携带但不可以使用移动电话。当一位学生的手机掉出了口袋，它被一位教师没收了。之后，她和副校长使用该生的移动电话通讯录给其他学生打电话，以确认他们有没有违反该项校规。他们还在未告知学校工作人员身份的情况下，用短信和语音邮件编写即时消息与该生哥哥进行交谈。该生起诉了学校，控告他们非法搜查。法院裁定当老师发现和没收手机时，学校怀疑学生违反了校内使用手机政策是合理的，但是学校搜查学生手机记录违反了第四修正案保障的学生权利。

在 T. L. O. 案判决后的十年，最高法院宣判了 Vernonia Sch. Dist. v. Acton 案(1995)，该案起因于一所学校制定了测试学生运动员吸毒的政策，以及由此引起对该政策的合法性的质疑。学校教职员认为学生运动员应该是其他学生的模范榜样。但他们发现这些运动员经常在班级里口出脏言，俄勒冈州维洛尼卡学校针对这些学生运动员制定了毒品测试的政策。这些学生运动员必须签署一份在连续几周的体育赛季里对其进行关于安非他命、可卡因和大麻尿检的同意书，否则他们将不被允许参加体育比赛。名叫 Acton 的七年级学生拒绝在同意书上签名，并因此被禁止参加足球队的比赛。他的父母对学校提出了起诉，认为根据第四修正案，学校制定的尿检政策是不合理的。法院根据该案例的实际情况，认为学校要求对运动员进行尿检的政策是合理的，并没有违反第四修正案。

最近，美国最高法院沿用了该判例的结果，支持了俄克拉荷马州一个学区的政策，即要求每位参加课外活动的初中生或高中生进行毒品测试（Bd. of Educ. v. Earls，2002）。这些活动包括学术团队、未来美国农民、未来美国家庭主妇、乐队、唱诗班、啦啦队和运动队。法院认为尽管没有证据表明学校内存在毒品的问题，但对参加校外活动的学生开展毒品测试是合理的要求，这可以防止毒品在学生间泛滥。

T. O. L. 案中直接接受搜查的学生 Veronia 的情况很特殊，和她一起的运动员学生却没有成为怀疑对象。依据第四修正案，美国最高法院在判定是否是合理搜查时往往基于以下假设，即宪法承认学校作为保护学生的地点具有其特殊性（Urbonya，2001）。通过允许对参加课外活动学生进行随机抽查的毒品测试，最高法院进一步明确了学校在防止和控制毒品上的权利比学生的个人隐私权更重要。有时候，为了寻找失物或毒品，学校教职员会仅凭简单的判断就对学生进行脱衣搜查。当学生被怀疑身上藏有被查物品时，脱衣搜查会要求学生仅穿内衣或几乎赤身裸体接受检查。毫无疑问，脱衣搜查会对儿童造成心理伤害，特别是非常年幼的儿童或正处于青春发育期的青少年。

一些案例告诉我们并不是只有非常有价值或特别严重的情况才会提出搜查。例如，在印第安纳州的中学里，高年级学生们发起了一项维护人权的行动，并宣称校长和老师们因为体育课后在上锁的教室里丢失了 4 美元 50 美分就对学生进行脱衣搜查是违法行为，甚至搜查了每个女生的胸罩。联邦法院认为因为校长并不是委员会政策的制定者，所以委员会不需要对校长的行为负责（1995）。同时，法院判决在当时情景下的搜查不合理，教育者也不能忽视人权。

在另一些案例中，对学生进行的脱衣搜查获得了法院的支持。此类案例大多数涉及较为年长的青少年，他们通常被控告非法携带毒品，并企图贩卖毒品。例如，在 Cornfield v. Consolidated High School 案中（1993），根据近期教师报告的与毒品相关的事件，以及个人对学生着装的观察，学校教职员有充分的理由相信16岁的Cornfield将毒品藏在裤子里。第三部分证据更是有利证明了这个观察，有学生报告Cornfield带毒品来学校，并且教师报告当警察突击搜查他妈妈家的时候，Cornfield承认之前有用类似的方法携带毒品。更有甚者，地方警察向学校通报，他们有消息表明Cornfield向其他学生出售大麻。相关信息提供了基本依据，只有搜身检查才能真正找到违禁品。因此，Cornfield被带进了一个带锁的房间，并被要求脱去裤子。然而，在搜查期间，他仍然被允许穿着运动服。在这些事实之下，即教师观察有违禁品藏在Cornfield的内衣里、其他同学的举报、警察的通报和学生先前的供认，法院判定搜查的理由成立，并没有违反宪法规定。

另一个Widener v. Frye案中(1992)，一名15岁的学生控告学校在缺乏证据的情况下对其进行脱衣搜查。一些学校教职员检查了这位身上散发大麻味的学生，他们还发现这位学生神情“呆滞”“昏昏欲睡”以及其他一些吸食大麻后的特征。然而，当他们向学生提出质疑时，他们对于学生的解释并不满意。该生被带离了教室。他仅被要求脱去牛仔裤，穿着内裤接受搜查。两名男性保安对其进行了搜查。他既没有被恐吓威胁，也没有在脱去裤子后有身体接触。法院回顾了事实，并判定学校教职员搜查合理。

2009年，美国最高法院裁决了一个对13岁的优等生Savana进行脱衣搜查的案件。根据另一名学生的举报(该名学生才是真正的违法者)，亚利桑那州某中学校长助理将Savana带到了他的办公室，并询问了相关被举报事情。因为校长并不满意询问结果，他继续询问Savana是否可以搜查她的物品。她同意了。他搜查了她的背包，但一无所获。尽管Savana同意搜查她的背包，以及她在学校有着品学优良的记录，他还是要求他的助理将Savana带到医务室接受进一步检查。在医务室，他的助理和校医对其进行了脱衣搜查。他们要求她脱去每层衣服。一开始，Savana根据要求脱去了她的袜子、鞋子和夹克。之后，他们要求她脱去T恤和裤子。虽然感到尴尬和惊恐，她还是照做了，她穿着贴身内衣坐着看两个成年人检查她的衣物，但还是一无所获。接着，Savana被要求到一边脱下胸罩，并抖动它。在这个过程中，她一直赤裸上身。紧接着，她再次被要求脱去内裤，并抖动它，她浑身赤裸。在庭审过程中，Savana将此经历描述为她人生中“最羞辱的经历”，并且认为“脱衣搜查侵犯了她”。

学校是在搜查什么呢？到了如此严重的程度，我们不禁要猜想他们一定怀疑Savana藏有特别危险的违禁品，例如枪支或毒品。事实是，他们只是在搜查处方药布洛芬。

最高法院援引了 New Jersey v. T. L. O. 案的判案标准。搜查的第一事实是搜查理由的合理性，法院认为起先搜查 Savana 的背包和外衣都是合理的，因为根据当时的情况，包括其他学生的举报，校长有理由怀疑她正在散播违禁药品。然而，第二个事实搜查范围的合理性上却是触犯了 Savana 的权利。法院判定根据她的年龄、性别及实际搜查的物品，学校要求 Savana 脱下内衣搜查是不合理的。

更重要的是，法院认为对在校学生进行脱衣搜查所产生的心理创伤会延续到成人期并被放大。法院援引了全国社会工作协会相关心理研究，该研究发现脱衣搜查会使年轻的受害者产生严重的情感创伤。法院认为当 Savana 感到“尴尬、害怕和羞辱”时，她个人的隐私权已经受到了侵犯。

本部分只是援引了一些典型搜查案例。在某些方面，儿童还是“幸运”的，无论他们案件的结果如何，会有他们的父母或其他支持组织替他们挑战学校的做法。然而在更多的案例中，儿童作为被搜查的主体面对学校毫无反抗能力。

持续增加的校园暴力、枪支和毒品泛滥成为学校合理搜查的依据。怎样的搜查被认为是合理的搜查，这个问题仍然存在。学校使用脱衣搜查、微量元素测量、搜查毒品和武器的狗、呼吸测试以及其他的科技产品，来确保学校的安全和纪律。这些搜查的合理性在很大程度上取决于搜查的范围，它涉及儿童的年龄、被搜查物品的危险性和其他相关因素。学校社会工作者应确认学校的搜查政策在保障学校安全的同时，也能尊重学生的隐私权。学校社会工作者要鼓励所在的学校能从更积极的角度制定政策。当学校决定对学龄儿童实施脱衣检查时，学校社会工作者应避免参与此类令人沮丧的事情。

学校的纪律

正如我们所知，为了提供一个安全和有效的学习环境，学校需要依法建立相关制度。另外，学校教职员有责任把学生培养成一名良好的并对社会有用的公民。作为一名社会成员，需要遵守合适的社会规范。有许多处罚的方法可以惩戒有偏差行为或不遵守学校/社会规范的学生。学校对违纪学生通常采用体罚、停学或开除学籍的方法。尽管学校有权制定纪律标准，但是学校在对学生实施纪律政策时，仍然不能与宪法赋予学生的权利相抵触。

• • • 第八修正案——体罚

一名学生因其错误行为被要求举着板站立，因为没有遵守教师的纪律要求，一名学生被该教师呛声。这些行为经常发生在校园里，它们是否已经变成了超越体罚从而触及了学生的权利？体罚被合理地运用于儿童教育和行为规范时是被允许的，但是，学校教职员对学生无辜施加体罚则可能被视为民事或刑事犯罪。

体罚是对个体不正当的行为施加身体上疼痛的一种处罚方法。体罚是一种早期殖民学校的衍生物，通过体罚可以将殖民者的宗教信仰强加于被殖民者的精神领域。由于日益增多的诉讼和禁止使用体罚的判决，虽然体罚仍然存在，但是它已越来越少地被用作管理学生的一种手段。

第八修正案中写明："不需要额外的保释金，不需要额外征收罚金，不需要的残酷和非比寻常的处罚。"当体罚被施与学生身上时，它被视为"不需要的残酷和非比寻常的处罚"而受到了挑战。只有当法官认定体罚合理的时候，体罚才被认为是合法的。法院始终不变的审判依据是：一方面是规定的合理性，另一方面则是处罚的合理性。

早在 1859 年，在 Lander v. Seaver 案中(1859)，法院就已经对体罚的合理性进行了讨论。当一名 11 岁的男孩赶着牛从老师的屋前经过时，当着其他学生的面叫老师"老杰克 · 西弗"。第二天，当男孩到学校上课的时候，他因为使用"粗俗的语言"而遭到了斥责和鞭笞。为此男孩的父亲坚持认为教师无权对儿童的非在校行为做出处罚，但是法院驳回了该父亲的观点。理由是男孩当着其他学生的面使用"藐视性的语言"，这"直接地、立即地损害了学校的名誉，颠覆了学校管理者的权威，以及有引起混乱和反抗行为的趋势"。

早在 20 世纪 70 年代，根据准父母条例，不同的法院就对体罚做出了解释。Baker v. Owen 案中(1975)，最高法院认同北卡罗来纳州联邦地区法院的判决，允许教师可以在没有得到家长同意的情况下体罚学生。在某些指导思想的指引下，如果是出于对被体罚者的保护目的，那么体罚可以被接受。这些指导思想包括：儿童可能被惩罚的行为必须被事先警告，执行的标准并不太严厉，处罚过程中必须有另一个工作人员在场见证，有父母知晓被体罚原因的书面证明，并且见证人都需要签名。

1977 年，最高法院宣判的一起案例，标志着体罚的终结。Ingraham v. Wright 案中(1977)，两名初中学生起诉了他们的学校，要求学校为他们所遭受的杖责支付赔偿金。学校政策规定违反校规的学生将受到杖责，但在教师处罚学生前必须请示校长。被打的两名学生身上出现了大面积的瘀青。一名学生被 2 英尺长的木杖打了二十几下，使他因为瘀伤 11 天不能来校上课。另一名学生抱怨他的手臂被打了两次，使他的手臂在一个星期内都丧失了基本功能。原告们申辩该处罚违反了第八修正案，他们受到了残酷和非比寻常的处罚。法院并没有支持学生的诉求，认为第八修正案只适用于被监管的犯人而不是在校学生。根据正当法律程序，法院认为教师每次体罚学生都要进行听证是不切实际的，虐待和滥用处罚的行为并不常见，学校是受到公众监督的，其他的老师和学生也会对过度的处罚提出质疑。

最高法院认可只有出于教育好儿童，以及使他们遵守纪律而必须实施的体罚才是合理的。体罚如超出了合理的范围就成为学校或教师对一个公民进行的一种犯罪行为。换言之，家长如果认为对他们子女实施的体罚是不合理的，则他们可以提起法律诉讼。

尽管家长有权利因为体罚对他们子女造成的伤害提起诉讼，但是在许多案例中出现的问题是如何证明体罚在当时的情况下是不合理的。例如，在乔治亚州的一个案例中，一名中学生的父母对老师和学校提起了诉讼，状告老师对他们儿子的扼喉行为，对他的身体和感情造成了伤害。女教师反驳道，他们的儿子引起了很多问题，并且拒不服从她纠正其行为的要求，她才伸手打了男孩耳光，并用手把他的头扭过来，面向她，以提醒他注意。法院驳回了父母的诉讼，认为并不是所有发生在老师和学生之间身体上的接触都是体罚，该教师只是在履行她的责任以维护课堂纪律(Daniels v. Gordon，1998)。

肯塔基有一所学校的政策规定，家长有权要求学校不对他们犯错的子女施行体罚。Saylor v. Board of Education 案中(1997)，一名 14 岁男孩和另一名男孩在学校里狠狠地打了一架。对此，两名男孩都被处以 5 下杖责的处罚。家长们声称已经告诉校方，他们不希望学校对孩子们体罚。但学校的教师和管理者们说孩子的父亲曾在会议上对他们说过，校方可以根据需要管教孩子。尽管双方各执一词，但是法院还是支持了学校。法院认定整件事的处理并没有违反程序，因为儿童当时衣服穿着整齐，杖责都只打在他们的半边屁股上，而且处罚的程度并不严厉或不合适以至于震惊了法庭。

Serafin v. Sch. of Excellence in Education 案中(2008)，最高法院拒绝受理一名 18 岁女生的案件，该女生就读于得克萨斯州的一所公立特许学校。在课间，她和另两名学生离开学校，穿过马路买早餐吃。当他们回来的时候，她被带去了校长办公室，不顾她的反对，校长把她摁在自己的大腿上，用木杖打了她的臀部。在体罚的过程中，她哭了，觉得很羞辱而且非常疼。当杖责结束后，她的臀部出血，手部发肿并且很疼，因为她试图用手挡住木杖时被打到了(Pollard-Sacks，2009)。上诉法院维持原审判法庭的决议。

Peterson v. Baker 案中(2007)，一名 14 岁的学生和他同学不仅上学迟到还在课堂上讲话。老师让他同学离开教室，该生认为老师也同时要求他离开。当老师要他坐下时，他表示了拒绝。他和老师发生了肢体冲突，他推了老师并打老师手臂。老师掐住了他的脖子，导致他呼吸困难。他向法院控告了学校，法院驳回了该案。法院认定过度体罚的标准是让人感觉震惊的体罚程度。要胜诉，学生至少要证明在当时情景下，学校教职员使用了过度的力量使他的身体处于严重受伤害的风险中。

另一些案例中学校教职员的做法使人感到震惊。例如，在 Neal v. Fulton County Bd. of Ed. 案中(2000)，14 岁的新生 Durante Neal 是乔治亚州一所中学足球队的队员，他与另一名学生 Griffin 打架。Neal 将此事报告了助理教练，后者让他学会自己处理这类事情。Neal 把从教练办公室拿的很重的金属锁放进了自己的运动包。结束训练后，Griffin 又靠近他，Neal 掏出了金属锁击中了 Griffin 的头部。两个男孩又打成一团。教练和校长跑了过来，教练挥动金属锁击中了 Neal 的左眼，使 Neal 眼睛受到重创，造成一眼失明。本案中，第五巡回上诉法院认为宪法条例保护学生免受过度的、故意的和可预见的身体伤害。法院研究了其他体罚案，例如，一位学校官员根据校方政策或一套更正式的纪律处罚了有违规行为的学生，这可以被认为是合适的体罚。然而，法院提到并不是所有体罚都是在那样的情况下实行的，更多的是非正式的管理且处罚过于严厉。法院援引了 London v. Directors of DeWitt Pub. Schs. 案(1999，学校教职员拖着学生穿过教室并按着学生的头撞击金属柱子，这样的行为被认定为体罚)，P. B. v. Koch 案(1996，校长掴学生耳光，将学生头颈摁低，打学生胸口并推他的头撞击上锁的柜子，这样也被称为体罚)，Metager v. Osbeck 案(1988，学校教职员掐着学生喉咙持续掴他耳光，导致他失去知觉摔倒在通道上，并且摔伤了鼻子和摔落了牙齿，这也被放在体罚的范围中讨论)，Carestio v. School Bd. of Broward County 案(1999，学校教职员集体殴打一名学生，这也被称为体罚)，Gaither v. Barron 案(1996，教师用头撞学生，也被认定为体罚)。在 Neal 案中，法院裁定 Neal 失明是一种非常严厉的处罚，该行为已经严重超出了体罚的程度，应该获得赔偿。然而，问题仍然存在，即是否必须使用体罚才能让儿童遵守纪律。更多的科学研究证明了体罚可能对儿童造成的伤害(Dupper & Montgomery Dingus，2008；Gershoff，2008，2010；Grogan-Kaylor，2004；Hyman，1995；Sachs，2009)。Sachs(2009)列出了体罚无效且适得其反的主要原因。她指出州政府的目标是最大化地提升学生认知能力和学业潜能，并教导他们习得非暴力的、合适的社会行为和自律行为。她认为体罚会对儿童社会价值和社会技巧的习得产生反效果，会加强愤怒情绪、攻击性行为和反社会性行为，阻碍儿童认知的发展，是一种适得其反的教育环境，会导致儿童心理和精神问题以及虐待的后果(Sachs，2009)。另一些对惩罚性项目的研究证明，通过使用恐吓等方法教育少年犯的效果并不理想(Garascia，2005；Klenowski，Bell & Dodson，2010；Muscar，2008)。相反，积极的方法会产生有效的改变，如积极行为介入和支持项目(PBIS)，具有更好的预防性和康复效果，并且已经得到实证研究的支持(Dupper，2010；Ross & Horner，2009；Teske，2011)。

尽管从全国范围来看，教育中的体罚现象越来越少，但不可否认，它依然存在。在 1977 年 Ingraham v. Wright 案审判的时候，有 23 个州对体罚立法。其中 21 个州承认公立学校施行体罚的权利，只有两个州——新泽西州和马萨诸塞州禁止使用体罚。直到今天，仍然有 19 个州允许实施体罚。关于杖责学生报告的数量在持续不断地减少，这表明了一种积极的趋势。在1979—1980学年，有1 400 000人被杖责，到1997—1998学年，人数下降到365 000人，其中90%的体罚事件发生在路易斯安那州、密西西比州和得克萨斯州（Wigoren，2001）。到2006—2007学年，全国被杖责学生数进一步下降至223 190人。其中，有8个州使用体罚措施惩戒了超过10 000名学生（美国人权组织，2010）。

尽管在全国范围内体罚现象正在消失，但特定学生群体受体罚数并没有同比下降。在2006—2007学年，美国非裔学生占全美学生的17%，在受杖责人数中，他们占总数的36%（美国人权组织，2010）。男孩是主要的被体罚对象，远高于女孩的人数，被体罚的人数中78%是男孩。尽管总体来说女孩被杖责的人数少于男孩，但在13个最经常施行体罚的州，美国非裔女孩遭受体罚的比例是白种女孩的两倍多（人权观察，2008）。有精神或心理障碍的学生也更容易遭受体罚（美国人权组织，2010）。

学校社工必须认识到，在学校遭受成年人体罚的学生并不会认为学校是个安全和适合成长的地方。对他们中的一些人而言，学校和他们的家一样，并不是个安全的港湾。全美有超过40个组织机构反对使用体罚，包括全国社会工作者协会（全美反校园体罚联盟，2002）。从世界范围来看，许多国家都反对体罚，有更多的组织致力于废除体罚（Gershoff & Bitensky，2007）。学校社会工作者应该努力推动19个仍然赞同体罚的州废除该法律。另外，社工应与学校教职员合作，努力发展更积极的培养行为规范的方法。

• • • 第十四修正案——停学和开除

一名学生在校园内使用手机打电话，违反了相关规定；一名小学生把枪带到了学校；一名有行为问题的学生打了另一名学生。学校可以勒令这些学生停学或开除他们吗？如果经过正当法律程序，学校有权勒令这些学生停学或开除他们。

就像之前提及的，学校主要的责任是建立和维护良好的学习环境。因此，学校有权使用不同的方法来约束学生行为。我们已经讨论过关于体罚的问题，这是一种非常严厉的惩戒方法。在一些案例中，学校采用比较温和的方法来惩戒学生，如取消优先权、被要求完成特殊的任务、取消参加毕业典礼的资格和降级。任何影响到学校管理和违反规定的行为，如恐吓其他同学或校方人员、损坏学校财产，学校同样有权要求该生离开学校，接受停学和开除的处罚。根据第十四修正案，学校必须通过正当的法律程序，才能以停学和开除的形式剥夺学生的教育优先权。

停学通常被认为是短期离开学校的一种处罚方法，通常少于 10 天，而开除则是被勒令长期离开学校。在停学期间，学生通常被要求离开学校，不能参加学校活动或不能乘坐校车。如果一名学生被要求停学，他还是能重返学校。在一些学区，州政府对停学时间有明文规定。

一些学校使用不同的停学政策。例如，一些学校规定除非学生家长到校商讨学生状况，否则不能取消该生的停学处罚。这会使得家长倍感压力，他们可能有着不同的工作时间安排，或有出行困难，或有其他幼儿需要照顾，或缺乏动机和兴趣。在这种情况下，学校会做出在校停学的处置，也就是说学生仍然会待在学校，但是在一段时间内不能参加班级课程和活动。他们通常会待在校长室、其他的教室、自习室或其他临时安置的地方。

最经典的停学案例发生在 20 世纪 70 年代俄亥俄州哥伦布市。案中的 9 名学生因其各种违规行为被学校要求停学 10 天，为此他们提起了诉讼。最后，官司打到了美国最高法院。在 Goss v. Lopez（1975）案中，最高法院裁决在校学生享有宪法所规定的所有权和自由权。法院支持在没有正当法律程序的情况下，学校不能以停学的方法剥夺学生接受义务教育的权利，即使是暂时的也不行。法院认为即使是少于 10 天的停学处罚，在实施停学处罚前，学生都必须参加非正式的听证会，既可以了解指控他们的证据和事件，又可以给当事人一个申辩的机会。在 Wood v. Strickland 案中（1975），法院认为如果学校教职员在知道或理应知道的情况下侵犯了宪法所规定的学生权利，那么他们可能要进行经济赔偿。

Goss 案确认儿童享有正当法律程序的权利，同时，法院解释停学“并不被认为是维持学校纪律的唯一手段，但却是一个重要的策略”（Goss 580）。因此，即时停学处罚有时候可以很好地保护其他学生以及维护学校的正常秩序。总是危及他人或学校财产或者破坏学习环境的学生可能会被立即要求离开学校。

开除是比停学更为严重的处罚，因为学生被要求长时间离开学校。在有限的案例中，我们并不十分确认，学生是否可以永久性地被公立学校开除。毫无疑问的是，如果教育委员会能安排被开除的学生到其他学校上学，那么这名学生可以在原校被开除。事实上，教育委员会开除学生只是指该名学生在剩余的学年内都不得重返学校。永久开除学生的情况更常见于该名儿童年龄已经超过州义务教育规定年限的时候。与短期停学相比，学校开除学生需要执行更正规的法律程序。开除学生前，学生会收到正式的邮件，父母需要参加诉讼，要有律师在场，并且他们的案子会提交学校委员会。

另一个有待商榷的内容是哪类事可以使学校开除学生。对于怎样才能开除学生，州法律对于侵害事件的认定和学生应有正当程序的规定皆不相同。一些法院将开除等同于长期停学。大部分法院支持面临开除或长期停学处罚的学生都有权要求相应的正当法律程序，包括一份书面指控、充足的准备辩护的时间、一个公正的听证会。许多州以法律的形式保障，在做出开除决定前，被开除儿童享有正当法律程序和参加听证会的权利。这些权利包括在听证官在场的情况下举行听证会，向学校委员会申诉，获得法律程序清单和法院审查等。

Werner v. Bd. of Edu. Cmty. Unit Sch. Dist. ＃1 案中(2012)，学校在开除一名学生前经过了正当法律程序，该生杜撰了一张学校有炸弹威胁的恐吓字条。学校组织学生撤离，经搜查并未发现炸弹。学校介入调查后发现是该生所为。首先，学校对学生做出停学 10 天的处罚。同时，学校向家长发了一封信，正式通知他们将在一周内举行关于开除该生的听证会。信中还告知家长：他们有权参加听证会，可以提交证据、提问、复议学校管理层提交的证据和邀请律师到场。家长出席了听证会，聘请的律师也到了现场，还盘问了校长。学校委员会决定开除学生 2 年。学生及其家长向法院提起了诉讼，试图阻止被开除，声称程序不正当。法院判决做出开除该生的所有程序得当。幸运的是，如果该生能成功转去其他学校并根据要求读到毕业，那么学校同意不执行该开除处罚。

目前，最新的两种发展趋势使得决定儿童是短期还是永久离开学校的情况变得更为复杂。一个是学校禁枪法案，另一个是广为接受的零容忍政策。

1994 年，国会通过了校园禁枪法案。该法案要求所有地方教育机构制定一项政策，规定任何儿童携带武器到校就要被处以开除一年的处罚。法案参考刑法对“武器”进行了定义。根据刑法，武器是指任何种类的枪支，包括发令枪，被设计或改装成可以由炸药作用发射弹丸(像子弹一样)。武器还包括其他“破坏装置”，例如子弹、手榴弹、火箭炮和导弹等。校园禁枪令颁布后，各学区必须制定相应政策，规定儿童携带广义的武器到校都可能被开除。还有一些学区或州武器的概念更为宽泛，包括刀具在内。还有些学区根据危害的严重程度延长了惩戒的时间(如，发生持枪事件后，开除时间包括这个学年的剩余时间及紧接着的整个学年)。校园禁枪法案还要求当学校发现学生携带枪支或武器到校时，学校必须向刑事司法体系或青少年犯罪体系报案。法案给予了一定的自由裁量权。国会给学校教职员一定的裁量权，禁枪开除政策可以根据每个案子酌情裁量。另外，联邦法律并未做出任何规定，禁止相关被开除学生转到其他学校接受教育。在 2006—2007 学年，2 695 名被开除的学生中有 795 名学生(29%)是因为在校园内携带或拥有枪支而被迫转学的(美国教育部，2010)。795 名中的 395 名学生(50%)的开除处罚是每个案子经过酌情裁量后的决定。

尽管联邦法律允许根据校园禁枪法案逐一审核案件，但是一些学区通过零容忍法案表示了坚决否定的态度。在过去的 20 年间，零容忍政策在全国范围内得到了认可。零容忍政策对无法接受的行为结果及具体罪行做出了强制规定。最初提出零容忍政策就是为了让学校强行管制学生真正有危险和犯罪的行为。

时至今日，零容忍政策内容不仅涉及武器控制，还包括管制毒品和酗酒、帮派活动、吸烟、打架和其他破坏性行为，以及欺凌、性侵、恐吓性言论和其他被禁止的事情。近期，媒体报道了多起因零容忍政策而使儿童停学或开除的新闻事件。例如，在佐治亚州，一名 11 岁的女孩因带了“翠儿鸟”钱包到校而被停学 2 周。学校将用一条短链与她的钥匙扣相连的钱包视为武器(Georgia Girl，2000)。在纽约，一名四年级的学生被带离了教室，并且他的妈妈被叫到了学校，因为该男生向他的朋友展示了一个持枪警察的乐高玩具。而同时，他的朋友手上拿着一个手持斧子的人偶，却没有遭受处罚(Padnani，2010)。在特拉华州，一名最近参加了童子军的 6 岁男孩在学校用野营工具吃午餐，学校将野营工具视为武器(Urbina，2009)。在佐治亚州，一名中学生因拒绝结束与母亲的手机通话而遭到 10 天停学的处罚，而此时该生的母亲作为一名士兵正在伊拉克服役(Call from Mother，2005)。由于该事件引起了媒体的广泛关注，声援男孩的电邮如潮水般地发至学校，该生的停学处罚被缩短到 2 天。

零容忍政策的支持者们认为该政策有利于保护校园安全，其中家长和教育工作者是主要的支持者。州政府的惩戒政策绝对不会从轻处理相关事件。持反对意见者批评零容忍政策的“一刀切”做法，即无论学生有任何合理的理由或原因，又或者是多么微不足道的暴力行为，他们都会被一视同仁地对待。更有研究表明零容忍政策并不能有效减少问题行为。

研究表明零容忍政策不仅增加了停学和开除学生的数量，而且美籍非裔学生和美籍拉丁裔学生遭受了差别对待(美国心理协会零容忍政策研究组，2008)。研究显示，对于美籍非裔学生来说零容忍政策的执行等同于开除(Skiba，Shure，& Russell，2011；Wallace，Goodkind，Wallace，& Bachman，2008)。例如，美籍非裔学生在公立学校的注册比例仅为17%，而停学比例却有32%(Raffaele Mendez & Knoff，2003；Wallace et al.，2008)。美国心理协会将其归因为零容忍政策对于有色人种学生的不公平对待，包括管理教室的教师人数不够、缺少文化认同或人种偏见(美国心理协会零容忍政策研究组，2008)。

学校社会工作者是学校纪律团队中的重要成员，可以帮助学校制定合理的纪律政策，公正地对待每个学生。学校社会工作者应该建议学校避免使用零容忍政策，相反，应在政策执行的过程中综合考虑现实情况。另外，学校社会工作者应协助校内其他成员更好地了解学生，即由于文化差异会使一些学生的表现看起来像是不尊重或藐视他人。那些在无意中违反校规的学生需要的是教育，而非不必要的惩戒。

• • • 隐私的问题

学生档案法中隐私权的出处源自美国宪法的相关权益规定。当1974年教育权利和隐私权法案(FERPA)通过时，国会给予了学生及其家长新的权利，俗称巴克利修订法案。

• • • 1974年教育权利和隐私权法案(FERPA)

作为1974年教育修正案的附件，国会通过了教育权利和隐私权法案

(FERPA)。这个法案规定所有受联邦资金资助的学校体系不得拒绝向学生家长或年满 18 岁及以上的学生本人解释学生档案内容。该法案的重大意义在于确认了两大原则：(1) 父母(直到其子女年满 18 岁)有权看他们子女的档案；(2) 父母无权查看其他学生的档案。该修正案以及 1976 年美国卫生与公众服务部实施的法律条例，给所有受联邦政府资助机构的档案管理政策和程序带来了巨大的变革。这些机构包括公立小学、中学及其他教育机构。

法律规定任何受联邦资助的教育机构必须保障学生家长接触档案的权利、质疑他们子女全部受教育档案的权利、变更错误档案的权利和经授权后方能对外公布档案的权利，否则学校将失去所有的资助。不幸的是，对父母而言，FERPA 规定取消对学校的联邦资助是唯一的惩罚措施。法院通常认定，就算学校泄露了学生档案或错误地处置了学生信息，国会并不打算鼓励父母起诉学校侵犯了学生的隐私权。相反，法院坚信，如果教育机构不合适地侵犯了学生权利，国会更愿意让教育部向教育机构追回联邦资金。

年满 18 岁及以上的学生，或者任何在大专及以上教育机构就读的人都同样拥有查阅自己档案的权利。另外，所有相关的学校和教育机构必须将此项权利告知家长和年满 18 岁及以上的学生，必须通过听证程序来听取对事情的不同看法，并且所有外部人员对学校档案提出要求都必须记录在案。

学校社会工作者必须了解 FERPA 对学校保存学生档案的影响。家长和被授权的个人可以根据期望“检查和回顾”官方记录和文件，所有的资料包括学生个人的成长记录和校方的相关档案(FERPA，1974)。教育档案与学生直接相关，由教育机构保存，可以为家长、代理人或者其他被授权的个人所分享。这些档案中记录了完整的学业情况、学分、考试成绩、出勤记录、智力和体能测试、健康状况和家庭背景信息，以及经核实的严重的行为问题的报告。教育档案也包括社工服务档案。社工服务档案包括学生接受咨询和服务的记录、行为功能的评估、社会性发展的报告，及家庭/父母的分析。学校社会工作者必须了解，无论他们记录了什么信息，家长、其他教师和校方管理者均有权阅览。

• • • 分享学生信息

基于服务和保护儿童的目的，学校与地方机构或其他人合作时，相关信息的分享可以达到什么程度呢？近期修订后的 FERPA 及其相关法令对此给出了新的界定。正如我们所知，在向学校以外的其他机构或个人公开学生档案前，教育者必须获得家长或本人的书面同意书，FERPA 主要通过此方法保护学生教育档案的隐私权。然而，在向学校和其他机构公开前，并不是所有信息都需要优先获得书面同意书。

事实是，持续增加的校园暴力，例如哥伦比亚州和弗吉尼亚州发生的校园枪击惨案，以及 2001 年 9 月 11 日恐怖袭击后实行的美国爱国者法案，使越来越多的学生档案在没有书面同意书的情况下被公开。目前有 16 种情况不需要事先获得同意书。我们将选择部分对学校社会工作者而言很重要，且必须了解的内容进行讨论。

——学校内拥有合法教育权的教职员可以分享学生的信息，包括老师和学校管理者。

——FERPA 并不区分家长是否是孩子的监护人。因此，不管谁有监护权，每一位家长都有权阅读和公开他们孩子的档案。然而，法院规定，如果有离婚或监护权的判决，则孩子的家长对孩子的档案具有优先处置权。

——学校可以与其他机构分享姓名地址。该信息被认为"即使被公布，也通常不会危害或者伤害到学生的私人信息"。它包括(并不仅限于这些)学生姓名，电话号码，出生日期和地址，主要学习的领域，参与正式的、组织的活动和体育运动的情况，作为学生运动员该生的体重和身高，出勤状况，学位和获奖记录，以及最近就读的教育机构。如果学校要公开这些信息，家长必须被事先告知。如果家长不同意，他们可以用书面的形式提出反对意见。

——教育者可以根据自己的理解和观察以口头形式与其他机构交流某个青少年的情况，但是不可以泄露有关教育档案里的信息。根据 FERPA，交谈的信息不能源自学生档案。

——当执法机构要求学校提供学生档案时，学校在提供记录前无须优先获得家长的书面同意书。执法机构是个独立的部门，经授权执行联邦、州和地方的法律，或维护校园安全。执法机构“即使执行了其他的、非法律执行的功能，它仍然不会丧失其法律执行机构的地位，这些功能包括调查事件，或训诫某个学生行为”。机构出于法律执行目的而建立和保存的记录、内部纪律的记录并不包括在内。

——当某个学生涉嫌恐怖主义犯罪调查和诉讼时，根据美国首席检察官或被指派官员的特殊要求，FERPA 允许教育机构在没有获得家长或学生书面同意书的情况下公开学生档案。学校教职员无须对此进行记录。

——根据法庭传票，学校可以在没有同意书的情况之下公开学生的记录信息。这些传票包括大陪审团的传票和执法机构的传票。法院发出的传票也可能同时要求教育机构不能向任何人泄露传票的内容或者发出传票的事实。

——相对于大陪审团和执法机构的传票，当接到法院的命令或者具有法律效力的传票时，学校仍可以在没有优先获得同意书的情况下和其他机构分享信息。在这些案例中，法规要求学校在执行法院命令前要事先通报家长。

——当行动是“处于紧急状态并如果知道信息可以起到保护学生及他人安全”的状况下，学校可以在没有获得书面同意的情况下与其他机构分享学生信息。目前，这些状况特指针对普通大众的潜在的人身攻击，如天花病毒传播、炭疽热病毒传播或其他的生物恐怖主义袭击的行动。

1996 年，国会通过了美国健康保险携带和责任法案(HIPAA)，旨在保护健康信息的隐私性和机密性(Kagle & Kopels，2008)。HIPAA 的规定非常严格，当被保护的健康信息泄露时，包括社会工作者在内的相关人员都会被问责。FERPA 中的教育档案并不包括健康信息。当 HIPAA 通过立法后，大多数基本上忽略了该法案，认为它并不适用于学校环境。然而，一个日益棘手的问题是，学校社会工作者应如何处理学校档案中出现的外在资源信息，诸如医院、精神健康机构或其他临床服务机构。HIPAA 涵盖了这些服务机构及其相关记录。越来越多的学校开始认识到 HIPAA 会对学校记录产生的影响，尽管影响程度尚不可知。

学校社会工作者需要了解他们所在州的法律和联邦法律规定的学校中属于机密的信息(Kopels，1992；Kopels & Lindsey，2006；Kagle & Kopels 2008；NASW，2001)。某些州法律对学校档案机密性做出了额外的规定。例如，在伊利诺伊州，法院保护令禁止家暴的施暴者在学校查阅或获得学生的档案(伊利诺伊州在校学生档案法案，2014)。学校教职员要了解此法案对施暴家长做出的限制。此外，施暴家长还不能获得其子女的现住址。

入　学

显然，儿童有权去学校上学。然而，与本章之前提到的其他权利不同，美国宪法或联邦法律对这项权利并无明文规定。事实上，San Antonio Independent School District v. Rodriguez 案（1973）挑战了得克萨斯州的学校融资体系，该州通过提高财产税为学区提供更多的资金。美国最高法院对此予以了支持，因为宪法基本权利中并未涉及教育。Goss v. Lopez 案（1975）是较早讨论停学和开除的案例，最高法院认定教育可被视为一种财产权。法院声称对财产利益的保护并非源于宪法规定，而是取决于相对独立的州法律。在 Goss 案中，最高法院裁决，尽管宪法没有规定俄亥俄州有义务建立和维持公立学校系统，它仍然通过州法律这样做了。自那以后，俄亥俄州要求该州的每名儿童都要去上学，它通过宪法财产权保障儿童有上学的权利。因此，实际上，上学的权利就是授权一个地方可以让儿童出现在那里。所有的州对儿童上学的年龄都做出了强制的规定。

义务教育

义务教育的基本理念是：民主国家需要受过教育的市民；在将来，未受教育的个人及其家庭是无能和缺乏判断力的。在 Brown v. Board of Education of Topeka 案中（1954），最高法院裁定公立学校的种族隔离政策剥夺了儿童平等受教育的机会，法院强调了全国儿童受教育权的重要，以及社会是一个整体。法院说明如下：

今天，教育可能是州政府和地方政府最重要的职能。义务教育法和教育的巨大开支都表明，民主社会中我们对教育重要性的共识。它体现了我们最基本的公共责任，包括在军中服役。它是好公民的根基。如今，教育是一种主要的方法，它能使儿童习得社会文化价值观，使他能为将来的专业训练做准备，并帮助他对所处环境做出正确的判断。毫无疑问，任何儿童可能过上被期望的成功生活，如果他能获得教育机会的话。州政府有责任提供这样的机会，这是每个人都应获得的平等权利(Brown v. Board of Education，1954)。

尽管教育并不是宪法规定的基本权利，但是所有的州政府都为他们管辖地内的儿童提供了受教育机会。

到1918年，美国的48个州都通过了义务教育法。时至今日，美国50个州、哥伦比亚特区和波多黎各地区都通过了义务教育法(Lleras-Muney，2001)。正如第一章所述，1852年最早的义务教育法在马萨诸塞州通过，并成为其他呼州效仿的榜样。它规定所有到年龄的、身体状况允许的儿童都必须去公立学校上学，除非他的父母能证明其子女正在其他地方接受类似的教育。家长可以送子女去州政府承认其教学质量的私立学校上学。

通常，州法律对入学做了明确要求，要求学生必须在公开招生的学校就学，除非是几种特例情况：(1) 他们在符合相关标准的私立或者教会学校读书；(2) 他们被医生确诊为有生理或者精神方面的疾病而无法上学(学校不能将孕妇拒之门外，因为她们只是怀孕或者生育了孩子)；(3) 根据劳动法，他们正在上班；(4) 他们处在12～14岁年龄段，并正在参加坚信礼(基督教的仪式)；(5) 他们的教义中规定有一天或几天的特殊时间禁止参加常规活动(Illinois学校守则，2014)。在加利福尼亚州，一个学生可以不出勤的理由包括：(1) 生病了；(2) 处于县/市卫生局认定的隔离期；(3) 正在接受内科、牙科、眼科或者一些疾病的治疗；(4) 参加直系亲属的葬礼；(5) 参加陪审团的活动；(6) 学生作为监护人需要带孩子在约定时间就医或者服药；(7) 正当的个人理由，包括但不仅限于：出庭、参加葬礼、出席宗教仪式、出席宗教静修或者参加就业会议；(8) 作为选区成员参加选举(加利福尼亚教育守则，2012)。各州法律允许儿童不上学的原因各不相同，通常是因为儿童有精神问题、情绪问题或肢体残障。Jones(2011)分析了各州和联邦经法院庭审的案例，州义务教育法对特定情况下儿童是否在公立学校或私立学校入学做了规定。她发现法院基于对儿童身体状况和福利问题的实际考虑而允许他们不去学校就读。在一些案例中，法院并未将宗教原因作为父母可以不送子女去上学的合理解释。一些法院发现受宗教教义的影响，学生们不能参加升旗仪式等典礼，这正成为他们缺勤的借口或合理解释。其他的宗教原因还包括反对“种族混合”，或因为播放的音乐，或因为吃肉。相似的，父母反对在公立学校读圣经或祈祷，为此他们也会拒绝送子女去学校。最后，Jones 还指出对于住在离校至少 2.5 英里或距校车站点至少 1 英里的儿童而言，缺乏公共交通也成为他们缺勤的常用理由，对此应通过法律的形式予以保障。法院还发现在一些案例中，家长称由于缺少公共交通，担心子女在上学途中的安全问题，而不让他们去上学(Jones，2011)。

义务教育法将年龄作为学生入学的标准。换言之，州法律对学生上学的最小年龄和最大年龄做了规定。例如，许多州规定年满 6 岁的儿童必须注册上学。在他们 5 岁的时候，父母可以送他们上幼儿园。一旦他们的子女注册入学，父母就要送他们去学校。直到儿童达到义务教育法规定的年限，他们的父母有权决定是否让子女继续升学。各州对儿童就学时间长短的规定也各不相同。最普遍的在校年龄上限是年满 16 岁。当 16 岁的时候，儿童及其家长有权决定是继续升学或“辍学”。一些州延长了就学年龄的上限。加利福尼亚州规定儿童就学年龄是 6～18 岁(加利福尼亚州教育法案，2012)，伊利诺伊州最新修订法律将儿童就学年龄从 7～16 岁改为 7～17 岁(伊利诺伊州学校法案，2014)。

特殊儿童群体的入学

尽管所有州都有义务教育法，但特殊儿童群体还是会遇到就学难的问题。他们中的一些人是因历史遗留问题被拒于校门外，另一些人则是因个人原因而不去公立学校就读。这些群体包括无家可归的儿童，残障的儿童，受宗教影响的儿童，父母与公立学校的教育理念存在冲突的儿童，以及拒绝上学的儿童。

无家可归的儿童

正如其他章节所提及的，无家可归的儿童在注册、上学和学业成就上会遭遇额外的困难。无家可归儿童和其他儿童一样享有义务教育法规定的受教育权利。事实上，无家可归者教育资助法案(2001)要求学校确保每名无家可归儿童能与其他儿童和青少年一样，获得相同的、免费的、适合的公立教育。

该法案规定，居住要求是义务教育法中的一部分，但它不能成为无家可归儿童注册、上学或学业成就的阻碍。即使无家可归的儿童或青少年无法提供注册所需资料(这些资料包括之前的学业记录、医疗记录、居住证明、出生证明或其他文件)，也可以立即注册入学。

根据该法案，学生还享有其他权利。学生可以回到成为无家可归者之前就读的学校继续上学，或去他们临时居住地的学区上学。无家可归儿童有权坐公共交通去上学。他们自动成为学校提供免费早餐和午餐项目的对象，还能免费获得教科书等。此外，他们与他们的同学一样有上学和参加课外活动的权利，不能被排斥在校园主流文化环境之外。

··· 残障的儿童

正如第九章所述，因为残障儿童的残障问题，他们通常不能就读于公立学校。当所有残障儿童受教育法案(EAHCA)于 1975 年通过时，国会发现美国有超过 50%的残障儿童并没有获得合适的教育服务，有一百万残障儿童被完全排除在公共教育之外。根据联邦法律，残障儿童有上学的权利，也有获得免费的合适的公立教育的权利。州义务教育法通常允许有身体残障或精神问题的儿童不去上学，但这不应该成为拒绝残障儿童接受教育的理由。相反，义务教育法允许儿童不上学只是因为他们暂时生病或其他状况。这些状况包括儿童患有传染病、住院或病得太重不能上学。例如，一名儿童因遭遇车祸而住院接受治疗，义务教育法允许在这种情况下学生不去上学，因为学生身体受伤确实不能上学。然而，同样遭遇车祸的儿童已经住院几个月，且已康复，但留下了严重的认知障碍，这却不构成义务教育法中规定的可以不上学的理由。这样的孩子有上学的权利。

EAHCA 自出台以来几经修订，于 1990 年变更为众所周知的残障人士法案(IDEA)。3～21 岁需要特殊教育和服务的残障儿童有权获得免费的、合适的公立教育。

• • • 受宗教影响的儿童

某些儿童和家长的宗教信仰使他们对去公立学校上学持不同的看法。部分家长认为公立学校的环境与他们所信仰宗教要求的环境相反，所以他们往往会为子女选择私立学校或在家接受教育。家长觉得这样可以保障他们子女的安全，使他们远离父母认为有害的或不道德的环境，也可以使他们的观念与宗教信仰保持一致。

自 1925 年，最高法院就裁定父母可以送子女去私立宗教学校，而不是强迫他们去公立学校。Pierce v. Soc'y of Sisters(1925)中，一所私立宗教学校对于俄勒冈州规定儿童就读公立学校的法律发起了挑战。法院注意到，州政府无法提供私立学校办学存有问题的证据，以支持该法律的实施。法院总结道，俄勒冈州法律是不合理的控制，它直接介入儿童的抚育和教育，侵犯家长的自由权；州无权制定标准要求儿童只能接受公立学校教师的教育。

Wisconsin v. Yoder 案中(1972)，Amish 教派的成员被判决违反了威斯康星州的义务教育法。威斯康星州义务教育法规定儿童必须在一所公立学校或私立学校上学，直至年满 16 岁。然而，在 Amish 教派中形成了一项惯例，即儿童读到 8 年级后就会被带回家，离开公立教育体系。他们的合理解释是，他们的子女需要使其成为良好公民的基础公立教育，但是公立中学教育会与 Amish 教派成员的生活方式形成冲突和威胁，进而导致他们的子女产生负面的心理问题。在平衡了州教育公民的责任和宗教背景父母抚养他们子女的需求之后，法院发现义务教育法确实与 Amish 教派的原教义有冲突。另外，法院还认为 Amish 教派儿童多接受了 2 年的义务教育，并不会产生心理或精神健康的问题，却会导致他们缺乏自立能力和公民责任，以及实质性地减损了他们的社会福利。

根据州法律设定的教育先决条件，送子女上私立学校或子女在家就学的家长需要提交一份教育计划。根据州法律，家庭学校通常被定义为私立学校。只要能达到州教育课程的标准，符合法律规定的家庭学校和私立学校就被认定为是合适的教育途径。如今，在家就学子女的家长和学区之间的一个主要议题是，并没有在校注册学籍的儿童，可以在多大程度上参与学校的课外活动，例如体育队或乐队。

• • • 拒绝上学的儿童

某些儿童有上学的问题。这些问题包括上学迟到、缺勤几天或几小时、逃学。逃学经常被定义为在学校或教室的无故缺勤。2005 年，新罕布什尔州通过了一项法律，将“逃学”定义为在未获得父母或校方允许的情况下，在学校或教室的无故缺勤。伊利诺伊州早已对逃学做出了界定。它将“逃学”界定为一名接受义务教育的儿童在上学期间无故缺席一天或部分时间。该州还界定了长期和习惯性逃学，即无故缺勤 10%或超过 180 天（伊利诺伊州学校法案，2014），青少年法庭会介入。加利福尼亚州对逃学、长期逃学或习惯性逃学的学生进行了区分，并分别给出了精确的定义（加利福尼亚州教育部，2011）。

各州采取不同的措施管理儿童出勤问题。在一些州，学校聘用专人负责逃学事宜，逃学管理官员的职责是对当地无故缺席的学生进行调查。他们有权向父母发出通知，组织缺勤儿童的听证会，将相关起诉案件提交青少年法庭。尽管，许多州法律规定每个学区都要聘请至少一位逃学管理官员，但在大型城市学区的逃学管理官员人数远远不足以有效解决逃学问题。在北卡罗来纳州，法律要求学校社会工作者负责调查和报告学生无故缺席，并且起草对无故缺席儿童或他们家长的起诉书。

为了鼓励儿童上学，州法律将责任转移给了家长或其他人。如果相关责任人没有送儿童去上学，那么家长或相关成年人将受到指控。例如，在密苏里州 State v. Self 案中(2005)，Brenda Self 的 15 岁女儿在 6 个月里缺勤了近 40 天。学校将此事件通报给检察官，结果孩子的母亲被指控轻微犯罪。检察官要求法院判处该母亲不超过 15 天的监禁，缓刑 2 年执行。Self 夫人提出上诉。上诉法院推翻了之前的判决，认为检察官没有证据表明该母亲明知或故意不让她的女儿去上学。

在子女上学问题上，父母或其他人的另一些举动则被认定是失职。当儿童没有去上学，根据州法律，青少年法院可能收到的起诉理由有：被忽视的未成年人，对未成年人教育的忽视，未成年人过度依赖，逃学或违法行为。通过这种方法，青少年法院会介入，对父母施加额外的压力或监管，以确保他们送子女去上学。青少年法院还会以提供社会服务的方式介入，包括咨询、技巧训练、贷款和其他有需求的服务。

在给父母施加压力的同时，青少年法院会强迫儿童上学。在Commonwealth of Virginia v. May案中(2003)，因为April在弗吉尼亚州公立学校的出勤记录劣迹斑斑，法院判决她接受儿童监管令。法院要求April必须每天到校并参加社区服务。可是她仍然不断缺勤，在第五次缺勤后，青少年法院裁决她藐视法庭罪，并将其收押。在最后一次出庭时，法院宣判April在监狱服刑10天。April对审判结果提起了上诉，控诉少年法院无权因缺勤判她入狱。上诉法院驳回了April的上诉，裁定青少年法院有权因April不执行法院判决而判其藐视法庭罪。

为了减少学生的逃学行为，学校采用了其他的策略。这些策略包括留级，不发放高中毕业文凭，限制驾驶权和提供奖励。在State ex rel. Barno v. Crestwood Bd. of Educ.案中(1998)，Jennifer控告学校拒绝发给她高中文凭，因为学校认为根据教育委员会的规定，她还没有修完所有的“课程”。委员会制定了非常严格的出勤政策，要求每名学生至少保证93%的出勤率才能获得学分。一名缺勤13天的学生仍然可以毕业，但是Jennifer总共缺勤了18.5天。虽然其中有2天是正常请假，但是根据相关政策，在最后统计学生出勤率时无故缺席和正常请假都要计算在内。所以，Jennifer业绩点达到了3.966(平均业绩点为4.0)，也通过了所有要求的水平考试，但校长仍然告知她，因为她的出勤率太低而无法毕业。上诉法院回顾了学校拒发毕业证的事实，并声明道：

> 出勤政策通常被认为可以由教育委员会自行定夺，即政策制定时可以自由决定如何奖励良好的出勤表现，或者当缺勤数达到或接近规定要求时，如何惩戒和管理较差的出勤表现，例如放学后留校、停学或留级(Barno at 508)。

法院继续说道，如果学区选择了这些政策，那么可以视为教育委员会的决定。然而法院发现学区政策制定不合理，并有权利滥用之嫌，因为学区将学生正常请假也计算在内，而不是将其视为情有可原。

一些州试图通过将出勤和在校表现与优先驾驶权捆绑进行奖惩。有27个州制定了类似的政策，尽管它们各有要求。17个州规定优先驾驶权给予出勤表现良好的学生，四个州将学业表现和出勤表现作为学生优先获得驾照的条件，其余的州规定学生的优先驾驶权与出勤表现和其他行为表现相关(Colasanti，2007)。

缺勤的后果

儿童缺勤就是离开了受教育的环境。由缺勤、停学或开除造成的长期影响并不会立即直接或间接地显现于学生、学校教职员和社区中。离开学校和缺勤会干扰学生的受教育状况。缺勤会对学生的学业和个人成就造成短期和长期的负面影响(Balfanz & Byrnes，2012；Kieffer，Marinell，& Stephenson，2011；Ready，2010；Wallace et al.，2008)。因为停学、开除和逃学的许多学生的学业表现都很糟糕，缺失多少教育时间就决定了他们离个人成就有多远。如果学校不允许学生补考和补功课，无论之前他们的业绩表现如何，缺失的学分自然意味着他们考试不及格。结果，他们将不被允许完成他们的学业或不能读完剩余的学期。此外，当学生被开除余下的学年或更久的时间，而且如果他们的年龄已经超过了义务教育规定的年龄，那么他们可能就会永远辍学。惩戒性的纪律政策会将学生推向辍学、失业或入狱的境地(Sullivan & Morgan，2010)。在青少年司法体系中，至少四分之三的学生有着长期缺勤的不良记录(Balfanz & Byrnes，2012)。停学、开除和缺勤也会使学生孤立于重要的、结构化的环境中。尽管有些学生会将缺勤看作一个受欢迎的假期并会有意识地制造这种假期，但另一些学生则将其等同于关禁闭。对于后者，学校代表着一个动态的和重要的社会环境，他们要学会在固化的规则和新鲜、刺激的经验之间寻求平衡。停学会成为这些学生生命中的重要组成部分，会使他们在心理上与社会大家庭分离。停学和开除使学生离开了教育环境，随着离开时间的增多，他们就会越来越没人监管，受校外闲散青少年的影响也会越来越大(Wallace et al.，2008)。

学生缺勤，特别是由停学和开除引起的缺勤，会给学校和社区带来直接的经济后果。研究表明贫困和长期缺勤相关联(Balfanz & Byrnes，2012；Ready，2010)。住在最贫困社区的儿童需要上学，而学校也需要他们(Balfanz & Byrnes，2012)。对学校而言，州政府是根据学生每天出勤的情况向学校发放资助的，停学、开除和逃学会导致学校收益损失。对学区而言，州政府是根据每学年学生注册人数发放资助的，实际接受教育计划和服务的学生数少于预估人数也会给学校造成经济损失。

学生缺勤也会给个人造成巨大的社会损失。学生因为他们的就学记录而无法获得平等就业的机会，或由于缺乏基本技能无法入职，或无法继续升学，这些会造成非常高的社会成本。除非他们的技能得到发展，否则社会不得不提供公共支持、健康保险和其他生活资助。另一个后果是，缺勤会导致偏差青少年增多，最终成为罪犯。Byrnes 和 Reyna 研究发现，长期缺勤与高中辍学有着紧密的联系。违纪和犯罪会导致社会成本的增加，它们包括警力、法院、拘留设施、医疗设施、附带财产和个人伤害的社会保险。

因为这些因素，未接受教育青少年会留在社区中，并对社区的发展产生影响。大部分社区想通过增加机会来改善青少年的状况。这些缺勤和离开学校的学生的机会会减少。面对学生、学校和社会潜在的后果和昂贵的缺勤成本，学校应该寻找鼓励就学的方法。学校社会工作者可以建议不同的处理方法，包括行为矫正、奖励和行为契约。学校社会工作者也可以将工作重点放在改变学校教育环境上，使它变得更受欢迎和更支持学生。

结　论

在过去的半个世纪，学校在学生行为和权利的管理上发生了重大的变化。“替代家长”、自由思潮和保守的公众情绪都对法院的裁决产生了影响。

事实上，不同的法院裁决都是基于学校对儿童的管辖权，学校可以合理控制儿童。然而，法院认为学校与父母控制儿童的权利并不相同；它是受到限制的，教师不能逾越他们的权限。法院试图平衡个体权利和校方需求之间的关系，既要保护宪法赋予个体的政治、宗教和言论自由的权利，又要满足校方教职员控制学习环境和维护校园安全的需求。

虽然学校委员会有自由裁量权来决定合适的和必需的惩罚，但法院还是鼓励学校发展更多的方法来管理纪律。对此，社会工作者具有敏锐的洞察力和丰富的社会科学知识，可以有效地帮助学校管理层。学校社会工作者可以积极倡导召开 IEP 会议，通过制订行为评估计划来帮助有需求的学生(Altshuler & Kopels，2003)。

不能因为学生的轻微犯错，更不能因为学生的种族或性别特征，而对他们执行像停学或开除这样严厉的处罚。学校社会工作者可以与学校教职员分享有关零容忍政策负面作用的研究(Brown，Skiba，& Eckes，2009；Duppper，2010；Teske，2011)。他们还可以建议提供普遍的学校层面的服务，包括社会情绪管理、提供学校层面积极行为的支持和介入、对学校纪律和氛围的改善发挥作用(Durlak，Weissberg & Pachan，2010；Skiba et al.，2011；Sugai & Horner，2009)。通过一般系统理论和生态系统理论(详见第三章)，社会工作者可以运用扎实的专业知识帮助学校教职员了解缺勤问题和环境对逃学的影响。社会工作者的目标是增进学生的社会功能。社会工作者可能应学校教职员要求，协助处理由学校和非学校的因素引起的学生适应或出勤的问题，协助学校教职员判断问题的严重性，为学生链接校内外合适的社会服务和支持。

学校社会工作者在创建儿童积极学习环境的过程中扮演着重要的角色，既尊重儿童的权利，又能确保学校是一个安全的学习之地。学校社会工作者能促进政策发展、保障正当的法律程序和保管档案；他们可以给学校教职员提供关于基本人权问题的咨询；他们可以充当学生的法律顾问，并教导他们尊重他人；他们可以负责学生守则的制定和完善，并惩戒学生的违规行为。经过专业训练和价值指引的社会工作者可以组织学校教职员、家长、学生和社区领袖共同制订管理学生行为、正当法律程序、停学、开除以及其他与学校秩序相关事宜的书面指引和政策说明。

本章要点

- 学校教职员必须维持一个有序和安全的学校环境。家长主义、学校法规和州法律赋予学校管理儿童的权利。
- 学生和成年人一样享有宪法赋予的权利。学生最重要的宪法权利源于第四修正案、第八修正案、第十四修正案。

- 宪法第一修正案规定学生享有言论自由权。学生的言论自由权要符合学校纪律的要求，或不能与其他权利相冲突。
- 只要不是实质性地破坏校园环境，学生的着装自由受言论自由权的保障。
- 第一修正案规定学生拥有宗教信仰自由的权利。学校政策应该在宗教信仰问题上保持中立，既不推崇宗教的建立，又不干预学生对信仰的实践和信念。
- 第四修正案规定学生受到合理搜查权的保护。只有合理的搜查动机，学校才能在合理范围内对学生进行搜查。
- 第八修正案反对将残酷和非比寻常的体罚作为维护纪律的手段。儿童的教育和纪律训练中允许使用合理的体罚，而不合理的体罚会被认为是学校教职员施加的民事犯罪或刑事犯罪。
- 为了形成和维持良好的学习环境，学校有权使用不同的方法管理学生纪律。对于干扰学校运作和威胁他人安全的学生，学校可以给予停学或开除的处罚。
- 根据 FERPA，学校获得联邦资金的资助，必须保障家长阅览和质疑其子女所有教育档案的权利，修正错误档案记录的权利，以及公开档案前获得同意的权利。
- 所有的州都有义务教育法，并规定学生必须在一定的年限范围内去上学。如果学生缺勤，将给学生本人和社会带来严重和负面的后果。

学习与讨论

1. 俗话说“不打不成器”，你对此持何观点？请参考以下网站进行讨论：

http：//www. npr. org/2012/06/19/155358677/does-sparing-the-rod-spoil-the-child；

http：//www. stophitting. com/；

http：//www. aclu. org/human-rights-racial-justice/violent-education-corporal-punishment-children-us-public-schools。

2. 你将如何协助学校教职员对学生做出停学和开除的决定？你可以扮演的角色有哪些？请参考以下网站进行讨论：

http：//www. theshanner. com/article/Suspensions-and-Expulsions-of-Black-Students-The-Schillo-to-Prison-Pipeline - 2013 - 03 - 06；

http：//www. ncdjjdp. org/cpsv/toolkit/acrobat/project_ease. pdf。

3. 你对学校内祷告持何观点？请参考以下网站进行讨论：

http：//www. schoolprayerinamerica. info/；

http：//www. aclu-nm. org/wp-content/uploads/2010/04/Religious-Liberty-in-Public-Schools-web1. pdf。

4. 发展零容忍政策时要考虑哪些因素？请参考以下网站进行讨论：

http：//www. safehealthyschools. org/whatsnew/capzerotolerance. htm。

5. 请讨论你们学校的着装政策。你认为它们是否挑战了宪法？请参考以下网站进行讨论：

http：//www. riaclu. org/PublicEd/KnowYourRightSchoolDreddCodes. html；

6. 你是否赞同开除带枪到校的学生？如果赞同，你认为应该开除多久呢？请参考以下网站进行讨论：

http：//www2. ed. gov/about/reports/annual/gfsa/index. html。

第十一章

校园暴力

Ronald O. Pitner，南卡罗来纳大学
Ron Avi Astor，南加利福尼亚大学
Rami Benbenishty，巴伊兰大学，以色列

我们国家经历了很多次校园暴力事件。不管发生在纽镇小学、俄勒冈州的购物中心，还是威斯康星州的寺庙，或是奥罗拉的影院，抑或芝加哥的街角——这些社区都是我们的社区，这些孩子都是我们的孩子。我们必须同心协力采取有效的措施去阻止这些悲剧的再次上演。

——美国总统巴拉克·奥巴马在纽镇桑迪小学
关于枪击事件的演讲，康涅狄格州

引 言

防止校园暴力成为学校社会工作实践关注的一个焦点（Benbenishty & Astor，2012a，2012b；Cawood，2010；Chen & Astor，2012；Dupper，2010；Jimerson，Nickerson，Mayer，& Furlong，2012；Johnson，Burke，& Gielen，2012；Goodemann，Zammitt，& Hagedorn，2012；Harlow & Roberts，2010；Letendre & Smith，2011；Mishna，2012；Powell & Jenson，2010；Slovak & Singer，2011）。社会工作作为一种职业为国家和国际对话提供了一些暴力干预项目（例如，Astor，Benbenishty，& Estrada，2009；Astor Benbenishty，Marachi，& Pitner，2008；Astor，Guerra，& Van Acker，2010；Benbenishty & Astor，2005；Benbenishty & Astor，2012a，2012b；Benbenishty，Astor，& Estrada，2008；Chen & Astor，2012；Green，Furlong，Astor，Benbenishty，& Espinoza，2011；Shiff et al.，2010），学校社会工作者在政策的制定和实施以及干预过程中扮演着越来越重要的角色，才使得美国的校园更加安全。为了更有效地工作，学校社会工作者需要注意到围绕当前校园暴力哲学层面的、经验层面的以及实践层面的各种问题。一些干预方法已经被证明明显地减少了校园暴力，全国范围的校园暴力发生率也出现下降趋势（Pitner，Astor，& Benbenishty，新闻，美国教育部，国家教育统计中心，2011）。社会工作者非常有效地使国民准确意识到在过去 20 年中学校在这个问题中的巨

大跨越。通过提供有关校园暴力的准确信息，它们可以帮忙化解普遍存在于媒体和大众中的一些误解(Astor, Rosemond, Pitner, & Marachi, 2006)。本章我们将回顾美国校园暴力发展的几个主要趋势，并且探索在哪些潜在的领域，包括理论层面和实践层面，学校社会工作者可以有所作为。

主要趋势和问题

校园暴力定义和行为的扩展

在过去的30年中，许多对身体和心理的伤害行为都被归为校园暴力。如今，校园暴力的含义包括一系列的行为：身体的伤害、心理的伤害以及财产的损失。现在，校园暴力还包括频繁和严重的恃强凌弱、语言威胁、骚扰以及恐吓(Bender & Lösel, 2011; Turner, Finkelhor, Hamby, Shattuck, & Ormrod, 2011)；网络欺凌(Schneider, O'Donnell, Stueve, & Coulter, 2012; Smith, 2012; Ybarra & Mitchell, 2007)；破坏公物(Conoley & Goldstein, 2004; Ervasti et al., 2012)；校园斗殴(Jones et al., 2009)；体罚(Hans, 2011; Dupper, 2010)；性骚扰(Espelage & Holt, 2012; Wei & Chen, 2012)；团伙暴力(Peterson & Morgan, 2012)；携带武器(Kukaswadia, Craig, Janssen, & Picket, 2012; Wylie et al., 2010)；针对教职工的暴力(Berkowitz & Benbenishty, 2012; Mooij, 2011)；强奸(Kernsmith & Hernandez-Jozefowicz, 2011; Moor, 2011)；针对少数族裔、信教群体、同性恋、双性恋以及变性学生的仇恨犯罪(Espelage, Basile, & Hamburger, 2012; Nadal & Griffin, 2011; Scherr, 2012)；约会暴力(Black, Weisz, & Jayasundara, 2012; Meehan & Kerig, 2010; Theriot, 2008)；以及枪击(Crepeau-Hobson, Sievering, Armstrong, & Stonis, 2012; Nader, 2012)。针对这些类型的许多行为已经有了专门的研究和实践文献。在这一节中，我们将对美国几种校园暴力的趋势与发生率进行概述，使大家了解在全国具有代表性的几种校园暴力(Astor, Benbenishty, &

Estrada；Benbenishty & Astor)。

• • • 校园暴力发生率逐年上升的传说

关于校园暴力一个潜在的有害传说，即在美国校园中的暴力事件呈上升趋势。然而，与美国公众的想法却恰恰相反，经验数据表明校园暴力的发生率呈稳步下降状态(Cornell，Gregory，Huang，& Fan；Dinkes，Cataldi，& Lin-Kelly，2007)。下面，我们进一步说明校园暴力下降的细节。

• • • • 校园内的致命伤害

对于学校社会工作者来说，认识到围绕校园暴力死亡的媒体信息和国家标准并不完全准确是非常重要的(Cornell，2006)。对其理解更为重要，因为很多误解都集中于种族、社会经济地位以及社会性别等问题上。而且，由于媒体和大众的误解，认为校园暴力致死和枪击案的数量在不断上升，因而学校管理者的努力被视而不见。

大众对校园暴力的关注很可能与媒体对大规模的校园杀人的报道有关，这起源于20世纪90年代后期，并一直持续至今。全国范围对学校暴力致死的关注也反映了美国文化观念的改变。但研究表明，在媒体关注之前，暴力致死占更高的比例。例如，根据来自教育部与司法部的统计数据显示(Devoe et al.，2004；Dinkes et al.，2007)，在1992—1999年，每年有28～34例校园中的学生暴力致死案件(不包括自杀)。如果我们对致命案件进行调查，政府数据显示实际的数字在下降，最近的学校杀人案件数据为17例(2009—2010年)(美国教育部，国家教育统计中心，2011)。可能有人会说，我们现在增强了对校园致命案件的关注力度，因而即使一个人死亡也不能容忍(我们假定这种情况)。然而，经验数据表明，从1992—1993年到2009—2010年美国校园中的暴力致死案件下降了69%(从105例下降到33例，美国教育部，国家教育统计中心，2011)。我们强调这种降低是为了说明预防暴力的努力可以起到一定作用，并且这也是我们希望暴力案件比例进一步下降的原因。

由于媒体大量报道学校枪击案，许多人误认为校园中的暴力致死是一个新的现象，而且认为美国学校死亡人数在不断增加。我们怀疑许多民众对校园致命案件的发生率有误解，与其他场所相比，校园暴力致命案件实际上已经很少了(美国教育部，国家教育统计中心，2011)。政府统计数据表明，与社区、家庭等其他社会设置相比，校园中的暴力致死案件并不是经常地发生。从可获得的数据来看，校园中青少年的杀人发生率占所有青少年杀人率的不到2%，尽管近年来的学龄青少年的绝对人数不断下降(Dinkes et al.，2007；美国教育部，国家教育统计中心，2011)。这些数据表明，就暴力犯罪而言，学生在学校中要比在学校外安全得多，并且进一步说明了社会上人们对美国校园暴力的看法与实际状况的差距。

除了人们对整体暴力发生率存在误解外，误解还存在于种族、宗教以及暴力的不同领域中。因暴力致死的学生类型随着时间、地区和民族的不同而不同，这种不同不仅存在于社会上(Like-Haislip & Warren，2011)，还存在于学校中(灾害控制与预防中心，2012；Peguero，2011；美国教育部，国家教育统计中心，2011)。

校园中的武器

小的暴力致死率很高的潜在原因是可以获得武器。然而，美国的公众和学校管理人员并没有意识到近年来武器在校园中的出现率在大幅下降。这种认识的缺乏产生了一些问题，因为许多联邦、州的政策都还集中在减少武器方面(美国教育部，国家教育统计中心，2011)，并且已经产生了较大影响。例如在1993—2009年，美国的教育部、国家教育统计中心基于一个连续30天的调查发现，9—12年级的学生携带枪支入校的比例从12%降低到6%(2011)。在携带枪支入校的学生中携带率降低了50%，这个数字确实令人惊喜。在社会性别方面也存在显著差异，男生携带枪支入校率是女生的两倍还多(分别为8%和3%，美国教育部，国家教育统计中心，2011)。在携带枪支入校的学生中，亚洲学生比其他种族和民族都少，但是在非洲裔美国人、白人和印裔美国人中携带枪支入校的学生人数没有明显的差异。

虽然取得了一定的成就，但我们还应注意到，美国9—12年级的学生在学校被携带武器的学生伤害或威胁的概率在1993—2009年间一直保持稳定(大约8%)(美国教育部，国家教育统计中心，2011)。2009年，在学校中受到武器威胁与伤害的学生概率在种族间的差异不大，唯一可见的差异存在于拉丁美裔白人学生中(9%和6%)(美国教育部，国家教育统计中心，2011）。从社会工作的角度看，针对公众和政策制定者在不同少数族裔学生携带校园武器大幅下降的相似性或差异性方面的教育应该作为一个主要目标，因为民族政策通常受到不准确的刻板印象的影响。

学校打架斗殴

严重的学校打架斗殴可能是最常见的校园暴力之一。教师和学校管理人员可以在社会工作者的指导下，从生态和学校社区的角度制订一个针对学校斗殴的应对程序。9—12 年级的学生在学校打架斗殴的比例从 1993 年的 16%下降到了 2009 年的 11%。总的来看，最近一年的报告显示，男生更容易参与校园中的打架斗殴，男女百分比分别为 15%和 7%。不同年级的校园打架比例也不相同，报告数据显示，低年级的学生比高年级的学生打架频率更高。非常明显的差距是，9 年级学生打架斗殴的比例为 15%，而 12 年级打架斗殴的学生比例为 7%（美国教育部，国家教育统计中心，2011）。在不同的种族和民族学生之间，校园打架斗殴的比例也存在差异。报告显示，2009 年亚裔学生的校园打架斗殴在所有的种族与族裔中最少，亚裔学生打架斗殴的比例为 8%，而其他种族或族裔学生打架斗殴的比例从 9%到 21%不等。从 2003 年到 2009 年，亚裔学生打架斗殴的比例从 13%下降到 8%（美国教育部，国家教育统计中心，2011）。

然而我们要注意的是关于打架斗殴数据的说明。在这些调查中，“学校的领域”并没有一个明确的定义，并且也没有明确地说明学生在放学刚离开校园的斗殴是否也包括在学校的斗殴中。我们相信一定有一些类型的斗殴，如由一些学校的人际关系引发的斗殴（但学校可以控制）应被划分为学校斗殴（而不是社区或其他场所的斗殴）。目前，发生在下午 3 点以后的斗殴才有可能被认为不属于校园斗殴。因此，和校园有关的斗殴比例可能比之前提到的高出很多。例如，根据 2011 年青少年危险行为检测的结果显示（疾病控制与预防中心，2012），那年 33%的中学生都有可能被卷入严重的斗殴事件中（当然，并不一定都发生在校园中），其中 41%的男学生，24%的女学生。如果学校的人际关系不是一个重要因素的话，我们将看到在非上学日以及放学后不同时段学生打架斗殴的比例更高。事实上，如果不包括占斗殴比例最高的下午体育活动时间，非上学日的打架斗殴比例非常低（Syder & Sickmund，1999）。这些所有的打架斗殴比例从 1991 年到

2009 年下降了 11%，但从 2009 年到 2011 年并没有明显的下降(疾病控制与预防中心，2012)。

其他非致命的暴力形式

从 2005 年到 2010 年，12 到 18 岁学生的总体犯罪受害率无论在校园中(55%下降到 32%)还是在校园外(47%下降到 26%)都有所下降；这种下降模式适用于所有的犯罪率，如盗窃罪、暴力犯罪以及严重的暴力犯罪(美国教育部，国家教育统计中心，2011)。如果调查所有的学生受害事件，包括非致命的犯罪，如强奸、性骚扰、抢劫、盗窃、严重攻击以及轻微攻击等，其伤害率从 1992 年的 154‰下降到 2010 年的 26‰。据统计整个美国的校园犯罪率大约下降了 83%。这些数据进一步说明了学生的伤害率正处于大幅下降中(美国教育部，国家教育统计中心，2011)。

学校团伙活动

Peterson 和 Morgan(2012)的研究显示，公立学校中有 6%的学生都属于团伙成员。另外，最近一项对于加利福尼亚的中学的调查显示，尽管学校中团伙联盟的州平均率大约为 8%(略高于国家的平均值)，但团伙在校园安全问题中依然占有很大的比例。例如，8%属于团伙成员的中学生，携带了全州校园中 41%的武器(Estrada，Gilreath，Astor，Benbenishty，2012)。受到媒体对学校暴力炒作的影响，校园中团伙活动率的下降并没有引起国家级媒体和公众的注意。团伙成员占在校生的比例从 1995 年的 29%下降到 2009 年的 20%，校园中团伙活动的下降涉及所有的族裔种类、所有的年级(6—12 年级)、性别(男性与女性)，以及所有学校(公立和私立)(美国教育部，国家教育统计中心，2011)。这也是媒体和大众没有注意到的另一个领域，即积极的社会变化和被压迫的少数民族学生群体的历史进步。根据美国教育部国家教育统计中心的统计数据(2011)显示，如果不考虑学校的位置，公立学校的学生比私立学校的学生更多次地被报告参与团伙，比例分别为 22%和 2%，拉美裔和非洲裔美国学生比白人学生更多地被报告参与团伙，比例依次为 33%、31%和 14%。

学生对在学校和上下学路上的安全认知

根据美国教育部国家教育统计中心的统计数据(2011)表明，前 6 个月中，12 到 18 岁的学生在校园中由于害怕受到攻击而不去一些地方的比例从 1995 年的 9%下降到 2009 年的 4%。对于城市和拉美裔的学生来说，这种害怕的下降率更高，分别是 1995 年的 12%下降到 6%，以及 1995 年的 13%下降到 5%。总的来说，在学校中以及去学校的路上，低年级学生(9、10 年级)比高年级学生(11、12 年级)更容易害怕受到攻击。从 1995 年到 2009 年这种状况并没有发生明显的变化(美国教育部，国家教育统计中心，2011)。从 1995 年到 2009 年，由于害怕受到攻击而不去校园中的一些地方的现象没有明显的性别差异，但校园中女生受到攻击的担心比男生稍稍多一点。

●●●● 欺负弱小与受害者的比例

美国参加了一个由世界卫生组织举办的关于预防学校出现欺负弱小与受害者的跨国研究项目。第一批美国的代表样本由 6—10 年级的学生组成。Nansel 等(2001)指出，11%的学生有时会偶尔欺负他人，9%的学生会经常欺负他人(一周至少一次)。有关受害者的比例略低，9%的学生有时会受到欺负，8%的学生一周至少会受到一次欺负。美国教育部最近没有报告学生受害的比例。但是在 2009 年，28%的 12～18 岁的学生被指出在学校期间受到过欺负。这些学生中，67%的学生说在一学期受到过一两次欺负，19%的学生一月受到一两次欺负，8%的学生一周一到两次，还有 6%的学生说他们几乎每天都受到欺负(美国教育部，国家教育统计中心，2011)。28%的学生说他们曾经历过被取笑；19%的学生被取绰号或侮辱；17%的学生成为谣言的对象；9%的学生说他们曾被推倒、拥挤，以及绊倒，或被吐口水；6%的学生称曾受到伤害威胁。受欺负率与年龄成反比。随着年级的增长，受欺负率急剧下降，六年级有 39%的学生受到欺负，而 12 年级中只有 20%(Farrington & Ttofi，2011；美国教育部，国家教育统计中心，2011)。

●●●● 网络欺凌

至此，我们强调了这几年校园暴力稳步下降的事实。然而，近年来越来越引人注意的是新出现且迅速发展的电子媒体暴力(Barlett & Gentile，2012；Dehue，Bolman & Vollink，2008；Diamanduros，Downs，& Jenkins，2008；Kowalski，Limber，& Agatston，2008；Li，Cross，& Smith，2012；

Mishna, Saini, & Solomon, 2009; Mitchell, Ybarra, & Finkelhor, 2007; Patchin & Hinduja, 2003; Parris, Varjas, Meyers, & Cutts, 2012; Schneider et al., 2012; Smith, 2012; Varjas, Henrich, & Meyers, 2009; Wade & Beran, 2011; Ybarra, Boyd, Korchmaros, & Oppenheim, 2012)。这种暴力也可称为网络欺凌、在线侵略、互联网骚扰、网络性骚扰、网络侵犯、电话诈骗等。

与媒体有关的暴力行为包括一系列任性的伤害的尝试，例如制造威胁、传播恶意谣言和谎言、制作公开羞辱画面，以及其他信息(无论私人性质或伪造)。可能以多样的形式呈现(比如手机信息、电子邮件以及互联网即时信息)，并出现在网络的不同位置(例如聊天室、个人网页、Facebook和 Twitter 等社交网络，网络公告板以及其他网络环境)。事实上，随着手机的普遍应用，移动电话的网络欺凌成为欺凌的一个主要形式。例如iphone，作为目前最流行的移动电话，拥有 90 万余种应用程序。2012 年，其最流行的电话程序叫作“丑陋评分”，被下载了 500 万次。这个程序可以测量一个人的面部结构，然后给出有多丑的级别。一旦给出评级分数，照片和分数可以上传到 Facebook 以及 Twitter 等社交软件中。尽管程序的目的是娱乐，但一些电视新闻以及互联网新闻报道中却称其为一个网络欺凌的潜在新工具(http://www.foxnews.com/tech/2010/10/19/new-iphone-ugly-meter-used-cyberbullies-experts-say/)。因为网络欺凌是一个发展迅速的领域，其造成伤害的方法也很微妙和变化多端，研究者对此方面的欺凌开始进行越来越深入的研究。

Smith(2012)指出，关于校园欺凌的研究经过了四个阶段，网络欺凌是其第四个阶段。许多研究指出，电子暴力伤害对青少年有非常显著的负面影响。研究表明，电子暴力与自尊和自我效能感较低、较大压力、焦虑、抑郁症、管理控制力较低(Fredstrom, Adams, & Gilman, 2011; Patchin & Hinduja, 2006)、债务拖欠、药物滥用等联系在一起(Mitchell et al., 2007)。一旦青少年被报道成为网络骚扰的受害者，在很大程度上也说明其是抑郁症，在挑战自我、人际关系方面出现问题，缺乏社交技能，而且也会在网络上骚扰他人(Li et al., 2012; Schneider et al., 2012; Ybara, Mitchell, Wolak, & Finkelhor, 2006)。还有研究指出，青少年面临很高的风险成为网络骚扰的受害者(Hinduja & Patchin, 2010; Smith, 2012; Swearer, Espelage, & Napolitano, 2009; Wells & Mitchell, 2008)。

直到 2007 年，与媒体有关的暴力才取代其他青少年和校园暴力的指标，成为国家的代表性研究。(Dinkes et al.，2007；美国教育部，国家教育统计中心，2009)。随着媒体的快速发展，全国进行了一个跨部门的在线调查，共调查了 1 588 名 10～15 岁的青少年。调查结果显示，35%的青少年(10～15 岁)成为网络骚扰的目标，8%的青少年经常受到骚扰(例如，一个月一次或更经常地受到骚扰)。还有一个互联网安全的调查，是对全国范围内 1 500 名 10～17 岁青少年的电话调查，发现 6%的青少年经常在网络上骚扰别人，有 6%的人偶尔在网络上干坏事，还有 17%的青少年近年来在网络上干过少量坏事(Ybarra & Mitchell，2007)。同样，Patchin 和 Hinduja(2006)进行了一项针对 384 名运用网络的青少年的试点研究，以便于对不同网络欺凌形式进行估计，包括在线烦扰、取笑别人、恶语中伤、故意造谣、威胁别人以及发送黄色信息。大约 29%的青少年成为这些行为的受害者，11%的青少年参与到这些行为中，几乎一半(47%)的青少年目击了这些行为。其他大规模的调查也指出了大量比例的这种行为的存在(Patchin & Hinduja，2006；Kowalski & Limber，2007)。在最近的研究中，Hinduja 和 Patchin 在 2008 年对 1 378 名青少年网络暴力的经历调查发现，青少年在计算机聊天室或短信中最容易受到伤害。总之，他们的调查结果显示，传统欺凌与网络欺凌有直接的联系。具体来说，参与到传统暴力的青少年是参与到网络暴力的青少年的 2.5 倍多，同时传统欺凌的受害者也是网络欺凌受害者的 2.5 倍多。还有更多关于传统欺凌和网络欺凌之间交互作用的研究(Li et al.，2012；Smith，2012；Ybarra，Boyd，Korchmaros，& Oppenheim，2012)。

近年来网络欺凌发生率的趋势没有一致的结论。根据国家教育统计中心数据显示，2007 年至 2009 年，12～18 岁的学生校内外网络欺凌的经历比例从 4%上升到 6%。相对于男学生，女学生更容易成为网络欺凌的受害者(美国教育部，国家教育统计中心，2011)。相反，Jons、Mitchell 以及 Finkelhor(2012)在 2000 年、2005 年，以及 2010 年全国的电话调查发现，很多形式的网络欺凌的发生率在下降。例如，不需要的性诱惑发生率从 2000 年的 19%下降到 2005 年的 13%，再到 2010 年的 9%。不需要的色情文学的曝光率从 2005 年的 34%下降到 2010 年的 23%。但是作者指出，网络骚扰从 2000 年的 6%，上升到 2005 年的 9%，再到 2010 年的 11%。这些调查结果显示了网络欺凌的发生率处于不断增长中。

女同性恋、男同性恋、双性恋、变性者以及酷儿(LGBTQ)学生受伤害

LGBTQ学生由于他们的少数性别身份在学校中受伤害的风险增加(Greytak & Kosciw，2010；Espelage et al.，2012；Robinson & Espelage，2011；Russell，Kosciw，Horn，& Saewyc，2010)。对于男同性恋、女同性恋以及异性恋教育网络(GLSEN，2009)的研究发现，LGBT青少年听到同性恋言论的频率在稳步下降。然而他们受到骚扰和攻击的经历从1999年到2009年却保持不变。2009年，90%的LGBT学生称他们在过去的一年中受到骚扰，60%的LGBT学生由于他们的身份在校园中感到不安全，大约三分之一的LGBT学生在学校每天至少会心慌一次，因为他们感到不安。GLSEN学生的研究表明，受伤害与抑郁和焦虑程度有直接的关系，受伤害与LGBT学生的自尊有间接的关系。因为在学校受到伤害，LGBT学生药物滥用(Espelage，Aragon，Birkett，& Koening，2008)与自杀想法(Grossman，D'Augelli，& Salter，2006)的风险有所增加。

教师和学校社会工作者受伤害

教师也是偷窃和暴力事件的受害者。许多学校暴力干预都忽视了一个事实，即教师和学校职员也需要得到支持，尽管所有教师受害比例不断下降。1993年到2008年，被报告的教师受到学生伤害威胁的比例从12%下降到8%。同一时期，教师受到学生人身攻击的比例基本保持平衡，约4%。学校的设置类型也影响教师受伤害的比例。从2007年到2008年，公立学校的教师相对私立学校的教师更容易受到学生伤害的威胁，比例分别为8%和3%，而受到人身攻击的比例分别为4%和2%。男教师比女教师受到学生攻击的可能性更大(美国教育部，国家教育统计中心，2011)。我们没有国家的统计数据说明究竟有多少教师被其他成年人如家长、其他教师或社区团伙等校外人员所威胁和攻击。然而，我们有关于学校社会工作者这方面的数据。

在唯一的一个全国针对校园安全问题的社会工作者的调查中，Astor、Behre、Fravil和Wallace(1997，1998)等指出，在过去一年里，美国35%的学校社会工作者遭受了身体侵犯或威胁。其中77%来自学生，49%来自

家长，11%来自学生犯罪团伙成员(有些社会工作者不止一次受到攻击，并且被不止一种类型的作恶者攻击，因此，总比例高于 100%)。毫不惊讶，许多学校社会工作者担心他们的个人安全。实际上，三分之一的学校社会工作者每个月至少担心一次他们的个人安全。然而，在不同的社区设置中，社会工作者担心安全的比例是不同的。内陆城市的社会工作者最担心他们的个人安全，其比例为 71%，相比较而言，城市社会工作者为 36%，郊区社会工作者为 37%，乡村学校社会工作者为 31%。Astor 等人的研究表明，学校社会工作者的担心可能与缺少如何处理和预防暴力情景的培训有关。Astor 等人的调查研究发现，很少有学校社会工作者就处理学校暴力这个问题接受过正规的培训。绝大多数学校社会工作者希望在学校暴力这个问题上能有更多的培训机会(Astor et al.，1998)。学校社会工作者还表达了强烈的观点，认为学校暴力需要从生态学的角度去解决(Astor et al.，1998)。我们大力鼓励全国的学校社会工作者和社会组织去定期收集此方面的数据资料。

校园暴力还是一个问题吗?

基于校园暴力发生频率正在减小的趋势，有些人可能会得出结论，校园暴力已不再是一个问题(或者只是一个很小的问题)。如果这个结论只是建立在频率上，我们坚信它是错的。显然，由于形式的增多，学校暴力的比例已经下降了，但是比例的下降并不能说明什么时候校园暴力是一个问题，什么时候不是问题。超过什么界限，可以判定一所学校的暴力形势严重?反过来说，在什么界限下，我们可以说一所学校是一所模范的安全的学校?这不仅仅是一个抽象的、道德的或学术的问题。一些州和国家的政治家、组织和专门部门公开宣称对不安全的学校实施惩罚措施(如关闭或换校领导)。尽管已经实施了这样的一些惩罚，但是仍然没有人能提出一套清晰的关于什么是不安全的学校或地区的标准。社会工作者参与这些哲学理论层面的讨论可以增加对话的全国性，因为作为一个社会工作者，一个实践者和研究者，我们必须为如何判断一所学校安全与否提供一个公认的方案。没有一个清晰的标准，则很难去评估预防和干预方案的成败。

干预类型

无效干预的特点

探索问题的根源

绝大多数实务工作者和研究者认为学校暴力与个体的、家庭的、社区的、社会的因素有关。图 11.1 代表了学校暴力实践和研究文献普遍涉及的相关案例，这些关联是在不同的生态层次上提出的。外边的圆圈代表了影响校内行为的许多校外因素，例如家庭、文化和同辈群体。它也代表了增加或有助于预防暴力的校内因素，例如学校氛围和师生关系。假定这些变量和学校暴力有关，那么人们可能希望学校暴力干预方案把多种因素(包括校内和校外因素)作为目标。然而，绝大多数的学校暴力干预方案仅仅集中在一两个变量或者生态层次上(如儿童、家庭或教室)，并且认为其他多种因素的复杂影响可以忽略不计。因此，毫无疑问，只关注一个变量并不能有效地减少学校暴力。图 11.1 也提出了一个理论的概念化问题，

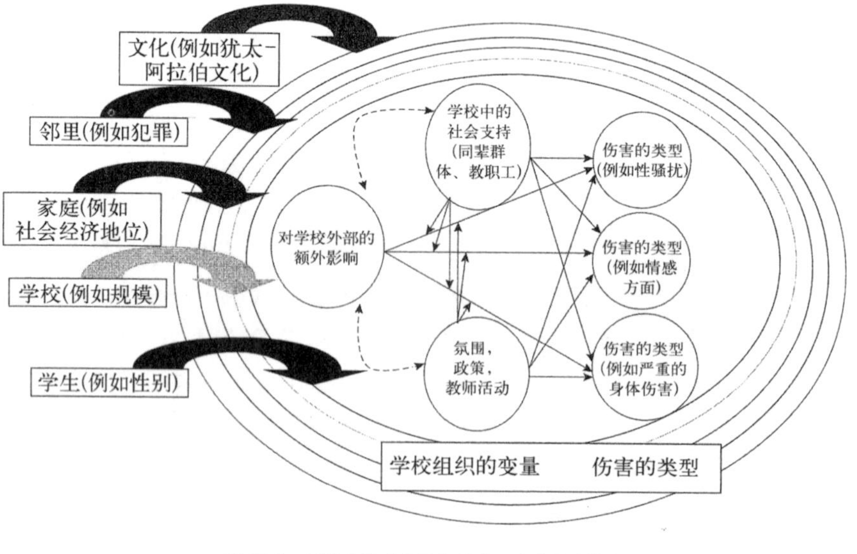

图 11.1 对学生造成伤害的社会—生态影响模式

即在方案或自我干预下学校怎么会缓解或加剧校外因素对学校环境的影响。如图 11.1 所示(Benbenishty & Astor. 2005)，学校或管理程序能对各种形式的学生受害产生不同的影响。在对研究评估的基础上，我们相信成功的方案正在改善学校的基础结构或者社会环境，以减少学生受到校外危险因素的伤害，并且最终减少学校总体受害事件(参看 Benbenishty & Astor，2005，社区与学校关系的讨论)。我们认为很少有成功的方案不将学校的社会环境作为干预手段的核心因素。

●●●● 对心理与行为的关注

最普遍的学校暴力干预是心理和行为干预(如不良情绪的管理、冲突调解、同学间的协商、基于课程的方案手段)。从以往来看，心理学集中于从认知、情绪和社会关系方面寻找儿童具有暴力倾向的原因(Rocque，2012)。因此，以学校为基础的心理干预主要集中于心理方面的变量，这些干预类型主要关注儿童个体(或其家庭)而很少关注社会标准情境中的动态因素，例如不同学校和学校设置与暴力之间的关系(Astor，Benbenishty，& Estrada，2012a，2012b；Hudley，Britsch，Wakefield，Demorat，& Cho，1998)。不幸的是，研究表明，除了个别的例外，仅仅依靠社会的技术干预、同学劝告或调解以及其他的心理干预手段对于减少学校暴力并不是很有效，有时候甚至还会增加学校的侵犯和暴力事件(参看 Astor，Meyer，Benbenishty，Marachi，& Rosemond，2005)。总的来说，心理方案只有和其他将学校作为社会体制中一个组织的干预方案相结合才能奏效(Benbenishty & Astor，2012a；Olweus & limber，2012a)。

●●●● 对儿童"缺陷"的关注

许多学校暴力干预都是建立在正式的或模糊的理论假设之上的，即周围环境的缺陷正在引起儿童或幼儿的暴力行为。例如，绝大多数的社会技术方案是建立在这样的理论假设上，即由于缺乏社会暴露和时间，具有侵犯性的儿童缺乏社会认知和行为技能，因此人们需要恰当地处理儿童间的冲突。由于他们缺乏更多的复杂技能，所以儿童会自然地倾向于用侵犯解决交往中的冲突，这类方案是针对在认知和行为技能方面有特别缺陷的儿童或全体学生的。缺陷视角忽视了学校环境对学生行为的巨大影响。

概念的缺乏和未充分利用的学校情景

一般来说，许多“背背包年龄”的项目倾向于“增加”方案（Astor，Rosemond，Piner，& Marachi，2006；Benbenishty & Astor，2012a）。它们通常与学术课程和学校的社会目标无关。这种情形很大程度上是因为与学校环境相关的社会因素和学校暴力没有清晰的界定（参看 Astor & Meyer，2001；Benbenishty & Astor，2005）。例如，研究者很少研究走廊打闹或学校性骚扰问题。

成功方案的特征

- 能提高教师、学生、工作人员以及家长对于学校暴力的认识与责任意识（如性骚扰、打架、使用武器等）。
- 为全校学生制定了明确的指导政策和规则。
- 针对校内不同的社会体制，明确告知学校全体成员在暴力事件发生前、发生时和结束后应该采取什么措施。
- 强调学校教职员工、学生和家长都参与到方案中。
- 这些干预措施一般来说都能适合学校设置的正常变动和任务。
- 号召全体教师、员工和家长去计划、完成以及支持项目。
- 在非教学区增加监控设施。
- 具有文化敏感性与一定的文化塑造能力，关注学生的文化共同体建设。

文化关怀

还有一个很重要的视角，即社会工作者应当将暴力放在社会与文化环境中考虑，据此学校中出现了冲突问题。这些冲突由不平等引起，包括种族、阶层、性别、性倾向等之间的不平等，正如不同家庭、社区之间沟通理解存在不同，学校又进一步增加了这些不同群体之间的距离（Scherr，2012）。这个视角越来越受到重视，因为研究指出少数族裔学生和非少数族裔学生的一些数据比例不相对称（美国教育部，公民权利数据收集网，2012）。例如，公民权利数据收集网（CRDC）是一个分析全国教育公平的数据收集工具。2009 年到 2010 年，CRDC 数据显示所有的学校区域中，非洲裔美国学生被休学或开除的比例是白人学生的 3.5 倍还多。更严重的是，在实行零容忍政策的一些区域，拉丁裔和非洲裔美国学生占 45%，其中有 56%被开除(美国教育部，公民权利数据收集网，2012)。

不考虑意识的本质将会出现比例失调，过度强调特殊群体的阶层将最终导致种族和经济分层的增多(Frankenburg & Orfield，2007)以及学校间连通性的减少。例如，在加利福尼亚，9 到 11 年级的学生都参与了全州范围的健康儿童调查项目(2008—2010)，项目调查了非洲裔美国学生、拉丁裔美国学生以及白人学生和亚洲学生学术成就的差异(WestEd，2012)。结果显示，与其他学生相比，非洲裔美国学生最少相信教师以及学校中其他成年人会尊重每个学生，当学生违反校规时都能被公平对待。而且非洲裔美国学生更容易倾向于相信他们因为种族或民族不能受到学校中成年人的尊重，他们的学校在不同的文化、种族和民族学生中会出现很多冲突(WestEd，2012)。

十多年前，Epp 和 Watkinson(1977)曾指出调查校园组织结构方式可以为不同文化背景的学生提供不同的经历的重要性。最近的统计(Skiba et al.，2011；WestEd，2012)显示这是一个需要继续探索的领域。Epp 和 Watkinson 将一系列暴力定义为：任何习惯的行为或过程对个体或群体造成心理上、精神上、文化上、经济上、身体上的压力而带来伤害。将其应用到校园中，意味着妨碍了学生正常学习的行为或过程，因而"伤害了他们"(Epp & Watkinson，1997，p.1)。例如，这些暴力在校园中包括排外的实践、学习环境的过度竞争、滥用的容忍、在开除或惩罚中对学校规矩或政策的辱没，以及歧视性的指导政策等。另外，学校自身通常不被认为是暴力的代理，但个别学生更经常地被看作罪魁祸首，这种观点在 Epp 和 Watkinson 的学生间冲突根源的概念化中被强调指出。这种框架尽管在干预文献中没有被明确地讨论，但与提出改变校园组织结构从而为来自不同群体的学生提供更多公平的努力紧密相连(Skib et al.，2011)。一些以文化为基础的干预案例强调少数族群学生面临的不公平，并提出这是应该引起注意和做出改变的领域(Albrecht，Skiba，Losen，Chung，& Middelberg，2012；Cartledge & Kourea，2008；Scherr，2012；Skiba et al.，2011)。这种框架为我们提供了一个不同的视角，即不是聚焦于个别同学的性格或发展模式，而是去检验校园设置中的社会环境，进而为减少暴力做出贡献。

表11.1列出了校园社会工作者在探索文化如何与校园暴力相联系时应考虑的因素。校园中应考虑的文化因素的其他信息，可参看第六章。

表11.1　学校社会工作者在文化与校园暴力中的指导问题

社会工作参与者或研究者会思考一系列与文化相关的问题来指导他们的判断，因为文化与校园暴力紧密联系。这些问题集中为四个主题：文化规范，文化群体的微观动态，历史与文化结构的影响以及响应文化的干预。

1. 文化规范

在我们生活的文化中，暴力或报复的可接受性范围内有什么样的规范？在这些文化规范中有没有一系列的观点？这些规范是否会随着宗教、性别、年龄、教育、同化以及代际的不同而不同？这些规范的变化是否会始终如一的公平？学校社会工作者应该意识到特定行为的象征意义，如携带武器，以及倾向于特定种类的武器(例如刀或散弹枪)。文化不同，武器种类的倾向性也不同，包括小群体文化。

a. 我是否意识到文化如何看待学校以及学校如何看待文化？学校社会工作者应该意识到并对文化群体看待学校、教师以及权威认同的方式有一定敏感性，即文化在什么程度上认为学术成功？如何鉴定学校？与家长相比，多大程度上接受教师或校长的权威？

b. 学校员工是否理解各方面的文化？他们是否了解学生和家庭的语言、历史、政策、艺术、音乐、食物以及面临的经济困境？

2. 文化群体的微观动态

a. 我是否知道谁是文化界的权威？学校社会工作者应该意识到在不同文化中谁可能作为潜在的合作伙伴对学校干预产生影响——在一些文化中可能是父母，在其他的文化中可能是兄长、宗教领袖、政治活动家、团伙领导成员、体育明星或者其他的领导或名人。他们能接受的和平处理冲突的文化方式或结构是什么？是否能用到与他们文化相关的主题？如宗教教育、传统谚语、传说或故事、政府议程(如保护一方而反对另一方)、文化规范模式等。

b. 是否有一些秘密的亚文化与文化模式相互影响？

3. 历史与文化结构的影响

a. 是否有被压迫或歧视的历史帮助解释出现的暴力？围绕压迫是否有与历史主题或文化模式相对应的干预措施？

b. 是否有关于特权、权利、等级等历史观念来解释出现的暴力？

c. 能否区分“文化”与经济问题？在什么程度上群体暴力与文化中的政治、社会或经济状况有关？

4. 响应文化的干预

a. 干预措施是否被家长、学生、社区所熟悉或认同，还是他们觉得陌生、压抑或不自然？

b. 他们文化中的基本语言、宗教、休闲音乐、文学或者艺术社区是否支持和平？上述文化的因素是否被用到？学校意识到这些了吗？在一些文化中有一些固定的机制去处理冲突与和平，它们是否适合学校？在项目中是否被用到？

c. 是否有媒体或艺术群体关注这种文化，使学校暴力项目或成就成为媒体或艺术成就的一部分？

d. 在多大程度上家长或社区教育成为干预的一部分？

e. 学校社区或文化是否是反暴力运动计划的一部分？区域中的教师或管理人员是否可以作为联络人或领导者为学校提供服务？

学校或学校社会工作者通常用到的干预种类

通常的干预与实践

关于学校干预措施有效性的评论(例如退学、停学、特殊教育、将孩子送到校长办公室、课后留校、家长会和咨询)很少。然而,像退学、停学、转学处分等经常作为学校暴力的一般反映。最近美国教育部(NCES)的报告指出,从 1999 年到 2007 年总体停学率并没有明显的变化(2012)。还有 Dinkes 等(2007)提供了下列信息:48%的公立学校(大约有 39 600 所学校)至少采取了一项严厉的措施惩罚学生,包括停学五天及以上,开除以及转学到特殊学校。2005—2006 学年中实施的 830 700 项惩罚措施中,74%是停学五天及以上,5%为停止提供任何服务,20%为转学到特殊学校。同样,其他通常的干预都需要进一步研究,包括联系家长,讨论好斗行为的父母—学校见面会,或者以校园为基础的解决措施,如放学后留校,校园范围内更好的成人监督,上学放学路上以及易发生暴力倾向范围更好的监控等。

特殊教育与暴力

学校需要解决的另一个有关长期侵犯的问题是孩子的特殊教育的转介、评估和安置。不幸的是,校园暴力事实上并没有关注特殊教育与暴力行为减少之间的关系。不仅如此,很可能很多孩子还通过特殊教育接受过有关侵犯行为的服务。这种介入通常包含咨询、家长培训、封闭教室、特殊课程和全天治疗设备等服务。我们应更关注这个领域的研究,因为社会工作者、心理学家、咨询师和老师都视特殊教育为教育侵犯性儿童的一个重要的策略。

介入项目

在下面的部分里,我们将讨论几种针对校园暴力的不同类型的介入方式。虽然有些方式被广大学校普遍采纳,但针对它们效果的研究其实并不多。还有一些介入方法正在进行评估的研究,从而保证它们实施的效果。

预防和介入的实证项目

这部分，我们将探讨一些学校和实施者可利用的预防和介入的项目。当然，这里不可能把所有的项目都进行列举，在表 11.2 中简单列举了一些通过实证检验和评估有效的通常被用到的项目。在本章中，我们重点关注那些做出承诺或是在某方面被证实有一定效果的项目。

高质量的儿童早期教育

从基本的预防角度看，高质量的学前教育可以帮助降低校园暴力比例，根据 Perry 学前学校研究数据显示，高质量的学前教育在降低人一生中的暴力行为方面都有很大作用(Schweinhart，2007)。在这个追踪研究中，研究者发现随机分配的接受过高质量学前教育的儿童在成长过程中比接受低质量学前教育的儿童较少参与暴力行为或犯罪活动。这些纵向的数据之所以重要，是因为它指出了早期教育在成年生活中也有一定作用(最晚到 40 岁)。不仅如此，这种效果被广泛的研究所证实。到 40 岁，接受过高质量学前教育的人比低质量学前教育的人一生由于个人原因被逮捕的概率低 46%。另外，到 27 岁，学前教育水平较低的学生被捕五次以上的概率是接受过高质量学前培训的孩子的五倍多，学前教育水平较低的人中有 29%被逮捕(许多是因为暴力行为)。另外，接受过高质量学前教育的人比低质量学前教育的人更有可能挣更多的钱，买更多的房子，拥有汽车以及存款(Schweinhart，2007)。一个成本收益分析指出，每个参加高质量学前教育的孩子投入 15 166 美元，而回馈给公众 258 888 美元。研究者(Schweinhart，2007)认为，学前教育的重点在于培养孩子们的社会责任感、增权、决策和解决冲突的方式，从而对降低暴力行为有重要作用。同时，Perry 学前教育学校的项目注重家长教育和参与，以及与冲突和纪律相关方面的教师培训。Schweinhart 认为贯穿成长过程中的对学生、老师和家长三个方面的关注是暴力水平降低的原因。从宏观水平来看，一些特大城市(如洛杉矶)和州(如加利福尼亚)完成了普遍的学前教育项目(http：//www.ccfc.ca.gov/)。显而易见的是，像警察、地方治安部门以及执行组织支持的

表 11.2 暴力干预项目以及评估来源列举

项目	年级	参与者	项目组成部分	成果评估	结果
恃强凌弱干预项目*A	6—8 年级	全州范围内授权要求所有中学实现反恃强凌弱政策和措施的 10 所中学非随机对照试验	项目的核心成员要求在学校层面、班级层面以及个人层面完成。包括: ● 分配学生匿名进行问卷调查,评估其本性以及恃强凌弱的普遍度 ● 发展学生正面和负面结果的行为 ● 建立一套监督体系 ● 强化学校层面的政策,反对恃强凌弱 ● 以班级为单位观看视频和讨论,以增加知识和同理心 ● 对学生和受害者进行干预 ● 和父母进行讨论	● 向学生提出四个关于恃强凌弱损害身体和人际关系的问题 ● 从调查学生风气的问题中选择问题来测量学生的态度,对别人意愿干预的感知,以及学校的经历 ● 测量学生赞成受伤害的态度 ● 测量恃强凌弱以外的学校经历	● 关于人际关系和身体的恃强凌弱的发生频率降低 ● 在实施干预的学校持赞成受伤害态度的学生越来越少 ● 与对照学校相比,实施干预学校的白人学生被曝出的人际关系和身体受伤害的事件变少,而对其他种族的学生没有明显影响 ● 实施干预学校的学生更能理解在恃强凌弱事件中积极参与干预行为的重要性,六年级学生更多地感到抱歉并帮助受害者 * 评估:1、2、3、4、6、7、8、9 有效
学生发展项目*B	6—8 年级	之前 CDP 项目子样本继续研究的 1 246 名学生作为参与者,其余中学生作为对照组	这是一个制造相互合作与彼此支持的校园环境的综合案例。班级的部分包括: ● 在合作学习中的全员训练 ● 完成一个跨年级"同伴"活动的模式 ● 完善纪律使学生实现自我控制 ● 使学生参与到班级模式的建立和纪律制订中	每年中学生成果的评估来自学生的问题、学生行为的教师评级以及学生的档案记录 ● 结果评估主要集中于四个领域的问题:学校的相关态度,个人和社会的态度,正面和负面的社会行为,朋友们正面和负面的社会行为 ● 学校中教师评价的评估包括自信	● 中学中 40% 的变量测量结果显示与支持 CDP 项目的学生不同 ● 总的来看,与中学对照组的学生相比,CDP 项目的学生更多地参与并向学校做出承诺,有亲社会行为,并较少出现问题行为 ● 在小学中经历了项目干预

(续表)

项目	年级	参与者	项目组成部分	成果评估	结果
			• 学校范围的联谊活动使学校相关组织以及家长参与到活动中，例如布置互动的家庭作业来增进家庭和学校的合作关系	心、进取心、受欢迎度以及对他人的关注 • 学生的档案记录提供了核心课程的平均分数测量	的学生也具有较好的学术表现，与对照组中学生相比，更倾向于与亲社会的同龄人相处，也更少出现反社会行为 评估：3、4、5、6、7、9 有效
快速轨迹——家庭和学校共同完成 * C	长期项目；三部分学生； 1—10 年级 (持续进行)	总共有 196 个孩子和 187 个家长参与到 VB FAST 项目中	多个项目组成部分 对于高风险的学生和家长每周改进项目 学生们被分成 5～6 人的"友谊小组"进行讨论，模拟故事以及电影，角色扮演 开会检查与实践情绪理解、沟通、建立友谊、自我控制，以及社会问题的解决技巧 父母在家庭协调员的指导下以小组为单位讨论家长策略，然后是 30 分钟的家长—学生合作活动时间 每两周进行一次家访 由通过训练的辅导人员提供每周 3 次、每次 30 分钟的课业辅导	• 儿童行为量表的测量——扩展到表现出叛逆、侵犯性以及行为不良的学生 • 父母每日报告——24 小时中孩子在多大程度上出现叛逆以及侵犯性行为(报告三次) • 孩子行为的变化 • 教师评估学生在学校外在行为表现(教师报告表格，Achenbach，1991) • 来自 TOCA－R(教室适应的教师观察——修订版)的测量 • 权威认同测量 • 同伴侵犯以及极端破坏行为的发生率测量	• 项目参与者在家庭功能的提升、父母自我效能感以及社会联系度上有所获益 • 项目参与者在家庭环境评估的每个子项目中有所获益，特别是冲突以及所有的人际关系中 • 父母与参与 FAST 项目孩子的关系有很大改善 * 评估：2、3、6、8、9、11 有效
快速轨迹——家庭和学校共同完成的 PATHS 课程	高端课程班级	共有 407 个孩子和他们的父母参与了顶端课程，主要来自东部沿海城市	这是一个评估参与顶端课程的学龄前儿童的 PATHS 适应能力的随机临床试验 • 两个社区中 20 个班级参与 • 10 个干预班级的老师完成了持	教师依据家长对问题的回应收集关于学生的信息；前测和后测用相同的测量方法 • 基本人口特征资料的收集在第一次测量中	• 在不到一年学龄前，PATHS 课程提高了孩子的情绪管理知识、自我管理能力、社会人际交往水平以及社会技巧

（续表）

项　目	年　级	参与者	项目组成部分	成果评估	结　果
			续9个月的每周课程和拓展活动 • 总的来说，这个项目进行了3年多的时间。在学年开始时进行前测（第一次测量），在学年结束时进行后测（第二次测量）	• 情绪理解的两种学生测量方法（Denham Puppet Interview, Assessment of Children's Emotional Scale）仅在第二次测量中使用 • 情绪的接受度测量 • 压抑控制的两次测量 • 孩子视觉空间记忆力与注意力的测量 • 孩子对于普通社会问题的相应行为反应测量 • 社会技巧与问题行为的测量 • 反映人际关系与情绪管理的学生技巧测量 • 协变量——孩子的口头表达能力，家庭的人口特征	• 老师和家长都提出孩子的社会交往和情绪管理能力提高了 * 评估：2、3、6、8、9、11有效
良好行为游戏	大学一年级 19—21岁学生	19所学校，41个班级，5个城区的1 196名1年级学生。这些学生参与了GBG项目。研究指出，GBG项目的影响在于19—21岁的年轻成人	这是一个基于随机试验设计的流行病学项目 • 第一阶段（1985）包括选择5个有显著社会人口特征差异的城区。每个城区有3～4所学校在人口学特征上能够符合。另外，每个区域的学校随机选取参加GBG项目 • 第二阶段（1985—1986）包括每所学校安排一些学生到一年级中 • 第三阶段包括随机安排班级与老师参与到干预项目中 • 实验包括两年的时间参与到GBG项目中	教室适应的教师观察——修订版，评估教室中学生在教师指定的核心任务中的表现 • 年轻成年人的测量结果针对19—21岁的学生 • 药物滥用与依赖测量 • 高危险的性行为	• GBG项目可以改善一年级和二年级的侵犯行为和不良教室行为 • 早期风险行为的改善可以降低以后问题行为的发生 • 药物滥用和高风险性行为与基础教育中教师对侵犯、破坏行为的评价有关 * 评估：2、4、8有效

（续表）

项　目	年　级	参与者	项目组成部分	成　果　评　估	结　果

* A：(Bauer, Lozano, & Rivara, 2007)；B：(Battistich, Schaps, & Wilson, 2004)；C：(Crozier, Rokutani, Russett, Godwin, & Banks, 2010)；D：(Domitrovich, Cortes, & Greenberg, 2007)；E：(Kellam et al., 2012).

* 评估来自：(1) 美国青年政策论坛；(2) 暴力干预蓝皮书；(3) 精神健康服务中心；(4) 药物滥用干预中心；(5) 安全校园教育部；(6) 社区关爱；(7) Sherman；(8) 外科医生报告；(9) 犯罪预防办公室；(10) 灾难控制中心；(11)Hamilton Fish。

评估来源：

1. 美国青年政策论坛：《少宣传炒作，多提供帮助：减少青少年犯罪，该做什么不该做什么》，由 Richard A. Mendel 决定。美国青年政策论坛，华盛顿，2000。项目被归类为“有效”（见 www.aypf.org）。
2. 暴力干预蓝皮书：项目被归类为“典范”与“有前途的”（见 www.colorado.edu/cspv/blueprints）。
3. 精神健康服务中心，美国人与健康服务部，人类发展与提升研究中心：项目被归类为“有效”和“有前途的”（见 www.prevention.psu.edu）。
4. 药物滥用干预中心，药物滥用与精神健康服务管理部门，人与健康服务部，有效项目的国家注册处：项目被归类为“典型”“有前途”与“有效的”（见 www.nrepp.samhsa.gov/SearchLegacy.aspx）。
5. 安全校园教育部，学生安全与健康办公室：项目被归类为“模范”与“有前途的”（见 www2.ed.gov/about/offices/list/oese/oshs/aboutus.html）。
6. 社区关爱：Posey, Robin, Wong, Sherry, Catalano, Richard, Hawkins, David, Dusenbury, Linda, & Chappell, Patricia. 社区关爱干预策略：一项关于做什么的指导研究，项目被归类为“有效的”（见 http://www.sdrg.org/ctcresource/Prevention%20Strategies20Guide/introduction.pdf）。
7. Sherman 等：预防犯罪：什么做，什么不该做，什么有希望——一份递交美国国会的报告。马里兰大学犯罪与公正系。NCJ165366。项目被归类为“有效的”（见 https://www.ncjrs.gov/works/index.htm）。
8. 青年暴力：一份外科医生的报告：项目被归类为“典范”与“有希望的”：1 级——暴力干预；2 级——危险干预（见 www.ncbi.nim.nih.gov/books/NBK44294/）。
9. 犯罪预防办公室：有效与有希望的项目指导。华盛顿：青少年公平与犯罪预防办公室，美国公证项目办公室。项目被归类为“典范”“有效”和“有希望的”（见 www.dsgonline.com）。
10. 灾难控制中心：国家伤害预防与控制中心——暴力预防部。青少年暴力预防的最佳实践：一个社区活动的资料读物。项目被归类为“有效的”（见 www.cdc.gov/violenceprevention/pub/yv_bestpractices.html）。
11. 学校和社区暴力的 Hamilton Fish 调查。项目被归类为“有效”和“显著的”（见 www.gwired.gwu.edu/hamfish/Programs/）。

社会政策是降低整个社会犯罪率的一个干预途径。社会工作者应该支持这些努力，并确保这些项目包含 Perry 学前教育研究提到的高质量内容。

●●●● 学校欺凌弱小者和受害者介入项目

20 世纪 70 年代，挪威的一项调查表明欺凌弱小在挪威已成为一个严重的问题。为了解决这个问题，挪威教授 Dan Olweus 设计了一个适用于全国范围内 1—9 年级学生的综合性反欺凌项目。这个项目中包含许多面向学校、班级以及私人机构中的学生、老师及家长的简单的介入方法。减少欺凌的策略包括制订明确的反对欺凌的课堂规则，可能的反应(赞扬和支持)，经常地开班会来澄清反欺凌的规范，增强在操场的监管，在营造积极的校园氛围过程中老师的介入等。同时，学校给工作人员发放一本如何抵制欺凌行为的小册子和一部有关的录像片，发给家长的是有关欺凌行为的信息和建议的小册子。参加此项目的 42 所学校的研究结果表明欺凌行为和受害者减少了一半。不仅如此，此项目积极的效果在以后的一段时间内依然有效，甚至可以贯穿学生的整个学习阶段(Olweus，1993；Olweus & Limber，2010b)。在英国(Hunter，Boyle，& Warden，2007)和澳大利亚(Rigby，2006)也有一些类似的项目。这些项目的评估也显示了侵犯性行为的减少和学生对于学校满意程度的提升(更详细的内容，见 Limber，2012)。

●●●● 第二阶段

根据“思维习惯”模式，假设暴力可以被忘却。第二阶段项目关注孩子从幼儿园到学前，从一年级到三年级，从四年级到五年级。第二阶段项目通过增进同辈群体间互动的能力以及处理人际交往冲突技巧的能力来增加亲社会的行为，从而预防侵犯性行为。此课程每周进行两次，平均 50～60 节课。具体的课程包括帮助青年学会换位思考，对刺激的控制，问题的解决和愤怒管理技巧。项目的一个评估发现它对参与者会有某种程度的影响(Cooke，Ford，Levine，& Bourke，2007；Frey，Nolena，Edstromb，& Hirschsteinbm，2005)。在结束了 1 年的课程以后，对参与者的评估显示，第二阶段的干预减少了青年的身体侵犯行为，同时增加了积极的亲社会行为(Grossman 等)。

●●●● 网络欺凌干预

与媒体有关的暴力为学校提出了新的挑战。许多与媒体相关的暴力是以学校为基础的犯罪(如，在上学期间发送负面消息，用手机传播谣言与性指控视频)。然而，其他形式的受害发生在放学以后，但学校并不能忽视这些暴力形式。通常很难区分暴力在上学期间传播，在放学后接受或者相反。结果是这些伤害通过精神健康、学业问题以及参与暴力相关的活动，在学校被察觉出来。

目前做出很大努力去制定政策和安排回应去强调这种形式的暴力。需要指出的是，无论一些媒体暴力的形式是否通过非电子的形式(如传播谣言)传播，包含在已有的干预中，其在概念化和实践内涵上都存在很大差别。例如，媒体暴力以受害者为目标而施害者并不一定知道。

许多学校和组织通过制定明确的政策来回应媒体暴力，尽管有时候并不是发生在校园内。根据州立法机关的全国会议，一些州已经制定了包括已存在的反校园欺凌法的网络欺凌法(http://www.ncsl.org/issues-research/edu/cyberbulling.aspx)。事实上，25个州都有由公众基金学校和图书馆申请的互联网过滤法律(http://www.ncsl.org/issues-research/telecom/state-internet-filtering-laws.aspx)。加利福尼亚大学的董事联合会提供了在网络欺凌方面考虑学校董事会政策细节的政策简介(http://www.csba.org/en/EducationIssues/EducationIssues/media/AFF96056D6E4454B8B5298DF29EF4D65.ashx)。现在许多网站注重校园暴力，包括具体的媒介暴力信息。例如，大量的有益的澳大利亚网站——杜绝欺凌，对待网络欺凌有特殊的策略(http://www.bullyingnoway.com.au/teachers/school-strategies/index.html)。也有一些网站致力于呈现信息，研究证据、项目以及政策，从而帮助避免此类的暴力(如 http://www.stopcybullying.org 和 http://sites.google.com/site/costis0801/)。

另外，学校为在获得互联网上安全冲浪的新技巧提供了机会。例如，加拿大教师联合会印刷了网络欺凌政策指引，这份指引提供了明确的定义、教学活动中的合作原则，以及一系列的措施，从而能提高学生和教师的“网络成果”，避免网络欺凌(http//www.ctf-ce.ca/Documents/Priorities/EN/cybullying/FINAcybullying%20policy.pdf)。

与媒体相关的暴力形式差别微妙。有关移动电话的网络欺凌特殊且真实存在。越来越多的学生使用手机。然而很多干预并没有强调运用手机软件作为网络欺凌的一种方式。手机软件的流行，像 The Ugly Meter，Fat & Aging Booth(见 http://appadvice.com/appnn/2010/06/review-fat-booth-aging-booth-fat)和 Sim-Simi(http://pittsburgh.cbslocal.com/2012/02/10/

concerns-growing-over0smartphone-app-bullying/)都被提到成为一种潜在的网络欺凌的新形式。其实也有一些反网络欺凌的手机软件，但很少被提到。事实上，这些软件超过了网络欺凌软件。最近的一些反欺凌软件有：TipNow(见 http：//abclocal. go. com/kfsn/story? section = news/education & id = 8804202)，Bully meter： Am I a bully?(见 http：//bullybusteroc. Wordpress. com/2012/07/19/inconosys-builds-bully-meter-am-i-a-bully-smartphone-app-helps-to-identify-measure-to-being-a-bully)和 Back Off Buuly(B. O. B)：手机欺凌软件为 LGBTQ 年轻人提供资源服务(见 Http：//rcasa. wordpress. com/2012/06/27/outreach-Wednesday-bullying-smart-phone-apps-serve-as-a-resource-for-lgbtq-youth/)。

由于现在很多学生使用手机，所以学校社会工作者可参与到手机软件的研发中，从而设计更多的反欺凌软件，并和这些软件合作使其成为学校的引导资源。

不同的学校如何选择合适的项目？如何界定草根项目的成功与否？

如果学校社会工作者可以用数据证明他们是如何实施项目或“草根”性的介入方式的话，我们相信他们可以在全国和地域范围内得到显著的成果。大部分的实施者意识到每所学校都有自己的特殊性，有各自不同的问题，因此必须采取不同的方式介入。例如，在一所学校存在低年级男学生的性骚扰问题，然而在同一地区的另一所学校，最棘手的问题是高年级学生持有武器。这两种不同类型的问题就需要不同的项目来解决。如果在这种情况下依然使用单一的“反暴力”项目，而不顾不同学校不同特点的话，很难在每所学校都取得令人满意的效果。

显然，学校选择某些“有希望的项目”(如上面章节表格中提到的)，但却从来不收集数据评估它们是否有这样的问题，或该项目是否能在自己的学校取得良好的效果。而且，从社会工作者和介入的角度看，存在一个哲学上的问题，大多数的“学校暴力介入”和“项目”都忽视草根和社区内部自发产生和发展的介入方法(Astor，Guera，& Van Acker，2010)。学校暴力介入如何才能反映社区社会工作的价值呢？学校介入能否反映社会工作在民主和参与界定问题，以及制订/执行项目时候的价值？社会工作者们如何为学校社区增权以解决他们面临的特殊的校园暴力问题？社会工作者如何评估项目有效与否？接下来我们要讨论的是“监测”和“校园地图绘制”，正是对以上挑战的潜在的反应。

• • • 作为手段和过程的监测和地图绘制

这种监测和以数据为基础的方法假定成功的项目要有以下要素：（1）相信项目如果能成功“嵌入”到某个学校之中需要草根的介入方式；（2）相信学校的老师和学生可以通过增权来解决面临的问题；（3）相信民主是一个成功项目的核心；（4）相信学校要以前摄的视角看待暴力问题。介入的具体措施应该有相应的改动以适应不同的学校特点。每所学校都应根据各自不同的人口特点、哲学理念、组织需要等实施项目。

我们认为数据项目的成功实施至关重要（Astor & Benbenishty，2005；Astor，2007；Benbenishty & Astor，2012a，2012b；Benbenishty，Astor & Estrada，2008）。因此，应该在项目实施和互动过程中做好数据的统计工作。这种观点要求在项目实施过程中的持续的数据分析和解释是干预介入的一个重要部分。数据能够引发实施者的意识，动员学校的资源，进一步接近问题本质，有助于策划介入方式、补充项目漏洞、评估项目实施效果。在介入过程的不同阶段，数据可以提供不同的信息。

我们认为向不同的学校团体引入学校具体数据的过程可以帮助他们界定具体的需要、限制、资源、基础等，进而引导学校选择最适合自己的项目。此外，策划和实施项目是一个持续的循环过程，时常会根据不同的情况和需要进行修正和改变。下面我们分别从定性和定量的角度讨论监测和学校地图绘制的作用：（1）营造“全校共同反应”的氛围；（2）有助于学校鉴别、创造或适应项目。

• • • • 倾向于特定区域暴力的定量监测：以 A 学校为例

A 学校是一所有 1 500 名学生的中学。绝大部分学生来自移民和低收入家庭。学校正在通过计算机程序设计、自然科学、商业培训哲学等课程，缓慢地发展到“高科技”的设置。然而，在领导者和教师之间有这样一种共识：需要对学校暴力采取一定的措施。学校决定采纳由 Benbenisty、Astor 以及 Zeira（2003）设计的监测系统对校园暴力进行管制。

学生、老师和学校领导者都参与关于校园暴力、校园氛围和如何抵制校园暴力的问卷的设计和调查。所有的学生以“愿望”和“民主”的形式填写了匿名问卷。学校希望提高所有参与老师、学生以及学生家长的意识。这所学校制订了一项制度，学生和教工可以浏览和公布自己的调查数据。大部分的工作都是在老师和管理者的指导下以作业的形式进行的。这就允许学校加入自己的问题并分析和探索特定的问题。

这些数据系统地在老师会议、学生教室以及 PTO 与大家一起分享，用于提高问题意识并寻找合作的解决办法。更重要的是，它可以促进老师、学生、管理者以及家长之间的沟通。在师生之间关于数据的不断对话的过程中，营造出一种个体和学校范围内的调查意识。

学校选择使用这种监测系统来确定他们学校的暴力问题在哪里。他们寻找哪里是校园暴力的高发地。结果发现学校后门、上锁的房间以及学校院子是学生们最担心的地方。其中女生对于放学后的校门和上锁房间的恐惧比男生高出一倍。男生正相反，多数认为上学前的校门和学校院子更加危险。学生调查显示对于 10 和 11 年级的学生来讲，放学后的校门、上锁的房间和学校院子是突出的问题，但不如 12 年级那么严重。这些调查报告和具体地点数据都公布给所有的学生、老师和家长。班级里也成立谈话小组讨论这些问题，并提出可能的解决方法。

工作人员和学生在电话暴力常发生的地方做出了很大努力。他们甚至把副校长办公室搬到浴室旁边，并重新安排学校的布置、设施来增加社会互动，便于工作人员对学生行为进行监督。学校完成了校园美化项目，制作了以学生为首的多样化壁画，并创建了一个致力于和平和学校纪律的网站，学生可以在该网站上与领导及同龄人对话。接下来的监测调查表明学校的道德和学生对学校的主观态度有所改善。一年后由工作人员和学生实施的监测调查显示，学校在一些特定地方在降低危险感方面取得了成功。然而，一些数据显示还需要做更多的工作使这些地方变得更加安全。尽管刚开始，工作人员和学生们对这些数据有些失望(虽然只是他们的自我报告数据)，但也促使他们更多地关注暴力率的降低和新途径的减少。这所学校的工作人员和学生有数据表明什么在起作用，什么没起作用。这些数据经常和他们对于“整体成功”的主观感觉不相吻合。因此，监测调查作为一个依据，学生和老师可以据此说那些地方更加安全。这种方法很适合在社会工作、民主、草根、增权等视角中，而不是只妥协于学校范围的数据。

● ● ● ● 倾向于特定区域暴力的定性地图绘制：以 B 学校为例

第二所学校是一所大约有 1 000 名学生的高中，学生主要来自中等和中上等收入家庭。这所学校不愿意开展全校范围的调查，但是想把员工和学生都纳入暴力干预的过程中。他们也想让干预适合他们学校的具体情况，像定量的监测调查项目一样，制作定性的地图绘制文档：(1) 每个学校特定时期内暴力发生的地点和时间。(2) 学生、教师、工作人员以及管理者关于在这些位置发生的暴力事件的学校组织反应的看法。主要目标是用定性的资料去揭示问题的本质，呈现可能的原因和解决问题途径的多样化视角。

学生、教师和工作人员（如管理者、大厅监控人员、自助餐厅工作人员等）分 4～5 个小组在不同地方被访谈，询问他们暴力容易隐藏在什么地方以及在一天的什么时间容易发生暴力。每个组给一张学校的空地图，让他们画出在哪里暴力事件高发，以及他们觉得在校园什么地方觉得不安全（见 Astor，Benbenishty，Marachi，& Meyers，2006；Astor，Meyers，& Prtner，1999，对地图绘制过程的进一步描述）。在学生和老师画出暴力发生的地点后，每个小组聚集到一起讨论为什么认为暴力会发生、发生在哪里以及怎么做能有所改善。

每张个人地图组合形成一张大的学校地图。把每次报道的事件都放到学校的大地图中，使学生和工作人员能定位出每所学校具体的暴力“热点位置”和危险时间区间。例如，事件倾向于发生在某个时间、某个年龄段、某个性别以及某个地点。对于大一点的学生（11 和 12 年级），往往发生在刚刚放学后的停车场，然而对于小一点的学生（9—10 年级学生），经常发生在餐厅和走廊中。对于这所学校，地图显示干预尤其适用于年龄大一点的学生，时间为放学后，地点为主要通道以及学校停车场。学生和老师一致认为，在放学后的 20 分钟内，工作人员加强对停车场及其周围的巡逻，对减少暴力事件的发生有较大影响。小一点的学生主要在午饭前后和午饭时，在自助餐厅遭受校园暴力。很多学生表达了在班级走廊中的不安全感。

老师们建议的干预措施，如所有的教师以及工作人员在学生上下学的时候站在过道里，并尽可能用姓名问候每个学生。许多工作人员提出，这种方法与“安全门卫”不同，向学生们提供了积极的信息，是一种高水平的监控。学生也被提议在走廊监控中扮演一定角色。一些学生领导者可以在群体中制止打架行为。特别是打架发生时，他们可以制止伙伴们拉帮结派，形成更大的规模。

焦点小组还发现了组织问题可以改善学校中的暴力情况。以教师为主题包含了“夹在中间”的感觉。一些老师表达了制止校园暴力的个人愿望，但是没有掌握如何干预的技巧和知识。一些工作人员不在教室的环境中就不清楚自己的专业角色(见 Astor，Meyer，& Behre，1999，关于每组中哪种类型的主题先提出的详细描述)。表 11.3 和表 11.4 列举了一些组织问题和潜在干预的讨论焦点的问题种类。

表 11.3　关于组织反应的主要学生、教师和管理人员评论

领域	学　生	教　师	管理人员
组织反应	“我不能在他们中间跳来跳去，因为他们像暴徒一样在那儿，打架的时候并不去关注老师。如果老师受到冲击，多数情况下，他们会说不应该在其中，所以，把打架的人分开不是他们的工作。”	“两个年轻的女孩走出我的房门，我把其中一个推倒。她开始对我拳打脚踢并谩骂……最后在楼梯上结束。我将永远不会忘记，我看到两个男老师就站在那儿，无动于衷。”	“我们曾告诉老师他们可以采取任何他们认为合适的措施。如果有需要他们可以采取身体上的干预。我也要求老师这样做。”
	“因为我见到过很多人休学，你知道的，你看到他们是在休学后的几周，我的意思是这有什么区别吗？”	“我拨通了电话……他们没有回答，没有反应。我不得不跑到隔壁告诉我的部门领导。他捡起电话试图报警……这个孩子在三天之内还会回到我的班级。”	“如果你在附近，你要制止打架。你要尽可能做点事情……州的法律要求在那种情况下老师要有所作为。”
	“【A】她告诉我到走廊里。我们去过道里，这个女孩也出来到过道里……然后你知道老师还在教室，但是她知道这时候我们在讨论甚至会产生冲突。当我们说话的时候为什么她不会停止？”	“我能记得几年前，有一个被判了强奸罪的学生在我们学校。老师们并没有被告知这个学生被判了强奸罪……他把好多年轻的女老师都列入了计划……校长也从来没提到过……”	“这儿有一个责任问题。有一些事情许多教师并不能理解……也就是说他们必须至少是口头上的制止。”
	“就像学生办公室所提出的。你不知道吗？我走向走廊，我并不知道发生了什么。你能猜到我是什么感觉吗？我可能莫名其妙地中枪……我想他们应该让我们离开，至少在警察来之前，从一个门疏散出去。”	“我想一些老师可能并不想卷入其中。事实上，9 个月前我看到了一次打架，老师从旁边经过并没有理会。”	“而且，许多时候我们只是转移了学生打架的地点，你可能会说谁在这个楼里打架请离开。”

来源：改编自 Astor，Meyer，& Behre，1999。

表 11.4 学生上报的暴力事件和干预建议		
事件发生的地点	暴力事件的实质	学生建议的干预措施
走廊	• 推搡 • 打架 • 动枪 • 群殴 • 攻击	"有很多人,你知道走廊很拥挤。那是一个很大的问题——走廊太拥挤了。" "有一个规则,即你在打架的现场就说明你有参与……所以你将会得到同样的惩罚,因为你在参与打架。" "……他们知道在走廊里会发生什么,而不是让他们中的两三个人走相同的路。"
停车场	• 肉体对抗 • 武器 • 枪击 • 刺伤 • 身体威胁 • 种族运动	"停车场如果没有监控就会出状况……校长必须在那儿。"
角落或没有监控的地方	• 肉体对抗或攻击 • 性骚扰或强奸 • 陌生人入侵 • 武器 • 抢劫	"或许我们有常规的保安,比如有一个 70 岁的老头在那儿看门,甚至都不走动。" "人们在 7 点钟进入,任何地方都没有门卫。还很安静——没有任何人。" "如果我们有武器搜查时,你可能被搜出。但还有一些人没有被搜查。" "很多灯……或者有一个监控就能减少一些人。" "我认为应锁上学校的门……学校的后门经常开着,有人会进来。" "我认为我们应该检查 ID 卡……还需要一个看门人。"
自助餐厅	• 肉体对抗 • 争夺食物 • 乱扔椅子 • 黑帮混战	"至少应该有 5 个老师在那儿……最少 5 个老师。因为现在只有两个老师。" "太拥挤了……我们的午饭时间只有 25 分钟。" "我觉得在午饭时应该尽可能地将人群分散开,因为很多人在一起容易产生冲突。"

来源：改编自 Astor，Meyer，& Behre，1999。

非教师岗位的工作人员在焦点小组中通常提出一些重要信息，包括与学校地域有关的不同的具体干预措施。例如，咖啡店的工作人员提出，在午饭时间希望每 1 000 个学生有两三个成人去监管。另外，办公室秘书提出了详细的干预建议，关注于在缺少监管时期(如课间休息、午饭或班级间的转移)，学生因为打架被送到办公室的问题。

结　　论

我们相信学校社会工作在地区、州以及全国范围内的校园暴力干预方面发挥着重要作用。其中之一就是社会工作者可以教育公众、学生以及工作人员并提供校园暴力的准确数据。目前，关于团伙、有色学生、郊区白人学生以及暴力的具体形式还存在一些谣言。这些关于暴力种族和群体的刻板印象对学生和社会都有很大的潜在危害。这些不准确的观点也将造成危害，因为没有反映出学校投入的努力以及在减少校园暴力方面做出的成就。学校社会工作者可以在学校和与学校暴力相关的区域发起概念上的对话。

我们大力鼓励学校社会工作者采用把所有类型设置的学校作为暴力焦点的干预措施。学校社会工作者应当把学校的所有资源联合起来共同制止校园暴力。这些努力应当作为学校任务的内在组成部分，而不是与学校的努力相分离，从而帮助学生在社交、道德以及学术方面的能力有所提高。另外，学校暴力的干预与介入应当渗透到学校的日常活动中，而不只是局限于短期干预项目。

学校数据应当作为干预和后来评估的基础。我们认同的一种方式即建立一套全面的监督系统。我们鼓励学校成立由员工、学生、家长代表组成的委员会以及团体组织，来运用学校数据建立草根干预项目，或者采用已存在的被证明有效的项目。我们建议学校委员会运用一系列的学校数据资源，包括学校调查、学校地图(定位学校暴力发生的“热点区域”)，聚焦于学生、教师、学校员工以及管理者群体(弄清学校暴力发生在特定地点和特定情境的原因)。通过监控或者地图绘制过程获得的信息资料：(1) 可以增加学生、老师以及学校员工在校园暴力问题上的对话；(2) 经常在学校设置中被用作校园暴力干预的评估；(3) 增加了学校在校园暴力干预中的参与性。

本章要点

- 一种谣言认为目前美国学校的校园暴力不断增加。然而，在过去 10 年中暴力死亡率、武器持有率、打架斗殴、整体的学生暴力受伤害率、团伙行动、学生害怕上学和放学以及教师受伤害率都有所下降。
- LGBT 学生在学校中遭到骚扰的经历在过去 10 年保持稳定。
- 没有结果说明网络欺凌率是上升还是下降。
- 目前校园暴力发生率的下降不能说明社会应该如何决定什么时候学校暴力是个问题。没有关于安全或不安全的明确概念，将很难评估预防与介入项目的成功和失败。
- 无效干预的特点是仅仅聚焦于问题的来源，而忽略多重因素的交互作用。
- 很少有成功的干预倾向于将学校社会环境放在干预的核心位置。
- 一些显示有前途和有效的经验支持的干预项目是高质量的学前教育项目、学校的欺凌弱小和受伤害干预项目以及第二阶段。
- 监控和以数据为基础的干预是有效的，因为它们假设每所学校的机制和状况是不一样的。
- 以持续和互动的态度运用数据对于暴力干预项目的成功是必需的。
- 监控和学校地图作为定量和定性的干预有助于建立整个学校的回应，并有助于学校鉴定、创造并使项目适应于环境。

学习与讨论

1. 本章说明了多种形式的校园暴力发生率都大幅下降。你认为哪些因素可以对此做出解释？讨论指出文化的宏观水平、家庭以及个人水平等方面的具体因素。哪些校园相关的政策和事件可以解释校园暴力的下降？

2. 目前，全国都在努力建构安全校园。讨论可以关注和测量哪些变量来决定校园的安全和不安全。校园的安全是否与学校每年暴力事件发生的数量有关？如果有关的话，高中每 1 000 名学生发生多少暴力事件被认为是“不安全校园”？你认为哪种形式的暴力行为被定性为比较严重？一年周期内多少种行为构成不安全校园？作为一个学校社会工作者用哪些测量和结果说明一所学校是否存在校园暴力问题？

3. 讨论学校社会工作可以用哪些方法教育学校团体关于校园暴力的真实性问题。提出包括学生、教师以及家长的三种方法解决学校的暴力问题。

4. 针对学生什么类型的赋权活动对减少校园打架斗殴有作用？

5. 详细描述一个有效的干预项目，并说明其适用于什么样的情况。

6. 讨论不同学校环境的具体社会机制，如学校厕所、操场、走廊、餐厅以及上学放学的通道(包括公共汽车)。这些机制是否独特，从而使草根干预工作比现成的干预项目好？如果是的话，有哪些项目？例如，探讨学校和家庭可以采取哪些有效的监控方式来保证上学放学路上的安全？

7. 你是否相信有些文化或国家的校园暴力发生率低？如果是的话，你认为哪些文化或国家的校园暴力发生率低？你为什么认为那些国家校园暴力发生率低？美国是否应该向这些国家学习干预项目？为什么？阅读跨文化的研究(如，Borntrager，Davis，Bernstein，& Gorman，2009)去验证你关于这些国家的看法是否正确。

8. 一个学校社会工作者应采取什么样的步骤去为学校应对危机做准备？(为了全面引导与最佳实践，见 Brock，Lazarus，& Jimerson)

班级活动建议

1. 设想一下你参加了一个学校因家长投诉校园暴力严重的股东大会。你被要求展示一个处理这些投诉的详细计划。列出你将提交给股东大会的提案大纲。在上层阶级的郊区、南部较远地区以及有较多少数族裔学生的市区内的学校的提案是否相同？

2. 提出一个学校定量评估结果的模拟设置；从这个结果设置中你学到了什么？对干预有什么影响？

3. 假设你在做一个学校层次的定性评估。详细描述你如何操作这个评估，列举并分析结果案例并说明对你有什么启发，对实践有什么影响。

• • • 拓展资源

Bullying.org: http://www.bullying.org/
Center for Safe Schools: http://www.safeschools.info/
Civil Rights Data Collection (CRDC): http://ocrdata.ed.gov/
Colorado Center for the Prevention of Violence: www.Colorado.edu/cspv
Compendium of Assessment Tools for Measuring Violence among Youths: http://www.cdc.gov/ncipc/pub-res/measure.htm
Department of Justice: www.ojp.usdoj.gov/bjs
Gay, Lesbian and Straight Education Network (GLSEN): http://www.glsen.org/cgi-bin/iowa/all/home/index.html
The Hamilton Fish Institute: http://gwired.gwu.edu/hamfish
National Association of Social Workers: http://www.socialworkers.org/
National Association of School Psychologists: http://www.nasponline.org/
National Bullying Prevention Center: http://www.pacer.org/bullying/
National Center for Educational Statistics: nces.ed.gov
National Center of Mental Health Promotion and Youth Violence Intervention: http://www.promoteprevent.org/
National School Climate Center: https://schoolclimate.org/prevention/
National School Safety Center: http://www.schoolsafety.us/
School Social Work Association of America: http://www.sswaa.org/
StopBullying.gov: http://www.stopbullying.gov/
U.S. Department of Education: http://www.ed.gov/
U.S. Department of Health and Human Services: http://www.hhs.gov/
Youth Risk Behavior Surveillance—United States: http://www.promoteprevent.org/publications/ebi-factsheets

• • • 拓展阅读

Benbenishty, R., & Astor, R. A. (2005). *School violence in context: Culture, neighborhood, family, school, and gender*. New York: Oxford University Press.
Baker, J. A. (1998). Are we missing the forest for the trees? Considering the social context of school violence. *Journal of School Psychology, 36*, 29–44.
Cornell, D. G. (2006). *School violence: Fears versus facts*. Mahwah, NJ: Erlbaum.
Cornell, D., Gregory, A., Huang, F., & Fan, X. (in press). Perceived prevalence of bullying and teasing predicts high school dropout rates. *Journal of Educational Psychology*.

Finkelhor, D. (1995). The victimization of children: A developmental perspective. *American Journal of Orthopsychiatry, 65*, 177–193.
Franklin, C., Harris, M., & Allen-Meares, P. (2008). *The school practitioner's concise companion to preventing violence and conflict*. New York: Oxford University Press.
Franklin, C., Harris, M., & Allen-Meares, P. (in press). *The school services sourcebook: A guide for school-based professionals* (2nd ed.). New York: Oxford University Press.
Gregory, A., Cornell, D., Fan, X., Sheras, P., Shih, T., & Huang, F. (2010). Authoritative school discipline: High school practices associated with lower student bullying and victimization. *Journal of Educational Psychology, 102*, 483–496.
Jimerson, S. R., Nickerson, A. B., Mayer, M. J, & Furlong, M. J. (Eds.). (2012). *Handbook of school violence and school safety: International research and practice* (2nd ed.). New York: Routledge/Taylor & Francis.
Li, Q., Cross, D., & Smith, P. (2012). *Cyberbullying in the global playground: Research from international perspectives*. Hoboken, NJ: Wiley-Blackwell.
Mehta, S., Cornell, D., Fan, X., & Gregory, A. (in press). Bullying climate and school engagement in ninth grade students. *Journal of School Health*.
Nakamoto, J., & Schwartz, D. (2010). Is peer victimization associated with academic achievement? A meta-analytic review. *Social Development, 19*, 221–242.
Roberts, S., Zhang, J., & Truman, J., & Snyder, T. (2012). *Indicators of school crime and safety: 2011*. (NCES 2012-002/NCJ 236021). Washington, DC: National Center for Education Statistics, U.S. Department of Education, and Bureau of Justice Statistics, Office of Justice Programs, U.S. Department of Justice.
Russell, S., Kosciw, J., Horn, S., & Saewyc, E. (2010). Safe schools policy for LGBTQ students. *Social Policy Report, 24*, Washington DC: Society for Research in Child Development.
Russell, S., Muraco, A., Subramaniam, A., & Laub, C. (2009). Youth empowerment and high school gay-straight alliances. *Journal of Youth & Adolescence, 38*, 891–903.
Schiff, M., Pat-Horenczyk, R., Benbenishty, R., Brom, D., Baum, N., & Astor, R. A. (2012). School students posttraumatic symptoms, substance use and violence perpetration in the aftermath of war. *Social Science and Medicine*. 75(7), 1321–1328
U.S. Department of Education, National Center for Education Statistics. (2012). *Youth indicators 2011 America's youth: Transitions to adulthood, 2011* (NCES NO. 2012-026). Washington, DC: Government Printing Office. Retrieved from http://nces.ed.gov/pubs2012/2012026/chapter2_14.asp
Wade, A., & Beran, T. (2011). Cyberbullying: The new era of bullying. *Canadian Journal of School Psychology, 26*, 44–61.

第十二章

学校社会工作评估

Bruce A. Thyer，佛罗里达州立大学

评估与客户回馈不只是有效服务传递的需要，也是职业道德的需要。应该有系统的方法来评估社会工作者对于服务对象是有帮助的、有害的还是无关痛痒的。

——Marvin Rosenberg 和 Ralph Brody(1974. p. 349)

引　言

本章将聚焦于学校社会工作者对自己的社会工作实践以及参与的学校项目进行结果评估的实用方法。两种主要的结果评估研究是单一系统研究设计和团体研究设计。全国社会工作者协会(NASW，2008)的道德代码包含了一些学校社会工作服务的评估标准。其中有：

- 社会工作者应当监督和评估政策、项目的完成情况以及干预的实践(5.02a)。
- 社会工作者应当推动评估及其研究，从而为知识的发展做出贡献(5.02b)。

与评估时间不同，COE 进一步指出我们有义务通过学术论文的创作来创造职业的新知识。

- 社会工作者应当为社会工作的基础知识做出贡献，并和同事们分享相关的实践、调查以及道德知识。社会工作者应努力为职业文献做出贡献，并在职业会议或讨论会上进行分享(NASW，2008，5.01d)

证明社会工作实践的作用价值是实践者本身的责任。在证据缺乏的情况下，学校将减少社会工作者就像公司减少低效率的生产线一样。在这种环境下，学校社会工作者必须通过项目实务评估来支撑自己。以证据为基础的实践活动(EBP)的影响贯穿于社会工作整个活动中，我们认为这也是一件好事(见 Franklin & Hopson，2004；Massat，2011；Massat & Constable，2009)，可以作为实务的指导(见 Rosen & Proctor，2003)。EBP 的方法已应用到学校心理学的培训与实践中(Kratochwill，2007；Raines，2008)，学校社会工作者也要相应地运用这一新兴的有影响的模式。如 Kelly 等所指出的(2010)，"……学生的多种复杂需求要求职业向有证据支持的方向发展"(p. 207)。全国社会工作者协会主办的社会工作杂志 *Children & Schools* 中，Zammitt 和 Alvarez(2012)指出，"……学校社会工作实践需要了解目前研究的进展并完成 EBP 周期"(p. 51)。Berzin 和 O' Connor(2010)综述了一般关于 EBP 内容的社会工作摘要，Zammitt 和 Alvarez(2012)对一种有用的证据形式的作用和价值做了概述，被称为荟萃分析，有助于形成学校社会工作实践。

一些重要的概述出现在社会工作文献中，检视了青年暴力干预中什么被经验所知(Fagan & Catalano，2013)，甚至更广泛的关于普通大众所了解的学校社会工作的有效性(Franklin，Kim，& Tripodi，2009)。学校社会工作的进步以及结果研究文献促进了 EBP 方向领域的发展。

为什么要评估?

这可能是一个夸张的问题，社会期望、财政分配模式和消费者都希望能够有一些资料和信息来客观评价社会工作项目和服务的实施状况。正式的项目评估被看作将服务所面临的延续性或处于危机的状况过渡到更有方向性和规律性的服务的一个媒介。经过评估，某些合乎逻辑的项目能够被证实更有绩效和效率。

奥巴马总统在 2009 年 1 月 21 日的就职演讲中明确地阐述了项目评估的必要性，他说道：

> 今天我们探讨的问题不是我们的政府是大是小，而是其是否在运作——是否能帮助家庭找到工作，拥有一份体面的工资，是否能负担得起家庭的开支，退休后是否有尊严。如果答案是肯定的，那说明我们在进步。如果答案是否定的，项目就将结束。

对于联邦政府的好政策，对于州、县以及个体学校区域来说也是好政策。支持这种观念很有必要。例如，用来缩小危险学生教育差距的大规模资金抢先起步优势项目(存在了 40 余年之久，现在每年花费 70 亿美元)被证明不作为。最初看到的学前教育的较小优势到三年级时也明显消失。下面是最近几年发现的一些关键问题：

……通过抢先起步项目提高发达地区学龄前孩子成果的证据确凿，但是对幼儿园三年级以后的孩子的影响就很小。简而言之，抢先起步最初有积极影响，但到三年结束后孩子在社会认知、社会情感、身心健康以及父母行为等四个区域的影响都很小。对于好学生和坏学生，这种较小的影响没有明显的区分模式(Puma et al.，2012，pp. iv—v)。

另外一个比较有名的学校项目是药品滥用抵制教育项目(DARE)。这个项目从 1983 年开始，每年有数以百万计的学生参加，每个学生花费数百美金。通过十年追踪研究，一些研究者和一个社会工作者合作，全面评估这个项目后认为是无效的(Lynam et al.，1999)。人们可能感到失望，但研究呈现的消极结果可以刺激我们去改善无效项目，也可以忽略它的不作为。有些时候，项目会无意识地造成伤害，从而导致我们不能全面地继续提供服务，就像在一些干预项目中，如恐吓从善项目，或者高年级学生的校园军事训练项目(Petrosino，Turpin-Petrosino，& Buehler，2003)。恐吓从善项目不仅被鉴定为是无效的，事实上被证明在没有任何干预措施的时候有增加青少年犯罪的风险(Andrews & Knaan，2011)。另外，校园武力不能降低再犯罪率，而对青少年滥用武力导致死亡已有很多案例，如佛罗里达州一个 14 岁的孩子 Martin Lee Anderson，被殴打住院后第二天死亡(http：//en. wikipedia. org/wiki/Martin_Anderson_case)。Carol Maasat 在她编辑的学校社会工作杂志中咄咄逼人地写道：

作为一个阵地，我们努力地使学校社会工作方法有所创新从而有所作为。在任何服务人的领域中都会存在很大压力。这些活动由道德和实践推动。我们都知道过去的培训治疗和药物治疗被证明无效或效果很小；我们有道德义务去确保我们的工作事实上有帮助……我们也要提高警惕，有些干预表面上看来光彩照人，但实际上是无效的。

幸运的是情况并没有我们上面案例描述的那样糟糕。Franklin 等(2009)调查了针对学校社会工作实践的高质量结果文献，定位于 21 个随机调查与准实验设计研究。用了一个先进的称为“元分析”的统计工具，他们发现学校社会工作服务通常会产生积极的效果，尽管不是非常大。同样，Allen-Meares、Montgomery 和 Kim(2013)做了一个国际的针对 Tier1 和 Tier2(参见第四章和第五章对 Tired 干预项目的描述)学校社会工作干预的系统评论。多数研究在美国实施，并产生了积极的效果，这些效果从小到非常大不等。这也是振奋人心的消息，事实上还有很多其他有积极效果的研究。例如，一个由参与校园社会工作者项目的社会工作者和 Stein 等(2003)合作的实验，是一个针对学校学生的反对暴力认知行为干预的随机控制实验，为了验证 CBT 是否能减少受创伤后压力的紊乱和沮丧特征，最后证明这个项目确实有效。

然而，对于很多区域来说，只有很少的研究支持学校社会工作去支援日常实践。对于旷课学生的治疗与干预是学校社会工作的早期定义。肯塔基大学社会工作专业 Richard Sutphen 和他的同事(2010)回顾了从 1990 年到 2007 年发表在同类评论杂志上的研究成果，发现只有 16 篇相关报道。其中，只有 2 项是较有力的设计，其中 1 个随机控制实验，其余 6 个准实验控制组研究，8 个用以前的前测—后测实验设计，针对一个学龄青少年独立群体接受干预。这 16 项研究运用了广泛的不同的干预方法——一些聚焦于个体学生，一些聚焦于家庭，还有一些以学校为基础进行训练，另外一些以社区范围为焦点。这些还不足以得出任何项目在降低逃课率上有效的结论。说到学校为逃课问题的花费，令人惊讶和失望的是许多学者并没有涉及。

由 Rubin 和 Parrish(2012)做的最近的文献综述反映了关于逃课问题的模棱两可的结论，他们批判地评论了 1986 年到 2011 年学者关于社会工作者作为委托人的实践结果和非社会工作者作为委托人的实践结果的区别。共有 37 个研究者、29 篇文章关注此话题。其中有许多是关注儿童福利，也就是呈现出更大范围的实践。最后得出的结论是，很少有可信的证据说明社会工作者会有积极的成果，也没有一致的观点认为社会工作者在诸如儿童福利领域能提供较好的服务。

在很多领域学校社会工作的知识结构缺乏，当查阅社会科学以及人类服务的更广泛领域时，很多资料可以帮助我们看到并学习对学校有用的社会心理干预的当代发展。这些网站有：

- 以证据为基础的项目和实践国家注册表。由美国物质与精神健康服务管理部门支持。注册表列出了针对青少年的 30 多项学校社会心理干预项目，符合一定的最小研发标准依据。这是一个为社会工作者提供学习经验支持训练的有用网站。见 http：//www. nrepp. samhsa. gov。

- Cochrane 合作组织声明发布了系统的关注健康领域的干预评论。许多评论涉及学校领域运用心理干预去应对精神健康、药品滥用、营养不良、肥胖、吸烟等问题。见 http：//www. cochrane. org/cochrane-reviews。
- Campbell 合作组织声明发布了关于学校福利、教育、司法公正以及社会发展等一系列干预评论声明。其中许多是关于学校社会工作实践的项目。见 http：//www. campbellcollaboration. org/library. php。
- 行为与认知治疗协会成立了一个关于青少年有效治疗的网站，其中有许多方法可以被学校社会工作者所用。见 http：//www. effectivechildtherapy. com/。这个组织还提供了一些相关演讲者的音像资料以及许多关注于学校青少年评估与治疗的话题。见 http：//abct. org/Professionals/？m = mPro&fa = Videos。

这部分的题目是：为什么要评估？这个问题的答案很清楚。社会工作最初包括在宽泛的社会照顾和健康服务领域内，其中有许多发生在校园环境中。这些服务基金来源包括公众、私人，以及政府和私人共同筹募，公众希望这些服务能达到国家提高学生及其家庭水平的目的。一些领域的实践措施有一定的积极作用，有很大一部分专业服务缺少可靠的经验研究的经费支持，因而我们做这些评估就很有必要。在刚开始的时候，像学校社会工作者等服务的提供者参与到评估设计与制作研究中来填补专业知识的空缺很重要。如果不去完成这项工作，那么就需要有其他人来完成，否则可以想象的后果是学校社会工作服务的减少。

● ● ● 结果评估

许多学校社会工作项目和服务有清楚的目标。如果一开始目标不明确，那么在老师、学校管理者以及父母中出现的一些问题，可以帮助项目确立目标。一项关于管理者和学校社会工作者对于学校社会工作服务结果期望的调查(Bye，Shepard，Partridge & Alvarez，2009)显示，赞同率最高的期望依次是提高学生的参与度、减少纪律问题、改善校园环境、提高学习成绩、降低校园暴力(赞同率都超过50%)，这些目标没有任何的特别之处。学校也会记录出席与成绩情况，作为原则问题与暴力的报告。这些存在的数据可以供学校评估工作。其他赞成率小于50%的学校社会工作目标还有增加父母的参与、降低辍学率和未成年人的怀孕率等。另外，这些可以作为可信的变量被测量。

当然，还有其他形式的评估。过程评估用来检验项目与服务的内部运行。然而，过程评估相对于学校社会工作服务目标的达成来说位于次要地位。一旦由结果评估来决定，那么过程评估可以帮助揭示为什么一项无效的项目不起作用，或者更加详细地说明一个有效的项目中哪些是项目成功的关键因素。客户满意度研究也是结果评估的一个重要因素，但对于一个项目是否有效并不起决定性作用。事实上，客户满意度研究在客户填充其满意度报告中臭名昭著(见 Royse，Thyer & Padgett，2010，pp. 175—193)，可能为了满足提供服务的社会工作者的需求，或者担心提供了真实但负面的满意度表格而遭到报复。如果学校参与了项目的推荐，非常有可能的是学生和老师的满意度都很高，但对于学生的参与度没有很大作用。一个性教育项目表面上看非常有趣和有价值，但对于增加避孕套的使用率、减少性病的传播、减少怀孕与堕胎并没有任何作用。另外，一旦项目有积极的效果，对于服务对象满意度的研究就很有必要，但是直到项目被鉴定有效，这些后续的评估才会被提及。坦率地讲，谁会去关注一个没有效果但学生、教师或家长却有很高满意度的项目？一项服务对象满意度研究在有效的项目中有必要去做，因为尽管项目有效但大家非常讨厌，这就不是事情的最优状态。一项关于有效项目的满意度研究，如果发现服务对象满意度不是很高，可以进一步寻找导致不满意的因素，从而可以做出改变，以免影响项目的效益。

正是基于这些原因，本章主要探讨学校社会工作结果的评估，而不是服务的过程，也不是服务对象的满意度。另外一种形式的评估研究还没有提及，研究者称其为需求评估。决定服务的性质对于学校是否需要也很重要，需求评估正是对服务对象是否需要现存服务的评估。本章也不去评论学校社会工作评估的方法。例如，Teasley 和 Miller(2011)对学校社会工作者进行调查，询问他们在多大程度上能有效抑制学生休学和越轨行为。在评估多大程度上社会工作者认为他们的工作有效的时候有一些必然条件，但这些分析回避了真实情况。就像现实中休学和越轨行为在学生中都有所下降。不是"你认为在降低休学率中你的工作是否有效"，而是休学率真的有所下降。在评估社会工作服务的时候，学校社会工作者、学生、家长或管理者单独的临床印象都不足以为据。我们可以把下面一个经历丰富的从业者的声明作为一个例子："我是一个敏感的观察者，我的结论是我的病人在治疗后情况更好而不是更糟。"(c. f. Dawes，1994，p. 48)治疗中有什么问题？在20世纪40年代到50年代实施的Crude lobotomies就显示了更坏的结果而不是更好(Goldbeck Wood，1996)。

结果评估的目的是有效定义和测量介入的影响，即确定项目达成既定目标的程度。在结果评估过程中，评估者必须详细分析预期的变化、修改项目评估的方法、设计收集数据的方法。通常，测量服务结果的时候，应多方位收集多种类型的数据。既定目标定义得越详细，越有可能得到好的结果。看以下案例：

导师有用吗？对"大哥哥大姐姐项目"(BBBS)的影响研究(Grossman & Tierny，1998)。

我们随机的设计评估发现这种类型的指导对10～16岁的年轻人有重大的正面影响。经过18个月的跟进过程，参加大哥哥大姐姐项目的年轻人减少了使用非法药品或酒精，减少了袭击他人或者逃学的可能性。他们也提高了在学校的表现以及和家人更好相处的自信心。导师被训练和他们遇到的年轻人相处，平均来说，大约一年中每月三四次。

研究者假设这个项目是一个不相干的成年志愿者与来自单亲家庭的年轻人搭配，将会减少年轻人的反社会行为，其学习态度、行为和表现也会产生正面变化，与家庭和同龄群体的关系和自我意识也会有正面发展。他们将反社会行为具体化，例如酗酒、吸毒和做违法的事。相似的，他们通过测量自我价值、社会认可度和自信心来衡量自我意识。通过大哥哥大姐姐比赛的前后影响，鉴别和评估一系列项目结果，这样可以评定服务对象是否按照预期的目标发生了变化。通过收集前后的数据和相应的不连续的方法，研究者可以在一定程度上假设性地、相对准确地确定变化的特征和程度。于是，从评估测定的各个方面可以推论出，从结果来看这个项目的目的已经达到。

再看以下两个研究：

一是关于墨西哥裔美国未成年孕妇和未成年妈妈群体的认知—行为学校团体干预作用(Harris & Franklin，2003)：

…………………………………

研究者评估了墨西哥裔美国未成年孕妇和未成年妈妈群体的认知—行为学校团体干预。运用前测—后测随机实验设计，历时30天进行追踪研究。来自多个年级的85个参与者，运用多种测量方法作为结果指标。在后测中，各种测量方法的结果都是参与干预的得分高于未参与干预的得分，并且在整个30天的跟踪调查中都保持这种状况。这个认知—行为干预表明其可以作为帮助墨西哥裔美国未成年孕妇和未成年妈妈获得高中毕业文凭的有效方法。

…………………………………

这个研究考察了任务焦点的被称为“负责”的认知—行为方式。需要重点指出的是，研究者不仅运用了指导性的干预项目，还努力尝试完成“精确治疗”(即干预实施与干预设计的吻合程度)。这种具体的程度不只是要求原版照抄，还要强调在干预和测量结果之间出现的任何问题的重要性。还需要注意的是，研究者不只是用到了已得到验证的测量方法，还关注研究样本测量的内部信度。这种测量方法在跨文化背景中提高问题的相关性和实用性方面尤其重要。因此，通过运用强有力的研究设计，建立结果测量使干预项目进展顺利，研究者证明了关注过程与结果评估的可行性与达意性。通过对干预的清晰描述，不仅可以让其他人对项目进行模仿，还能使其明白为什么这么做，具体情况具体分析。

二是促进情绪或行为障碍的中学生完成学业(Sinclair，Christenson，& Thurlow，2005)：

…………………………………

用来评估一个关于提高有情绪与行为障碍的城市高中生的学业完成率，减少其辍学率的有针对性的、长期的干预项目有效性的实验设计。67%的参与者为非洲裔美国人，其中男生占了样本的绝大部分，为82%，所有都为9年级学生。干预项目被称为“检查与连接”，是一个复杂的测验干预。参与者被跟踪了四年之久，结果显示了辍学率的降低、参与率的提高以及更多的全面转变和个性化教育项目(IEP)计划。

…………………………………

研究者感兴趣于测试为城市高中青年设计的七因素“检查与连接”干

预模型的有效性。在模型中“检查”涉及连续的评估，“连接”涉及基于来自家庭成员、社区工作研究者以及学校消息持续反馈的干预定义，以及是干预综合、基本的方法。还有一个事实是，研究者呈现了多种信息，反过来以便有兴趣的读者更进一步去检验其他研究者运用“相同”干预的有效性。研究者清晰描述了干预的组成部分、主要工作者的角色以及监督者。因此，足够的信息量使干预可复制。在一定程度上，鉴定的结果相对具体因而更加客观。例如，一种结果测量是机动的，关系到“一年一个学生参与的教育设置的数量”（Sinclair 等，2005，p. 473）。当如此具体的测量与强有力的设计相结合时，在测量评估研究的结果时就比较困难。

评估研究的设计与操作

与好的调查一样，好的评估设计应该由调查的问题引导。在一定程度上，无论是直接的还是间接的，每个项目都要进行评估，每个实践者都要评定工作的影响。但是，这样的信息可能是非正式、不系统的。通过正式评估，我们将项目更加系统化，推测性地使其更具有连贯性和合理性。下面通过一项最近的学校社会工作评估研究来说明实施步骤。

1. 通过在学校中解决合作问题减小教师压力（Schaubman，Stetson，& Plog，2011）。

摘要：学生与教师的关系，和教师压力水平一样，受到学生行为的影响。一项称为合作问题处理（CPS）的认知—行为治疗通过对 8 名中学老师和 16 名学生的前测—后测研究来评估。CPS 项目为教师提供每天 6 小时、超过两天的训练。通过训练，教师的压力明显减小，学生的正面行为显著增多。这种训练很受教师的欢迎。作者探讨了项目本身试点研究的内部缺陷。

2. 目标必须明确、具体和可测量。

研究者清晰阐述了具体的、定向的假设——“假设教师的压力能够减小……（p. 72）……可以减小教师的压力，减少有严重情绪与行为障碍的学生的基本活动。”这些具体假设的测量需要可信与有效的前期和后期干预基础相关的结构的测量。这就引导着进入评估实施的下一个阶段。

3. 必须定义有效、可信的结果测量方法。

"这个项目选择的测量工具是教师压力索引(ITS)(p. 81)……ITS由教师对每两个学生的定义来完成，在任何干预之前前测作为基准线，在一年结束后再来一次后测(p. 82)……另外，收集每个学生的基本信息……学校参与者的积极行为支持(PBS)优先于其他相关行为列成表格……随后可进行信息分析评估(p. 82)。"研究者提供了这个测量工具的信度和效度信息，均在可接受范围内。

4. 选择和进行适当的研究设计。

研究者报告称他们获得了参与项目的8名教师和16名学生前测—后测数据。这个设计涉及准实验设计，称为前测—后测单样本设计，用图表示就是O1-X-O2，第一个O代表前测数据信息，第二个O代表后测数据信息，X表示提供给教师的干预。这种设计对于提出的假设的测量是足够的，但不足以应付临时出现的情况。可以说，根据这种设计，可以看出青少年状况是否有所好转，但没有足够信心说明如果青少年状况有所改善，是否是干预所影响的。

5. 分析、解释并报告数据。

研究者公布了运用ITS方法进行的前测和后测得分，分为4个分量表，每个都通过单尾t检验(一种推论统计方法)，达到统计学的显著度。实施干预后基本参数有所下降，从每天平均3.6到1.7，具有统计学上的显著差异。

最新编辑的美国心理协会出版手册(APA, 2010, p. 247—249)与以前版本相比有一个新的特点。这个新的特点称为"期刊文章报告标准"(JARS)，提供了每个经验研究文章必须包含的一系列单位。它说明了一篇好的文章题目和摘要的特点，如何描述研究者的参与、结果测量、干预、数据分析以及结果讨论。JARS可以为学校社会工作者提供如何呈现全面、详尽的高质量结果报告的有用工具和表格，具有较强的指导性。

测量问题

测量问题是有争议的。但是，和选择研究设计相联系，没有其他评估问题比确定适当的结果测量方法更为重要。尽管测量是一个简单地对研究对象或现象设计定量价值的过程，但在实际操作中远远没有这么简单。测量方法本身并没有终止，在评估中它的目的是有助于确定评估过程。就像研究设计一样，在测量和相关问题上有丰富的文字，包括工具集合的恰当描述（见 Corcoran & Fischer，2013；Simmons & Lehmann，2013）。

说到社会工作结果的评估，一个“好”的测量某种意义上是指信度与效度的评估。尽管有可能在一项评估研究中发展出一套新的测量方法（见 Abell，Springer & Kamata，2009），它非常系统，结果也在可靠的范围内，或者经过了严格的测试，但通常也不足以指导新手评估者。相反，他们会选择一些已经存在的、出版的、有较高效度和信度的、适合样本数量或测量的快速测量工具。记住这一点，提醒读者在确定测量方法时利用不同资源，关于测量方法策略的选择，我们强调这些关键问题。

在确定测量方法和测量策略中，需要解决以下四个基本问题（见 Jayaratne & Levy，1979）：

1. 测量的是什么——需要确定有代表性的相关变量（过程、结果或两者兼有）。

2. 什么时候测量——确定从哪个阶段开始使用测量方法。

3. 谁来进行测量——指的是确定关于信息资源的事实。

4. 和测量相关的工作——一旦确定测量内容，另外一个决定是确定适当的测量方法。

Radin（1979）确定了几种评估学校社会工作实务的不同方法。任何评估都可以利用一种或几种形式作为测量策略。这几种方法包括：

确切数据——有关研究对象事件的报告，像参加者、年级、政策报告、辍学率等。这些测量是间接的、谨慎的，收集数据不是出于研究问题的目的。然而，被评估问题的本质特征可能会用到这些信息。管理信息系统的增加和数据库的集中，其结果是个体、家庭、组织、观点和联合层面的数据增加，其中很多可以为分析做准备。然而，收集这些数据并不完全是出于评估特殊问题或者所考虑目标的目的，在评估方法的特征中，更多的是间接的。在调查范围内，这种数据被看作“二位数据”，但是在评估内容中，它们确实充当了更为直接的角色。

测试——通常指的是标准测验，像 SAT、低沉意志调查、期中考试分数、智力测验等。这些测验的特点是有目标和合理的假设，但是这是由研究者带来的问题。然而，在实务工作中，心理测验很普遍，经常用在诊断或者发现问题的评估设计中。

观察——需要辨别特殊的行为或者行为小组，训练有关人员辨别这些行为，指定观察的位置或者区域，确定观察时间段。因此，这个过程有时被称为结构观察。理论上，如果充分地确定行为表现，多人对行为进行暗地观察，那么这个策略会收集到很多与目标相关的信息。但是在实践中，观察数据通常可以从孩子家长和老师那里收集。另外，在小组工作中，参与观察也是经常用到的，例如，可以提供其他小组成员的信息。尽管它们有潜在的效度，但这些类型的测量方法很有可能造成数据的偏差。

比例范围——指的是关于强度、频度或具体行为、感知程度的自我报告或由他人提供的报告。这些指标的类型被广泛应用，例如，显示 1—10 范围内的焦虑程度或者同学相互吸引力的具体比例。通常，这些并不是标准化或有效的测量方法，但是具有提供自我测量、观察或者理解一些服务对象特征变化的功能。

问卷调查——在问卷调查中，被调查者回答有关主题的一系列问题，可能是自我管理或由其他人管理。一般来说，调查问题的回答无正确、错误之分，但是希望能够获得既定范围内回答者的感觉、信仰、价值观等，这可能只是整个调查中数据收集策略的一个最普通的部分，但是如果做得不好，就可能提供误导和错误的信息。

访谈——个案访谈在学生、老师、家长和检测可观察变化的人之间进行。这些问题可以是开放的也可以是封闭的，个人可以自由表达他们的看法、观点；或者访谈结构性更强一些，通常引导回答者做自由选择；还有一种情况，研究对象有机会表达他们的观点，评估者有机会直接从相关团体中设计问题和获得信息。

自我报告——一旦确定了问题或者目标，可以通过日常记录、行为清单、问卷甚至是心理测量的自我监测来检测和测量变化。特殊的测量方法可以是个性化或有效性的测量。通过定义，自我检测要求个人报告自己或对其他人的观察或感觉。因此，自然状态对收集数据很有好处，同时，实际上系统地收集这样的数据也是可能的。尽管它们容易受到偏见、主观性和特殊性判断的影响，但这种策略作为一种测量尺度被广泛用于评估研究。

模拟和图表法——模拟法给研究对象提供假设条件，希望就这些条件作出回应。例如，一个学生被问到，在没有大人在场的情况下，在操场上受到另一个学生的袭击时该怎么办。图表法使用模型或者图像来表示对于人或条件感觉的信息。作为评估方法，图表法主要用在年龄相对较小的孩子身上。例如，给孩子提供一个家庭场景的图片，让他描述对这个图片的感觉。他面部的表情，像微笑、皱眉或者中立都被记录下来。这些类型的评估方法不常用，容易造成多种解释。

测量工具的选择

在以上测量方法的类型中，具体工具或策略的效果主要取决于：(1) 目标群体或情境的相关性和相似性；(2) 管理的松紧度；(3) 解释的难易程度；(4) 信度与效度；(5) 变化的敏感程度；(6) 花费(例如，Royse et al.，2001)。一个黄金法则是，尽可能用多种有效的和可靠的方法来测量同一个概念(问题或目标)。通过多种测量方法，可以提高获得高质量和准确数据的可能性。例如，Gerdtz(2000)列出了他在评估一个孤独症儿童时使用的多种测量方法："描述性分析由以下部分构成：在校期间对不同班级的学生进行 RS 直接观察，用这种方法对教师和其他工作人员进行访谈，回顾学校记录。"这种类型的评估比其他单独的记录方法更能完整记录孩子的行为。

作为一个评估案主或者评估实务的社会工作者，他必须综合案主主观的隐秘的信息、控制他所处环境的变量。例如，首先，社会工作者可以使用定性方法获得案主的背景、主观看法等信息，再决定哪些方面可以用定量方法测量。然后，社会工作者用定量方法提供所需基本数据以获得选定变量是否出现及其出现的频率。这些数据有助于形成和引导干预。最后，社会工作者再回到定性或定量数据收集方法来评估干预的影响。社会工作过程的每一步都需要具体的知识和任意一个或两个数据获取方法(Allen-Meares & Lane，1990，p. 454)。

在开展评估工作时，需要考虑的一个关键性的任务是，选择最适当的评估工具。

众多原则构成了合理测量的基础，一个好的测量是一个信度较好的测量——意味着它可以随时间流逝而稳定地用相同的方式测量相同的主体。好的测量也具有较高的效度，意味着它能准确地评估、确定要被评估的现象。例如，有一个自我概念尺度需测量自我概念而不是沮丧或是其他概念。许多测评手段过去习惯于评估临床实践，这尤其不可靠或有效。因此，对于从事测量的人来说，随着测评的发展不断复查数据或信息以确认其有效性的程度尤其重要，任何独特的方面都会对操作者的实践产生作用。

当学校社会工作者完成结果测量工具的选择时，经常会犯的一个错误是，我们倾向于选择通过相关专业人员运用标准化的测量。一个全国的关于心理学家的调查指出，超过三分之一的社会工作者在起初的评估实践过程中，习惯于采用固定的结果测量方法，但对于个体服务对象的评估随着服务过程的变化而不同（见 Hatfield & Ogles，2004）。最常用的测量方法包括焦虑、沮丧、行为、健康，以及临床诊断结构等快速测量工具，帮助达到形式化的诊断目的。社会工作者如能结合此类测量工具到他们的实务中，将会很有用，也便于对学校社会工作结果进行日常评估（见 Jayaratne & Levy，1979；Thyer & Myers，2007；Royse et al.，2010）。两卷本的《临床实践的测量与研究：资料读物》一书由 Kevin Corcoran 和 Joel Fischer（2013）编写，是一部非常有用的结果测量纲要，可以用在学校社会工作的评估中。这本书包括儿童、青少年、家长心理学效果评估的上百个领域，还包括评分以及干预方式，呈现了原始的现实状况。

美国学校社会工作协会为会员们提供了一系列评估方法，以他们的社会工作实践为依据来帮助完成结果研究（见 http：//sswaa. org/displaycommon. cfm? an = 1 & subarticlenbr = 254）。

前面列举了一些测量和评估的通用原则，下面我们将对学校社会工作者可用来对服务结果进行评价的一些研究设计类型进行概述。

确定评估问题

明确要回答的问题是学校社会工作评估的开端。简单的问题可以用简单的研究设计来回答，比较复杂的问题需要有较复杂的设计，可能资料来源的需要已经超出社会工作者单独群体的范围，而是涉及整个学校。下面列举了从低到高的与学校社会工作者有关的问题等级。建议社会工作者，刚刚从事学校社会工作结果的评估过程可以从最前面的问题开始，只有回答了简单等级的问题才可以尝试做回答更复杂问题的研究。

1. 参与干预的案主的表现如何?

这是一个看似简单的问题，但却是一个很多学校社会工作者不能准确回答的问题。对于忙于提供服务、干得多挣得少的社会工作者来说，回答这个问题明显是一件次要的事情。然而，回答这个问题可能有机会得到高的回报。这个问题可以通过从接受服务的个体案主或接受相似服务的一组案主那里获取信息来完成。例如，如果一个案主做了关于旷课的咨询，一个学期后的结果表明，旷课率还是非常高，那么案主的表现就不是很好，你的问题就回答了。如果许多学生因为特殊的问题参与了相似的干预，对他们所有人的情况进行追踪，这个问题也可以类似地被回答。假设一名学校社会工作者追踪了一群做过关于进入大学的咨询的高中学生，一年后发现其 100%都进入了大学，这无疑是对这个评估问题的正面回答。通过对获得服务的每个人的追踪调查，学校社会工作者在实务评估方面走在轶事水平的前端。

2. 干预后瞬间案主是否有所提高?

比第一个问题更高一层的问题是，评估案主在接受社会工作服务前的表现。这种服务前测量为服务后效果测量提供了一个评估基准线。干预前采用一种或多种测量方法，可以评估变化、提高或者恶化，一些内容问题 1 是不能评估的。可以在私人案主或群体层面上做这个测量。在学校社会工作咨询前测量旷课率，一个学期或学年结束后再测量一次，可以更好地判断变化而不是只对后测进行评估。

3. 案主是否有所提高? 这种提高是否能保持一段时间?

如果案主在学校社会工作服务后有所提高，就有必要进行下一步的评估，看看这种提高是否能够保持。显然，能够保持长时间积极作用的干预比保持短时间的干预更有效。

4. 如果案主有所提高，无论是瞬间的还是持续一段时间的，他们是否比没有接受任何学校社会工作干预的人提高得快?

这个问题包含了更复杂的方法，必须运用一些控制条件。具体来说，控制条件可能是一个案主、一组案主，在接受干预之前、接受的过程中或者经历了干预之后。可以是有意的安排，也可以是自然发生的，学生或案主中接受或停止参与干预。例如，基金只允许用在参与干预的班级，其他班级不能用。这就使没有参与干预的自然班级作为控制组，如果把前测和后测再加入图表中，就可看出参与干预的案主是否比没有参与干预的案主提高得快。如果这两组没有什么区别，你的测量信度和效度也较高，就说明干预还不如不干预。然而，知道这个结果总比不知道好，不至于继续去做这项无效的工作。如果干预组表现较好，就说明干预起作用了，但是这还不是你努力证明的结论。我们还要继续往下看。

5. 如果案主在接受学校社会工作服务后比没有接受服务提高得快，他们是否比接受安慰剂或无伤大雅的干预提高得快？

学校社会工作通常在治疗中加入一些心理技巧，这可能导致案主高估其从中得到的益处。经常会有安慰剂的成分在里面，社会工作者和学生的私人关系，作为同情聆听者的经历，被允许作为旁听者出席不评论倾听者的无具体作用的措施，或者接受一些无伤大雅的"治疗"可能真的会产生效果，所有的合力使人们感觉良好，提高了道德水平、改善了情绪、增加了乐观态度。这些没有具体作用的治疗措施是学校社会工作者的一个强大盟友，解释了大量的临床工作的效果。然而，专业的社会工作者很重要的一点是应该从上面所提到的积极作用过程中转移注意力，区分那些安慰剂因素的影响。我们不需要参与四年大学生活和继续教育学校，仅仅为了做安慰剂治疗。然而，由于包含安慰剂的效果普遍存在(可以是实质性的)，为了真正确定专业学校社会工作者的价值，我们必须证明我们获得的结果不只是在一段时间内好，而且好于那些由安慰剂因素引起的情况。这就需要一系列的安慰剂因素控制条件，这个确实偶尔出现在学校社会工作评估的文章中，但很少被人们理解(Blenkner，1962)。

6. 如果参与学校社会工作的案主比安慰作用的案主提高得多，他们是否比参与可选择性的合理干预提高得多？

这个问题比前一个问题更经常在社会工作评估研究中被提出和回答，因为故意运用安慰剂治疗意味着欺骗和剥夺了案主的合理治疗。因此，当有人说明一项具体的学校社会工作服务不如不做(或许比安慰剂好)，就应当将这项服务与可选择性的合理治疗进行对比。例如，学校背景下个案咨询结果与小组治疗的对比，短期与长期治疗的对比，禁欲与全面性教育的对比，心理治疗与药物治疗的对比。不可否认，这个层面的分析在很多学校社会工作评估者努力的范围之外，然而在研究中被看到和理解却很重要。

7. 有效、积极、消极，学校社会工作的作用是否与治疗的特定焦点相吻合？

如果一项学校社会工作治疗在长期的积极作用方面被证明不如不做，在参照问题(如旷课、问题行为、精神健康问题等)提高的具体结果测量方面，能够产生持久作用，就需要测量更综合的作用。在医学上，这种方法用来测量多种药物的副作用。在社会工作中，我们也要关注心理学的副作用，好或者坏。参与到禁烟活动中的学生可能会戒烟，但是3个月后增重了15磅，那么这就不是最优选择。或者相反，一个想减肥的学生可能减到了理想的体重，伴随着而来的是提高了自信、减少了沮丧，以及增进了和同龄人之间的友谊。一个针对目标问题的专门焦点评估研究在早期阶段可能是允许的，但是后期更多先进的评估必须被采纳去测量辅助作用的好与坏。

8. 学校社会工作的成本效益和成本收益是什么？

同样，成本效益研究也不经常被工作繁重的学校社会工作者采用，但是它却为学校社会工作者提供了有价值的信息。成本效益研究仅仅关注项目的成本花费、成果产出，以及花费在多大程度上达到了预期的治疗目的。例如，如果一个挑战项目，收取一所中学1万美金，为100个学生开展培训，每个学生的花费是100美金。如果另一个药物滥用干预项目是5 000美金，为100个学生服务，每个学生的花费只有50美金，那么这个项目比前一个项目就有较高的成本效益。成本效益研究最好用在结果达成方面已经知道有效的项目上，另外以单独考虑钱的花费为基础，仅提供最廉价的服务形式。成本收益研究需要在特定成果下赚更多的钱，计算相对于项目花费节省(或花费)的钱。国家预测如果一个高中生辍学，未来他要花费20万美金的福利基金，一项高中辍学干预项目发现每个学生不辍学需花费1万美金，那么国家可以预测用于现在辍学的1美元可以为未来福利基金节省20美元。这个研究非常少，不光在学校社会工作中，在整个社会工作中都很少。一部分原因是研究本身的复杂性，准确计算确定成果的每美元的价值有很大难度(如辍学干预、青少年怀孕干预、精神病住院治疗预防等)。

学校社会工作评估中单系统设计的可选形式

要使单系统设计(SSD)对于学校社会工作实务的结果评估有用要具备两个必要条件。第一个是可以定位和运用与学生反应相关的结果测量，且有较高的信度和效度。第二个是一段时间内你可以重复使用这个结果测量(如评估案主的反应)。如果能具备这两个必要条件，评估自己实践的大门就已经向你敞开了。

选择一个或多个合理的测量方法是必要的第一步，你只有三种选择：测量案主可观察到的行为；测量案主行为、想法以及感受的自我表达；测量客户某些方面的心理反应(如药物筛选)。对于很多问题，测量案主的可见行为可以有一种“表面效度”的吸引感觉。到学校来有一个提高学校参与度的，或成功或失败的引人注目的干预指标。评估学生的学业成绩是另一个目标。如果呈现的问题是教室里的不正当行为，你试图帮助学生提高自我控制能力，那么纪律介绍就应当有所减少。直接观察到的结果是最引人注目的，但是实践中我们有时候需要依赖中间人运用间接测量，如教师或家长报告中关于学生的表现。

无论学生的公开行为是否是呈现出的问题的一部分，都应当对行为进行直接评估，评估最好能在自然生活的环境中(如教室、操场以及家里)进行。一些研究将揭示可靠与有效评估案主行为的多种方法(Filter & Alvarez，2012；Sheldon，2011)，相关的学校社会工作者将愿意学习这些方法。先进的技术可以用以协助。例如，家长可以通过计算机 GPS 和孩子的移动电话连接定位来跟踪他们的孩子。不被发现的摄像监控系统可记录父母离开后房间里(十几岁孩子的聚会)发生的事情，通过笔记本电脑或个人计算机的附属工具双向交互相机可以和几十年前的青少年联系。

对案主关于自身态度、感受、信念以及想法的报告的测量具有挑战性，但是如果能测量出来，对于评估一个实务具有非常大的价值。Corcoran 和 Fischer(2013)为我们提供了数百个未出版的案例，用这些我们可以测量很多实务问题。一些案例涉及自控、创伤、孤独、沮丧、关于饮食和超重、自信、自我概念、自杀、孩子和家长关系以及其他问题。总的来说，如果有现成的评估结构，学校社会工作者个人最好不要去自编评估框架和问题。

心理测量评估通常不作为学校社会工作实务的一部分，但如果有价值的话，这个可以作为备选条件。针对吸毒者广泛应用且低成本的尿液检测可以作为药物滥用治疗的有用辅助便是其中一个例子。学校社会工作者可以利用能记录脑电波活动、皮肤反应、肌肉收缩的生物反馈治疗作为案主反应的潜在有用信号。这种生物反馈治疗由社会工作者在治疗青少年的问题如注意力缺陷、多动症、焦虑等时提供(Cauble，2005；Williams，2010)。

一旦选定了结果测量方法(多个比一个更好)，下一步便是对你的案主在一段时间内重复使用结果测量方法。只测量两次对于SSD评估来说数量不足，但是也没有规定说需要多少次的测量数据。通常，越多越好。对案主变化的测量选择不只是数据测量的次数，还包括所选择的结果测量方法的有效性以及所收集到的数据的质量。一些测量方法本质上比另外一些方法可信，其受到社会期望因素(如学生希望使学校社会工作者高兴)以及通常的不可信因素的影响。其他测量可以说更加死板。在证明数学问题的解决能力方面，行为表现的直接测量往往比案主自身报告的测量更可信。

B设计

B设计是选择了一项可信与有效的案主反应测量方法，在治疗开始时对案主反应进行测量。在系统测量术语中，测量阶段被称为B阶段。这种测量的过程一直持续到社会工作服务的结束，在追踪研究中还可能会被用到。把数据放在单线阶段，这对于社会工作者来说简单易行，学生以及其他人可以一目了然地看清楚测量结果是提高了、降低了还是没有变化。这是一个比较好的设计，因为简便易行，且可以提供清楚的信息，所以经常用于学校社会工作的临床治疗阶段和干预过程。它的缺陷就是你无法知道在干预之前学生的情况(问题、强度、技术、能力)，因此，如果案主有所提高，有可能是在干预之前就已经开始变好。

社会工作者William Butterfield用B设计来测量帮助14岁被剥夺受教育权利的西班牙裔青少年获得更好的阅读技巧的结果评估(见Staats & Butterfield，1965)。通过四个半月的强化干预，该学生学习了430个新单词，阅读水平提高了两个半等级，越轨行为从很高的水平降到零。这个结果令人惊讶，很好理解，貌似和提供的服务有很大关系。

• • • A－B设计

A－B设计是类似地选择了一项可信与有效的临床作用结果测量方法，但是在获得前测结果后才进行治疗。通过这种方法，你可以了解在治疗开始之前是否已经存在结果测量的提高或降低的趋势。治疗前的测量在单系统设计中被称为基准测量，也称为A阶段，因此A－B设计涉及治疗开始前的基准测量。这种方法被Roderick、Pitchford和Miller(1977)用来评估小学生在操场上的好斗行为项目。先进行5天的操场好斗行为(定义为踢和打)基准测量，接下来是向学生介绍和说明抽奖系统规则，只要学生能共同玩耍没有争斗，在每次活动结束后都可以获得一张抽奖券，一个学期结束后所有的奖券放在一个盒子里，通过随机抽奖来赢得玩具。奖券由老师分配。在干预前进行测量数据收集，奖券活动结束后，用学期结束后的5天再进行测量。结果发现踢人行为每天减少了75%，从49次降低到12次，打人行为减少了47%，从17次降到9次。

一系列的A－B设计被Franklin、Biever、Moore、Clemons和Scamardo(2001)用来测量有学习障碍与教师行为问题的学生问题焦点的治疗结果。学校社会工作者为学生提供了一系列的基准测量，然后为其提供了5到10次会议的问题焦点治疗。7名学生中有5名学生有明显的、可见的积极性变化，建议这个方法可被学校社会工作者应用。

A－B设计收集预期的有用变量作为基准数据，优点是收集到的数据有时候可被用来建立基准线。已有的学生记录可以为趋势、延缓、纪律规范、学业进步等提供参考信息。如果这些变量中的一个或多个对于学校社会工作服务结果评估有用，那可以优于在干预开始前没有获得任何信息的情况。

• • • A－B－C设计

A－B－C设计由三个阶段的评估组成，包括另外一种治疗情况的C呈现，有时候完全不同于 B 阶段，不是 B 阶段结束后的延续。B 和 C 可以呈现两种合理的干预方法，或者如果想知道 C 治疗是否比安慰剂治疗更有效，B 可以表现一种安慰剂治疗。例如，B 阶段可能包括一对一的辅导，也可以和计算机辅助学生学习项目形成对比(C 阶段)。

• • • A1 - B1 - A2 设计

这种设计被用来决定两件事情："治疗在 B 阶段被观察到增加的情况是否在第二个 A 阶段仍保持？"或者"在 B 阶段被观察增加的状况在第二个 A 阶段是否有所恶化？"第一种结果(增加在没有治疗的事后仍然保持)在临床的角度很好用。毕竟我们希望在学校社会工作服务不再持续的时候案主仍能保持提高的状态。第二种结果或许相反，运用在 B 阶段治疗确实有作用，毕竟是由社会工作服务引起的。在这种情况下，A1 - B1 - A2 设计的内部效度高于 A - B 设计的效度。因为我们有治疗和临床变化各自作用关系的两种证明方法。第二种情况是当治疗停止时，案主又回到以前状态。这在临床上不好，但在提高我们的自信即 B 可以解释进步方面很好。

这种设计被 Moffitt、Chorpita 和 Fernandez(2003)运用到一个 12 岁被学校拒绝的多种族女孩项目上，学校社会工作者通常遇到一系列的问题(见 Thyer & Sowers-Hosg，1986)。下面开始进行复杂的认知行为治疗。在治疗前的 4 周，这个女孩仅有 19%的时间待在班级里。5 周后，45%的时间待在班级里。在第二个 A 阶段，治疗停止的时候，她有 76%的时间待在班级里。治疗共有七个阶段，包括与家庭和学校的电话联系。另一个运用这个设计的案例是对于两个有身心障碍的青少年学习社会技能，参与学校活动的临床结果的评估(见 Nientimp & Cole，1992)。

• • • A1 - B1 - A2 - B2 设计

至此，你应该能指出 A1 - B1 - A2 - B2 单系统设计的内涵。跟踪常规的 A - B 设计，第一个 B 阶段不再继续，基准情况(A)被恢复来弄明白案主反应的复发。这么做，可以提供更多的证据说明在第一个 B 阶段，B 真的可以使情况有所改善。如果在第二个B阶段被重复使用，案主又有所提高，你就有了更有力的证据来说明不只是案主有所提高，而是治疗B促成这种提高。这是学校社会工作者非常喜欢的一种状况。这种设计被用在一个学校试图帮助处理多年存在的问题——学校恃强凌弱上。恃强凌弱行为的基准测量用了12天的时间，通过对学生在课余时间直接结构式和非结构式观察获得。学生和学生之间打斗行为非常严重。接下来是希望能减少学校恃强凌弱行为的干预项目的介绍，称为结构式活动（如跑步、跳绳等），由学校学生帮助设计。活动有4天的停止和基准测量阶段（第二个A阶段）。好斗行为明显下降，接下来是第二个重复的B阶段持续6天，好斗行为再次大幅下降。数据显示的结构式活动的简单介绍相对于课余时间的观察能大幅度减少暴力行为。参见Murphy，Hutchison和Bailey（1983）了解更多细节。

B1－A－B2设计

一旦理解了SSD的基本原理，就能很容易地运用到实务操作中。B1－A－B2设计可以用来评估已经存在的项目。当已经有项目存在的时候，被用来进行结果测量，然后项目停止，进行A阶段测量。如果A阶段与B1阶段相比有大的变化（情况变得糟糕），可以认为这种提高是由B引起的。但为了更加确定，可以再重复B，也就是B2阶段，看情况是否有所提高。如果结果是肯定的，你可以坚定地认为B是有用的干预。这种设计被Bushell、Wrobel和Michaelis（1968）用在小学12个学生的项目中。结果测量的是孩子参与20天研究75分钟课程的时间百分比。行为的观察是结构式和可信的。“正常”的情况是如果学生在课堂上学习了足够的研究中使用的符号代码后，老师允许学生课后参与一些特殊事件，如短时间的运动、步行去公园以及去健身房健身等。这些代码对于学生日后的学习是否有用是一个值得探讨的问题。持续9天记录所有12个孩子学习符号的实践百分比的测量结果，在“正常”的情况下，孩子们很好地学习，并且如果有孩子学习了足够多的符号代码则可以去参与特殊事件。学习行为很好，占用了67%的时间。接下来7天的时间学生去参加特殊活动而不考虑学习。在A阶段学习时间减少到42%。然后，第一阶段重复，学生学习了足够多的符号才可以去参与特殊活动，即持续 4 天的 B2 阶段，其间学习时间平均提高到 64%，接近 B1 阶段。这个阶段的数据非常引人注目，可以总结认为设置参与特殊活动的障碍真的可以提高学习的积极性。

多基准跨越主题设计

多基准跨越主题设计（MBL）可被用在干预效果背景定位不可逆转的实务环境中。一些学校社会工作干预，如顿悟取向咨询、辅导、社会技能培训、记忆力练习、教授学习技能等，有责任产生持久的效果，尽管干预已经停止，然而 A1 - B1 - A2 - B2 设计，依赖于对案主的重复干预，从而发现治疗是否能带来可观测结果的提高，因而对这种条件不是很有用。此时可以考虑 MBL 设计。它要求至少有两个案主（或学生）有相似的问题，同一时间参与治疗。选择了合理的结果测量方法，从两个学生（称其为 Mary 和 Paula）的基准测量开始。如果两个基准都很牢靠，对 Mary 进行干预，Paula 不干预。如果 Mary 提高了，经过一段时间后（具体的时间由数据的可靠性和干预的紧迫性决定），也为 Paula 提供干预。逻辑就是这样的。两个学生的基准线牢靠。Mary 接受治疗，提高了。Paula 没有变化。持续一段时间，Paula 也接受相同的治疗，然后 Paula 也提高了。在这种情况下，貌似可以认为 Mary 和 Paula 的变化都是由治疗引起的。这个设计可以用下面的图表示：

Mary A A A A A A B B B B B B B B B

Paula A A A A A A A A A A B B B B B B

这个设计的实验逻辑依据是有一个牢靠的基准线，只看当治疗 B 完成的时候是否有所提高。如果用了相同长度的基准线，没有用 MBL 设计，只简单地用了 A - B 设计，对于治疗引起可观测到的提升证据就不是很多。

一系列的多基准跨主题设计被社会工作者 Karen Sowers 用来评估学校范围儿童安全带使用环境的有效性（Sowers-Hoag，Thyer & Bailey，1987）。当时国家并没有明确指出，要求适龄儿童在车里使用安全带，Karen 发明了一种安全培训课程，适用于私立学校的小学生。根据对孩子使用安全带的观察，16 个孩子在放学后被家长接上车从来不系安全带。这些是 Karen 评估的重点。这 16 个孩子被分成两组，每组 8 人，然后是基准测量，第一组接受安全带使用课程，第二组没有。第一组在放学后回家的路上使用安全带的频率显著增加。第二组使用安全带的频率也稍有增加(是因为有两个孩子家住在一起，其中一个被随机分到第一组，一个被随机分到第二组。第一组的孩子在培训后影响到第二组孩子的行为)。一段时间后，第二组也接受培训，同样安全带的使用频率也大幅提高。这个项目告一段落，不再继续，接下来的评估是两个月后，依然有较高的安全带使用频率。MBL 设计的测量数据在图 12.1 中呈现出来。仔细看看能否理解这种结果。注意结果测量的是每组学生每天使用安全带的百分比，而不是孩子的数量(因为孩子的数量每天有所不同)。见 Sowers-Hoag 等(1987)研究的更多细节。

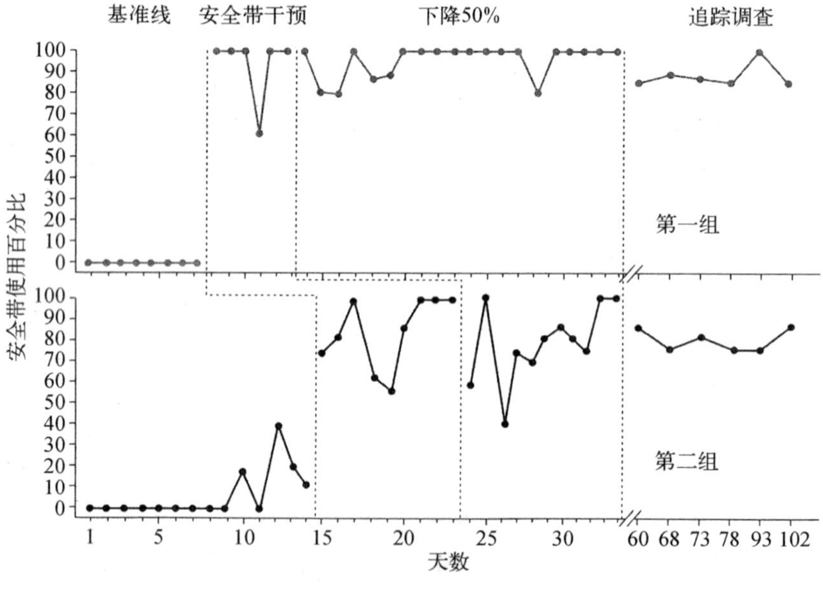

图 12.1 第一组 8 个孩子和第二组 8 个孩子安全带使用百分比

来源：Sowers-Hoag et al. (1987). Promoting automobile safety belt use by young children. JABA, 20, 133 - 138. Reprinted with permission.

Whitfield(1999)在本章的前面曾被引用，他创新性地使用了一些 MBL 设计来评估案主的认知—行为减少校园暴力项目。这个已经出版的有效干预包括 12 次，每次 1 小时，每周一到两次，是针对 8 个有自控问题的孩子的私人训练课程。

这个MBL关于两个学生的设计与SSD关于一个学生相比，有更大的内在效度。这个MBL设计涉及三个学生，每个都有相同的问题，用相同的方式进行治疗，对得出治疗有助于案主提高的结论有较大信心。还有MBL设计的其他种类，例如跨问题MBL设计和跨地域MBL设计，但在本章中不涉及。

• • • 单系统组合设计

关于SSD只有较少的相关规则。一些研究者提出SSD设计必须由基准阶段开始，这明显是不对的，因为在之前提到的B设计和B1－A－B2设计就没有基准测量。一个灵活的标准是扩大内在效度，即尽力使治疗的“真正作用”独立出来，当阶段变化一次只应该变换其中的一个因素。例如，如果在基准阶段后，同时完成两个干预，可以用A－(BC)设计，B和C可以代表同时使用的两个干预(称为一对一咨询，加入学业指导)。这可以是个令人满意的临床试验，但是如果你看见有所提高，通常不好说这种提高是由干预B单独引起的，或是由干预C单独引起的，还是BC的交互作用引起的。这折中了研究的内在效度。另外一个更灵活的标准是在连续的治疗中加入A阶段。例如，如果进行A－B－C研究，无论C阶段的观察结果是什么，都受到之前案主经历了B治疗的影响。如果你用A－B－A－C设计代替，这种潜在的交互作用的影响会有所降低。

总之，SSD的建立最好由临床需求的情况决定，而不是由研究设计的固定原则决定。将保持运用由案主关注决定的评估方法，我们认为是好事。对于治疗不是必需的(被称为自变量)变量，清楚和准确呈现是为了进行结果评估。这种情况的发生是遂人愿的，但还有大量比较复杂和众多特点的学校社会工作干预项目，如个案咨询，不能清晰呈现一对一咨询的每个信息，但是可以确定案主在接受咨询后情况是否有所好转。这是一个在基础科学的狭窄领域的案例，有明晰和准确的自变量，对设置领域的实践实务研究提供了路径，通常不要求特别准确。

针对学校社会工作实践评估的可选小组研究设计

像 SSD 一样，小组研究设计(GRD)需要用到一项或多项有效和可信的结果测量方法来评估案主的效用。当你有足够的个案支持简单相关统计来分析数据，这些设计就是合理的，粗略估计需要至少每组 15 个参与者。大家想起 SSD 用了一些缩写说明设计的类型，A 代表基准阶段，B 代表治疗阶段，C 代表不同于 B 的治疗等。小组研究设计也有自己的简单缩写：O 代表前测，或案主效用的评估；X 代表案主接受社会工作的干预；Y 可以用来代表不同于 X 的治疗等。下面，我们列出其中一些对于学校社会工作项目的评估有用的常用 GRD。

前测—后测设计(O1 - X - O2)

这种设计包括一组学生在社会工作干预项目运用之前，参与到一些评估过程类别中(如填写意向测量、工作人员记录孩子的级别或参与度)，然后在项目结束后再采用相同的测量方法。通常前测和后测用同一种方法汇总。例如，用整个组前测的平均分，后测也用平均分；或者前测和后测都用缺席天数的百分比等。

前测—后测设计被 Mallett(2012)用来评估一项称为学校成功项目的干预(由持证教师做的一项特殊形式辅导)。一周提供 1 到 4 次辅导，学生也会收到计算机和教育软件。研究者可以向需要的人们提供项目手册。2001 年到 2009 年间，项目共吸纳了 600 个孩子，其中 62%为小学生，其余为初中生和高中生。在所有学生参加培训前，获得教育评估的标准化测量(Woodcock-Johnson 测量分数)以及等级平均分，每年重复测量一次。在教育评估中，平均每个参与者都经历了真正的进步。Mallett(2012)合理地指出了他的研究的一些缺陷，如缺少对比组、没有长时间的追踪评估等。尽管有缺陷，但这个研究还是为用简单小组结果研究来评估参与干预的案主状况的实践提供了很好的案例。

这种单组前测—后测评估设计还被社会工作者 Denise Burnette(1998)用来评估学校支持隔代抚养小组的成果。现在越来越多的孩子由祖父母照看，长大后他们通常不能承担父母亲的责任。这些案主往往需要一些支持去处理父母的需求，有时学校社会工作者更适合提供这种帮助。在这个研究中，一个学校社会工作者招募了 11 位在纽约 Brooklyn 地区小学的少数族裔学生的祖父母。这些祖父母平均抚养了 3 个孙辈孩子，其中有一个孩子参与项目。这些孩子的父母由于物质原因、艾滋病、监禁等问题不能照顾他们的孩子，还有的父母已经去世。孩子的平均年龄为 9 岁。干预是一系列时长为 90 分钟的心理教育，压力处理以及治疗系列支持每周一次，共八周。小组在学校上学期间完成。在第一组治疗会谈开始时，祖父母完成了两项已出版的有效度的结果测量，一项是关于总体的健康，另一项是关于处理问题的方式。最后一组会谈结束后，他们重复这两项测量。统计结果显示，祖父母们的平均沮丧水平、社会支持感以及其他一些变量都有所改善。这是一项新奇的研究，第一次对以学校为基础的社会支持小组对祖父母抚养孩子的成果进行评估。需要意识到的是社会工作者没有证据说明社会支持小组对其改善有效，只能说明改善确实存在。我们建议用另外的单样本设计来提高学校社会工作效果的可信度，可以用足够多的数据作为项目成果和临床效果的支撑。由于相对容易管理、记录以及分析测量结果，所以这个设计没有成为社会工作者的额外负担。

Salloum(2008)为我们提供了另外一个运用此设计的实务案例，用来评估由杀人等其他暴力引起的有受伤后压力紊乱(PTSD)症状经历的孩子的变化。共有 102 名孩子参与了 21 个不同的小组，分别来自位于 New Orleans Louisiana 的 10 所学校。孩子们在小组工作开始前和完成后各接受一次标准化以及被验证过的 PTSD 测量。两次统计结果显示小组治疗后孩子们的状况有所改善。研究者不能证明是否由小组治疗引起这种改善，任何时候案主在治疗作用下都较好，这是一个有效的暗示。

另外一个说明这种设计的是 Abel 和 Greco(2008)。这些社会工作者发展了一套以学校为基础的禁欲性教育项目，致力于提高针对性禁欲、自尊、同伴压力抵抗能力以及父母依恋的积极态度。这个项目包括放学后 8 周的固定小组治疗。共有 130 名 5 年级到 9 年级的学生参与，项目开始前和结束后分别进行评估。治疗后的得分与治疗前相比，所有测量都显示了积极的态度与显著的提高。

Diehl 和 Frey(2008)通过加入干预后 3 到 6 个月的追踪评估来证明基本的前测和后测。可以用图表示为 O1 - X - O2 - O3 - O4 设计。这个干预是与学生相关的社区—学校项目，聚焦于问题行为的改善，通过 MSW 提供管理和对学生及家庭的直接干预完成。这个项目涵盖了 12 所学校和 11 位社会工作者(每位社会工作者服务两所学校)、154 名学生。主要的结果测量是一个已出版并被验证过的行为测量表格，测量家长和学校对学生的关注以及学生对家庭的关注。结果发现家长和老师认为在学校社会工作开始后的 6 个月学生的行为问题有所下降，他们对学生的关注度也有所增加。

前测—后测小组研究设计应用广泛，它很好地回答了“学生在接受了学校社会工作服务后是否有所提高”的问题，但它不能很好地证明学生的提高是因为学校社会工作者的服务。有时候管理者只是简单地说明学生变好了，而不去证明因为什么变好了。

• • • 前测—后测对照组设计

这种设计与之前提到的前测—后测设计相比有所提高，因为加入了对照组。加入对照组的设计称为准实验。可以用下图表示：

治疗组	O1 - X -O2
非治疗组	O1　　　O2

可以看到 O1 依然代表的是干预开始之前对案主的评估，O2 同样指的是重复测量。虚线用来说明小组不是随机分配的。如果用随机的方法分成两组或多组，那么这个研究就可称为真正的实验。但是如果学校社会工作通过其他的方法得到对比组(例如根据不同的学校或班级进行分组)，这个研究就称为准实验结果研究(见 Thyer，2012，准实验设计的更多讨论)。通过测量两组人口学特征以及实验前的得分，我们可以看出在治疗组获得干预之前两组的对比，在第一组接受治疗后，再观察分数，我们可以发现治疗组是否比非治疗组提高得多以及后测得分是否比前测得分更好。

这种方法被 Viggiani、Reid 以及 Bailey-Dempsey(2002)用来评估任务中心在提高学校社会工作者与班级老师合作有效性的项目。这个项目致力于提高学生的参与性、行为以及等级。选择了4个班级来参与这个项目，两个幼儿园班级和两个三年级班级，位于纽约Albany的市内基础学校。每一个年级有一个班级参与干预，其余两个班级不参与干预。在下半学期每周提供两次干预。结果证明相对于非治疗组，治疗组提高了参与度，14项行为中的4项有所提高。然而，交换项目年级，并没有好于治疗组。

Franklin、Streeter、Kim和Tripodi(2007)在制止学校辍学以及使辍学孩子重返校园的公开选择学校问题解决焦点评估中也运用了这种设计。46名学生参与了选择学校项目，对照组有39名学生没有参与这个特殊的项目，但他们也同样是辍学的受害者。结果测量包括参与度、信誉的获得以及毕业率。与研究开始时相比，参与问题解决焦点项目的学生比对照组获得了更高的信誉，有更高的升学率(90%比62%)。前测后测对照组设计也被Newsome、Anderson-Butcher、Fink、Hall和Huffer(2008)用在五项初中的研究中。74名学生参与了学校社会工作干预实验，相对的另外71名学生没有参与实验项目。一系列可信与可靠的结果测量方法被用来在前测和后测中测量与学校表现不好及旷课相关的风险因素。参与了学校社会工作服务的学生的风险因素有显著提高，从4提高到12，比控制组学生提高得多。没有明显的证据说明社会工作服务对旷课的作用。尽管这不是希望看到的结果，但可以确定的是知道这个项目不起作用比不知道这个事实要好得多。

随机对照临床试验(RCT)

这种设计可以很好地用在说明社会工作服务确实引起了可见的提高方面的评估。一大群学生被随机分到接受治疗的实验组和不接受治疗的控制组。两组在治疗之前和一段时间后都对案主进行评估。这种设计可用图表示为：

R　　O1　X　O2
R　　O1　　　O2

在每组之前的R表示组的安排是在某种系统基础上的随机分配，上面一组接受治疗X，下面一组不接受治疗，两组都在相同的时间点进行评估，大概在第一组接受治疗前和接受治疗后。这种设计可以对时间进行控制，自然环境中发生的一些其他因素对孩子产生影响，孩子们可能会变得好一点，是因为他们在国家危机的时候参与了项目，可以在一定程度上对评估的作用进行控制，其他形式的治疗没有这个功能。有能力控制或解释这些变量使这种设计成为评估研究中较有力的一个。

RCT 设计被社会工作者 Juanita Hepler(1994)用来评估由社会工作者和心理学家在校园中提供的为期 8 周的社会技能建立课程。24 名有社交障碍的学生参与了这个项目，20 名学生被随机分到了控制组。四种不同的结果测量方法被用来在项目开始前和结束后测量孩子们的社会技能。项目结束后参与项目的孩子的社会技能有所提高，而控制组的学生没有提高。

学校社会工作者 Rufus Larkin 也运用了修正后的 RCT 设计来评估为破坏性行为的小学生提供认知行为小组治疗，以提高他们自尊、自我控制能力以及教室行为的项目的结果。相关的 62 名学生被随机分到了立即接受治疗组和稍后接受治疗组(Larkin 先生不能马上治疗所有的学生，所以推后治疗在伦理上也不是问题)。他的评估设计可见下图：

立即接受治疗组(31 个)	R	O1	X	O2		O3
稍后接受治疗组(31 个)	R	O1		O2	X	O3

你可以弄清这个图的逻辑和设计吗？孩子们被随机分到两个组，所有人都进行测试(O1)。第一组立刻接受治疗(X)，而第二组等待。第一组治疗完毕，两组都进行测试(O2)。然后，第二组接受和第一组相同的治疗。当这个稍后的治疗完毕，两组再次接受测试(O3)，允许立即评估第二组的提升，并观察第一组是否有所提升，如果有，在所有组治疗结束后，再次追踪测量。大致来讲，第一组在参与了小组治疗后有所提高，第二组没有提高。然后第二组在参与了治疗后也有所提高。接下来，第一组得到治疗并保持。把第二组作为控制组，提供给他们相同的治疗，被称为交互设计。总之，这是一个有力的方法，得到的结论是学校社会工作干预确实对学生行为、自尊以及自我控制能力的提高有效用(见 Larkin & Thyer, 1999，更多细节)。

另一个 RTC 的例子是社会工作者 Leslie Tutty(1997)提供的对于性虐待干预项目的评估，231 名小学生被随机分到接受课程组和等待组。Letengre、Henry 和 Tolan(2003)描述了一个更大范围的实验研究，这个实验是为芝加哥794名学龄孩子减少攻击行为、增加亲社会技能的小组效用评估。另一个案例是Harris和Franklin(2003)将85个墨西哥裔美国怀孕女孩或未婚父母随机分为认知行为治疗小组或控制组(常规管理服务)，来评估治疗实验是否能帮助他们提高在学校的参与度、问题解决能力以及青少年处事技巧。治疗小组参与持续8周每周1小时的会议，并进行前测和后测，以及6周后的追踪测量。相对于参与常规管理服务的学生，参与实验治疗的组在统计学上有了很大的提高。

还有一个在香港更大范围内运用RTC方法的最好的研究项目引人注意，由社会工作系成员Daniel Shek主持。这是一个在14所学校进行测试的积极青少年发展项目(Law & Shek，2011)。社会工作系的成员Richard Catalano和他的同事参与了一个更大的美国RCT项目，评估减少风险以及提高青少年保护的社区照顾方法，研究包括了7个州的24所社区学校。与控制组相比，CTC的参与者开始戒烟戒酒，并减少了犯罪(见Kuklinski，Briney，Hawkins & Catalano，2012)。就像这个复杂的研究一样包括学校社会工作者以及将来有可能进入这个领域的其他项目预言者，有力地反驳了认为RTC方法太难而不适用于社会工作领域的观点。

评估中的伦理和人性化目标问题

公正地说，从本质上看，人性化服务中的评估调查在伦理困境和人性化服务策略方面是成熟的。为了评估服务，法律特征和职业水平必须有伦理指导。有关个案或者潜在个案的当前数据必须收集，我们已经遇到这样的情况，个体现在已经变成调查的主题，在这些情况出现之前，有关人性化主题的保护草案必须确定。泛泛而论，这样的草案必须包括以下程序：(1)得到志愿者的真正支持；(2)保护服务对象免受身体或精神伤害；(3)确保可以信赖；(4)有关干预的特征、研究目的的预备信息将形成数据，包括任何可以预知的利弊。

许多学校所在区域已经有人类主题机构审查委员会(IRB)可以为评估

研究提供伦理设计方面的咨询和帮助。如果当地的学校没有 IRB，当地大学的 IRB 可以提供帮助。应该说明的是，对于教育创新内部成果的评估如果不准备出版或者在相关领域发表，就不用通过 IRB 的审查。这通常是事实，例如，你在准备一份仅供学校内部使用的评估报告。但人们从来没有设想评估建议免于审查——通常被 IRB 审查。

一些评估策略比其他策略更可能考虑到伦理关怀。例如，那些包括欺骗、安慰治疗控制小组、暗地对学生的观察、干预的制止等将会被特别关注。总之，提供一些服务是否比一点都不提供好？未必，因为有一些干预可能对案主造成伤害（见 Lilienfeld，2007）。评估学校的性教育和毒品滥用干预项目也可能被贴标签，由于敏感的信息被收集。另一方面，相对简单的评估如 B 设计中使用自我检测程序的行为管理，事实上没有达到成效或者引起关注，但将被看作好的实务工作的例子，就像只有后测或前测—后测的标准评估项目。毋庸置疑，评估者的责任是从正反两方面仔细评定所有程序，在实施评估研究之前要先考虑到人性化主题的需要。

从定义可以看出，学校评估对既定指导者的参与保持特有的敏感。关于家庭隐私活动计划的实施，在孩子参与敏感性信息（如性行为、心理问题）的研究之前，需要得到家长、监护人明确的书面支持。继而，这个要求可能会影响从孩子那里获得信息的质量和有效性。当然，还有很多其他的关于孩子观念的问题，涉及贴标签和对家长报复的恐惧。社会工作者协会的伦理代码（2008）为社会工作研究提供了有用的指导（见 http：//www.socialworkers.org/pubs/code/default.asp）。Holosko、Thyer 和 Danner（2009）提供了更多关于特殊评估研究的具体指导。广受尊敬的美国评估协会出版了自己的实施代码，类似于社会工作协会的伦理代码（见 http：//www.eval.org/publications/guidingprinciples.asp）。其中主要原则有：

（1）系统的调查：评估者对评估对象进行系统的、以数据为基础的调查。

（2）能力：评估者能胜任评估工作。

（3）诚实：评估者要保证整个评估过程的公正与诚实。

（4）尊重：评估者要尊重调查对象、项目参与者、案主，以及其他利益相关者的安全、尊严及自我价值。

（5）为公众福利负责：评估者要解释可能与公众福利相关的利益与价

值的多样性。

美国社会工作者协会与美国评估协会在伦理研究的观点中有很多是重叠的。还有一个对这个主题的系统讨论是由美国心理协会提供的关于伦理研究的互联网课程(见 http：//www.apa.org/education/ce/aoaooo3.aspx)。学校社会工作者可以通过完成这个课程来获得对通常指导评估研究的伦理原则的更多理解，同时也可以根据职业许可更新的需要完成继续教育学时(CE)。

结　论

我们希望关于相对简单的单系统设计以及 GRD 的介绍能向你说明它们在帮助学校社会工作者临床服务和项目评估中的作用。大部分评估设计可以灵活地适用于时间要求的变化，也不需要额外的费用。学校社会工作是一个充满挑战的领域。学校社会工作者碰到的学生问题的类型有时候令人沮丧，非常棘手。但是当我们能提出有效的服务，大大改善了学生的表现的时候，可以为包括教师、管理者以及家长等在内的环境中的人带来正能量。本章关于社会工作服务系统评估的描述对于临床治疗者治疗结果的主观印象的讨论很有价值，可以帮助社会工作服务和项目的改善或提高，也可以为利益相关者提供我们实施服务的证据。通过建立类似的结果研究的积累，伴随着合理稳固的研究设计以及积极的研究结果，学校社会工作实践的证据基础将会更加牢固，进而整个领域的可信度将大大提高。

本章要点

- 学校社会工作实践的经验评估是一个负责任的专业实务的伦理必要性。
- 尽管有很好的证据可以证明学校社会工作服务是真正有帮助的，但有时也是无效或有害的。

- 单系统研究设计是一个私人学校社会工作者可以用来评估他们工作结果的实践方式。
- 简单 GRD 是一个学校社会工作者可用来评估学校或区域范围问题的有效方式。
- 在可选环境下，学校社会工作者可以为学校相关问题的随机控制实验贡献力量。
- 使学校社会工作实践者设计与实施评估研究将很大地丰富关于孩子和青少年研究干预的价值。

学习与讨论

1. 设计一个单系统研究去评估为学生个体提供学校社会工作的结果。选择一种结果测量，并说明数据如何收集。描述这次服务的提供以及可预测到的结果。画一个简单的图表描绘一个积极的结果。

2. 设计一个准实验小组调查研究，用来对学校社会工作者向一个特定学校的整个年级学生提供服务的评估。选择一种结果测量方法，说明数据如何收集，并描述项目以及预期的结果。

3. 设计一个准实验或实验小组调查研究来对社会工作者向一个特殊学校特定班级的半数学生提供的服务项目进行评估。另一半学生不参与服务项目。选择一种结果测量方法，说明数据如何收集，并讨论学生如何被分成参与实验或不参与实验的组。描述预期的结果。

4. 分别采访一个学校社会工作者和一个学校管理者，询问并确定他们对学校社会工作服务的关注。如何确定这些关注的内容以及修正这些条件？

5. 用一个常用的数据库，如 PsycINFO 或科学网，定位在过去五年间出版的社会工作实务案例结果研究。说明其干预方法、结果测量方法以及结果。

拓展资源

Altschuld, J. W., & Witkin, B. R. (2000). *From needs assessment to action: Transforming needs into solution strategies.* Thousand Oaks, CA: Sage. An introduction to needs assessment strategies is followed by a straightforward discussion on tactics, analysis, and most important, application. This book offers the reader numerous examples of how to conduct needs assessments using mixed methods. The variety of illustrative examples provided offer good ideas on how needs assessments may be conducted in complex settings.

Bloom, M., Fischer, J., & Orme, J. G. (2006). *Evaluating practice: Guidelines for the accountable professional* (5th ed.). New York: Allyn & Bacon. This is perhaps the most comprehensive book currently available on how to evaluate practice using single-system research designs. It walks the reader through the various steps in practice evaluation from formulating goals, to developing measures, to the application of a design, and evaluating results. The book provides both breadth and depth and would be of singular importance to both administrators and practitioners who wish to evaluate programs as well as practice.

Bowen, G. L., Rose, R. A., & Bowen, N. K. (2005). *The reliability and validity of the school success profile.* Philadelphia, PA.: Xlibris Corporation. This monograph offers a comprehensive measurement tool with broad applicability in a variety of school settings. It contains a series of standardized measures, which together offer a comprehensive assessment instrument. It is a technical manual in the best sense of the word, providing the user both empirical documentation and practical implementation and analytic strategies. It would be most useful to practitioners in search of indicators of school success.

Kelly, M. S., Raines, J. C., Stone, S. & Frey, A. (2010). *School social work: An evidence-informed framework for practice.* New York: Oxford University Press. This is a great introduction to how the process model of evidence-informed (a.k.a. evidence-based) practice can be applied to the practice of school social work. Evaluating practice outcomes is an intrinsic element of this model.

附录 1：一个乡村实践的例子

下面这个实践的例子说明一个乡村小区社会工作者服务的发展和执行，由于较小的密度和较少的人口，学校系统组织倾向于比城市或许多郊区学校系统简单。因为行政层次更少了，乡村学校的规矩和规章也更少了。这使得人们很容易了解上层，也使得上层很容易了解你。在与社区资源的关系上也是如此。缺点有专业督导的缺乏、隔离及资源较少。

确 定 数 据

Alpha 是一个有大约 740 名在读学生的小校区。那里有一所从幼儿园到 6 年级的小学和一所从 7 年级到 12 年级的高中。两座教学大楼坐落在一个校园内。有个为小学准备的操场，一个有露天看台供观众观看秋天足球比赛的中等运动场。有个新的有热情的主管，是个有责任感的厉害的建议者。小学校长很年轻，并且在过去 5 年里在这个校区教学。他在这个社区中很受尊敬。这是他担任校长的第一年。高中校长也是个年轻人，他以前是个兼职的教师。他当校长已经 5 年了。小学老师中有一半是因为退休和扩招新来到这个学校系统的。高中老师在这个系统中有平均 5 年的教龄。本地的经济学老师是新来到这个系统的。小学里一间特殊的教室是给有学习障碍的学生的使用的。由高中顾问前年开发的新课程为优等生提供给有阅读障碍的小学生辅导的机会。来自社区的一个妇女受雇作为在第一章标题一中的基金会下的家长项目的协调员。高中聘用了一个兼职图书馆员和一个全职的学校顾问。额外的服务如辅导演讲及语言障碍的老师、阅读顾问、学校心理及社会工作者服务由中级校区(ISD)提供。保健服务由县健康部门提供。社区支持厘计税率运动中的教育项目。

一个有 8 家商店的小型商业区距离学校仅几步之遥。社区的财政支持来自农业、旅游业以及一个小型锯木厂。县城的首府(医疗、精神卫生、社会服务及法院系统的所在)在 30 英里以外。占人口 30%的人群接受一些政府补贴如津贴或是多余食物。人口大约有 3 000 人(由于夏天的居民多，所以夏天人口多一些)，而且大部分由白种 Anglo-Saxon 信教徒组成。有一个 20 人的美洲土著群体——所有成员来自一个家庭。

学校社区的所有成员都表达了孤立的感受，尤其是在漫长的冬季。酗酒在成年人和青少年中很盛行。儿童虐待和乱伦是他们共同的忧虑。这些忧虑是由于家庭功能的缺失所带来的，并在第一章标题一的家长群体的成员中被表达。小学校长和老师表达了由于他们的初来乍到而产生的忧虑，并且不知道他们是否可以共同努力来避免被孤立的影响。校长意识到如果老师们无法在职业生涯中有满足感，明年他将会失去他们。他同时也很担心新来的老师缺乏经验，希望帮助他们增加教育孩子们的知识和技能。高中校长和老师没有在员工关系中指出任何问题，但是每个人都指出三个九年级的女生的行为正在破坏整个学校。大楼的行政人员和项目协调员都希望从家长小组社会工作者那里得到一些支持。

图 A.1 中的生态图表示了 Alpha 校区中遭受的压力。在女生小组、高中老师、小学生、学校行政人员及商业社区之间有压力。社会工作者还没有在系统的任何一方中建立工作关系。在少数种族人口与商业社区之间及少数种族人口与小学、高中之间都有间歇性的压力。间歇性的压力在家长(第一章标题一及其他)与两所学校之间也很明显。实线表示的是在这个校区中存在大量的积极关系。图中显示出来的紧张的原因会在稍后的讨论中详细解释。

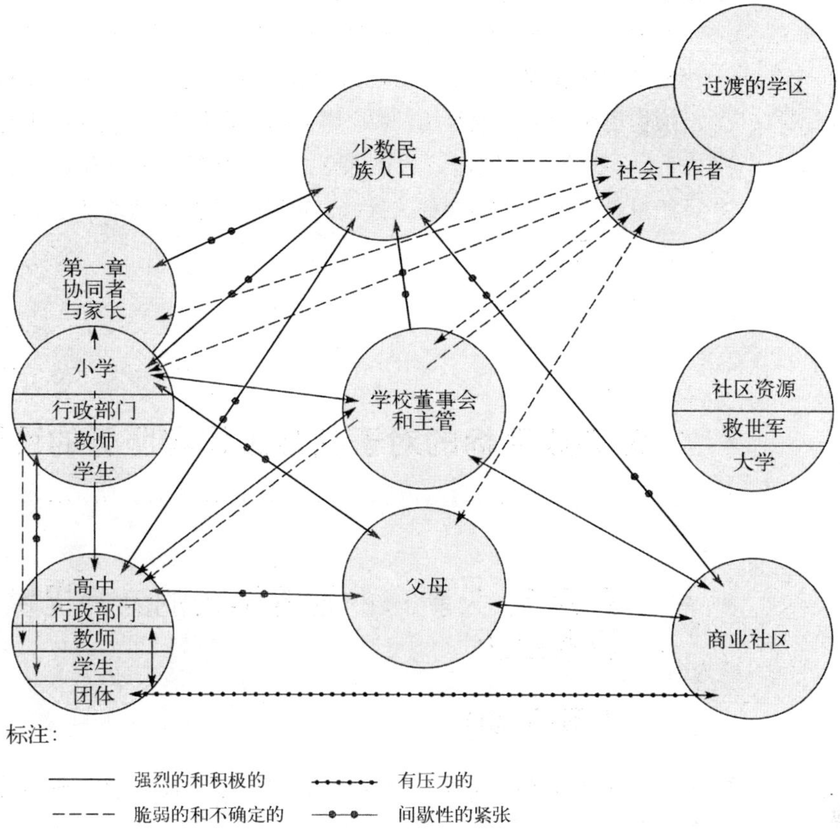

图 A.1　Alpha 校区关系评估生态图

签订一个服务合同

社会工作者在其最初工作阶段收集的信息的基础上，发展了今年的社会工作者服务的目标和目的。这些目标在校区行政人员及 ISD 督导(同样也是社会工作者的督导)之间讨论并被接受。

目标关注孤立感对于整个校区的影响。如果校区所有成员的孤立感可以被减少，生活的质量也会改善。目标表述如下：

增加儿童、青少年、他们家庭及学校员工之间积极的社会交往。

为了在年底前达到以上目标而设置的目的是：（1）为新来的初等学校的老师提供满意的职业经历；（2）增强第一章标题一中的家庭处理问题的能力；（3）提升三个被提到的在课堂上有破坏行为的女生的社会功能。这些目的是作为这个学年服务的界线。如果信息及环境改变了，这些目的会做调整。

为完成目标的对于社会工作者服务的设计

目标1：为新来的初等学校的老师提供满意的职业经历

干预（活动）

1. 支持校长建立老师小组来完成工作（校长建立了老师小组来写下课程教学目的）。

2. 为初等学校的老师教授课堂管理的大学进修课程（这个课程有教师研究生资格证书需要的学分）。80%的初等学校的老师是从本校区招聘的，10%是从附近校区招聘的。

3. 为所有老师开展两个关于在家长与老师面谈中用到的技巧的教育服务项目。

4. 在学校开放的楼房中，参加一些有正在接受社会工作者服务的孩子参与的老师家长会议。

5. 就一些教学及个人行为问题与老师、校长合作，提供咨询。

结果

每一位初等学校的老师都要签订一份明年的合同，这表明对于过去一年工作的某种满意程度。在大学课程中关于小组过程的强调不仅发展了他们对于小组在课堂上的动力的意识，也提供了一些他们互动的看法。老师和校长学会互相信任和尊重，社会工作者也作为学校员工被接纳。由于服务项目教授了一些面谈的技巧，家长和老师之间的交流增加了。老师和大楼行政人员之间、老师与社会工作者、大楼行政人员与社会工作者之间这种积极的关系在 Alpha 校区生态图中有所显示(见图 A.2)。

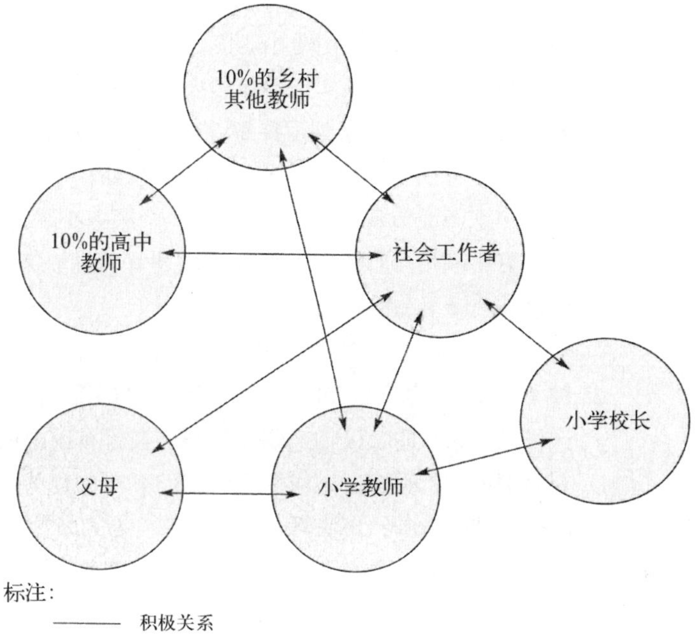

图 A.2　目标—工作结果生态图

目标 2：强化家庭处理问题的能力

背景信息

初等学校在接受第一章的基金。这个项目的目的是通过商业阅读项目的建立及在教育过程中父母的参与，提高初等学校学生的阅读水平。一位在另一个社区作为半专业人士工作的母亲受雇在项目的家长部分协调。前年这些家长碰过几次头，他们被告知这个阅读项目，看到了演示，并被鼓励在家中与孩子一同阅读。Brown 女士及社会工作者通过确定角色与界限发展了工作关系。第一章标题 I 的家长小组由 30～40 位母亲及几位父亲组成。学校的目标是使家长参与到孩子的教育中来。社会工作者的目标是增加积极的家庭互动。下面的干预及结果显示了这两个目标是如何实现的。

干预(活动)

1. 在 11 月份的家长会上做个演讲，家长会主要关注关于教育及鼓励家庭交流的玩具。不同年龄组的玩具的册子被编写并分发，玩具的样品被演示并且在家长中传阅。有位家长问了个问题："我们从这些玩具中可以为我们的孩子找到哪些益处？"
2. 建立一个圣诞节玩具的工作坊(由一个服务小组捐献的用过的玩具被修好再利用，而新玩具比如由救世军提供的基金买的材料做成的木块、谜语和游戏)。
3. 邀请老师和行政人员到开放的房子来看一个由家长准备的玩具的演示(提供用多余食物的一些元素烘烤的小甜饼)。
4. 关注关于家长的会议(1 月份项目以"在预算范围内生活"为中心。母亲们说她们不知道如何使用收到的多余的食物。同样，她们为圣诞节玩偶打扮的经历使得她们想学习关于家庭管理的缝纫及其他技巧。在高中家庭经济部门的缝纫机和厨房设施供家长们使用)。
5. 涉及少数种族(由于春天快来了，家长们大部分是母亲，希望为她们的孩子做个篮子。Simpson 夫人是社区的土著美洲祖母。她出售自己做的篮子。这位夫人作为顾问被请来教授家长们自己编织篮子。这个项目变得复杂，因为附近国家森林的黑灰树被准许砍倒，于是木材枯朽了，裂开并在篮子做成前被染色了)。
6. 鼓励玩具借还馆的发展(玩具可以像图书一样从借还馆借出。这个项目是由在一个特定时间借给孩子们教学游戏和材料的老师开发的)。

结果向 Brown 夫人提供咨询是社会工作者最有成果的。Brown 夫人直接与家长们工作，虽然社会工作者也出席会议和参观项目。家长圣诞节茶座为老师们提供了一个了解家长和增进她们之间交流的机会。对老师休闲室的评价表明老师们对于家长有了新的尊重。她们以前认为家长是能力不足的。当母亲们互相之间学到了新技能并得到了支持时，许多家庭的压力被缓解了。虐待的报告少了，老师们也说许多孩子看上去更加轻松了。雇用 Simpson 夫人作为顾问和指导者改善了社区对于土著美洲人的看法。这是一个开端。生态图 A.3 显示了过去一年来关系发生的变化。

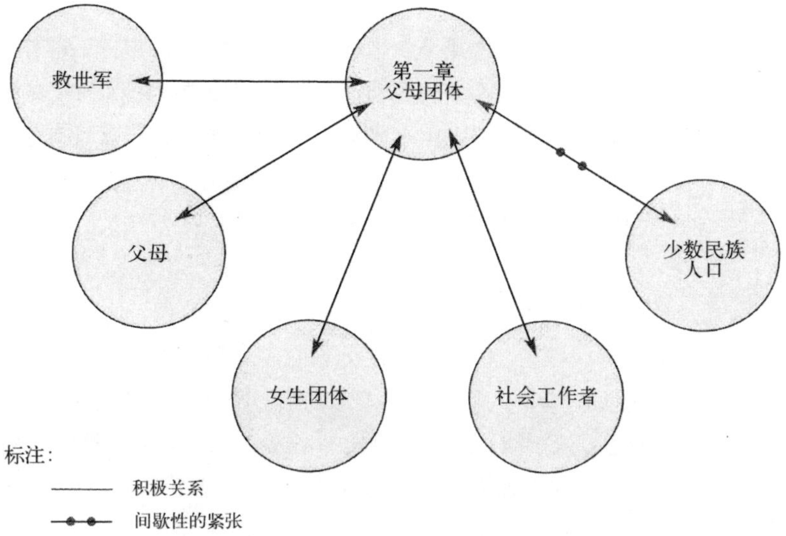

图 A.3　目标二工作结果生态图

• • • 目标 3：提升三个被提到的在课堂上有破坏行为的高中女生的社会功能

• • • • 背景信息

Sandy、Ellen 和 Hellen 有很多的共同点。她们成为朋友的很大原因是她们的反社会行为使得她们被同辈群体疏远。这三个女生在这个学年结束之前就满 16 岁了。她们都留了两级，所以现在读八年级，并且她们在 16 岁生日之后不打算继续上学了。Ellen 出生在这个社区，与她的母亲、继父、14 岁的弟弟 Frank(也是八年级)和 18 岁的在读高三的哥哥一起生活。家庭成员之间经常发生冲突。Hellen 与她的父亲生活在部分被火灾毁坏的小屋中。她父亲很讨女人喜欢，而 Hellen 也被希望成为一个主妇。Sandy 与她的母亲生活在她们夏天的村舍中。她在她和母亲以前生活的郊区的校区遇到了很多困难。Sandy 被给予选择要么离开社区，要么去青少年机构。母亲带着 Sandy 来到了 Alpha 社区，希望新环境可以有所不同。对于

Sandy 和 Hellen 的测试表明她们都有普通人的能力但是却在学业上表现不好。Ellen 的测试表明她的学习能力不足，并且需要特殊的教育。这三个女生对学校生活失去了勇气，并说她们 16 岁时会辍学。在社会工作者早期与她们的面谈中，这几个女生认为自己感到麻木并且不被任何人尊重。她们说她们被认定有不正常的行为，并且不知道自己为何要做出这些使别人对自己失望的事情来。由于她们家庭收入有限，所以只有很少的零花钱。结果是她们无法与同龄人一起参加一些社区的活动，并且感到无聊。老师报告的这几个女生所谓的有侵犯性的行为包括不完成作业、在课堂上大声喧哗、诅咒老师和同学。由于 Ellen 在老师告诉她由于马虎，她可能弄坏缝合处时使用了亵渎的语言，而被逐出了家政课。这三个女生在午饭时间被限制待在操场，因为有一次她们在午饭时间被抓住从 Main 大街的商店中偷东西，Main 大街上共有 8 家商店，她们偷了其中的 7 家。

社会工作者与女生们确定了在这个学年中需要达到的三个目标：（1）在同学和老师之间取得地位；（2）增加零花钱；（3）减少孤立和无聊。

干预(活动)

1. 为 Ellen 安排一位特殊教育资源老师，给予其个别辅导(这是在她被认定有学习障碍及个人化教育项目的发展之后跟进的服务)。
2. 邀请老师分别与这几个女生面谈，这样她们可以谈论她们关心的问题，师生之间达成了一些协议。她们提出了一些问题，还有一些问题没有被提及，但是沟通改善了。
3. 扩大辅导项目的范围，包括将优秀的高中生作为教师。这个项目是提供高中学分的，并且由顾问和家长小组协调员于前年发展的(每个女生有一项适合其能力及兴趣的作业，社会工作者安排了为所有教师准备的服务培训项目，并建立了包括教师、Brown 夫人、社会工作者及顾问在内的反馈部分。三个女生在这门课程中都取得了 A。这个成绩是 Ellen 或其家庭成员中的任何一个人以前从没有得到过的)。
4. 帮助家长小组为她们的孩子做礼物(Ellen 设计了一个钱包，是用捐助的鹿皮做成的。她完成得如此出色以至于当她给家政课老师看了以后被允许重新返回课堂)。
5. 根据青年成就俱乐部模式组建一个小组(组员决定做一些可以卖给朋友也可以在旅游季节出售给游客的物件。手工艺品店的主人也就是这些女生没有去偷东西的那家店的老板同意资助这个项目。他不仅卖给她们材料，建议她们做可以盈利的物件，还同意将这些物件在他的店内出售，并给她们利润。在这次经历中有成功也有失败。但是女孩们为了共同的事业一同工作，她们知道了自己的能力及不足的地方。在展示和出售这些物件的时候，她们获得了老师、同学的尊重。盈利微小——还不足以满足她们所有的经济要求，但是她们感到努力是值得的)。

6. 在这一年与其家庭举行咨询面谈。

结果

在学年末，三个女生一起评估了这一年的工作。她们说自我感觉比以前好多了，并且觉得其他人对她们的看法也不同于过去了。她们虽然现在16岁了，但是决定不辍学了。她们有了一些新的兴趣，并且很享受辅导和手工艺项目带来的乐趣。她们与店主、一些老师建立了积极的关系。她们在夜晚仍然感到无聊，并且依然没有零花钱。但是她们知道会有机会，并相信她们的努力会有回报。作为 Hellen、社会工作者与其父、青少年官员

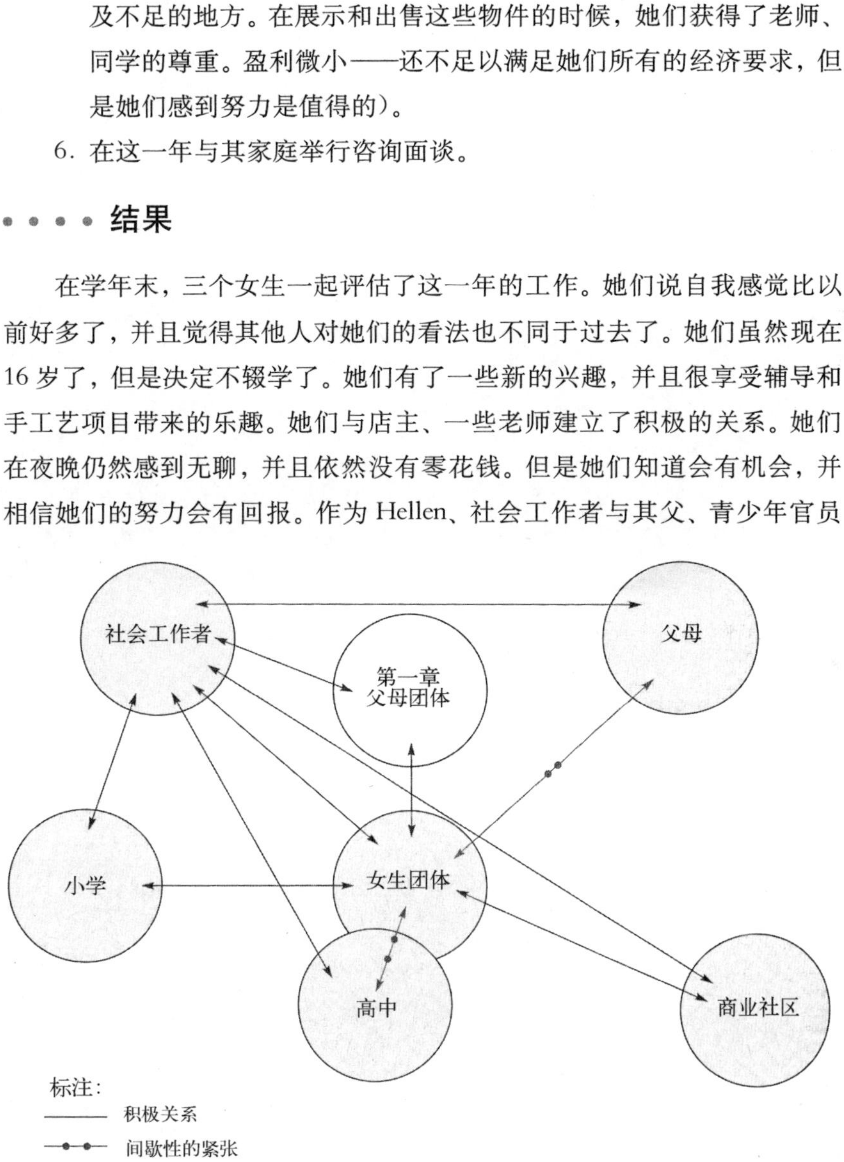

图 A.4　目标三工作结果生态图

达成的计划的一个结果，Hellen 会重新去与其母在另一个镇上生活。学校里依然发生一些小插曲，女生的成绩虽然改善但还是落后的，然而老师、校长说每个女生的行为都有很大的改变。

结果在生态图中表示间歇的紧张的区域仍然存在（见图 A.4），但是不会增加。比较图 A.5 与图 A.1，请注意在社会工作者干预之后，在各系统之间互动的变化。

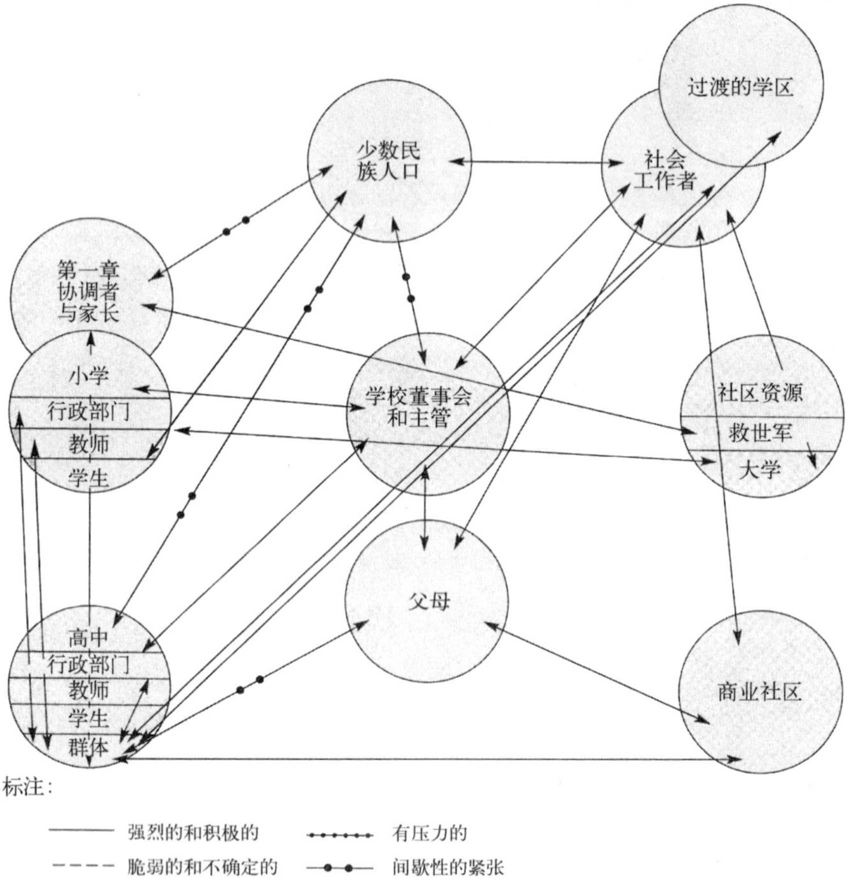

图 A.5　Alpha 校区干预结果生态图

附录 2：城市方法的例子

下面这个例子的方法说明了在一个大型城市校区的市中心区的初等学校的社会工作服务设计的发展和执行。在这个例子里，学校社会工作者是一个学校新成立的以地方为基地的管理团队的成员。

确定数据

学校

坐落在市中心的 Epsilon 公立学校有 500 个从幼儿园到 15 年级的孩子就读。大楼和操场占据了一个街区，学校东边有一条高速公路。学校南边的街对面是住过军人和精神病人的楼群。楼群使用了设施的一半来提供生理、心理门诊服务，并有重要数据的部门及成人教育项目。学校西边的对面是消防队。学校后面有一个小型的有篱笆的操场。学校建于 20 世纪 20 年代，有宽阔的走廊和高高的天花板。它保存得很好。房间最近被粉刷过，每个房间都有装饰的公告板。美术老师和她的四年级及五年级的学生一起设计和画了许多描写美国人成就的壁画。教师队伍由幼儿园到三年级的任课老师组成。四年级和五年级的学生有英语、社会研究、科学、音乐和美术教学老师。四年级和五年级的教室有作为计算机实验室的预计用途。一名员工负责这个课程区域。为高度落后的特殊教育学生配备了一个资源教室和一名老师。它不仅按照预计的内容指导学生，而且当一个普通的教育课堂中有特殊教育的学生或是这样的学生占大多数的时候，还向任课老师提供适当的教材。根据学生和教学环境的需要，向学生提供支持团队服务。

这所学校容纳了500名学生，班级的平均规模为30人，容纳能力饱和了。学校有2个幼儿园，每个幼儿园分成上午和下午部分。一年级到三年级的学生在自备教室中，而四年级到五年级的学生按照班级去音乐、美术、科学和计算机教室。教室共用厕所。所有学生在学校吃午饭并且由两个学校助手照看。学生的文化构成是60%的非洲裔、20%的西班牙裔、5%的土著美洲裔、10%的亚裔和5%的白种人。

教师队伍有平均5年的教龄。大部分老师进修证书课程或是更高学历的大学课程。校长是一位非洲裔的女性，她是个经验丰富的教育者，有着强烈的满足学生教育和社会情感需要的责任感。她欢迎任何可以帮助她实现学校目标的项目。

在前年，这个校区通过寻找重构教育项目的新方法来使教育更有效果，校区选择了以场地为基地的管理方法。在这个管理系统下，由学校员工、家长和学生组成的团队根据学生需要来选择适合的教育项目。管理团队包括校长、两位老师、家长、学生和由其团队选举的社区领导加上学生支持服务的成员——在这个学校是学校社会工作者。以场地为基地的管理团队发表了一份学校任务声明并且设定了这一年的目标。通过管理团队的努力，一个危机预案被修正了。在社会工作者的推荐下，学生援助服务项目的服务(SAP)也被引入。

Epsilon学校的社会工作者是一个非洲裔的女性，她有MSW学位并且做了10年的实务社会工作者。她从前在一家私人的多元服务机构为儿童和青少年服务，并且在这个学校系统待了5年；然而，这是她在这个大楼里的第二年。她被指定在周一和周三上午及周五下午来这个大楼。她有两个社会工作二年级研究生作为实习生，两个人都是30岁左右，一个是白种男性，一个是白种女性。他们被指定在周四和周五全天待在Epsilon学校。社会工作者有个寻呼机，有任何需要她帮忙的问题都可以找到她。这个学校系统的社会工作者由一个部门的领导来督导，而社会工作者的服务计划不仅由这个领导也由以场地为基地的管理团队来审核。

其他生理及心理健康支持服务由一个来自校区心理部门的负责检测因特殊教育被转介的学生的学校心理学家和一个来自公共健康部门的学校护士提供。这个区域所有的社会工作者都受过危机干预的训练，当一个重大的危机发生的时候，全区的团队都可以来帮助。有一个广泛的学前项目(“领先”，一个高危学龄前儿童的州立项目，和一个弱势儿童的项目)聘用了除了其他职责以外还负责促进学龄前儿童到幼儿园的过渡的社会工作者作为员工。由社会工作者组成员工的SAP项目提供关于学生的综合嗑药预防和干预项目，这个项目如果需要的话可以提供给个别的学校。一个全区的特殊教育的社会工作者与学校心理老师一起对于特殊教育项目是否合格和其安置做出决定，还有纳入决定和对在这个项目中的学生的再评估。

• • • 社区

失去的房屋有小型公寓楼、复式房和一些单独的家庭住房。虽然大多数房屋足够维持，但是社区里还有一些闲置的危房。城市服务是最小的。垃圾有时候好几个星期没有人处理，街灯也不可靠。失业的人占40%，50%的居民依靠某种福利政策生活。在社区里有个无家可归者收容所，还有几个精神病患者的小组家庭。15%的居民退休了，依靠社会保障金生活。在社区里有个由娱乐部门管理的老年人俱乐部。除了暑期项目由娱乐部门管理外，男童俱乐部是社区唯一的娱乐设施。在许多市中心社区，由经济贫困而产生犯罪和不满，为了防身，大部分房主都会拥有某种武器。在一楼的窗户和门上有铁栅栏提防入侵者。五个没人照顾的孩子由于铁栅栏阻止其逃离大楼而在火灾中丧生。其中三个孩子是Epsilon学校的学生。由于与犯罪相关的青年暴力和嗑药的增加，社区合作得以发展。社区合作由城市部门的警署青年部、公园及娱乐设施部门、房屋部门、社会服务部门、健康部门和公共安全部门的代表组成。教堂和社区由其领袖代表。在对于这个社区服务的合作或者联盟的范围内，三所公立学校由每所学校的一个行政员和一个学科间团队成员代表。这种合作在评估这个社区社会需要的过程中，发展了一个行动计划，来促进一个更加强大、更加健康和更加安全的社区。

以需求评估为基础的社会工作服务计划

接下来的服务设计是由 Epsilon 学校以场地为基地的管理团队做出的项目决定的结果。这个计划是社会工作者对于 Epsilon 学校的维持一个安全健康的环境、提高学生社会及学习技能的目标的贡献。这两个目标是这个校区总体目标——促进学生成功的具体目标。大致的活动来源于对 Epsilon 学校和社区的评估，这个评估使用了在第十一章表 11.2 和表 11.3 中详细列出的大致活动。在各系统之间的互动被评估与检验，以使压力因素最小化，提高学生处理问题的能力。除了执行计划外，学校社会工作者还承担其他责任，比如应对危机情况、顾问、与学校员工及学校社会工作员工合作，督导两个社会工作研究生的实习，并关注 X 个转介服务。

200_学年 Epsilon 学校社工服务计划

目标	现有问题	干预	和谁	评估标准
1. 通过促进过渡过程，提升从一个学校或教育项目到另一个学校或教育项目的学生处理问题的能力	在这一学年增加学生的流通量。去年在没有准备好新成员的到来的老师、学生身上发生了许多本来可以避免的事情。同时，转到其他学校的学生由于家庭搬迁或从精神健康、矫治机构回来或是把在特殊教育中的学生编入学校正规班级而表现出了由于没有为搬迁做好准备而产生的压力	1. 发展由学生志愿者组成的欢迎委员会，提供一个训练项目，每月召开进步报告会议，包括伙伴督导系统 2. 在教职工会议上向老师报告进步情况并讨论如何使新来的学生感受到受欢迎，而离开的人感到被支持 3. 召开一次班会，讨论当一个特殊教育学生成为普通班级中的一员时，同学们应该如何帮助新成员成功 4. 当老师要求时，为其提供支持服务 5. 为家长准备一个小册子，内容是在孩子过渡时期如何提供支持的问题	社工及一个实习生与老师、校长配合负责执行计划	观察报告 在学期末学生的自我报告
2. 增加 40 个由于在下午课堂上有破坏行为的学生的“任务中的行为”	许多老师转介表明了下午的行为问题的模式。由于近年来财政削减，只有两个助手来照看吃午餐的 500 名学生，为了防止大家的破坏行为，不允许学生在 60 分钟的午餐时间说话或进行体育活动。30 分钟里，当 250 名学生在吃饭的时候，另外 250 名学生在体育馆内把手放在头上，30 分钟结束后，两组交换。结果在下午课堂中郁积的能量通过活跃行为释放	1. 寻找外面的资源来组织午餐活动，可能性在于一个非洲裔美国人兄弟会在附近的一个寻找城市学校系统项目的大学。如果不行的话，确认其他可能性 2. 通过活动反馈来管理项目，并且在可能的情况下做出改变	计划委员会：校长，大学兄弟会，午餐房间的助手，社工作为主席 社工与校长配合，督导提供午餐房间活动项目的小组	老师的报告 减少相同问题的转介
3. 加强老师、学生及家长之间的积极的关系	在老师办公室进行加强老师与学生、家长积极关系的谈话 给予有相同愿望的老师问卷	1. 为老师设计一个增加家长—老师面谈会上的面谈技巧的服务项目 2. 安排关于将课堂组织成小组的大	社工作为服务领导 社工作为与大学的联络员	问卷及老师、学生、家长的样本面谈

（续表）

目标	现有问题	干预	和谁	评估标准
		学课程（提供教师证书学分） 3. 向老师和校长提议，组织六年级学生和老师一起在城市野营地待一周时间	社工作为顾问，社会工作实习生作为野营顾问	
4. 提高住在X公寓的转介学生家庭作业的完成率	10个都住在一个公寓大楼的学生不完成作业的模式	1. 与公寓经理签订合同，来看是否有空间可以作为书房使用 2. 招聘至少5位愿意根据他们所制订的计划进行督导的家长 3. 与家长、老师面谈确定班别帮助学生完成作业的方法 4. 在最后计划中包括学生	社工主要负责发展这个项目，实习生负责定期召开与家长、公寓经理的会议，与家长和老师的会议，与家长、老师和学生的会议 实习生会为家长辅导者提供支持服务	参与学生的功课完成情况的老师报告
5. 增加Johnson家的6个兄弟姐妹的适宜的沟通技巧	Johnson家12个孩子中的6个在Epsilon学校，每个人都因为缺乏语言交流技能而被老师转介。他们想向别的孩子要东西的时候，会打他们。打人不是生气的行为。但是问题出在口头语言上，他们每个人可以说话，但是发展了从家庭到学校的被宠坏的模式。孩子们分别在五年级到十二年级读书，有一对是三年级的双胞胎父亲要工作来满足日常开销，母亲肩上担子也很重。孩子们在父母不在的时候做家务。比如，12岁的Yolanda每晚为14个人洗碗碟。测试表明他们每个人都有正常的学习能力，而且每个人都没有留级，但是老师担心他们不适宜的交流技能	1. 在对每一个儿童和这个家庭评估后发展一项干预计划 2. 每周一次兄弟姐妹组的午餐小组会议，使用相同的活动并且逐渐教会女管家要有互动的活动 3. 与任课老师合作讨论如何增加积极语言交流，减少身体互动 4. 与Johnson太太开会以提升其处理问题的能力，她很需要援助 5. 安排学年结束之际的最后活动，比如邀请父母吃兄弟姐妹组准备的午饭	社工与两个实习生	对于每个孩子在课堂及操场上的3个中断时间系列测量 就语言交流和身体交流的变化与家长进行3次面谈 在每次会议上使用生态图

附录 3：适应性行为评估及个人教育计划

实 际 例 证

Maggie 的案例说明了由联邦法所规定的流程，其中包括了一系列的程序性步骤与方法，这些步骤及方法使社会工作服务得以成为教育决策过程中的主要部分。

背景

Maggie，14 岁零 7 个月，参与 EMH 项目已有数年。当她在四年级被确认需要特殊教育服务时，她被分配到一个全日制的特殊教育班中。她现在是一名九年级的学生了，她的特殊教育老师介绍她去做一项重估，以此来确认是否她的教育计划要有所修改。

Maggie 本来自一个大家庭。然而如今并无父亲，而母亲在外被雇用为非技术工人。对于引起 Maggie 缺陷的生理问题或创伤性生活经历仍不得而知。一项最近的体检报告表明，Maggie 正在根据她的同龄人的模式成长发展。她的母亲尤为希望 Maggie，能掌握一些自立的技能，并在进入高中之前能更多地与无生理或无智力缺陷的同学互动、接触。

• • • 评估数据

社会工作者完成了信息收集工作并更新了关于 Maggie 的家庭状况的信息，并且实施了一项关于她的适应性行为的评估。美国智力缺陷协会编制的公立学校版的量表被用来查明关于 Maggie 的适应性行为的情况。结果显示 Maggie 在独立功能、经济活动、语言发展、职业活动、自我引导、责任承担、社交活动方面都在平均水平之上。最终成绩表明，她在校外环境中展现了适当的适应性行为。在不受太多的监督之下，她可以对自己及他人负责并实施照顾。她甚至能够自发地制订任务目标并不断努力工作直到任务完成。

由心理学家给予的智力测试显示 Maggie 的表现如下：

韦克斯勒儿童智力量表(修订版)	
语言智商	68
操作智商	63
全量表智商	63
中值语言测试	8～10 岁
中值操作测试	6～7 岁

大范围成就测试(1978 标准)			
	标 准 化		
	等 级	得 分	百分位
阅读(第二等级)	5.7	83	23
拼写(第二等级)	4.8	78	7
算术(第一等级)	4.5	—	—

备注：由于第二等级的难度较大，算术只要求执行第一等级考试。她只需完成三位数的加法、两位数的乘法、两位数的减法。没有分数问题需要完成。

Maggie 还接受了一项投射测试(关于“我对学校有何感受”的主题)。结果显示她在回应中有所保留；她没有提供任何自发言论并且没有竭力给出答案。她发现数学和阅读非常难，但不知道为什么。最为重要的是，她认为她被其他人所喜欢着，而且大部分时间她喜欢待在学校里。

心理学家总结出 Maggie 在以下方面需要帮助：

1. 表达和接受词汇的发展；

2. 对视觉信息的注意；

3. 学会测量单位；

4. 阅读理解。

• • • 多部门人员会议

Maggie 接受测试后，相关人员召开了一次会议，之后在与其父母、同学及老师的面谈过程中收集信息，并进行了社会化发展的研究、智力测试和一项适应性行为的评估。参与者包括学校社会工作者、心理学家、Maggie 的特殊教育老师、被邀请的普通教育界员工、一所学校的管理者、Maggie 的母亲和 Maggie。

每一位参与者都要与大家分享收集到的信息并给出一则建议。Maggie 和她的母亲也有机会来分享信息并参与讨论及确立最终建议。换言之，合意最终形成。

最终建议是：

1. Maggie 仍适合特殊教育班(EMI－1)；

2. 需要更强调词汇和阅读理解；

3. Maggie 应该尽可能地融入正常班级(例如家政学、艺术、体育和音乐)；

4. 当 Maggie 要升入高中时，她和她的父母应考虑报名注册一项职业教育项目。

• • • 个人教育计划

这些建议被转化为指导性目标并被包括在 Maggie 的个人教育计划(IEP)中，这项计划后来被所有会议参与者共同签署。指导性目标有：

目标 1：提高阅读理解及词汇能力，为了能够在读完一章节或一个故事之后回答出文字层面的问题；

成功表现的标准：学生将达到 90%的回答正确率。

目标 2：可以口头上定义一个单元中的单词；

成功表现的标准：她将达到 85%的成绩或在词汇书写测试中表现得更好。

目标 3：能够将单词与它们的解释对应起来；

成功表现的标准：她将达到 75%的准确率或在测试中表现得更好。

学校社会工作者所扮演的角色将在学生从一个特殊班级转到一个部分时间特殊班级任务的过渡阶段起到支持作用。而且为了促进转化，社会工作者会向特殊教育老师、普通教师和孩子母亲咨询，并与他们采取合作态度。具体来说，学校社会工作者的主要年度目标将会是：

目标 1：为 Maggie 增加积极的社交关系(例如积极互动的数量)，在有社会工作者参与的小组中通过互动经历与非残障同龄人建立积极的社交关系。小组中既可以包括受特殊教育的学生，也可以包括受正常教育的学生。

成功表现的标准：Maggie 与一位非残障小组成员的互动(她开口说话的次数)通过小组活动增长 50%。

参考文献

第一章参考文献

Abbott, E., & Breckinridge, S. (1917). *Truancy and non-attendance in the Chicago schools: A study of the social aspects of the compulsory education and child labor legislation of Illinois.* Chicago: University of Chicago Press.

Alderson, J. J. (1952). Specific content of school social work. *Bulletin of the National Association of School Social Workers, 27,* 3–13.

Alderson, J. J. (1972). Models of school social work practice. In R. C. Sarri & F. Maple (Eds.), *The school in the community* (pp. 151–160). Washington, DC: NASW Press.

Alderson, J. J., & Krishef, C. H. (1973). Another perspective on tasks in school social work. *Social Casework, 54,* 591–600.

Allen-Meares, P. (1977). Analysis of tasks in school social work. *Social Work, 22*(3), 196–201.

Allen-Meares, P. (1987). A national study of educational reform: Implications for social work services in schools. *Children and Youth Services Review, 19*(2), 207–219.

Allen-Meares, P., & Lane, B. A. (1982). A content analysis of school social work literature, 1968–1978. In R. T. Constable & J. P. Flynn (Eds.), *School social work: Practice and research perspectives* (pp. 49–72). Homewood, IL: Dorsey Press.

Allen-Meares, P., Washington, R. O., & Welsh, B. (1986). *Social work services in schools.* Englewood Cliffs, NJ: Prentice Hall.

Anderson, J. J. (1974). Introducing change in school-community-pupil relationships: Maintaining credibility and accountability. *Journal of Education for Social Work, 19*(1), 3–8.

Anderson, R. J. (1968). *Procedures and problems in referring school children to mental health clinics.* Unpublished Doctoral Dissertation, Illinois State University, Normal, IL.

Auerbach, A. B. (1955). The special contribution of school social work in work with parent groups. *Bulletin of the National Association of School Social Workers, 30,* 10–19.

Bartlett, H. M. (1970). *The common base of social work practice.* Washington, DC: NASW Press.

Bowers, S. (1949). Nature and definition of social casework. *Social Casework, 30,* 417.

Braunstein, A. (1959). The social worker and the parents. In G. Lee (Ed.), *Helping the troubled school child: Selected readings in school social work, 1935–1955.* Washington, DC: NASW Press.

Breckinridge, S. (1914). Some aspects of the public school from a social worker's point of view. In

Journal of the Proceedings and Addresses of the National Education Association (45–51). Ann Arbor, Michigan: National Education Association.

Brieland, D. (1977). Historical overview. *Social Work: Special Issue on Conceptual Frameworks, 22,* 338–433.

Brown v. Board of Education of Topeka (I), 347 U.S. 483 (1954).

Coleman, J. S. (1966). *Equality of educational opportunity* (Report to the President and Congress). Washington, DC: U.S. Office of Education.

Constable, R. T., & Flynn, J. P. (Eds.). (1982). *School social work: Practice and research perspectives.* Homewood, IL: Dorsey Press.

Costin, L. B. (1969a). An analysis of the tasks in school social work. *Social Service Review, 43,* 274–285.

Costin, L. B. (1969b). A historical review of school social work. *Social Casework, 50,* 439–453.

Costin, L. B. (1972). Adaptations on the delivery of school social work services. *Social Casework, 53,* 348–354.

Costin, L. B. (1975). School social work practice: A new model. *Social Work, 20*(2), 135–139.

Costin, L. B. (1978). *Social work services in schools: Historical perspectives and current directions* (pp. 1–34). Washington, DC: NASW Press.

Crowthers, V. L. (1963). The school as a group setting. In *Social work practice, 1963. Selected papers, 90th annual forum, national conference on social welfare* (pp. 70–83). New York: Columbia University Press.

Culbert, J. (1916). Visiting teachers and their activities. In *Proceedings of the National Conference of Charities and Corrections* (p. 595). Chicago: Hildman Printing Company.

Culbert, J. (1923). *Visiting teachers in the United States.* New York: Public Education Association of the City of New York.

Deshler, B., & Erlich, J. L. (1972). Changing school/community relations. In R. Sarri & F. Maple (Eds.), *The school in the community* (pp. 233–253). Washington, DC: NASW Press.

Germain, C. B. (1979). Ecology and social work. In C. B. Germain (Ed.), *Social work practice: People and environment* (pp. 1–22). New York: Columbia University Press.

Gordon, W. (1962). A critique of the working definition. *Social Work, 7*(1), 3–13.

Gottlieb, B. H., & Gottlieb, L. J. (1971). An expanded role for the school social workers. *Social Work, 16,* 12–21.

Grant, G. (1973). Shaping social policy: The politics of the Coleman Report. *Teachers College Record, 75*(1), 17–54.

Hall, G. E. (1936). Changing concepts in visiting teacher work. *Visiting Teacher Bulletin, 12.*

Hourihan, J. (1952). *The duties and responsibilities of the visiting teacher.* Unpublished Doctoral Dissertation, Wayne State University, Detroit, MI.

Johnson, L. (1972). *Definition of model social work practice: A syllabus and book of readings.* Iowa City: University of Iowa Press.

Kettner, P. M. (1975). A framework for comparing practice models. *Social Service Review, 49,* 629–642.

Kozol, J. (1967). *Death at an early age.* Boston: Houghton Mifflin.

Labaree, D. (1997). Public goods, private goods: The American struggle over educational goals. *American Educational Research Association, 34*(1), 39–81.

Lau v. Nichols, 414 U.S. 563 (1974).

Lee, G. (Ed.). (1959). *Helping the troubled school child: Selected readings in school social work.* Washington, DC: NASW Press.

Lide, P. (1959). Historical influences on function of school social workers. In G. Lee (Ed.), *Helping the troubled school child: Selected readings in school social work* (pp. 18–33). Washington, DC: NASW Press.

Milliken v. Bradley, 418 U.S. 717 (1974).

Minahan, A. (Ed.). (1981). Conceptual frameworks II: Purpose and objectives of social work revisited [Special Issues]. *Social Work, 26*, 7–75.
National Advisory Committee on Civil Disorders. (1968). *The Kerner report*. Washington, DC: Government Printing Office.
National Association of Social Workers (NASW). (1999). *Code of ethics*. Washington, DC: NASW Press.
National Association of Social Workers (NASW). (2012). *Standards for school social work services*. Retrieved from http://www.naswdc.org/practice/school/default.asp
National Association of Social Workers (NASW). (n.d.). *Certified school social work specialist: Information booklet with application and reference forms*. Retrieved July 28, 2008, from www.naswdc.org/credentials/applications/c-ssws.pdf
National Association of Social Workers (NASW) & Association of Social Work Boards (ASWB). (2005). *Standards for technology and social work practice*. Retrieved from http://www.aswb.org/pdfs/TechnologySWPractice.pdf
National Commission on Excellence in Education. (1983). *A nation at risk: The imperative for educational reform*. Washington, DC: U.S. Department of Education.
Nebo, J. C. (1955). Interpretation of school social welfare services to educators and other professionals who serve the schools. *Bulletin of the National Association of School Social Workers, 30*, 1–55.
Nieberl, H. R. (1972). Breaking out of the bind in school social work practice. In R. C. Sarri & F. Maple (Eds.), *The school in the community* (pp. 151–160). Washington, DC: NASW Press.
Oppenheimer, J. (1925). *The visiting teacher movement with special reference to administrative relationships* (2nd ed.). New York: Joint Committee on Methods of Preventing Delinquency.
Orfield, G. (1978). *Must we bus? Segregation and national policy*. Washington: Brookings Institution Press.
Orfield, G., & Eaton, S. E. (Eds.). (1996). *Dismantling desegregation: The quiet reversal of Brown v. Board of Education*. New York: New Press.
Pahwa, B. A. (2003). Technology and school social work services: Introducing technology in an alternative school. *Journal of Technology in Human Services, 21*(1/2), 139–160.
Plessy v. Ferguson, 163 U.S. 537 (1896).
Redmond, M. E. (2003). School social work information systems (SSWIS): A relational database for school social workers. *Journal of Technology in Human Services, 21*(1/2), 161–175.
Reynolds, B. C. (1935). Social casework: What is it? What is its place in the world today? *The Family, 16*, 238.
Rowen, R. (1965). The function of the visiting teacher in the school. *Journal of the International Association of Pupil Personnel Workers, 9*, 3–9.
Sarri, R., & Maple, F. (Eds.). (1972). *The school in the community*. Washington, DC: NASW Press.
Shaw, M. C. (1967). Role delineation among guidance professions. *Psychology in the Schools, 4*, 3–13.
Sikkema, M. (1949). An analysis of the structure and practice of school social work today. *Social Service Review, 23*, 447–453.
Sikkema, M. (1953). *Report of a study of school social work practice in twelve communities*. New York: American Association of School Social Workers.
Silberman, C. (1970). *Crisis in the classroom*. New York: Random House.
Simon, P. (1955). Social group work in the schools. *Bulletin of the National Association for School Social Workers, 27.*
Smalley, R. (1947). School social work as a part of the school program. *Bulletin of the National Association of School Social Workers, 22.*
Smalley, R. (1955). School counseling as social work. *Bulletin of the National Association of School Social Workers, 30*, 21–34.
Minahan, A., & Pincus, A. (1977). Conceptual Frameworks [Special Issue]. *Social Work, 22*(5), 347–352.

Spitzer, K., & Welsh, B. (1969). A problem-focused model of practice. *Social Casework, 50*, 323–329.

Swann v. Charlotte-Mecklenburg Board of Education, 402 U.S. 1 (1971).

Taft, J. (1923). The relation of the school on the mental health of the average child. In *Proceedings of the National Conference of Social Work* (p. 398). Chicago: University of Chicago Press.

Task Force on Children Out of School. (1970). *The way we go to school.* Boston: Beacon Press.

Timberlake, E. M., Sabantino, C. A., & Hooper, S. N. (1982). School social work practice and P.L. 94–142. In R. T. Constable & J. P. Flynn (Eds.), *School social work: Practice and research perspectives* (pp. 49–72). Homewood, IL: Dorsey Press.

Towle, C. (1936). Discussion of "changing concepts in visiting teacher work." *Visiting Teacher Bulletin, 12*, 15–16.

Tripodi, T., & Epstein, I. (1980). *Research techniques for clinical social workers.* New York: Columbia University Press.

Vargus, I. (1976). Developing, launching, and maintaining the school-community-pupil program. In D. J. Kurpiur & I. Thomas (Eds.), *Social services and the public schools* (pp. 61–73). Bloomington, IN: Midwest Center Satellite Consortium for Planned Change in Pupil Personnel Program for Urban Schools.

Vinter, R. D., & Sarri, R. C. (1965). Malperformance in the public schools. *Social Work, 10*, 38–48.

Wald, L. (1915). *The house on Henry Street.* New York: Henry Holt and Co.

Watson, T. F. (1975). An open letter to social workers in schools. *NASW News, 19.*

Werner, B. (1959). *Objectives of the social work curriculum.* New York: Council on Social Work Education.

Wessenich, L. P. (1972). Systems analysis applied to school social work. In R. Sarri & F. Maple (Eds.), *The school in the community* (pp. 196–210). Washington, DC: NASW Press.

Williams, R. B. (1970). School compatibility and social work role. *Social Service Review, 44*, 169–174.

Willis, J. (1969). The mental health worker as a systems engineer. In R. Sarri & F. Maple (Eds.), *The general systems approach: Contribution toward an holistic conception of social work.* New York: Council on Social Work Education.

Willis, J. W., & Willis, J. S. (1972). The mental health worker as a systems behavioral engineer. In R. Sarri & F. Maple (Eds.), *The school in the community* (pp. 141–160). Washington, DC: NASW Press.

Winters, W., & Easton, F. (1983). *The practice of social work in school: An ecological perspective.* New York: Free Press.

第二章参考文献

Aron, L., & Loprest, P. (2012). Disability and the education system. *The Future of Children, 22*(1), 97–122.

Aud, S., Fox, M. A., & KewalRamani, A. (2010). *Status and trends in the education of racial and ethnic groups* (NCES 2010-015). Washington DC: National Center for Education Statistics, Institute of Education Sciences, Department of Education. Retrieved October 1, 2012, from http://nces.ed.gov/pubs2010/2010015.pdf

Belfield, C. R., & Levin, H. M. (2005). *Privatizing educational choice: Consequences for parents, schools, and public policy.* Boulder, CO: Paradigm Publishers.

Bowles, S., & Gintis, H. (1976). *Schooling in capitalist America: Educational reform and the contradictions of economic life.* New York: Basic Books.

Callahan, R. E. (1962). *Education and the cult of efficiency: A study of the social forces that have shaped the administration of the public schools.* Chicago: University of Chicago Press.

Center on Education Policy. (2011). Is achievement improving and are gaps narrowing for title I students? Retrieved from http://www.google.com/url?sa=t&rct=j&q=&esrc=s&source=web&cd=1&sqi=2&ved=0CB8QFjAA&url=http%3A%2F%2Fwww.cep-dc.org%2Fcfcontent_file.cfm%3FAttachment%3DKoberMcMurrerSilva_FullReport_TitleI_080111.pdf&ei=7qJoUODgEOHM2AWHwYDICw&usg=AFQjCNGhjzlbflfzcfE_fDC66p6BIAqImQ

Center for Education Reform. (2012). *The essential guide to charter school law: 2012 national ranking and scorecard.* Retrieved from http://www.edreform.com/wp-content/uploads/2012/05/CER-CharterLawsRankScore20125.2.12.pdf

Chingos, M. M., & Peterson, P. E. (2012). *The effects of school vouchers on college enrollment: Experimental evidence from New York City.* Retrieved from the Brown Center on Education Policy at Brookings Web site: http://www.brookings.edu/~/media/Research/Files/Papers/2012/8/23%20school%20vouchers%20harvard%20chingos/Impacts_of_School_Vouchers_FINAL.pdf

Chorneau, T. (2012). *Ed secretary dunction proposes new accountability rules on grant money.* Retrieved from http://www.siacabinetreport.com/articles/viewarticle.aspx?article=2647

Chubb, J. E., & Moe, T. M. (1990). *Politics, markets, and America's schools.* Washington, DC: Brookings Institution Press.

Cook, J. (2012). *New report outlines areas of concern for NCLB reviews.* Retrieved from http://www2.dothaneagle.com/news/2012/oct/03/new-report-outlines-areas-concern-nclb-waivers-ar-4679688/

Cooper, B. S., & Sureau, J. (2007). The politics of homeschooling: New developments, new challenges. *Educational Policy, 21*(1), 110–131.

Cunha, F., & Heckman, J. J. (2006). *Investing in our young people.* Chicago: University of Chicago.

Curti, M. (1959). *The social ideas of American educators* (Rev. ed.). Totowa, NJ: Littlefield, Adams.

Diaz de La Portilla, R. (2002). *The effect of Florida's tuition credits on public schools: Competition or convolution?* Unpublished master's thesis, Cornell University, Ithaca, NY.

Downey, M. (2011). *New study: Charter schools have a 15 perfect closure rate.* Retrieved from http://blogs.ajc.com/get-schooled-blog/2011/12/21/new-study-charter-schools-have-a-15-percent-closure-rate/

Duncan, G. J., Dowsett, C. J., Claessens, A., Magnuson, K., Huston, A. C., Klebanov, P., et al. (2007). School readiness and later achievement. *Developmental Psychology, 43,* 1428–1446.

Epstein, J. L., & Van Voorhis, F. L. (2010). School counselors' roles in developing partnerships with families and communities for student success. *Professional School Counseling, 14,* 1–14.

Figlio, D. N., & Lucas, M. E. (2004). Do high grading standards affect student performance? *Journal of Public Economics, 88*(9–10), 1815–1834.
Geierstanger, S. P., & Amaral G. (2005). *School-based health centers and academic performance: What is the intersection? April 2004 Meeting Proceedings* (White Paper). Washington, DC: National Assembly on School-Based Health Care.
Gill, B. P., Timpane, P. M., Ross, K. E., & Brewer, D. J. (2001). *Rhetoric versus reality: What we know and what we need to know about vouchers and charter schools.* Santa Monica, CA: Rand.
Gormley, W. T. J., Phillips, D., & Gayer, T. (2008). Preschool programs can boost school readiness. *Science, 320*, 1723–1724.
Guo, J. J., Wade, T. J., Pan, W., & Keller, K. N. (2010). School-based health centers: Cost-benefit analysis and impact on health care disparities. *American Journal of Public Health, 100*, 1617–1623.
Henderson, A. T., & Mapp, K. L. (Eds.). (2002). *A new wave of evidence: The impact of school, family, and community connections on student achievement.* Austin, TX: National Center for Family and Community Connections With Schools, Southwest Educational Development Laboratory. Retrieved from http://www.sedl.org/connections/research-syntheses.html
Holcomb-McCoy, C. (2010). Involving low-income parents and parents of color in college readiness activities: An exploratory study. *Professional School Counseling, 14*, 115–124.
IDEA: Individuals With Disabilities Education Act, 20 U.S.C. § 1400 (2004).
Imberman, S. A. (2011). Achievement and behavior in charter schools: Drawing a more complete picture. *The Review of Economics and Statistics, 93*, 416–435.
Individuals with Disabilities Education Improvement Act of 2004, H. R. 1350.
Kaestle, C. (1983). *Pillars of the republic: Common schools and American society.* New York: Hill & Wang.
Kozol, J. (1991). *Savage inequalities: Children in American schools.* New York: Crown.
Labaree, D. (1997). Public goods, private goods: The American struggle over educational goals. *American Educational Research Association, 34*(1), 39–81.
Ladd, H. F., Chalk, R., & Hansen, J. S. (1999). *Equity and adequacy in education finance: Issues and perspectives.* Washington, DC: National Academy Press.
Lemon v. Kurtzman, 403 U.S. 602 (1971).
Levenson, N. (2012). *Boosting the quality and efficiency of special education.* Dayton, OH: Thomas B Fordham Foundation and the Progressive Policy Institute. Retrieved November 16, 2012, from http://www.edexcellence.net/publications/boosting-the-quality-and-efficiency-of-special-education.html
Meyer, J. W., Scott, W. R., Strang, D., & Creighton, A. L. (1988). Bureaucratization without centralization: Changes in the organizational system of U.S. public education, 1940–80. In L. G. Zucker (Ed.), *Institutional patterns in organizations: Cultureand environments* (pp. 139–168). Cambridge, MA: Ballinger.
National Center for Education Statistics. (2001). *Digest of education statistics* (Table 167). Washington, DC: U.S. Government Printing Office.
National Center for Education Statistics. (2011a). *The Nation's Report Card: Mathematics 2011* (NCES 2012–458). Washington, DC: National Center for Education Statistics, Institute of Education Sciences, U.S. Department of Education.
National Center for Education Statistics. (2011b). *National assessment of educational progress.* Retrieved from http://nces.ed.gov/
National Commission on Excellence in Education. (1983). *A nation at risk: The imperative for educational reform.* Washington, DC: U.S. Department of Education.

New York State Education Department. (2012). *2012-13 NYS Universal Prekindergarten Program and application.* Retrieved from http://www.p12.nysed.gov/upk/

No Child Left Behind Act of 2001, Pub. L No. 107–110, 115 Stat. 1425 (Jan. 8, 2002).

Powell, A. G., Farrar, E., & Cohen, D. K. (1985). *The shopping mall high school: Winners and losers in the educational market place.* Boston: Houghton Mifflin.

Ravitch, D. (2000). *Left back: A century of failed school reforms.* New York: Simon & Schuster.

Ray, B. D. (2009). *Homeschool progress report 2009: Academic achievement and demographics.* Home School Legal Defense Association. Retrieved from http://www.eric.ed.gov/ERICWebPortal/search/detailmini.jsp?_nfpb=true&_&ERICExtSearch_SearchValue_0=ED535134&ERICExtSearch_SearchType_0=no&accno=ED535134

Rich, M. (2012, July 6). 'No child' law whittled down by White House. *The New York Times.* Retrieved from http://www.nytimes.com/2012/07/06/education/no-child-left-behind-whittled-down-under-obama.html?pagewanted=all&_r=0

Rose, L. C., & Gallup, A. M. (2001). The 33rd Annual Phi Delta Kappa/Gallup Poll of the public's attitudes toward the public schools. *Phi Delta Kappan, 83*(1), 41–58.

Rury, J. L. (2005). *Education and social change* (2nd ed.). Mahwah, NJ: Erlbaum.

San Antonio Independent School District v. Rodriguez, 411 U.S. 1 (1973).

Serrano v. Priest, 5 Cal. 3d 584 (1971).

Sipple, J. W., McCabe, L. M., & Ross-Bernstein, J. (2007). *Assessing capacity: Early childhood education in rural New York State.* Unpublished report for the Rural Education Advisory Committee, Albany, NY.

Sipple, J. W., McCabe, L. M., Ross-Bernstein, J., & Casto, H. G. (2008). *Educational services for preschool children in rural New York State: Links among community-based organizations, prekindergarten programs, and school districts.* Unpublished report for the Rural Education Advisory Committee, Albany, NY.

Snyder, T. D., & Dillow, S. A. (2012). *Digest of Education Statistics 2011* (NCES 2012-001). Washington, DC: National Center for Education Statistics, Institute of Education Sciences, U.S. Department of Education.

Stabile, M., & Allin, S. (2012). The economic costs of childhood disability. *The Future of Children,* 22(1), 65–96.

Strozer, J., Juszczak, L., & Ammerman, A. (2010). *School-based health centers: National census school year 2007–2008.* Washington, DC: National Assembly on School-Based Health Care.

Tyack, D. B. (1974). *The one best system: A history of American urban education.* Cambridge, MA: Harvard University Press.

Tyack, D. B., & Cuban, L. (1995). *Tinkering toward utopia: A century of public school reform.* Cambridge, MA: Harvard University Press.

U.S. Department of Education. (2009). *Race to the top: Application for phase 3 funding.* Washington DC: Author.

U.S. Department of Education. (2012). *Restraint and seclusion: Resource document.* Washington, DC: Author.

U.S. Department of Education. (2013). *Waivers granted under no child left behind.* Retrieved from http://www2.ed.gov/nclb/freedom/local/flexibility/waiverletters/index.html?exp=3.

U.S. Department of Education, National Center for Education Statistics. (2011). *Mini-Digest of education statistics, 2010* (NCES No. 2011-016). Washington, DC: Government Printing Office. Retrieved from http://nces.ed.gov/pubs2011/2011016.pdf

U.S. Department of Health and Human Services, Administration for Children and Families. (2010, January). *Head Start Impact Study. Final Report.* Washington, DC Author.

U.S. Government Accounting Office. (2000b). *Title I program: Stronger accountability needed for performance of disadvantaged students* (HEHS00-89). Washington, DC: U.S. Government Printing Office.

The White House. (2012). *President Obama: Our children can't wait for congress to fix no child left behind, announces flexibility in exchange for reform for ten states.* Retrieved from http://www.whitehouse.gov/the-press-office/2012/02/09/no-child-left-behind-announces-flexibility exchange-reform-ten-states.

Zelman v. Simmons-Harris, 536 U.S. 639 (2002).

Zigler, E., Gilliam, W. S., & Jones, S. M. (2006). *A vision for universal preschool education.* New York: Cambridge University Press.

Zirkel, P. A., Richardson, S. N., & Goldberg, S. S. (1995). *A digest of Supreme Court decisions affecting education.* Bloomington, IN: Phi Delta Kappa Educational Foundation.

第三章参考文献

Allen-Meares, P., & Lane, B. (1987). Grounding social practice in theory: Ecosystems. *Social Casework: The Journal of Contemporary Social Work, 68,* 515–521.

Allen-Meares, P., Lane, B., & Oppenheimer, M. (1981). *Assessing the adaptive behavior of children and youth.* Washington, DC: Second National Conference on School Social Work.

Amos, J. (2008). *Dropouts, diplomas, and dollars: U.S. high schools and the nation's economy.* Washington, DC: Alliance for Excellent Education.

Arum, R. (2000). Schools and communities: Ecological and institutional dimensions. *Annual Review of Sociology, 26,* 395–418.

Aud, S., Fox, M. A., & KewalRamani, A. (2010). *Status and trends in the education of racial and ethnic groups* (NCES 2010-015). Washington DC: National Center for Education Statistics, Institute of Education Sciences, Department of Education. Retrieved October 1, 2012, from http://nces.ed.gov/pubs2010/2010015.pdf

Barker, R. L. (2003). *The social work dictionary* (5th ed.). Washington, DC: NASW Press.

Bausch, K. C. (2001). *The emerging consensus in social systems theory.* New York: Mower Academic/Plenum.

Benbenishty, R., & Astor, R. A. (2005). *School violence in context: Culture, neighborhood, family, school, and gender.* New York: Oxford University Press.

Bennett, T., Holloway, K., & Farrington, D. P. (2009). A review of the effectiveness of neighbourhood watch. *Security Journal, 22,* 143–155.

Boocock, S. S. (1973). The school as a social environment for learning: Social organization and micro-social process in education. *Sociology of Education, 46*(1), 15–50.

Booth, A., & Crouter, A. C. (Eds.). (2001). *Does it take a village? Community effects on children, adolescents, & families.* New York: Erlbaum.

Bowen, G. L. (2009). Preventing school dropout: The eco-interactional developmental model of school success. *The Prevention Researcher, 16*(3), 3–8.

Bowen, G. L., Bowen, N. K., & Cook, P. G. (2000). Neighborhood characteristics and supportive parenting among single mothers. In G. L. Fox & M. L. Benson (Eds.), *Families, crime and criminal justice* (pp. 183–206). New York: Elsevier Science.

Bowen, G. L., Martin, J. A., Mancini, J. A., & Nelson, J. P. (2000). Community capacity: Antecedents and consequences. *Journal of Community Practice, 8*(2), 1–21.

Bowen, G. L., Powers, J. D., Woolley, M. E., & Bowen, N. K. (2004). School violence. In L. A. Rapp-Paglicci, C. N. Dulmus, & J. S. Wodarski (Eds.), *Handbook of preventive interventions for children and adolescents* (pp. 338–358). Hoboken, NJ: John Wiley & Sons, Inc.

Bowen, G. L., & Richman, J. (2002). Schools in the context of communities. *Children & Schools, 24,* 67–71.

Bowen, G. L., Rose, R. A., & Bowen, N. K. (2005). *The reliability and validity of the school success profile.* Philadelphia: Xlibris Corporation.

Bowen, G. L., Rose, R. A., & Ware, W. B. (2006). The reliability and validity of the School Success Profile Learning Organization measure. *Evaluation and Program Planning, 29,* 97–104.

Bowen, G. L., & Swick, D. C. (2013). Using the School Success Profile to assess outcomes. In C. Franklin, M. B. Harris, & P. Allen-Meares (Eds.), *The school services sourcebook* (2nd ed., pp. 915–924). New York: Oxford University Press.

Bowen, G. L., & Van Dorn, R. A. (2002). Community violent crime rates and school danger. *Children & Schools, 24,* 90–104.

Bowen, G. L., Ware, W. B., Rose, R. A., & Powers, J. D. (2007). Assessing the functioning of schools as learning organizations. *Children & Schools, 29*, 199–208.
Brodsky, A. E. (1996). Resilient single mothers in risky neighborhoods. *Journal of Community Psychology, 24*, 347–363.
Bronfenbrenner, U. (1979). *The ecology of human development: Experiments by nature and design.* Cambridge, MA: Harvard University Press.
Bryk, A. S., & Driscoll, M. E. (1988). *The school as community: Theoretical foundations, contextual influences, and consequences for students and teachers.* Chicago: The University of Chicago Benton Center for Curriculum and Instruction.
Bryk, A. S., Lee, V. E., & Holland, P. B. (1993). *Catholic schools and the common good.* Cambridge, MA: Harvard University Press.
Byrnes, H. F., & Miller, B. A. (2012). The relationship between neighborhood characteristics and effective parenting behaviors: The role of social support. *Journal of Family Issues, 33*, 1658–1687.
Campbell, F. A., Pungello, E. P., Burchinal, M., Kainz, K., Pan, Y., Wasik, B. H., et al. (2012). Adult outcomes as a function of an early childhood educational program: An Abecedarian Project follow-up. *Developmental Psychology, 48*, 1033–1043.
Campbell, F. A., & Ramey, C. T. (2010). Carolina Abecedarian Project. In A. Reynolds, A. Rolnick, M. Englund, & J. Temple (Eds.), *Childhood programs and practices in the first decade of life: A human capital integration* (pp. 76–98). New York: Cambridge University Press.

Chapman, C., Laird, J., Ifill, N., & KewalRamani, A. (2011). *Trends in high school dropout and completion rates in the United States: 1972–2009* (NCES 2012-006). Washington, DC: National Center for Education Statistics. U.S. Department of Education. Retrieved November 1 from http://nces.ed.gov/pubsearch.
Cohen, J., McCabe, E. M., Michelli, N. M., & Pickeral, T. (2009). School climate: Research, policy, practice, and teacher education. *Teachers College Record, 111*, 180–213.
Coleman, J. S. (1966). *Equality of educational opportunity* (Report to the President and Congress). Washington, DC: U.S. Office of Education.
Coleman, J. S. (1988). Social capital in the creation of human capital. *American Journal of Sociology, 94*, S95–S120.
Coleman, J. S. (1997). Output-driven schools: Principles of design. In J. S. Coleman, B. Schneider, S. Plank, K. S. Schiller, R. Shouse, & H. Wang with S. A. Lee (Eds.), *Redesigning American education* (pp. 13–38). Boulder, CO: Westview Press.
Constable, R. (2009). The role of the school social worker. In C. R. Massat, R. Constable, S. McDonald, & J. P. Flynn (Eds.), *School social work: Practice, policy, and research* (7th ed., pp. 3–29). Chicago: Lyceum Books.
Crosnoe, R., Johnson, M. K., & Elder, G. H., Jr. (2004). Intergenerational bonding in school: The behavioral and contextual correlates of student-teacher relationships. *Sociology of Education, 77*, 60–81.
Crosnoe, R., Morrison, F., Burchinal, M., Pianta, R., Keating, D., Friedman, S. L., et al. (2010). Instruction, teacher-student relations, and math achievement trajectories in elementary school. *Journal of Educational Psychology, 102*, 407–417.
Dever, B. V., & Karabenick, S. A. (2011). Is authoritative teaching beneficial for all students? A multilevel model of the effects of teaching style on interest and achievement. *School Psychology Quarterly, 26*, 131–144.
Froiland, J. M. (2011). Examining the effects of location, neighborhood social organization, and home literacy on early cognitive skills in the United States. *International Journal of Psychology: A Biopsychosocial Approach, 9*, 29–42.

Furstenberg, F. E., Jr., & Hughes, M. E. (1997). The influence of neighborhoods on children's development: A theoretical perspective and a research agenda. In J. Brooks-Gunn, G. J. Duncan, & J. L. Aber (Eds.), *Neighborhood poverty* (Vol. II, pp. 23–47). New York: Russell Sage Foundation.

Germain, C. B. (1973). An ecological perspective. *Social Casework, 51*(June), 323–330.

Germain, C. B. (2006). An ecological perspective on social work in the schools. In R. Constable, C. R. Massat, S. McDonald, & J. P. Flynn (Eds.), *School social work: Practice, policy, and research* (6th ed., pp. 29–39). Chicago: Lyceum Books.

Gitterman, A., & Shulman, L. (Eds.). (2005). *Mutual aid groups, vulnerable & resilient populations, and the life cycle*. New York: Columbia University Press.

Gordon, R. A., Lahey, B. B., Kawai, E., Loeber, R., Stouthamer-Loeber, M., & Farrington, D. P. (2004). Antisocial behavior and youth gang membership: Selection and socialization. *Criminology, 42*, 55–87.

Greif, G. L., & Lynch, A. A. (1983). The eco-systems perspective. In C. H. Meyer (Ed.), *Clinical social work in the eco-systems perspective* (pp. 35–71). New York: Columbia University Press.

Harding, M., Knoff, H. M., Glenn, R., Johnson, L., Schrag, H., & Schrag, J. (2008). *The Arkansas State Improvement Grant evaluation and outcome report to the U.S. Department of Education's Office of Special Education Programs: Improving student outcomes through the school-wide implementation of Project ACHIEVE's Positive Behavioral Support Systems*. Little Rock, AR: Arkansas Department of Education, Special Education.

Hawkins, J. D., Von Cleve, E., & Catalano, R. F. (1991). Reducing early childhood aggression: Results of a primary prevention program. *Journal of the American Academy of Child & Adolescent Psychiatry, 30*, 208–217.

Haycock, K., & Huang, S. (2001, Winter). Are today's high school graduates ready? *Thinking K-I 6, 5*(1), 3–17.

Herrnstein, R., & Murray, C. (1994). *The bell curve: Intelligence and class structure in American life*. New York: Free Press.

Hiatt-Michael, D. B. (2001). Schools as learning communities: A vision for organic school reform. *The School Community Journal, 11*, 113–127.

An interview with Daniel Yankelovich. (1992, Summer). *Family Affairs, 5* (1–2), New York: Institute for American Values.

Irvin, M. J., Meece, J. L., Byun, S., Farmer, T. W., & Hutchins, B. C. (2011). Relationship of school context to rural youth's educational achievement and aspirations. *Journal of Youth and Adolescence, 40*, 1225–1242.

Johnson, A. K. (1998). The revitalization of community practice: Characteristics, competencies, and curricula for community based services. *Journal of Community Practice, 5*(3), 37–62.

Johnson, K., Bryant, D., Strader, T., Bucholtz, G., Berbaum, M., Collins, D., & Noe, T. (1996). Reducing alcohol and other drug use by strengthening community, family, and youth resiliency: An evaluation of the creating lasting connections program. *Journal of Adolescent Research, 11*(1), 36–67.

Lee, D. B., & Brosziewski, A. (2009). *Observing society: Meaning, communication, and social systems*. Amherst, NY: Cambria Press.

Lee, V. E., Dedrick, R. F., & Smith, J. B. (1991). The effect of the social organization of schools on teachers' efficacy and satisfaction. *Sociology of Education, 64*, 190–208.

Lee, V. E., & Smith, J. B. (1999). Social support and achievement for young adolescents in Chicago: The role of school academic press. *American Educational Research Journal, 36*, 907–945.

Leithwood, K., Jantzi, D., & Steinbach, R. (1998). Leadership and other conditions which foster organizational learning in schools. In K. Leithwood & K. S. Louis (Eds.), *Organizational learning in schools* (pp. 67–90). Lisse, NL: Swets & Zeitlinger.

Lick, D. W. (2006). A new perspective on organizational learning: Creating learning teams. *Evaluation and Program Planning, 29*, 88–96.

Mancini, J. A., & Bowen, G. L. (2013). Families and communities: A social organization theory of action and change. In G. W. Peterson & K. R. Bush (Eds.), *Handbook of marriage and the family* (3rd ed., pp. 781–813). New York: Springer.

Markowitz, F. E. (2003). Socioeconomic disadvantage and violence: Recent research on culture and neighborhood control as explanatory mechanisms. *Aggression and Violent Behavior, 8*, 145–154.

Martin, W., & Swartz-Kulstad, J. L. (Eds.). (2000). *Person-environment psychology and mental health: Assessment and intervention*. Mahwah, NJ: Erlbaum.

Maslow, A. (1954). *Motivation and personality*. New York: Harper Collins.

Mason, S. E. (2012). Protecting our children: Preventing violence in schools and communities. *Families in Society, 93*, 83–84.

Mattaini, M. A. (2008). Ecosystems theory. In B. A. Thyer, K. M. Sowers, & C. N. Dulmus (Eds.), *Comprehensive handbook of social work and social welfare, Vol. 2: Human behavior in the social environment* (pp. 355–377). Hoboken, NJ: John Wiley and Sons, Inc.

Meyer, C. H. (1976). *Social work practice: The changing landscape* (2nd ed.). New York: Free Press.

Monkman, M. M. (1978). A broader, more comprehensive view of social work practice. *School Social Work Journal, 2*(2), 89–96.

Monkman, M. M. (2009). The characteristic focus of the social worker in the public schools. In C. R. Massat, R. Constable, S. McDonald, & J. P. Flynn (Eds.), *School social work: Practice, policy, and research* (7th ed., pp. 30–48). Chicago: Lyceum Books.

Morales, J. R., & Guerra, N. G. (2006). Effects of multiple context and cumulative stress on urban children's adjustment in elementary school. *Child Development, 77*, 907–923.

Muennig, P., Robertson, D., Johnson, G., Campbell, F., Pungello, E. P., & Neidell, M. (2011). The effect of an early education program on adult health: The Carolina Abecedarian Project randomized control trial. *American Journal of Public Health, 101*, 512–516.

Munoz, M. A., & Vanderhaar, J. E. (2006). Literacy-embedded character education in a large urban district: Effects of the Child Development Project on elementary school students and teachers. *Journal of Research in Character Education, 4*, 27–44.

Nelson, G. M. (2000). *Self-governance in communities and families*. San Francisco: Berrett-Koehler.

Oh, J. (2003). Assessing the social bonds of elderly neighbors: The roles of length of residence, crime victimization, and perceived disorder. *Sociological Inquiry, 73*, 490–510.

Organisation for Economic Co-operation and Development. (2010). *PISA 2009 results: What students know and can do: Student performance in reading, mathematics and science (Volume 1)*. Retrieved October 1, 2012, from http://www.oecd.org/pisa/pisaproducts/48852548.pdf

Orthner, D. K., & Bowen, G. L. (2004). Strengthening practice through Results Management. In A. R. Roberts & K. R. Yeager (Eds.), *Evidence-based practice manual: Research and outcome measures in health and human services* (pp. 897–904). New York: Oxford University Press.

Phillips, M. (1997). What makes schools effective? A comparison of the relationships of communitarian climate and academic achievement and attendance during middle school. *American Educational Research Journal, 34*, 633–662.

Powers, J. D., Bowen, G. L., & Rose, R. (2005). Using social environment assets to identify intervention strategies for promoting school success. *Children & Schools, 27*, 177–187.

Richman, J. M., Bowen, G. L., & Woolley, M. E. (2004). School failure: An eco-interactional developmental perspective. In M. Fraser (Ed.), *Risk and resilience in childhood: An ecological-perspective* (2nd ed., pp. 133–160). Washington, DC: NASW Press.

Robbins, S. P., Chatterjee, P., & Canda, E. R. (2012). *Contemporary human behavior theory: A critical perspective for social work* (3rd ed.). Boston, MA: Allyn & Bacon.

Royal, M. A., & Rossi, R. J. (1996). Individual level correlates of sense of community: Findings from workplace and school. *Journal of Community Psychology, 24,* 395–416.
Sabatino, C. A. (2009). Collaboration and consultation: Professional partnerships for serving children, youths, families, and schools. In C. Massat, R. Constable, S. McDonald, & J. Flynn (Eds.), *School social work: Practice, policy, and research* (7th ed., pp. 376–402). Chicago, IL: Lyceum Books.
Sampson, R. J. (2001). How do communities undergird or undermine human development? Relevant contexts and social mechanisms. In A. Booth & A. C. Crouter (Eds.), *Does it take a village? Community effects on children, adolescents, & families* (pp. 3–30). New York: Erlbaum.
Sampson, R. J., Raudenbush, S., & Earls, F. (1997). Neighborhoods and violent crime: A multilevel study of collective efficacy. *Science, 277,* 918–924.
Schein, E. H. (1985). *Organizational culture and leadership.* San Francisco: Jossey-Bass.
Schein, E. H. (2010). *Organizational culture and leadership* (4th ed.). San Francisco, CA: Jossey-Bass.
Senge, P., Cambron-McCabe, N., Lucas, T., Smith, B., Dutton, J., & Kleiner, A. (2012). *Schools that learn (updated and revised): A fifth discipline fieldbook for educators, parents, and everyone who cares about education.* New York: Crown Business.
Shouse, R. C. (1997). Academic press, sense of community, and student achievement. In J. S. Coleman, B. Schneider, S. Plank, K. S. Schiller, R. Shouse, & H. Wang with S. A. Lee (Eds.), *Redesigning American education* (pp. 60–86). Boulder, CO: Westview Press.

Shouse, R. C. (2002). School effects. In D. L. Levinson, P. W. Cookson, & A. Sadovnik (Eds.), *Education and sociology: An encyclopedia* (pp. 519–524). New York: Routledge Falmer.
Smedley, B. (2012, November 2). *Building stronger communities for better health: Moving from science to policy and practice.* Plenary presentation at the National Council on Family Relations Annual Conference, Phoenix, AZ.
Solomon, D., Battistich, V., Watson, M., Schaps, E., & Lewis, C. (2000). A six-district study of educational change: Direct and mediated effects of the Child Development Project. *Social Psychology of Education, 4,* 3–51.
Sviridoff, M., & Ryan, W. (1997). Community centered family service. *Families in Society: The Journal of Contemporary Human Services, 78,* 128–139.
Taylor, S. S. (2009). How street gangs recruit and socialize members. *Journal of Gang Research, 17,* 1–27.
Turner, J. B. (1998). Foreword. In P. L. Ewalt, E. M. Freeman, & D. L. Poole (Eds.), *Community building: Renewal, well-being, and shared responsibility* (pp. ix–x). Washington, DC: NASW Press.
Vernez, G., Krop, R. A., & Rydell, C. P. (1999). *Closing the education gap: Benefits and costs.* Santa Monica, CA: RAND.
von Bertalanffy, L. (1968). *General systems theory.* New York: Braziller.
Waller, V. V. (1965). *The sociology of teaching.* New York: Wiley.
Webster-Stratton, C., Reid, J., & Hammond, M. (2001). Preventing conduct problems, promoting social competence: A parent and teacher partnership in Head Start. *Journal of Clinical Child Psychology, 30,* 283–302.
Weiss, H. B., Kreider, H., Lopez, M. E., & Chatman, C. M. (Eds.). (2005). *Preparing educators to involve families: From theory to practice.* London: Sage.
Whitchurch, G. G., & Constantine, L. L. (1993). Systems theory. In P. G. Boss, W. J. Doherty, R. LaRossa, W. R. Schumm, & S. K. Steinmetz (Eds.), *Sourcebook of family theories and methods: A contextual approach* (pp. 325–352). New York: Plenum.
Williams, K., Rivera, L., Neighbours, R., & Reznik, V. (2007). Youth violence prevention comes of age: Research, training and future directions. *Annual Review of Public Health, 28,* 195–211.
Woolley, M. E., & Bowen, G. L. (2007). In the context of risk: Supportive adults and the school engagement of middle school students. *Family Relations, 56,* 92–104.

第四章参考文献

Agresta, J. (2006). Job satisfaction among school social workers: The role of interprofessional relationships and professional role discrepancy. *Journal of Social Service Research, 33*, 47–52.

Alameda-Lawson, T., Lawson, M. A., & Lawson, H. A. (2010). Social workers' roles in facilitating the collective involvement of low-income, culturally diverse parents in an elementary school. *Children & Schools, 32*, 172–182.

Alvarez, M., & Bye, L. (2013). Writing a contract with a community agency for a school-based service. In C. Franklin, M. B. Harris, & P. Allen-Meares (Eds.), *The school services sourcebook* (2nd ed., pp. 853–864). New York: Oxford University Press.

Anderson-Butcher, D. (2008). School-family-community coordination functions: The missing piece in partnership development and maintenance. *The Community Psychologist, 41*, 28–33.

Arias, M. B., & Morillo-Campbell, M. (2008). *Promoting ELL PI: Challenges in contested times.* East Lansing, MI: Great Lakes Center for Education Research and Practice.

Arum, R. (2000). Schools and communities: Ecological and institutional dimensions. *Annual Review of Sociology, 26*, 395–418.

Ashford, J. B., LeCroy, C. W., & Lortie, K. L. (2006). *Human behavior in the social environment: A multidimensional perspective* (3rd ed.). Belmont, CA: Brooks/Cole.

Austin, D. (2002). *Human services management: Organizational leadership in social work practice.* New York: Columbia University Press.

Bogler, R. (2001). The influence of leadership style on teacher job satisfaction. *Educational Administration Quarterly, 37*, 662–683.

Bowen, G. L., & Richman, J. (2002). Schools in the context of communities. *Children & Schools, 24*, 67–71.

Bowen, N. K. (2013). Using data to communicate with school stakeholders. In C. Franklin, M. B. Harris, & P. Allen-Meares (Eds.), *The school services sourcebook* (2nd ed., pp. 889–902). New York: Oxford University Press.

Branch, G. F., Hanushek, E. A., & Rivkin, S. G. (2013). School leaders matter: Measuring the impact of effective principals. *Education Next, 13*, 62–69.

Brandis, C., & Philliber, S. (1998). Room to grow: Improving services for pregnant and parenting teenagers in school settings. *Education and Urban Society, 30*, 242–261.

Bronstein, L. R., Ball, A., Mellin, E. A., Wade-Mdivanian, R., & Anderson-Butcher, D. (2011). Advancing collaboration between school-and-agency-employed school-based social workers: A mixed-methods comparison of competencies and preparedness. *Children & Schools, 33*, 83–95.

Bunting, H., Drew, H., Lasseigne, A., & Anderson-Butcher, D. (2012). Effective strategies for involving parents in schools. In C. Franklin, M. B. Harris, & P. Allen-Meares (Eds.), *The school services sourcebook* (2nd ed., pp. 633–643). New York: Oxford University Press.

Cappella, E., Frazier, S. L., Atkins, M. S., Schoenwald, S. K., & Glisson, C. (2008). Enhancing schools' capacity to support children in poverty: An ecological model of school-based mental health services. *Administration and Policy in Mental Health and Mental Health Services Research, 35*, 395–409.

Center for Health and Health Care in Schools. (2009). *School-based health care initiative readiness assessment.* Retrieved January 18, 2013, from http://www.healthinschools.org

Clonan, S. M., McDougal, J. L., Clark, K., & Davison, S. (2007). Use of office discipline referrals in school-wide decision making: A practical example. *Psychology in the Schools, 44*, 19–27.

Constable, R., & Thomas, G. (2006). Assessment, multidisciplinary teamwork, and consultation: Foundations for role development. In R. Constable, C. Massat, S. McDonald, & J. Flynn (Eds.), *School social work: Practice, policy, and Research perspectives* (6th ed., pp. 454–479). Chicago: Lyceum Books.

Cournoyer, B. R. (2008). *The social work skills workbook*. Belmont, CA: Brooks/Cole.

D'Amour, D., & Oandasan, I. (2005). Interprofessionality as the field of interprofessional practice and interprofessional education: An emerging concept. *Journal of Interprofessional Care, 19*, 8–20.

Durlak, J. A., Weissberg, R. P., Dymnicki, A. D., Taylor, R. D., & Schellinger, K. B. (2011). The impact of enhancing students' social and emotional learning: A meta-analysis of universal school-based interventions. *Child Development, 82*, 405–432.

Eber, L., Breen, K., Rose, J., Umizycki, R. M., & London, T. H. (2008). Wraparound as a tertiary level intervention for students with emotion/behavioral needs. *Teaching Exceptional Children, 40*(6), 16–22.

Elizalde, T. M., & Ramirez, G. A. (2013). Effective intervention with gangs and gang members. In C. Franklin, M. Harris, & P. Allen-Meares (Eds.), *The school services sourcebook* (2nd ed., pp. 529–549). New York: Oxford University Press.

Erickson, C., Mattaini, M. A., & McGuire, M. S. (2004). Constructing nonviolent cultures in schools: The state of the science. *Children and Schools, 26*, 102–116.

Ferri, B. A., & Connor, D. J. (2005). In the shadow of "Brown": Special education and overrepresentation of students of color. *Remedial and Special Education, 26*, 93–100.

Figlio, D., & Loeb, S. (2011). School accountability. *Handbook of the Economics of Education, 3*, 383–421.

Filter, K. J., Alvarez, M. E., & Zammitt, K. A. (2013). Functional behavioral assessment in a three-tiered prevention model. In C. Franklin, M. Harris, & P. Allen-Meares (Eds.), *The school services sourcebook* (2nd ed., pp. 25–36). New York: Oxford University Press.

Finnigan, K. S. (2012). Principal leadership in low-performing schools: A closer look through the eyes of teachers. *Education and Urban Society, 44*, 183–202.

Franklin, C. G. S., Kim, J. S., Ryan, T. N., Kelly, M. S., & Montgomery, K. L. (2012). Teacher involvement in school mental health interventions: A systematic review. *Children and Youth Services Review, 34*, 973–982.

Fuchs, D., & Fuchs, L. S. (2006). Introduction to Response to Intervention: What, why, and how valid is it?. *Reading Research Quarterly, 41*, 93–99.

Garrard, W. M., & Lipsey, M. W. (2007). Conflict resolution education and antisocial behavior in US schools: A meta-analysis. *Conflict Resolution Quarterly, 25*, 9–38.

Geltner, J. A., & Leibforth, T. N. (2008). Advocacy in the IEP process: Strengths-based school counseling in action. *Professional School Counseling, 12*(2), 162–165.

George, M. P., White, G. P., & Schlaffer, J. J. (2007). Implementing school-wide behavior change: Lessons from the field. *Psychology in the Schools, 44*, 41–51.

Germain, C. B. (2002). An ecological perspective on social work in schools. In R. Constable, S. McDonald, & J. P. Flynn (Eds.), *School social work: Practice, policy, and research perspectives* (7th ed., pp. 33–44). Chicago: Lyceum Books.

Glickman, C. D., Gordon, S. P., & Ross-Gordon, J. M. (2001). *SuperVision and instructional leadership: A developmental approach* (6th ed.). Needham Heights, MA: Allyn & Bacon/Longman Publishing.

Gottfredson, G. D., Gottfredson, D. C., Czeh, E. R., Cantor, D., Crosse, S., & Hantman, I. (2000). *The national study of delinquency prevention in schools: Final report.* Ellicott City, MD: Gottfredson Associates.

Harris, A., & Hopkins, D. (2000). Introduction to special feature: Alternative perspectives on school improvement. *School Leadership and Management, 20*, 6–14.
Harris, M., & Allgood, J. (2009). Adolescent pregnancy prevention: Choosing a program that fits. *Children and Youth Services Review, 31*(12), 1314–1320.
Harris, M., & Franklin, C. (2006). The delivery of social work services. In P. Allen-Meares (Ed.) *Social work services in school* (5th ed.). Boston, MA: Allyn & Bacon.
Harrison, K., & Harrison, R. (2009). The school social worker's role in the tertiary support of functional assessment. *Children in Schools, 31*(2), 119–127.
Henderson, A. T., & Mapp, K. L. (2002). *A new wave of evidence: The impact of school, family, and community connections on student achievement.* Austin, TX: Southwest Educational Development Laboratory.
Horn-Turpin, F. D. (2009). *A study examining the effects of transformational leadership behaviors on the factors of teaching efficacy, job satisfaction and organizational commitment as perceived by special education teachers.* Dissertation submitted to the Faculty of the Virginia Polytechnic Institute and State University, Blacksburg, VA.
Hoven, C., Herting, J., & Snedker, K. (2010). Long-term outcomes for the promoting CARE suicide prevention program. *American Journal of Health Behavior, 34*, 721–736.
Individuals with Disabilities Education Act Amendments, Pub. L No. 105-17, 11 Stat. 37 (2004).
Jeynes, W. H. (2005). A meta-analysis of the relation of parental involvement to urban elementary school student academic achievement. *Urban Education, 40*, 237–269.
Kelly, M. S., & Bluestone-Miller, R. (2009). Working on what works (WOWW): Coaching teachers to do more of what's working. *Children & Schools, 31*, 35–38.
Lassen, S. R., Steele, M. M., & Sailor, W. (2006). The relationship of school-wide positive behavior support to academic achievement in an urban middle school. *Psychology in the Schools, 43*, 701–712.
Lear, J. G. (2013). Best practices for designing and developing school-based health centers. In C. Franklin, M. Harris, & P. Allen-Meares (Eds.), *The school services sourcebook* (2nd ed., pp. 865–873). New York: Oxford University Press.
Leathard, A. (2002). *Going interprofessional: Working together for health and welfare* (p. 5). Philadelphia: Routledge.
Lindahl, R. A. (2010). Differences in pricipals' leadership behavior in high- and low-performing school. *Journal of Leadership Studies, 3*, 34–45.
Montgomery, K. L., Knox, K., & Roberts, A. R. (2013). Connecting school-based practices and juvenile justice. In C. Franklin, M. Harris, & P. Allen-Meares (Eds.), *The school services sourcebook* (2nd ed., pp. 369–380). New York: Oxford University Press.
Netzel, D. M., & Eber, L. (2003). Shifting from reactive to proactive discipline in an urban school district: A change of focus through PBIS implementation. *Journal of Positive Behavior Interventions, 5*, 71–79.
No Child Left Behind Act of 2001, Pub. L No. 107-110, 115 Stat 1425. (Jan. 8, 2002).
Oliver, R. M., Wehby, J. H., & Reschly, D. J. (2011). Teacher classroom management practices: Effects on disruptive or aggressive student behavior. *Campbell Systematic Reviews, 4*, 1–56.
Osborne, J., & Collison, B. (1998). School counselors and external providers:.Conflict or complement. *Professional School Counseling, 1*, 7–11.
Osher, D., Bear, G., Sprague, J., & Doyle, W. (2010). How can we improve school discipline? *Educational Researcher, 39*(1), 48–58.
Oswald, K., Safran, S., & Johanson, G. (2005). Preventing trouble: Making schools safer places using positive behavior supports. *Education and Treatment of Children, 28*, 265–278.

Porter, G., Epp, L., & Bryan, S. (2000). Collaboration among school health professionals: A necessity, not a luxury. *Professional School Counseling, 3*, 315–322.
Raines, J. C., & Dibble, N. T. (2013). Ethic decision making in school mental health. In C. Franklin, M. Harris, & P. Allen-Meares (Eds.), *The School Services Sourcebook* (2nd ed., pp. 37–38). New York: Oxford University Press.
Rehabilitation Act, § 504 (1973).
Reis, S. M., Colbert, R. D., & Hebert, T. P. (2005). Understanding resilience in diverse, talented students in an urban high school. *Roeper Review, 27*, 110–120.
Roans, M., & Hoagwood, K. (2000). School-based mental health services: A research review. *Clinical Child and Family Psychology Review, 3*, 223–241.
Rosenblatt, Z., & Somech, A. (1998). The work behavior of Israeli elementary school principals: Expectations vs. reality. *Education Administration Quarterly, 30*, 505–532.
School Success Profile. (2009). *School Success Profile-Learning Organization (SSP-LO)*. Retrieved from www.uncssp.org
Shepard, K., DeHay, T., & Hersh, B. (2006). Effective cognitive-behavioral interventions for self mutilation. In C. Franklin, M. Harris, & P. Allen-Meares (Eds.), *The school services sourcebook: A guide for school-based professionals* (2nd ed., pp. 305–320). New York: Oxford University Press.
Skiba, R., & Sprague, J. (2008). Safety without suspensions. *Educational Leadership, 66*, 38–43.
Stozer, J., Juszczak, L., & Ammerman, A. (2010). *2007-2008 National school-based health care census*. Washington, DC: National Assembly of School-Based Healthcare.
Sugai, G., & Horner, R. H. (2008). What we know and need to know about preventing problem behavior in schools. *Exceptionality, 16*, 67–77.
Thompson, A. (2013). Improving classroom conflict management through Positive Behavior Supports. In C. Franklin, M. B. Harris, & P. Allen-Meares (Eds.), *The school services sourcebook* (2nd ed., pp. 491–506). New York: Oxford University Press.
Todd, A. W., Horner, R. H., Anderson, K., & Spriggs, M. (2002). Teaching recess: Low-cost efforts producing effective results. *Journal of Positive Behavior Interventions, 4*, 46–52.
Traube, D. E., & McKay, M. M. M. (2013). Helping children in foster care and other residential placements succeed in school. In C. Franklin, M. B. Harris, & P. Allen-Meares (Eds.), *The school services sourcebook* (2nd ed., pp. 357–367). New York: Oxford University Press.
Valentine, J. W., & Prater, M. (2011). Instructional, transformational, and managerial leadership and student achievement: High school principals make a difference. *NASSP Bulletin, 95*, 5–30.
Viggiani, P. A., Reid, W. J., & Bailey-Dempsey, C. (2002). Social worker-teacher collaboration in the classroom: Help for elementary school students at risk of failure. *Research on Social Work Practice, 12*, 604–620.
Weaver, H., Smith, G., & Kippax, S. (2005). School-based sex education policies and indicators of sexual health among young people: A comparison of the Netherlands, France, Australia and the United States. *Sex Education, 5*, 171–188.

第五章参考文献

Adams, J. L., Jaques, J. D., & May, K. M. (2004). Counseling gay and lesbian families: Theoretical considerations. *The Family Journal, 12*, 40–42.

Alaimo, K., Olson, C. M., Frongillo, E. A., Jr., & Briefel, R. R. (2001). Food insufficiency, family income, and health in U.S. preschool and school-aged children. *American Journal of Public Health, 91*, 781–786.

Alameda-Lawson, T., Lawson, M. A., & Lawson, H. A. (2010). Social workers' roles in facilitating the collective involvement of low-income, culturally diverse parents in an elementary school. *Children & Schools, 32*, 172–182.

Astor, R. A., Jacobson, L., & Benbenishty, R. (2012). *The pupil personnel, teacher's, and school administrator's guide for supporting students from military families.* New York: Teachers College Press.

Barajas, M. S. (2011). Academic achievement of children in single parent homes: A critical review. *The Hilltop Review, 5*, 13–21.

Barkin, C., Dryfoos, J. G., & Quinn, J. (Eds.). (2005). *Community schools in action: Lessons from a decade of practice.* New York: Oxford University Press.

Benbenishty, R., Astor, R. A., & Estrada, J. N. (2008). School violence assessment: A conceptual framework, instruments, and methods. *Children & Schools, 30*, 71–81.

Borum, R., & Verhaagen, D. (2006). *Assessing and managing violence risk in juveniles.* New York: Guilford Press.

Brener, N. D., Martindale, J., & Weist, M. D. (2001). Mental health and social services: Results from the school health policies and programs study 2000. *Journal of School Health, 71*, 305–312.

Brener, N. D., Weist, M., Adelman, H., Taylor, L., & Vernon-Smiley, M. (2007). Mental health and social services: Results from the school health policies and programs study 2006. *Journal of School Health, 77*, 486–499.

Bronstein, L. R., Anderson, E., Terwilliger, S. H., & Sager, K. (2012). Evaluating a model of school-based health and social services: An interdisciplinary community-university collaboration. *Children & Schools, 34*, 155–165.

Bronte-Tinkew, J., Zaslow, M., Capps, R., Horowitz, A., & McNamara, M. (2007). Food insecurity works through depression, parenting, and infant feeding to influence overweight and health in toddlers. *The Journal of Nutrition, 137*, 2160–2165.

Bub, K. L., McCartney, K., & Willett, J. B. (2007). Behavior problem trajectories and first-grade cognitive ability and achievement skills: A latent growth curve analysis. *Journal of Educational Psychology, 99*, 653–670.

Center for Disease Control. (2007). *Trends in suicide rates among persons ages 10 years and older, by sex, United States, 1991-2009.* Retrieved from http://www.cdc.gov/ViolencePrevention/suicide/statistics/aag.html#C

Chambers, J., Parrish, T., & Harr, J. (2002). *Special education expenditure project: What are we spending on special education services in the United States, 1999-2000.* Washington, DC: U.S. Department of Education, Office of Special Education Programs.

Chandra, A., Burns, R. M., Tanielian, T., & Jaycox, L. (2011). *Understanding the deployment experiences for children and youth from military families* (pp. 175–192). New York: Springer.

Chapman, C., Laird, J., Ifill, N., & KewalRamani, A. (2011). *Trends in high school drop-out rates and completion in the United States, 1972-2009* (Compendium Report. NCES 2012-006). Washington, DC: National Center for Education Statistics, Institute of Education Sciences.

Coalition for Community Schools. (2009). *Community schools research brief.* Retrieved from http://www.communityschools.org/resources/coalition_resources.aspx
Coalition for Evidence-Based Policy. (2002). *Bringing evidence-driven progress to education: A recommended strategy for the U.S. Department of Education.* Report of the Coalition for Evidence-Based Policy. Retrieved from http://www.eric.ed.gov/PDFS/ED474378.pdf
Cohen, J., & Geier, V. K. (2010). *School climate research summary: January 2010.* New York: NY National School Climate Center.
Corcoran, J., & Hanvey-Phillips, J. (2013). Effective interventions for adolescents with depression. In C. Franklin, M. B. Harris, & P. Allen-Meares (Ed.), *The school services sourcebook: A guide for school-based professionals* (2nd ed., pp. 149–157). New York: Oxford University Press.
Cureton, S. (2011). Environmental victims: Environmental injustice issues that threaten the health of children living in poverty. *Reviews on Environmental Health, 26,* 141–147.
DeBell, M. (2008). Children living without their fathers: Population estimates and indicators of educational well-being. *Social Indicators Research, 87,* 427–443.
DeLeire, T., & Kalil, A. (2002). Good things come in threes: Single-parent multigenerational family structure and adolescent adjustment. *Demography, 39,* 393–413.
Dryfoos, J., & Maguire, S. (2002). *Inside full-service community schools.* Thousand Oaks, CA: Corwin Press.
Elias, M. J. (2003). Academic and social-emotional learning. *Educational Practices, 11,* 1–31.
Federal Interagency Forum on Child and Family Statistics. (2012). *America's children in brief: Key national indicators of well-being 2012.* Retrieved from http://childstats.gov/americaschildren/index.asp.
Fellin, P. (2001). *The community and the social worker* (3rd ed.). Belmont, CA: Brooks/Cole.
Finders, M., & Lewis, C. (1994). Why some parents don't come to school. *Kaleidoscope: Contemporary and Classic Readings in Education, 106,* 50–54.
Franklin, C., & Gerlach, B. (2006). One hundred years of linking schools with communities: Current models and opportunities. *School Social Work Journal, 30,* 44–62.
Franklin, C., Harris, M. B., & Allen-Meares, P. (Eds.). (2013). *The school services sourcebook: A guide for school-based professionals.* New York: Oxford University Press.
Gerlach, B., & Hopson, L. M. (2013). Effective methods for improving school climate. In C. Franklin, M. B. Harris, & P. Allen-Meares (Eds.), *The school services sourcebook* (2nd ed., pp. 13–23). New York: Oxford University Press.
Gibbons, R. D., Hur, K., Bhaumik, D. K., & Mann, J. J. (2006). The relationship between antidepressant prescription and rate of early adolescent suicide. *The American Journal of Psychiatry, 163,* 1898–1904.
Hepworth, D. H., Rooney, R. H., Rooney, G. D., & Strom-Gottfried, K. (2013). *Direct social work practice: Theory and skills* (9th ed.). Belmont, CA: Brooks/Cole.
Hill, N. E., & Torres, K. (2010). Negotiating the American dream: The paradox of aspirations and achievement among Latino students and engagement between their families and schools. *Journal of Social Issues, 66,* 95–112.
Ho, J., & Berman, D. (2010). Acculturation gaps in Vietnamese immigrant families: Impact on family relationships. *International Journal of Intercultural Relations, 38,* 22–33.
Howe, E., Haymes, E., & Tenor, T. (2006). Bullying: Best practices for prevention and intervention in schools. In C. Franklin, M. Harris, & P. Allen-Meares (Eds.), *The school services sourcebook: A guide for school-based professionals* (pp. 461–468). New York: Oxford University Press.
Huston, A. C., McLoyd, V. C., & Coll, C. G. (1994). Children and poverty: Issues in contemporary research. *Child Development, 65,* 175–182.
Individuals with Disabilities Education Improvement Act. (2004). Retrieved from http://nichcy.org/laws/idea/copies

Janzen, C., Harris, O., Jordan, C., & Franklin, C. (2006). *Family treatment in social work practice* (4th ed.). Itasca, IL: F. E. Peacock.

Jeynes, W. H. (2005). A meta-analysis of the relation of parental involvement to urban elementary school student academic achievement. *Urban Education, 40*, 237–269.

Kataoka, S., Rowan, B., & Hoagwood, K. (2009). Bridging the divide: In search of common ground in mental health and education research and policy. *Psychiatric Services, 60*, 1510–1515.

Keeley, M. L., & Wiens, B. A. (2008). Family influences on treatment refusal in school-linked mental health services. *Journal of Child and Family Studies, 17*, 109–126.

Kelly, M., Berzin, S., Frey, A., Alvarez, M., Shaffer, G., & O'Brien, K. (2010). The state of school social work: Findings from the National School Social Work Survey. *School Mental Health, 2*, 132–141.

Kempert, S., Saalbach, H., & Hardy, L. (2011). Cognitive benefits and costs of bilingualism in elementary school students: The case of mathematical word problems. *Journal of Educational Psychology, 103*, 547–561.

Kosciw, J. G., & Diaz, E. M. (2008). *Involved, invisible, ignored: The experiences of lesbian, gay, bisexual and transgender parents and their children in our nation's K–12 Schools.* New York: GLSEN.

Lynn, C. J., McKay, M. M., & Atkins, M. S. (2003). School social work: Meeting the mental health needs of students through collaboration with teachers. *Children & Schools, 25*, 197–209.

Mandara, J., & Murray, C. B. (2006). Father's absence and African American adolescent drug use. *Journal of Divorce & Remarriage, 46*, 1–12.

Miles, D. (2009, September 8). Gates hears military children's education issues. *American Forces Press Service.* Retrieved from http://www.defense.gov/news/newsarticle.aspx?id=55763

Montgomery, K. L., Knox, K. S., & Roberts, A. R. (2013). Connecting school-based practices and juvenile justice. In C. Franklin, M. B. Harris, & P. Allen-Meares (Eds.), *The school services sourcebook: A guide for school-based professionals* (2nd ed., pp. 369–380). New York: Oxford University Press.

Moore, K. A., Redd, Z., Burkhauser, M., Mbwana, K., & Collins, A. (2009). *Children in poverty: Trends, consequences, and policy options* (Child Trends Research Brief (Publication 2009-11)). Washington, DC: Child Trends.

National Association of Social Workers (NASW). (2012). *Standards for school social work services.* Retrieved from http://www.naswdc.org/practice/school/default.asp

National Center for Health Statistics. (2007). *Health, United States, with chartbook on trends in the health of Americans.* Hyattsville, MD: Author. Retrieved from http://www.cdc.gov/nchs/data/hus/hus07.pdf#032

National Center for Health Statistics. (2012). *Summary health statistics for U.S. children: National health interview survey, 2011.* Hyattsville, MD: Author. Retrieved from http://www.cdc.gov/nchs/data/series/sr_10/sr10_254.pdf

National Institute of Mental Health (NIMH). (2012). *Statistics: Any disorder among children* [Data file]. Retrieved from www.nimh.nih.gov/statistics/1ANYDIS_CHILD.shtml

National Institute on Drug Abuse. (2012). *Monitoring the future: Briefing and Press Conference 2012.* Retrieved from http://www.drugabuse.gov/news-events/podcasts/2012/12/monitoring-future-briefing-press-conference-2012

Pong, S. L., Dronkers, J., & Hampden-Thompson, G. (2004). Family policies and children's school achievement in single-versus two-parent families. *Journal of Marriage and Family, 65*, 681–699.

Qin-Hilliard, D. B. (2002). Overlooked and underserved: Immigrant students in U.S. secondary schools. *Harvard Educational Review, 72*, 402–406.

Ramirez, G. A., & Elizalde, T. M. (2013). Effective intervention with gangs and gang members. In C. Franklin, M. B. Harris, & P. Allen-Meares (Eds.), *The school services sourcebook: A guide for school-based professionals* (2nd ed., pp. 529–549). New York: Oxford University Press.

Sigle-Rushton, W., & McLanahan, S. (2004). Father absence and child well-being: A critical review. *The Future of the Family, 116*, 120–122.

Sipple, J. W., & Banach, L. (2006). Helping schools meet the mandates of federal policies: No child left behind and other cutting-edge federal policies. In C. Franklin, M. Harris, & P. Allen-Meares (Eds.), *The school services sourcebook: A guide for school-based professionals* (pp. 873–882). New York: Oxford University Press.

Streeter, C. L., & Franklin, C. (2002). Standards for school social work in the 21st century. In A. R. Roberts & G. J. Greene (Eds.), *Social workers' desk reference* (pp. 612–618). New York: Oxford University Press.

Strozer, J., Juszczak, L., & Ammerman, A. (2010). *School-based health centers: National census school year 2007-2008*. Washington, DC: National Assembly on School-Based Health Care.

Subotnik, R. F., & Walberg, H. J. (2006). The *scientific basis of education productivity*. Greenwich, CT: Information Age Publishing, Inc.

Swearer, S. M., Espelage, D. L., Vaillancourt, T., & Hymel, S. (2010). What can be done about school bullying? Linking research to educational practice. *Educational Researcher, 39*, 38–47.

Takeuchi, D. T., Williams, D. R., & Adair, R. K. (1991). Economic stress in the family and children's emotional and behavioral problems. *Journal of Marriage and the Family, 53*, 1031–1041.

Taylor, L., & Adelman, H. S. (2006). Mental health in schools and public health. *Public Health Reports, 121*, 294–298.

Teachman, J. D., Paasch, K. M., Day, R. D., & Carver, K. P. (1997). Poverty during adolescence and subsequent educational achievement. In J. Brooks-Gunn & G. Duncan (Eds.), *Consequences of growing up poor* (pp. 382–418). New York: Russell Sage Foundation.

U.S. Census Bureau. (2001). *Living arrangements of children: 2001*. Retrieved from http://www.census.gov/prod/2005pubs/p70-104.pdf

U.S. Census Bureau. (2008). *America's families and living arrangements: 2008*. Retrieved from http://www.census.gov/population/www/socdemo/hh-fam/cps2008.html

U.S. Census Bureau. (2010). *Households and families: 2010 census briefs*. Retrieved from http://www.census.gov/prod/cen2010/briefs/c2010br-14.pdf

U.S. Department of Education, Office of Elementary and Secondary Education. (2002). *No Child Left Behind: A desktop reference*. Washington, DC: Author.

U.S. Department of Health and Human Services. (2000). *Report of the surgeon general's conference on children's mental health: A national action agenda*. Washington, DC: Author.

Vitaro, F., Larocque, D., Janosz, M., & Tremblay, R. E. (2001). Negative social experiences and dropping out of school. *Educational Psychology, 21*, 401–415.

Walsh, F. (Ed.). (2011). *Normal family* processes: *Growing diversity and complexity*. New York: Guilford Press.

Weist, M. D., & Paternite, C. E. (2006). Building an interconnected policy-training-practice research agenda to advance school mental health. *Education and Treatment of Children, 29*, 173–196.

Whitley, D. M., & Kelley, S. J. (2008). Developmental screening and evaluation results of young African American grandchildren raised by grandparents: Thoughts for research and practice. *Arete, 32*, 38–57.

Woody, D. J. (2006). Peer conflict: Effective resolution strategies. In C. Franklin, M. Harris, & P. Allen-Meares (Eds.), *The school services sourcebook: A guide for school-based professionals* (pp. 477–486). New York: Oxford University Press.

Woolley, M. E., & Bowen, G. L. (2008). Assessment in schools: Tools and strategies. *Children & Schools, 30*, 67–69.

Yeung, W. J., Linver, M. R., & Brooks-Gunn, J. (2002). How money matters for young children's development: Parental investment and family processes. *Child Development, 73*, 1861–1879.

Youth Risk Behavior Surveillance System (YRBSS). (2012). Youth risk behavior surveillance—United States, 2011. *Morbidity and Mortality Weekly Report, 61*, 1–162.

第六章参考文献

Adesope, O. O., Lavin, T., Thompson, T., & Ungerleider, C. (2010). A systematic review and meta-analysis of the cognitive correlates of bilingualism. *Review of Educational Research, 80*(2), 207–245.

Allen-Meares, P., Franklin, C., & Hopson, L. M. (2010). School social work. In E. J. Mullen (Ed.), *Oxford bibliographies online in social work*. New York: Oxford University Press.

Almeida, J., Johnson, R., Corliss, H. L., Molnar, B. E., & Azrael, D. (2009). Emotional distress among LGBT youth: The influence of perceived discrimination based on sexual orientation. *Journal of Youth and Adolescence, 38*(7), 1001–1014.

Atkins, M., Graczyk, P. Frazier, S. & Abdul-Adil, J. (2003). Toward a new model for promoting urban children's mental health: Accessible, effective, and sustainable school-based mental health services [Article]. *School Psychology Review, 32*(4), 503–514.

Banks, J., & Banks, C. A. (2009). *Multicultural education: Issues and perspectives.* Hoboken, NJ: Wiley.

Batt, E. G. (2008). Teachers' perceptions of ELL education: Potential solutions to overcome the greatest challenges. *Multicultural Education, 15*(3), 39–43.

Census, U. (2012). *Census data products: United States.* Retrieved from http://www.census.gov/population/www/cen2010/glance/

Cohen, E., & Angeles, J. (2006). School-based prevalence assessment of the need for mental health services: Survey development and pilot study. *Research on Social Work Practice, 16*(2), 200–211.

Cohen, J. A., Jaycox, L. H., Walker, D. W., Mannarino, A. P., Langley, A. K., & DuClos, J. L. (2009). Treating traumatized children after Hurricane Katrina: Project Fleur-de Lis™ [Article]. *Clinical Child & Family Psychology Review, 12*(1), 55–64. doi: 10.1007/s10567-009-0039-2

Constable, R. (2009). The role of the school social worker. In C. R. Massat, R. Constable, S. McDonald, & J. P. Flynn (Eds.), *School social work: Practice, policy, and research* (pp. 3–29). Chicago, IL: Lyceum Books.

Cummins, J. (2009). 10 bilingual and immersion programs. *The handbook of language teaching, 51*, 161.

Durso, L. E., & Gates, G. J. (2012). *Serving our youth: Findings from a national survey of service providers working with lesbian, gay, bisexual and transgender youth who are homeless or at risk of becoming homeless.* Los Angeles: The Williams Institute with True Colors Fund and The Palette Fund.

Eggert, L., Seyl, C., & Nicholas, L. (1990). Effects of a school-based prevention program for potential high school dropouts and drug abusers. *International Journal of the Addictions, 25*(7), 773–801.

Engstrom, D. W., Piedra, L. M., & Min, J. W. (2009). Bilingual social workers: Language and service complexities. *Administration in Social Work, 33*(2), 167–185. doi: 10.1080/03643100902768832

Espinosa, L. M. (2005). Curriculum and assessment considerations for young children from culturally, linguistically, and economically diverse backgrounds. *Psychology in the Schools, 42*(8), 837–853. doi: 10.1002/pits.20115

Farver, J., Lonigan, C. J., & Eppe, S. (2009). Effective early literacy skill development for young Spanish speaking English language learners: An experimental study of two methods. *Child Development, 80*(3), 703–719.

Figlio, D., & Loeb, S. (2011). School accountability. In E. A. Hanushek, S. Machin, & L. Woessmann (Eds.), *Handbook of the Economics of Education*, (Vol. 3, pp. 383–423). San Diego, CA: North Holland.

Franklin, C. (2005). The future of school social work practice: Current trends and opportunities. *Advances in Social Work, 6*(1), 167–169.

Furman, R., Negi, N. J., Iwamoto, D. K., Rowan, D., Shukraft, A., & Gragg, J. (2009). Social work practice with Latinos: Key issues for social workers. *Social Work, 54*(2), 167–174. doi: 10.1093/sw/54.2.167

Gambrill, E. (2007). Views of evidence-based practice: Social workers' code of ethics and accreditation standards as guides for choice [Article]. *Journal of Social Work Education, 43*(3), 447–462.

Garcia, O. (2011). Bilingual education in the 21st century: A global perspective [Article]. *International Multilingual Research Journal, 5*(1), 80–82. doi: 10.1080/19313152.2011.539491

Genesee, F. (2004). What do we know about bilingual education for majority language students. In T. K. Bhatia & W. Ritchie (Eds.), *Handbook of Bilingualism and Multiculturalism* (pp. 547–576). Malden, MA: Blackwell.

Good Behavior Game. (2012). *Office of Juvenile Justice and Delinquency Prevention.* Retrieved from http://www.ojjdp.gov/mpg/Good%20Behavior%20Game-MPGProgramDetail-298.aspx

Greenberg, M., O'Brien, M., Weissber, R., Zins, J., Fredricks, L., Resnik, H., et al. (2003). Enhancing school-based prevention and youth development through coordinated social, emotional and academic learning. *American Psychologist, 58*(6–7), 466–474.

Gresham. (2005). Response to intervention: An alternative means of identifying students as emotionally disturbed. *Education and Treatment of Children, 28*(4), 214–222.

Guerra, N. G., & Bradshaw, C. P. (2008). Linking the prevention of problem behaviors and positive youth development: Core competencies for positive youth development and risk prevention. *New directions for child and adolescent development, 2008*(122), 1–17.

Han, S. S., & Weiss, B. (2005). Sustainability of teacher implementation of school-based mental health programs. *Journal of abnormal child psychology, 33*(6), 665–679.

Harris, N., & Dyson, M. R. (2004). Safe rules or gays' schools? The dilemma of sexual orientation segregation in public education. *University of Pennsylvania Journal of Constitutional Law, 7*, 183.

Hecht, M. L., & Krieger, J. L. R. (2006). The principle of cultural grounding in school-based substance abuse prevention: The drug resistance strategies project. *Journal of Language and Social Psychology, 25*(3), 301–319.

Hyde, J. S., Lindberg, S. M., Linn, M. C., Ellis, A. B., & Williams, C. C. (2008). Gender similarities characterize math performance. *Science, 321*(5888), 494–495.

Hoagwood, K., Burns, B., Kiser, L., Ringeisen, H., & Schoenwald, S. (2001). Evidence-based practice in child and adolescent mental health services. *Psychiatric Services, 52*(9), 1179–1189. doi: 10.1176/appi.ps.52.9.1179

Horowitz, J., & Garber, J. (2006). The prevention of depressive symptoms in children and adolescents: A meta-analytic review. *Journal of Consulting and Clinical Psychology, 74*(3), 401–415. doi: 10.1037/0022-006x.74.3.401

Hoven, C., Herting, J., & Snedker, K. (2010). Long-term outcomes for the promoting CARE suicide prevention program. *American Journal of Health Behavior, 34*(6), 721–736.

Kataoka, S., Stein, B., Jaycox, L., Wong, M., Escudero, P., Tu, W., et al. (2003). A school-based mental health program for traumatized Latino immigrant children. *Academy of Child and Adolescent Psychiatry, 42*(3), 311–318.

Kellam, S. G., Brown, C. H., Poduska, J. M., Ialongo, N. S., Wang, W., Toyinbo, P., et al. (2008). Effects of a universal classroom behavior management program in first and second grades on young adult behavioral, psychiatric, and social outcomes [Comparative Study Multicenter Study Randomized Controlled Trial Research Support, N. I. H. , Extramural]. *Drug Alcohol Depend, 1*(95), S5–S28.

Kelly, M. S. (2008). *The domains and demands of school social work practice: A guide to working effectively with students, families and schools.* New York: Oxford University Press.

Kelly, M. S., Berzin, S., Frey, A., Alvarez, M., Shaffer, G., & O'Brien, K. (2010). The state of school social work: Findings from the National School Social Work Survey. *School Mental Health, 2*(3), 132–141. doi: 10.1007/s12310-010-9034-5

Kopels, S., & Dupper, D. R. (1999). School-based peer sexual harassment. *Child Welfare: Journal of Policy, Practice, and Program, 78*, 435–460.

Kumpfer, K., Pinyuchon, M., Texixeira de Melo, A., & Whiteside, H. (2008). Cultural adaptation process for international dissemination of the strengthening families program. *Evaluation & the Health Professions, 31*(2), 226–239.

Lindholm, L. K. (2012). Success and challenges in dual language education. *Theory into Practice, 51*(4), 256–262.

Liu, R. T., & Mustanski, B. (2012). Suicidal ideation and self-harm in lesbian, gay, bisexual, and transgender youth. *American Journal of Preventive Medicine, 42*(3), 221–228.

Lucio, R., Hunt, E., & Bornovalova, M. (2012). Identifying the necessary and sufficient number of risk factors for predicting academic failure. *Developmental Psychology, 48*(2), 422–428. doi: 10.1037/a0025939

McConnell, G. S. (2008). "What's in a name?" Social labeling and gender practices. In J. Holmes, M. Meyerhoff, & McConnell-Ginet (Eds.), *The handbook of language and gender* (pp. 69–97). Hoboken, NJ: Wiley.

Meyer, E. J., & Stader, D. (2009). Queer youth and the culture wars: From classroom to courtroom in Australia, Canada and the United States. *Journal of LGBT Youth, 6*(2–3), 135–154.

Morsette, A., Swaney, G., Stolle, D., Schuldberg, D., van den Pol, R., & Young, M. (2009). Cognitive behavioral intervention for trauma in schools (CBITS): School-based treatment on a rural American Indian reservation. *Journal of behavior therapy and experimental psychiatry, 40*(1), 169–178.

National Association of Social Workers. (2001). *NASW standards for cultural competence in social work practice.* Washington, DC: Author.

National Association of Social Workers (NASW). (2012). *Code of ethics.* Retrieved from https://www.socialworkers.org/pubs/code/default.asp

Neil, A., & Christensen, H. (2009). Efficacy and effectiveness of school-based prevention and early intervention programs for anxiety. *Clinical Psychology Review, 29*(3), 208–215. doi: 10.1016/j.cpr.2009.01.002

NREPP. (2012). *SAMHSA's national registry of evidence-based programs and practices.* Retrieved from http://nrepp.samhsa.gov/

Osher, D., Woodruff, D., & Sims, A. E. (2002). Schools make a difference: The overrepresentation of African American youth in special education and the juvenile justice system. In D. Losen & G. Orfield (Eds.), *Racial inequity in special education* (pp. 93–116). Cambridge, MA: Harvard Education Publishing.

Planty, M., Kena, G., & Hannes, G. (2009). *The condition of education 2009 in brief* (NCES 2009-082). Washington, DC: National Center for Education Statistics.

Ronda, M. A., & Valencia, R. R. (1994). "At-risk" Chicano students: The institutional and communicative life of a category. *Hispanic Journal of Behavioral Sciences, 16*(4), 363–395.

Rose, A. J., & Rudolph, K. D. (2006). A review of sex differences in peer relationship processes: Potential trade-offs for the emotional and behavioral development of girls and boys. *Psychological Bulletin, 132*(1), 98.

Roseberry-McKibbin, C., & O'Hanlon, L. (2005). Nonbiased assessment of English language learners: A tutorial. *Communication Disorders Quarterly, 26*(3), 178–185.

Saleebey, D. (2011). Some basic ideas about the strengths perspective. In F. Turner (Ed.), *Social work treatment: Interlocking theoretical approaches* (5th ed., pp. 477–485). New York: Oxford University Press.

Salomone, R. C. (2002). *Visions of schooling: Conscience, community, and common education.* New Haven: Yale University Press.

Scanlan, M., Frattura, E., Schneider, K., & Capper, C. (2012). Bilingual students within integrated comprehensive services: Collaborative strategies. In A. Honigsfeld, & M. G. Dove (Eds.), *Co-teaching and other collaborative practices in the EFL/ESL classroom: Rationale, research, and recommendations* (pp. 3–13). Charlotte, NC: Information Age.

Schnorr, D., & Ware, H. W. (2001). Moving beyond a deficit model to describe and promote the career development of at-risk youth. *Journal of Career Development, 27*(4), 247–263.

Shealey, M. W. (2006). The promises and perils of "scientifically based" research for urban schools. *Urban Education, 41*(1), 5–19.

Sheffield, J., Spence, S., Rapee, R., Kowalenko, N., Wignall, A., Davis, A., et al. (2006). Evaluation of universal, indicated, and combined cognitive-behavioral approaches to the prevention of depression among adolescents. *Journal of Consulting and Clinical Psychology, 74*(1), 66–79. doi: 10.1037/0022-006x.74.1.66

Shifrer, D., Muller, C., & Callahan, R. (2011). Disproportionality and learning disabilities: Parsing apart race, socioeconomic status, and language. *Journal of Learning Disabilities, 44*(3), 246–257. doi: 10.1177/0022219410374236

Skiba, R. J., Horner, R. H., Chung, C.-G., Rausch, M. K., May, S. L. , & Tobin, T. (2011). Race is not neutral: A national investigation of African American and Latino disproportionality in school discipline [Article]. *School Psychology Review, 40*(1), 85–107.

Solomon, J., & Card, J. J. (2004). *Making the list: Understanding, selecting, and replicating effective teen pregnancy prevention programs.* Washington, DC: The National Campaign to Prevent Teen Pregnancy.

Sue, D. W. (2005). *Multicultural social work practice*: Hoboken, NJ: Wiley.

Suter, J., & Bruns, E. (2009). Effectiveness of the wrap around process for children with emotional and behavioral disabilities: A meta-analysis. *Clinical Child & Family Psychology Review, 12*, 336–351.

Walker, H., Ramsay, E., & Gresham, F. (2004). *Antisocial behavior in school: Evidence-based practices* (2nd ed.). Belmont, CA: Thomson/Wadsworth Learning.

Williams, C. C. (2006). The epistemology of cultural competence. Families in society. *The Journal of Contemporary Social Services, 87*(2), 209–220.

Yee, M., & Brown, R. (2011). The development of gender differentiation in young children. *British Journal of Social Psychology, 33*(2), 183–196.

第七章参考文献

Advocates for Youth. (2003). *Science and success: Sex education and other programs that work to prevent teen pregnancy, HIV, and sexually transmitted infections.* Washington, DC: Author. Retrieved November 12, 2004, from http://www.advocatesforyouth.org/publications/ScienceSuccess.pdf

Agresta, J. (2006). Job satisfaction among school social workers: The role of interprofessional relationships and professional role discrepancy. *Journal of Social Service Research, 33*(1), 47–52.

Allen-Meares, P. (1985). Children with behavioral disorders: An eclectic approach for social workers. *Social Work in Education, 7,* 100–114.

Allen-Meares, P. (2006). Where do we go from here? Mental health workers and the implementation of an evidence-based practice. In C. Franklin, M. B. Harris, & P. Allen-Meares (Eds.), *The school services sourcebook: A guide for school-based professionals* (pp. 1189–1194). New York: Oxford University Press.

Allen-Meares, P., Montgomery, K. L., & Kim, J. S. (2013). School-based social work interventions: A cross-national systematic review. *Social Work, 58(3),* 253–262.

Alter, C. F. (2000). Interorganizational collaboration in the task environment. In R. J. Patti (Ed.), *The handbook of social welfare management* (pp. 283–302). Thousand Oaks, CA: Sage.

Astor, R. A. (2005, September 9). Public foster care schools. *Teachers College Record.* Retrieved September 28, 2005, from www.tcrecord.org

Bird, H. R., Canino, G. J., Davies, M., Ramirez, R., Chavez, L., Duarte, C., et al. (2005). The Brief Impairment Scale (BIS): A multidimensional scale of functional impairment for children and adolescents. *Journal of the American Academy of Child and Adolescent Psychiatry, 44*(7), 699–707.

Bird, H. R., Shaffer, D., Fisher, P., Gould, M. S., Staghezza, B., Chen, J. Y., et al. (1993).The Columbia Impairment Scale (CIS): Pilot findings on a measure of global impairment for children and adolescents. *International Journal of Methods in Psychiatric Research, 3*(3), 167–176.

Bloom, S. (2010). Learning the language: Strategies for successful group work in schools. *Group, 34,* 239–254.

Bowen, G. L., & Richman, J. (2002). Schools in the context of communities. *Children & Schools, 24,* 67–71.

Brener, N. D., Weist, M., Adelman, H., Taylor, L., & Vernon-Smiley, M. (2006). Mental health and social services: Results from the school health policies and programs study 2006. *Journal of School Health, 77*(8), 486–499.

Calzada, E. J. (2010). Bringing culture into parent training with Latinos. *Cognitive and behavioral practice, 17,* 167–175.

Corcoran, J. (2000). *Evidenced-based social work practice with families: A life span approach.* New York: Springer.

Corcoran, K., & Fischer, J. (Eds.). (2013). *Measures for clinical practice* (5th ed.). New York: Oxford University Press.

Dinkes, R., Cataldi, E. F., & Lin-Kelly, W. (2007). *Indicators of school crime and safety: 2007* (NCES 2008-021/NCJ 219553). Washington, DC: National Center for Education Statistics, Institute of Education Sciences, U.S. Department of Education, and Bureau of Justice Statistics, Office of Justice Programs, U.S. Department of Justice.

Dinkmeyer, D., & Carlson, J. (2006). *Consultation: Creating school-based interventions* (3rd ed.). New York: Routledge.

Drolet, M., Paquin, M., & Soutyrine, M. (2007). Strengths-based approach and coping strategies used by parents whose young children exhibit violent behaviour: Collaboration between schools and parents. *Child & Adolescent Social Work Journal, 24*(5), 437–453.

Elze, D. E. (2006). Working with gay, lesbian, bisexual, and transgender students. In C. Franklin, M. B. Harris, & P. Allen-Meares (Eds.), *The school services sourcebook: A guide for school-based professionals* (pp. 861–870). New York: Oxford University Press.

Englund, M. M., Egeland, B., & Collins, W. A. (2008). Exceptions to high school dropout predictions in a low-income sample: Do adults make a difference? *Journal of Social Issues, 64*(1), 77–93.

Epstein, J. (2010). *School, family, and community partnerships: Preparing educators and improving schools* (2nd ed.). Boulder, CO: Westview Press.

Epstein, N. B., Baldwin, L. M., & Bishop, D. S. (1983). The McMaster Family Assessment Device. *Journal of Marital and Family Therapy, 9*, 171–180.

Faggiano, F., Vigna-Taglianti, F., Versino, E., Zambon, A., Borraccino, A., & Lemma P. (2002). School-based prevention for illicit drugs' use. *Cochrane Database of Systematic Reviews*, 2. New York: Wiley.

Foxcroft, D., Ireland, D., Lowe, G., & Breen, R. (2002). Primary prevention for alcohol misuse in young people. *Cochrane Database of Systematic Reviews*, 3. New York: Wiley.

Franklin, C. (1999). Preparing for managed behavioral health care in children's services. *Children & Schools, 21*, 67–71.

Franklin, C. (2000). Predicting the future of school social work practice in the new millennium. [Editorial]. *Social Work in Education, 22*(1), 3–7.

Franklin, C. (2001). Establishing successful relationships with expanded mental health services. *Children in Schools, 23*(4), 194–197.

Franklin, C., Harris, M. B., & Allen-Meares, P. (2013). *The school services sourcebook: A guide for school-based professionals* (2nd ed.). New York: Oxford University Press.

Franklin, C., & Hopson, L. (2004). Into the schools with evidenced-based practices. *Children & Schools, 26*, 67–70.

Franklin, C., & Hopson, L. (2007). Facilitating the use of evidence-based practice in community organizations. *Journal of Social Work Education, 43*(3), 377–404.

Franklin, C., Kim, J. S., Ryan, T. N., Kelly, M. S., & Montgomery, K. L. (2012). Teacher involvement in school mental health interventions: A systematic review. *Children and Youth Services Review, 34*, 973–982.

Franklin, C., Kim, J. S., & Tripodi, S. J. (2009). A meta-analysis of published school social work practice studies. *Research on Social Work Practice, 19*, 667–677.

Furlong, M. J., Morrison, G. M., & Jimerson, S. R. (2004). Externalizing behaviors of aggression and violence and the school context. In R. B. Rutherford, M. M. Quinn, & S. R. Mathur (Eds.), *Handbook of research in emotional and behavioral disorders* (pp. 243–261). New York: Guilford Press.

Goldstein, A. P. (1980). *Skill streaming for adolescents.* Champaign, IL: Research Press.

Goldstein, A. P. (1984). *The prepared curriculum.* Champaign, IL: Research Press.

Goldstein, A. P., & McGinnis, E. (1984). *Skill streaming for elementary school children.* Champaign, IL: Research Press.

Harris, M., & Allgood, J. (2009). Adolescent pregnancy prevention: Choosing a program that Fits. *Children and Youth Services Review, 31*, 1314–1320.

Harris, M. B., & Franklin, C. (2007). *Taking charge: A school-based life skills program for adolescent mothers.* New York: Oxford University Press.

Hogue, A., & Liddle, H. A. (1999). Family-based preventive intervention: An approach to preventing substance abuse and antisocial behavior. *The American Journal of Orthopsychiatry, 69*, 278–290.

Hutchison, E. D. (2008). *Dimensions of human behavior: Person and environment* (3rd ed.). Thousand Oaks, CA: Sage Publications.

Hunter, L., Hoagwood, K., Evans, S., Weist, M., Smith, C., Paternite, C., et al. (2005). *Working together to promote academic performance, social and emotional learning, and mental health for all children.* New York: Center for the Advancement of Children's Mental Health at Columbia University.

James, A., Soler, A., & Weatherall, R. (2005). Cognitive behavioural therapy for anxiety disorders in children and adolescents. *Cochrane Database of Systematic Reviews,* 4. New York: Wiley.

Janzen, C., Harris, O., Jordan, C., & Franklin, C. (2006). *Family treatment in social work practice* (4th ed.). Itasca, IL: F. E. Peacock.

Jimerson, S. R., Brock, S. E., Woehr, S. M., & Clinton-Higuita, A. (2006). Immediate school-based intervention following violent crises. In C. Franklin, M. B. Harris, & P. Allen-Meares (Eds.), *The school services sourcebook: A guide for school-based professionals* (pp. 559–566). New York: Oxford University Press.

Jonson-Reid, M., Kontak, D., Citerman, B., Essma, A., & Fezzi, N. (2004). School social work case characteristics, services, and dispositions: Year one results. *Children & Schools, 26*(1), 5–22.

Jordan, C., & Franklin, C. (2012). *Clinical assessment for social workers* (2nd ed.). Chicago: Lyceum.

Kelly, M. S., Berzin, S. C., Frey, A., Alvarez, M., Schaffer, G., & O'Brien, K. (2010). The state of school social work: Findings from the national school social work survey. *School Mental Health, 2,* 132–141.

Kelly, M. S., Montgomery, K. L., & Franklin, C. (2012). Promoting conflict resolution: Toward an evidence-based expanded model for students, teachers, and parents. In S. Jimerson & S. Brock (Eds.), *Best practices in school crisis prevention and intervention.* Bethesda, MD: National Association of School Psychologists, 133–150.

Kirby, D. (2007). *Emerging answers 2007: New research findings on programs to reduce teen pregnancy.* Washington, DC: National Campaign to Prevent Teen Pregnancy.

Manlove, J., Terry-Humen, E., Papillo, A. R., Franzetta, K., Williams, S., & Ryan, S. (2001). *Background for community-level work on positive reproductive health in adolescence: Reviewing the literature on contributing factors.* Washington, DC: Child Trends. Retrieved November 23, 2004, from www.childtrends.org/PDF/KnightReports/KRepro.pdf

Manlove, J., Terry-Humen, E., Papillo, A. R., Franzetta, K., Williams, S., & Ryan, S. (2002). *Preventing teenage pregnancy, childbearing, and sexually transmitted diseases: What the research shows.* Washington, DC: Child Trends. Retrieved November 22, 2004, from www.childtrends.org/PDF/Knightreports/K1Brief.pdf

Marks, J. A. (1987). Stresses on gay and lesbian adolescents. *Social Work in Education, 9*(3), 169–180.

McLaughlin, A. M. (2009). Clinical social workers: Advocates for social justice. *Advances in Social Work, 10,* 51–68.

Miedel, W. T., & Reynolds, A. J. (1999). Parent involvement in early intervention for disadvantaged children: Does it matter? *Journal of School Psychology, 37*(4), 379–402.

National Campaign to Prevent Teen Pregnancy. (2008). *What works 2008: Curriculum-based programs that prevent teen pregnancy.* Washington, DC: Author.

National Institute on Drug Abuse (NIDA). (2003). *Preventing drug use among children and adolescents: A research-based guide for parents, educators, and community leaders* (2nd ed.). Washington DC: Author.

O'Kearney, R. T., Anstey, K. J., & von Sanden, C. (2006). Behavioural and cognitive behavioural therapy for obsessive compulsive disorder in children and adolescents. *Cochrane Database of Systematic Reviews,* 4. New York: Wiley.

PASHA Programs Table. (2002). *Teen pregnancy.* Retrieved October 17, 2008, from http://www.socio.com/pashatable.php

Powers, J. D., Bowen, G. L., & Rose, R. A. (2005). Using social environment assets to identify intervention strategies for promoting school success. *Children & Schools, 27*(3), 177–185.

Radin, N. (1988). Assessing the effectiveness of school social workers: An update focused on simulations, graphics, and peers. In J. G. McCullaugh & P. Allen-Meares (Eds.), *Conducting research: A handbook for school social workers* (pp. 77–78). Des Moines, IA: Iowa Department of Education.

Reid, W. J. (1992). *Task strategies: An empirical approach to social work practice.* New York: Columbia University Press.

Reid, W. J. (2000). *The task planner.* New York: Columbia University Press.

Reinke, W. M., Stormont, M., Herman, K. C., Puri, R., & Goel, N. (2011). Supporting children's mental health in schools: Teacher perceptions of needs, roles, and barriers. *School Psychology Quarterly*, *26*(1), 1–13.

Sabatino, C. A. (2009). Collaboration and consultation: Professional partnerships for serving children, youths, families, and schools. In C. Massat, R. Constable, S. McDonald, & J. Flynn (Eds.), *School social work: Practice, policy, and research* (7th ed., pp. 376–402). Chicago, IL: Lyceum Books.

Schlosser, R. W., & Sigafoos, J. (2008). Identifying 'evidence-based practice' versus 'empirically supported treatment'. *Evidence-Based Communication Assessment and Intervention, 2,* 61–62.

Shaffer, D., Gould, M. S., Brasic, J., Ambrosini, P., Fisher, P., Bird, H., et al. (1983). A children's global assessment scale (CGAS). *Archives of General Psychiatry, 40*(11), 1228–1231.

Sheafor, B. W., Horejsi, C. R., & Horejsi, G. A. (2000). *Techniques and guidelines for social work practice* (5th ed.). Boston: Allyn and Bacon.

Simpson, G. A., Williams, J. C., & Segall, A. B. (2007). Social work education and clinical learning. *Clinical Social Work, 35*(1), 3–14.

Streeter, C. L., & Franklin, C. (2002). Standards for school social work in the 21st century. In A. R. Roberts & G. J. Greene (Eds.), *Social workers desk reference* (pp. 612–618). New York: Oxford University Press.

Szapocznik, J., & Williams, R. A. (2000). Brief strategic family therapy: Twenty-five years of interplay among theory, research and practice in adolescent behavior problems and drug abuse. *Clinical Child and Family Psychology Review, 3*(2), 117–134.

Ward, H., Anderson-Butcher, D., & Kwiatkowski, A. (2006). Effective strategies for involving parents in schools. In C. Franklin, M. B. Harris, & P. Allen-Meares (Eds.), *The school services sourcebook: A guide for school-based professionals* (pp. 641–649). New York: Oxford University Press.

第八章参考文献

Aarons, S. J., Jenkins, R. R., Raine, T. R., El-Khorazaty, M. N., Woodward, K. M., & Williams, R. L. (2000). Postponing sexual intercourse among urban junior high school students: A randomized controlled evaluation. *Journal of Adolescent Health, 27*(4), 236–247.

Advocates for Youth. (2005). *GLBTQ youth.* Retrieved from http://www.advocatesforyouth.org/publications/factsheet/fsglbt.htm

Allen, J. P., Porter, M. R., McFarland, F. C., Marsh, P., & McElhaney, K. B. (2005). The two faces of adolescents' success with peers: Adolescent popularity, social adaptation, and deviant behavior. *Child Development, 76*, 747–760.

Almaraz, J., Bassett, J., & Sawyerr, O. (2010). Transitioning into a major: The effectiveness of an academic intervention course. *Journal of Education for Business, 85*(6), 343–348.

American Pregnancy Association. (2011). *Health insurance for pregnant women.* Retrieved from http://www.americanpregnancy.org/planningandpreparing/affordablehealthcare.html

American Psychiatric Association. (2000). *Diagnostic and statistical manual of mental health disorders* (4th ed., text revision). Washington, DC: Author.

Aruda, M. M., McCabe, M., Burke, P., & Litty, C. (2008). Adolescent pregnancy diagnosis and outcomes: A six-year clinical sample. *Journal of Pediatric and Adolescent Gynecology, 21*(1), 17–19.

Barbarin, O., Bryant, D., McCandies, T., Burchinal, M., Early, D., Clifford, R., et al. (2006). Children enrolled in public pre-k: The relation of family life, neighborhood quality, and socioeconomic resources to early competence. *American Journal of Orthopsychiatry, 76*(2), 256–276.

Benner, G. J., Nelson, J. R., Sanders, E. A., & Ralston, N. C. (2012). Behavior intervention for students with externalizing behavior problems: Primary-level standard protocol. *Exceptional Children, 78*(2), 181.

Bennett, S. E., & Assefi, N. P. (2005). School based teenage pregnancy prevention programs: A systematic review of randomized controlled trials. *Journal of Adolescent Health, 36*(1), 72–81.

Bernard, B. (1995). *Fostering resilience in children.* Urbana, IL: ERIC Clearinghouse on Early Childhood Education. (ERIC Document Reproduction Service No. EDO-PS-95-9)

Bernstein, J., Brocht, C., & Spade-Aguilar, M. (2000). *How much is enough? Basic family budgets for working families.* Washington, DC: Economic Policy Institute.

Bowen, G. L., Woolley, M. E., Richman, J. M., & Bowen, N. K. (2001). Brief intervention in schools: The school success profile. *Brief Treatment and Crisis Intervention, 1*(1), 43–54.

Blair, C., & Diamond, A. (2008). Biological process in prevention and intervention: The promotion of self-regulation as a means of preventing school failure. *Development and Psychopathology, 20*(3), 899–911.

Bontempo, D. E., & D'Augelli, A. R. (2002). Effects of at-school victimization and sexual orientation on lesbian, gay, or bisexual youths' health risk behavior. *Journal of Adolescent Health, 30*(5), 364–374.

Bouris, A., Guilamo-Ramos, V., Jaccard, J., McCoy, W., Aranda, D., Pickard, A., et al.. (2010). The feasibility of a clinic-based parent intervention to prevent HIV, sexually transmitted infections, and unintended pregnancies among Latino and African American adolescents. *AIDS Patient Care and STDS, 24*(6), 381–387.

Breheny, M., & Stephens, C. (2004). Barriers to effective contraception and strategies for overcoming them among adolescent mothers. *Public Health Nursing, 21*(3), 220–227.

Bull, S. S., Levine, D. K., Black, S. R., Schmiege, S. J., & Santelli J. (2012). Social media-delivered sexual health intervention: A cluster randomized controlled trial. *American Journal of Preventive Medicine, 43*(5), 467–474.

Bullying Statistics. (2009). *Gay bullying statistics*. Retrieved from http://www.bullyingstatistics.org/content/gay-bullying-statistics.html

Burchinal, M., McCartney, K., Steinberg, L., Crosnoe, R., Friedman, S. L., McLoyd, V., et al. (2011). Examining the black–white achievement gap among low-income children using the NICHD study of early child care and youth development. *Child Development, 82*(5), 1404–1420.

Card, D., & Rothstein, J. (2007). Racial segregation and the black-white test score gap. *Journal of Public Economics, 91*(11–12), 2158–2184.

Ceballos, P. L., & Bratton, S. C. (2010). Empowering Latino families: Effects of a culturally responsive intervention for low-income immigrant Latino parents on children's behaviors and parental stress. *Psychology in the Schools, 47*(8), 761–775.

Centers for Disease Control and Prevention (CDC). (2008a). *HIV/AIDS surveillance report, 2010* (Volume No. 22). Atlanta, GA: U.S. Department of Health and Human Services. Retrieved from http://www.cdc.gov/hiv/topics/surveillance/resources/reports/

Centers for Disease Control and Prevention (CDC). (2008b). *Morbidity and mortality weekly report: Youth risk behavior surveillance—United States, 2011* (SS No. 61-04). Surveillance Summaries. Atlanta, GA: U.S. Department of Health and Human Services. Retrieved from http://www.cdc.gov/mmwr/pdf/ss/ss6104.pdf

Center for Disease Control and Prevention. (2012a). *Morbidity and mortality weekly report: Sexual experience and contraceptive use among female teens—United States, 1995, 2002, and 2006–2010*. Retrieved from http://www.cdc.gov/mmwr/preview/mmwrhtml/mm6117a1.htm?s_cid=mm6117a1_e

Center for Disease Control and Prevention. (2012b). *Morbidity and mortality weekly report: Youth risk behavior surveillance—United States, 2011*. Retrieved from http://www.cdc.gov/mmwr/pdf/ss/ss6104.pdf

Chen, X. K., Wen, S. W., Fleming, N., Demissie, K., Rhoads, G. G., & Walker, M. (2007). Teenage pregnancy and adverse birth outcomes: A large population based retrospective cohort study. *International Journal of Epidemiology, 36*(2), 368–373.

Child Abuse Prevention and Treatment Act (CAPTA). (2003). 42 U. S. C. A. §5106g.

Children's Defense Fund. (2005). *The state of America's children 2005*. Retrieved from http://www.childrensdefense.org/child-research-data-publications/data/state-americas-children-2005.pdf

Children's Defense Fund. (2011). *Children in the United States, 2011*. Washington, DC: Author.

Children's Defense Fund. (2012). *Children in the United States, 2012*. Washington, DC: Author.

Children's Trends Data Bank. (2012). *Parental education*. Retrieved from http://www.childtrendsdatabank.org/?q=node/183

Coakley, T. M., Cuddeback, G., Buehler, C., & Cox, M. E. (2007). Kinship foster parents' perceptions of factors that promote or inhibit successful fostering. *Children and Youth Services Review, 29*(1), 92–109.

Cooper, S. P., Weller, N. F., Fox, E. E., & Cooper, S. R. (2005). Comparative description of migrant farmworkers versus other students attending rural south Texas schools: Substance abuse, work, and injuries. *The Journal of Rural Health, 21*(4), 361–366.

Copeland, J. (2004). Developments in the treatment of cannabis use disorder. *Current Opinion in Psychiatry, 17*(3), 161–167.

Craig, S. L., McInroy, L., Austin, A., Smith, M., & Engle, B. (2012). Promoting self-efficacy and self-esteem for multiethnic sexual minority youth: An evidence-informed intervention. *Journal of Social Service Research, 38*(5), 688–698.

Cuddeback, G. S. (2004). Kinship family foster care. *Children and Youth Services Review, 26*(7), 623–639.

DeLacy, M. (2004). The "no child" law's biggest victims? An answer that may surprise you. *Education Week Commentary, 23*(41), 40.

Devereux, P. G., Weigel, D. J., Ballard-Reisch, D., Leigh, G., & Cahoon, K. L. (2009). Immediate and longer-term connections between support and stress in pregnant/parenting and non-pregnant/non-parenting adolescents. *Child and Adolescent Social Work Journal, 26*(5), 431–446.

Driscoll, A. K., Sugland, B. W., Manlove, J., & Papillo, A. R. (2005). Community opportunity, perceptions of opportunity, and the odds of an adolescent birth. *Youth & Society, 37*(1), 33–61.

Duncan, G. J., & Brooks-Gunn, J. (1997). Income effects across the lifespan: Integration and interpretations. In G. J. Duncan & J. Brooks-Gunn (Eds.), *Consequences of growing up poor* (pp. 596–610). New York: Russel Sage Foundation.

Dykeman, B. F. (2011). Intervention strategies with the homeless population. *Journal of Instructional Psychology, 38*(1), 32–39.

Eisen, M., Zellman, G. L., & McAlister, A. L. (1990). Evaluating the impact of a theory based sexuality and contraceptive education program. *Family Planning Perspective, 22*(6), 261–271.

Evans, G. W. (2004). The environment of childhood poverty. *American Psychologist, 59*(2), 77–92.

Ferrari, L., Nota, L., & Soresi, S. (2012). Evaluation of an intervention to foster time perspective and career decidedness in a group of Italian adolescents. *The Career Development Quarterly, 60*, 82–96.

Fischer, C. S., Hout, M., Jankowski, M., Lucas, S., Swidler, A., & Voss, K. (1996). *Inequality by design: Cracking the bell curve myth.* Princeton, NJ: Princeton University Press.

Flynn, L., Budd, M., & Modelski, J. (2008). Populations at risk across the lifespan: Program evaluations: Enhancing resource utilization among pregnant adolescents. *Public Health Nursing, 25*(2), 140–148.

Fouad, N. A. (2011). Career linking: An intervention to promote math and science career awareness. *Journal of Counseling & Development, 73*(5), 527–534.

Fox, L., Carta, J., Strain, P., Dunlap, G., & Hemmeter, M. L. (2009). *The pyramid model for supporting social emotional competence in infants and young children: Fact Sheet.* Technical Assistance Center on Social Emotional Intervention for Young Children, University of South Florida, Tampa, Florida.

Fraser, M. W., Kirby, L. D., & Smokowski, P. R. (2004). Risk and resilience in childhood: An ecological perspective. In M. W. Fraser (Ed.), *Risk and resilience in childhood: An ecological perspective* (pp. 13–66). Washington, DC: National Association of Social Workers.

Fryer, R. G., & Levitt, S. D. (2007). *Testing for racial differences in the mental ability of young children.* Unpublished manuscript, Harvard University, Cambridge, MA.

Fuller-Thomson, E., & Minkler, M. (2000). African American grandparents raising grandchildren: A national profile of demographic and health characteristics. *Health & Social Work, 25*(2), 109–118.

FY 2012 Head Start Funding Increase ACF-PI-HS-12-01. (2012). *U.S. Department of Health and Human Services.* Head Start. http://eclkc.ohs.acf.hhs.gov/hslc/standards/PIs/2012/resour_pri_001_012612.html

The Gay, Lesbian, & Straight Education Network. (2012a). 2011 National School Climate Survey: LGBT youth face pervasive, but decreasing levels of harassment. Retrieved from http://www.glsen.org/cgibin/iowa/all/library/record/2897.html?state=research&type=research

The Gay, Lesbian & Straight Education Network. (2012b). GLSEN releases groundbreaking study of bias, bullying and homophobia in grades K-6. Retrieved from http://www.glsen.org/playgroundsandprejudice.html

Gebel, T. J. (1996). Kinship care and nonrelative family foster care: A comparison of caregiver attributes and attitudes. *Child Welfare, 75*(1), 5–18.

Gilbert, D. J. (2001). HIV-affected children and adolescents: What school social workers should know. *Children and Schools, 23*(3), 135–142.

Green, P. E. (2003). The undocumented: Educating the children of migrant workers in American. *Bilingual Research Journal, 27*(1), 51–71.
Hartnett, D. N., Nelson, J. M., & Rinn, A. N. (2004). Gifted or ADHD? The possibilities of misdiagnosis. *Roeper Review, 26*(2), 73–76.
Haskins, R. (2004). Competing visions. *Education Next, 4*(1), 26–33.
Hawley Miles, K. (2011). *Transformation or decline?: Using tough times to create higher-performing schools.* Retrieved from http://erstrategies.org/resources/details/transformation_or_decline
Head Start: An Office of the Administration for Children and Families Early Childhood Learning and Knowledge Center. (2011). *Head start program fact sheet fiscal year 2010.* Retrieved from http://eclkc.ohs.acf.hhs.gov/hslc/mr/factsheets/fHeadStartProgr.htm
Herrnstein, R., & Murray, C. (1994). *The bell curve: Intelligence and class structure in American life.* New York: Free Press.
Howard, M., & Eddinger, L. (1973). *School-age parents.* Syracuse, NY: National Alliance Concerned with School-Age Parents.
Howe, D. (2005). *Child abuse and neglect: Attachment, development, and intervention.* New York: Palgrave Macmillan.
Irmsher, K. (1997). *Education reform and students at risk* (ERIC Digest No. 112). Eugene, OR: ERIC Clearinghouse on Education Management.

Jacobs, L. A. (1999). Equal opportunity, natural inequalities, and racial disadvantage: The Bell Curve and its critics. *Philosophy of the Social Sciences, 29*(1), 121–145.
Jeon, H. J., Peterson, C. A., Wall, S., Carta, J. J., Luze, G., Eshbaugh, E. M., et al. (2011). Predicting school readiness for low-income children with disability risks identified early. *Exceptional Children, 77*(4), 435–452.
Kan M. L., Ashley O. S. , LeTourneau K. L., Williams J. C., Jones S. B., Hampton J., et al. (2012). The adolescent family life program: A multisite evaluation of federally funded projects serving pregnant and parenting adolescents. *American Journal of Public Health, 102*(10), 1872–1878
Kean, J. M. (1970). The impact of head start: An evaluation of the effects of head start on children's cognitive and affective development by Victor G. Cicirelli. *Childhood Education, 46*(8), 449–452.
King, E., De Silva, M., Stein, A., & Patel, V. (2009). Interventions for improving the psychosocial well-being of children affected by HIV and AIDS. *Cochrane Database of Systematic Reviews,* 2, 1–16.
Kirby, D. B. (2007). *Emerging answers 2007: New research findings on programs to reduce teen pregnancy.* Washington, DC: National Campaign to Prevent Teen Pregnancy.
Kirby, D. B., Laris, B. A., & Rolleri, L. A. (2007). Sex and HIV education programs: Their impact on sexual behaviors of young people throughout the world. *Journal of Adolescent Health, 40*(3), 206–217.
Kohler, P. K., Manhart, L. E., & Lafferty, W. E. (2008). Abstinence-only and comprehensive sex education and the initiation of sexual activity and teen pregnancy. *Journal of Adolescent Health,* 42(4), 344–351.
Koivisto, P., Vinokur, A. D., & Vuori, J. (2011). Effects of career choice intervention on components of career preparation. *The Career Development Quarterly, 59*(4), 345–366.
Kolko, D. J., Herschell, A. D., Costello, A. H., & Kolko, R. P. (2009). Child welfare recommendations to improve mental health services for children who have experienced abuse and neglect: A national perspective. *Administration and Policy in Mental* Health *and Mental* Health *Services Research, 36*(1): 50–62.
Kozol, J. (1995). *Amazing grace: The lives of children and the conscience of a nation.* New York: Crown.
Kreider, R. M., & Ellis, R. (2011). *Living arrangements of children: 2009. Current population reports.* Washington, DC: U.S. Census Bureau. 70-126. Retrieved from http://www.census.gov/prod/2011pubs/p70-126.pdf

Kulis, S., Marsiglis, F. F., Elek, E., Dustman, P., Wagstaff, D. A., & Hecht, M. L. (2005). Mexican/Mexican American adolescents and keepin' it REAL: An evidence-based substance use prevention program. *Children & Schools, 27*(3), 133–145.

Kulis, S., Yabiku, S. T., Marsiglia, F. F., Nieri, T., & Crossman, A. (2007). Differences by gender, ethnicity, and acculturation in the efficacy of the keepin' it REAL model prevention program. *Journal of Drug Education, 37*(2), 123–144.

Lefebvre, P. (2011). Enhancing vocabulary, print awareness and phonological awareness through shared storybook reading with low-income preschoolers. *Journal of Early Childhood Literacy, 11*(4), 453–479.

Macdonald G., Higgins J. P. T., Ramchandani P., Valentine J. C., Bronger L. P., Klein P., et al. (2012). Cognitive-behavioural interventions for children been sexually abused (Review). *The Cochrane Library, 5*, 1–70.

Martin, J. A., Hamilton, B. E., Sutton, P. D., Ventura, S. J., Menacker, F., Kimeyer, S., et al. (2007). *Births: Final data for 2005* (NVSR No. 51–06). Hyattsville, MD: National Center for Health Statistics. Retrieved from http://www.cdc.gov/nchs/data/nvsr/nvsr56/nvsr56_06.pdf

Mayeaux, L., Sandstrom, M. J., & Cillessen, A. H. N. (2008). Is being popular a risky proposition? *Journal of Research on Adolescence, 18*(1), 49–74.

Maynard, B. R., McCrea, K. T., Pigott, T. D., & Kelly, M. S. (2009). *Interventions intended to increase school attendance in students attending primary or secondary schools: Review protocol.* Campbell Systematic Reviews. Retrieved from www.campbellcollaboration.org

Morawska, A., & Sanders, M. (2009). An evaluation of a behavioural parenting intervention for parents of gifted children. *Behaviour Research and Therapy, 47*(6), 463–470.

Morrison, G. M., & Allen, M. R. (2007). Promoting student resilience in school contexts. *Theory into Practice, 46*(2), 162–169.

National Association for Gifted Children. (2012). *Frequently asked questions.* Retrieved from http://www.nagc.org/index2.aspx?id=548

National Center for Educational Statistics. (2008). Fast Fact: Teacher Trends [Website]. Retrieved from http://nces.ed.gov/fastfacts/display.asp?id=55

National Center for Educational Statistics. (2011). Fast Fact: Teacher Trends [Website]. Retrieved from http://nces.ed.gov/fastfacts/display.asp?id=28

National Center for School Engagement. (2005). *OJJDP truancy reduction demonstration evaluation.* Paper presented at the Washington State Truancy Conference, Seattle, WA.

National Center on Family Homelessness. (2011). *The characteristics and needs of families experiencing homelessness.* Retrieved from http://www.familyhomelessness.org/media/306.pdf

National Council on Alcoholism and Drug Dependence. (n.d.). *Signs and symptoms.* Retrieved from http://www.ncadd.org/index.php/learn-about-drugs/signs-and-symptoms

National Migrant and Seasonal Head Start Association. (2008). *About us.* Retrieved from http://www.nmshsaonline.org/about/

National Public Radio, The Henry Kaiser Family Foundation, & The Kennedy School of Government at Harvard University. (2004). *Sex education in America: General public/parents survey.* Washington, DC: National Public Radio.

Neihart, M. (2003). *Gifted children with attention deficit hyperactivity disorder.* Arlington, VA: Council for exceptional children. Retrieved from www.gifted.uconn.edu/siegle/tag/digests/e549.html

Oakes, J. (2005). *Keeping track: How schools structure inequality* (2nd ed.). New Haven, CT: Yale University Press.

O'Donnell, J., Hawkins, J. D., Catalano, R. F.,. Abbott, R. D., & Day, L. E. (2010). Preventing school failure, drug use, and delinquency among low-income children: Long-term intervention in elementary schools. *American Journal of Orthopsychiatry, 65*(1), 87–100.
Office of Head Start. (2005a). *Biennial report to Congress: The status of children in head start programs.* Washington, DC: Administration for Children and Families. Retrieved from http://www.eclkc.ohs.acf.hhs.gov/hslc/mr/rc/head_start_biennial_report_2005.pdf
Office of Head Start. (2005b). *Head start impact study: First year findings.* Washington, DC: Administration for Children and Families.
Office of Head Start. (2007). *Head start program fact sheet.* Retrieved from http://www.eclck.ohs.acf.hhs.gov/hslc/mr/factsheets/cheadstartprogr.htm
Office of Planning, Research, and Evaluation. (2002). *Making a difference in the lives of infants and toddlers and their families: The impacts of early head start.* Washington, DC: Administration for Children and Families.
Office of the Surgeon General. (2001). *The surgeon general's call to action to promote sexual health and responsible sexual behavior.* Washington, DC: U.S. Department of Health and Human Services.
O'Neil-Pirozzi, T. M. (2009). Feasibility and benefit of parent participation in a program emphasizing preschool child language development while homeless. *American Journal of Speech-Language Pathology, 18*, 252–263.
O'Neill, J. M., Clark, J. K., and Jones, J. A. (2011). Promoting mental health and preventing substance abuse and violence in elementary students: A randomized control study of the Michigan model for health. *Journal of School Health, 81*(6), 320–330.
Pelletierre, D., & Wardrip, K. (2008). *Housing at the half: A mid-decade progress report from the American community survey.* Washington, DC: National Low Income Housing Coalition. Retrieved from http://www.nlihc.org/sites/default/files/Mid-DecadeReport_2-19-08.pdf
Pfeiffer, S. I. (2001). Professional psychology and the gifted: Emerging practice opportunities. *Professional Psychology: Research and Practice, 32*(2), 175–180.
Pretorius, G., & Pfeifer, N. (2010). Group art therapy with sexually abused girls. *South African Journal of Psychology, 40*(1), 63–73.
Rafferty, Y., Shinn, M., & Weitzman, B. C. (2004). Academic achievement among formerly homeless adolescents and their continuously housed peers. *Journal of School Psychology, 42*, 179–199.
Renzulli, J. S., & Park, S. (2002). *Giftedness and high school dropouts: Personal, family, and school-related factors* (RM No. 02168). Storrs, CT: The National Research Center on the Gifted and Talented, University of Connecticut.
Richman, J. M., Bowen, G. L., & Woolley, M. E. (2004). School failure: An eco-interactional developmental perspective. In M. Fraser (Ed.), *Risk and resilience in childhood: An ecological perspective* (2nd ed., pp. 133–160). Washington, DC: NASW Press.
Robinson, A. (1990). Cooperation of exploitation: The argument against cooperative learning groups for talented students. *Journal for the Education of the Gifted, 14*(1), 9027.
Roebuck, M. C., French, M. T., & Dennis, M. L. (2003). Adolescent marijuana use and school.attendance. *Economics of Education Review, 23*(2), 133–141.
Rose, A. J., Swenson, L. P., & Waller, E. M. (2004). Overt and relational aggression and perceived popularity: Developmental differences in concurrent and prospective relations. *Developmental Psychology, 40*, 378–387.
Rose, M. (1995). *Possible lives: The promise of public education in America.* New York: Penguin Books.
Rose, M. (1998). Taking control of teacher quality. *American Teacher, 83*(1), 6–10.

Rosenblum, A., Magura, S., Fong, C., Cleland, C., Norwood, C., Casella, D., et al. (2005). Substance use among young adolescents in HIV-affected families: Resiliency, peer deviance, and family functioning. *Substance Use & Misuse, 40*(5), 581–603.

Royal, M. A., & Rossi, R. J. (1997). *Schools as communities* (ERIC Digest No. 111). Eugene, OR: ERIC Clearinghouse on Education Management. (ED 405157).

Ryan, C., Huebner, D., Diaz, R. M., & Sanchez, J. (2009). Family rejection as a predictor of negative health outcomes in white and Latino lesbian, gay, and bisexual young adults. *Pediatrics, 123*(1), 346–352.

Saewyc, E. M., Magee, L. L., & Pettingell, S. E. (2004). Teenage pregnancy and associated risk behaviors among sexually abused adolescents. *Perspectives on Sexual and Reproductive Health, 36*(3), 98–105.

Sakai C., Lin H., & Flores G. (2011). Health outcomes and family services in kinship care: Analysis of a national sample of children in the child welfare system. *Archives of Pediatrics and Adolescent Medicine, 165*(2), 159–165.

Sanders, W. L. (2000). Value-added assessment from student achievement data: Opportunities and hurdles. *Journal of Personnel Evaluation in Education, 14*(4), 329–339. Retrieved from http://www.sas.com/govedu/edu/opp_hurdles.pdf

Santelli, J. S., Kaiser, J., Hirsch, L., Radosh, A., Simkin, L., & Middlestadt, S. (2004). Initiation of sexual intercourse among middle school adolescents: The influence of psychosocial factors. *Journal of Adolescent Health, 34*(3), 200–208.

Santelli, J. S., Kindberg, L. D., Finer, L. B., & Singh, S. (2007). Explaining recent declines in adolescent pregnancy in the United States: The contribution of abstinence and improved contraceptive use. *American Journal of Public Health, 97*(1), 150–156.

Scott, K. L., & Lishak, V. (2012). Intervention for maltreating fathers: Statistically and clinically significant change. *Child abuse and Neglect, 36*(9), 680–684.

Seid, M., Casteneda, D., Mize, R., Zivkovic, M., & Varni, J. (2003). Crossing the border for health care: Access and primary care characteristics for young children of Latino farm workers along the U.S.-Mexico border. *Ambulatory Pediatrics, 3*(3), 121–130.

Shah, N. (2012). Gifted programs aim to regain budget toehold. *Education Week*. Retrieved from http://www.edweek.org/ew/articles/2012/05/16/31gifted.h31.html

Shipman, K., & Taussig, H. (2009). Mental health treatment of children abuse and neglect: The promise of evidence-based practice. *Pediatric Clinics of North America, 56*, 417–428.

Silenzio, V. M. B., Pena, J. B., Duberstein, P. R., Cerel, J., & Knox, K. L. (2007). Sexual orientation and risk factors for suicidal ideation and suicide attempts among adolescents and young adults. *American Journal of Public Health, 97*(11), 11–14.

Sirocco, K. Y., Lynne-Landsman, S., & Boyce, C. A. (2012). Developmental cognitive neuroscience to inform cognitive-control interventions for drug abuse: Introduction to the special section. *Child Development Perspectives, 6*(4), 351–353.

Smith, J. R., Brooks-Gunn, J., & Klebanov, P. K. (1997). Consequences of living in poverty for young children's cognitive and verbal ability and early school achievement. In G. J. Duncan & J. Brooks-Gunn (Eds.), *Consequences of growing up poor* (pp. 132–189). New York: Russel Sage Foundation.

SmithBattle, L. (2007). "I wanna have a good future": Teen mothers' rise in educational aspirations, competing demands, and limited school support. *Youth & Society, 38*(3), 348–371.

Strizek, G. A., Pittsonberger, J. L., Riordan, K. E., Lyter, D. M., & Orlofsky, G. F. (2006). *Characteristics of schools, districts, teachers, principals, and school libraries in the United States: 2003–2004* (NCES No. 2006-313). Washington, DC: National Center for Education Statistics, U.S. Department of Education. Retrieved from http://nces.ed.gov/pubs2006/2006313.pdf

Strozier, A. L., Elrod, B., Beiler, P., Smith, A., & Carter, K. (2004). Developing a network of support for relative caregivers. *Children and Youth Services Review, 26,* 641–656.

Strozier, A. L., McGrew, L., Krisman, K., & Smith, A. (2005). Kinship care connection: A school-based intervention for kinship caregivers and the children in their care. *Children and Youth Services Review, 27*(9), 1011–1029.

Tice, P., Princiotta, D., Chapman, C., & Bielick, S. (2007). *Trends in the use of school choice: 1993 to 2003* (NCES No. 2007-045). Washington, DC: National Center for Education Statistics. U.S. Department of Education.

Todd, P. E., & Wolpin, K. I. (2007). The production of cognitive achievement in children: Home, school, and racial test score gaps. *Journal of Human Capital, 1*(1), 91–136.

Tomlinson, C. A. (2001). *How to differentiate instruction in mixed-ability classroom* (2nd ed.). Alexandria, VA: Association for Supervision and Curriculum Development.

Truancy Assessment and Resource Center. (2011). *Truancy affects all of us.* Retrieved from http://portal.sfusd.edu/TARC/index.html

Underwood, M., Kupersmidt, J. B., & Coie, J. D. (1996). Childhood peer sociometric status and aggression as predictors of adolescent childbearing. *Journal of Research on Adolescence, 6*(1), 2–15.

U.S. Census Bureau. (2010). *2010 census data.* Retrieved from http://www.census.gov/2010census/data/

U.S. Census Bureau. (2012a). *How the census bureau measures poverty.* Retrieved from http://www.census.gov/hhes/www/poverty/about/overview/measure.html

U.S. Census Bureau. (2012b). *Poverty thresholds for 2011 by size of family and number of related children under 18 years.* Retrieved from http://www.census.gov/hhes/www/poverty/data/threshld/thresh11.xls

U.S. Department of Agriculture. (2007). *Household food security in the United States, 2006* (ERR No. 49). Washington, DC: Author.

U.S. Department of Education, National Center for Education Statistics. (2006). *Common core of data dataset 2004–2005.* Washington, DC: Government Printing Office.

U.S. Department of Education, National Center for Education Statistics. (2008). *Digest of education statistics, 2007* (NCES No. 2008-022). Washington, DC: Government Printing Office. Retrieved from http://nces.ed.gov/pubs2008/2008022.pdf

U.S. Department of Education, National Center for Education Statistics. (2008a). *Digest of education statistics, 2007* (NCES No. 2008-022): Table 3. Washington, DC: Government Printing Office.

U.S. Department of Education, National Center for Education Statistics. (2008b). *Digest of education statistics, 2007* (NCES No. 2008-022): Table 21. Washington, DC: Government Printing Office.

U.S. Department of Education, Planning and Evaluation Service. (2002). *The education for homeless children and youth program: Learning to succeed, volume I* (Doc. No. 2000-13).

U.S. Department of Health and Human Services. (2011). *The child abuse prevention and treatment act (CAPTA) 2010 as amended by P.L. 111-320, the CAPTA reauthorization act of 2010.* Retrieved from http://www.acf.hhs.gov/sites/default/files/cb/capta2010.pdf

U.S. Department of Health and Human Services. (2013). *Child maltreatment.* Retrieved from www.acf.hhs.gov/sites/default/files/cb/cm2012.pdf

U.S. Department of Health and Human Services, Administration on Children, Youth and Families. (2008a). *The AFCARS report: Preliminary FY 2006 estimates* (AFCARS No. 14). Washington, DC: U.S. Government Printing Office.

U.S. Department of Health and Human Services, Administration on Children, Youth and Families. (2008b). *Child maltreatment, 2008.* Washington, DC: U.S. Government Printing Office.

Vallotton, C. D. (2012). Infant signs as intervention? Promoting symbolic gestures for preverbal children in low-income families supports responsive parent–child relationships. *Early Childhood Research Quarterly, 27*(3), 401–415.

Ventura, S. J., Abma, J. C., Mosher, W. D., & Henshaw, S. K. (2008). *Estimated pregnancy rates by outcome for the United States, 1990–2004* (NVSR No. 56-15). Hyattsville, MD: National Center for Health Statistics. Retrieved from http://www.cdc.gov/nchs/data/nvsr/nvsr56/nvsr56_15.pdf

Walsh, T. (2009). Legal responses to child protection, poverty and homelessness. *Journal of Social Welfare and Family Law, 31*(2), 133–146.

Weathers, A., Minkovitz, C., O'Campo, P., & Diener-West, M. (2003). Health services use by children of migratory agricultural workers: Exploring the role of need for care. *Pediatrics, 111*(5), 956–963.

Wen, X., Leow, C., Hahs-Vaughn, D. L., Korfmacher, J., & Marcus, S. M. (2011). Early are two years better than one year? A propensity score analysis of the impact of Head Start program duration on children's school performance in kindergarten. *Childhood Research Quarterly, 27*(4), 684–694.

Werner, E., & Smith, R. (1992). *Overcoming the odds: High risk children from birth to adulthood.* Ithaca, NY: Cornell University Press.

Yurick, A., Cartledge, G., Kourea, L., & Keyes, S. (2012). Reducing reading failure for kindergarten urban students: A study of early literacy instruction, treatment quality, and treatment duration. *Remedial and Special Education, 33*(2), 89–102.

第九章参考文献

Ahearn, E. M. (2011). *Children who are deaf/hard of hearing: State of the educational practices.* In Forum brief policy analysis. Alexandria, VA: National Association of State Directors of Special Education. Retrieved January 7, 2013, from http://www.nasdse.org/DesktopModules/DNNspot-Store/ProductFiles/69_b7402cd4-5e4c-47b7-8635-86390501de8d.pdf

Ali, R. (2010 October 26). *Dear colleague letter: Harassment and bullying.* Retrieved January 15, 2013, from http://www2.ed.gov/about/offices/list/ocr/letters/colleague-201010.pdf

Alvarez, M., & Anderson-Ketchmark, C. (2010). Review of an evidence-based school social work intervention: Check & Connect. *Children & Schools, 32*(2), 125–127.

Aron, L., & Loprest, P. (2012) Disability and the education system. *The Future of Children, 22*(1), 97–122.

Ault, M. J., & Griffen, A. K. (2013). Teaching with the system of least prompts: An easy method for monitoring progress. *Teaching Exceptional Children, 45*(3), 46–53.

Banerjee, R., & Guiberson, M. (2012). Evaluating young children from culturally and linguistically diverse backgrounds for special education services. *Young Exceptional Children, 15*(1), 33–45.

Bayes, D. A., Heath, A. K., Williams, C., & Ganz, J. A. (2013). Pardon the interruption. Enhancing communication skills for students with intellectual disability. *Teaching Exceptional Children, 45*(1), 64–70.

Bellini, S., & Akullian, J. (2007). A meta-analysis of video modeling and video self-modeling interventions for children and adolescents with autism spectrum disorders. *Exceptional Children, 73*(3), 264–287.

Bialystok, E., Luk, G., Peets, K. F., & Yang, S. (2010). Receptive vocabulary differences in monolingual and bilingual children. *Bilingualism: Language and Cognition, 13*(4), 525–531.

Blackwell, L. A., Trzesniewski, K. H., & Dweck, C. S. (2007). Theories of intelligence and achievement across the junior high school transition: A longitudinal study and an intervention. *Child Development, 78*, 246–263.

Brown, C. M., Packer, T. L., & Passmore, A. (2013). Adequacy of the regular early education classroom environment for students with visual impairment. *The Journal of Special Education, 46*(4), 223–232.

Center on the Social and Emotional Foundations for Early Learning. (2006). *Promoting social and emotional competence training modules.* Retrieved January 17, 2013, from http://csefel.vanderbilt.edu/resources/training_modules.html

Charlop-Christy, M. H., & Daneshvar, S. (2003). Using video modeling to teach perspective taking to children with autism. *Journal of Positive Behavior Interventions, 5*(1), 12–21.

Chen, P.-Y., & Schwartz, I. S. (2012). Bullying and victimization experiences of students with autism spectrum disorders in elementary schools. *Focus on Autism and other Developmental Disabilities, 27*(4), 200–212.

Child Abuse Prevention and Treatment Act (CAPTA). (2003). 42 U. S. C. A. §5106g.

Collaborative Dissemination for Prevention Programs Group. (n.d.). *Prevention strategies that work: What administrators can do to promote positive student behavior.* Retrieved September 5, 2005, from http://cecp.air.org/preventionstrategies/prevent.pdf

Conduct Problems Prevention Research Group. (1992). A developmental and clinical model for the prevention of conduct disorders: The Fast Track Program. *Development and Psychopathology, 4*, 509–527.

Conduct Problems Prevention Research Group. (2004). The effects of the Fast Track program on serious problem outcomes at the end of elementary school. *Journal of Clinical Child and Adolescent Psychology, 33*, 650–661.
Cunha, F., Heckman, J., & Schennach, S. M. (2010). Estimating the technology of cognitive and non-cognitive skill formation. *Econometrica, 78*, 883–931.
Daves, D. P., & Walker, D. W. (2012). RTI: Court and case law-confusion by design. *Learning Disability Quarterly, 35*(2), 68–71.
Dawson, G., Rogers, S., Munson, J., Smith, M., Winter, J., Greenson, J., et al. (2010). Randomized, controlled trial of an intervention for toddlers with autism: The early start Denver model. *Pediatrics, 125*(1), 17–23.
Division of Early Childhood. (2010). *Responsiveness to all children, families, and professionals: Integrating cultural and linguistic diversity into policy and practice.* Missoula, MT: Author.
Duckworth, A. L., Quinn, P. D., & Tsukayama, E. (2012). What No Child Left Behind leaves behind: The roles of IQ and self-control in predicting standardized achievement test scores and report card grades. *Journal of Educational Psychology, 104*(2), 439.
DuPaul, G. J., Gormley, M. J., & Laracy, S. D. (2013). Comorbidity of LD and ADHD: Implications of DSM-5 for assessment and treatment. *Journal of Learning Disabilities, 46*(1), 43–51.
Dweck, C., Walton, G. M., & Cohen, G. L. (2011). *Academic tenacity: Mindset and skills that promote long-term learning.* Paper prepared for the Gates Foundation, Bill & Melinda Gates Foundation, Seattle, WA.
Epley, P., Summers, J. A., & Turnbull, A. (2010). Characteristics and trends in family-centered conceptualizations. *Journal of Family Social Work, 13*(3), 269–285.
Estrem, T. L., & Zhang, S. (2010). Prevalence and disproportionality of autism spectrum disorders among English language learners in Minnesota. *Multiple Voices for Ethnically Diverse Exceptional Learners, 12*(2), 5–20.
Farrington, C. A., Roderick, M., Allensworth, E., Nagaoka, J., Keyes, T. S., Johnson, D. W., et al. (2012). *Teaching adolescents to become learners. The role of noncognitive factors in shaping school performance: A critical literature review.* Chicago: University of Chicago Consortium on Chicago School Research.
Firmender, J. M., Reis, S. M., & Sweeney, S. M. (2013). Reading comprehension and fluency levels ranges across diverse classrooms: The need for differentiated reading instruction and content. *Gifted Child Quarterly, 57*(1), 3–14.
Fonseca, C. (2012). GT kids and behavior: Seven strategies to help kids (and parents) cope. In *Supporting Emotional Needs of the Gifted: 30 Essays on Gifted.* Supporting Emotional Needs of the Gifted (SENG). Retrieved from www.sengifted.org
Ford, D. Y. (2012). Culturally different students in special education: Looking backward to move forward. *Exceptional Children, 78*(4), 391–405.
Ford, D. Y., Grantham, T. C., & Whiting, G. W. (2008). Culturally and linguistically diverse students in gifted education: Recruitment and retention issues. *Exceptional Children, 74*, 289–306.
Fredricks, J., McColskey, W., Meli, J., Mordica, J., Montrosse, B., & Mooney, K. (2011). *Measuring student engagement in upper elementary through high school: A description of 21 instruments.* (Issues & Answers Report, REL 2011–No. 098). Washington, DC: U.S. Department of Education, Institute of Education Sciences, National Center for Education Evaluation and Regional Assistance, Regional Educational Laboratory Southeast. Retrieved from http://ies.ed.gov/ncee/edlabs
Fuchs, L. S., Fuchs, D., & Compton, D. L. (2012). The early prevention of mathematics difficulty: Its power and limitations. *Journal of Learning Disabilities, 45*(3), 257–269.
Fuchs, L. S., & Vaughn, S. (2012). Responsiveness-to-intervention: A decade later. *Journal of Learning Disabilities, 45*(3), 195–203.

Grantham, T. C. (2012). Eminence-focused gifted education: Concerns about forward movement void of an equity vision. *Gifted Child Quarterly, 56*(4), 215–220.
Halle, T., Forry, N., Hair, E., Perper, K., Wandner, L., Wessel, J., et al. (2009). *Disparities in early learning and development: Lessons from the early childhood longitudinal study—Birth cohort (ECLS-B)*. Washington, DC: Child Trends. Retrieved April 8, 2014, from http://www.childtrends.org/?publications=disparities-in-early-learning-and-development-lessons-from-the-early-childhood-longitudinal-study-birth-cohort-ecls-b
Halsted, J. W. (2012). Using books to meet the social and emotional needs of gifted students. In *Supporting Emotional Needs of the Gifted: 30 Essays on Gifted*. Supporting Emotional Needs of the Gifted (SENG). Retrieved from www.sengifted.org
Harry, B. (2008). Family-professional collaboration with culturally and linguistically diverse families: Ideal vs. reality. *Exceptional Children, 72*(3), 372–388.
Harry, B., Kalyanpur, M., & Day, M. (1999). *Building cultural reciprocity with families: Case studies in special education*. Baltimore, MD: Paul H. Brookes.
Hernandez, J. E., Harry, B., Newman, L., & Cameto, R. (2008). Survey of family involvement in and satisfaction with the Los Angeles Unified School District special education processes. *Journal of Special Education Leadership, 21*(2),84–93.

Hojnoski, R. J., & Wood, B. K. (2012). Challenging behavior and early academic skill development: An integrated approach to assessment and intervention. *Young Exceptional Children, 15*(4), 29–40.
Hoover, J. J., & Love, E. (2011). Supporting school-based response to intervention: A practitioner's model. *Teaching Exceptional Children, 43*(3), 40–48.
Hyman, S. L., & Levy, S. E. (2012). Autism spectrum disorders. In Batshaw, M. L., Roizen, N. J., & Lotrecchiano, G. R. (Eds.), *Children with disabilities* (7th ed., pp. 345–368). Baltimore, MD: Paul H. Brookes.
Individuals with Disabilities Education Improvement Act of 2004, Pub. L. No. 108-446.
Insel, T. R. (January, 2005). NIMH: Renewing priorities and organizational structure. *SRCD Developments, 48*(1), 1 & 9–10.
Jones, S. M., & Bouffard, S. M. (2012). Social and emotional learning in schools: From programs to strategies. *Social Policy Report, 26*(4), 1–24.
Jordan, D. (2006). *Functional behavioral* assessment *and positive interventions: What parents need to know*. Minneapolis, MN: PACER Center. Retrieved from www.fape.org
Kalyanpur, M., & Harry, B. (2012). *Cultural reciprocity in special education: Building reciprocity with families from diverse cultures* (2nd ed.). Baltimore, MD: Paul H. Brookes.
Katsiyannis, A., Losinski, M., & Prince, A. M. T. (2012). Litigation and students with disabilities: A persistent concern. *NASSP Bulletin, 96*, 23–43.
King, A. M., & Fahsl, A. J. (2012). Supporting social competence in children who use augmentative and alternative communication. *Teaching Exceptional Children, 45*, 42–53.
Kucharczyk, S., Shaw. E., Smith Myles, B., Sullivan, L., Szidon, K., & Tuchman-Ginsberg, L. (2012). *Guidance & coaching on evidence-based practices for learners with autism spectrum disorders*. Chapel Hill: The University of North Carolina, Frank Porter Graham Child Development Institute, National Professional Development Center on Autism Spectrum Disorders.
Kuche, C. A., & Greenberg, M. T. (1995). *The PATHS curriculum*. Seattle, WA: Developmental Research and Programs.
Ledford, J. R., Lane, J. D., Elam, J. L., & Wolery, M. (2012). Using response prompting procedures in small group direct instruction: Outcomes and procedural variants. *American Journal on Intellectual and Developmental Disabilities, 117*, 413–434.
Levenson, N. (2012). *Boosting the quality and efficiency of special education*. Dayton, OH: Thomas B Fordham Foundation and the Progressive Policy Institute. Retrieved November 16, 2012, from http://www.edexcellence.net/publications/boosting-the-quality-and-efficiency-of-special-education.html

Lin, A. C., & Harris, D. R. (2009). *The colors of poverty: Why racial & ethnic disparities persist* (National Poverty Center Series on Poverty and Public Policy, Brief #16). Retrieved January 15, 2012, from http://www.npc.umich.edu/publications/policy_briefs/brief16/PolicyBrief16.pdf

Luft, P. (2012). A national survey of transition services for deaf and hard of hearing students. *Career Development and Transition for Exceptional Individuals*, online pre-publication edition, 1–16.

Makel, M. C., Putallaz, M., & Wai, J. (2012). Teach students what they don't know but are ready to learn: A commentary on "Rethinking giftedness and gifted education". *Gifted Child Quarterly, 56*(4), 198–201.

McCoach, D. B., Rambo, K., & Walsh, M. (2013). Assessing the growth of gifted students. *Gifted Child Quarterly, 57*(1), 56–67.

McGinnis, E., & Goldstein, A. P. (2003). *Skillstreaming in early childhood* (Rev. ed.). Champaign, IL: Research Press.

McKay, M., Berger-Jenkins, E., Newcorn, J., Bannon, W., & Laraque, D. (2012). Parent medication concerns predict underutilization of mental health services for minority children with ADHD. *Clinical Pediatrics, 51*(1), 65–76.

McLeskey, J., Landers, E., Williamson, P., & Hoppey, D. (2012). *Are we moving toward educating students with disabilities in less restrictive settings?* The Journal of Special Education, 46, 131–140.

Morrier, M. J., & Gallagher, P. A. (2011). Disproportionate representation in placements of preschoolers with disabilities in five southern states. *Topics in Early Childhood Special Education, 31*(1), 48–57.

Mulligan, G. M., Hastedt, S., & McCarroll, J. (2012). *First-time kindergartners in 2010-11: First findings from the kindergarten rounds of the early childhood longitudinal study, kindergarten class of 2010-11 (ECLS-K:2011)* (NCES 2012-049). Washington, DC: National Center For Education Statistics.

Najarian, M., Pollack, J. M., Sorongon, A. G., & Hausken, E. G. (2009). *Early childhood longitudinal study, kindergarten class of 1998–99 (ECLS-K): Psychometric report for the eighth grade*. Washington, DC: National Center for Education Statistics.

Price, A. (2012). What SENG means to me: Perspectives from SENG's first executive director. In *Supporting Emotional Needs of the Gifted: 30 Essays on Gifted*. Supporting Emotional Needs of the Gifted (SENG). Retrieved from www.sengifted.org

Pringle, B., Colpe, L., Blumberg, S., Avila, R., and Kogan, M. (2012). *Diagnostic history and treatment of school-aged children with autism spectrum disorder and special health needs* (National Center for Health Sciences Data Brief, 97). Washington, DC: U.S. Department of Health and Human Services, Centers for Disease Control and Prevention, National Center for Health Sciences.

Rao, K., Hitchcock, C. H., Boisvert, P. C., Kilpatrick, E., & Corbiell, C. (2012). Do it yourself: Video self-modeling made easy. *Teaching Exceptional Children, 45*(1), 8. Retrieved from www.cec.sped.org/TECplus

Raver, C. C. (2002). Emotions matter: Making the case for the role of young children's emotional development for early school readiness. *Social Policy Report, 16*(3), 1–20.

Raymond, C. (2012). SMPG: My gifted education. In *Supporting Emotional Needs of the Gifted: 30 Essays on Gifted*. Supporting Emotional Needs of the Gifted (SENG). Retrieved from www.sengifted.org

Rinn, A. N. (2012). Implications for addressing the psychosocial needs of gifted individuals: A response to Subotnik, Olszewski-Kubilius, and Worrell (2011). *Gifted Child Quarterly, 56*(4), 206–209.

Rosen, J. A., Glennie, E. J., Dalton, B. W., Lennon, J. M., & Bozick, R. N. (2010). *Noncognitive skills in the classroom: New perspectives on educational research* (RTI Press publication No. BK-0004-1009). Research Triangle Park, NC: RTI International. Retrieved June 18, 2012, from http://www.rti.org/rtipress

Samson, J. F., & Lesaux, N. K. (2009). Language-minority learners in special education: Rates and predictors of identification for services. *Journal of Learning Disabilities, 42*(2), 148–162.

Sartini, E. C., Knight, V. F., & Collins, B. C. (2013). Ten guidelines facilitate social groups for students with complex special needs. *Teaching Exceptional Children, 45*(3), 42–53.

Schuler, P. (2012). Teasing and gifted children. In *Supporting Emotional Needs of the Gifted: 30 Essays on Gifted*. Supporting Emotional Needs of the Gifted (SENG). Retrieved from www.sengifted.org

Shonkoff, J. P. (2008). *The science of healthy development: Closing the gap between what we know and what we do*. Paul A. Harper Lecture, Johns Hopkins University, Baltimore, MD.

Shonkoff, J. P., Garner, A. S., Siegel, B. S., Dobbins, M. I., Earls, M. F., Garner, A. A., et al. (2012). The lifelong effects of early childhood adversity and toxic stress. *Pediatrics, 129*(1), e232–e246. Retrieved from http://www.pediatricsdigest.mobi/content/129/1/e232.full

Shonkoff, J. P., & Phillips, D. A. (Eds.). (2000). *From neurons to neighborhoods: The science of early childhood development*. Washington, DC: National Academy Press.

Stabile, M., & Allin, S. (2012). The economic costs of childhood disability. *The Future of Children, 22*(1), 65–96.

Steere, D. E., & DiPipi-Hoy, C. (2012). When you can't get out: Strategies for supporting community-based instruction. *TEACHING Exceptional Children, 45*(2), 60–67.

Subotnik, R. F., Olszewski-Kubilius, P., & Worrell, F. C. (2011). Rethinking giftedness and gifted education: A proposed direction forward based on psychological science. *Psychological Science in the Public Interest, 12*, 3–54.

Suzuki, L. A., Short, E. L., Pierterse, A., & Kugler, J. (2001). Multicultural issues and the assessment of aptitude. In L. A. Suzuki (Ed.), *Handbook of multicultural assessment: Clinical, psychological, and educational applications* (2nd ed., pp. 359–382). San Francisco: Jossey-Bass.

Tannock, R. (20130. *Rethinking ADHD ad LD in DSM-5*. Journal of Learning Disabilities, 46, 5–25.

Torgesen, J. K. (2009). The response to intervention instructional model: Some outcomes from a large-scale implementation in reading first schools. *Child Development Perspectives, 3*(1), 38–40.

Tudor, M. E., Hoffman, C. D., & Sweeney, D. P. (2012). Children with autism: Sleep problems and symptom severity. *Focus on Autism and Other Developmental Disabilities, 27*(4), 254–262.

Turnbull, A., Turnbull, R., Erwin, E., Soodak, L., & Shogren, K. (2010). *Families, professionals, and exceptionality: Positive outcomes through partnerships and trust*. Upper Saddle River, NJ: Pearson.

U.S. Census Bureau. (2011). *2011 American community survey 1-year estimates*. Retrieved from http://factfinder2.census.gov

U.S. Department of Education. (2007). *Twenty-seventh annual report to Congress on the implementation of the Individuals with Disabilities Education Act, Volume 1*. Washington, DC: Author. Retrieved October 1, 2008, from http://www.ed.gov/about/reports/annual/osep/2005/parts-b-c/index.html

U.S. Department of Education. (2012). *ESEA flexibility*. Washington, DC: Author.

U.S. Department of Education. (n.d.). *Department of education office for civil rights fiscal year 2015 budget request*. Washington, DC: Author. Retrieved April 8, 2014, from http://www2.ed.gov/about/overview/budget/budget15/justifications/bb-ocr.pdf

U.S. Department of Education, Office of Civil Rights. (2012). *Disability rights enforcement highlights*. Washington, DC: Author.

U.S. Department of Education, Office of Civil Rights. (n.d.). *Questions and answers on the ADA Amendments Act of 2008 for students with disabilities attending public elementary and secondary schools*. Washington, DC: Author. Retrieved April 8, 2014. from http://www2.ed.gov/about/offices/list/ocr/docs/dcl-504faq-201109.html

U.S. Department of Education, Office of Special Education Programs, Data Analysis System (DANS). (2011). *Special Education*. Data updated as of July 15, 2011.

U.S. Department of Education, Office of Special Education Programs, Data Analysis System (DANS). (2012). *Children with disabilities receiving special education under Part B of the Individuals with Disabilities Education Act 2011* (OMB #1820-0043). Data updated as of July 15, 2012. Data retrieved August 2012, from www.ideadata.org

U.S. Department of Health and Human Services, Health Resources and Services Administration, Maternal and Child Health Bureau. (2013). *The national survey of children with special health care needs chartbook 2009–2010*. Rockville, MD: U.S. Department of Health and Human Services.

U.S. Government Accountability Office. (2012). *Students with disabilities: Better federal coordination could lessen challenges in the transition from high school* (Report to the ranking member, committee on education and the workforce, House of Representatives. GAO-12-594). Washington, DC: Author.

Wagner, M., Newman, L., Cameto, R., & Levine, P. (2005). *National Longitudinal Transition Study 2: Changes over time in the early postschool outcomes of youth with disabilities.* Menlo Park, CA: SRI International. Retrieved April 8, 2014, from http:// http://www.nlts2.org/reports/2005_06/nlts2_report_2005_06_complete.pdf

Waitoller, F., Artiles, A., & Cheney, D. (2010). The miner's canary: A review of overrepresentation research and explanations. *The Journal of Special Education, 44*(1), 29–49.

Walker, A. R., & Test, D. W. (2011). Using self-advocacy intervention on African American college students'ability to request academic accommodations. *Learning Disabilities Research & Practice, 26*(3), 134–144.

Walker, H. M., Golly, A., Kavanaugh, K., Stiller, B., Severson, H. H., & Feil, E. G. (2004). *First step to success*. Longmont, CO: Sopris West.

Walston, J., Rathbun, A., & Hausken, E. G. (2008). *Eighth grade: First findings from the final round of the early childhood longitudinal study, kindergarten class of 1998-99 (ECLS-K). First look* (NCES 2008-088). Washington, DC: National Center for Education Statistics.

Webster-Stratton, C. (n.d.) *The incredible years*. Retrieved April 8, 2014, from http://incredibleyears.com/

Wehmeyer, M. L., Palmer, S. B., Shogren, K., Williams-Diehm, K., & Soukup, J. H. (2013). Establishing a causal relationship between intervention to promote self-determination and enhanced student self-determination. *The Journal of Special Education, 46*(4), 195–210.

Weintraub, F. J. (2012). A half-century of special education: What we have achieved and the challenges we face. *Teaching Exceptional Children, 45*(1), 50–53.

Westat Corporation. (2002). *Personnel recruitment, retention, and shortage data tables: Tables 3.130, 3.146, 3.147, 5.130, 5.146, 5.147*. Retrieved April 30, 2002, from www.spense.org

Wolery, M. (2012). Voices from the field. *Young Exceptional Children, 15*(4), 41–44.

Yeager, D. S., & Walton, G. M. (2011). Social-psychological interventions in education: They're not magic. *Review of Educational Research, 81*(2), 267–301.

Zager, D., & Feinman, S. (2012). Building executive functioning competence in high school students with autism. *Focus on Autism and Other Developmental Disabilities, 27*(4), 1–2

Zimmerman, B. J. (2008). Investigating self-regulation and motivation: Historical background, methodological developments and future prospects. *American Educational Research Journal, 45*, 166–183.

第十章参考文献

A.A. v. Needville Indep. Sch. Dist., 611 F.3d 248 (5th Cir. 2010).

Alexander, K., & Alexander, M. D. (2011). *American public school law* (8th ed.). Belmont, CA: Cengage Learning.

Altshuler, S. J., & Kopels, S. (2003). Advocating in schools for children with disabilities: What's the new I.D.E.A.? *Social Work, 48*(3), 320–329.

American Federation of Children. (2012). Retrieved April 8, 2014, from http://federationforchildren.org/facts

American Psychological Association Zero Task Force. (2008). *Are zero tolerance policies effective in the schools?* Retrieved April 8, 2014, from http://www.apa.org/pubs/info/reports/zero-tolerance.pdf

Baker v. Owen, 437 U.S. 907 (1975).

Balfanz, R., & Byrnes, V. (2012). *Chronic absenteeism: Summarizing what we know from national available data.* Baltimore: Johns Hopkins University Center for Social Organization of Schools.

Bethel School District No. 403 v. Fraser, 478 U.S. 675 (1986).

Birkett, M., Espelage, D. L., & Koenig, B. (2009). LGB and questioning students in schools: The moderating effects of homophobic bullying and school climate on negative outcomes. *Journal of Youth & Adolescence, 38*, 989–1000.

Bishop v. Houston School District, 35 S.W 2d 465 (Tex.Civ. App. 1931).

Board of Education v. Earls, 122 S. Ct. 2559 (2002).

Board of Education v. Helston, 32 Ill. App. 300 (1889).

Borum, R., Cornell, D. G., Modzeleski, W., & Jimerson, S. R. (2010). What can be done about school shootings? A review of the evidence. *Educational Researcher, 39*(1), 27–37.

Brief of Amici Curiae the National Association of Social Workers and the National Association of Social Workers Arizona Chapter, in Support of Appellant April Redding. (2008). Washington, DC: NASW. Retrieved November 9, 2008, from http://www.socialworkers.org/assets/secured/documents/ldf/briefDocuments/Redding%20v.%20Safford.pdf

Brown, K., Skiba, R. J., & Eckes, S. E. (2009). African American disproportionality in school discipline: The divide between best evidence and legal remedy. *New York University Law Review, 54*, 1071–1112.

Brown v. Board of Education of Topeka (I), 347 U.S. 483 (1954).

California Department of Education. (2011). *Truancy.* Retrieved November 26, 2012, from http://www.cde.ca.gov/ls/ai/tr

California Education Code. Deering's California Code Annotated, Part 48200 et.seq. (2012).

Call from mother in Iraq leads to teen's suspension. (2005). *St. Louis Post Dispatch*, p. 22.

Carestio v. School Bd. of Broward County, 79 F.Supp.2d 1347 (S.D. Fla. 1999).

Center for Effective Discipline. (2013). *U.S. corporal punishment and paddling statistics by state and race.* Retrieved January 9, 2013, from http://www.stophitting.com/index.php?page=statesbanning

Colasanti, M. (2007). Sanctions on driving privileges. *Education Commission of the States.* Retrieved November 26, 2012, from www.ecs.org/clearinghouse/60/10/6010.pdf

Collins v. Chandler Unified School District, 644 F. 2d 759 (9th Cir. 1981).

Commonwealth of Virginia v. May, 62 Va. Cir. 360 (2003).

Cornfield v. Consolidated High Sch. Dist. No. 230, 991 F.2d 1316 (7th Cir. 1993).

Covington County v. G. W., 767 So. 2d 187 (Miss. 2000).

Cowen, J. (2010). Who chooses, who refuses? Learning more from students who decline private school vouchers. *American Journal of Education, 117*(1), 1–24.

Daniels v. Gordon, 232 Ga. App. 811, 503 S.E. 2d72 (1998).
DeFour, M. (2011). DPI: *Students in Milwaukee voucher program didn't perform better in state tests.* Retrieved January 7, 2013, from http://host.madison.com/wsj/news/local/education/local_schools/article_4f083f0e-59a7-11e0-8d74-001cc4c03286.html
Doe v. Little Rock School District, 380 F. 3d 349 (8th Cir. 2004).
Dupper, D. R. (2010). Does the punishment fit the crime? The impact of zero tolerance discipline on at-risk youths. *Children & Schools, 32(2)*, 67–69.
Dupper, D. R., & Montgomery Dingus, A. E. (2008). Corporal punishment in U.S. public schools: A continuing challenge for school social workers. *Children and Schools, 30*(4), 243–250.
Durlak, J. A., Weissberg, R. P., & Pachan, M. (2010). A meta-analysis of after-school programs that seek to promote personal and social skills in children and adolescents. *American Journal of Community Psychology, 45*, 294–309.
Engle v. Vitale, 370 U.S. 421 (1962).
Family Educational Rights and Privacy Act (FERPA), 20 U.S.C. § 1232(g) (1974).
Gaither v. Barron, 924 F. Supp. 134 (M.D.Ala.1996).
Garascia, J. A. (2005). The price we are willing to pay for punitive justice in the juvenile detention system: Mentally ill delinquents and their disproportionate share of the burden. *Indiana Law Journal, 80*, 489–514.

Georgia girl's Tweety Bird chain runs afoul of weapons policy. (2000, September 28). Retrieved June 1, 2002, from www.cnn.com/2000/US/09/28/walletsuspension.02/
Gershoff, E. T. (2008). *Report on physical punishment in the United States: What research tells us about its effects on children*. Columbus, OH: Center for Effective Discipline.
Gershoff, E. T. (2010). More harm than good: A summary of scientific research on the intended and unintended effects of corporal punishment on children. *Law & Contemporary Problems, 73*, 31–56.
Gershoff, E. T., & Bitensky, S. H. (2007). The case against corporal punishment of children: Converging evidence from social science research and international human rights law and implications for U.S. public policy. *Psychology, Public Policy, and Law, 13*, 231–272.
Giroux, H. A. (2009). *Youth in a suspect society: Democracy or disposability?* New York: Palgrave/McMillan.
Goss v. Lopez, 419 U.S. 565 (1975).
Goodno, N. H. (2010). How public schools can constitutionally halt cyberbullying: A model cyberbullying policy that considers First Amendment, due process, and Fourth Amendment challenges. *Wake Forest Law Review, 46*, 641–700.
Grogan-Kaylor, A. (2004). The effect of corporal punishment on antisocial behavior in children. *Social Work Research, 28*, 153–162.
Harris v. Joint Sch. Dist. No. 241, 821 F. Supp. 638 (D. Idaho, 1993).
Hazelwood School District v. Kuhlmeier, 484 U.S. 260 (1988).
Hines ex rel. Oliver v. McClung, 919 F.Supp.1206 (N.D. Ind. 1995).
Human Rights Watch. 2008. *A violent education: Corporal punishment of children in U.S. public schools.* Retrieved November 11, 2008, from http://www.hrw.org/reports/2008/us0808/index.htm
Hyman, I. A. (1995). Corporal punishment, psychological maltreatment, violence, and punitiveness in America: Research, advocacy and public policy. *Applied and Preventive Psychology, 4*, 113–130.
Illinois School Student Records Act, 105 ILCS 10/1 et. seq. (2014).
In Re S.S., 452 Pa. Super.15, 680 A. 2d 1172 (1996).
Ingraham v. Wright, 430 U.S. 651 (1977).
Iowa Annotated Statutes, 280.28(2)(c) (2012).
Joint Human Rights Watch/American Civil Liberties Union Statement. (2010). *Corporal punishment in schools and its effect on academic success.* Retrieved January 8, 2013, from http://www.hrw.org/

news/2010/04/14/corporal-punishment-schools-and-its-effect-academic-success-joint-hrwaclu-statement#_ftnref22
Jones, H. B. (2011). *Conditions at school as excusing or justifying nonattendance.* 9 A.L.R. 4th ed. 122.
Jones v. Clear Creek Independent School District, 977 F. 2d 963 (5th Cir. 1992).
Kagle, J. D., & Kopels, S. (2008). *Social work records* (3rd ed.). Buffalo Grove, IL: Waveland Press.
Karr v. Schmidt, 320 F. Supp. 728 (W.D. Texas 1970).
Kenny v. Gurley, 208 Ala. 625, 95 So. 34 (1923).
Key components in state anti-bullying laws. (2010). Retrieved January 3, 2013, from http://www.stopbullying.gov/laws/key-components/index.html
Kieffer, M. J, Marinell, W. H., & Stephenson, N. S. (2011). *The middle grades student transitions study: Navigating the middle grades and preparing students for high school graduation.* New York: The Research Alliance for New York City Schools.
Klenowski, P. M., Bell, K. J., & Dodson, K. D. (2010). An empirical evaluation of Juvenile Awareness Programs in the United States: Can juveniles be "Scared Straight"? *Journal of Offender Rehabilitation, 49*, 254–272.
Kopels, S. (1992). Confidentiality and the school social worker. *Social Work in Education, 14*(4), 203–205.

Kopels, S. (1998). Wedded to the status quo: Same-sex marriage after *Baehr v. Lewin. Journal of Gay and Lesbian Social Services, 8*(3), 69–81.
Kopels, S., & Lindsey, B. (2006, Summer). The complexity of confidentiality in schools today: The school social worker context [Special Issue]. *School Social Work Journal*, 63–78.
Kopels, S., & Paceley, M. S. (2012). Reducing bullying against LGBTQ youths in schools. *School Social Work Journal, 37*(1), 96–111.
Lander v. Seaver, 32 Vt. 114 (1859).
Lee v. Weisman, 505 U.S. 577 (1992).
Lester, C. (2010). The tension between data confidentiality and national security in higher education. *New Directions for Institutional Research, 146*, 11–22.
Lleras-Muney, A. (2001). *Were compulsory attendance and child labor laws effective? An analysis from 1915 to 1939.* Retrieved January 11, 2013, from www.econ.ucla.edu/alleras/research/papers/education_paper-revised2.pdf
London v. Directors of DeWitt Pub. Schs., 194 F. 3d 873 (8th Cir. 1999).
Mangum v. Keith, 145 Ga. 603, 95 S.E. 1 (1918).
Metzger v. Osbeck, 841 F. 2d 518 (3d Cir. 1988).
Minersville School Dist. v. Gobitis, 310 U.S. 586 (1940).
Moore, K. M. (2007). Visible through the veil: The regulation of Islam in American law. *Association for the Sociology of Religion, 68*(3), 237–15. Retrieved from http://www.lexis.com/research/retrieve?_m=0f8acee80f85a5a5ab4f426f12753f30&docnum=3&_fmtstr=FULL&_startdoc=1&wchp=dGLbVlz-zSkAB&_md5=ef1558709c94e42453f0d6cbbf151b63&focBudTerms=Hearn%20and%20headscarf&focBudSel=all
Morris v. Nowotny, 323 S.W 2d 302 (Tex.Civ.App. Austin, 1959).
Morse v. Frederick, 127 S. Ct. 2618 (2007).
Muscar, J. E. (2008). Advocating the end of Juvenile Boot Camps: Why the Military Model does not belong in the juvenile justice system. *UC Davis Journal of Juvenile Law and Policy*, 12, 1–50.
National Association of Social Workers (NASW). (2001, October). *Confidentiality and school social work: a practice perspective.* Retrieved June 1, 2002, from www.social workers.org/practice
National Coalition Against Corporal Punishment in Schools (NCACPS). (2014). Retrieved April 9, 2014 from www.stophitting.com
National Education Association Policy Brief on Vouchers. (2009). *Vouchers: What is at stake?* Retrieved January 11, 2013, from http://www.nea.org/home/17705.htm

Neal v. Fulton County Bd. of Educ., 229 F.3d 1069 (11th Cir. 2000).
Neuhaus v. Federico, 12 Or. App. 315, 505 P. 939 (1973).
New Hampshire Revised Statutes Annotated 189:35-a (2012).
New Jersey v. T.L.O., 469 U.S. 325 (1985).
North Carolina General Statutes §115C-381 (2008).
Nuxoll v. Indian Prairie Sch. Dist. #204, 523 F.3d 668 (7th Cir. 2008).
Padnani, A. (2010, February 3). *Big Brouhaha over New Dorp boy's tiny toy gun*. Retrieved April 8, 2014, from http://www.silive.com/news/index.ssf/2010/02/big_brouhaha_over_tiny_toy_gun.html
P.B. v. Koch, 96 F. 3d 1298 (9th Cir. 1996).
People v. Overton, 24 N.Y. 2d 522, 242 N.E. 2d 366 (1969).
Peterson v. Baker, 504 F. 3d 1331 (11th Cir., 2007).
Pierce v. Soc'y of Sisters, 268 U.S. 510 (1925).
Pollard-Sacks. (2009). State actors abusing children: A call for judicial action. *UC Davis Law Review, 42*, 1165–1229.
Pugsley v. Sellmeyer, 158 Ark. 247, 250 S.W 538 (1923).
Raffaele Mendez, L. M., & Knoff, H. M. (2003). Who gets suspended from school and why: A demographic analysis of schools and disciplinary infractions in a large school district. *Education and Treatment of Children, 26*, 30–51.
Randol v. Newberg Public School Board, 23 Ore. App. 425, 542 P. 2d 938 (1975).
Ready, D. (2010). Socioeconomic disadvantage, school attendance, and early cognitive development: The differential effects of school exposure. *Sociology of Education, 83*(4), 271–286.
Respect for all. (2008). Retrieved April 8, 2014, from http://schools.nyc.gov/RulesPolicies/RespectforAll/default.htm
Ross, S. W., & Horner, R. H. (2009) Bully prevention in positive behavior support. *Journal of Applied Behavior Analysis, 42*, 747–759.
Rouse, C. E., & Barrow, L. (2009). School vouchers and student achievement: Recent evidence and remaining questions. *Annual Review of Economics, 1*, 17–42.
Rowinsky v. Bryan Independent School Dist., 80 F. 3d 1006 (5th Cir. 1996).
Rowley v. Board of Education. (1982). 458 U.S. at 203, 102 5. Ct. at 3049.
Sacks, D. P., (2009). State Actors Beating Children: A Call For Judicial Relief. *University of California, Davis, School of Law*, 42(4), 1167–1218.
San Antonio Independent School District v. Rodriguez, 411 U.S. 1 (1973).
Santa Fe Independent School District v. Doe, 530 U.S. 290 (2000).
Saxe v. State College Area School Dist. (SCASD), 240 F. 3d 200 (3rd Cir. 2001).
Saylor v. Board of Educ., 118 F. 3d 507 (6th Cir. 1997).
School Dist. of Abington Twp., Pennsylvania v. Schempp, 374 U.S. 203 (1963).
School Dist. of Pontiac v. Spelling, Sec'y of the United States Dep't of Educ., 512 F. 3d 252 (6th Cir. 2008).
Sekulow, J. A., & Zimmerman, E. M. (2009). Tinker turns 40: Defending the right of high school students to wear "controversial" religious and pro-life clothing. *American University Law Review, 58*, 1243–1284.
Serafin v. Sch. of Excellence in Education, 252 Fed. Appx. 684 (5th Cir., 2008).
Skiba, R., Shure, L., & Williams, N. (2011). *What do we know about racial and ethnic disproportionality in school suspension and expulsion?* Retrieved January 9, 2013, from http://www.indiana.edu/~atlantic/wp-content/uploads/2011/12/CollaborativeBriefingPaper.pdf
Smith, N. (2012). Chalk talks: Eliminating gender stereotypes in public school dress codes: The necessity of respecting personal preference. *Journal of Law and Education, 41*, 251–259.
Smith v. Board of Education, 182 Ill. App. 342 (1913).
State ex rel. Barno v. Crestwood Bd. of Educ., 134 Ohio App. 3d 494 (1998).

State v. Self, 155 S.W. 3d 756 (Mo. 2005).
Stuart-Cassel, V., Bell, A., & Springer, J. F. (2011). *Analysis of state bullying laws and policies.* Washington, DC: U.S. Department of Education, Office of Planning, Evaluation and Policy Development, Policy and Program Studies Service. Retrieved January, 11, 2013, from www.ed.gov/rschstat/eval/bullying/state-bullying-laws/state-bullying-laws.pdf
Sugai, G., & Horner, R. (2009). Defining and describing school-wide positive behavior support. In W. Sailor, G. Dunlap, G. Sugai, & R. Horner (Eds.), *Handbook of positive behavior support* (pp. 307–326). New York: Spring Science and Business Media.
Sullivan, E., & Morgan, D. (2010). Pushed out: Harsh discipline in Louisiana schools denies the right to education. *National Economics and Social Rights Initiative (NESRI) & Families and Friends of Louisana's Incarcerated Children (FFLIC)*. Retrieved November 25, 2012, from http://www.nesri.org/sites/default/files/Pushed%20Out.pdf
Swearer. S. M., Espelage, D. L., Vaillancourt, T., & Hymel, S. (2010). What can be done about school bullying? Linking research to educational practice. *Educational Researcher*, *39*(1), 38–47.
Tanton v. McKenney, 226 Mich. 245, 197 N.W. 510 (1924).
Teske, S. C. (2011). A study of zero tolerance policies in schools: A multi-integrated systems approach to improve outcomes for adolescents. *Journal of Child and Adolescent Psychiatric Nursing, 24*, 88–97.
Tinker v. Des Moines School Dist. 393 U.S. 503 (1969).
Tomain, J. A. (2010). Cyberspace is outside the schoolhouse gate: Offensive, online student speech receives First Amendment protection. *Drake Law Review*, *59*, 97–180.
United States v. Tyler, 572 F. Supp. 2d 726 (E. D. Tex. 2008).
U.S. Department of Education, Office of Safe and Drug-Free Schools. (2010). *Report on the implementation of the Gun-Free Schools Act in the states and outlying areas for school years 2005-2006 and 2009-2007.* Washington, DC: Author. Retrieved January 8, 2013, from http://www2.ed.gov/about/reports/annual/gfsa/gfsarp100610.doc
U.S. Senate Committee on the Judiciary. (2004). *Testimony of Nashala Hearn*. Retrieved January 3, 2013, from http://www.judiciary.senate.gov/hearings/testimony.cfm?renderforprint=1&id=4f1e0899533f7680e78d03281ffa7581&wit_id=4f1e0899533f7680e78d03281ffa7581-2-1
Urbina, I. (2009, October 11). It's a fork, it's a spoon…it's a weapon? *New York Times*. Retrieved from http://www.nytimes.com/2009/10/12/education/12discipline.html?_r=0
Vernonia Sch. Dist. v. Acton, 515 U.S. 646 (1995).
Waldman, A. E.(2012). Tormented: Antigay bullying in schools. *Temple Law Review, 84*, 385–442.
Wallace, J. M., Jr., Goodkind, S., Wallace, C., & Bachman, J. G. (2008). Racial, ethnic, and gender differences in school discipline among U.S. high school students: 1991-2005. *Negro Education Review, 59*(1–2), 47–62.
Werner v. Bd. Of Educ. Comm. Dist. 1, 2012 U.S. Dist. LEXIS 115851 (S.D. IL 2012).
West Virginia State Board of Education v. Barnette, 319 U.S. 624 (1943).
Widener v. Frye, 809 F. Supp. 35 (S.D. Ohio, 1992).
Wigoren, J. (2001, May 3). Lawsuits touch off debate over paddling in the schools. *The New York Times*, pp. Al, A22.
Wisconsin v. Yoder, 406 U.S. 205 (1972).
Wood v. Strickland, 420 U.S. 308 (1975).
Wooster v. Sunderland, 27 Cal. App. 51, 148 P. 959 (1915).
Zarichney v. State Board of Agriculture, 338 U.S. 118 (1949).
Zelman v. Simmons-Harris, 536 U.S. 639 (2002).

第十一章参考文献

Achenbach, T. M. (1991). *Manual for the child behavior checklist/4-18 and 1991 profile*. Burlington, VA: University of Vermont Department of Psychiatry.

Albrecht, S., Skiba, R., Losen, D., Chung, C., & Middelberg, L. (2012). Federal policy on disproportionality in special education: Is it moving forward? *Journal of Disability Policy Studies, 23*, 14–25.

Astor, R., Benbenishty, R., Marachi, R., & Pitner, R. (2008). Evidence-based violence prevention programs and best implementation practices. In A. R. Roberts (Ed.), *Social workers' desk reference* (2nd ed., pp. 985–1003). New York: Oxford University Press.

Astor, R., Meyer, H., & Behre, W. (1999). Unowned space and time in high schools: Mapping violence with students and teachers. *American Educational Research Journal, 36*, 3–42.

Astor, R. A., Behre, W. J., Fravil, K. A., & Wallace, J. M. (1997). Perceptions of school violence as a problem and reports of violent events: A national survey of school social workers. *Social Work, 42*, 55–68.

Astor, R. A., Behre, W. J., Fravil, K. A., & Wallace, J. M. (1998). School social workers and school violence: Personal safety, training, and violence programs. *Social Work, 43*(3), 223–232.

Astor, R. A., & Benbenishty, R. (2005). Zero tolerance for zero knowledge. *Education Week, 24*(43), 52.

Astor, R. A., Benbenishty, R., & Estrada, J. (2009). School violence and theoretically atypical schools: The principal's centrality in orchestrating safe schools. *American Educational Research Journal, 46*(2), 423–461.

Astor, R. A., Benbenishty, R., & Estrada, J. N. (in press-online). *School violence. Encyclopedia of social work*. New York: Oxford University Press.

Astor, R. A., Benbenishty, R., Marachi, R., & Meyers, H. (2006). The social context of schools: Monitoring and mapping student victimization in school. In S. Jimerson & M. Furlong (Eds.), *Handbook of school violence and school safety: From research to practice* (pp. 221–233). Mahwah, NJ: Lawrence Erlbaum Associates Publishers.

Astor, R.A., Guerra, N., & Van Acker, R. (2010). How can we improve school safety research? *Educational Researcher, 39*, 69–78.

Astor, R. A., & Meyer, H. (2001). The conceptualization of violence prone school subcontexts: Is the sum of the parts greater than the whole? *Urban Education, 36*, 374–399.

Astor, R. A., Meyer, A., Benbenishty, R., Marachi, R., & Rosemond, M. (2005). School safety interventions: Best practices and programs. *Children & Schools, 24*, 17–32.

Astor, R. A., Meyer, A., & Pitner, R. O. (1999). Mapping school violence with students, teachers and administrators. In L. Davis (Ed.), *Working with African American males: A practice guide* (pp. 129–144). Thousand Oaks, CA: Sage.

Astor, R. A., Rosemond, M., Pitner, R. O., & Marachi, R. (2006). An overview of best violence prevention practices in schools. In C. Franklin, M. B. Harris, & P. Allen-Meares (Eds.), *School social work and mental health worker's training and resource manual* (Chapter 43). New York: Oxford University Press.

Barlett, C., & Gentile, D. (2012). Attacking others online: The formation of cyberbullying in late adolescence. *Psychology of Popular Media Culture, 1*, 123–135.

Battistich, V., Schaps, E., & Wilson, N. (2004). Effects of an elementary school intervention on students' "connectedness" to school and social adjustment during middle school. *The Journal of Primary Prevention, 24*, 243–262.

Bauer, N., Lozano, P., & Rivara, F. (2007). The effectiveness of the Olweus Bullying Prevention Program in public middle schools: A controlled trial. *Journal of Adolescent Health, 40*, 266–274.

Benbenishty, R., & Astor, R. A. (2005). *School violence in context: Culture, neighborhood, family, school, and gender*. New York: Oxford University Press.

Benbenishty, R., & Astor, R. A. (2007). Monitoring indicators of children's victimization in school: Linking national-, regional-, and site-level indicators. *Social Indicators, 84*(3), 333–348.

Benbenishty, R., & Astor, R. A. (2012a). Making the case for an international perspective on school violence: Implications for theory, research, policy, and assessment. In S. R. Jimerson, A.B. Nickerson, M.J. Mayer, & M. J. Furlong (Eds.), *Handbook of school violence and school safety: International research and practice* (2nd ed. , pp. 15–26). New York: Routledge.

Benbenishty, R., & Astor, R. A. (2012b). Monitoring school violence in Israel, National studies and beyond: Implications for theory, practice, and policy. In S. R. Jimerson, A.B. Nickerson, M.J. Mayer, & M. J. Furlong (Eds.), *Handbook of school violence and school safety: International research and practice* (2nd ed., pp. 191–202). New York: Routledge.

Benbenishty, R., & Astor, R. A. (in press). Childrens' victimization in school. In A. C. Michalos (Ed.), *Encyclopedia of quality of life research*. Dordrecht: Springer.

Benbenishty, R., Astor, R. A., & Estrada, J. N. (2008). School violence assessment: A conceptual framework, instruments and methods. *Children & Schools, 30*(2), 71–81.

Benbenishty, R., Astor, R. A., & Zeira, A. (2003). Monitoring school violence at the site level: Linking national, district and school-level data. *Journal of School Violence, 2*(2), 29–50.

Bender, D., & Lösel, F. (2011). Bullying at school as a predictor of delinquency, violence and other anti-social behaviour in adulthood. *Criminal Behaviour & Mental Health, 21*, 99–106.

Berkowitz, R., & Benbenishty, R. (2012). Perceptions of teachers' support, safety, and absence from school because of fear among victims, bullies, and bully-victims. *American Journal of Orthopsychiatry, 82*, 67–74.

Black, B., Weisz, A, & Jayasundara, D. (2012). Dating violence and sexual assault prevention with African American middle schoolers: Does group gender composition impact dating violence attitudes? *Child & Youth Services, 33*, 158–173.

Borntrager, C., Davis, J. L., Bernstein, A., & Gorman, H. (2009) A cross national perspective on bullying. *Child and Youth Care Forum, 38*, 121–134

Brock, S., Lazarus, P., & Jimerson, S. (in press). *Best practices in school crisis prevention and intervention* (2nd ed.). Bethesda, MD: NASP Publications.

Cartledge, G., & Kourea, L. (2008). Culturally responsive classrooms for culturally diverse students with and at risk for disabilities. *Exceptional Children, 74*, 351–371.

Cawood, N. (2010). Barriers to use of evidence-supported programs to address school violence. *Children & Schools, 32*, 143–149.

Centers for Disease Control and Prevention (CDC). (2012). *Youth risk behavior surveillance report, 2011* (SS No. 61-04). Surveillance Summaries. MMWR. Atlanta, GA: U.S. Department of Health and Human Services.

Chen, J. K., & Astor, R. A. (2012). School variables as mediators of the effect of personal and family factors on school violence in Taiwanese junior high schools. *Youth & Society, 44*(2), 175–200.

Conoley, J., & Goldstein, A. (2004). The known, unknown, and future of violence reduction. In J. Conoley & A. Goldstein (Eds.), *School violence intervention: A practical handbook* (2nd ed., pp. 527–530). New York: Guilford Press.

Cooke, M., Ford, J., Levine, J., & Bourke, C. (2007). The effects of city-wide implementation of "Second Step" on elementary school students' prosocial and aggressive behavior. *The Journal of Primary Prevention, 28*, 93–115.

Cornell, D. G. (2006). *School violence: Fears versus facts*. Mahwah, NJ: Erlbaum.

Cornell, D. G., Gregory, A., Huang, F., & Fan, X. (in press). Perceived prevalence of teasing and bullying predicts high school dropout rates. *Journal of Educational Psychology.*

Crepeau-Hobson, F., Sievering, K., Armstrong, C., & Stonis, J. (2012). A coordinated mental health crisis response: Lessons learned from three Colorado school shootings. *Journal of School Violence, 11*, 207–225.

Crozier, M., Rokutani, L., Russett, J., Godwin, E., & Banks, G. (2010). A multisite program evaluation of families and schools together (FAST): Continued evidence of a successful multifamily community-based prevention program. *The School Community Journal, 20*, 187–207.

Dehue, F., Bolman, S., & Vollink, T. (2008). Cyberbullying: Youngsters' experiences and parental perception. *CyberPsychology and Behavior, 11*, 217–223.

DeVoe, J. E., Peter, K., Kaufman, P., Miller, A., Noonan, M., Snyder, T. D., et al. (2004). *Indicators of school crime and safety: 2004* (NCES 2005-002/NCS 205290). U.S. Departments of Education and Justice. Washington, DC: U.S. Government Printing Office.

Diamanduros, R., Downs, E., & Jenkins, S. (2008). The role of school psychologists in the assessment, preventions, and intervention of cyberbullying. *Psychology in the Schools, 45*, 693–704.

Dinkes, R., Cataldi, E. F., & Lin-Kelly, W. (2007). *Indicators of school crime and safety: 2007* (NCES 2008-021/NCJ 219553). Washington, DC: National Center for Education Statistics, Institute of Education Sciences, U.S. Department of Education, and Bureau of Justice Statistics, Office of Justice Programs, U.S. Department of Justice.

Dupper, D. R. (2010). *A new model of school discipline: Engaging students and preventing behavior problems.* New York: Oxford University Press.

Epp, J. R., & Watkinson, A. M. (Eds.). (1997). *Systemic violence in education: Promise broken.* Albany: State University of New York Press.

Ervasti, J., Kivimaki, M., Puusniekka, R., Luopa, P., Pentti, J., Suominen, S., et al. (2012). Association of pupil vandalism, bullying and truancy with teachers' absence due to illness: A multi-level analysis. *Journal of School Psychology, 50*, 347–361.

Espelage, D., Aragon, S., Birkett, M, & Koenig, B. (2008). Homophobic teasing, psychological outcomes, and sexual orientation among high school students: What influence do parents and schools have? *School Psychology Review, 37*, 202–216.

Espelage, D., Basile, K., & Hamburger, M. (2012). Bullying perpetration and subsequent sexual violence perpetration and subsequent sexual violence perpetration among middle school students. *Journal of Adolescent Health, 50*, 60–65.

Espelage, D., & Holt, M. (2012). Understanding and preventing bullying and sexual harassment in school. In K. Harris, S. Graham, T. Urdan, S. Graham, J. Royer, & M. Zeidner (Eds.), *APA educational psychology handbook, vol 2: Individual differences and cultural and contextual factors* (pp. 391–416). Washington DC: American Psychological Association.

Estrada, J. N., Gilreath, T. D., Astor, R. A., & Benbenishty, R. (2012). Gang membership, school violence, and the mediating effects of risk and protective behaviors in California high schools. Paper presented at the annual meeting for the American Educational Research Association, Vancouver, Canada.

Farrington, D., & Ttofi, M. (2011). Bullying as a predictor of offending, violence and later life outcomes. *Criminal Behaviour and Mental Health, 21*, 90–98.

Frankenburg, E., & Orfield, G. (2007). *Lessons in integration: Realizing the promise of racial diversity in American schools.* Charlottesville, VA: University of Virginia Press.

Fredstrom, B., Adams, R., & Gilman, R. (2011). Electronic and school-based victimization: Unique contexts for adjustment difficulties during adolescence. *Journal of Youth and Adolescence, 40*, 405–415.

Frey, K., Nolena, S., Edstromb, L., & Hirschsteinbm, M. (2005). Effects of a school-based social–emotional competence program: Linking children's goals, attributions, and behavior. *Applied Developmental Psychology, 26*, 171–200.

Gay, Lesbian and Straight Education Network. (2009). *2009 National School Climate Survey: Nearly 9 out of 10 LGBT students experience harassment in school.* Retrieved from http://www.glsen.org/cgi-bin/iowa/all/news/record/2624.html

Goodemann, C., Zammitt, K., & Hagedorn, M. (2012). The wolf in sheep's clothing: Student harassment veiled as bullying. *Children & Schools, 34*, 124–127.

Green J., Furlong, M., Astor, R. A, Washington, DC. Benbenishty, R., & Espinoza, E. (2011). Assessing school victimization in the United States, Guatemala, and Israel: Cross-cultural psychometric analysis of the School Victimization Scale. *Victims and Offenders, 6*(3), 1–16.

Greytak, E. A., & Kosciw, J. G. (2010). *Year one evaluation of the New York City Department of Education Respect for All training program.* New York: GLSEN.

Grossman, A., D' Augelli, A., & Salter, N. (2006). Male-to-female transgender youth: Gender expression milestones, gender atypicality, victimization, and parents' responses. *Journal of GLBT Family Studies, 2*, 71–92.

Hans, S. (2011). Probability of corporal punishment: Lack of resources and vulnerable students. *The Journal of Educational Research, 104*, 420–430.

Harlow, K., & Roberts, R. (2010). An exploration of the relationship between social and psychological factors and being bullied. *Children & Schools, 32*, 15–26.

Hinduja, S., & Patchin, J. (2008). Cyberbullying: An exploratory analysis of factors related to offending and victimization. *Deviant Behavior, 29*, 129–156.

Hinduja, S., & Patchin, J. (2010). Bullying, cyberbullying, and suicide. Washington, DC: *Archives of Suicide Research, 14*, 206–221.

Hudley, C., Britsch, B., Wakefield, T., Demorat, M., & Cho, S. (1998). An attribution retraining program to reduce aggression in elementary school students. *Psychology in the Schools, 35*, 271–282.

Hunter, S., Boyle, J., & Warden, D. (2007). Perceptions and correlates of peer-victimization and bullying. *British Journal of Educational Psychology, 77*, 797–810.

Jimerson, S. R., Nickerson, A. B., Mayer, M. J., & Furlong, M. J. (Eds.). (2012). *Handbook of school violence and school safety: International research and practice* (2nd ed.). New York: Routledge/Taylor & Francis.

Johnson, S., Burke, J., & Gielen, A. (2012). Urban students' perceptions of school environment's influence on school violence. *Children & Schools, 34*, 92–102.

Jones, L., Mitchell, K., & Finkelhor, D. (2012). Trends in youth internet victimizations: Findings from three youth Internet safety surveys, 2000–2010. *Journal of Adolescent Health, 50*, 179–186.

Jones, V., Bradshaw, C., Haynes, D., Simons-Morton, B., Gielen, A., & Cheng, T. (2009). A glimpse into urban middle schools on probation for "persistently dangerous" status: Identifying malleable predictors of fighting. *Journal of School Violence, 8*, 284–300.

Kellam, S., Wang, W., Mackenzie, A., Brown, C., Ompad, D., Or, F., et al. (2012). The impact of the Good Behavior Game, a universal classroom-based preventive intervention in first and second grades, on high-risk sexual behaviors and drug abuse and dependence disorders into young adulthood. *Prevention Science, 13*, S6–S18.

Kernsmith, P., & Hernandez-Jozefowicz, D. (2011). A gender-sensitive peer education program for sexual assault prevention in the schools. *Children & Schools, 33*, 146–157.

Kowalski, R. M., & Limber, S. P. (2007). Electronic bullying among middle school students. *Journal of Adolescent Health, 41*, 22–30.

Kowalski, R. M., Limber, S., & Agatston, P. (2008). *Cyber bullying: Bullying in the digital age.* Malden, MA: Blackwell.

Kukaswadia, A., Craig, W., Janssen, I., & Picket, W. (2012). Bullying as a mediator of relationships between adiposity status and weapon carrying. *International Journal of Public Health, 57*, 505–512.
Letendre, J., & Smith, J. (2011). "It's murder out today": Middle school girls speak out about girl fighting. *Children & Schools, 33*, 47–57.
Li, Q., Cross, D., & Smith, P. (2012). *Cyberbullying in the global playground: Research from international perspectives.* Hoboken, NJ: Wiley-Blackwell.
Like-Haislip, T., & Warren, P. (2011). Routine inequality: Violent victimization at the intersection of race and ethnicity among females. *Violence and Victims, 26*, 88–102.
Limber, S. (2012). The Olweus Bullying Prevention Program: An overview of its implementation and research basis. In S. Jimerson, A. Nickerson, M. Mayer, & M. Furlong (Eds.), *Handbook of school violence and school safety: International research and practice* (2nd ed., pp. 369–381). New York: Routledge.
Meehan, C., & Kerig, P. (2010). Violence among school-aged youth: An examination of school, gang, dating, and sexual violence. In C. Ferguson (Ed.), *Violent crime: Clinical and social implications* (pp. 121–146). Thousand Oaks, CA: Sage Publication.
Mishna, F. (2012). *Bullying: A guide to research, intervention, and prevention.* New York: Oxford Press.
Mishna, F., Saini, M., & Solomon, S. (2009). Ongoing and online: Children and youth's perceptions of cyber bullying. *Children and Youth Services Review, 31*, 1222–1228.

Mitchell, K. J., Ybarra, M., & Finkelhor, D. (2007). The relative importance of online victimization in understanding depression, delinquency, and substance use. *Child Maltreatment, 12*(4), 314–324.
Mooij, T. (2011). Secondary school teachers' personal and school characteristics, experience of violence and perceived violence motives. *Teachers and teaching: Theory and practice, 17*, 227–253.
Moor, A. (2011). The efficacy of a high school rape prevention program in Israel. *Violence and Victims, 26*, 283–295.
Nadal, K., & Griffin, K. (2011). Microaggressions: A root of bullying violence, and victimization toward lesbian, gay, bisexual, and transgender youths. In M. Paludi (Ed.), *The psychology of teen violence and victimization, Vols 1 and 2: From bullying to cyberstalking to assault and sexual violation; prevention strategies for families and schools* (pp. 3–21). Santa Barbara, CA: Praeger/ ABC-CLIO.
Nader, K. (2012). *School rampage shootings and other youth disturbances: Early preventative interventions.* New York: Routledge/ Taylor & Francis Group.
Nansel, T., Overpeck, M., Pilla, R., Roan, W., Simons-Morton, B., & Scheidt, P. (2001). Bullying behaviors among U.S. youth: Prevalence and association with psychosocial adjustment. *Journal of the American Medical Association, 285*, 2094–2100.
Olweus, D., (1993). *Bullying at school.* Oxford, UK: Blackwell.
Olweus, D., & Limber, S. (2010a). Bullying in school: Evaluation and dissemination of the Olweus Bullying Prevention Program. *American Journal of Orthopsychiatry, 80*, 124–134.
Olweus, D., & Limber, S. (2010b). The Olweus Bullying Prevention Program: Implementation and evaluation over two decades. In S. R. Jimerson, S. M. Swearer, & D. L. Espelage (Eds.), *Handbook of bullying in schools: An international perspective* (pp. 377–401). New York: Routledge.
Parris, L., Varjas, K., Meyers, J., & Cutts, H. (2012). High school students' perceptions of coping with cyberbullying. *Youth & Society, 44*, 284–306.
Patchin, J. W., & Hinduja, S. (2006). Bullies move beyond the school yard: A preliminary look at cyberbullying. *Youth Violence and Juvenile Justice, 4*(2), 148–169.
Peguero, A. (2011). Violence, schools, and dropping out: Racial and ethnic disparities in the education consequence of student victimization. *Journal of Interpersonal Violence, 26*, 3753–3772.

Peterson, D., & Morgan, K. A. (2012). Toward an understanding of youth gang involvement. In S. R. Jimerson, A. B. Nickerson, M. J. Mayor, & M. J. Furlong (Eds.), *Handbook of school violence and school safety: International research and practice* (pp. 185–200). New York: Routledge.

Pitner, R., Astor, R. A., & Benbenishty, R. (in press). Violence in schools. In C. Franklin, M. Harris, & P. Allen-Meares (Eds.), *The school services sourcebook: A guide for school-based professionals* (2nd ed.). New York: Oxford University Press.

Powell, A., & Jenson, J. (2010). Predictors of peer victimization among Hispanic adolescent girls: Implications for school social work. *Children & School, 32*, 211–222.

Rigby, K. (2006). What we can learn from evaluated studies of school-based programs to reduce bullying in schools. In S. Jimerson & M. Furlong (Eds.), *Handbook of school violence and school safety: From research to practice* (pp. 325–337). Mahwah, NJ: Lawrence Erlbaum Associates Publishers.

Robinson, J., & Espelage, D. (2011). Inequities in educational and psychological outcomes between LGBTQ and straight students in middle and high school. *Educational Researcher, 40*, 315–330.

Rocque, M. (2012). Exploring school rampage shootings: Research, theory, and policy. *The Social Science Journal, 49*, 304–313.

Russell, S., Kosciw, J., Horn, S., & Saewyc, E. (2010). Safe schools policy for LGBTQ students. *Social Policy Report, 24*(4), 1–24.

Sautner, B. (2008). Inclusive, safe and caring schools: Connecting factors. *Developmental Disabilities Bulletin, 36*, 135–167.

Scherr, T. G. (2012). Addressing the needs of marginalized youth at school. In S. R. Jimerson, A. B. Nickerson, M. J. Mayor, & M. J. Furlong (Eds.), *Handbook of school violence and school safety: International research and practice* (pp. 170–184). New York: Routledge.

Schneider, S. K., O'Donnell, L., Stueve, A., & Coulter, R. (2012). Cyberbullying, school bullying, and psychological distress: A regional census of high school students. *American Journal of Public Health, 102*, 171–177.

Schweinhart, L. (2007). Crime prevention by the High/Scope Perry Preschool Program. *Victims and Offenders*, 2, 141–160.

Shiff, M., Pat-Horenczyk, R., Benbenishty, R., Brom, D., Baum, N., & Astor, R. A. (2010). Do adolescents know that they need help in the aftermath of war? *Journal of Traumatic Stress, 23*(5), 657–660.

Skiba, R., Horner, R., Chung, C., Rausch, M., May, S., & Tobin, T. (2011). Race is not neutral: A national investigation of African American and Latino disproportionality in school discipline. *School Psychology Review, 40*, 85–107.

Slovak, K., & Singer, J. (2011). School social workers' perceptions of cyberbullying. *Children & Schools, 31*, 5–16.

Smith, P. K. (2012). Cyberbullying and cyber aggression. In S. R. Jimerson, A. B. Nickerson, M. J. Mayor, & M. J. Furlong (Eds.), *Handbook of school violence and school safety: International research and practice* (pp. 153–169). New York: Routledge.

Snyder, H. N., & Sickmund M. (1999). *Juvenile offenders and victims: 1999 national report*. Washington, DC: Office of Juvenile Justice and Delinquency Prevention.

Swearer, S., Espelage, D., & Napolitano, S. (2009). *Bullying prevention & intervention: Realistic strategies for schools. The Guilford practical intervention in the schools series*. New York: Guilford Press.

Theriot, M. (2008). Conceptual and methodological considerations for assessment and prevention of adolescent dating violence and stalking at school. *Children & Schools, 30*, 223–233.

Turner, H., Finkelhor, D., Hamby, S., Shattuck, A., & Ormrod, R. (2011). Specifying type and location of peer victimization in a national sample of children and youth. *Journal of Youth Adolescence, 40*, 1052–1067.

U.S. Department of Education, Civil Rights Data Collection. (2012). *Revealing new truths about our nation's schools.* Washington, DC: Government Printing Office. Retrieved from http://www2.ed.gov/about/offices/list/ocr/docs/crdc-2012-data-summary.pdf

U.S. Department of Education, National Center for Education Statistics. (2009). *Digest of education statistics, 2008* (NCES No. 2009-020). Washington, DC: Government Printing Office. Retrieved from http://nces.ed.gov/pubs2009/2009020_0.pdf

U.S. Department of Education, National Center for Education Statistics. (2011). *Mini-digest of education statistics, 2010* (NCES No. 2011-016). Washington, DC: Government Printing Office. Retrieved from http://nces.ed.gov/pubs2011/2011016.pdf

U.S. Department of Education, National Center for Education Statistics. (2012). *Youth indicators 2011 America's youth: Transitions to adulthood, 2011* (NCES NO. 2012-026). Washington, DC: Government Printing Office. Retrieved from http://nces.ed.gov/pubs2012/2012026/chapter2_14.asp

Varjas, K., Henrich, C., & Meyers, J. (2009). Urban middle school students' perceptions of bullying, cyberbullying and school safety. *Journal of School Violence, 8*, 159–176.

Wade, A., & Beran, T. (2011). Cyberbullying: The new era of bullying. *Canadian Journal of School Psychology, 26*, 44–61.

Wei, H. S., & Chen, J. (2012). Factors associated with peer sexual harassment victimization among Taiwanese adolescents. *Sex Roles, 66*, 66–78.

Wells, M., & Mitchell, K. J. (2008). How do high-risk youth use the Internet? Characteristics and implications for prevention. *Child Maltreatment, 13*(3), 227–234.

WestEd (2012). *California Healthy Kids Survey, Statewide results 2008-2010. Variations by race/ethnicity among secondary school students.* Los Alamitos: WestEd Health and Human Development Program for the California Department of Education. Retrieved from http://chks.wested.org/reports.

Wylie, L., Gibson, C., Brank, E., Fonducaro, M., Smith, S., Brown, V., et al. (2010). Assessing school and student predictors of weapon reporting. *Youth Violence and Juvenile Justice, 8*, 351–372.

Ybarra, M., Boyd, D., Korchmaros, J., & Oppenheim, J. (2012). Defining and measuring cyberbullying within the larger context of bullying victimization. *Journal of Adolescent Health Care, 51*, 53–58.

Ybarra, M., & Mitchell, K. J. (2007). Prevalence and frequency of internet harassment instigation: Implications for adolescent health. *Journal of Adolescent Health, 41*, 189–195.

Ybarra, M., Mitchell, K. J., Wolak, J., & Finkelhor, D. (2006). Examining characteristics and associated distress related to Internet harassment: Findings from the Second Youth Internet Safety Survey. *Pediatrics, 118*, 1169–1177.

第十二章参考文献

Abel, E. M., & Greco, M. (2008). A preliminary evaluation of an abstinence-oriented empowerment program for public school youth. *Research on Social Work Practice, 18*, 223–230. doi: 10.1177/1049731507308990

Abell, N., Springer, D. W., & Kamata, A. (2009). *Developing and validating rapid assessment instruments*. New York: Oxford University Press.

Allen-Meares, P., & Lane, B. A. (1990). Social work practice: Integrating qualitative and quantitative data collection techniques. *Social Work, 35*, 452–458.

Allen-Meares, P., Montgomery, K. L., & Kim, J. S. (2013). School-based social work interventions: A cross-national systematic review. *Social Work, 58*, 253–262.

American Psychological Association (2010). *Publication manual of the American Psychological Association* (6th ed.). Washington, DC: Author.

Andrews, T., & Knaan, I. (2011). *Scared straight: Don't believe the hype*. Retrieved January 4, 2013, http://www.reclaimingfutures.org/blog/juvenile-justice-reform-Scared-Straight-Facts-vs-Hype

Berzin, S. C., & O'Connor, S. (2010). Evaluating today's school social workers: Are school social work courses responding to the changing context? *Children & Schools, 32*, 237–249.

Blenkner, M. (1962). Control groups and the placebo effect in evaluation research. *Social Work, 7*, 52–58.

Burnette, D. (1998). Grandparents rearing grandchildren: A school-based small group intervention. *Research on Social Work Practice, 8*, 10–27. doi: 10.1177/104973159800800103

Bushell, D., Jr., Wrobel, P. A., & Michaelis, M. L. (1968). Applying "group" contingencies to the classroom study behavior of preschool children. *Journal of Applied Behavior Analysis, 1*, 55–61. doi: 10.1901/jaba.1968.1-55

Bye, L., Shepard, M., Partridge, J., & Alvarez, M. (2009). School social work outcomes: Perspectives of school social workers and school administrators. *Children & Schools, 31*, 97–108.

Cauble, A. D. (2005). *Social workers' knowledge and use of mind-mody interventions*. Unpublished MSW Thesis, California State University, Long Beach, CA.

Corcoran, K., & Fischer, J. (Eds.) (2013). *Measures for clinical practice and research* (5th ed.). New York: Oxford University Press.

Dawes, R. M. (1994). *House of cards: Psychology and psychotherapy built on myth*. NewYork: Simon & Shuster.

Diehl, D., & Frey, A. (2008). Evaluating a community-school model of social work practice. *School Social Work Journal, 32*(2), 1–20.

Fagan, A. A., & Catalano, R. F. (2013). What works in youth violence prevention: A review of the literature. *Research on Social Work Practice, 23*, 141–156.

Filter, K. J., & Alvarez, M. E. (2012). *Functional behavioral assessment: A three-tiered prevention model*. New York: Oxford University Press.

Franklin, C., Biever, J., Moore, K., Clemons, D., & Scamardo, M. (2001). The effectiveness of solution-focused therapy with children in a school setting. *Research on Social Work Practice, 11*, 411–434. doi: 10.1177/104973150101100401

Franklin, C., & Hopson, L. (2004). Into the schools with evidence-based practices. *Children & Schools, 26*(2), 67–70. doi:10.1093/cs/26.2.67

Franklin, C., Kim, J. S., & Tripodi, S. J. (2009). A meta-analysis of published school social work practice studies. *Research on Social Work Practice, 19*, 667–677.

Franklin, C. S., Streeter, C. L., Kim, J. L., & Tripodi, S. J. (2007). The effectiveness of a solution-focused, public alternative school for dropout prevention and retrieval. *Children & Schools, 29*, 133–144. doi: 10.1093/cs/29.3.133

Gerdtz, J. (2000). Evaluating behavioral treatment of distruptive classroom behaviors of an adolescent with Autism. *Research on Social Work Practice, 10*, 98–110.

GoldbeckWood, S. (1996). Norway compensated lobotomy victims. *British Medical Journal, 313*, 708.

Grossman, J. B., & Tierney, J. P. (1998). Does mentoring work? An impact study of the Big Brothers Big Sisters program. *Evaluation Review, 22*, 403–426.

Harris, M. B., & Franklin, C. S. (2009). Helping adolescent mothers to achieve in school: An evaluation of the taking charge group intervention. *Children & Schools, 31*, 27–34. doi:10.1093/cs/31.1.27

Hatfield, D. R., & Ogles, B. M. (2004). The use of outcome measures by psychologists in clinical practice. *Professional Psychology: Research & Practice, 36*, 485–491. doi: 10.1037/0735-7028.35.5.485

Hepler, J. B. (1994). Evaluating the effectiveness of a social skills program for preadolescents. *Research on Social Work Practice, 4*, 411–435. doi: 10.1177/104973159400400401

Holosko, M. J., Thyer, B. A., & Danner, J. E. (2009). Ethical guidelines for designing and conducting evaluations of social work practice. *Journal of Evidence-Based Social Work, 6*, 1–13.

Jayaratne, S., & Levy, R. L. (1979). *Empirical clinical practice*. New York: Columbia University Press.

Kratochwill, T. R. (2007). Preparing psychologists for evidence-based school practice: Lessons learned and challenges ahead. *American Psychologist, 62*, 829–843.

Kelly, M., Frey, A., Alvarex, M., Berzin, S., Shaffer, G., & O'Brien, K. (2010). School social work practice and response to intervention. *Children & Schools, 32*, 193–256.

Kuklinski, M. R., Briney, J. S., Hawkins, J. D., & Catalano, R. F. (2012). Cost-benefit analysis of Communities that Care outcomes at eight grade. *Prevention Science, 13*, 150–161.

Larkin, R., & Thyer, B. A. (1999). Evaluating cognitive behavioral group counseling to improve elementary school students' self-esteem, self-control, and classroom behavior. *Behavioral Interventions, 14*, 147–161.

Law, B. M. F., & Shek, D. T. L. (2011). Process evaluation of a Positive Youth Development Program: Project P.A.T.H.S. *Research on Social Work Practice, 21*, 539–548.

Letendre, J., Henry, D., & Tolan, P. H. (2003). Leader and therapeutic influences on prosocial skill building in school-based groups to prevent aggression. *Research on Social Work Practice, 13*, 569–587. doi: 10.1177/1049731503253404

Lilienfeld, S. O. (2007). Psychological treatments that cause harm. *Perspectives on Psychological Science, 2(1)*, 5–70. doi: 10.1111/j.1745-6916.2007.00029.x

Lynam, D., Milich, R., Zimmerman, R., Novak, S., Logan, T.K., Martin, C., et al. (1999). Project DARE: No effects at 10-year follow-up. *Journal of Consulting and Clinical Psychology, 67*, 590–593.

Mallett, C. A. (2012). The School Success Program: Improving maltreated children's academic and school-related outcomes. *Children & Schools, 34*, 13–26.

Massat, C. R. (2011). School social work: What works? *School Social Work Journal, 35*(2), 1.

Massat, C. R., & Constable, R. (2009). Evidence-based practice: Implications for school social work. In C. R. Massat & R. Constable (Eds.). *School social work: Practice, policy, and research* (pp. 140–151). Chicago: Lyceum Books.

Moffitt, C., Chorpita, B. F., & Fernandex, S. N. (2003). Intensive cognitive-behavioral treatment of school refusal behavior. *Cognitive and Behavioral Practice, 10*, 51–60. doi: 10.1016/S1077-7229(03)80008-1

Murphy, H. A., Hutchison, J. M., & Bailey, J. S. (1983). Behavioral school psychology goes outdoors: The effect of organized games on playground aggression. *Journal of Applied Behavior Analysis, 16*, 29–35. doi: 10.1901/jaba.1983.16-29

National Association of Social Workers. (2008). *Code of Ethics*. Washington, DC: Author.

Newsome, W. S., Anderson-Butcher, D., Fink, J., Hall, L., & Huffer, J. (2008). The impact of school social work services on student absenteeism and risk factors related to school truancy. *School Social Work Journal, 32*, 21–38.

Nientimp, E. G., & Cole, C. L. (1992). Teaching socially valid social interaction responses to students with severe disabilities in an integrated school setting. *Journal of School Psychology, 30*, 343–354. doi: 10.1016/0022-4405(92)90002-M

Petrosino, A., Turpin-Petrosino, C., & Buehler, J. (2003). Scared Straight and other juvenile awareness programs for preventing juvenile delinquency: A systematic review of the randomized experimental evidence. *Annals of the American Academy of Political and Social Science, 589*, 41–62.

Puma, M., Bell, S., Cook, R., Heid, C., Broene, P., Jenkins, F., et al. (2012). *Third grade follow-up to the Head Start Impact Study Final Report, Exectuive Summary* (OPRE Report #2012-45b). Washington DC: Office of Planning, Research and Evaluation, Administration for Children and Families, U.S. Department of Health and Human Services.

Radin, N. (1979). Assessing the effectiveness of school social workers. *Social Work, 24*, 132–137.

Raines, J. C. (2008). *Evidence-based practice in school mental health*. New York: Oxford University Press.

Roderick, C., Pitchford, M., & Miller, A. (1997). Reducing aggressive playground behaviour by means of a school-wide raffle. *Educational Psychology in Practice, 13*, 57–63. doi: 10.1080/0266736970130110

Rosen, A., & Proctor, E. K. (Eds.) (2003). *Developing practice guidelines for social work intervention*. New York: Columbia University Press.

Royse, D., Thyer, B. A., & Padgett, D. (2010). *Program evaluation: An introduction* (5th ed.). Belmont, CA: Cengage.

Rubin, A., & Parrish, D. E. (2012). Comparing social worker and non-social worker outcomes: A research review. *Social Work, 57*, 309–320.

Salloum, A. (2008). Group therapy for children experiencing grief and trauma due to homicide and violence: A pilot study. *Research on Social Work Practice, 18*, 198–211. doi:10.1177/1049731507307808

Schaubman, A., Stetson, E., & Plog, A. (2011). Reducing teacher stress by implementing collaborative problem solving in a school setting. *School Social Work Journal, 35*, 72–93.

Sheldon, B. (2011). *Cognitive-behavioural therapy*. New York: Routledge.

Simmons, C. A., & Lehmann, P. (2013). *Tools for strengths-based assessment and evaluation*. New York: Springer.

Sinclair, M. F., Christenson, S. L., & Thurlow, M. L. (2005). Promoting school completion of urban secondary youth with emotional or behavioral disabilities. *Exceptional Children, 71*, 465–482.

Sowers-Hoag, K. M., Thyer, B. A., & Bailey, J. (1987). Promoting safety belt use by young children. *Journal of Applied Behavior Analysis, 20*, 133–138.

Staats, A., & Butterfield, W. (1965). Treatment of nonreading in a culturally deprived juvenile delinquent: An application of reinforcement principles. *Child Development, 36*, 603–611.

Stein, B. D., Jaycox, H., Kataoka, S. H., Wong, M., Tu, W., Elliott, M. N., & Fink, A. (2003). A mental health intervention for schoolchildren exposed to violence: A randomized controlled trial. *JAMA, 290*, 603–611.

Sutphen, R. D., Ford, J. P., & Flaherty, C. (2010). Truancy intervention: A review of the research literature. *Research on Social Work Practice, 20*, 161–171.

Teasley, M., & Miller, C. R. (2011). School social workers' perceived efficacy at tasks related to curbing suspension and undesirable behaviors. *Children & Schools, 33*, 136–145.

Thyer, B. A. (2012). *Quasi-experimental research designs*. New York: Oxford University Press.

Thyer, B. A., & Myers, L. L. (2007). *A social worker's guide to evaluating practice outcomes.* Alexandria, VA: Council on Social Work Education. This provides social work practitioners with an easy-to-follow guide to selecting measures useful in evaluating the outcomes of social work practice and in applying these in the context of simple group or single-system research designs.

Thyer, B. A., & Sowers-Hoag, K. M. (1986). The etiology of school phobia: A behavioral approach. *School Social Work Journal, 10*, 86–98.

Tutty, L. (1997). Child sexual abuse prevention programs: Evaluating "Who do you tell". *Child Abuse & Neglect, 21*, 869–881.

Viggiani, P. A., Reid, W. J., & Bailey-Dempsey, C. (2002). Social worker-teacher collaboration in the classroom: Help for elementary students at risk of failure. *Research on Social Work Practice, 12*, 604–620. doi: 10.1177/1049731502012005002

Whitfield, G. W. (1999). Validating school social work: An evaluation of a cognitive-behavioral approach to reduce school violence. *Research on Social Work Practice, 9*, 399–426. doi: 10.1177/104973159900900402

Whittlesey-Jerome, W. (2012). Selling the need for school social work services to the legislature: A call for advocacy. *School Social Work Journal, 36*(2), 44–55.

Williams, J. M. (2010). Does neurofeedback help reduce attention-deficit hyperactivity disorder? *Journal of Neurotherapy, 14*, 261–279.

Zammitt, K. A., & Alvarez, M. E. (2012). Keeping up with the research. *Children & Schools, 34*, 49–51.

译后记

很高兴本书作为国家出版基金项目、“十二五”国家重点图书“社会工作流派译库(第二期)”的重要译本之一正式出版。我们翻译此书，意在全面介绍美国的社会工作在学校领域的基本理念、实践模式和最新发展，以期给我国的社会工作者在学校领域的介入提供借鉴。众所周知，社会工作在我国发展的历史并不长，学校社会工作更是一个充满挑战的崭新领域，在这方面的资料乏善可陈。而事实上，社会工作者介入学校领域，既是社会工作体系不断完善的需要，也是社会工作专业领域进一步拓展的要求。

全书的翻译由多人合作完成。黄霄柠负责第一章，蔡屹负责第二章和第十章，陈蓓丽负责第三章，何小雷负责第四章，薄艾负责第五章和第六章，苏鹏飞负责第七章，文雅负责第八章，李辉负责第九章，曹锐负责第十一章和第十二章。

本书如有任何错误或不当之处，敬请学界同仁批评指正。

译者

内容提要

本书（原著第七版）详细阐述了社会工作者的多种角色在提升教育公平中的核心作用。社会工作者能够关注学生的需求，理解合理评估，开展有针对性的服务和干预措施来最好地满足学生的需求，并加以科学地评估。社会工作者需要在实践中运用自己的经验把干预措施精细化，使之回应青少年在文化、种族、性别和性取向方面的特点及差别。